越後瞽女唄集
—研究と資料—

板垣俊一 著

三弥井書店

越後瞽女哀歌　冬の旅　　　作：横山信子

越後瞽女哀歌　北の浜辺で　　　作：横山信子

目　次

研究編

資料編

越後瞽女口説集

研究編

序章　越後瞽女について

盲目の女性芸能民である瞽女の活動は江戸時代から全国各地に見られるが、その活動は三味線の普及と密接な関係を持っていたと考えられる。芸能民が携えた三味線以前の弦楽器は琵琶であり、それを芸具としたのは、歴史的に瞽女に先んじて組織を形成した男性盲人の琵琶法師たちであった。瞽女は十六世紀後半に新しく渡来した携帯用の弦楽器三味線の普及とともに広くその活動が知られるようになる。近世における大半の音曲は箏・三味線音楽であった。三味線を芸具とした瞽女たちは、そうした音楽の一端を担った芸能民であり、とりわけ地方に住む一般の民衆にそれを提供したのである。

彼女たちが城下町に仲間組織を形成したことはよく知られている。越後では長岡と高田が瞽女仲間の中心地であった。新潟県各地の瞽女の実態や歴史の詳しい調査・研究については、鈴木昭英の「長岡瞽女の組織と生態」（『長岡市立科学博物館研究報告』七号　一九七二）等の諸研究、また全国各地の瞽女の実態については、ジェラルド・グローマーの近著『瞽女と瞽女唄の研究』（名古屋大学出版会　二〇〇七）等がある。瞽女がいかなる芸能民だったかを知るためには歴史学的、民俗学的な詳しい考察が必要であるが、ここでは越後瞽女が伝承した瞽女唄について詳述するための導入部として、二、三の史料によって越後瞽女の実態を簡単に考察しておきたい。

江戸末期における越後瞽女の様子を知ることができる恰好の史料がある。林英夫編『近代民衆の記録』四・流民（新人物往来社　一九七一）に収められている市川信次編の史料「越後瞽女溺死一件」である。天保七（一八三六）年五月十日の朝、今町（直江津）の海岸に若い瞽女二人の溺死体が漂着した。これはその事件をめぐる関係者に対する詳細な役人の取り調べ記録である。町役人からの奉行所への注進を始めとして、仮埋葬した寺院の一札、遺体の見分書、関係者の供述書などを詳しく載せる興味深い記録である。

溺死体は、一体が柿崎村九兵衛娘「こと」十八歳、もう一体が水野村亡甚左衛門娘「ちう」十七歳であった。親類および町役人が立ち会って遺体を確認し、奉行所へ差し上げた「御見分書」によれば、二人の様子は次のごとく記されている。

こと…「くけ紐并苧縄にて腰をしばり、右紐にてちう右足股に縊り有之、鼻の血少々出、惣身疵等一切無御座候」

ちう…「くけ紐并苧縄にて右の足股に縛り、右紐にてこと腰に縊り有之、惣身疵等一切無御座候」

二人は、くけ紐と苧縄で互いの身体を結び合っていた。奇妙な結び合いであるが、ことの腰に結ばれた紐と苧縄は、ちうの右足股に結ばれてあったという。からだに外傷らしきものは無かった。そのため合意の上で水中に身を投げたものと判断された。次の遺留品からは、当時の瞽女が背負っていた荷物の中身が知れて興味深い。

盲女こと所持の雑物

木綿紺縞綿入一枚　裏千草	同　紺縞袷一枚　裏同断	同　紺縞単物一枚
同　浅黄縞単物一枚	同　切れ〳〵襦半一枚	同　黒ほうし一ツ
同　茶小形付帯一筋	単	脚伴一足
三味線雨覆桐油袋一ツ	まくら一ツ	弁当入一ツ
櫛箱一ツ	布袋草鞋五足	鼻紙少々

これらの品々は、四巾の大きな風呂敷包み一つに入れてあった。また、ちうは同じく四巾の風呂敷に、木綿紺縞綿入一枚と雨合羽一枚に形付小蒲団一枚を入れ、もう一つの縞の風呂敷包みには次のような物を入れていた。

木綿紺縞袷一枚　裏同断　浅黄縞単物一枚　紺縞単物一枚
形付帷子一枚　白布切少々　緋縮緬帯一筋
紫縮緬帯一筋　布袋小豆少々入　櫛箱一ツ
弁当入一ツ　布袋草鞋三足　三味線入桐油袋
鼻紙少々

越後の諺に、大きな風呂敷に荷物を詰めたり出したりすることを「瞽女の荷造り」という。旅する彼女たちは、雨具・予備の草鞋・弁当入れ等を持ち、宿に泊まったときのための枕や着替え、また小蒲団まで背負って歩いていた。右の所持品の衣類は、冬物の綿入れから、夏用の単衣物まで揃えてある。この他に、前日雨天だったため唄を歌った宿に置いてきた各自の三味線とバチ、および銀ながし笄差二本ずつと櫛、また銭三百文があった。

前日、唄を歌ったのは今町の新川端町の善吉という船乗りの家だった。夫は留守だったが、近所の「守子」（子守娘たちか）ら十人余りが集まって、近くに滞在していた瞽女を呼んで唄を聞きたいというので、留守居の女房が宿を貸したのだという。隣家の老婆も聞きに来ていた。善吉の女房に対する聞き取りによれば、暮れ方から四つ前（夜の十時前）時分まで歌った二人の瞽女に対して、唄を聴いた守子たちが払った座敷代は三百文だったという。ただし残念ながらどんな唄だったかは知ることができない。日暮れから四つ前ごろまでとあるから四時間近くである。口説はもちろん、段物も歌ったかもしれない。興味ぶかいのは、座敷を貸したのが船乗りの家だったという点である。今町は日本海を航行した北前船の寄港地でもあった。西日本や蝦夷松前からやってくる船乗りたちは、港の遊女たちに各地の座敷唄や民謡を伝えることもあったし、また越後の民謡を他国へ持って帰ることもあった。但馬国（兵庫県北部）の豊岡からきたある船乗りは、今町に着いたときわずか二日の休暇をもらって長野の善光寺参りをしたという（東洋文庫所収『川渡甚太夫一代記』）。信州と今町とは北国街道で結ばれていた。その北国街道は中山道の追分宿から分岐する。この道に運ばれて信州の追分は越後追分となり、さらに船にのって江差追分となった。今町はこうした歌の文化圏にあり、瞽女たちもまた船に乗ってやってくる唄を覚え、さらには瞽女流に変えた唄を逆に船に乗せて送り出したものと思われる。

さて溺死した二人の瞽女たちが宿泊していた宿は、唄を歌った家から少し離れた今町の中町にあった与利都（よりいち）という五十七歳の座頭（盲人）の家だった。与利都には妻子があって「療治」の仕事をしていたとある。彼の名からして盲人仲間当道座の座頭であった。与利都の家は、間口二間の奥行き七間、家族は五人だとある。ここに親方をふくめて十一人もの瞽女たちが一週間前から逗留し、町方を廻って門付けをしていた。瞽女が男の盲人組織である当道に従属していたことから、町方を門付けして廻るときにはこのような宿を頼って宿泊することもあったのであろう。与利都の家族の申し立てに「年々是迄罷越候もの」とあるから、ここはこの瞽女集団の定宿だったことが知れる。近代の瞽女がいうところの「仲間宿」であった。なお、門付けは本文に「勧進」と書かれているが、必ずしも宗教的な行為とは限らない。

それにしてもこの親方が抱えていた瞽女たちの人数は多すぎる。名前と年齢が分かるのは、死んだ二人の他に次の瞽女たちのみである。

たか　五十二歳　……この集団の親方
せん　四十四歳

たみ　三十二歳

つま　十八歳

二文字からなる名前は芸名と思われる。下に引く糸魚川の瞽女たちは「つるよし」「はつしま」「ふきのへ」と四文字が慣例だったようである。なお、二人の溺死体を確認した一人の瞽女は「盲女の内少々遠明りいたし候者」とあるから、弱視だったので手引き（てひ）をつとめていた者だったらしい。

死んだ二人の家族の話によれば、今町の与利都宅に至るまでの足取りは次のようであった。

去月廿三日、師匠瞽女外九人之者、柿崎村九兵衛宅へ罷り越し、止宿致し候内、同月廿六日、水野村亡甚左衛門娘盲女ちう、兼て申し合せし事故、右九兵衛方へ罷り越して落ち合ひ、都合十一人にて、翌廿七日、九兵衛宅出立致し、夫より在町共勧進罷り出で候処、当五月四日、今町之内中町与利都方へ罷り越し・・・

（原文に句読点と送り仮名を補った。）

「たか」という親方が率いる瞽女たちは、今町へ来る前に、まず「こと」の実家であった柿崎村の九兵衛宅に四泊逗留している。弟子の家に泊まることもあったらしい。ここで兼ねて約束していた水野村の

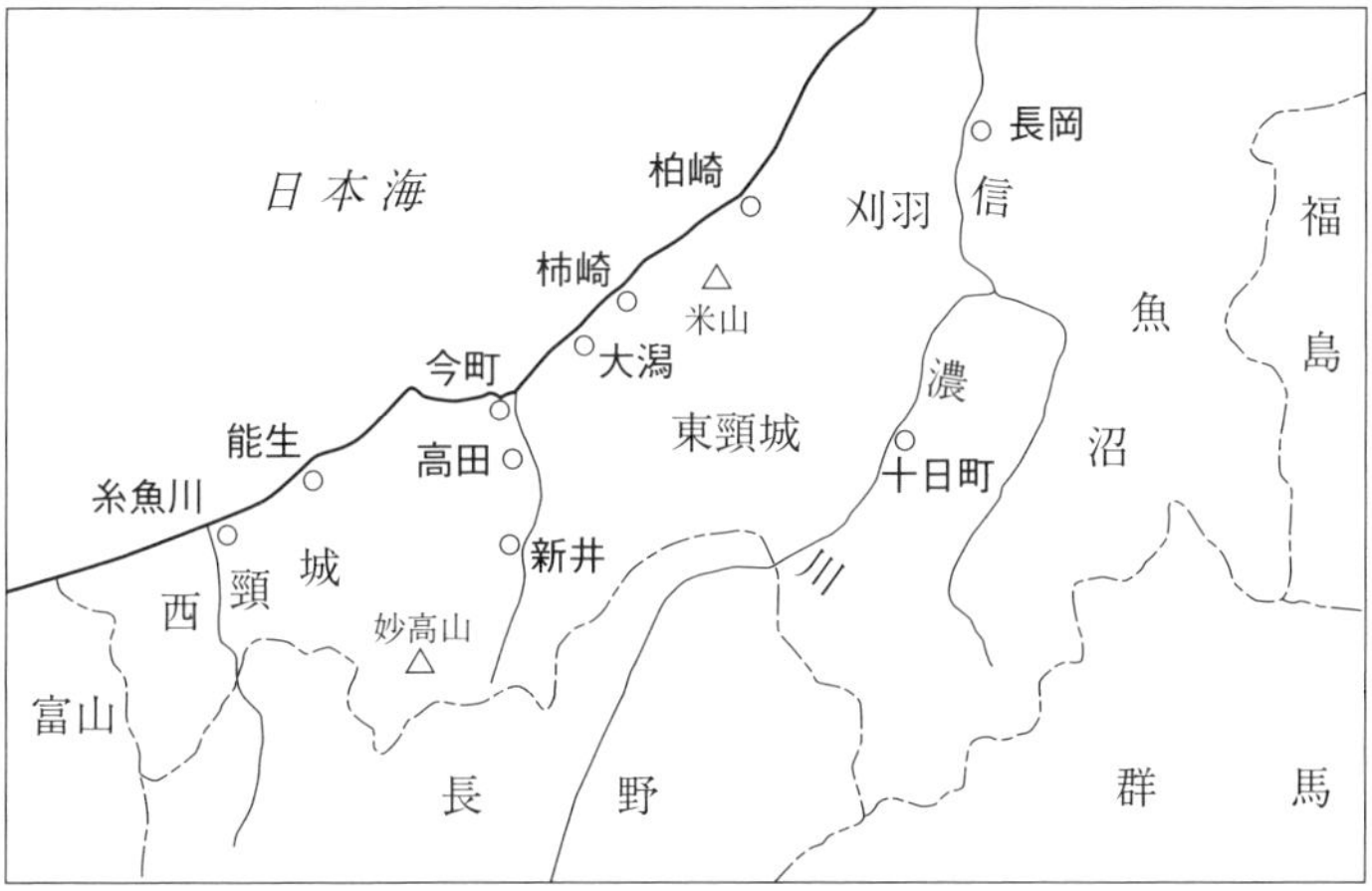

新潟県上越地方略図

「ちう」と九兵衛の娘「こと」の二人が九人の瞽女たちと合流し、頸城平野を西へ門付けしながら今町に向かったのである。この間、五、六日あるから別にまた宿をとってもいるだろう。

この瞽女たちは、旅に出るときだけ集団を形成する瞽女であったようである。高田瞽女杉本キクイたちは、中頸城郡大潟町土底浜を中心とした土底組の瞽女たちを「浜瞽女」と呼んでいた。彼女たちは普段生家に起居し、旅に出るときだけ集まったというから、右の溺死一件の柿崎あたりの瞽女たちもそうした浜瞽女だったと思われる。この瞽女たちは今町を定宿にして活動していたが、そこはまた高田城下の瞽女たちの活動範囲でもあったと考えられる。高田瞽女の中にはさらに新たな巡業地を求めて、直江津から海岸に沿って西へ、名立や能生方面にも旅廻りした者たちがいた。しかし当時、名立から越中の国境までは糸魚川の瞽女仲間の縄張りだったため、次のような苦情が役所へ訴えられている。

憚(はばか)り乍(なが)ら書附(かきつけ)を以て願ひ上げ奉り候(そうろ)ふ

一　私ども、糸魚川座元支配下、古来より新屋町瞽女仲間屋敷三ケ所に住居 仕(つかまつ)り罷(まか)り在り候(そうろ)ふ処(ところ)、凡(およ)そ瞽女ども十四五人渡世(とせい) 仕(つかまつ)り、順道を以て家跡相続 仕(つかまつ)り候ふも、年々四節の御助力を請ふ近郷の御村方様(おんむらかたさま)の助力に依って、有り難く渡世 仕(つかまつ)り候ふ。然(しか)る処(ところ)に、十ケ年以来より高田町在の瞽女ども、眼明きの弟子に案内させ、年に度々(たびたび)在廻り仕(つかまつ)り候ふに付き、私ども甚(はなは)だ以て難渋至極(なんじゅうしごく)、歎敷(なげかはし)き儀に存じ候ふ。尤(もっと)も、糸魚川座元支配におゐては、東は名立在を限り、西は市振境玉の木村までに候ふ処(ところ)、近年猥(みだ)り相成(あいな)る高田瞽女ども大勢入りこみ、誠に渇命(かつめい)に及び、窮困の始末歎敷(なげかはし)く、何卒(なにとぞ)明年より、憚(はばか)りながら御支配の御村方様え仰せ渡され、右の者ども徘徊致し候ふ儀、決して御差し留め下し置かれ候ふ様(やう)、成し下され候はば、偏(ひとへ)に御憐愍(ごれんびん)と私ども仲間一統有り難き仕合せと存じ奉り候ふ。　以上

天保七申年

糸魚川新屋町
瞽女仲間
代
鶴与し
初志満
ふきのへ

上野村大肝煎
斉藤作左衛門様[1]

内容は、糸魚川瞽女の巡業範囲へ高田瞽女が入り込んで来るため、上野村肝煎支配下の村々へ通達を出して高田瞽女の巡業を差し留めてもらいたいという願い出である。奇しくも前述の溺死事件があった年と同じ天保七（一八三六）年のことであった。右の糸魚川瞽女の資料には「近郷の御村方様の助力」とあって、在廻りが瞽女の収入源だったことが分かる。近代でも、信州の飯田瞽女は美濃の瞽女に巡業地へ入り込まれて困ったという話をしているから[2]、こうした縄張り争いは江戸時代からあったのである。しかも、十一人の瞽女たちを引き連れて巡業した右の親方などは、在廻りよりも収入を当て込んで町の定宿を拠点に門付けしていることから、経済状況が苦しかったのではないかとも想像され、そのような瞽女たちが、慣例となっている巡業範囲を越えて、他の瞽女仲間の領域にまで足を延ばすこともあったものと推測される。糸魚川瞽女のこのような訴えにもかかわらず、高田瞽女たちはその後も能生・糸魚川方面を活発に巡業したことは、杉本キクイの記憶からも知れる。杉本キクイが弟子入りした師匠の赤倉かつは、明治ごろ能生の小町に常宿を持っていたという[3]。

時代が移って明治になると、江戸時代の瞽女仲間の生活を保障していた幕藩体制も崩れ、瞽女の生活も変わってゆく。次は、上高柳村の瞽女が高田瞽女に宛てた書簡で、杉本キクイが所持していたものである。（現在は上越市立総合博物館に所蔵する。幅十五・五センチ／長九十六センチ。句読点は筆者が追加したものである。）

乍麁筆以手紙致啓上候。未残暑甚々敷候処、其御元様御組一統様、御揃被成、御清福珍重奉存候。然は昨年長岡大工町御頭役江巡り、書面ニて文通差上候処、何用之間智かゐニ候歟、文通廻り兼候。此度長岡より御見舞御人両弐人被参、段々之御咄を承り、実以驚入候。尤文通之趣は、私シ国元ニては、瞽人共申合、邨々名主参り、瞽女之止宿被仕切、高百石ニ付金三分之割合ニて、村数八拾八ケ村仕切ニいたし、金高合金八拾弐両三分ト銭六貫二百文、米弐石九斗五升請取、日限其頃末々少延候ハヽ、関東一統ニも相成候歟。申触左様ニ被致候ては難捨置、仍て此度は盲女一統申談、民部省御役所様え、致歎願、左ニ候ては多分之入用相掛り、無拠其御国元、書面ニて長岡御頭様、高田御頭様、其外御頭衆中迄、壱通差上申候。右ニ付申談之上、入用之義、御助合之程、偏ニ奉希上。又々関東筋え渡世向不参申御方ニは、御気毒ニ存候得共、前文之訳故、幾重ニも宜敷様奉希上候。其後麁縁無之候ハヽ、書面之上宜敷く申上候。早々已上。

上高柳邨[4]

七月廿一日　頭栄女

高田町五之辻
盲女豊重殿

年代は不明ながら、文中の「民部省」は明治二年に設置され、明治四年九月には廃止されているから、明治初期のものには相違なく、江戸時代以来の自分たちの権利が危うくなったことに狼狽した様子が書かれている。村々の名主に「瞽女の止宿仕切られ」といっているのは、つまりこれまで通り巡業する村の宿を保証して欲しいという意味であろう。また「高百石に付き金三分の割合にて、村数八拾八ケ村仕切にいたし、金高合せて金八拾弐両三分と銭六貫二百文、米弐石九斗五升請け取る」とあるのは、いわゆる配当のことである。近世の文書には、村方の倹約のため、一定の金額を名主が村内から徴収して座頭や瞽女の組織へ渡し、門付けする彼らに個別に米銭を喜捨しなくともいいようにする例があった[5]。右の文中、「申し触れ左様に致され候ては捨て置き難く」とあるのは、維新後に江戸時代の配当の慣例を廃止する動きがあったことを指している。右の書簡では、そのため東京の民部省へ歎願に行くことを申し合わせたが、なにぶん旅費もかかるゆえ、長岡の瞽女頭・高田の座元そのほかの親方衆の援助をお願いしたい旨の願いである。江戸幕府の盲人保護政策の一環であった配当の慣行が、明治になって廃止されたときの瞽女たちの戸惑いが見られる史料である。

政府による公式な盲人制度（当道）の廃止宣言は、明治四年十一月三日の太政官布告第五百六十八号「盲人ノ官職自今被廃候事」であった（原書房刊『復刻法令全書』第四巻所収）。維新後の盲官廃止に至る動きについては加藤康昭著『日本盲人社会史研究』第二編、第三章「明治維新と盲人仲間の解体」に詳しいが、明治四年十一月の右の布告を受けて、県によっては瞽女等の巡業を厳しく禁じた例もある。たとえば越後瞽女が多く訪れた群馬県の場合でも、瞽女は乞食・非人の類として明治五年八月に管内の徘徊を禁じられているが、重ねて明治六年五月九日には「一　乞食・

非人、二　梓巫・市子、三　瞽女、四　辻浄瑠璃・祭文読之類　右之者共立廻リ候ハヾ駅村役人共ニ於テ厳重申達、順次管外へ追放可致。勿論、金銭等相与へ候儀、一切不相成候事」[6]という厳しい布達が出されている。

こうした近代化の波に呑まれて全国各地の瞽女が社会の下層に零落し消えていったのに対して、越後地方では明治・大正期に至るまで瞽女の活動が衰えることはなかった。いや、幕末ごろから次第に増加してむしろ近代になるともっとも隆盛を極めている。[7]杉本キクイの回顧談によれば、盲目になった娘に対して、按摩になるか瞽女になるか二つの道しかないのだと親が諭したという。越後では瞽女がそれほど一般的な職業だった。ちなみに、越後の瞽女たちが盛んに活動した明治・大正期には、新潟県内にどの程度の視覚障害者がいたのだろうか。大正十三年の調査によれば、失明の程度を無視して次のようにある。

女性　一七一二人
男性　一五八七人　　計　三二九九人

（新潟県恩光会編『新潟県盲人救済事業概要』一九二八　より）

当時の県の人口が百七十八万人程度とすれば、全人口に占める割合は〇・二％弱であるが、実人数としては三千人を越える盲人がいた。過去の瞽女たちの話からすれば、明治・大正期あたり長岡の瞽女仲間には四百人もの瞽女が属していたといい、また明治三十四年に改定した高田瞽女の「規約証」には九十人近い瞽女たちの署名があるから、越後の盲女性一七一二人のうち約五百人、二九％が瞽女を家業として暮らしていたことになる。越後の盲女性にとって瞽女はやはり主要な職業だったことが知れる。

これらの瞽女たちを近代の越後の村人たちが支えていた。近代になると、祝福門付け芸人を聖なる来訪者として迎える古くからの民衆の観念は薄れていったと考えられるし、名主・庄屋が集めた村の年貢の余りが瞽女の取り分だといった江戸時代の観念も昔日のことになる。そのような時勢の変化の中で越後の瞽女が生き延びることができたのはなぜか――。明治の盲官廃止後は、制度的には盲人の誰しもが組織の制約を受けずに芸能活動をすることができたが、高田・長岡の瞽女たちは明治以降も仲間組織を堅持した。たとえば明治十七年に高田では「高田瞽女仲間規約書」を作って近代的な組織に衣替えしている。また盲官廃止後、明治六、七年ごろになると、各県で遊芸渡世の者たちへの鑑札許可制度と課税制度が作られたが、盲人の芸人に対しては特例として免税措置がとられたことは近代の新たな保護政策であった。これらに加えて、彼女たちが師弟関係の中で組織的に伝承してきた豊富な瞽女唄のレパートリーを持ち、それによって村人たちに充分な娯楽を与え、歓迎され続けたこと、また巡業地の瞽女宿ネットワークがしっかりと存在して彼女たちの旅廻りを支えていたことが、近代の越後瞽女の隆盛の背景だったと考えられる。今では古い話になってしまったが、新潟県内には瞽女宿で聴いた瞽女唄の思い出を懐かしく語る老人たちが多くいた。本書に載せる段物や口説は、瞽女が残した貴重な財産の一部だということができるだろう。

また、瞽女唄の伝承の在り方は、瞽女が組織を形成していたことと密接な関係があった。瞽女の持ち歌にはさまざまな演目があるが、それらは師弟関係によって伝承され、かつどの瞽女も多くは似たような演目を持っていた。さらに段物や口説の歌詞においてもある程度の共

瞽女の図　十返舎一九筆・一円斎（歌川）国丸
『方言修行金草鞋』（架蔵本）より

通性があることは、それらがもともと組織的に作られたものであることを思わせる。組織として歌詞の創作を目明きの知識人に依頼するということもあったのではないだろうか。瞽女の演唱歌詞における文字との不可分な関係はそういったことを推測させるに充分である。[8] 唄の伝承にあたっても、長岡系瞽女の場合は長岡のセンター的な瞽女屋が「瞽女唄教習所」のような施設を設けていて、配下の瞽女たちの唄の指導に当たったという。[9] 瞽女が歌う段物の歌詞がほぼ一定しているのはこのような組織的な関与があったからであった。そのことはまた、瞽女集団が如何に唄を重視してきたかということをも表わしている。

小林ハル
胎内やすらぎの家にて（1995.05　著者撮影）

本書に収録した瞽女唄の主な伝承者は、小林ハルと杉本キクイの二人である。経歴の概略は次のとおり。

◇小林ハル（一九〇〇～二〇〇五）
一九〇〇（明治三三）年、南蒲原郡井栗村三貫地（現三条市）に生れる。一九〇四（明治三七）年、加茂後須田の三条組の瞽女師匠に入門。芸名スミ。その後、師匠を三度替えて瞽女を続ける（芸名もチヨノに変わる）。一九七八年に長岡系瞽女唄伝承者として、国の「記録作成等の措置を講ずべき無形文化財」に指定された。老後は長く新潟県の旧黒川村胎内にある盲老人ホーム胎内やすらぎの家で暮らし、九十歳を越えても瞽女唄の演唱意欲は衰えなかった。二〇〇五年四月二十五日、享年一〇五歳で没。伝記に、桐生清次著『次の世は虫になっても（小林ハル口伝）』（柏樹社、一九八一）がある。瞽女唄については、「段物は覚えたが、口説はあまり覚えなかった」とのことであった。

杉本キクイ
（津軽三味線奏者高橋竹栄提供、場所年月不詳）

◇杉本キクイ（一八九八～一九八三）

高田瞽女仲間最後の親方。一八九八（明治三一）年、中頸城郡諏訪村（現上越市）の青木久治の長女として出生。数え年六歳の時に麻疹（はしか）にかかって失明。七歳の時、高田東本町の瞽女親方杉本マセ（赤倉かつ）に弟子入りして養女となる。芸名ハル。一九七〇年に国の「記録作成等の措置を講ずべき無形文化財」に指定された。一九八三（昭和五八）年に没。その後、残された養女杉本シズは、手引きの難波コトミとともに盲老人ホーム胎内やすらぎの家へ入って余生を送ったが、二〇〇〇年七月十八日、養母を慕いながら没した。伝記に、大山真人著『わたしは瞽女　―杉本キクエ口伝―』（音楽之友社、一九七七）がある。なお、本書における彼女の名前については、文化庁から交付された無形文化財保持者の「選択書」で用いられている「キクイ」とした。越後方言では「エ」を「イ」に近く発音するから表記は本来「エ」であったかも知れない。

注

（1）『糸魚川市史　資料集1──文書編──』三七五頁（斉藤公仁家所蔵資料）。引用した本文には、振り仮名を加え、書き下しにし、句読点を付けるなど読みやすいように筆者が改変を加えてある。例─瞽女共→瞽女ども、中間→仲間など。

（2）長野県飯田市立図書館所蔵の飯田瞽女伊藤ふさえ取材録音テープ。

（3）大山真人著『わたしは瞽女　──杉本キクエ口伝』（音楽之友社　一九七七）。

（4）上高柳郁は、埼玉県の騎西町かとも言われている（ジェラルド・グローマー著『瞽女と瞽女唄の研究』名古屋大学出版会、二〇〇七）が、騎西町に瞽女がいたという記録も伝えもなく不明である。ただし、文面にあるとおり、関東地方であることは確かである。

（5）加藤康昭著『日本盲人社会史研究』（未来社　一九七四）四一八頁～。信州松本の瞽女について、「人の家の門に立つて米銭を乞ふといふこともなかつた。それはどこの村でも庄屋が宰領して、春秋に扶持として定つた丈の麦や米を瞽女屋敷に届けてやるから、その礼廻りといふ事で大勢揃つてやつて来るのだつた」（有賀喜左衛門「瞽女の話」、岡書院『ドルメン』七号、一九三二）と言われるのも、近世のこのような配当の慣行によるものであった。

（6）『日本庶民生活史料集成』第一七巻（三一書房　一九七九）。

（7）鈴木昭英「長岡瞽女の組織と生態」（『長岡市立科学博物館研究報告』七号、一九七二）。

（8）ちなみに小林ハル演唱の段物「景清」（四段目）にこういった例もある。「ようようその日の末の刻」とある「末（すえ）」の語が、説経祭文や高田瞽女の演唱では「未（ひつじ）」となっているのである。これは字体が似た「末」「未」の読み間違いであり、歌詞に晴眼者が関わっていたことをうかがわせる好例である。

（9）佐久間惇一著『瞽女の民俗』（岩崎美術社　一九八三）。

第一章　瞽女唄について

一　瞽女の持ち唄

越後の瞽女たちが歌っていた唄は、段物（だんもの）と通称される祭文松坂および口説（くどき）（瞽女口説）を中心として、その時代の流行り唄や民謡、端唄、長唄、義太夫（但し、さわりのみ）、常磐津、清元など多岐にわたっている。このうち端唄・長唄・義太夫・常磐津・清元など他のプロの芸人たちの音曲を除けば、残りは段物・口説・流行り唄・民謡となり、さらにそのうちの段物と口説が瞽女固有の唄で、狭い意味での瞽女唄である。残りの流行り唄や民謡は、謂わば余技的に歌われるもので、中心となる段物・口説に対して、瞽女たちはこれを〈ざか〉あるいは〈ざかうた〉と呼んできた。次に、越後瞽女杉本キクイ、小林ハル、土田ミス等の全伝承演目を掲げてみる。

1　祭文松坂（段物）

「葛の葉子別れ」　「山椒太夫」　「阿波の徳島十郎兵衛（巡礼おつる）」　「八百屋お七」　「明石御前」

「片山万蔵」　「山中団九郎（権八山入りの段）」　「平井権八編笠ぬぎ」　「赤垣源蔵」　「石童丸」

「石井常右衛門なぶり返し」　「信徳丸」　「焼山巡礼」　「小栗判官」　「景清」

「佐倉宗五郎」　（その他「自来也」「山中鹿之助」「五郎正宗」などが知られている。）

2　口説

「鈴木主水」　「おひさ口説」　「馬口説」　「へそ穴口説」　「おしげ口説」
「治郎さ口説」　「松前口説」　「三人心中口説」　「御本山口説」　「二十八日口説」
「金次口説」　「赤猫くどき」　「まま子三次」　「お筆半左」　「お粂左伝次」
「安五郎くどき」　「お吉清左」　「石童丸口説」　「正月祝口説」

3　門付唄

「庄内節」　「かわいがらんせ」　「こうといな」　「門付け松坂」　「門付岩室」
「しょんがいな」

4　その他の瞽女唄（口説、段物、民謡、俗曲に入らないもの。瞽女たちが編曲した「くずし」と称する俗曲を含む。）

「瞽女松坂」　「万歳柱立」　「万歳経文」　「咄松坂」　「伊勢音頭くずし」　「深川くずし」
「県づくし」　「出雲節なぞかけ」

5　和讃

「地蔵和讃」　「お茶和讃」　「夢和讃」

6　俗曲の流行り唄

「新保広大寺」　「どどいつ」　「十二都々逸」　「えんかいな」　「二上り新内」
「輪島節」　「鴨緑江節」　「新磯節」　「大正節」　「にこにこ節」
「むらさき節」　「深川節」　「どんどん節」　「よいとこ」　「ちょいとね」
「大津絵」　「博多節」　「つばめ節」　「ハッパ節」　「ストトン節」

「出雲節」　「よされ節」　「らっぱ節」　「かごめおばこ」　「さのさ節」
「かっぽれ」　「庄内けんぶし」

7　民謡
「佐渡おけさ」　「古調おけさ節」　「越後追分」　「江差追分」　「信州追分」　「道中追分」
「新井甚句」　「米山甚句」　「新津甚句」　「相馬甚句」　「秋田甚句」　「庄内おばこ」
「真室川音頭」　「花笠音頭」　「越中おはら」　「鹿児島おはら」　「安来節」

8　新民謡
「糸魚川小唄」　「直江津小唄」　「新井小唄」　「東京音頭」　「スキー音頭」　「さくら音頭」

9　常磐津
「日高川」　「稲川」　「一ノ谷」　「かつを」

10　義太夫さわり（演唱時間数分程度）
「寺子屋」　「朝顔日記」　「仙台萩」　「三勝半七」　「太閤記十段目」　「弁慶上使」　「廿四孝」

11　清元
「子守」

12　長唄
「手習子」　「花車」　「とくわか万歳」　「娘道成寺」　「羽根かむろ」　「汐汲み」　「雛鶴三番（叟）」
「黒髪」

13　端唄
「まつがつらい花の姿」（「まつがつらい」「花の姿」か）　「御所車」　「槍さび」　「紀伊の国」　「松づくし」
「青柳」　「春雨」　「伊予節」　「夕ぐれ」　「秋の夜」　「浅くとも」

この驚くべき種類の持ち唄は、適切な言葉が見つからないが、さしずめ日本近世・近代の歌謡をすべて揃えた生（なま）の音源ライブラリーとでもいうべきものである。これらは最後まで残った数人の記憶力の良い瞽女の演目を集めたものではあるが、瞽女が組織として伝承[1]したものであることを考えればやはり驚くに値する。瞽女なりの歌い方にはなっているが、長唄や常磐津など元来その道のプロが演奏する音曲まで習得しているのである。また、江戸末期から明治期にかけて流行った俗曲は、歌詞としては記録されていても、音声のレコードとしてはなかなか入手できないものもあるし、有ったとしても機械の録音能力が低く不充分な音源でしかない場合もあるから、最後の瞽女たちの生の演唱がいかに貴重なものであったかと今更ながら思わずにはいられない。

著者が以前小林ハル女を訪問したときも、あの唄を歌ってくれますかと言えば、ハイと言ってすぐ三味線の調弦をして歌い始める。さらにジャンルを変えて、今度はあの唄をお願いしますといえば、すぐまたその唄を歌い出すといったように、淀みなく唄を繰り出す様子に感心した経験がある。

瞽女たちはなぜこんなに唄が必要だったのだろうか——。それには聴衆の期待があったからだと思われる。瞽女がこのような唄を披露したのは、毎年時節を定めて訪れる村々の瞽女宿においてだった。小林ハルによれば、山形の小国方面へ行くと常磐津に人気があったのでそれを覚えたという。そのように、各地で好まれる唄があったために、彼女たちは段物のほかにもさまざまな唄を覚えておく必要があったのである。段物の歌い出しの文句にも聴衆との間の基本的な関係が見て取れる。瞽女は段物の最初の歌い出しを「さればによりては」と歌い、あるいはまた続きを所望されたときには「しからば読み上げ奉る」などと歌い出す。ここには、自ら押し付けがましく語るのではなく、聴き手の要望によって語るという語りの形式がよく表われている。「さればによりては」とは、古浄瑠璃の「さてもそののち」、また説経祭文（薩摩若太夫）の「さるほどにこれは又」など、江戸時代前期の語り物の慣用句からきている句ではあるが、いかにも中途半端な言葉で、相手の問いかけに答える言葉として始めて理解が行く。これに続けて「お聞きなされて下さいと」（土田）といった文句も聴衆を意識したものである。俗曲では流行り唄が好まれたと思われるから、右の持ち唄一覧に見られるように瞽女の伝承歌謡として残された流行り唄も、そのような聴き手の側の要望にそって彼女たちが積極的に唄の仕入れを行なった結果だったと考えられる。それによって瞽女自身がまた流行り唄の流行に荷担してもいったし、近世に遡れば実際に瞽女たちが歌い出した「新保広大寺」や〈やんれ節〉口説の大流行があった。こうして、その時々の流行り唄が伝承の中に堆積した結果、右の一覧に見られるような曲数になったのである。

瞽女が常磐津・義太夫などの浄瑠璃を語ったことはかなり古くから見える。たとえば、岡田甫の解題によれば元禄三（一六九〇）年頃の成立とされる『絵合　好色四季咄』という書には、浄瑠璃が素人を含めて大流行した状況を、京都の四条河原の景によって、「川中にならべたる床の上、若き男あればふりその女もあり、おやじあればおばばもあり、びくにあればぼうずもあり、ざとうもあればごぜもあり、かたはしから嘉太夫ぶしかたれば、角太夫ぶしかたるもあり・・・・」（美和書院　一九五四）と記す。ここに、「ざとうもあればごぜもあり」とあって、十七世紀後半に瞽女や座頭も嘉太夫節や角太夫節といった浄瑠璃を語っていたことが知れる。

また、「小栗判官」にある「髪は何風が良かろやと／お江戸で流行るいま流行る／長船とやらが良かろうか」といった文句に見られるように、都市の文化は地方の人々の憧れでもあったから、本来劇場音楽である浄瑠璃や長唄、あるいは華やかな遊廓の気分を醸し出す端唄などの演奏を瞽女に期待する素地は充分にあった。

二　瞽女唄の性格と分類

いわゆる瞽女唄、つまり瞽女に固有の唄は、流行り唄、民謡、浄瑠璃、長唄などを除いたものである。一つはまず江戸時代に瞽女が歌い出した〈やんれ節〉の口説がそれであり、もう一つは段物と通称される長編の物語歌すなわち祭文松坂がそれである。さらに、瞽女たちはそれらに入らない短い唄を一括して「雑歌（ざか）」と呼び慣わしてきた。これによって瞽女唄は次のように三分類することができる。

瞽女口説……心中など社会的事件を内容の特色とする世話物の歌謡
祭文松坂……子別れを内容の特色とする時代物の歌謡
雑歌　　……祝福・座興の歌

江戸時代に都市で発達した三味線音楽は「都節音階」によるものが一般的である。瞽女も芸具としては三味線を使用した。しかし、瞽女固有のこれらの唄は音階の上がり下がりに半音を含まない「民謡音階」あるいは「律音階」であり、その点で民俗音楽としての性格を示している(2)。

瞽女が歌った口説を、他の盆踊り口説などと区別して瞽女口説と言っておきたい。第三章で述べるように、もちろん他の口説との関係は深い。瞽女口説の中には杉本キクイの伝承にあるように「石童丸口説」や「御本山口説」のような古い物語を歌うものもあるが、それらは瞽女口説としては例外であり、一般的には同時代に起きた事件を歌うのがその性格である。これは代表的な演目の一つ「お吉清三」の歌い出し、「こんど（今度） サーエー 大坂 取り沙汰聞けば」の句がよく表わしている。また、多くは庶民が中心の事件である。そんな点から、瞽女口説は「世話物歌謡」と呼ぶにふさわしい歌謡である。(3)

これに対して祭文松坂（段物）がテーマとするのは、すでに他の語り物によって定評を得ている物語である。とりわけ「葛の葉子別れ」や「信徳丸」など古い説経で語られた物語が目立つが、「八百屋お七」「佐倉宗五郎」など近世の事件も歌われている。たとえば「八百屋お七」などは事件後すぐに歌謡化されていて、世話物的な性格を持っていたことも確かだが、しかし江戸時代には浄瑠璃や祭文の語り物として作品化され、瞽女が歌謡化する以前の段階ですでに他の芸能によって充分物語化が行なわれていた。つまり民間芸能の中ですでに古典化された作品であり、瞽女の段物はそれをふまえて作られているのである。段物の語り出しの慣用句「何新作の無きままに／古き文句に候えど」は、そのことを指している。

口説と段物はこのような両極性を持っている歌謡であるが、演唱形式においては共通点がある。すなわち、歌い出しと歌い納めに明確な演唱形式を持ち、また物語を歌う歌詞の部分も、口説は七七、段物は七五ではあるが、定型音数句を繰り返すという同様の形式を持っている。そしていずれもその定型に当てはめて、異なるいくつもの物語を同様の節廻しで歌うという点も共通する。また、それ以外の唄を「雑歌」と称していたことから明らかなように、瞽女自身がこの二つを主要な唄と考えていた。内容面では、口説が幕末に流行した心中口説を特色とし、段物は子別れを特色として、いずれもいわば物の哀れを主題とするものが目立つ。

雑歌とは、これら瞽女固有の唄と考えられていた口説と段物以外の「雑多な歌」という意味である。(4) 具体的には、万歳・門付唄・民謡・流行り唄などの類を指しているが、「新保広大寺」を始め、「瞽女松坂」「咄松坂」「伊勢音頭くずし」など瞽女特有の編曲がなされている民謡や流行り唄もある。これらの雑歌には、男女の色恋を歌う歌詞や戯れ唄があって座興の唄にふさわしい面もあるが、また祝福的な内容の歌詞も目立つ。たとえば、夜の瞽女宿に集まった村人たちの前で最初に歌う唄であり、宿へのお礼の意味で歌うという瞽女松坂の歌詞は、次のようなものである。

①〽あら玉の　年の始めに　筆とりそめて
　よろずの宝を　かきとめる

②〽わが恋は　遠山かげの　あの沢の雪
　いつうちとけて　深くなる

これは小林ハルがよく歌っていた歌詞であるが、その他に次のような歌詞もあった。

①〽元旦に　鶴の音する　あのはねつるべ
　かめにつりこむ　わかの水

②〽君はからかさ　わしゃ降る雨よ
　晴れて逢われる　身ではない

いずれも五音七音から成る短い歌詞で、①が新年の祝言、②が男女の恋歌である。男性との交渉を禁じられた瞽女たちが恋の唄を歌うのも奇妙なことであるが、近世の俗曲が恋唄一色である以上、瞽女とてもそれを歌わざるをえなかった。酒興の席にはふさわしい歌である。しかしこれを別名「門付松坂」とも言い、門付唄としても歌われたらしい。宿へのお礼の唄として、また門付の唄としてふさわしいのは①である。なぜなら家々に対する祝福を込めた歌詞だからである。

祝福という点では万歳も同じである。高田の瞽女がこれを「三河万歳」と言っているように瞽女本来の唄ではなく借り物ではあるが、目出度い祝言の詞を連ねた万歳は、正月から春にかけて瞽女宿の座敷で歌われることが多かったという。瞽女はこれに三味線で二上がりの伴奏を付け、やはり太夫と才蔵ふたりの掛け合いで歌う。

また、伊勢音頭くずしも、次のようなめでたい祝言の歌詞であった。

めでためでたが　三つ重なりて
今年　蚕のあたり年
稲もあのよに　八重穂（やえぼ）咲く
八重穂が一度に　咲いたなら
うちの軒場に　蔵七つ
蔵の番には　誰がなる
一番スズメに　二にツバメ
三にウグイス　ホトトギス
うちの旦那さんは　大黒で
旦那のかみさん　お恵比寿で
あとのヨー　子供しゅは　子供衆は　福の神
　ヤレサノ　セー　ヨイヤナー　アチョイト　アラ　リヤン　リヤン
　コレワノセイー　キタ　ヤレサノセイー

（小林ハル伝承歌詞）

雑歌のこのような性格は、瞽女が祝福門付け芸人でもあったことを証拠立てるものである。

三　瞽女宿の一夜

瞽女は、村に着いたその日、宿泊する予定の瞽女宿に荷物をおろし、三味線を組み立ててから村中の一軒一軒を門付けして歩いた。門付けを済ませて瞽女宿に帰ると、到着の挨拶をして唄の一、二節を披露したという。中蒲原郡早通部落（現新潟市）あたりの瞽女宿の話では、旅の瞽女をねぎらってまっ先に初風呂に入れ、また夜の演奏の途中では砂糖湯を作って飲ませたともいう[5]。高田瞽女杉本シズの話でも、家人より先に風呂を勧められて遠慮していると、「今日はあんたがたの御馳走にお風呂たったんだから先に入っていいよ」と言われたという。

入浴して夜になると、着替えをして村の人々が集まった宿の座敷へ出て宿唄が始まる。最初は瞽女全員が「瞽女松坂」を一節ずつ交互に歌い、その後は短い口説と段物一段を歌って、食事と宿泊を無償にしてもらった宿へのお礼とした。これを「やどうた」（長岡系）または「やどばらい（宿払い）」（高田瞽女）という[6]。その後、集まった人々の希望に応じて段物・口説・民謡などを歌った。その場合、志をいくら出すかといった交渉もあったという[7]。

段物は時に四、五段も続けて歌うときがあった[8]。もし二晩にわたる場合は、「昨夜　アー誦んだる段の末／しかば誦み上げ奉る」（資料編「赤垣源蔵」の例）といって続きを歌う。小林ハルも段物はその座の所望があれば一晩に六段も歌い継ぐことがあったという。郡司正勝の「瞽女物語」（前掲）には次のような瞽女の言葉を載せている。

三段目にかかるころは、夜も更けて参りまして、ちょうど物語の時刻も、それに合うようになっていますのは、不思議な気がいたします。

〽只今読み上げし段の次ぎ、次第にその夜もふけ渡る

と読み出す頃は、場もしゅんできて、声が一段と冴えるようにおもわれます。

段物には「一更が初夜で二更が四つ／三更九つ四更が八つ／五更の天にも明け渡る」といった慣用句をはじめ、「夜は夜中の八つ時分」（八百屋お七）など夜の時間的経過を語る部分も多い。必ずしも三段目にかかるころではないが、右は演唱者の印象として話したものであろう。もし、その座がざわめいていて唄を聴く雰囲気で無かった場合は、歌詞を端折ることもあったというから、座敷はさまざまであった。そのように歌詞を短く縮めることを「たたみ込む」という。宵のうちは聴衆に女衆が多かったため、演目としては「葛の葉子別れ」がどこへ行っても歓迎されたとのことである。夜が更けて女たちが帰ると、次に男衆が来て酒の席になることもあったから、そこでは戯れ唄のようなものが喜ばれたと思われる。宵のうちは涙の段物、夜が更けてからは座興の唄ということができるだろう。

その夜の最後の唄には「万歳」あるいは「おけさ」を歌った。高田の場合は「おけさ」が多かったという。「おけさ」が最後の場合はこれを「はねおけさ」といった。また、客の帰りを催促する意味で「いぎゃれぶし（行きやれ節）」と呼ぶ地方もあったという。

翌朝、瞽女宿を発つときには発ち唄を歌った。「伊勢音頭くずし」「庄内節」、短かめの「咄松坂」「朝広大寺」などであった。高田では他に「新保広大寺」なども歌われた。長岡系の金子セキ・小林ハルは発ち唄に「伊勢音頭くずし」を歌ったという。斎藤真一著『越後瞽女日記』（河出書房新社　一九七二）瞽女唄資料に載る聞き書きの「新保広大寺」の文句末尾には「若い女中さん、これでお別れします。また来年四月、さようなら」という歌詞もある。

ラジオも映画もなかった時代に瞽女宿の一夜が、地方の村人たちにとって、年に一、二回しかない無上の楽しいひとときだったことは、瞽女の歓迎ぶりから充分うかがわれる。しかも、憧れの都市の文化をしばし味わうことができる場でもあり、普段の村の生活では聴くこともできなかった三味線の音色に包まれる興奮もあったものと思う。三味線は近世の都市文化に必須の楽器であった。ジェラルド・グローマー著『幕末のはやり唄』（名著出版　一九九五）に、

「三味線一挺から出る音がか細く響くだけの音楽が当時どれほどの迫力を持っていたか、また新鮮味を持っていたかは、想像し難い」（三七頁）とあるように、段物の悲しい場面を歌いながらも浮き立つような調子で演奏される三味線の音色は、人々を非日常的な物語の世界へ連れ去るに充分だった。

注

（1）小林ハルによれば、長唄「汐汲み」「花車」「羽根かむろ」は、大正四年に修業の一環として長岡の瞽女屋に一ケ月間滞在して、瞽女頭であった山本ゴイから習ったものだという（佐久間惇一著『瞽女の民俗』岩崎美術社 一九八三）。これによって組織的な習得だったことが知れる。

（2）ジェラルド・グローマー著『瞽女と瞽女唄の研究』（名古屋大学出版会 二〇〇七）第Ⅲ部第14章「越後の瞽女唄」に、瞽女唄各曲のテトラコルドが分析されている。ちなみに、小林ハルに確認し得たかぎりで三味線の調弦を示すと次のようになる。二上がりの曲…「二上がり新内」「松づくし」「むらさき節」「新保広大寺」「万歳」「伊勢音頭くずし」「春さめ」「大津絵」「さのさ節」「佐渡おけさ」。本調子の曲…「浅くとも」「瞽女松坂」「どどいつ」「出雲節」「新磯節」。三下がりの曲…「越後追分（松前）」。このほか瞽女口説はすべて二上がり、祭文松坂はすべて三下がりである。

（3）歌謡ジャンルの一つとして意識された口説は、瞽女の持ち唄とは別に、その歌謡形式を利用して世話物以外のさまざまな歌詞が作られ、唄本に刷られて発行されてもいる。

（4）鈴木・松浦・竹田編著『伊平タケ聞き書 越後の瞽女』（講談社 一九七六）一〇三頁、および佐久間惇一著『瞽女の民俗』（岩崎美術社 一九八三）二〇〇頁。

（5）八木末雄「瞽女宿」（『蒲原』一九七四年秋号）。

（6）「宿唄」は、始めに「広大寺」（節のこまかい「細か広大寺」）、次に段物、次に流行り唄を二つ三つという例もあった（郡司正勝「瞽女物語」、『郡司正勝刪定集』四、初出『民俗芸能』八、一九六五）。また、昼食のために休憩させてもらうだけの家でも宿唄を少し歌ったともいう。

（7）序章に引いた市川信次編の史料「越後瞽女溺死一件」にもそのことが見える。溺死した若い瞽女たちが前日呼ばれた座敷で唄を歌い終え、三百文の謝礼をもらって帰ろうとしたとき、聴き手の守り子たちが、まだ四つ前だからもう少し歌って欲しいと、追加の代金を提示して唄を望んでいる。原文では当該部分が次のようにある（ただし原文の表記は読みやすいように改めた）。

両人罷り越し、三味引き罷り在り、四つ前時分に相仕舞ひ候ところ、守子ども上にて、四つ前の儀にこれ有り候ふ間、今五拾文ほど唄候ふ様申し候へども、明日の勤めもこれ有り候へば、相休みたき旨申し、其の儘相仕舞ひ候…

つまり五〇文でアンコールしているのである。

（8）小林生「或るゴゼ（盲女）の生活誌」（『高志路』一―六、一九三五）。

第二章　祭文松坂について

一　瞽女の段物とは

瞽女唄を代表する祭文松坂を瞽女たちは「段物」と通称する。これは、一の段、二の段、あるいは一段目、二段目と長い物語を数段に分けて歌い継ぐところからの名称とも思われるが、しかし本来の意味は次のように考えられる。

段物の歌詞の冒頭には作品全体を「八百屋お七の一代記」「信徳丸の一代記」など「何々の一代記」と言っている例と、「赤垣源蔵暇乞いの段」「(石井常右衛門)なぶり返しのその段」「団九郎岩屋の段」など「何々の段」と言っている例がある。段物は何れも一代記というほどの内容ではなく、むしろある一つの出来事を集中的に語る「何々の段」と呼ぶにふさわしい内容であるから、「段」とは、説経祭文のような数十段からなる物語のうちの、ある話のまとまり部分の意と考えられる。たとえば「佐倉宗五郎」について、小林ハルの説明によれば、本来作品全体が「舟止めの段」「子別れの段」「磔の段」の三段から構成されていたという。このうち彼女が伝承していたのは「舟止めの段」と「子別れの段」の二段であるが、実際の演唱ではこれを六段に分けて歌っている。内訳は「舟止めの段」が四段、「子別れの段」が二段である。これから考えると、段物の「段」の意味は、実際の演唱における時間的制約から便宜的に区切られる一段目、二段目などの段ではなく、物語内容のまとまりを意味する段だということができる。

演唱における一段一段は、物語的にまとまりのある固定した一区切りではない。そのことは、次段の演唱に入るとき、続きの文句がすぐ出てこない場合に、前段の末尾を繰り返して記憶の糸をたぐり寄せることがあることからも知れる。また、杉本キクイの演唱例に見られることであるが、「焼山巡礼」の一段目を歌ったあと、時間を置いた二段目の開始にあたって、演唱者本人が側にいる弟子に、一段目はさっきどこまで歌ったかと小声で確認する場面がある。つまり、二段目の始まりの歌詞が固定してあるわけではなかった。一般に、ほかの瞽女たちも、演唱するたびに必ずしも一段の歌詞の区切りが一定しているわけではない。彼女たちは一作品全体の流れを連続する文句として記憶しているのである。

また、瞽女たちは物語の歌い始めに、「古き文句」を「あらあら誦(よ)み上げたてまつる」と歌う。すなわち祭文松坂の演唱は、語るものでもなく歌うものでもなく「よむ」行為であった。本書では漢字表記を一応「誦む」としたが、近代のように読む行為が黙読になる以前の、音読が当たり前だった時代を前提にすれば「読む」でもよい。瞽女たちにとって、物語の文句を声に出して言うことがすなわち「誦む」ことであった。柳田国男が、ヨムとは「暗誦することをも意味して居た」[1]といったまさにその通りである。小林ハルは、忘れた文句も「よめば」思い出すと言っていた。その場合、「よむ」とは物語の文句を声に出してみることである。それは必ずしも節を付けて歌うことではない。彼女が演唱時以外で歌詞を思い出そうとするとき、口に歌詞をぶつぶつ唱えていることがあった。この点では平曲や盲僧の語り物とは異なるように思う。たとえば盲僧の語り物について兵藤裕己は、「常套的な表現、決り文句ふうの言い回しが、一定のフシ回しと結び付いて存在すること」、つまり「フシをつけずに文句だけ唱えるというのは、まず不可能といってよい[2]」と述べているが、これに対して、瞽女の場合は、文句を丸暗記に近い状態で記憶しているということである。「小栗判官」の凡例で述べるように、小林ハルの弟子近藤ナヨに吹き込んでもらった段物の録音テープは、歌わずに普段の地声のまま文句をよんだものであった。これは段物に限らず口説の場合も同じである。本書の資料編に収録した杉本キクイの「お久口説」は、三味線も節も付けずにただ棒読みしただけの歌詞である。もちろん記憶の助けとなっているのは七五調や七七調でつづられた歌詞のリズムであり定型・慣用句ではあるだろう。実際の演唱では数句ごとに一定の曲節を繰り返してゆくだけであるから、ときに歌詞の脱落があっても次の歌詞を同じように一定の節に乗せて歌ってゆけばよい。そこが段物の便利な点でもあった。

二　祭文松坂

ところでまた、古い物語を七五調で綴り、これに一定の節を付けて歌うこれらの演目を「祭文松坂」と呼ぶのはなぜか。「祭文」は、芸能化した歌祭文として江戸時代の前期からあった芸能であるが、これに「松坂」を付けた意味がよくわからない。

松坂は江戸時代から祝い唄として歌われた越後の代表的な民謡であったが、藤原勉は、祝い唄の松坂とは関係なく、踊り唄の松坂であろうとする。すなわち、「踊唄の松坂は祝唄の松坂が徳川時代に入って三味線に乗せられるに至つて出来た木遣くづしの一種」だと推定し、その木遣くづしの間に口説が入って、語るがごとく歌うがごとき踊り口説が京都に流行し、元禄以来、盆踊りの波に乗って地方に波及したと説き、「此種前後に松坂のついた踊口説が越後瞽女の手に入り、……この松坂の口説の部分の独立したものが所謂越後口説のもととともなり、又その口説の祭文化されたものが祭文松坂ともなつたと考へられる。而して松坂の祭文化されたもの、しかも前後になほ松坂がついてゐたといふので特に祭文松坂と称せられたものと思ふ[3]」と述べた。江戸前期に京都から流行りだした踊り口説は瞽女の段物と同じく七五調であった。また一定の節廻しの繰り返しによって長編歌謡を歌うという特徴も共通する。しかし

「越後口説」が瞽女口説と同じものを指すとすれば、それは七七調であり、藤原説では江戸後期に口説の大きな変化があったことが考慮されていない。また、江戸初期の踊り歌「松坂」とは、伊勢松坂の踊り唄のことだと思われるが、瞽女の祭文松坂は江戸後期から歌い出されたと推測されるから、江戸前期に流行した踊り口説とはずいぶん時代的な隔たりがある。

松坂はともかく、「祭文松坂」は少なくとも歌祭文の流れであることは間違いない。歌祭文は、山伏の祭文が世俗化し芸能化したもので、その成立は元禄期に遡り、かつ享保期には全盛期を迎えた。そしてさらに、これがもととなって幾つかの語り物や物語的歌謡が生まれた。関山和夫はこの展開をこう述べている。「歌祭文は、さらに多くの民間芸能を生んだ。くどき調化した歌祭文が、地方で盆踊り歌となり、江州音頭・河内音頭などの音頭を生んだこと、瞽女唄が北陸地方の盆踊り歌松坂節と合して祭文松坂ができたことは注目すべきであるし、門付芸として「でろれん祭文」が登場したことも留意しなければならぬ[4]」と。ここでも、歌祭文が盆踊り唄の松坂と合体してできたのが祭文松坂だとする。これについて、一説には、松坂の音数律七七七五の、七七と七五の間に七五調四句を一連とする祭文を挿入して長編の唄にしたのが祭文松坂であると具体的に説く研究者もいる[5]。

松坂について言えば、これは瞽女も門付け唄として歌ってきたものである。第一章で引用した瞽女松坂である。恋愛物もあれば祝い唄もあった。長岡系瞽女の金子セキは、刈羽方面で門付けするときは「切れていたとて　たよりは出さぬ　いやで別れた　仲じゃない」という瞽女松坂を歌ったという[6]。歌詞は近世歌謡の一般的な形式七七七五音である。しかし、

あら玉の　年の始めに　筆とり染めて　よろずの宝を　かきとめる
元旦に　鶴の音する　あのはねつるべ　かめにつりこむ　わかの水

（二首目は、井戸から若水を汲んで瓶にあける様子を歌いながら、つるべに鶴を、甕に亀を掛けて、鶴亀のめでたい句にしている。）

と、五七七七五音の形式もあって、小林ハルが歌う瞽女松坂はそれである。つまり瞽女松坂には二種あった。このうち五七七七五形式の歌は、越後地方では魚沼民謡「魚沼松舞」としても歌われている。

奥山の　滝に打たれし　あの岩さへも　いつほれたともなく　深くなる

（魚沼松舞の歌詞例）

ごく一般的に歌われている祝い唄松坂の歌詞例は、たとえば、

めでためでたの　若松さまよ　枝も栄えて　葉もしげる

といった七七七五音形式であり、いずれの形式でも祝い唄として歌われた。ただし、こうした歌詞の穿鑿からは踊り唄の松坂を知ることはできない。民謡としてはいずれもまた踊り唄ともなる。しかも単純に歌詞の形態上から見ても祭文松坂との共通性を見いだすことができない。祭文松坂は「さればによりては　これにまた」（八音五音であるが七五と見てよい）と始まり、「まずはこれにて　段の切り」（七五）と終わる。つまり開始から七五であり、松坂の七七でも五七でもないからである。段物の歌い方そのものが変化しているとすれば、現在形からの推測はなおさら不可能であるが、ヒントになるのは高田瞽女が伝えている「咄松坂」（本調子）という雑歌（ざか）である。これは松坂節で歌い出し、次に小咄の語りと唄を交互に入れた笑話風の唄で、最後の落ちを松坂節でおさめるというもので、さしずめこの例が松坂節との関係を考えるわずかな手がかりとなるだろう。

つまり次のような瞽女の証言が、松坂節との関係を表わしているかも知れない。――段物の最後を松坂節で納めようとすれば「三味線の調子を三下りから本調子に直して、松坂節の手で弾いておいて歌い出さなければならないので、しだいに瞽女節（祭文松坂の節）で納める者が多くなっていた」[7]。日本の芸能には最後を祝言で締めくくるという

性格があって、瞽女の芸能もまたそうしたことから祝い歌の松坂節の旋律を末尾に採り入れたものと考えられる。三味線音楽にたずさわる者にとって、一曲の途中で調子を変えることは、それほど難しいことではないが、本調子の松坂節を省いたのは、衰退期の瞽女たちが選んだ安易な方法だったのだろう。

しかしまた、祭文松坂の歌い出し「さればに～」を、瞽女は声を低くして厳かに歌い始める。このような節は唄としての松坂節にはない。段物の歌い出しについては、民謡の松坂節との結合だと簡単には言い切れない。次に、あらためて祭文松坂の歌い出しを掲げてみよう。

　されば に　アーよりては　これにまた
いずれに愚かは　無けれども
何新作の　無きままに
古き文句に　候えど
ものの哀れを　尋ぬれば
芦屋道満　白狐
変化に葛の葉　子別れを
こと細やかには　誦めねども
あらあら誦み上げ　奉る
（小林ハル演唱）

なんと物々しい前置きであろうか。「さればによりては」とは、既述のように江戸時代の語り物の慣用句からきている文句である。歌祭文では、山伏の祭文にならって「祓ひきよめ奉る」と始め、「うやまつて申す」（お夏清十郎の例）

と終わる形であった。瞽女の段物の始まりの物々しさは、松坂による歌い出しではなく、そのような祭文の形式を受け継いだものと考えられる。

なお、江戸時代の文献からは歌祭文と女の芸人との関係をうかがうこともできる。たとえば明和五（一七六八）年刊『絵本軽口福笑』[8]の絵によれば、京都北野天神社とおぼしきところに小屋掛けした「女哥さいもん」が、「まんさいはなし」とともに見えるし、また宝暦十二（一七六二）年の大坂竹本座初演『奥州安達原』三段目は通称「袖萩祭文」と呼ばれるが、盲女袖萩が三味線を弾いて歌うのは、その七五調の歌詞からして歌祭文であろう。享受者の側も多くは女であったことは、『本朝文鑑』の、京都賀茂川の景を叙した渡吾仲の「凉賦」に、「歌祭文には女中をなかしめ、太平記には浪人をたゝずましむ」とあることから知れる。このように歌祭文は女の芸としての性格も古くからあった。

三　物語の性格

「八百屋お七」のような色物を除けば、段物はどちらかと言えば女性に好まれたようである。演目の内容には、前述のように〈子別れ〉の話が多く、中でも「葛の葉子別れ」がよく望まれた。小林ハル談でも「子別れなんかは女子（おなご）衆（しゅ）に受けた」という。

前章において口説と比較して述べた通り、祭文松坂の演目は、「何新作の無きままに／古き文句に候えど」という前置きに見られるように、すでに他の語り物によって定評を得た物語である。しかもそれらの物語の内容は日本人の好んだ代表的な悲劇であるということができる。「石童丸」「小栗判官」などの古い説経に由来する物語と、「八百屋

越後瞽女の伝承演目

	作品名	主　題	主な登場人物
1	葛の葉子別れ	子別れ	葛の葉狐と童子丸
2	石童丸	子別れ・親子再会	石童丸と苅萱
3	信徳丸	継子いじめ・子捨て	信徳丸と継母
4	小栗判官	夫婦再会	小栗判官と照手姫
5	景清	夫婦離別・幼児犠牲（子別れ）	阿古屋と景清
6	阿波の徳島十郎兵衛	親子再会・幼児犠牲（子別れ）	お鶴・十郎兵衛・妻お弓
7	八百屋お七	恋と犯罪	お七と吉三
8	佐倉宗五郎	忠義・子別れ	宗五郎・甚兵衛・妻おせん
9	赤垣源蔵	兄弟の別れ	源蔵・伊左衛門・下女お杉
10	明石御前	幼児犠牲（子別れ）	小菊・源内・妻おりつ
11	石井常右衛門	遊女の立引き	常右衛門・同役・高尾
12	山中団九郎	山賊退治	権八・団九郎・亀菊
13	白井権八編笠脱ぎ	夫婦再会	権八・小紫・長兵衛
14	山椒太夫	子別れ	御台・うば竹・船頭
15	片山万蔵	家族離散（夫婦再会）	万蔵・妻菊江・母・海賊
16	焼山巡礼	巡礼受難	巡礼女・山賊・六部

※小林ハル・杉本キクイの伝承演目による。(9)

お七」「佐倉宗五郎」など江戸時代に成立した比較的新しい物語に大別できるが、いずれも他の芸能ジャンルの物語を借りて、その山場となる部分を、哀調を込めて歌うのが瞽女の段物である。これらのうち、「佐倉宗五郎」「赤垣源蔵」「石井常右衛門」「山中団九郎」「白井権八」「片山万蔵」以外は女性が中心の話であり、しかも女性の聴衆に受けたという子別れや幼児犠牲の物語が多く見られる点が特徴となっている。歌詞についても、一例を引けば次のように女性が盛装する様子を詳しく語る部分が印象的である。

鏡台鏡に　打ち向かい
あずま（ママ）後ろへ　たなびかせ
丈（たけ）と伸びたる　黒髪を
梅花（ばいか）の水で　つやを出し
伽羅（きゃら）の油で　まとめられ
香（こう）の油で　匂い付け
ぐるり落として　根を締めて
髪取り上げて　お七殿
（女子（おなご）に相撲は　無けれども）
吉さんころりと　投島田
きれし前髪　止めの櫛
銀の簪（かんざし）　名古屋うち
前と後ろに　爽やかに

（顔に白粉　薄化粧）
さらば衣服を　着替えんと
下に白無垢　黄八丈
間にひわ茶に　緋縮緬
上に着たのが　何と何
緞子鹿子に　黄八丈
紫綸子の　振り袖を
帯は神田の　広小路
三四に廻して　お七殿
八百屋のやの字に　結び下げ

（杉本キクイ演唱「八百屋お七」）

このように、鏡台に向かったあとの髪梳きと装束の過程が事細かに語られる。ここにも、女が語り、女が享受した物語の性格がよく表われている。

また、幼児犠牲の場面も、次のように母親の苦渋の選択として詳しく語られている。

そなたら二人　手に掛けて
母ももろとも　自害をし
死出の山路の　曇りなく
三途の川も　濁りなく

母が手を取り　渡るぞえ
ここの道理を　聞き分けて
母に命を　たまわれと
弥石丸(いやいしまる)は　聞くよりも
申し上げます　母様(かかさま)へ
それがまことで　ありますか
まことのことで　あるならば
はやく殺して　給われと
西へ向こうて　手を合わせ
南無や西方の　弥陀如来(みだにょらい)
非業の最期の　われわれを
来世は助けて　給われと
南無阿弥陀仏　弥陀仏(みだぶつ)と

（小林ハル演唱「景清」）

「葛の葉子別れ」にもある表現だが、あどけない我が子を不条理に殺さなければならない母の身の上を語り、聴衆の涙をしぼる場面になっている。とりわけ子を持つ母親たちにとっては、我が子に対する愛情の深さを再確認することにもなり、共感を得たものと思われる。

四　神仏との関係

子別れは、もちろん瞽女の演目だけに見られるものではない。瞽女は古い物語からとりわけこのテーマを選んだということである。子別れは説経祭文の特徴ともなっているし、さらに遡った説経節の特徴でもあった。説経節と幼児の物語については、すでに「五説経といった『信田妻』『隅田川』『愛護』『津志王』『石塔丸』が、揃って縁起物であり、稚児中心のものであった……」[10]という指摘がある。瞽女の段物にもそのような古い物語の残映を読み取ることができるだろう。[11]たとえば次の各演目はなんらかのかたちで神仏との関係を持っている。

「葛の葉子別れ」	葛の葉稲荷
「阿波の徳島十郎兵衛」	身代わり観音
「石童丸」	親子地蔵
「明石御前」	言成地蔵
「佐倉宗五郎」	宗吾神社
「八百屋お七」	於七地蔵
「平井権八」	権八地蔵[12]
「山椒太夫」	乳母嶽明神
「景清」	清水観音
「焼山巡礼」	高野山の順礼寺

「信徳丸」　　春日明神

このことは、段物が元来寺社の縁起と結び付いた古い物語を借りていることから当然のことであろう。そして地方の民衆にはそれを受け入れる俗信の世界がまだあったということでもある。また、「明石御前」や「八百屋お七」といった近世の新しい物語の場合は、さまざまな芸能に採り上げられて広く知られるようになったことから、民間の地蔵信仰と結び付いたものである。また物語そのものも、中心人物が自ら犠牲になって、民衆に宗教的教戒を残すという古い伝統的な形式によっている。そのことは、たとえば「明石御前」の小菊の例によく現われている。つまり小菊が、行列参詣に出ると私のような悲しい目に遭うから決して出るなと、他の子どもたちに言い残す場面である。それはいわば神仏がそのような悲劇を生きてみせることで人々に教えを説くという古い説経の物語パターンに等しい。

また観音信仰にしても段物に固有の問題ではない。ただし歴史的に遡った場合、清水観音と瞽女・盲女との関係は深かった。室町時代の瞽女（盲女）の文献例としては、『蔭涼軒日録』文明十九年五月二十六日の記事が知られており、また狂言『清水座頭』も清水の観音で再会する瞽女と座頭の夫婦の話であるし、絵画資料としても、徳川時代初期、元和年間の初めごろの景観を描くとされる舟木本「洛中洛外図屏風」には、清水寺の舞台で三味線を弾く盲女が描かれている。室町時代に京都の清水寺門前に居た瞽女たちが、清水寺の観音信仰を物語化して語っていたことも考えられる。五味文彦は、観音信仰を背景とする『平治物語』中の源義経の母常磐の物語も清水寺の門前の瞽女たちによって担われ語られ成長していった物語だろうと推測している。[13] また、「観音信仰がしばしば開眼譚と結びつくことは説経『しんとく丸』でも明白なところである」[14] し、またやはり清水観音と縁のある「景清」の物語も「目」との深い関係を持っているから、瞽女という盲目の女性たちにとって決して無縁な信仰ではなかった。[15]

五　祭文松坂の歌詞

1　慣用句

瞽女たちは盲人であるから文字テキストを見ることができない。長編歌謡祭文松坂の特性を考えるためには、男性盲人が語った九州の盲僧琵琶の研究が参考になる。兵藤裕己「語りの場と生成するテクスト――九州の座頭（盲僧）琵琶を中心に――」[16]によれば、盲僧琵琶では次のような慣用句を多用するという。すなわち、①合戦や戦闘場面を語る長大なノリ、②登場人物の死や愁嘆場面を語るウレイオクリ、また③コトバブシ・ナガシで語られる主人公の誕生と成長、④ヒロインの容姿、⑤夜から朝までの時間の経過、⑥神社仏閣での祈願、⑦道行、そして次のようなさまざまな場面に応用可能な七五調一句程度の文句、

〈思案する時〉

「思いまわせば情けない」「しばらく思案をいたせし」「ようやく思いついたのか」

〈計略の成功を待つ時〉

「今やおそしと待ちたもう」

〈中心人物の紹介〉

「器量姿は世にすぐれ、何にとりても暗からず」

〈手紙を書く場面〉

「硯ひき寄せ墨すり流し、鹿の巻筆濃く染めて」「うわ書きざっとなされては、桝形様に折りたたみ」

〈中心人物の誕生と成長を語る時〉

「満ちくる潮ともろともに、ご産の紐をたいらかに」「・・・・と名をつけて、蝶よ花と育て、笑えよ座れ、座れば這えよの親心」「・・・の成長は、宵に生えたるたかんなの、夜中の露を育んで、尺とる登るがごとく」

〈神仏に祈念する時〉

「うがい手水で身を清め、あなたの鰐口打ち鳴らし、とをの蓮華をもみ合わせ、南無や申さん」「三度礼して五度拝し、十三辺のおん巡り、かずの神祇も伏し拝み、その夜は」

〈夜から朝にかけての時間の経過〉

「一更が初夜で、二更が四つ、三更夜中で四更が八つ、五更の天も晴れゆかば」

〈中心人物の死を語る時〉

「おいたわしや年のころ…歳を一期とし、ついにむなしく消え給う」

〈その他〉

「うれしやこれぞと…する」「たれ知るまいと思いしが」「…すると見えたりしが」「恨みつわびつ身を悶え、泣き叫ぶこそ道理なれ」「ものの哀れは」

などであるという。

瞽女の段物には節の多様さはないが、こういった慣用句の使用や繰り返し表現は基本的にまったく同じである。瞽女唄の慣用句については、すでに鈴木孝庸著『越後ごぜうた文藝談義』（二〇〇三）に詳述されているが、次に筆者なりにあらためて数えあげてみよう。

（1）〈語り出し〉と〈語り納め〉

語り出しの慣用句例

a　「さればに　アーよりては　これにまた／いずれに愚かは無けれども／何新作の無きままに／古き文句に候えど……」（小林ハル）

á　「さればによりては皆様へ／さらば一口読み上げる／お聞きなされてくださいと／あれやこれやと思えども／何新作も無きままに」（土田ミス）

a″　「さればによりてはこれにまた／いずれに愚かはあらねども／良き新作もなきゆえに」（杉本キクイ）

段物は、演唱する瞽女によって多少の変化はあるが、このように慣用的に決まった文句で歌い出される。

また、段を切って休止する場合は、

b　「さても一座の上様へ／まだ行く末はほど長い（まだ行く末はあるけれど）／誦めば理会も分かれども（下手の長誦み飽きがくる）／一息入れて次の段（お好みあるなら次の段）」（小林ハル）

（また、続きを歌わない終わり方は、「さても一座の上様へ／下手の長誦み飽きがくる／まずはここにて段の切り」。）

などと歌い、その続きを開始する場合は、

c　「ただいま誦んだる段のつぎ（又は段のすえ）／しからば誦み上げ奉る」（小林ハル）

ć　「ただいま誦み上げ段のつぎ」（杉本キクイ）

c″　「またも嘆きで誦み上げる」（坂田トキ）

などと歌う。そして末尾は、

d　「まずはこれにて段の末」

などの文句で歌い納める。

次に明治三十二年生まれのある長岡瞽女自身が語ったという慣用句意識を、郡司正勝「瞽女物語[17]」によって、右の例と対応するように整理して引用してみよう。

段物は、唄い出しや、段の切れ目には、きまった文句がごぜえます。まんず、

a　〽されば によりてはこれは又、いずれにおろかはあらねども、種々なる利益を尋ぬるに、俊徳丸一代記、ことこまやかに読めねども、あらあら読み上げ奉る

と出るのでござります。

一段の段切れでは、

b　〽さて、皆様にもどなたにも、ちょっとかしこにとどめおき、次の段にて別れます[18]

といって休みます。

さて二段目にかかりますときは、

c　〽只今読み上げし段の次ぎ、かくして我家になりぬれば

と出ます。

最後には、

d　〽さて皆様にもどなたにも、これで読み上げ奉る

と読み納めるのでごぜえます。

（2）会話に伴う〈呼びかけ〉と〈応答〉

誰かに対して呼びかける場合、「これのうぃかに巡礼や」「これのうぃかに女房ども」「これのうぃかに旅の者」などと、「これのうぃかに」（七音）を用いる。またこれに呼応して応える場合は、「山賊それと聞くよりも」とか「それ聞くよりも山賊は」と歌うか、あるいは「申し上げますおばさんへ」などと歌う。

（3）〈話題の転換〉

「それはさておきお鶴こそ」などの「それはさておき」が使用される。

（4）〈思案〉

「胸の鏡に手を組んで／しばらく思案を致さるる」

（5）物語を〈停滞〉させる句の多用

「いや待てしばし我が心」「言わんとせしが胸せまり」など。「いやまてしばし我が心」は説経祭文にも見られる句であり、また九州の座頭琵琶でも「いやいや待てしばし我が身のこころ」などの文句が見られる。

なお、段物は内容的な面でも繰り返しや仮定表現などで物語展開の停滞を作るのが一つの特徴となっている。

（6）〈夜の時間的な経過〉

「一更が初夜で二更が四つ／三更が九つ四更が八つ／五更の天にも明けければ」

なお、これに関連した道行文的表現に、「一里登れば不動坂／二里と登れば天狗岩／三里登れば松の木の／天神林の中ほどで（山中団九郎）」といった句もある。

（7）〈道行〉

道行の句は「八百屋お七」、また高田瞽女の「景清」「石井常右衛門」[19]に変形的な形で見られるほかは、段物にはほとんど無い。そのかわりに次のような簡単な句が置かれる。

「旅のしたくを致されて／泣きいる童子をおぶい上げ／親子もろとも今ははや／恋しき我が家を立ち出でて／宿の枕も数重ね／和泉の国へと着きにける」（葛の葉子別れ）

「旅の支度をいたされて／恋しき我が家をあとに見て／慣れぬ旅路をたどりつつ／紀伊の国指して出でにける／

日々にもの憂き草枕／ようやく高野のふもとなる／学文路が宿にたどり着き」（石童丸）

道行き表現は「しんとく丸」など古い説経にもよく使われているし、後世の説経祭文にもあるが、瞽女の演唱にはない。その点が瞽女の段物の特徴となっている。たとえば、江戸で流行った〈からくり節〉とも関連があるのではないかと推測されている「八百屋お七」の場合でも、本章第八節「典拠と作品論」でふれるとおり、江戸市中を引き廻されて刑場へ向かうくだりなどは道行表現が最もふさわしい部分であるにもかかわらず、瞽女の段物では道行とはなっていない。しかし〈からくり節〉では、この部分が次のような道行の詞章によって語られている。[20]

伝馬町から引出され、髪の島田の油町、からきうきめの塩町に、あふを見に出し見物は、爰やかしこに橋町、富沢町を引廻す、姿やさしき人形町、しやばと冥土の堺町、扨もあわれやふびんやと、てんでに涙を葺屋町、雨も降ぬに照ふり町、江戸橋こへて四日市、日本橋へと引出だす、（下略）

これは七五調の道行文であり、もし八百屋お七の〈からくり節〉から歌詞を採っているのであれば、何の苦もなくそのまま写すことができたはずである。しかし、経過する地名が出てくるこのような典型的な道行文の例は、高田瞽女の「景清」に多少見られるほかにはほとんどない。

（8）〈道行の変形〉

広い館の部屋々々を通過して目的の部屋へ行くときの表現に次のような例がある。

あまたお寝間のあるなかに／どれが吉三のお寝間やら／辺りをしばらく見廻せば／獅子はなけれど牡丹の間／虎はなけれど竹の間よ／鹿はなけれど紅葉の間／鶴の間雁の間通り抜け／夏は涼しき扇の間／吉三の様子を菊の間で／お七が姿じゃなけれども／すんなりほっそり柳の間／目細鼻高桜の間／差し足抜き足忍び足／ようようなれば学寮の／唐紙ぎわへ立ち寄りて

（「八百屋お七」の忍びの段）

これは次の〈物づくし〉と一体になった道行文的な形式であり、それがさらに簡略化されて、

奥の一間へ　急がるる　　　女郎衆の部屋へと　急がるる
奥の一間に　なりぬれば　——　女郎衆の部屋にも　なりぬれば

など、「……へ急がるる／……になりぬれば」の形となる。
また、「間の唐紙そよと開け」もこのような場面の慣用句である。

(9)〈物づくし〉

〈鳥づくし〉〈虫づくし〉〈青物づくし〉などで、これは古くから他の歌謡にも多く見られた。一例をあげれば、「大経師おさん茂兵衛」の歌祭文にある下女の玉が拾った恋文をおさんが開いて見る場面、「たま〳〵たより嬉しさに、暦まざりに書く文を、大音によませ給ふなよ。若しや人のきた日で、是こそ不義とあやむ日。歳刑に及びなば、歳殺せられんうたてさよ。君を恋しく思ひ寝の、富士の高嶺にます思ひ。積る天一天上の、五衰八専間日（まび）もなし。かゝる心の重日（ちゅうにち）を、せめてごげんに口説かんと、いろ〳〵坎日（かんにち）めぐらせて、たま〳〵逢ふ夜は庚申。……花のおさんの君参る。茂兵衛より」などは、暦尽くしの恋文であり、瞽女の「八百屋お七」に歌われる「青物尽くし」の恋文と同工である。

(10)〈数え唄〉

これは「八百屋お七」に見られるのみだが、〈一ツトセ節〉や瞽女の〈やんれ節〉にもあったし、「万歳」の才蔵の文句にも見えるから瞽女唄の慣用表現と見てよい。

(11)〈漸減法〉

これも「八百屋お七」に見られる次のような表現である。

「一生添いたいとは思えども／末代ならずば十年も／十年ならずば七年も／それもならずば五年でも／五年ならずば三年も・・・・」。

(12)〈美男美女〉

黒髪の美しさの慣用句に「髪は烏の濡羽色」がある。そのほか「背高からず低からず／三日月眉毛に色白く／目もと優しく唇尋常／腰はほっそり柳腰／譬えがたなき別嬪じゃ」(片山万蔵) などの類型表現も慣用句と見てよい。

(13)〈女性の盛装〉

八百屋お七でも、照手姫でも、とりわけ出で立ちのときの装束が詳しく語られる。鏡台―古き元結―髪梳き―油付け―衣裳など一連の行為がつづられ、これから大事な場面に臨むという点では、古い軍記物語のいくさ語りと共通する。瞽女の段物では室内で盛装する過程を語るが、説教源氏節「石井常右衛門 高尾達引之段」では花魁道中の箇所に、

高尾がその日の有さまは、柳にまごうくろかみを、うしろへひらりと下髪で、げにたいまいのくしかうがい、まへにさしたるかんざしは、みだの御光の如く成り。はだには、ひがのこの長じばん。合に白むく、もんりんず。そのや上が、びろどうの浅きじゐ、かたからすそへ、たすきがけ。白ともへぎのより糸にて、常といふ字を石だゝみにこそはぬわせつゝ、同じついのうちかけの、おもてはしおぜのひうらにて、かたには糸わの内にだきめうが、すそには丸の中に、一ツ紅葉は自分のもん、ひよくにこそはぬはせつゝ、まへだれ帯はゐぞにしき。五色の糸をあやどつて、玉とりりよのぬいもよう。龍がつかみし玉のかわりに、糸わの内にだきみようが。

石井のもんをつかませて、高こまげたをはきならし・・・・

とあって、あたかも軍記物語の戦陣の場面に似ている。

（14）〈重句表現〉
「人間界とは思うかえ／人間界にあらずして」（葛の葉）
「それがまことでありますか／まことのことであるならば」（石童丸）
「おさきが里と申すある／おさきが里に隠れなき」（信徳丸）
「出入りの鍛冶屋へ急がるる／出入りの鍛冶屋になりぬれば」（同）
「この家で介抱致されぬ／この家で介抱致すなら」（同）
「その日の暮れるを待ちにける／もはやその日も暮れければ」（同）
「獄屋の格子に取り縋る／獄屋の内にて景清は」（景清）
（重句表現が多く見られる作品に「平井権八編笠脱ぎ」がある。）
（15）〈神社参拝〉
「五十五段のきだはしを／のぼり詰めてはここにまた／うがいせきに立ち寄りて／うがい手水で身を清め／その身は宮へ上がられて／春日の宮にうち向かい／知らせの鰐口打ち鳴らし」（信徳丸）
なお、「信徳丸」の後妻が神を脅迫する句「この願成就致さぬば／前の田川へ身を投げて／二十尋余りの白蛇となり／四十二枚の歯を揃え／十二の角を振り立てて／かえりてこの大門にのたわりし・・・」も慣用表現であろう。
（16）〈他家訪問〉
「表のくぐりをそよと開け」
（17）〈子どもをあやす文句〉
「極楽浄土という所に／蝶々とんぼもたんといる／でんでん太鼓もたんとある／飴やお菓子もたんとある」（葛

の葉子別れ）

（18）〈ことわざ〉

以上のような慣用句の他に諺もよく使用される。語り物における諺の利用は説経節などにも見られ、広く世間に流布する決まり文句として、慣用句に準ずる。また諺の場合はそれだけでなく聴衆に対する説得力を持つ詞としての効果があり、浄瑠璃でも多用される。

（19）〈その他〉

忠臣蔵の芝居の登場人物を織り交ぜながら粗末な住居の暮らしを語る部分に、「忠臣蔵ではなけれども／縁の下にてくだいふが／風の吹くたびゆらのすけ／屋根から天川義平さん／寝てて大星拝むとも」（八百屋お七）の例がある。

この他にも慣用句として、

「泣くよりほかのことぞ無し」（悲嘆の場面）

「思い廻せばわたしほど／因果の者はあるべきか」（同）

「・・・の手を取りて」（人物を案内したり、同行する場合）

などの例をあげることができるだろう。

また、「親子もろとも今ははや」など、話の展開を急ぐところに「今ははや」の慣用句が使用されるが、簡便な句であることから小林ハルの演唱には少し多用され気味になっている。歌詞を七五調に当てはめて歌っていくとき、もし語句が余ったり、あるいは送って次のヒトコトにしては七五の文字に足りない場合、この便利な句を使う。たとえば、

三浦屋方の／高尾職の／その部屋で

とある歌詞を七五調に調える場合、

三浦屋方にて今ははや／高尾職のその部屋で

としても最初の意味にほとんど変わりなく歌うことができるからである。

2　定型句および歌詞の習得

慣用句は段物のすべての演目にわたって使用される決まり文句だが、これ以外に瞽女の演唱を助けるものとして同一作品の中にのみ出てくる一定の決まり文句がある。たとえば高田瞽女の「山中団九郎」を例に取れば、作中には次のように何回も重出する句が見られる。

「よくよく因果なお侍（奴）」（3回）

「火箸を取り筆となし／灰かきならし仮名書きに／申し旅の侍様」（2回）

「非業の最期をさするかと」（4回）

このような句の繰り返しは同時にまた同様の場面の繰り返しでもある。「葛の葉子別れ」でも、「母は信太へ帰るぞえ／母は信太へ帰りても」の句が繰り返されるが、それは場面が停滞して進まないということでもある。具体的な例は資料編の歌詞の脚注に示してあるからここにはあげないが、それぞれの作品に共通して見られる性格である。一つの物語場面に停滞して、登場人物が置かれた境遇や心情を長々と歌い、あるいは登場人物自身が自己の心中をかき口説くのが段物すなわち祭文松坂の特徴であり、反対に口説と呼ばれる演目はむしろ登場人物の心情に立ち止まることなく事件が淡々と叙事的に歌われるのがその特徴である。

慣用句をちりばめ、定型句を繰り返し、しかも唄の節もまた数句ごとの繰り返しだから、要領さえ覚えてしまえば瞽女にとってはいくらでも歌うことができる重宝な歌謡だったかも知れない。しかし実際の演唱では、演唱者が慣用句や定型句をその場で臨機応変に組み合わせて自由に歌っているわけではない。元来、口頭演唱であるからは、演唱のたびごとに歌詞の出入りや増減があって当然であり、瞽女たちの実際の演唱でもそれは事実である。とくに物語場面が停滞して似たような歌詞が繰り返されるという性格から、まとまりを持った数句が演唱中に他の場所へ移動するという現象も見られるが、それでも聞いていて不自然さはない。――それでは瞽女自身そうした自由度を容認しているのかということであるが、これについて筆者は違うという見方をしている。演唱のたびに文句が違うというのは結果であって、瞽女たちは必ずしもそれを良しとしてはいない。彼女たちは瞽女仲間という組織をもって活動していたし、少し大袈裟に言えば歌もまたその管理下にあったから、ときに自分の歌う歌詞に自信がなかったりおかしな部分があれば、たとえば長岡瞽女ならば瞽女屋敷へ行ったときに直してもらうことができた。

これについてはこんな事例もある。小林ハルに段物の「佐倉宗五郎」を習っていた晴眼者の女性に、伝承歌詞に文脈上不合理なところがあったので筆者が少し改変を加えて歌ってもらった。すると、それを聞いていた小林ハルは、文句の読み誤りがあるから、次回自分がよく読んで聞かせるといい、「このままでは、よそで歌わせられない」とも言った。このように歌詞の違いを厳しく指摘された経験がある。(21) 歌詞は古くから決まったものとして正確に記憶されなければならないという考えがここから知れる。せいぜい許容されるのは定型句の移動であり、慣用句はほとんど入るべきところに入るようになっている。弟子たちが師匠から教わった歌詞をできるだけ忠実に歌ったことは、その習得の過程からも知れる。

次は、どのようにして歌詞を覚えたのか、という質問に対する杉本シズ（杉本キクイの養女）の答えである。

口移しに覚えるんだわね。あんた方みたいに字かかれるわけでもない。歌は口移しに覚えるけど、三味線覚えるのはなかなかね。三味線覚えるのはね、わたしら小さいでしょ、小さいったってほら、ここに枕を置いてさ、そして枕の上へ三味線の胴をこうやってのせてさ、そして教える人がここへ私にこうやっておんぶするみたいにして、そしてこうやって教えるの、三味線。歌はね、あの、まあ、口移しにね。親方「夫に別れ子に別れ」ならそう言うでしょ、ひとこと。そうすると私も「夫に別れ子に別れ」って言うわね。そうやって、まあ覚えのいい人だったら二十行も三十行もつぎつぎつぎつぎ親方、読んでいくんだね。私らその習う子供もそうやって読んでいくんだね。覚えのいい人なら二、三回親方そうやって読んで自分も読んでいけば覚えるんだよね。私なんか、本当にもう、十行か十五行読んでもらっても三度や四へん、いや五へん読んでもらったって覚えらんねかった。おらお母さんなんかね、杉本キクイっておらお母さんなった人なんかね、二十行も三十行もつぎつぎ読んでいっても三回ぐらいきけば一人で読まれたって。二十行も三十行もったらね、ほら、「夫に別れ子に別れ、もとのしのだへかえらんと、心のうちには思えども、いやまてしばしわが心」こうやって読んでいくんでしょう、それなかなか覚えらんねわね。だってねえ、あんた方みたいにほら、テープにいれるわけじゃないし、字はかかれるわけじゃないし。(22)

このようにして、弟子は師匠の口移しによって忠実に伝承してきたのである。そして、先に「よむ」という行為についてふれたように、瞽女たちが演目の歌詞を節なしで暗唱することができたのも、前もって固定した歌詞があったことを表わしている。小林ハルの思い出に、旅先の宿で祖父から教えてもらった読売の文句によって「葛の葉子別れ」のまだ習っていない部分を歌ったとき、「ほかで唄を覚えられるのなら、なにも師匠は要らないだろう」とひどく叱られたという話もある。師匠から習った唄でなければ、歌うことを許されなかった。これは師弟関係の問題だけでなく、歌詞の伝承の在り方をも示しているだろう。また、小林ハル伝承の「葛の葉子別れ」一段目に次のような歌詞がある。

葛の葉姫の　仮り姿
その場に出でて　みずからが
手傷の介抱　切腹止め
伴いこの家へ　入りにける

このうち三〜四行目を、

てきぜの介抱　切腹遂げ
そのまえこの家へ　入りにける

と歌っていたので本人に確認したところ、これは長岡の瞽女屋の文句であるとのことだった。ここにもまた習ったことを忠実に伝承しようという意識の表れが見られる[23]。

ただし、ひとこと付記すれば、小林ハルは親方から習った「石童丸」の歌詞を、一段目にあたる部分が短かすぎたので自分で例外的に増補している。これは終末期の瞽女が行なった特別のことかも知れないが、しかしまた過去にも才能のある瞽女が歌詞を創作し、また練り上げた結果、それが瞽女仲間に定着して今日に残る演目になったものでもあろう。そのような営為なしにはそもそも最初の瞽女唄が生まれなかったからである。

六　近接芸能との関係

瞽女の段物が手本とした「古き文句」はさまざまである。外題だけから判断すれば、「信徳丸」「小栗判官」「山椒太夫」「景清」「石童丸」「葛の葉子別れ」等は説経節や古浄瑠璃と共通する演目であるし、「阿波の徳島」「葛の葉子別れ」「八百屋お七」等は浄瑠璃と共通する演目である。また「石井常右衛門」「山中団九郎」「平井権八編笠脱ぎ」「明石御前」「佐倉宗五郎」「赤垣源蔵」「片山万蔵」「焼山巡礼」等は実録小説や講談と共通する演目である。しかし具体的に拠り所としたものは何かとなると決めかねる演目が多い。小林ハルの「石童丸」は説経まで遡るものではなく和讃から採られているし、「葛の葉子別れ」にしても近世の浄瑠璃作品、すなわち竹田出雲の『芦屋道満大内鑑』四段目によるものではあるが、さらに詳しく言えばおそらく浄瑠璃から直接採ったものではなく、説経祭文を経由していると考えられる。次に江戸後期から明治にかけて行なわれた芸能のうち、説経祭文・ちょんがれ節・説教源氏節・貝祭文における共通の演目を諸書により管見で確認し得た範囲で一覧にしてみよう。

	祭文松坂	①ちょんがれ節	②説経祭文	③説教源氏節	④貝祭文
1	葛の葉子別れ		信田森葛の葉		芦屋道満
2	石童丸		筑紫潟苅萱双紙と法道丸	石童丸	石童丸
3	信徳丸		しん徳丸一代記		新徳丸
4	小栗判官		小栗判官一代記（小栗判官実道記）	実道記貞女鏡	
5	景清		武勇誉出世景清	阿古屋馴染	

6	阿波の徳島		阿波鳴門	阿波の鳴戸	
7	八百屋お七		江戸桜恋の柵		八百屋お七
8	佐倉宗五郎		桜草語譚文		佐倉惣五郎
9	赤垣源蔵			赤垣源蔵	
10	明石御前	小割屋伝内（明石の斬捨て）	明石騒動		
11	石井常右衛門			石井常右衛門	石井常右衛門
12	山中団九郎	平井権八	白井権八郎一代記（岩屋野段）		平井権八
13	平井権八編笠脱ぎ	平井権八			平井権八
14	山椒太夫		三庄太夫一代記	由良湊千軒長者	
15	片山万蔵				
16	焼山巡礼	焼山峠			

説経祭文の作品が比較的多くなってしまったが、これは正本として販売されたことと、演唱テキストに使用した写本が多く残されていることによる。戸部銀作・山口平八著『若松若太夫芸談――文楽と説経の歴史――』（一九五一）から八王子の四代薩摩小若太夫の演目を参照したほか、諸文献から拾いあげてみた。説教源氏節の作品は尾崎久弥著『名古屋芸能史（後編）』（一九七二）から拾ったものである。また、空欄は未確認であって、無いわけではない。ちょんがれ節は、明治の中頃を過ぎても江戸郊外では門付けによって語られていたという。(24) 地方でももちろんそうであっ

たが、松葉軒東井編『譬喩尽』（天明六年序・一七八六）に「ちょんがれぶし、下駄が一足傘（からかさ）一本…」とあって、十八世紀末頃に行なわれていた語り物であり、幕末の江戸ではすでに廃れた芸能であった。こうして並べてみると、おそらくそれぞれの語り物に共通の演目がほとんどあったものと思われる。なぜこれほど共通しているのかといえば、一つにはまず古い説経の演目が日本人に長らく好まれたからである。そしてまた、写本で享受され出版を憚られた実録小説の人気が、講釈師の話芸となって民衆に広まったからだと思われる。「石井常右衛門」「平井権八」「明石御前」「佐倉宗五郎」「赤垣源蔵」「片山万蔵」などはみな講談から来ている。よって、説経、講談、浄瑠璃はこれらの芸能の土壌のようなものであるからこれを置いて、そのほかの口説、説教源氏節、説経祭文、貝祭文（でろれん祭文）をとりあげて祭文松坂との関係を少し考察してみよう。ちょんがれ節については、他の芸能に比べて資料的制約から演唱の実態がよく分からないのでこれを除くことにする。

ここでまずとりあえず祭文松坂の演唱上の特徴をいくつか確認しておきたい。

①七五調の定型歌詞であること　②語り出しと語り納めに慣用句および慣用的な節廻しがあること

③一定の節で繰り返す演唱法（一流し）　④三味線による前奏・間奏・伴奏があること

⑤三味線の調弦は三下がり

ほぼこのような点が演唱上の特徴としてあげられよう。ただしこの他に、⑥歌い出しの演目紹介句に「〇〇〇一代記」とする例がある点も一応考慮しておきたい。

1　口説との関係

幕末の口説はまさに瞽女が流行らせた〈やんれ節〉口説だった。右の祭文松坂の特徴と比較すると次の共通点が指摘できる。

①定型歌詞（ただし七七調）　②歌い出しと歌い納めの慣用的な節廻し

③一定の節で繰り返す演唱法（一流し）　④三味線前奏・間奏・伴奏

三味線の調弦は二上がりで異なるが、音楽的にはかなり共通する。しかし瞽女にとって口説は段物とは異なる歌謡ジャンルであった。小林ハルは、「葛の葉子別れ」の物語の全体を読売の文句によって把握したといい、またそれが「口説」だったともいっていたから、小さいころ祖父が毎晩夜なべ仕事をしながら読んでくれたという「葛の葉子別れ」は口説の唄本だったのである。幕末には江戸の吉田屋小吉が数多くの口説本を発行しているし、明治期には地方でも多くの唄本の小冊子が発行され、それを売る芸人もいた。小林ハルが子どもの時分、祖父がそんな芸人が大好きで家によく泊めたという。「読売」とはその芸人を指すことばでもあり、唄本を読み聞かせて売る人々のことであった。男も女もいたらしい。読売を泊めた夜は近所の人々と一緒にその演唱を聴いたという。また、彼女の記憶によれば読売の文句の始まりは「一ツとせ…」だったというから〈一ツトセ節〉でもあった。これもまた明治期に流行った俗謡である。

明治期に越後で発行された唄本から、次に口説の歌詞の一部を引用してみよう。作品名は「石井常右衛門一代記」である。ただしこれは〈一ツトセ節〉ではない。

…（前略）…石井常右衛門　謡をうたう　世にも優れた　名人なれば　耳を澄まして　聞くその中に　唐木様とて　立派のをかた　石井様をば　ひそかに招き　茶屋い連れ行き　二階にあがり　玉屋かぎ屋の　仕掛けの花火　これを肴に　酒汲みかわし　身の上ばなしを　聞いたる上で　酒井様いと　とりもちいたし　新知百石くだされまする　ある日御前で　剣術つかい　一藤左仲に　須原のふたり　ものの見事に　打ち込みければ　五

百石まで　出世をなさる　このや遺恨を　晴らさんものと　思い出したが　一藤左仲　須原かたいと　参られまして　あのや石井を　吉原町の　玉屋のかたいと　連れ行きまして　恥をかかせる　その計略わ　田舎武士なら吉原町に　馴染みどころか　作法も知らぬ　そこで女ごや　遣り手の婆や　若い衆なんぞに　金くれ置きて田舎ざむらい　辻大尽と　悪口尽くして　嬲りたならば　二度と屋敷い　帰られまいと　聞いて治衛門　それ面白い　すぐにこれから　約束せんと　石井かたいと　参られまして　今わ吉原　桜の盛り　この後仲良く　いたさんために　是非にひと晩　を伴をせんと　義理にからんで　を誘いなさる　それと悟りて　常右衛門様わ　来たる七日わ　御用もなけりや　必づを伴を　いたさんものと　固く約束　いたされまする　あとで石井わ　つくづく思案　行けば恥かく　行かねば卑怯　音に聞こいし　三浦屋かたの　高尾大夫を　頼んでみんと　衣服大小を　あらためまして　吉原町いと　を急ぎなさる　行けばほどなく　三浦屋なれば　若い者をば　ひそかに招ぎ

高尾大夫に　面会いたし　願い上げたき　一儀があれば　どうぞこのよし　取り次ぎくれと　聞いてしん助けらけら笑い　大名高家の　を出でだとても　すぐにを会いの　無い花魁じや　雲に掛け橋　掛けてわ見ぬが及びないとわ　をぬしのことだ　を帰りなされと　聞く常右衛門　金を包んで　袂い入れて　頼みなされば　しん助殿わ　高尾様いと　取り次ぎいたす　……（下略）……[25]

内容は明治期刊行の『石井常右衛門実記』と同じであるから、実録小説の類によって歌詞を作ったものであろう。瞽女の段物「石井常右衛門」もわりと叙事的に歌われていて、きわめて近接した芸能であった。

2　説教源氏節との関係

信州伊那谷の飯田瞽女は、名古屋に近いこともあって、幕末に名古屋在住の新内語り岡本美根太夫が語り始めた説教源氏節[26]を語っていた。演目の共通性から見てこれは越後瞽女の祭文松坂にあたる瞽女唄である。

越後瞽女の祭文松坂と比較すると次のようなことが共通点としてあげられる。[27]

①歌詞は七五調を基調とする（ただし、中に七五調を外れた登場人物の会話が入る）

②語り出しと語り納めに慣用句をおく

①の七五調によらない登場人物の会話については高田の祭文松坂の演唱にも見られる点であり、②については一段の語り納め「つぎなるだんにてあいはかる／まずはこれにてとゞめおく」や「次なる段にてあいわかります」（名古屋の逢左文庫所蔵『実道記貞女鏡　平判官満重』）の文句に瞽女唄との共通性が見られる。また、飯田瞽女伊藤ふさえの演唱では祭文松坂と同じく語り出しの慣用句らしい部分をゆっくりとしたテンポで、かつ低い音程で歌い出している。これもまた共通点に数えることができるだろう。ただし、その文句は録音テープからは聞き取れない。

このほかにも次の共通点がある。

③ほぼ一定の節回しの繰り返しである（ただし、途中で調子を変える）

④歌の部分では一句ごとに三味線を幾バチか入れ、一区切りごとに間奏を入れる

三味線の調弦は、伊藤ふさえからの聞き取り調査によれば二上がりだという。[28]

さらに、「小栗判官」「石井常右衛門」「義士赤垣」など越後瞽女の段物と演目の面でも共通性があり、これについては次の文章が参考になる。

三味線はらくで、節がきまっていて、腮（あご）さえ達者なら、どんな素人でもやれる。忽ち大流行。語り物が種ぎれとなると、片っぱしから浄瑠璃その他から借りてきて、それらを俚耳に入り易く多少の書き直しを施した。[29]

つまり、瞽女もさまざまな作品を演目に採り入れているが、それを可能にしたのは、右の引用にいうように、いっ

たん習得すれば三味線も楽であり、また演唱の節も決まっているため、あとは歌詞を七五調にするだけだったからである。瞽女の祭文松坂との類似を知るために、次に説教源氏節による「小栗判官」の歌詞を引用してみる。

「物のあわれは　てるて姫
明暮こがれし　我つまに
二度あうとわ　ゆめしらず
主の利つめに　ぜひなくも
よう〳〵かくごを　さだめられ
あまたの女郎に　かしづかれ
「身したくなして　いたりしが
セメ
「夫レには引かへ　長右衛門
心の内に　ゑみふくみ
ろうかの口に　出来り
ざヲもふけて　一人ごと
「アゝやれ〳〵うれしや。ほんにせかいのたとへにいう通り。わざわいも三年おけば用に立と言が違(ちが)ひはないわい。アノ小はぎに。がきやみくるまを引せたのが用に立(たち)いながいわれず。おゝじよふヲしをつたなれど。どふかおとの様のおきに入よふに。ほどようやつてくれゝばよいが。おこへがかゝつたらおゝかねもをけじやが。八十四人もかゝつてけつかつて。何をぐず〳〵していをるやら。さいそくされたらまたきうめいじやて。ハテおそい事じや

ジ
「小萩おそしと　万やが
たばこくゆらし　いたりしが
ジ
「かゝるところへ　てるてひめ
「たち出給ふ　よそおいは
ホ
「はだにはひかのこの　ながじばん
合（あい）に白むく　もんりんず
其や上が　ひじりめん
すそには若松(?)のぬいもよう
上にめしたる　うちかけは
むらさきしをぜの　其上に
五しきの糸を　あやどりて
千羽鶴（せんばつる）の　ぬいつぶし
ホ
「もへたつ斗りの　ひうらにて
おびはなにおう　ゑぞにしき
つまにていじようを　立むすび
ジ
「一間の方より　しづ〱と
出させ給う　有様を
ホタイ
「ものにたとへて　見て有ば

はるの花なら　さくら花
あきの月なら　のちの月
さへにさへたる　ごとくなり。[30]

右は、改行無しの原文を、七五調である点と、セリフ的に詞で述べる人物の独白部分が分かるように、形式を書き変えて掲げてみたものである。高田瞽女の場合も、七五調で歌ってゆく歌詞の中に、人物の言葉をセリフ的に語る部分を交えて演唱する作品が数例あって、次のように「小栗判官」もその形式によっている。

聞くより万屋（よろずや）　長右衛門
かねて用意か　知らねども
紅葉（もみじ）の土器（かわらけ）　しゅ台に載せ
長柄の銚子を　持ち来たり
小萩が前に　座を占めて
（詞）ほほおこりゃ小萩。今宵お着きのお国司さん。いかなる無理をおっしゃろうとも、必ず粗相は申すなよ。そなたの粗相は、あるじ万屋の難儀。主、家来に手をついて、頼まにゃならぬ。小萩殿と
次第に殿字が　あらたまる
はいと返事を　優しげに
銚子土器　手にとりて
万屋前に　立ち上がり
見るより万屋　長右衛門

あれはいつもの　小萩かえ
あれは水仕（みずし）の　小萩かえ
いつもの姿と　ことかわり
あの出で立ちの　気高さよ
あの色艶の　美しさ
あの顔立ての　優しさよ

具体的な歌詞に違いはあるが、内容も形式もほとんど同じだということができよう（ただし、ジ・セメ・ホタイなどの節付けがある点は異なる）。またもう一つの共通性をあげれば、説教源氏節が女の芸能としても演じられたという点である。飯田の瞽女が採り入れていることを考えると、名古屋にいっそう近い、隣接した美濃の瞽女たちも当然これを歌った可能性がある。明治三十年頃の名古屋では女ばかりの源氏節芝居が流行ったともいい（尾崎久弥前掲書）、比較的新しい音源である六代目岡本美寿松太夫（一九七五年、七十一歳で没）の演唱を聞いた印象では、芝居浄瑠璃風の語りが中心となっていて、歌が中心の祭文松坂とはずいぶん趣が違っている。それはあるいはこのような源氏節芝居の流行を経て変容しているのかも知れないが、元来もとになった説経祭文が人形芝居でも演じられ、説経浄瑠璃とも呼ばれるものであり、そのような性格を持った語り物であった。その点、飯田瞽女の説教源氏節は歌に近い。

右に引いた「小栗判官」の歌詞でも小萩（照手姫）の盛装を語っているが、次にもう一例説教源氏節から女の衣装を語る部分を引用してみよう。「石井常右衛門」では高尾の衣裳が次のように語られている。

「高尾がその日の有さまは。柳にまごうくろかみを。うしろへひらりと下髪で。げにたいまいのくしかうがい。まへにさしたるかんざしは。みだの御光の如く成り。はだにはひがのこの長じばん。合に白むくもんりんず。そのや上がびろどうの。浅きじゐ。かたからすそへたすきがけ。白ともへぎのより糸にて。常といふ字を石だゝみにこそはぬわせつゝ「同じついのうちかけの。おもてはしおぜのひうらにて。かたには糸わの内にだきめうが。すそには丸の中に。一ツ紅葉は自分のもん。ひよくにこそはぬはせつゝ。まへだれ帯はゐぞにしき。五色の糸をあやどつて。玉とりりよのぬいもよう。龍がつかみし玉のかわりに。糸わの内にだきみようが。石井のもんをつかませて。高こまげたをはきならし。・・・[31]

右は花魁道中の高尾の装束を語る部分で、歌詞は七五調になっている。瞽女唄と歌詞の直接的な関係はないが、祭文松坂でも既述のように女の衣裳はとりわけ晴着を装う場面に歌われるのが特徴である。たとえば小林ハル演唱の「石井常右衛門」には、

さらば衣服と言うままに　重ね箪笥の中よりも　色よき衣服を取り出だし　着たる着物をさっと脱ぎ　数の衣裳は多けれど　紫縮緬長襦袢　下に白無垢　着替えられ　間(あい)に着たのは何なるや　緋縮緬の間着(あいぎ)なり　上に召したは何なるや　花山吹きの上(うわ)小袖　帯は何やと見てあれば　二重緞子の幅広を　三四に廻して後ろ手は　今のはやりにしゃんと締め　それに上帯何なるや　目につきまする金襴で（三段目）

とあり、また次の同じく小林ハル演唱「小栗判官」の歌詞はいっそう右の源氏節の歌詞に近く、岡本松鳶斎正本「実道記貞女鏡　小栗照手　対面乃段」に共通する。

さらば支度と言うままに　重ね箪笥の中よりも　色良き衣服を取り出だし　数の衣裳は多けれど　着たる着物をさっと脱ぎ　紫縮緬長襦袢　下には白絹練りの絹　間には鶸茶(ひわちゃ)に京鹿子　花山吹の上小袖　帯は流行りの唐羅紗(とうらしゃ)で　金糸と銀糸の糸をもち　昇り龍には降(くだ)り龍　三四(みよ)に廻して結ぶとき　帯はなんと結ぼやら　万屋やの字に結ぼうか　いや待てしばし我が心　夫に貞女たて結び　今宵泊りの御国司　百万石の殿なれば　なんぼ流れの身

じゃとても　かいどり無しには出でられぬ　まずかいどりの見事さは　白綸子（しろりんず）にはこれはまた　金糸（きんし）と銀糸の縫い散らし　桐に鳳凰背なに縫い　小梅に小桜糸桜　ふたよ桜は裾模様　雌蝶雄蝶も縫い散らし　雌笹に雄笹を縫い散らし　いかなる手利きのこしらいか　短冊までも縫い散らし　下には亀の水遊び　上には鶴の舞い遊び　中には千鳥が酌を取る　万屋長の定紋は　みたちばなにて五つ所　これも金糸の縫い型で　丸の内にはあげはの蝶

これが照手の紋所（一段目）

そのほか、瞽女唄では作品中の小栗判官の別名が「平の判官みつしげ」とあり、岡本松鳶斎正本にも「平判官満重」とあること、さらにまた長岡瞽女の演唱歌詞には「貞女鏡実道記　小栗判官上中下　二十と四段に分かれども　あと先ぬいて　中の段」[32]といった歌詞があり、岡本松鳶斎正本「実道記貞女鏡　小栗照手　対面乃段」を明示していることから、説教源氏節の作品が直接歌詞の手本となった例かも知れない。

3　説経祭文との関係

説経祭文は、江戸末期の刊本に「説経浄瑠璃」とも書かれているように、瞽女の祭文松坂からみれば変化に富んだ節廻しで、歌うというより語る芸能であった。たとえば薩摩派には四十八節あるのだという。[33]そのうちの「色」「ヲクリ」「三重」「豊後」などは浄瑠璃でおなじみの節であり、説経浄瑠璃と称されるのも納得がいく。二代目若松若太夫の芸談によれば、三味線は明治の中頃の改良によって二上がりにしたのだというから、[34]それ以前は本調子か三下がり（⑤）だったと考えられる。しかし、三味線を芸具としている点は共通するが、定型歌詞の連続でもなく、一定の節で繰り返す演唱法でもない点では瞽女唄と異なる。ただし、薩摩若太夫正本に見られる語り出し「さるほどに」「さるほどにこれは又」は瞽女の段物の語り出しに類似する（②）。さらに、ほんの一場面を語るに過ぎない瞽女の段物が「何々一代記」と歌っている点（⑥）も、説経祭文の外題と共通している。また、演目も段物にあるものはほとんど説経祭文の演目に含まれる。前掲の一覧表に外題のほか各段名を加えて、八王子の四代薩摩小若太夫の演目を次に再掲してみよう。(35)

（1）しん徳丸一代記（善兵衛住家、しん徳祈りの段）
（2）小栗判官一代記（照手清水汲、照手車引、七色の開門、小萩名付、矢取、万屋館の段）
（3）三庄太夫一代記（山岡住家、安寿対王身売、浜動議、三の柴、山別れ、火責、追込み、寺探し、道行、子捨、拾上、朱雀詣、帝参内、対王対面の段）
（4）武勇誉出世景清（獄舎順見、阿古屋自害、牢破り、景清目玉献上、人丸身売、人丸道行、父対面の段）
（5）筑紫潟苅萱双紙と法道丸（大内義弘館の段、重氏館明珠取の段、与治物語の段、摺違ひの段、札書の段、衣掛の段、道行の段、子捨の段、拾上の段、夢の段、説法の段）
（6）阿波鳴門（順礼歌、お露殺しの段）
（7）信田森葛の葉（子別、二度目子別の段）
（8）明石騒動（小菊道行の段）
（9）江戸桜恋の柵（八百屋お七吟味、仕置場の段）
（10）桜草語譚文（甚兵衛渡し、子別れ、粟田口の段）

ここには一、二段しかないものもあるが、江戸末期の唄本屋から発行された説経祭文のテキストによれば、「三庄太夫一代記」「筑紫潟苅萱双紙と法道丸」（石童丸）のように二、三十段に及ぶものもあった。瞽女の段物も、高田の杉本キクイによれば、長いものには「佐倉宗五郎」全十段、「片山万蔵」全十二段、「信徳丸」全七段（小林ハルは全十段で歌っている）などがあった[36]。そもそも「祭文」を共通の名称にしている瞽女の祭文松坂と、説経祭文とは非常に近い関係にある芸能だといえるだろう。具体的な関係を表わす例として、説経の写本『信徳丸壱代記[37]』が越後の高田にあったことから、「高田瞽女の研究家、市川信次氏は説経祭文の木版本を数種所蔵しているが、これなどももとは瞽女口説のテキストとしてもちいられた可能性が多い[38]」とされている。たしかに、江戸末期の説経祭文薩摩若太夫正本の刊本を合冊した架蔵本の末尾には次のような貸本らしき印が押されている。

本	信州小縣郡
	堀内新重郎
場	川東上洗馬

　これは地方においても説経祭文の正本が結構読まれていたことを物語っている。また、飯田瞽女が歌った名古屋発祥の説教源氏節も薩摩若太夫の説経祭文をもとにしているから、その点でも瞽女の唄との類縁関係がうかがえるのである。

　ただし、『日本庶民生活史料集成』第十七巻に収録する説経写本『信徳丸壱代記』は、逆に明治期の瞽女が歌っていたものを文字化したものらしくも思われる。この点を確認するために、次に杉本キクイ伝承の同演目の歌詞と一部分並べて掲げてみよう[39]。

説経の写本	杉本の演唱歌詞
信徳丸がゐすがたを	信徳丸の絵姿を
まつさかさまにはりつけて	真っ逆様に貼り付けて
よういのてつくぎとりいだし	用意の鉄釘取り出だし
たりのあしのくのみにあて	左の足のくるみに当て
をのれにつくに信徳丸	おんのれ憎き信徳丸

けぼのきばの此くぎを
おもひしれやといふまゝに
かなづちをつとりかのち〱と

打おとがこんりんならくのそこまでも
しよじひゞいてものすごや
づのてう〱まで拾□けい
あばらさまいのこりなくて
にくのふどうたれてい
五ぞう六ぷにたつくぎを
ならべてうつたるありさまは
身のけもよだつばかり也
女の一ねんをそろしや
ちばしるまなこにちをそゝぎ
かみのけさかだち
しかあれたるいきをいにて
ねんぐわんこめてうつくきづ
まゝ子のきもにつじてか

継母の牙のその釘を
思い知れよと言うままに
そのまま金槌おっ取りて
かあしかあしと打つ音が
金輪奈落の底までも
拍子響いてもの凄き
頭の頂上までは十四経
肋三枚残りなく
手足の節々打たれては
五臓六腑へ立つ釘を
並べて打ったる有り様が
身の毛もよだつばかりなり
女の一念恐ろしや
血走る眼に血をすすぎ
髪の毛逆立ち
獅子の荒れたる勢いにて
心願こめて打つ釘が
継子の肝へ通じてか

打たるくぎの元よりも
ちしをがさつとはしりける
けいぼは是を見るよりも
（欠）
をぼろ月よに此ように
ちしをの立までわかりしは
さてこそ神のごせいりき
大ぐわんしようじゆとよろこんで
女心のあさましや
すこし心がゆるみしか
とゞめの壹本うたぬゆゑ
なさけないかな信徳丸
（欠）
其よいちやが其うちに
らいびようやみとなりくづれ
目もあてられぬふぜい也

打ったる釘のもとよりも
血汐がさっと走りける
後妻がこの由見るよりも
ああ嬉しやな嬉しやな
朧月夜にこのように
血汐の色まで分かります
（欠）
我が大願成就と喜んで
なれども女の浅ましに
（欠）
とどめを一本打たぬよに
情けないには信徳丸
死ぬに死なれずこの末は
たった一夜がそのうちに
斯く癩病となりくずれ
目も当てられぬ風情なり

二者を比較すると文句はほぼ等しく、さらに小さな相違部分では相補う関係にあることが知れる。しかも、「しかあれたるいきをいにて」とか「比よりみなみとつけわたる」といった部分は、口承の瞽女唄によってこそ意味が判明するし、また歌詞がすべて七五調に整えられている点から見ても、説経祭文とは異なり、演唱した歌詞であることが知れる。この写本が瞽女のテキストであったのではなく、瞽女の演唱した文句を写したものであろう。しかも写本の末尾には「‥‥くどき」ともあって、これが説経祭文のような語り物ではなく歌謡と見られていたことを示す。

説経祭文から祭文松坂へという流れが直線的にたどれないのは、飯田瞽女が歌った説教源氏節と違ってその間に具体的な介在者がいないからである。説教源氏節は、もとから盲人の芸能であったのではなく、新内語りが語り出した芸能を瞽女が採り入れたものであった。越後瞽女の場合は、たとえば第三章で述べる瞽女口説に鈴木主水があるごとく、祭文松坂には越後瞽女が流行らせた固有の演目がなく、すべてがすでに語られてきた「古き文句」であった。その点では借り物の芸能であるともいえるが、瞽女口説が「瞽女節」として大流行し、一世を風靡したように、越後瞽女には唄と三味線のすぐれた技能の伝統があったから、七七調の口説節に対して、これと別に七五調の歌詞に三味線と節を付けた新しい口説節を歌い出して、これを祭文松坂と呼んだのではないかと思われる。[40] 説経祭文や貝祭文の流行は、それが生み出された当時の芸能情況であった。祭文松坂も形式的には七五調の口説であるが、瞽女は口説との間に明確なジャンルの違いを設けて、これを一種別の歌謡と考えていた。それはまず名称において、また七七ではなく七五調の歌詞を採用することにおいて、さらに歌う物語の内容を伝統的な演目に限ることにおいて、また叙事的にではなく叙情的な聴かせどころを歌うことにおいて、そしてまた三味線を口説の二上がりとは異なる三下がりにすることにおいて、などなど本来は似たものであるはずの口説との差異をあえて明確にしている。この節さえできれば、あとはさまざまな他の芸能の演目の歌詞を借りて、「何新作の無きままに／古き文句に候えど」と、七五調に仕立てた文句をその節に乗せて歌うことができる。説経祭文の詞章もそうした歌詞の一部として利用されたものであり、説教源氏節のように音曲的なルーツまでがそこにあったわけではなかった。

次に参考資料に掲げた説経祭文「景清一代記」の詞章の一部を引いてみよう。

行けば程無く　六原の
縄手にこそは　成ぬれば
景清殿の　おわします
獄家は何れに　候と
星の光に　すかし見て
阿古やはそこへ　立留り
コレ弥石丸。そち達二人があこがる、父上様はな、それ成獄家の内にお出遊ばす程に、ハヤ〳〵お目にかゝり、
よきに御気嫌　伺やと
母の詞に　いや石丸
獄家の内お　差しのぞき
御なつかしや　父上様
其御姿は　何事ぞ
あなたは平家に　かくれなき
景清殿に　おわさずや
日頃のお力　出されて
なぜに獄家お　押破り

お戻なされて　たまわらぬ
父上力で　破れずは
私ら兄弟　てつどふて
獄家お破り　父上お
我家へお連れ　申さんと
まだよふ少の　あどなさは
ろおやの（格）子に　手お掛て
いんやらんと　言うままに
押どしやくれど　うごかばこそ
根からはへたる　如くなり
兄弟、ハット声お上げ、エ、情無、此獄家、なぜに破れぬ、うごかぬと、
泣ば母も　もろともに
其まま其に　どうと伏し
只さめ〴〵と　泣きしは
ことわり責て　哀れなり
獄家の内なる　景清は
飛び立つ程に　思へども
無言の行の　事なれば

じろりと一と目　見たばかり
二眼とじて　むねの内
ふもんぼんお　読誦なす
（景清一代記・阿古屋自害之段より）

右は、原文を読みやすいように多少表記を変え、また七五調が分かるように改行して引用したものである。この部分はほとんど七五調になっていて、瞽女が祭文松坂の歌詞として容易に利用できる部分であるし、実際に利用している。「小栗判官」は四十五段もあると聞いていた瞽女がいたのも、(41)段物と説経祭文との密接な関係をあらわしている。説経祭文の版本を見ると「矢取段」までで三十段となっていて、瞽女の段物に比べれば語りの詞章はかなり冗長である。

4　貝祭文との関係

小さめの法螺貝を持ち、その音を模した「でろれん」の声の伴奏や、錫杖を用いて演唱する貝祭文は、山伏の祭文から来ている。また、山伏祭文は江戸で古い説経節から近世後期の説経祭文を生んだとされる。『嬉遊笑覧』（音曲）によれば、その辺の事情が次のように説かれている。すなわち、職業的な説経語りが享保の末にすたれ、山伏の祭文語りがそれを伝えるのみで、錫杖と法螺貝を伴奏に語っていた。寛政のころ（一七八九〜一八〇〇）、江戸の本所にいた米千なる素人の語り手が語る説経節を聴いていた隣家の盲人按摩（あんま）がこれに三味線を付け、それが流行った。その盲人は京屋五鶴と名乗り、米千は若太夫と名乗った。享和年間に至って、江戸堺町の芝居で薩摩座の名題をもって説経芝居を興行してからは、薩摩若太夫と名乗るようになった。初代の若太夫は文化八年に没した、――と。

芸能化した山伏祭文は、説経祭文の成立後も貝祭文として語り継がれてきている。石坂白亥著『安政北紀行』という文献には、明治二年六月、群馬県の草津温泉で実際に聴いた印象を、「夜に入て説経とものを語る男を呼。一の谷鵯越と弁慶あたかの関とをかたるに、其節義太夫にあらず、当山修験の読祭文といふものにもあらず、此二ツの中を取てふしづけしたるをかしげなるもの也」と記す。また、明治期に山梨県西八代郡上九一色村を訪れた遊芸人「さいもんよみ」は、瞽女の演目とも共通する「石童丸」「俊徳丸」「佐倉惣五郎」「八百屋お七」などを語っていた[42]。明治初年ごろの関東地方には、針貝流（関東の針貝派祭文の崩し）・タマモト流（関東の常陸川派祭文の分派四代目タマモト派の祭文の崩し）・ドサ流（昔節ともいわれた越後の節）の三つの流派があったともいう[43]。田舎流の意味らしいドサ流が語ったものが越後の瞽女唄と関係があるとすれば、むしろ瞽女の祭文松坂が貝祭文に影響を与えていることになるだろう。よって、その語り出しの句例、「さても一座の皆皆様　うかがいまする演題よりいとど古い　見たいなそうらえど　いまだにすたらぬ物語り　勝田新左衛門武高の　夫婦別れの話を　ことこまやかにゃ読めねども　これから読みあげたてまつる[44]」なども、瞽女の段物からの影響とは考えられても、その逆とは考えられない。越後瞽女が巡業した地域と祭文語りの活動地域とは重なる所もあって、北埼玉を中心として群馬の前橋あたりにも活動の拠点があり、明治中期まで盛んだった上州祭文（貝祭文）の地域は、同時に越後瞽女が巡業した地域でもあったし、また山形も祭文語りが盛んだった地域で、計見・梅ケ枝・山口・花川・桜川・桜井などの流派があったという[45]。山形で同宿した祭文語りから「信徳丸」の歌詞を学んだという小林ハルの例もあることから、これらの地域では瞽女唄への祭文の影響も当然あったであろうし、相互に影響を与え合ったものと考えられる。

かつての村落には「芸人宿」と呼ばれて、瞽女だけでなくさまざまな旅芸人の定宿となる家もあったから、他の芸能との交流の可能性は、そうした旅廻りの定宿を場として充分ありえたことである[46]。越後の南蒲原郡の見附あたりでは、「ゴゼンボウ（瞽女）」の他に、「五色軍談」「祭文語り」「アホダラ（阿呆陀羅）坊主」「チョンガリ語り」「ゴホウラク（御奉楽）」などの芸人が村々に来訪し、その晩「芸人宿」で村人が唄や語りを楽しんだという。(47)各芸能の演目の共通性はそのような場にも由来しているだろう。

5　刷り物との関係

既述のように小林ハルは祖父から読んでもらった唄本の文句を段物の参考にしている。段物の歌詞は、視覚に障害を持つ文字と無縁な人たちの唄でありながら「如来と書いた一文字は／女口に来たりと書くそうだ／妙法蓮の妙の字は／女少しと書くそうだ」（八百屋お七）といった例もあるように文字の世界であり、その演目は説経祭文や口説の唄本をはじめ江戸末期からなんらかの形で印刷物になっていた。そして瞽女たちは盲目であるが故にかえってそれに大きな関心を持っていた。小林ハルも九歳のころ祖父が読んでくれた読売の唄本「葛の葉子別れ」の内容を記憶していて、それによって物語全体の知識を得ていたのである。信州飯田の瞽女も「鈴木主水」「平井権八」「朝顔日記」などの写本を所持していたといい(48)、高田瞽女の周辺からも何らかの文字文献の話題が聞こえてくる。小林ハルと同様、杉本キクイの場合も文字化されたテキストに強い関心を持っていたらしいことは、「父がよく講談本読んでくれたでしょ。昔はいろんな唄が本に載ってたしね(49)」という回想から知れる。やはり彼女もまた家庭において父親が講談本を読んで聞かせたり、流行り唄を歌って聞かせたことが瞽女唄の覚えの早さにつながったのだという。

祭文松坂には、盲人が語る口承文芸として、慣用句や定型句によって演唱を助ける工夫が多く施されてはいるが、それだけでなく文字で書かれたテキストによる内容把握も演唱時の大きな助けになっていたのである。それが文字の時代の口承文芸の在り方であった。

七　祭文松坂の演唱方法について

段物の演唱形態は、三下がり[50]に調弦した三味線を弾きながら、一定の旋律の繰り返しによって長編の物語を歌う形である。平曲、浄瑠璃、説経祭文などのように多様な節の変化はなく、数句の歌詞を単位（ヒトナガシ）として、ほぼ同じ旋律の繰り返しによって歌ってゆく。ただし、高田瞽女杉本キクイの段物「山椒太夫」「信徳丸」「小栗判官」「石井常右衛門」「山中団九郎」「平井権八」などのように、登場人物のことばを会話として語る例もある。この場合は、いわば浄瑠璃のフシとコトバに分かれる。刈羽瞽女の伊平タケの演唱でもかなりコトバの部分を入れて歌っている[51]。これに対して長岡系瞽女小林ハルの段物は人物の会話も含めてすべて歌う形である。歌詞は原則として七五調から成り、それより多い部分を「字余り」と呼ぶ（逆に字足らずの部分もある）。

瞽女たちの用語に従えば、七音五音からなる一行をヒトコト（一言）といい、三コト～六コトで三味線の間奏を入れる。そのひとくぎりをヒトナガシ（一流し）という。ヒトナガシは瞽女によってさまざまであり、三コトの場合もあれば、また六コトにして歌う場合もある。たとえば杉本キクイはヒトナガシを五コト（五行）で歌っている。「葛の葉子別れ」を例にとれば、

いずれに愚かは　あらねども
諸事なる利益を　尋ぬるに
なに新作も　なきままに
葛の葉姫の　哀れさを
あらあら誦み上げ　たてまつる

と切ってヒトナガシとし、また、

夫に別れ　子に別れ
もとの信太へ　帰らんと
心の内に　思えども
いや待てしばし　我が心
今生の名残に　今一度

と切ってヒトナガシとして歌ってゆく。小林ハルは六コトヒトナガシで歌う場合が多いが、演唱の途中に四コト、五コトを交えて歌うこともある。瞽女の段物は、決められた旋律に歌詞を当てはめてゆくというよりは、旋律を歌詞に合わせるといった方が適切である。小林によれば、人気の「葛の葉子別れ」は、四コトで歌うのが良いとのことであったし、また段物は本来三コトで歌うものだとする瞽女もいた[52]。ヒトナガシが短ければ、それだけ時間をかけてじっくりと哀愁のある場面を聴かせることができるからであろう。ただし歌詞が人を泣かせるような哀切な場面でも、瞽女は感情を入れず同じ調子で歌ってゆく[53]。節廻しは、大まかに言えばこのヒトナガシの単位の切れ目に三味線の間奏を入れて繰り返してゆくだけである。一人が通して歌わずヒトナガシずつ二人が交互に歌うことも多かった。ただし、歌い始めと歌い終わりはその座の年長者が歌うのだという[54]。三味線は当然一人が担当する。唄を歌っているときも三味線の伴奏を入れるのが普通だが、小林ハルは、文句が聴き取れなくなるから段物の唄の途中にやたらと三味線を入れてはいけないという考えを持っていた。彼女の言葉によれば、「人様に文句が分からんと悪りぃすけ」という[55]。本人の三味線の技量があまり優れていないこともあるが、段物は歌詞をまず聴かせることを第一とすべきだ、という彼女なりの信念からであった。七歳から二十一歳まで、信濃川の堤防の上で寒風にさらされながら朝晩三十日の厳しい

寒稽古を乗り切った小林の瞽女唄修行がその背景にある。(56)

段物一段ごとの曲節は、大まかに言って三つの部分に分かれる。最初の歌い出しの部分、その後に繰り返される物語の演唱部分、そして最後の歌い納めの部分である。本編末尾（一九四〜一九七頁）の**楽譜A**に小林ハルの歌い出しを譜面化して掲げたので参照してもらいたい。元来は洋楽の楽譜に採譜すべき性格の音楽ではないが、ピアノやリコーダによる再現性を考えてあえて小節を設けた楽譜に納めた。これにはコンピュータ上の演奏ソフトによっても再現が可能であるという利点もあり、新しい試みである。なお、歌詞は次のヒトナガシである。

a　さればに　アーよりては　これにまた
b　いずれに愚かは　無けれども
c　何新作の　無きままに
d　古き文句に　候えど
e　哀れなるかや　照手姫
f　浮世の義理に　責められて

小林ハルの三味線をそばで聴いていると、バチに力が入っているため打楽器のように感じる。いわば野性的な演奏であり、決して洗練されているとは言えない。佐渡の説経を語る故霍間（つるま）幸雄老人の三味線も打楽器的だったことが思い合わされる。段物の三味線は、唄とはほとんど無関係に演奏される。また、唄における小林演唱の特徴は、ヒトナガシの終わりの部分、たとえば右の六コトでヒトナガシの例ではe（五コト目）からf（六コト目）の歌詞を一部分つなげて歌う点にある。つまり、「e哀れなるかや照手姫／f浮世の義理に責められて」と区切らず、「哀れなるかや照手姫浮世のーお」まで続けて歌い、「義理に責められて」と短めに歌い納めるのである。こうすることによって、ヒトナガシの部分の演唱末尾が聴衆に印象づけられる音楽的効果が生じる。この点では次の土田ミスの演唱でも同じである。ただし同じ長岡系でも両者の節廻しは異なる。本編末尾（一九一～一九三頁）の**楽譜B**に土田ミス演唱「小栗判官」の歌い出し部分を掲げたので参照してほしい。歌詞は次の通りである。

a　さればによりては　皆様へ
b　さらばひとくち　誦み上げる
c　お聞きなされて　下さいと
d　小栗判官　正清は
e　姫がお酌に　出でるとよ

土田は四コトで歌っている。「aさればによりては」と、低くゆっくりと歌い出し、bから調子を上げてeまでのヒトナガシを歌ってゆく。四コトの場合は、dからeにかけての演唱が小林の例と同じように句にまたがった歌い方になり、「小栗判官正清は姫が」まで続けたあと、「お酌に出でるとよ」と末尾を歌い納める。唄とあまり関係なく弾かれる三味線の音程が、そのときはdの歌詞の後半（正清はの「きよは」）にぴったり重なるのが特色でもある。[57]また、土田の演唱法では、音の高さをヒトコトずつ、b高―c低―d高―e低と変化を付けて歌ってゆく特徴がある。声は良くないがリズムを刻んでゆくような土田の巧みな三味線の音色は、独特の雰囲気を持って聴衆を包み込み、物語の時空へ運んで行く。

以上二人の野性的な演奏に対して、高田の杉本キクイの場合は少し洗練されたお座敷芸的な感じを受ける演奏である。本編末尾（一八四～一九〇頁）の**楽譜C**に「山椒太夫」の歌い出し部分を例に採譜してみた。[58]

a　さればに　よりては　これにまた

b　いずれに愚かは　あらねども
c　よき新作も　なきままに
d　安寿の姫に　ちち王丸
e　舟別れの　哀れさを
f　事は細かに　知らねども

aの一コトを歌い出しとして、b～fがヒトナガシになっているから五コトで歌っている。

杉本の場合は、eからfの一部へ続けるということはなく、末尾fの五音「知らねども」の部分の音程を急に下げることでヒトナガシの歌い納めとしている。この点を含めて小林・土田の演唱よりもダイナミックな感じがなく、より平板な演唱に聞こえるが、三味線の華やかさがそれを補っている。また、唄の間に入れる人物の会話も演唱に変化を与えている。仮に会話部分をコトバ（詞）と呼ぶことにすれば、唄のフシからコトバへの移行は音楽的配慮なしに突然行なわれるが、反対にコトバからフシへの移行は、コトバの末尾をあらかじめフシにのせることでスムーズに行なわれる。たとえば次のようなコトバの場合、

なるほど、次郎どんの言わるる通り、いつまで漕いでも果てしがない。もういい加減にして引き分けようと　（「山椒太夫」）

末尾の傍点部分「引き分けようと」あるいは「分けようと」の部分を、ヒトナガシ末尾のフシに戻すことでヒトナガシの区切りとしている。（楽譜例参照）

以上のように、歌詞は或る程度一致しているが、唄や三味線の節は各人各様だということが

楽譜例：コトバから歌への移行

できる。これは演唱活動を続けるなかでそれぞれの瞽女が工夫していった結果であろう。おなじ長岡系の瞽女と言っても、歌の節廻しや三味線の手がすべて共通しているわけではない。それぞれの親方によって個性があった。他の芸能の例では、浪曲なども各人各様の節で語られるという。また、九州の肥後盲僧琵琶でも「流派の違いよりも、個人差のほうがはるかに顕著」で、語り手たちは「他人の演奏を聞くことで、適宜語り口や伝承内容に修正を加えてゆく」という[59]。はじめ三条組だった小林ハルは、長岡組の瞽女と旅廻りしたとき、文句も唄も三味線も違ったので苦労したと述べている[60]。

段物はこうしてヒトナガシずつ歌ってゆく。しかし一段の長さが決まっているわけではない。一段の長さはほぼ百コトぐらいが良いとされている。以前、小林ハルに「葛の葉子別れ」を一段目の途中から歌ってもらったことがあったが、彼女は最初から歌うときの段末あたりでは切らずに、いつもは二段目に入る歌詞まで、やはり百コトぐらい歌わなければ止めなかった。時間にすれば、およそ三十分前後になる。一区切り歌い終わるときには段切りの慣用句を置いて休止する。このような演唱の仕方は九州の座頭琵琶でも同じだという[61]。これは演唱者の疲労感によるものでもあろうが、また聴衆が退屈せずに集中して聴ける時間の長さを、瞽女たちが経験的に感じ取った結果でもあると思われ、盲人故に体で覚え込んだ技であろう。瞽女宿における実際の演唱では、場の雰囲気によって、歌詞を飛ばして短く終わることもあったようで、そのような演唱法を既述のように「たたみ込む」といっている。

段物はヒトナガシごとに三味線の間奏を入れて歌い継いでゆくことで、演唱される言葉の一つ一つを聴衆に確認させ、余韻を味わうゆとりを与えながら聴かせる特徴を持っている。唄が休止し、三味線の間奏になるとき、聴衆は言語理解の能力をひとまず休んで、歌詞から得られた感動をしばし持続する余裕が与えられるのである。「いやまてしばし我が心」など、物語を停滞させる句や定型句の多用も、同様に悲劇的感情をできるだけ長引かせる効果をねらったものである。

歌詞は基本的に七五調だから、歌詞さえ記憶していれば繰り返しで歌えるが、たまに七五調から外れた〈字余り〉の部分がある。比較的多い作品が「明石御前」「石井常右衛門」「平井権八編笠脱ぎ」などで、その歌い方には各自の工夫が必要である。たとえば「明石御前」を例に、小林と土田の演唱法を比べると、小林が字余りのまま一気に歌っている句、

女郎(めろう)の命を助けてくれんと駕籠先(かごさき)に手をついて

を、土田は、

女郎の命を助けてくれんと
駕籠先に手をついて

と二コトに分けて歌っている。これでも「女郎の命を、助けてくれんと」は八八の字余りとなり、分離した次の句「駕籠先に手をついて」は五五の字足らずとなってしまうが、一句を合わせて一気に歌うよりは歌いやすいからである。

また、杉本キクイは次のような演唱方法をとっている。「石井常右衛門」の、

羽織の紐を切るやら帯を解く

という字余りの句を例にあげると、

羽織の
紐を切るやら帯を解く

と、まず七五の句に落着けることができる部分「紐を切るやら、帯を解く」を後ろへ送り、その前の「羽織の」の三字を切り離して、このような場合に用いる短い節で歌い済ませてから、その後で七五にした部分を通常の節にのせて

歌ってゆく、という方法をとる。あえて字余りのままに歌う小林ハルによれば、「字配り」に気を付けさえすればなんとかなるものだとのことであった。字余りは、それほど頻繁でなければ、一定の繰り返しで比較的単調に歌われてゆく段物にとって、曲に変化を与える効果を持っているから、演唱においては意味のある歌詞にもなっている。

最後にひとこと付け加えるならば、字余りでない部分の演唱はほぼ同じ旋律の繰り返しだと述べたが、これを採譜して音楽的に厳密に比較するならば、決して一定の繰り返しにはなっていないことに気付くだろう。佐藤峰雄「「高田瞽女唄」の研究（1）」[62]では、杉本キクイ演唱「俊徳丸」の一段すべてを厳密に楽譜化してそれを証明している。同氏はその効果を一定の型から外れる微妙な変奏によってかえって「全体を通して聞くと常に新鮮な旋律として聞こえてくる様に思われる」という。繰り返される一定の旋律にただ歌詞を乗せてゆくだけならば、これほど退屈な音楽はない。ほぼ一定の旋律であることによって聴き手は物語の歌詞に意識を集中できるし、また微妙な変奏によって飽きることなく音楽的な緊迫感を持続することができるのである。

八　典拠と作品論

1　葛の葉子別れ

本作はその名のとおり子別れの物語である。歌詞は竹田出雲作『芦屋道満大内鑑』四段目によるもので、特に一、二段目はほとんど同じである。

説経節に「しのだづま」があり、また佐渡の説経人形の演目にも「しのだづま」があって、古い説経節の時代から語り継がれてきた物語ではあるが、瞽女が語る「葛の葉子別れ」の歌詞はそこまで遡るものではない。題名も「しのだづま」とは呼ばれていない。歌詞は右の浄瑠璃に由来しているが、しかし「二度の子別れ」は、薩摩若太夫の演目「信太妻――葛の葉二度目の子別れの段」などの説経祭文が先行作品となっているし、また一、二段目の歌詞も直接竹田出雲の浄瑠璃から借りたものではなく、おそらく説経祭文を経由していると思われる。この点は参考資料に掲げた若松派の説経祭文写本「葛の葉子別れ」を参照されたい。

瞽女が語る本作の特徴はひたすら〈子別れ〉にある。秩父の若松派説経節では、葛の葉狐が去った後に、石川悪右衛門が葛の葉姫を奪いに手下を連れて現われ、これを保名が迎え討つ場面があり[63]、浄瑠璃の筋にそった話となっているが、瞽女唄ではあくまで親子の離別という一点に場面を絞って語られる。それによって村の女たちの涙を絞ったのである。

2　石童丸

子別れと父子再会の物語である。これも説経節に語られた物語で、近代では琵琶唄としても知られているが、小林ハル伝承の歌詞は、以下に述べるように「石童丸和讃」に酷似している。高田瞽女は歌詞を異にして本作を口説で伝承する。本作はそのほかさまざまな俗曲で歌われている。小林ハルによれば「さのさ節」や「紫節」でも歌うのだという。また、小林は本作を五千石（現燕市、旧分水町）の親方から習ったというが、歌詞の脚注に示したとおり、一段目の歌詞が短かったので「石童七つの春なれば」から「楽しい遊びを致されて」あたりまで自分で創作して付け加えたとのことであった[64]。

この物語は、江戸末期の薩摩若太夫説経祭文正本にも「石童丸苅萱道心[65]」があり、説経祭文の演目にも採り入れられている。漢学者の校訂を経ていると言われる初代若松若太夫（一八七四～一九四八）が昭和三年ごろに吹き込んだ「石童丸」の詞章を一部分示すと次のごとくである。

花も雪も払えば清き袂ぞと、加藤左衛門重氏は高野山へ分け登り、苅萱入道と名を改め、朝夕勤行おこたらず、奥山内へ登らるる、辿らせ給えばほどもなく、無明の橋に着きにけり、かかるむこうの方よりも、杖を力にたど〳〵と、こなたへ来かかる石童丸、苅萱僧のそばに寄り、もうし御出家様、卒爾ながらお尋ね申しまする、この御山に今道心のお聖は、いずれのお寺におりましょう、今日で三日尋ねます、未だに行方が分かりませぬ……[66]

これは無明の橋で親子が再会する部分であるが、瞽女唄の歌詞との直接的な共通性はない。

瞽女はこの物語の歌詞をどこから仕入れたのであろうか。小山一成著『貝祭文・説経祭文』（一九九七）第二節「瞽女祭文松坂と貝祭文と」では、大和砂川派祭文踊「石童丸」の詞章および江州二代目桜川雛山の語る江州音頭「石童丸」（一九八九年演唱）の詞章が小林ハル伝承のものと一致すると指摘し、「いったい両者は、いつどこで交流したのだろうか」と疑問を呈している。結論から先に言えば、小林ハル伝承の詞章は「和讃」に由来していると考えられる。小山氏採録の江州音頭「石童丸」末尾に、「南無や大悲の地蔵尊」を二度繰り返しているが、これは小林伝承の場合も同様である。つまり最後に仏を讃える和讃の形式である。小林ハルの「夢和讃」でも「南無や大悲の遍照尊、南無や大悲の遍照尊」と歌う。和讃「石童丸」の詞章がどこまで遡るものかは不明であるが、資料的なものを探すと、例えば昭和九年（初版は大正四年）高野山苅萱堂発行『苅萱と石童丸』といった一般向け小冊子に「石童丸和讃」が載っていて、小林ハルが創作した部分を除けば瞽女唄の歌詞とほぼ同一であることが知れる。しかも、それは初之讃・中之讃・後之讃と三段に分かれていて、これまた小林ハルが三段に演唱している点と符合する。瞽女唄の詞章が後であることは明らかである。

さてこの物語は、古い説経で語られていたころは信濃国善光寺の親子地蔵の由来を語るという宗教性を担っていたが、それを取り去ってみれば、あるとき突然妻子を残して出家した男の話であり、父親が家族を犠牲にして自己の宗教的な願望を満たそうとする話である。残された妻と子にとっては理不尽な物語であり、男の行為はそれが己れの救いを求める宗教的な行為であったことから、一般の聴衆にとってはなおさら受け入れがたい物語となっているだろう。しかしそれは、この物語の家族を一般庶民と見ての話である。ここに収録した瞽女唄の歌詞には語られていないが、妻子を捨てた加藤左衛門重氏は九州の豪族であり、筑後・筑前・肥後・肥前・大隅・薩摩六か国を知行する松浦党の総領（説経『かるかや』）であることが物語の前提となっている。権力の座にあって今を盛りの若者があえて世俗の栄華を捨てたこと、また、あどけないその子石童丸も、そうした父の世継ぎであり、将来を約束された何不自由のない身であったことを物語の前提として考えることで右の疑問は氷解するはずである。この前提さえ受け入れれば、あとは子別れの悲劇として自然に受容できるだろう。

高野山の苅萱堂　　（1996.3　著者撮影）

3　信徳丸

この演目は、継子いじめ、子捨て、そして父子再会の物語である。説経祭文に由来すると考えられる。近代の俗曲では、内容上から、浄瑠璃『摂州合邦辻』系と説経『しんとく丸』系の両方がある。瞽女の段物では『摂州合邦辻』

に見られるような継母の偽りの邪恋や自己犠牲などは語らず継子いじめ型に徹している。また、

さてもさても情けなや／思い廻せば廻すほど／父上様には生き別れ／母上様には死に別れ／もはや尋ぬる人もなし（「石童丸」）

に類似する文句が次のように本作にもあって、この物語が「石童丸」と同じく少年の悲劇の物語として語られていたことをうかがわせる。

思い廻せばわたしほど／因果の者はあるべきか／母上様には死に別れ／頼りに思う父上様には見捨てられ／いかが致して良かろうと

余談ながら、小林ハルが山形の米沢に泊まったとき、宿の主婦が後妻だったので、本作を歌ってひどい目にあったという。小林の話によれば、後妻が継子いじめのこの物語を聴いてひどく気分を害し、今夜は泊めることができないと言ったという。彼女は、瞽女たちが家を出て行かなければ自分が出て行くと言ってきかなかったので、夜の十一時半頃、九歳の手引きに提灯を提げさせて別の宿を請うて歩いたとのこと。結局、その夜の宿は先妻の実家が引き受けてくれて、そのあとそこに二晩泊めてもらったとのことであった。こんな苦い経験から、これは気を付けて歌った方がよいと彼女は若い弟子に諭していた。

本作は伝承された段物のなかで最も長い演目である。小林の演唱では全十段に分けられていて演唱時間は五時間に及ぶ。長岡瞽女の伝承は六段目ぐらいまでであったが、凡例に述べたとおり七段目以降はたまたま旅先で同宿した祭文語りが語る文句を覚えて、小林自身が創作した歌詞だという。祭文語りとは山形のデロレン祭文であろう。語り手が部分的に歌詞を創作して追加した例は「石童丸」にもあった。

小林ハルが歌う物語の末尾は、天王原で快癒した信徳丸がおとらの姫の親元である大坂の亀山長者のもとへ迎え取

られ、亀山長者の計らいで河内の実家に帰宅するという展開になっているが、高田瞽女の演目を伝えると思われる写本「信徳丸壱代記」では、快癒した信徳丸がまず実家に帰り、その後で亀山長者のもとへ番頭の折平が飛脚に立ち、婚礼の申し入れをするという展開になっている。次に、最後は「貞女の鑑」といった教訓で終わる高田の写本「信徳丸壱代記」の末尾を引用しておく。（仮名遣いは原本のまま。）

拾弐段目　飛脚の段

さてもそれより折平は　急げばほどなく今わはや　大坂の亀山殿いまいりてわ　まづ表門より入り　河内の国のぶよしよりと申すれば　とりつぎ其よしだんない申ければ　飛脚をこれいと言われてわ　折平亀山殿い近寄り挨拶をしてちくいちの物語り　さつそくつかまつる　婚姻と、のいんと申ければ　亀山夫婦の御喜びかぎりなく　天にもあがる心なり　亀山殿の仰せにわ　善は急げ悪はのかる、のことわざにまかせ　片時も早く婚姻せんと　亀山夫婦をはじめとし　一家一門もろともに　急いでしたくをなされては　わが家をたつてあとに見て河内の国にも入ければ　ともの者ども見るよりも　それや御いでと馳せ帰り　此よしだんない申ければ　のぶよし長者は聞くよりも　座敷〴〵を飾りたてたるけつこうさ　世にもまれなる婚礼なり　ほどなく亀山夫婦をはじめといたし　一家一門家来まで　いさみすゝんで入られける　まづ奥座敷い案内いたし　のぶよしは夫婦に対面し　おとらの姫の姿をば　ものにたといてみてやれば　柳にまがふなり形　□きさるゝ風情にて　まづ盃も終わりては　みなの人々うたい舞い　喜ぶ事のかぎりなし　それと継母追いだされ　身の置きどころもあらずしてあしから山の東なる　山の麓いたづね行き　大いなる池わありければ　かゝる池い身を沈めんと　袂を□とい石を拾い入れ　わが子の五郎を抱きかゝい　底の水屑となりにける　昔も今にいたるまで　を玉が池と名を残す継母鑑に又もなき　貞女の鑑のをとら姫　信徳丸孝行いたし　夫婦の仲わむつましく　家わ末ほど繁盛いたし子孫栄いてめでたさは　善と悪とのしるしなり　善と見たなら手本いたし　悪と見たならつゝしみて　わが身の上を省みよ　信徳丸のすいみも　思ひ知らる、ことどもなり　これを見てしよ□□たのしみける

4　小栗判官

小林ハルは「小栗判官照手姫」とも称している。夫婦再会の物語で、説経祭文に由来する演目である。鈴木昭英「刈羽瞽女(67)」に載る伊平タケの歌詞では、歌い出しに「貞女鑑実道記／小栗判官上中下／二十と四段に分かれども／あと先抜いて中の段」とあり、典拠となったものが『貞女鑑実道記』であることを示している。また、渡辺キクも「貞女鑑実道記／小栗判官一代記／支度の段」と演唱している(68)。この演目は説教源氏節正本にもある。

悲劇的な内容の段物が多い中で、本作は夫婦の再会を語るめでたい話になっている。説教源氏節のもとになった説経祭文でも「小栗判官二度の対面」という外題が好んで演じられたという（四代薩摩小若太夫芸談）。参考資料には、説経祭文の当該箇所のテキストが入手できなかったので、「よろづやの段」「清水の段」「車引段」を掲げた。説経の物語では概略次のように語られている。すなわち、都から常陸に流された小栗判官が、武蔵・相模両国の郡代の娘照手姫に押して婿入りしたため、その父横山殿に殺されて地獄に堕ちたが、一緒に死んだ家臣たちの歎願によって地獄から蘇生し、餓鬼阿弥と呼ばれて湯治のために熊野の湯に引かれてゆく。一方の照手姫は流浪の末に美濃の青墓の宿の遊女屋に売られ、常陸小萩と名を変え、水仕として働かされていた。参考資料の「よろづやの段」「清水の段」がこれに当たる。そのうち、地獄から蘇生し、骨と皮だけの有り様になって餓鬼阿弥と呼ばれた小栗の乗った土車が、美濃の青墓の宿を過ぎる。小栗とはつゆ知らず、そのとき小萩は小栗の菩提を弔うために土車を引く施主になることを主人に願い出る。その部分が「車引段」に当たる。主人に対して小萩はいつか必ず恩に報いることを約束して車を

引く許可を得る。かくして車を引いた小萩は、餓鬼阿弥の胸札に、病が本復した帰り道にはどうぞ宿へ寄ってください、と名前とともに添え書きして別れた。瞽女の演目で、国司（実は小栗）が強いて下の水仕を座敷へ呼べと主人に命じ、主人が小萩（実は照手姫）に対して私の窮地を救うために国司のもとに遊女となって仕えよと命じるのは、このような内容を受けての話である。亡き夫小栗のためにも、見知らぬ国司の前で遊女勤めをするわけにはゆかない。しかし、主人の窮地を救うと誓った約束も果たさなければならない――実は幸運な再会なのに、悩みに悩み抜く彼女の姿を長々と語るのが本作の特徴である。

また、鍋墨で真っ黒になった下働きの小萩が、遊女の盛装をすることで瞬く間に輝くようなもとの照手姫の姿に変身する部分も聴かせどころになっている。ちなみに、中心人物が装束を改めることで変貌するこれと類似した話が杉本キクイ伝承の「片山万蔵」にもある。本書には翻字することができなかったが、その六段目にあたる辺りに、落ちぶれて汚い乞食になっていた万蔵が、脇坂淡路守の家臣に見いだされ、湯殿でよごれた体を洗ってもらい、着替えてもとの立派な武士の姿に立ち返る部分である(69)。

5　景清

夫婦離別と幼児犠牲の物語である。説経祭文に由来する演目であることは、参考資料に掲げた「景清一代記」（獄屋之段・阿古屋自害之段）と読み比べれば明らかである。また、高田瞽女の歌い出しに「阿古屋獄屋見舞いと申します」とあることから、この作品全体が「阿古屋獄屋見舞いの段」と認識されていた可能性がある。内容は、清水観音に願掛けして三七日の無言の行（ぎょう）をする景清のもとに、その満願の日の前日、事情を知らない妻子が訪ねて来て、誤解による悲劇を招くというものである。

瞽女唄が拠ったと思われる説経祭文の典拠は、近松門左衛門作『出世景清』（貞享二年初演）である。また、さらに遡って、景清とその愛妾、遊女阿古屋を語る近松以前の物語としては幸若舞の『景清』がある。阿古王（阿古屋に当たる）によって源氏方に居場所を密告された景清が、憤りのあまり阿古王との間に生れた我が子「いや石・いや若」を彼女の眼前で殺害し、その場を逃れるというもので、殺害の場面に次のような景清の言葉がある。

> 何と申すぞ、いや若よ。殺す父な恨みそ。殺す父は殺さずして、助くる母が殺すぞ。同じくは、兄と打ち連れて、閻魔の庁にて父を待て。

これが近松の物語では、

> 扨も邪見(じゃけん)の母上さまや、助けてたべ父上(ちちうへ)と、息をはかりに泣きわめく。オ、道理(ことわり)よ、さりながら、殺す母は殺さいで助くる父御(ちちご)に殺さるゝぞ。あれ見よ、兄もおとなしう死したれば、おことや母も死なでは父(ちち)への言訳(いひわけ)なし。

と、すっかり逆転して阿古屋の言った言葉に変わっている。これが瞽女唄に至る阿古屋の物語の始まりである。

近世の浄瑠璃作品には、近松の『出世景清』を大きく改作した文耕堂・長谷川千四作『壇浦兜軍記』（享保十七年初演）があり、阿古屋の琴責めの場で有名だが、阿古屋も兄の十蔵も景清に対して最後まで誠意を尽くす内容になっていて、訴人する話はない。勿論、入牢した景清に逢いに行き、牢の前で自害した話もない。その点、説経祭文や瞽女の段物は、嫉妬のために兄とともに景清のありかを密告した阿古屋が、入牢した景清の前で非を詫び、おさな子二人を殺して自害するという『出世景清』の中の凄惨な場面をそのまま継承した物語になっている。ただし、具体的な物語展開はかなり異なっていて、説経祭文や瞽女唄における阿古屋の悲劇は、獄屋における景清の無言の行を、自分を恨んで口をきかないものと誤解したことによって起こった悲劇として語られるが、このような内容は近松の『出世景清』にはない。また最後の、景清の怪力による十蔵の犠牲が、残酷な場面にもかかわらず、聴衆の笑いを誘うように滑稽化されて語られている点なども説経祭文によったもので、近松の作品にはない。

瞽女唄では、阿古屋が遊女であること、景清には他に尾張国の熱田大宮司の一人娘小野姫という妻があり、事件の背景に阿古屋の嫉妬があったことなどは語られていないから、『出世景清』の物語から離れて、一般的な夫婦の間の誤解による悲劇、すなわち夫に見捨てられたと勘違いした妻が、無念さのあまり早まって我が子二人と無理心中する話として受容されうるし、また聴衆がそのように享受しても充分鑑賞できるような物語となっている。つまり、近松の物語は嫉妬に狂う女の悲劇であるが、瞽女唄はむしろ家庭的悲劇であり、子どもたちの悲劇であるという点が強調されている。特に幼児の悲劇は、瞽女唄の特徴でもあった。

なお、近松の物語では、阿古屋の無理心中が夫の景清になじられた腹いせのようになっていて、とりわけ次男を殺す母の残酷さは後味の悪い物語になっているが、これに比べて瞽女唄の場合は、夫に見捨てられて生きて行けなくなった母のせっぱつまった無理心中になっている点で、いっそう聴衆の同情を誘う物語となっている。次男の弥若が母にさとされて死を受入れるところも、『出世景清』では今日から見れば不自然に物分かりのよい幼児として語られているが、瞽女唄では子どもの好きな物をならべ、やっとのことでだますという展開になっていて、子を持つ庶民の親たちの共感を呼ぶように語られている。

瞽女の段物「景清」の、主な特徴をあらためて記せば、まず女の側に立った物語になっている点があげられるだろう。つまり物語が阿古屋に同情的な立場から語られていることが第一の特徴である。とくに母として我が子を思う心情を切々と語り、景清が終止無言を通すことで阿古屋の嘆きが物語の全体を構成するようになっている。次に、子どもたちの悲劇が哀切さをもって丁寧に語られている点があげられる。殺される場面はもとより、頑是無いふたりの息子が父を救おうと牢屋の格子に取り付いて揺さぶるあたりも聴衆の同情を引く部分である。また、とりわけ高田瞽女の歌詞においては、中心人物の移動すなわち阿古屋が旅仕度をして景清のいる獄屋に向かう道行きの部分が、慣用句を連ねて長々と語られている点も特徴の一つである。本来、瞽女の段物には道行きがない[70]のだが、ここには例外的に道行きと言えるような部分が見られる。

6　阿波の徳島十郎兵衛

幼児犠牲と親子再会の物語である。さらにまた、江戸期の唄本に「阿波鳴門じゅんれいくどき 子わかれの段」（吉田屋小吉板）とあるように、子別れの物語でもあった。

本作は、明和五（一七六八）年に大坂の竹本座で初演された近松半二等の合作浄瑠璃『傾城阿波の鳴門』八段目（順礼歌の段）に拠っている。これは、夕霧と伊左衛門、お家騒動と宝剣紛失、盗賊阿波の十郎兵衛と子殺し、などを内容とする全十段の浄瑠璃である。全体としては不人気で、初演以降はほとんど通しの上演が無かったらしいが、八段目のみは頻繁に上演され、「と、様の名は阿波の十郎兵衛、か、様はお弓と申します」の文句が人口に膾炙しているように、お鶴の悲劇は全国津々浦々に知られている。この話が芝居とは無縁な僻遠の地にまで広く知れ渡ったのは、瞽女などの芸能民によって歌い広められたからであった。ただし、芸能民の唄にも浄瑠璃の文句の影響は強く、例えば明治の口説本などはほとんどそのままであるし、瞽女唄と同じく段物構成になっている福島の会津萬歳の演目「阿波の鳴門」[71]なども、文句も展開もほとんど右の浄瑠璃によっている。瞽女唄の段物の場合も、資料編の脚注に示したように近松半二の浄瑠璃に拠っていることは明らかである。しかし、お弓が娘を家に上げてもてなすところや、お鶴が山道に踏み迷うところ、また最後のお鶴の蘇生など、半二の浄瑠璃にない部分があって、これらを浄瑠璃からの転化としてのみ考えて良いかどうか、速断はできない。

通称「巡礼おつる」と呼ばれるこの演目を、瞽女は「阿波の徳島十郎兵衛」と称している。阿波の徳島十郎兵衛という人物はもともと海賊として著名だったが、近松半二は、悪人だった者を実は善人と解釈し直す近世の芝居の常套法によって、彼を善人に仕立てた。しかし、彼がもともと海賊だった前歴は、金のために我が子と知らず旅の小娘を殺してしまうところに痕跡をとどめている。俗謡を遡ると、江戸中期から後期にかけて西日本で流行した兵庫口説に「阿波の海賊甚九ぶし」があって、海賊を働いた十郎兵衛の話が歌われていた。[72] その流れは近代に至るまで西日本の盆踊り唄となって盛んに歌われてもいた。[73] ただし、これらには海賊を働いた十郎兵衛の事件の顛末のみで、巡礼お鶴の話はまったくない。近松半二等の浄瑠璃以前は、このように十郎兵衛を中心とする物語が長く伝えられてきていた。

十郎兵衛は、四国徳島の吉野川河口にあって海運で栄えた宮島の庄屋だったという。刑死の史実は元禄十一（一六九八）年十一月のことで、彼には妻のほか息子三人と娘一人の四人の子どもがいた。そのうち息子三人は父に連座しているが、妻と娘は刑死を免れているらしい。[74] また、妻の名は不明であるが、娘の名は「おつる」だったことも知られている。後世、娘の名を「お弦（つる）」と解し、その連想から母の名を「お弓」と称するようになった。事件後、比較的早い時点で物語化された例としては、享保二（一七一七）年刊行の『諸国武道容気』巻之三（著者未詳、帝国文庫『珍本全集』上、所収）の記述がある。その内容は、阿波の宮島に住む「十郎兵衛」（次皿十郎兵衛とある）という富裕な者が、難波との間の交易に大損を出し、これを埋め合せようと海賊をして捕らえられ、処刑されたというものである。悪辣な父十郎兵衛に対して、その長男・次男が正義感をもった善人として登場する。妻のお弓や、娘のお鶴は登場しないが、末尾に「女房・娘は、髪をおろし、出家となり、諸国しゅ行せしとかや」とあって、お鶴巡礼の物語はそのへんに由来するかも知れない。

十郎兵衛を善人に作り替えた半二の『傾城阿波の鳴門』成立後も、彼を再び海賊に戻した物語が戯作者によって創られている。柳亭種彦の読本『阿波之鳴門』（文化四年）は、「彼阿波の鳴門と題号せし、浄瑠璃本に、十郎兵衛といへる者あり。主君の為に千辛萬苦して遂に其志をとげしごとく書なせしは、実ににくむべきの盗賊なり。其事跡をくはしくたづぬるに……」と書き出して、半二の浄瑠璃が十郎兵衛を善人に仕立てていることを批判し、次のような物語を創り上げている。

時代は南北朝。阿波の国司畠山国清の弟畠山多門が、摂津の国の農民の娘弓子を見初める。畠山多門と弓子が知り合う以前、隣家の十郎兵衛が弓子に心を寄せていたが、片思いであった。弓子、花見に出かけて盗賊に連れ去られる。畠山多門、桃井軍太を使者として引出物を持たせ弓子を迎えにやるが、桃井は弓子の父を殺して引出物を奪い、弓子が消えた事を父親の所為にして畠山に報告する。

後日、畠山多門は土佐の廓にいた弓子を知り、目出度く妻に迎え、娘のお鶴が誕生する。畠山は、戦国の世を避け、都から本国阿波に移る途中、海賊十郎兵衛の一味に襲われて討死した。弓子は十郎兵衛に救われ、讃岐国に連れ去られて日を送り、後ついに仕方なく十郎兵衛と夫婦の様に暮らすが、隙を見て阿波へ帰ろうと図っている。

弓子が巡礼を頼んで阿波へ逃げ帰ろうと思っていたとき、はからずもお鶴が巡礼となって廻って来る。さらにまた、父の敵桃井軍太も廻国の修行者となって立ち寄る。百両の結納金を横領したのが父を殺した理由だと言う桃井軍太の奸計にはまって、お弓はその百両を軍太に返した上で尋常に勝負しようといい、お鶴が所持していた金を借りようとしてお鶴を死なせてしまう。しかしともかくお弓は桃井軍太を討ち果たすことができた。

後から来たお鶴の連れの僧は、かつて弓子と知り合いの猟師だった。彼はお鶴を引き取って養育してきたのであった。弓子は巡礼が我が娘であったことを知る。

死んだお鶴は、畠山家伝来の仙薬蘇生丹によって生き返るが、夫畠山多門を殺したのは海賊十郎兵衛だと知った弓子は、今の身の上を悔やみ、深い谷底に身を投げて死ぬ。また、海賊十郎兵衛はお弓の怨魂の祟りによって捕らえられ、処刑される。

この読本が典拠にしたものは不明であるが、その内容には次のように半二の浄瑠璃に無く瞽女唄と共通するところが何点かある。

①廻って来た巡礼の娘を、お弓が、我が子とは知らず家へ上げてお茶を御馳走する。

②お弓が優しくいたわるうち、巡礼お鶴が「其よふになさけふかきことのたまえば、おまへがどうか、ほんのはゝさまのよふに、おもはれて、別てゆくが妾は悲しい。もふ仲父さまもいりませぬ。何卒(どふぞ)此家におきてたべ」と願う。

③お弓が手箱の中から金を一両取り出してお鶴に渡す。

④旅の疲れに、お鶴はお弓の膝を枕として寝入ってしまう。

⑤死んだお鶴が蘇生する。

お鶴を殺してしまうのが十郎兵衛ではなく母のお弓であることなど、浄瑠璃とも瞽女唄とも大きく異なる点もあるが、とりわけ巡礼おつるの〈子別れ〉の箇所に見られる右の共通点は、まだ確認には至っていないが文化年間ごろの俗曲との関係をうかがわせるものである。

7　八百屋お七

町娘の恋と犯罪の物語である。秩父の若松派説経祭文に「江戸紫恋緋鹿子―八百屋お七忍びの段―」[75]という外題があり、瞽女が語る「八百屋お七」も〈忍びの段〉を中心とすることから説経祭文との関係がうかがえる。たとえば瞽女の段物では、お七が寺院に忍ぶところに「学山様も寝てござる」という句が唐突に出てくるが、学山という人物が忍び込んだお七を見付けて言い寄る道化役だったことは秩父の説経祭文の詞章によって理解できる。ただし若松派の説経祭文は明治になってからのものだから、瞽女の段物がそれにもとづいたかどうかは分からない。同じ説経祭文でも江戸時代の薩摩若太夫の「八百屋お七」は、瞽女が語る内容を一段目の「馴始段」で大まかに語るだけで、その後は放火して役人に捕らえられたお七の処刑を悲しむ両親の嘆きと、お七が死んだ後の吉三の歎きを語り、最後にお七が亡霊となって顕われ成仏したことを語るという内容になっていて、歌詞の直接的なつながりもない。薩摩若太夫の「八百屋お七」の特徴は、お七の死後、供養のために江戸の出口々々にたてられた六体地蔵の因縁を語るという古い説経節の形式になっている点である。[76]これに関連する資料として、天明四（一七八四）年初春、江戸本芝三丁目清水治兵衛板行、結城重太夫直伝「八百屋お七　さいもん」（国学院高等学校藤田小林文庫所蔵）がある。この祭文は、上下二段程度からなる歌祭文よりも長く、「三　八百屋の段」「四　道行の段」「五　鈴森の段」「七尾　成仏の段」等となっていて、薩摩若太夫の説経祭文の構成、「壱　馴始段」「二　居宅段」「三　道行段」「四　鈴森段」「五　庵室段」「六大尾　成仏段」に類似することから、これは結城重太夫の祭文をもとにして作られたものであることが知れる。

ちなみに、瞽女の段物と道行の関係について再言すれば、お七の物語は犯罪者として江戸の町中を引き廻されて刑場へ到着するくだりがあるから、日本の文芸の伝統から見ればここはまさしく死出の道行があって然るべきところである。実際、右の結城重太夫の祭文や薩摩若太夫の説経祭文などでも「道行の段」が語られている。近世にはさまざまな道行の詞章を集めた『道行揃』といった本も出版されるほどで、一般に道行は最も哀れを誘う詞章として好まれたものであるが、瞽女の「八百屋お七」では、むしろ恋の冒険に胸をときめかす娘心を語る一段目の、寺院のなかへ忍ぶお七の心情が、物尽くしを交えた道行的詞章で語られるだけである。

お七の事件は、比較的早くその物語を載せる井原西鶴の『好色五人女』が刊行された貞享三（一六八六）年を遡ること遠からぬ、天和二、三（一六八二～三）年頃に起きたとされ、当時すでに歌謡や語り物に採り上げられていた。『天和笑委集』巻十一（『新燕石十種』五所収）には、お七刑死後のこととして、「然る上はかぞへうたに作てこれをうたひ、或は道ゆきいろは唄、ぢごくさんだん、上るりせつきよう、ふしをあらため、江戸中至らぬくまなくうりあるき、のちには……日本六十余州のこる方なくうりあるく、かゝれば遠き国里迄も、誰しらずと云事なし」とあって、八百屋お七の物語は古くから他の多くの歌謡に歌われ、唄本によって全国に広がっており、瞽女の段物も何が典拠ということもなく、そのような多くの歌謡の中の一つであったといった方がよい。

歌舞伎では宝永三～七年（一七〇六～一〇）ごろにかけてお七物の流行があった。朝日重章著『鸚鵡籠中記』宝永三年七月十六日の名古屋関係記事によれば、「大須にて今日より芝居。和泉屋十二郎大夫（八百屋お七物がたり）甚だ群聚す」とあり、近松門左衛門の浄瑠璃『卯月紅葉』（宝永三年頃）の中巻にも「八百屋お七」の語が見え、同『心中万年草』（宝永七年初演）は八百屋お七の物語をふまえている（角川文庫、諏訪春雄解説）。歌舞伎・浄瑠璃におけるこのような流行と平行して、京阪では歌祭文も大流行した。[77] 越後瞽女の段物には、お七の放火後「誰知るまいとは思いども／釜屋の武兵衛が訴人して」などと「釜屋の武兵衛」なる人物が訴人としていささか唐突に登場するが、お七の父が八百屋久兵衛、お七の縁談の相手が武兵衛という役名の伝統を固定したのは、お七歌舞伎流行の前後に上演された、宝永元（一七〇四）年大坂豊竹座『八百屋お七歌祭文』、享保十七（一七三二）年同座『八百屋お七恋緋桜』という紀海音の浄瑠璃二作であるという[78]。

瞽女唄がさまざまな俗曲と関連を持っていることから見れば、あるいは歌祭文から瞽女唄へという流れも考えられる。たとえば瞽女唄の「五人娘に三の筆」といった歌詞は、「八百屋お七歌祭文・京風江戸八百屋お七歌祭文」にある「五人娘に三の筆[79]」との関連もあろう。さらに高田瞽女の文句に「恋の緋桜江戸かがみ」とあるのも歌祭文以来の歌詞の伝統を受け継いでいることを思わせる[80]。

また、他の俗曲との関係では、覗きからくりの口説があげられる。瞽女口説が流行した十九世紀の初めには、八百屋お七の〈からくり節〉も江戸で流行した。しかも享和二（一八〇二）年の二月から四月にかけてはやった流行性感冒は、当時の流行り唄にちなんで「お七かぜ」とまで言われた。その流行り唄については、斎藤月岑他著『増訂　武江年表』の喜多村筠庭補注によれば「田舎風なる覗きからくりのいひたてを、手を打ちつゝ、句ぎりしていふを小児が真似たるなり」とある。また、小山田与清（一七八三～一八四七）の『松屋筆記』巻十四にもこの感冒について「今（文政四年）より十八九年前お七風といふも流行せり。そは八百（屋）お七といふ狂言をノゾキの口説に作りたりしを世人いひきようぜしよりお七風といひける也」とある。瞽女は他のさまざまな俗謡を自分たちの唄に取り込んだから、当時の覗きからくりの口上との関係もあったと考えられる。お七の物語は江戸の事件であり、本来段物よりも口説として歌われる方がふさわしかった。瞽女の伝承演目に

八百屋於七地蔵尊
（東京都文京区白山　1996.11　著者撮影）

お七の口説はないが、もし他に口説があった場合、それから段物に作り替えられた可能性も否定できないだろう。

口説との関係で言えば、本作には「鳥づくし」「虫づくし」「青物づくし」などの部分がある。このような物尽くしの歌は地方の盆踊り口説の文句に見られるが、時代を遡った兵庫口説には、まさに八百屋お七の「青物づくし」が歌われていた[81]。兵庫口説をさらに遡ると貞享・元禄頃、京都で流行した盆踊り唄の「都踊くどき」にも見られ、俚謡集『都踊くどき』[82]から「青物づくし」の例をあげれば「おちよ／半兵衛　青物づくし」がある。これは近松門左衛門作『心中宵庚申』（享保七年初演）の「八百屋半兵衛／女房お千世　道行」にも採り入れられ、「説教」や「祭文」の節で歌われている。関根只誠編『戯場年表』[83]享保七年条によれば、江戸中村座の「お千代半兵衛心中」芝居（名題「花毛纏二腹帯」）の青物尽くしの台詞が大当りだったとある。瞽女唄や説経祭文の物尽くし形式も、兵庫口説や歌祭文に伝えられて時には芝居で人気を博した伝承詞章を採り入れたものと考えられる。

さらに、物語の全体についても兵庫口説との近似性を指摘することができる。寛文から寛政（一六六一～一八〇〇）にかけての会津若松における芝居その他の興行記録「旧若松大角力芝居其他興行見聞留書」[84]には、会津の甚九踊りで歌われた口説の一つ「お杉くどき」の歌詞が掲げられている[85]。内容は、九州赤間が関のお杉という十六歳の娘が、お寺の和尚を見初めて恋文を贈ったが、返事がないので、夜中に男装して寺院へ忍び込み、相手の和尚に直接言い寄るという話で、瞽女の段物「八百屋お七」とほぼ同じ話である。じつは兵庫口説の代表的な歌に「円正寺／おすぎ　赤間関坊主落（あかまがせきぼうずおとし）」[86]という口説があって、会津に伝わったこの口説唄は兵庫口説に由来している。もちろん、「円正寺／おすぎ　赤間関坊主落」の方が、むしろその前に歌われていた「八百屋お七」を手本に歌われた可能性もありうるだろうが、瞽女の段物と兵庫口説との関連がうかがえる資料である。

8　佐倉宗五郎

夫婦・父子再会の物語、そして子別れの物語である。薩摩派の説経祭文の外題にも「佐倉宗五郎の甚兵衛渡しと子別れ」があり、また講談でも「雪中親子の別れといふのが、この講談の眼目[87]」とされていた。〈子別れ〉は古い説経節の主要なテーマであり、近世になって生まれた佐倉宗五郎の話もそうしたテーマによる新たな物語の再生産であった。江戸時代後期の説経祭文との異同は、参考資料に掲げた薩摩若太夫正本「桜草語」（浅倉川渡場（あさくらかはわたしば））と比較されたい。内容はほとんど同じであり、瞽女の段物が拠った作品の一つであろう。

小林ハルによれば、本人が伝承しているのは「舟止め」と「子別れ」の二段だけだが、そのあとに「磔の段」があって、せめて三歳になる三番目の子どもだけでもお寺に預かりたいという上野の和尚の願い出にもかかわらず、女房こどもは一人残らず打ち首にされ、宗五郎は磔にされて一家みな殺しになる話だという[88]。この点、高田の杉本キクイの場合も、本来十段まであって、師匠から習ったのは九段目までだが、父が本を読み聞かせてくれたので自分は十段目の「幽霊のたたり」まで語ることができるといっている[89]。

佐倉宗五郎の史実は江戸時代前期のこととされているが、幕末に至り江戸で講談や芝居そして歌謡に作られて大変流行したことがあった。三代目瀬川如皐の歌舞伎『東山桜荘子』が江戸中村座で上演されたのは嘉永四（一八五一）年の秋で、「見物の貴賤山をなし」とも、また「佐倉の村民も此の噂をき、、競うて江戸に来り此の芝居を見物せり」ともいう（斎藤月岑他著『増訂　武江年表』）。また『藤岡屋日記』によれば、「市中の寄席でも、両国・柳原土手・浅草観音仁王門前などでは講釈咄し、日本橋土手蔵・向両国・西両国などでは噺家たちが宗吾の話しを演じ評判となった。出版界では合巻『造栄桜荘子』『恵雨角田の葉桜』がだされ、『宗吾一代記』や宗吾のくどき、役者絵など続々と販売された[90]」という。事ほど左様に当時「宗五郎物」が大評判になったことが知れる。また、このとき上演された歌舞伎『東山桜荘子』は、幕末に石川一夢という講釈師が語って人気を博した講談『佐倉義民伝』の内容を取り入れて脚色したものだともいわれている[91]。

江戸中期の講釈師である馬場文耕（一七一八?〜五八）の『当時珍説要秘録[92]』に「堀田相模守領知佐倉宗吾の宮建立の事」という記事があり、宗五郎を処刑した領主堀田氏の子孫が江戸中期までその祟りを恐れていたらしい。そんなことから宗五郎の祟りを語る実録写本『地蔵堂通夜物語』も生まれ、幕末に至って幕府・武家の権力が衰微してゆくことで、民衆の英雄佐倉宗五郎をとり上げた、さまざまな宗五郎物の流行があったものと思われる。

宝井琴窓の講談『佐倉宗五郎[93]』によれば事件の概要はほぼ次のように語られている。

○下総国印旛郡佐倉領、公津・岩橋二ケ村の名主木内宗五郎が、徳川四代将軍家綱の時代、万治元年十二月二十日、佐倉領二百二十九ケ村の農民二万七千人の窮状と役人の不正を将軍家へ直訴し、それがために親子五人が処刑されたという事件の顛末である。

○妻の名は、おきん。

○領主は堀田上野介正信。佐倉の城代家老は一門の堀田玄蕃（げんば）。

○そのはじめ、宗五郎は、領主堀田の江戸屋敷へ門訴ならず、また大老酒井雅楽頭（うた）忠清への駕籠訴も効を奏せず、上野の凌雲院という寺へお預けとなった。

○その後、四代将軍家綱公が上野寛永寺の徳川家霊廟参詣の折、霊廟の朱塗りの橋の下に隠れていた宗五郎が将軍に直訴。これによって堀田家臣の悪事が露見し、領民に対する悪政は取り除かれた。

○宗五郎の処置は領主堀田氏に任され、彼の処刑が行なわれた。堀田正信の父正盛は三代将軍家光の死にともなって殉死したことから、その名誉を重んじたものとする。

説経祭文や瞽女の段物で語られる佐倉宗五郎の物語の形成は、講釈師が語った話によるところが大きいと思われる。

◇印旛沼の甚兵衛供養堂

「子別れ」の場面の前提となっている「舟止め（甚兵衛渡し）」の場も非常に人気が高く、何時の頃からか印旛沼の渡し場には、藩の禁制を犯して渡し舟の鎖を断ち、宗五郎を対岸へ渡して死んだ甚兵衛を弔う甚兵衛供養堂が建てられている。甚兵衛が祀られるようになったのは、おそらく宗五郎物が大流行した幕末から明治にかけての頃であろう。お堂は、印旛沼の甚兵衛大橋近く、JR下総松崎（まんざき）駅で下車して南西へ五キロ半ほど歩いた、かつての渡し場跡にある。その辺りは、戦後の食糧難の時代に、印旛沼の干拓によって水田となったが、その後米余りの時代となって水田の耕作も放棄され、今では乾いた大地になっている。二〇〇二年十一月に訪れたときには一面にコスモスの花が揺れていた。渡し場跡付近には松の老木が十数本生えていて水神の森（杜）と呼ばれ、松の木蔭に小さな水神の祠があった。かつての岸辺と思われる辺りを走る国道から地面が次第に低くなっていて、昔はそこから水を湛えた印旛沼の渡し場に下りたものと思われる。甚兵衛供養堂は水神の杜の一隅に建てられていて、中に甚兵衛の像が安置されている。堂内には「東京宗甚講」という大きな看板があっ

甚兵衛供養堂（2002.11　著者撮影）

た。著者が訪問した日には、堂の扉が開かれ、バケツに入れた花が供えられていた。近くの小屋に集っていた四人ほどの老女たちに話を聞くと、毎月十日を甚兵衛の命日とし、信心深い近くの老人たちが有志で供養をしているのだという。老女たちの中には甚兵衛生家の子孫を名のる人もいた。成田市下方の大野さんである。彼女の弟だという老人がひとり堂の廻りを清掃していた。老人たちの想い出話によれば、この辺りは砂地で水がきれいだったから水浴びもしたものだという。シジミ貝などもたくさん取れたらしい。またこの辺りは地下水にも恵まれていて井戸を掘ると良い水が豊富に出たともいう。地元では、甚兵衛は宗吾郎を対岸へ渡したあと沼に身を投げて死んだと伝えている。また、佐倉宗五郎の没後三百五十年忌にあたる年で、宗吾霊堂ではその日記念の行事が行なわれているとのことでもあった。

9 赤垣源蔵

兄弟の別れを語る物語である。「徳利の別れ」で知られる赤垣源蔵の話は、説教源氏節でも語られていたが、もともとは江戸時代の講釈師が語り出したもので、義士銘々伝の一節であった。

赤穂浪士討入りの話は事件直後から芝居化され、また兵法・武勇を語る太平記読みたちの講釈によって、さらには浄土真宗の談義僧による節談説教として盛んに語り続けられてきた(94)。しかし、赤垣あるいは赤埴(あかばね)源蔵に関しては、もともと逸話のあった人物ではなかったらしく、神沢杜口（一七一〇～九五）の『翁草』巻百六十七には、

赤埴源蔵を知人有て云るは、源蔵平日篤実無口にして、働もなし。禄二百石にて馬廻り役を勤め、拙たる奉公もなし。然に変に遇て血盟せしより爾来竟に一つの善言をも聞ず。報仇の時も抽てたる働を聞ず。唯義士に列したると云計なり。

とあって彼の人物評価は極めて低い。当時討入りに至るまで、実際にはこの人の胸中にもさまざまな思いが交錯していたではあろうが、事件と無縁な後世の人々が求めた英雄の苦難が華やかにあったわけではない。これといった逸話もなかったようである。『堀内伝右衛門覚書』によれば、討ち入り後の切腹に際して、彼は遺言を土屋相模守のもとにいる本間安兵衛という弟へ伝えて欲しいと願っているが、その遺言もごくありきたりの内容だった。恐らくこれが源蔵の実像であろう。ただし神沢杜口は、この何の変哲もない源蔵をとり上げたあとに、続けて次のような批評を加えている。

性質柔弱なるに似て而も義の逞しき処、群士の及処に非ず。聊名利の心無し。是等をや人道を知れりと云んや。
（同上『翁草』）

他の浪士と比べると余りにも凡庸に見える源蔵を、彼はかえって誰よりも「人道を知れり」と称賛している。

ところが非常におもしろいことに、巷間の義士伝の中では、篤実にして「無口」だった源蔵が、これとまったく反対に、一転して弁舌爽やかな、しかも酒癖の悪い大酔漢として語られてゆく。天保十（一八三九）年に刊行された為永春水の人情本『いろは文庫』（第三編）に載せる「仲垣玄蔵が徳利の伝記」がその一つである。事件から百年以上経過し、もはや誰も実態を知る人がいなくなった十九世紀の源蔵は、そのような人物として定着した。平生はいつも大酒を呑んで酔っぱらっているが、いざ殿の使者をつとめる段になると、まことに要を得た見事な口上を述べる。その彼が、最後の別れに兄の家を訪問する。しかし、兄は所用で不在。得意の口上を下女に託し、呑みかけの酒が入った古徳利を形見に置いて、さも残念そうに立ち去る。「仲垣玄蔵が徳利の伝記」のあとがきに春水は言う。「此一條は予が友人舌耕者なる文車が常に述ぶる所を、縮文に綴りて婦女子の覧に備ふものなり」と。すなわち、これは為永春水のオリジナルな創作ではなかった。江戸後期の講釈師が語り出した話だったのである。この話には、さらにそれ以前の何らかの典拠があったものと思われ、福本日南の『元禄快挙録』（一九〇九）によれば、妹夫婦を訪問して別れの盃を交わしたと伝える大田錦城（江戸後期の漢学者）の『精義録』の記事に由来するという。全体、講釈師の虚構に出た話ではあるが、そのような話の核をもとにして、仇討義士伝の基本的な話型であった〈反間苦肉〉の物語形式により、自由な空想を膨らませてできたのが、講談・浪曲の「赤垣源蔵徳利の別れ」であった。

瞽女がこの話をいつ段物の中にとり入れたかは不明であるが、明治期の講談・浪曲と話の展開や文句がきわめて類似するところからすれば、近代になって作られたものであろう。明治末の流行り唄〈義士銘々伝紫節〉にも、「ほろ酔いの顔も赤垣源蔵が／一歩は低く／一歩は高下駄赤合羽／兄の小袖に暇乞い／貧乏徳利が置き土産　チョイトネ」とあり、また大正初期の流行り唄〈新どんどん節〉などにも歌われ、[95] 明治期には講談・浪曲の人気演目となっていた。結局、講談・浪曲からの借物ではあるが、しかし講談や浪曲が戦前の国粋主義の影響によって忠義を強調するのに対し、瞽女の段物は兄弟愛と肉親との離別に話の中心を置く。それゆえ末尾の「忠義の徳」とある文句も取って付けたようになっている。語り手にはそのような観点は少しもない。数ある義士伝の中から敢えてこの話が選ばれたのは、これも人生の〈別れ〉をテーマとする話だからである。瞽女の段物の主要なテーマは〈子別れ〉であったから、赤垣源蔵の兄との別れもその延長線上において語られた物語であったと見なし得る。その点に、瞽女唄という女の語り物の特徴を指摘することができるだろう。

赤垣源蔵の姓については、元禄十六（一七〇三）年の序を持つ事件直後の記録である室鳩巣の『赤穂義人録』に、すでに「赤垣源蔵」とあり、また延享元年（一七四四）の本居宣長筆記『赤穂義士伝』でも「赤垣源蔵」とある。しかし、神沢杜口（一七一〇～一七九五）の『翁草』巻百六十七では「赤埴（あかばね）源蔵」が正しいとし、福本日南『元禄快挙録』（一九〇九）では「埴」の草書体を「垣」に誤ったものとする。また『義士親書類』（『赤穂義人纂書』所収）によれば、源蔵の父の名は赤埴一閑と言い、浪人して江戸にいたという。そのほか弟と妹がいたというが、兄は見当たらない。『堀内伝右衛門覚書』によれば、弟の名は本間安兵衛とある。なお、太陽コレクション『かわら版・新聞』Ｉ（一九七八　一六頁）所収の「赤穂分限帳」なる一枚物の刷物にも「二百石　赤垣源蔵　二五」とあって、巷間では「赤垣」と理解されていた。兄がいたかどうかは不明であるが、為永春水の『いろは文庫』では兄の名を芝多伊左衛門とし、秋津嘉侯の家中としている。同書は江戸期のものであるため本人の名も仲垣玄蔵と替えてある。明治の講談になると、兄の名は塩山伊左衛門に定着し、身分も脇坂淡路守の留守居役に定着する。下女の名が杉になるのも明治の講談からである。

参考までに、次に瞽女唄と講談との内容上の異同を掲げておく。×印はその内容が無いことを示す。

	瞽女の段物の内容	いろは文庫	一竜斎貞山演	神田伯竜演
1	赤垣源蔵の素姓	有	有	有
2	門番に咎められて被っていた笠を引きちぎるなどの場面	×	有	有
3	同じことを何度も下女に問い返す	×	有	×
4	兄の帰りを仮眠して待つ	×	有	×
5	兄の普段着を借りてそれに酒を供え暇乞いする	×	有	有
6	討ち死にを思わせる下女との会話	×	有	×
7	表札への別れ	×	有	×
8	塩山の妻の仮病	×	有	有
9	源蔵と入れ違いに塩山が帰宅する	有	有	有

10	塩山が源蔵と面会しない妻に愚痴をこぼす	×	×	有
11	塩山、寝ていた源蔵に下女が水をこぼした時の様子を語る	有	有	有
12	翌朝、塩山、通りを駆け行く人々の話で討入りを知る	有	有	有
13	市次（一助）、源蔵の討ち入りを疑う	×	有	×
14	市次（一助）、源蔵がいるか見に行く	有	有	有
15	塩山、源蔵が居たら大きな声で、居なかったら小さな声で知らせろという	×	有	有
16	源蔵の形見	有	有	×

＊『いろは文庫』は講談の内容を縮文に綴るとあり、内容がかなり欠けている。源蔵の形見については、『いろは文庫』では兄に呼子の笛と短冊、市次に五両の金とし、兄嫁へは無い。神田伯竜の講談では兄に呼子の笛、兄嫁に癪の薬、市次に五両の金とする。

右の比較では一竜斎貞山の講談と内容上ほとんど等しいと言えるが、瞽女の「赤垣源蔵」はさらに講談よりもいっそう浪曲に近い。桃中軒雲右衛門の弟子酒井雲口演「赤垣源蔵徳利の別れ」と比べると具体的な文句でかなり一致する。ただし酒井雲口演はかなり省略されているため、話の流れは二代吉田奈良丸口演に近い。

10　明石御前

幼児犠牲と復讐の物語である。ちょんがれ節の「小割屋（こわりや）／伝内（でんない）　身上噺（みのうえばなし）」「明石物語」などに語られていて、この演目は〈ちょんがれ節〉に由来すると思われる。そのほか、やんれ節「尾張の源内くどき」、浪花節「明石鉄砲」（「明石の斬捨て」）、講談「明石の斬捨て」（「三嶋の仇討」）、あるいは九州大分地方の盆踊り音頭口説「明石騒動小菊殺し」「明石騒動佐五平殺し」などにも語られている。このうち、比較的古く遡れる作品は、ちょんがれ節「小割屋／伝内身上噺」で、これは文化十二（一八一五）年以前からあった。その理由は、文化十二年（大坂）に初演された奈河晴助の歌舞伎『敵討浦朝霧』三段目「箱根山の場」は、狩人渡世の小割伝内とその女房および常松という息子が登場し、三島宿を発って箱根山へ向かう途中の、播州（播磨）網干の殿様の行列を見に行った幼い息子が道切りをして殺され、父伝内が敵を討ったという本作と同工の話を利用した芝居であり、その劇中に、「網干の殿様が狩人に鉄砲で殺されさつしやつた事」を「ちょんがれ」に歌う乞食坊主が登場するからである。[96]ちょんがれ節の「小割屋／伝内　身上噺」の唄本は、『日本庶民文化史料集成』第八巻（中村幸彦解題）に翻刻されているが、話の筋はほとんど瞽女唄と同じであり、明石藩主を「丹州あかいの殿様」とか、尾張を「小割」と変えていることなどから江戸時代の出版物であることを示している。

段物と別に瞽女が歌った七七調の口説については幕末に遡ることができ、瞽女が流行を作った〈やんれ節〉口説によってもこの物語は広められた。これは、小寺玉晁の『小唄のちまた』に弘化二年流行の「ゑちごくどき（小菊源太）」を載せることから知れる。弘化年間に、それ以前のちょんがれ節による「尾張源内」が廃れたのは、瞽女口説がこれに取って代わったからではないかとも考えられる。〈やんれ節〉の歌詞の例は、明治十七年、吉田小吉発行「尾張の源内くどき」に見ることができる。ただしこれは、上・下四丁ずつ八丁に収めるという紙面の制約もさることながら、事件の場所を尾張とすること、城主が銃撃たれた場所を小夜の中山とすること、源内の女房が登場しないこと、僧による助命嘆願がないことなど、瞽女が伝承してきた本作の「明石御前」とは少なからぬ相違がある。

明石城主の斬り捨ての話には、江戸時代から馬方殺しと幼女殺しの二話が語られていて、すでに〈ちょんがれ節〉

にこの二種が見える。(97) すなわち、人夫に駆り出された馬方が飲酒の上の慮外によって斬り殺されたという話と、幼い娘が行列の道切りをして殺され、その父が山中に待ち伏せして仇を討ったという話である。瞽女の「明石御前」はこの二種の作品を典拠としているが、物語の中心は「小割屋／伝内　身上噺」の幼女殺しの方である。しかも瞽女の段物の一般的な特徴として、物語の叙事的展開を急がず、娘小菊の助命嘆願を何度も繰り返すことで悲劇を長引かせる部分が聞かせどころとなっている。

事件については、本作では江戸前期のこととするが、一説に弘化元年のことで、明石の城主とは松平左兵衛督斉韶（なりつぐ）の養子となった松平兵部大輔斉宣（なりのぶ）（斉宣（なりこと））のことだともいう。(98) 斉宣は徳川第十一代将軍家斉の第二十六男で、明石城主松平斉韶の養子となりその跡を継いだが、天保十五年（弘化元年）六月二日、二十歳で没した。明石城主は代々「左兵衛督」だったが、彼のときから「兵部大輔」となり、さらに禄高も二万石が加増されて八万石となった。それでも将軍の子としてはまだ不足とされ十万石の格として厚遇された。(99) 藩主斉宣公の死因について、公的記録としては病死となっていて、「松平家年譜」によれば、天保十五年四月に病臥し、同六月二日の亥剋に亡くなったとある。

また、参考のために幕末の道切り事件の一例をあげれば、『シュリーマン旅行記　清国・日本』(100) に、慶応元年六月十日、ハインリッヒ・シュリーマンが東海道の保土ヶ谷宿あたりで将軍徳川家茂の上洛行列を見物したとき、道切りをしたために斬り捨てられた百姓の話が次のようにある。

翌朝、東海道を散歩した私は、われわれが行列を見たあたりの道の真ん中に三つの死体を見つけた。死体はひどく切り刻まれていて、着ている物を見ても、どの階級の人間かわからないほどだった。横浜で聞いたところによると、百姓が一人、おそらく大君のお通りを知らなかったらしく、行列の先頭のほんの数歩手前で道を横断しようとしたそうである。怒った下士官が、彼を斬り捨てるよう、部下の一人に命じた。ところが、部下は命令に従うのをためらい、激怒した下士官は部下の脳天を割り、次に百姓を殺した。まさにそのとき、さらに高位の上級士官が現われたが、彼は事の次第を確かめるや、先の下士官を気が狂っているときめつけ、銃剣で一突きするよう命じた。この命令はすぐさま実行に移された。三つの死体は街道に打ち捨てられ、千七百人ほどの行列は気にもとめず、その上を通過していったのである。

瞽女の段物で歌われる事件は、三島宿の二日町で起こったことになっていて、現在三島市東本町一丁目（旧二日町）の旧下田街道、三島大社近くには、小菊の霊を祀る「言成（いいなり）地蔵」がある。大正元年の『三島町誌』「言ヒナリ地蔵」の項には、

二日町ニアリ。尾張屋源内ト云フモノ、子、作州津山城主松平美作守ノ東行ノ節ニ、大社前ニ於テ其道ヲ横切リシヲ、ステ許サレズシテ殺サル。父源内直チニ箱根ニ美作守ヲ狙撃セリ。或ハ云フ、事成ラズシテ自殺セリト。小児ノ夜啼ヲナストキ、此ノ地蔵ニ宿願ヲ掛クレバ治ルト云フ。

とある。

言成地蔵尊
（旧下田街道三島大社付近　1999.3　著者撮影）

11　石井常右衛門

遊興の場での遊女の立引きによって武士が恥辱を雪ぐ話である。また、高級遊女の立引きを語る話でもある。高田の杉本キクイ演唱テープに、二段目に入る前に演唱者自身がこの物語の説明をした録音がある。

勘当されて家を出た常右衛門は、「辻謡（つじうたい）」をしながら露命をつないで江戸までやってきた。江戸の酒井侯とい

う殿様の屋敷へ行って謡を歌ったことが縁で人物を見込まれ、剣術の指南役として仕えることになった。常右衛門は間もなく先に仕えていた同役一藤(いっとう)・須原ふたりの先輩を越して昇進し、若殿の剣術の指導に当たったが、もともと乞食に来た者にふさわしくない出世だといってこれを妬んだ両人は、彼に恥をかかせて追放しようと、吉原遊廓の玉屋という馴染みの店に彼を誘った。この時ある人が常右衛門に対して、ふたりの計略にかかって恥をかかないために何か手立てを考えよと忠告した。そこで常右衛門は、吉原で最も格の高い高尾という遊女に自分の窮境を訴え、助力を願った。高尾は理解を示し、玉屋で恥をかかされることがあったら私に手紙を下さい、そうすればすぐ参上してお相手をしますと約束した。(著者整理要約)

杉本キクイはこう説明した後、「その文句を歌いますよ」と言って演唱を始めている。この説明のとおり、本作は、またたく間に栄達した新参の田舎侍を妬んだ同役が吉原遊廓で彼をなぶりものにしようと企んだが、逆にさんざんなぶり返されたことを語る話で、小林ハルは本作を「なぶり返しの段」と称している。以下に引用する明治の唄本に「義理の立引　石井常右衛門一代記」と題する例があるように、通常ならば相手にしない見ず知らずの田舎侍に頼まれ、その誠実さに心を打たれて意気を示した高尾の美談を語る話でもあったが、恥辱を受けてじっと堪えていた者が、そのあとで胸のすくような逆転劇を演じるところにこの話の面白さがある。さまざまに恥辱を受ける様子と、そのあとの雪辱による胸のすくような場面が本作の聞かせどころになっている。

これはもと江戸時代の実録小説で語られてきた話であった。常右衛門の前歴は、小林ハルの歌詞に「薩摩生まれの青てんじん」とあり、高田の歌詞でも「薩摩守の家来にて／知行は三千五百石」とあって、瞽女唄では薩摩藩士とするが、近世の実録本には彼の前歴を彦根藩士とするものと薩摩藩士とするものの二種があった。例えば『敵討　西国順礼女武勇』や『西国順礼八月赤子武勇女敵討』では九州薩摩の家中とし、明治の刊本(実記)や講談(松林東慶口演)

では「江州彦根の家中」とする。論者によっても、河竹繁俊はモデルとなった人物がもと江州彦根の伊井掃部頭直弼の近臣石井吉兵衛だった元政上人だとし、(101)三田村鳶魚は鹿児島の藩士で島津薩摩守綱貴の家来伊集院恒右衛門がその実名であるとする。(102)史実はともかく瞽女の段物は薩摩藩士とする実録によっている。また、彼をなぶった「一藤(いっとう)」なる人物の読み方についても、明治の『石井常右衛門実記』、講談速記本、説教源氏節いずれも「藤」を「ふじ」と読ませているが、実録写本『敵討 西国順礼女武勇』では「いっとふ」とあり、瞽女唄との共通性が注意される。参考資料に掲げた通り、この実録の巻之三・四が瞽女の段物の内容になっている。瞽女唄では最後に玉屋山三郎の店を取り潰し、常右衛門を連れ帰った高尾が、三浦屋であらためて彼を接待して送り出すところで終わりとなっているから、物語はそれなりのまとまりをもっているが、実録ではさらに次のような後日談が長く続く。

高尾に送られて三浦屋を出た常右衛門を、一藤・須原の両人が待ち伏せして闇討ちにしようとしたが、かえって返り討ちにあう。同役仲間を殺した常右衛門は、仕方なく西国へ出奔し、伊勢に至ってその地の百姓嘉六の家を相続したが、家計の苦しさから大坂へ奉公に出た。その間に懐妊した女房が巡礼に出て、途中剣術指南の浪人に殺され、図らずも切られた腹から女児が生まれた。その子が成長して十三歳になり、母の敵に巡り合った場面に、父の嘉六（もとの常右衛門）が現われて助太刀し、見事に仇討ちを果たした。(103)

つまりこの実録は仇討小説であり、最後にお捨(すて)という十

『石井常右衛門実記』活字本表紙
（明治24年　大阪・中村芳松発行　架蔵）

三歳の少女が、藩主や役人立ち会いのもとで、群集に見守られながら、母の敵である剣術指南の武士と果たし合いをする場面がクライマックスになっている。瞽女が段物で歌う部分はその一部に過ぎないが、すでに絶えた演目に「お捨仇討ち」があったというから、瞽女の段物の源流はこの実録だったことが知れる。ただしこの作品は説経祭文にもあり、直接実録本から採られたというよりは、やはり他の語り物が介在していると思われる。

ちなみに、説経祭文の作品は説教源氏節にもなっているが、その正本「石井常右衛門／三浦屋高尾」（蓬左文庫所蔵写本）と瞽女の段物との間に文句の共通性はない。説教源氏節は、説経祭文と同様、文句がほとんど会話体であり、芝居がかっていて、しかもかなりくどくどと冗漫な語りになっている。登場人物についても、常右衛門をなぶるのが、北村作左衛門、小林平馬、奥村源太、渡辺藤左衛門、須藤京次郎という五人の同役となっていて、一藤・須原の名はない。なお、常右衛門と高尾の話は幕末の歌舞伎でも演じられた[104]。

12　山中団九郎

平井権八の、山賊退治の物語である。瞽女唄では「山中団九郎」と「平井権八」の二作品として語られているが、いずれも平井権八（芝居では白井権八）の物語である。山中団九郎は登場する盗賊の名前であり、小林ハルは別にこれを「権八山入りの段」と称している。また、これに続く「平井権八」の物語は「編笠脱ぎの段」とも称される。

美男の極悪人として名高い権八の話は、初代河竹新七作『江戸名所縁曽我[105]』（江戸森田座　一七七九）、桜田治助作『幡随長兵衛精進俎板』（中村座　一八〇三）、鶴屋南北作『浮世柄比翼稲妻』（市村座　一八二三）などに歌舞伎化されて有名であるが、瞽女の段物の内容はこれとかなり異なる。権八はむしろ極悪非道の人物から、山中に隠れ棲んで往来する旅人の金品を奪い取る盗賊集団をせん滅し、奪われていた姫君を救い出す英雄的な人物になっている。

歴史上の彼は江戸時代前期の人物で、延宝七（一六七九）年に刑死したことが伝わる。江戸後期の『兎園小説余録』（『新燕石十種』第六巻所収）には「刑書」の写しなるものをあげて、

〇平井権八刑書写

延宝七未十一月三日行、

一、平井権八、（年不レ知）是は無宿浪人、

此もの儀、武州於大宮原、小刀売を切殺、金銀取候者、品川におゐて磔

札文言

此者追剥之本人、其上宿次の証文たばかり取、剰手鎖を外し欠落仕候に付、如レ此におこのふもの也

と記す。また、権八処刑当時の記事かと思われる一文も『玉滴隠見』に見え、時代が下った『関東血気物語』には、さまざまな悪事を働いた結果百人以上の人々を殺害したが、大宮の原（現埼玉県）で悪人仲間と小刀屋を殺害して金を奪ったことがきっかけとなって捕らえられたと、右の『兎園小説余録』に類似した話が語られている。かなり早くから実録小説に虚構され、写本で伝わる望月高信の『石井明道士』(106)という書には、のちに権八の物語に不可欠な人物となる幡随院長兵衛と吉原の遊女小紫の組み合わせがすでに見られる。浄瑠璃『驪山比翼塚』上演後は、『石井明道士』の中から権八の話を抜き出してこれを「平井権八比翼塚由来」(107)と名付けた写本も見られるように、小紫との哀れ深い恋の顛末が語られ、また鈴ヶ森での幡随院長兵衛との出会いから侠客の仲間となる話も『幡随院長兵衛一代記』の中に組み込まれていった。瞽女の段物における権八の物語は、こうして成長していった物語の主流から、さらに脇道へそれた傍流の物語である。

瞽女が歌う「山中団九郎」の物語の場面は、権八が東海道を下って江戸へ行く途中、脇道へ反れて山中に連れて行

かれるという点で、まさしく物語の内容自体が主街道からの逸脱であった。

盗賊の首領山中団九郎と権八の出会いは、桑名の渡し場であった。瞽女の段物の内容はこうである。鳥取藩士平井権八は、飼い犬同士の喧嘩から隣家の本庄助太夫と争い、相手を討って郷里を立ち退き、江戸へ下った。「編笠脱ぎ」の二段目に「敵(かたき)持つ身」とあるのは助太夫の息子たちに追われる身となったことを指す。権八はそのとき十八歳。途中、船賃もないまま桑名で渡し船に乗り、下船後に船頭と争っていたところを山中団九郎に救われた。団九郎は親切ごかしに、宿の無い権八を、山奥の我が家へ案内する。団九郎に誘われて山の中の岩屋へ行き、危うく殺されて身ぐるみ剥がされるところだった彼が、以前拉致されてそこへ連れてこられ、団九郎の妻にされていた一人の娘の同情を買い、さまざまな知識を与えられることで窮地を脱する。娘の名は亀菊といい、岡崎の町奉行吉田右衛門の娘であったが、三年前、母親と乳母と三人でお寺参りに出たとき一緒にさらわれて来たのである。母は間もなく殺され、乳母は自害した。残された彼女は、その後団九郎に対する復讐の機会をひたすら待ち続けていたのであった。その娘の助力によって権八は見事に団九郎親爺とその手下たちを滅ぼす。その後、ここに語られていない物語の結末は、岡崎へ連れ帰った娘が父と再会し、権八はいったん婿に迎えられたが、当初の志の通り一人また江戸へ下ることになっている。

この話のおもしろさは、一人の若者が娘の助力により、智恵と武力によって鬼神の如き盗賊を退治するという民話的な展開にある。また、案内された岩屋を盗賊の住み処と知った権八が、仮病を使って急性の聾者を装い、廻りの情況に全く無知なふりをすること、また美男の権八に惚れた娘の亀菊が、その様子をそのまま信じて、殺されるのも知らず呑気にしている彼に同情し、悲嘆に暮れながら屋敷の秘密を問わず語りに明かす、という展開が聞かせどころになっている。また物語の構成は、山賊の首魁が住む山奥の隠れ家へ連れて行かれて命を奪われようとした若い侍が、智恵と武力と、そして人質になっていた美しい姫君の助力によって難を遁れ、さらにその姫君を救い出して凱旋する、という源頼光の大江山酒呑童子退治の話に似たかなり典型的な物語パターンに拠っている。また、泊めた旅人の座敷の上から物を落として殺し、所持品を奪うという話は、浅草の一つ家伝説にも通じる。さらにまた、権八と戦う子分たちが、二度三度と重ねて派遣され、いずれも失敗する話が繰り返して語られる型式は、昔話の表現とも似ている。これらの要素は、小説的であるよりも口承文芸的であり、多用される諺および諺的表現とともに民衆に親しみやすい物語になっている。その点で、他の段物とひと味違った作品である。

また、ここには極悪人として伝えられてきた権八の面影はまったく無い。むしろ英雄的な話に作りかえられている。権八を殺そうとした山賊団九郎は、「平ゐ権八小紫くどき」に、その名が「くまたか」とあり、また後世のものではあるが、西日本の音頭口説には「熊鷹」とするもののほか「熊坂」とするものもあるから[108]、東国へ下る牛若丸を街道に襲った伝説的な盗賊、熊坂長範をモデルにしているらしい。熊坂長範が牛若丸を襲ったのは東海道の赤坂の宿であった。瞽女の段物でも本作には、

鳴海の宿と岡崎の／間の道のり尋ぬれば／五里と八町の場所なる／この街道の山奥に／山中名乗る団九郎は・・・

と歌われていて、団九郎が権八を襲おうとした場所も三河の国であった。その他、たとえば謡曲『烏帽子折』には熊坂の歳を六十三としているが、団九郎親爺の歳も六十二となっている。また、団九郎には七、八十余人の子分がいたことになっているが、熊坂の配下の盗賊たちの数も謡曲『熊坂』によれば「七十余人」とあるなど、山賊団九郎に襲われた権八の物語は、武勇に勝れた牛若丸が彼を襲った盗賊、熊坂長範を滅ぼした伝説にもとづくものでもあった。

なお、この話は平井権八と遊女小紫の物語の前半にあたるもので、山賊の屋敷から救い出された娘亀菊は、次の「平井権八編笠脱ぎ」に語られるように、後日吉原の遊女小紫となって権八と再会を果たすことになる。この物語展開は

参考資料に載せた幕末の口説と同じであり、江戸時代まで遡ることは確かである。[109]

13　平井権八編笠脱ぎ

これは夫婦再会の物語である。内容は前述のように「山中団九郎」の後日談になっている。また、本編は目黒比翼塚の由来を語る物語の一部分であるが、瞽女の伝承にはその後の物語はない。

権八によって救い出された亀菊は無事岡崎の我が家へ帰ることができたが、その後事情があって江戸吉原の遊女となった。吉原遊郭の三浦屋に抱えられた亀菊は、大夫職（高級遊女）にまでのぼり、小紫と名のっていた。一方、江戸へ下った権八は、鈴が森における武勇によって花川戸の親分幡随院長兵衛に見込まれ、彼のもとに身を寄せて弟分になっていた。あるとき、長兵衛が子分たちを連れて吉原の三浦屋へ遊びに行った。権八がたぐいまれな美男であったことから、あえて編笠を被らせて顔を隠し、当時売れっ子の遊女たちを偽って、小さいころ頭から熱湯を被って大火傷をし、顔も頭も焼けただれた醜い顔の弟だと紹介する。遊女たちが皆、仮病を使って断るなかで、高級遊女二代高尾を襲名していた小紫だけは、長兵衛の計略を見抜いて権八の相手になった。こうして図らずも昔の亀菊と権八の再会が実現したという話の展開であるが、瞽女の段物はこの再会を極めて手の込んだ仕方で語る。

本作の歌詞に、「三年後のことなるが／岡崎家中で別れたる／二世と交わせし我が夫」とあって、亀菊と権八は三年前に岡崎で夫婦の契りを交わしたことになっているから、これは夫婦の再会であった。このような、遊女屋における夫婦再会の話はすでに「小栗判官」に語られていて内容的な類似があるが、本作では遊廓における遊びの趣向によってその再会を滑稽に語る。また、実録小説では、小紫との出会いがきっかけとなって、その後の権八は金のために平気で人殺しをする極悪人となるのだが、しかしここでは優男として登場していて、その点でも総じて悲劇を語る瞽女の段物の中にあって、差別的な言葉が多い点を除けば、「小栗判官」以上に明るく楽しい物語になっている。

平井権八の話はほかの語り物でも人気が高く、〈ちょんがれ節〉や〈貝祭文〉などでも語られている。安斎竹夫編著『浪曲事典』（一九七五）によれば、名古屋の清寿院で天保六（一八三五）年に、ちょんがれ節による「平井権八五段読」が口演されているが、瞽女の段物との内容的な関係は分からない。本作の内容は多分に芝居がかっているから、むしろ説経祭文にふさわしい作品といえる。説経祭文のテキストは未見であるが、薩摩小若太夫の芸談によれば、説経祭文では二度対面のようなめでたい話が喜ばれたという[110]。本作の趣向も夫婦の再会であり、そのたぐいに属する。

なお、直接の典拠ではないが、江戸時代に遡った『関東血気物語』[111]の「幡随院長兵衛一代記」には次のような記述があって、この物語の源流になっているように思われる。幡随院長兵衛とその子分が、深編笠を被った権八を吉原へ連れて行き、彼が見初めた小紫に逢わせる場面である。

……爰に君様に是非御近付を願ひましたい田舎者、無粋の頂辺を同道したれば悪しからずと、盃を差出す。小紫は一つ受け、此お盃は誰さんにと云ふ時に、長兵衛は権八を見顧りて打笑ひ、近頃初心千万なり、先笠を脱がれよと、側より取つて傍に置かすれば、玉を欺く美少年。流石の小紫も恍惚として胸うち騒がせ、郎君へ進げますかと、震へ声しつ差出す。権八は、忝しと受けたるが、是も同じく手前震へて、面に紅葉を散したり。

これは再会の話ではなく二人のなれ初めの話になっているが、編笠に隠されていた「玉を欺く美少年」の顔を小紫の目の前で一瞬に現わす長兵衛の工夫は、芝居の浅黄幕のような効果によって小紫の心に深い印象を刻んだことを語っていて、まさに「編笠脱ぎ」の趣向である。この話をもとに、その後、瞽女の段物のような話に作り変えられていったのではないだろうか。

本作も子別れの物語である。瞽女の段物との先後関係をいうことはできないが、秩父武甲山麓横瀬の説経祭文『三庄太夫物語』には「船別の段」もあったという[112]。高田瞽女が語ったのも「舟別れの哀れさ」であった。この段物に印象的な内容は、うば竹の入水と龍蛇への変身そして復讐であろう。主人親子を人買いに売った山岡太夫に対するうば竹の容赦なき復讐によって短いながらこの一編は完結している。

二艘の人買い舟に別々に乗せられて、つし王丸・安寿姫と別れた「うわたき」あるいは「うは竹」という乳母（めのと）が、直江の浦へ身を投げて死んだことは、すでに古い説経節『さんせう太夫』に語られているが、そこには龍蛇になって復讐したという話はない。「うわたき」の名は、彼女が乳母であったことから、後世になると「乳母（うば）竹」に変わる。そして、そのうば竹が大蛇に変身する話は、大蛇を指すことば「うわばみ」からの連想や、平家物語に語られる緒方三郎の伝説、すなわち彼は九州の「うばだけ」という山に棲む大蛇の子孫であったということなどから連想されたものと思われる。

また説経節では、再び世に出て栄えたつし王丸が、入水した乳母のために越後の柏崎に「なかの道場」という寺を建立してその菩提を弔ったとある。今、この寺院は不明であるが、直江津の居多ケ浜の近くには「乳母嶽明神」という小さな祠がある。うば竹の入水が直江津地方で伝説化し、その死後、船がこの浦を通るたびに海が荒れて遭難する

今は町の一隅に忘れ去られたように残る乳母嶽明神
（上越市五智の居多神社付近　2008.3　著者撮影）

人々が多かったため、その霊を鎮める社を建てて祭ったのがその始まりだと伝えている[113]。本来は母乳がよく出ることを祈る産育信仰から生まれた小祠と思われるが、土地にゆかりの瞽女が語った「山椒太夫」の影響によって、物語中のうば竹の入水と祟りに結び付けられたものであろう[114]。

この段物は高田瞽女だけでなく長岡瞽女にもあって、小林ハルは栃尾の人から習う予定だったが、実現しなかったとのことであった。

15　片山万蔵

講談に由来すると思われる家族離散の物語である。赤穂事件の義士伝物には、大石内蔵之助ほか討入りした四十七士を語る〈義士本伝〉と、討入り事件に間接的に関わったその周辺人物を語る〈義士外伝〉とがある。前掲の「赤垣源蔵」（暇乞いの段）は義士本伝に当たり、本作は歌詞の始めの文句にあるように義士外伝に当たる。「赤垣源蔵」と同じくもともと江戸時代の講釈師によって語られた話で、それが後に浪曲や瞽女唄にとりいれられたものである。本作の内容がかなり叙事的に語られている点からもそのように考えていいだろう。ただし、もともと〈ちょんがれ節〉や〈祭文〉に語られた話だった可能性も否定できない。また、説経祭文として語られた作品もあったかも知れない。

本作では、海賊船と知らずに明石丸という船に便船を求めたことが悲劇の発端になっている。これについて、史実との関係はとりあげるまでもないことではあるが、事実は赤穂城明け渡しのとき近国大名の海上警備があり、「兵船数百にて、城近海辺迄来る[115]」という状態だったから、実際は海賊船のいるはずがなかった。また、片山万蔵という人物についても、『浅野家分限帳』（『赤穂義士事典』所引）によれば、片山姓の赤穂藩士に「片山忠兵衛　江戸給人二百石」が見えるのみで、実在の人物かどうか不明というしかない。いずれも講釈師の虚構に出た話と考えられる。

講談として口演された例に、松迺家翠口演『義士外傳 片山萬藏』（全二〇五頁）があり、明治四十三（一九一〇）年に大阪の岡本偉業館から刊行されている。少し長くなるが、その梗概を示せば次のとおりである。

①赤穂浪士の中に片山万蔵という者がいた。討入りした浪士のなかにその名が見えないのは、折あしく摂州の有馬温泉にて病気療養中だったからである。

②浅野家の家臣播州佐用郡三日月一万石の代官片山将監は、片山流の剣術指南であり、万蔵はその弟子であった。将監は、万蔵の腕を見込んで彼を娘お弁の婿に迎えたが、間もなく他界し、同年また城主浅野内匠頭の事件が起こり、一家は浪々の身となった。

（以上、第一席）

③万蔵は赤穂を立ち退き、大阪へ出て剣術道場でも開こうと、義母と妻を連れ、多くの荷物を運んで千鳥ケ浜へやってきた。ちょうど大阪通いの明石丸という便船があったので、海賊船とは知らずそれに乗せてもらうことにした。

④伝馬船で親船に荷物を運んだ水夫たちが酒手を要求したとき、母が三日月の陣屋に金を忘れてきたことに気付き、万蔵が取りに戻った。

⑤母と妻は、ひとまず乗船して万蔵の帰りを待とうと、明石丸に乗り込んだが、船頭の久助は万蔵の帰りを待たずに出帆した。二人は、船上で手籠にしようとする海賊どもと懐剣を抜いて戦ったが、母はついに斬られ、お弁もまた海へ身を投げた。

⑥義母と妻に生き別れた万蔵は、二人を捜して方々の港を尋ね歩いたがいっこうに行方が知れない。一方で亡君の仇討計画があるので、彼はそのまま山科の大石内蔵之助のもとへ立ち寄った。

（以上、第二席）

⑦万蔵の忠義を知った内蔵之助は連判帳に彼の名を加えた。

⑧山科を後にした万蔵は、討入りまでに義母と妻を捜し出そうと再び旅に出たが、途中で足の病にかかり有馬温泉で湯治していた。その間に浪士討入りを知った彼は、病の快癒を待たず無念の思いでまた旅に出た。

（以上、第三席）

⑨金を使い果たした万蔵が大阪で乞食仲間に入り、路傍で物乞いをしていたとき、通行人の会話から妻のお弁が新町遊廓で全盛の遊女となっていることを知る。海賊船から身を投げたお弁は、幸い浜の者に助けられたが、その恩に報いるため身を売って大阪の遊廓にいたのであった。

（以上、第四席）

⑩その後万蔵は、また偶然に脇坂淡路守の公用人となって大阪にいた昔の知人中島源十郎と出会い、彼の世話で窮境を脱する。

（以上、第五席）

⑪万蔵は中島とともに新町遊廓へ行き、噂の入花太夫が妻のお弁であることを知って再会を喜ぶ。

（以上、第六席）

⑫夫婦再会後、明石丸の船頭久助の居場所も知れ、ついに義母の敵を討った。

⑬その後、夫婦ともに出家し、お弁は母の菩提を、万蔵は亡君と四十七士の菩提を弔いながら国々を行脚して一生を終えた。

（以上、第七席）

本書に収録した高田瞽女伝承の歌詞は、このうち第二席③から⑤にあたる部分である。しかし、末尾の段切り文句に「次の段にてわかれます」とあるように、話は途中で切れていて、その後段もあった。杉本キクイが伝承した全段の歌詞は、資料編の凡例に述べるように、倉田隆延氏が翻字しているが、本書の資料編に翻字した部分だけでも、国もとを立ち退こうと浜へ出たとき船止めだったこと、沖に停泊する船を万蔵が招くこと、母の忘れ物の中に父の位牌と家の系図が加えられていることなど、松廼家翠の講談にはない点が多々見られる。

数ある講談演目の中から、瞽女が段物として選んだ物語には既述のようにそれなりの理由が認められる。本作についていえば、これが夫婦親子の離別をテーマとした悲劇だからということになるだろう。この類いの段物には「山椒太夫」の「舟別れの段」があり、また「舟止め」によって難渋する話としては「佐倉宗五郎」がある。そしてさらに、離別後に遊女となった妻と再会する作品には「平井権八」や「小栗判官」がある。「片山万蔵」が瞽女の段物として選ばれたのは、こうした特徴からだったと考えられる。とりわけ詳しく語られる夫婦再会の場面には「小栗判官」と同工といってよい部分がある。

16 焼山巡礼

巡礼受難の物語である。参考資料に掲げたように、この話は幕末の〈やんれ節〉口説の唄本としても流通していたが、もともとちょんがれ節に由来する演目と思われる。「明石御前」の注に引いた西沢一風の『皇都午睡』に、ちょんがれ節の演目には「尾張源内（明石鉄砲）」や「順礼殺（八鬼山峠）」などがあったが、弘化年間（一八四四〜四八）ごろの都市では廃れてしまったとある。「明石御前」の項でもふれた文化十二年（大坂）初演、奈河晴助作『敵討浦朝霧』四段目「紀州八鬼山峠の場」の順礼殺しは、この歌謡の流行から生れていると考えられ、刷り物としても「ちょぼくれちょんがれ紀州焼山峠順礼殺」（三田村鳶魚『瓦版のはやり唄』所引）などが発行されている。その刷り物によって物語のあらすじを示せば次のようになる。

摂津国東成郡の百姓藤兵衛は、妻と息子と娘の四人暮らしであった。しかし息子が病死して三人となり、悲しみに暮れた一家は、その菩提を弔うため、財産をすべて金に換えて西国三十三ヶ所巡礼の旅に出た。途中、一家を再び不幸が襲う。伊勢街道と熊野街道の分岐点田丸の宿（三重県玉城町田丸）に来たとき、旅の疲れからか、女房と娘を残して藤兵衛もまた死んでしまった。残された女房と娘は、仕方なく宿の世話で藤兵衛を葬り、再び巡礼となって熊野方面の道をたどった。二人が焼山峠の難所へさしかかったとき、盗賊にあって金を巻き上げられようとしたが、たまたま通りかかった廻国の六部に救われ、伴われて麓の旅籠屋へ入った。しかしそこは峠で襲った盗賊の首領の家であった。六部が宿を離れた後に、盗賊は二人を殺し、酒樽に詰めて川の淵へ沈めようとした。だが六部はその悪事を見抜いて役所に届け、盗賊たちは役人に捕らえられてみな処刑された。その後、六部は高野山にのぼり、巡礼たちの菩提のために順礼寺[116]という寺院を建てた、というものである。

このうち瞽女が残した段物の内容は、焼山峠で盗賊に襲われそうになった母と娘を、通りかかった六部が救い、麓に伴って旅籠屋へ案内し、自分は野宿しようと出て行く部分までである。

注

（1）柳田国男著『口承文芸史考』（筑摩書房刊『定本　柳田国男集』第六巻所収）。
（2）兵藤裕己「座頭琵琶の語り物伝承についての研究（一）」（埼玉大学教養学部紀要、第二六巻、一九九〇、二八頁）
（3）藤原勉「祭文松坂の研究」（『仙台郷土研究』七―二、一九三七）。
（4）関山和夫著『説教の歴史』（岩波新書、一九七八）一六一頁。
（5）竹内勉著『うたのふるさと』（音楽之友社　一九七一）一〇一頁。
（6）「座談会　瞽女と語る」（『蒲原』第四六号、一九七八）。
（7）佐久間惇一著『瞽女の民俗』（岩崎美術社　一九八三）二〇七頁。

（8）『噺本大系』第一七巻（東京堂出版　一九七九）一四頁。

（9）以上は歌詞が確認できる演目であるが、このほかに「天野屋利兵衛」「児雷也」「三十三間堂棟木の由来」「お捨（すて）仇討ち」「五郎正宗」などもあった（佐久間惇一著『瞽女の民俗』岩崎美術社、一九八三）。

（10）『三田村鳶魚全集』第二一巻（中央公論社　一九七七）所収「歌説経の敗れ」。

（11）「あらいたはしやお七こそ」（「八百屋お七」一段目）という出だしが昭和十年ごろ仙台の瞽女の文句にあったという（『仙台郷土研究』所収、藤原勉「祭文松坂の研究」六六頁）。越後瞽女の例は知らないが、これは説経節の文句と共通する。

（12）石坂白亥著『安政北紀行』という文献の明治二年七月条に、熊谷から鴻巣へ行く途中の道にあったという。但し、当時すでに「権八地蔵を取かたづけて堂ばかり破れ存ず」（九〇頁）という状態であったとのこと。伝承については、「伝へ聞白井権八、桐生の絹商人を害し財布をうばひ、地蔵に向ひ此事人に語る事なかれと云ふに、地蔵こたへて吾は語らじ汝語る事なかれと云ひしとて、世に物云地蔵とも権八地蔵とも云」とある。

（13）五味文彦著『源義経』（岩波文庫　二〇〇四）一七頁。

（14）阪口弘之「『しんとく丸』の成立基盤」（説話と説話文学の会編『説話論集』第一五集、二〇〇六）。

（15）付言すれば、江戸時代以前に遡る古い作品のうち「信徳丸」「山椒太夫」「景清」は、何らかのかたちで盲目に関わる話である。それは語り手が失明者であるということと関連があるが、瞽女によって直接選び取られたというよりも、たとえば、「山椒太夫」は東北の盲巫女イタコが「お岩木様一代記」として語っており、また「景清」は九州の盲僧が成立に関与していたとされるように、盲人としての共通の語り物として採り入れられたものとすべきだろう。（参考―酒向伸行著『山椒太夫伝説の研究』名著出版　一九九二）。

（16）民俗芸能研究の会編『課題としての民俗芸能研究』（ひつじ書房　一九九三）所収。

（17）『郡司正勝刪定集』四所収、初出『民俗芸能』八　一九六五。

（18）市川信次「高田瞽女の生活と歌謡」（『民俗芸能』三五号　一九六九）に掲載されている昭和十三年の筆記という草間ソノ

伝承の「小栗判官」一段目の文句にも、「ちょっとかしこにとどめおき」がある。また説教源氏節の場合は、「つぎなる段にてめいわかる／まづはこれにてとどめおく」（赤垣源蔵）などという。

(19) 杉本キクイ伝承の「石井常右衛門」には、吉原へ向かう常右衛門の道行が次のように歌われる。

深編笠にて　面を隠し
斯かる我が家を　立ち出でて
本町通りと　急がるる
柳原も　通り過ぎ
筋違い見附も　はや過ぎて
蔵前通りと　急がるる
はや蔵前にも　なりぬれば
声高々と　常右衛門
謡の節が　観世流
花川戸へと　急がるる
金龍山を　後に見て
山谷田町を　横に見て
土手八丁と　急がるる
土手八丁も　越えられて
じくじく下るは　衣紋坂
見返し柳を　うちながめ
はや大門へと　着きにける

大門入れば　中の町
小鳥も音を出す　吉原の……（注）この句の前に「昼にもまさる灯りにて」などがあると落ち着く。

数多女郎屋も　通り過ぎ
玉屋を指して　急がるる
かくて玉屋に　なりぬれば

(20)『日本随筆大成』（吉川弘文館）第三期二巻所収『近世商売尽狂歌合』（嘉永五年成立）による。

(21)一九九六年九月七日、養護老人ホーム胎内やすらぎの家訪問時。

(22)一九九五年六月十八日、養護老人ホーム胎内やすらぎの家にての発言。

(23)一九九四年十二月三日、養護老人ホーム胎内やすらぎの家にての確認。また、小林ハルが長岡組になってからは、瞽女頭である山本ゴイの芸を忠実に伝えるよう始終いわれたという（佐久間惇一「阿賀北の瞽女聞書Ⅰ～Ⅲ」、継志会『蒲原』三二号、一九七三）。

(24)『三田村鳶魚全集』二〇巻（中央公論社　一九七七）所収「チョボクレ」。

(25)明治廿六年、新潟県古志郡新町、丸山広造発行「義理の立引　石井常右衛門一代記」による。原文総仮名書き表記を漢字交じりに改めた。

(26)説教源氏節については、岡本文弥著『新内浄瑠璃古正本考』（同成社　一九七九）に、「ラジオ邦楽の鑑賞」（町田嘉章（佳声）、一九五〇）によればとして、次のような引用をしている。

ゲンジブシ（源氏節）　幕末から明治の初年にかけて行われた語り物。名古屋在住の新内語り岡本美根太夫が、江戸の薩摩若太夫一派の演じていた説経祭文に私淑し、説経祭文の節に新内を加味した一流を起して、「祭文江戸説教岡本美根太夫」と名乗って関西方面に行われ、この美根太夫には三代あって、明治五年からは「説教源氏節」と称したが、世間ではこれを略称して単に「源氏節」と呼んだ。三代美根太夫の妻美家吉がこれをよくし、女門弟を養成したので、後には女役者として芝居を演ずるようになり、幕合に源氏節を語るような変態的興行物となり・・・（略）・・・明治の末期に亡びた―。

また、尾崎久弥著『名古屋芸能史（後編）』（一九七一、九頁）には、「流祖美根太夫は、明治十五年頃亡くなり、享年八十三だったという」とある。

(27) 説教源氏節の音源については、長野県飯田市立図書館所蔵の録音テープ（一九五八年、伊藤ふさえ六十八歳時の録音）、および「多摩の歴史・文化・自然環境」研究会編『日本文化の伏流／民衆芸能　説経節集』一九九八）ＣＤ収録、六代目岡本美寿松太夫演唱「小栗判官照手姫・本陣入小萩説話段」によった。

(28) 鈴木昭英「瞽女と芸能」（『仏教民俗学大系　五』名著出版、一九九三）。

(29) 尾崎久弥著『名古屋芸能史（後編）』一九七一、九頁。

(30) 尾崎久弥旧蔵、蓬左文庫所蔵『説教源氏節正本集』所収、岡本松鳶斎正本「実道記貞女鏡　小栗照手　対面乃段」、書写年代未詳。以下、説教源氏節は蓬左文庫所蔵本によった。「印は原文のとおりである。

(31) 蓬左文庫所蔵『説教源氏節正本集』所収、岡本美住吉写本「石井常右衛門　高尾達引之段」、書写年代未詳。

(32) 鈴木昭英編「長岡瞽女唄集」（長岡市立科学博物館研究報告一四号、一九七九）。

(33) 前掲『日本文化の伏流／民衆芸能　説経節集』下巻（一九九八）。

(34) 戸部銀作・山口平八著『若松若太夫芸談』（文谷書房　一九五一）六五頁。

(35) 戸部銀作・山口平八著、同右。

(36) 九州の肥後琵琶の演目はかなり長編として語られるという。「小栗判官」を例にとれば全二十四段で語られていて、明治三十三年生れの西村定一談によれば、これを語るときは六日間滞在して語ったとのことである（『伝承文学研究』一三号、一九七二・五、何真知子「肥後琵琶採訪録」、後に野村真智子編著『肥後・琵琶語り集』三弥井書店　二〇〇六　収載）。

(37) 『日本庶民生活史料集成』第一七巻（三一書房　一九七二）所収。

（38）同右解説、四五九頁。
（39）本章九二～三頁に末尾の十二段目を引用してあるので、それも参照願いたい。
（40）越後の瞽女たちが歌った祭文松坂の節も伴奏も録音で聞ける範囲ではまちまちである。親方を三人持った小林ハルは、それぞれの親方の節廻しで歌った音源を残している。小さな違いではあるが、それぞれに工夫をこらした節を作っていて一様ではないという点もこれを裏付けるのではないか。
（41）佐久間惇一著『瞽女の民俗』（岩崎美術社　一九八三）二〇四頁。
（42）『民間伝承』一四―七、一九五〇・七。
（43）藤原勉「祭文松坂の研究」（『仙台郷土研究』七―二、一九三七）。
（44）小山一成著『貝祭文・説経祭文』所収「勝田新左衛門・夫婦別れ」、七四頁。
（45）佐々木幹郎「最後のデロレン祭文師」（『群像』一九九二・一一）。
（46）序章でとりあげた資料「越後瞽女溺死一件」に見える瞽女集団を泊めた座頭の家でも、おそらく座頭の語り物を聴く機会があったであろう。大正年間の比較的新しい事例ではあるが、長岡四郎丸組の瞽女が上州廻りをしていたころ、前橋在では盲人の義太夫語りのいる農家に宿をとったこともあったという（鈴木昭英「唄と踊りを興行した四郎丸瞽女」『長岡郷土史』一二号、一九七四）。そのほか座頭との関係では、新発田（新潟県）のある裕福な素封家出身の瞽女の場合、親が座頭を自宅に呼んで琴・三味線を習わせたという例も報告されている（佐久間惇一「下越瞽女の師弟系譜について」、新潟県民俗学会『高志路』二三四）。
（47）『見附市史』下巻（一）、四〇七頁。
（48）松山義雄著『むかし、あったってなん――信州・飯田瞽女民話集』（朝日新聞社　一九八二）。
（49）大山真人著『わたしは瞽女――杉本キクエ口伝』（音楽之友社　一九七七）二六九頁。
（50）この調弦について著者が実際に確認しているのは長岡系瞽女の場合だけであるが、高田瞽女も三下がりであることが報告されている。
(51) 鈴木昭英「刈羽瞽女」(『長岡市立科学博物館研究報告』八号、一九七三)。
(52) 佐久間惇一著『瞽女の民俗』(岩崎美術社　一九八三、二〇五頁)。
(53) 「葛の葉子別れ」を歌う時はどんな思いで歌ったらいいか、と野暮な質問を小林ハルにしてみたが、演唱者はそんなことを考えて歌ってはいない。ただ、言葉がよく聞こえるように、うまく歌うことだけを心掛けているのだという。
(54) 佐久間惇一著『瞽女の民俗』(岩崎美術社　一九八三)。
(55) 一九九四年七月九日、養護老人ホーム胎内やすらぎの家にての発言。
(56) 桐生清次著『次の世は虫になっても　小林ハル口伝』(柏樹社　一九八一)や佐久間惇一前掲書に彼女の回想を載せる。
(57) 土田の例では、ほかにもヒトコトの末尾に三味線の音程が重なる部分がある。調弦がしっかりとなされて音階を刻んでゆく三味線に対して、唄の音声はいわば自然音階とも称すべき演奏者の音程の取り方によって歌われてゆくが、二つの別々の音階がときに一致したり離れたりして渾然と演奏されるところにまた魅力が生まれてもいる。
(58) 残された音源が限られている今日、長岡系と高田系のこうした比較はあくまで一面的なものにすぎない。たとえばジェラルド・グローマー著『瞽女と瞽女唄の研究』(名古屋大学出版会　二〇〇七)が指摘しているように、長岡瞽女頭山本ゴイが一九五八年に録音した「佐倉宗五郎」は杉本キクイの演唱と旋律的によく似ているといった例もある。しかしまた、それをもって長岡・高田とも本来は共通していたともいえない。
(59) 兵藤裕己「語りの場と生成するテクスト──九州の座頭(盲僧)琵琶を中心に──」(民俗芸能研究の会編『課題としての民俗芸能研究』一九九三所収)。
(60) 桐生清次著『次の世は虫になっても　小林ハル口伝』(柏樹社 一九八一)。
(61) 兵藤裕己「座頭琵琶の語り物伝承についての研究(一)」(『埼玉大学紀要(教養学部)』第二六巻、一九九〇)。
(62) 『新潟大学教育学部紀要』三六号、一九九五・三。

(63) 法政大学「多摩の歴史・文化・自然環境」研究会編『民衆芸能 説経節集』(一九九八) 参照。
(64) 一九九六年四月十三日、養護老人ホーム胎内やすらぎの家にて確認。
(65) 江戸の吉田屋小吉発行。某書店の『古書目録』によれば全九段・六十丁。
(66) 法政大学「多摩の歴史・文化・自然環境」研究会編『民衆芸能 説経節集』(一九九八) 所収。
(67) 『長岡市立科学博物館研究報告』八号、一九七三。
(68) CD「瞽女うた 長岡瞽女編」オフノート、一九九九による。
(69) 倉田隆延「瞽女唄「片山万蔵」をめぐって㈠」(『傳統研究』第一一号、二〇〇三)。
(70) 前掲、鈴木孝庸著『越後ごぜうた文藝談義』(新潟日報事業社 二〇〇三)。
(71) 『大衆芸能資料集成』第三巻 (三一書房 一九八二) 所収。
(72) 兵庫口説の歌詞は、後藤捷一著『阿波の十郎兵衛』(大阪史談会 一九五四) 六五頁～に収録されている。
(73) 広島女子大学国語国文学研究室編『芸備口説き音頭集』上、一九八〇。
(74) 鳥居龍蔵「十郎兵衛に対して私の感想」、徳島県立鳥居記念博物館、一九六七年。十郎兵衛刑死の罪状についてははっきりしていないが、鳥居龍蔵は伝説どおり海賊行為であったとしている。ほかには、米が不足だった徳島藩の他国積入れ米をめぐる船頭とのトラブルが原因で、本来幕府が禁じていた他国積入れ米に関わる事件だったため、藩としても不都合で罪状があいまいになったという説もある (長尾覚遺稿「十郎兵衛の実話」、『阿波郷土誌』第三輯所収、一九三〇)。
(75) 法政大学「多摩の歴史・文化・自然環境」研究会編『民衆芸能 説経節集』(一九九八) 所収、秩父の説経節「江戸紫恋緋鹿子 ――八百屋お七忍びの段――」若林祐美解説。
(76) 本文は、『日本庶民生活史料集成』第一七巻「説経・祭文」に、高田の瞽女研究家市川信次所蔵の薩摩若太夫正本が翻刻されているのでこれを参照した。
(77) 同じく『鸚鵡籠中記』に「お七祭文、京大坂甚だ流行し、戸々これをいわざるものなし」とある。

(78)『名作歌舞伎全集』第一五巻（東京創元新社　一九六九）戸板康二解説、一二八頁。
(79)白倉一由著『西鶴文芸の研究』（明治書院　一九九四）一二五頁。
(80)埼玉県の明治九年十一月十日の禁令に、「唄祭文読所々ニ徘徊シ金銭ヲ丐乞スル醜風ヲ禁す」（『日本庶民生活史料集成』第二一巻、一二六頁）とあることからすれば、明治に至るまで歌祭文を語る芸人もいたようだ。
(81)大阪府立図書館所蔵の冊子『兵庫口説』に「はやりおんど　ひやうごくどき　八百屋お七　あを物づくし」と題する口説本の表紙がある。また、兵庫口説の物尽くしについては、ほかに「紙治の狂言にちなみ「紙つくし」（大阪伏見いとや市兵衛本）道成寺の狂言にちなみ「花つくし」（いとや市兵衛本）熊谷の狂言にちなみ「扇子つくし」（いとや市兵衛本）などの読み本がある」（桑山太市著『新潟県民俗芸能誌』一九七二　八三三頁）という指摘もある。
(82)『近世文芸叢書』第一一（第一書房　一九七六）「俚謡」一七九頁。
(83)『日本庶民生活史料集成』別巻（三一書房　一九八四）所収。
(84)『日本庶民文化史料集成』第六巻（三一書房　一九六八）所収、著者未詳。
(85)拙稿「新潟県に於ける明治の唄本㈢――〈甚九踊り〉および安政の江戸大地震と幕末の唄本――」（『新潟の生活文化』第六号、一九九九・九）。
(86)本文は磯貝みほ子「金沢の口説・近八版とその特徴㈠」（『群女国文』一九九二・三）に翻刻されている。
(87)宝井琴窓口演「佐倉宗五郎」講談全集第六巻（大日本雄弁会講談社　一九二九）所収。
(88)一九九六年九月二十九日、養護老人ホーム胎内やすらぎの家訪問時の談。
(89)水原一「瞽女考――高田ゴゼをめぐって――」（『平家物語の形成』一九七一）三七五頁。
(90)吉原健一郎著『江戸の情報屋』（日本放送出版協会　一九七八）一四八頁。
(91)神田伯龍他編『世話講談』（三一書房　一九八二）一八八頁。
(92)『叢書江戸文庫』一二（国書刊行会　一九八七）所収、二一五頁。

(93)『講談全集』第六巻所収。

(94)関山和夫「話芸」(一九九五年、勉誠社刊『仏教文学講座』第八巻所収)。

(95)添田知道著『流行り唄五十年――亜蝉坊は歌う――』(朝日新聞社　一九五五)。

(96)『敵討浦朝霧』は帝国文庫本によった。なお、『皇都午睡』(嘉永三〈一八五〇〉年成立)にも、弘化(一八四四～四八)ごろの江戸の情況として、かつては〈ちょぼくれ〉の「尾張源内(明石鉄砲)」があったが今は廃れたとある。〈ちょんがれ〉〈ちょぼくれ〉同じ芸能であって、これから十九世紀初頭まで遡ることができる俗謡の一つだったことが知れる。

(97)翻刻は前掲の『日本庶民文化史料集成』第八巻(中村幸彦解題)に収録。

(98)三田村鳶魚「帝国大学赤門由来」(中央公論社刊、三田村鳶魚全集第一巻所収)一六四頁。

(99)『明石市史資料(近世編)』(第六集)所収「松平家年譜」。

(100)講談社学術文庫、一九九八年、石井和子訳、九九頁。

(101)坪内逍遥鑑選『近世実録全書』(早稲田大学出版部　一九一七)第三巻。

(102)三田村鳶魚「巡礼二代女」(同全集二〇巻所収)。

(103)明治の刊本『石井常右衛門実記』(編輯人不詳、明治十九年十月、西村富次郎刊)の内容はこれとほぼ同じである。

(104)次のような内容で三代目歌川豊国の大判錦絵もある。

「石井常右衛門」「けいせゐ高尾」　安政四年一月十四日　中村座　『歳徳曽我松島台』(としとくそがまつのしまだい)一番目四建目　石井常右衛門：八代目片岡仁左衛門　けいせゐ高尾：岩井粂三郎　(早稲田大学演劇博物館所蔵)

(105)同安永八年、浄瑠璃に移されて江戸豊竹肥前座の『驪山比翼塚』(めぐろやま)。

(106)『石井明道士』は架蔵本によったが、新潟大学佐野文庫写本には「天明六丙午載中夏上烏　北川寿左衛門五十七才写之」、「撰者　丹州亀山之隠士望月志随軒高信借筆」、「武州浅艸之隠士尼子一鳳子謹書」とあり、成立は少なくとも天明六(一七八六)年以前に遡ることが知れる。本書は赤穂義士伝の関連書で、「序」によれば、青山下野守忠重の家臣石井源次郎良則、同半次郎雄則は、幼年にして父を赤堀水之助に討たれ、大石良雄を文武の師と頼み、元禄十三年五月、みごとに仇討を成し遂げたという内容である。

(107) 文化三年書写本、弘前市立図書館所蔵。

(108) 成田守編『音頭口説集成』第三巻（汲古書院　一九九七）。

(109) 権八の山賊退治を載せるものに幕末ごろの合巻『白井権八一代話』（歌川芳春画）もあるが、そこでは彼はいっそう正義の勇士となっていて、旅人の難儀を救わんために小夜の中山に住む盗賊の首領を討ったことになっている。

(110) 戸部銀作・山口平八著『若松若太夫芸談――文楽と説経の歴史――』（文谷書房　一九五一）。

(111) 文芸叢書第五冊『侠客全伝』（博文館、一九一三）所収『関東血気物語』の校訂者塚原渋柿の緒言によれば、嘉永・安政頃の閑人の手になる書かという。

(112) 戸部銀作・山口平八著、前掲書。

(113) 大山真人著『わたしは瞽女――杉本キクエ口伝』（音楽之友社　一九七七）一九三頁。

(114) 酒向伸行著『山椒太夫伝説の研究』（名著出版、一九九二）は、これと逆に元来越後の地を中心に「うわたき伝承」が伝えられていて、それが説経節系統の山椒太夫伝説に採り入れられたものとする。しかし、その「うわたき伝承」が祟りを含むものであったかどうかは不明である。丹後（京都府）宮津の〈のぞきからくり〉の演目「山椒太夫」に、次のような一節を含むからくり節が伝えられている。

「乳母のお竹は此時に、恨みは山岡権太夫と、口に言わねど胸の中、沖中さして飛込めば、その身大蛇と現れて、見る見る権太の船覆す」（井上正一編『丹後民謡集』一九六三、および宮津市史史料編第五巻付録「宮津の民俗音楽」一九九四）

しかし、これが古い伝承であるともいえない。江戸時代の宮津が、直江津とともに北前船の寄港地として栄えた港町であったから、海上交通を介した相互の影響関係が考えられるとともに、また〈のぞきからくり〉の歌詞は大正ごろネタ絵の製作が行なわれた姫路からも印刷発行されているので慎重な判断が必要である。

(115)『堀部武庸筆記』中の「赤穂騒動に付て近国より手当有之覚」。

(116)この寺については、高野山大学図書館および高野山中央案内所に照会したが確認できなかった。

第三章　口説について

一　越後の瞽女が伝えた口説

1　演目の内容

高田瞽女および長岡瞽女が伝えた口説のうち、録音されて一般に公開されている演目には次のようなものがある。

	作品名	演唱時間	内容	事件の場所	主な登場人物	演唱者例
1	鈴木主水	57分	心中	江戸の青山	鈴木主水・お安・白糸	杉本キクイ
2	お吉清三	25分	心中	京都と大坂	お吉・清三	同
3	松前口説	21分	心中	松前の江差	かしょく・重兵衛	同
4	次郎さ口説	11分	横死	越後の柏崎	次郎さ	同
5	おしげ口説	16分	心中	駿河の三島	おしげ・清造	同
6	お久口説	*	心中	越後の柏崎	お久・民さ	同
7	お条佐伝次	32分	心中	甲斐の甲府	お条・佐伝次	同
8	お筆半三	48分	婚礼	江戸の浅草	お筆・半三	同

9	三人心中口説	12分	心中	奥州	平次・お染・木村の娘	杉本キクイ
10	馬口説	13分	滑稽	―	（馬）	同
11	石童丸口説	27分	宗教	高野山	石童丸・苅萱	同
12	後生口説	16分	宗教	―	（親鸞）	同
13	御本山口説	18分	宗教	―	（親鸞）	同
14	へそ穴口説	11分	バレ唄	―	（臍の穴）	同
15	まま子三次	23分	犯罪	武蔵の秩父	三次・継母・喜八	土田ミス
16	安五郎口説	32分	婚礼	下総の行徳	お文・安五郎	同
17	金次口説	16分	婚礼	越中の富山	金次・お花・お菊・お藤	同
18	赤猫口説	20分	奇聞	大和の吉野	おいそ・赤猫	同

＊「お久口説」は演唱音源がなく棒読みして14分である。全体の歌詞の長さが七七を単位として一六九コト（一六九行）からなっているから、他の作品の演唱例から考えて演唱時間は約35分ぐらいであろう。

これらの演目のうち、幕末に唄本として歌詞が板行されているものに「鈴木主水」「お吉清三」「石童丸口説」「三人心中口説」「お筆半三」などがあって広く世間に知られていたが、なかには「お久口説」や「次郎さ口説」のようにかなり地方的な演目も見られる。口説といえば一般には心中口説が知られているが、近代に至るまで越後の瞽女たちが伝えてきた口説の内容は、それと逆に若い男女のままならぬ恋が最後にめでたく成就して結婚に至る話や、あるいは聴衆の笑いを当て込んだ「お馬口説」や「へそ穴口説」といったものもある。これらは瞽女の芸能民としての在り方からくる祝福芸であり、また巡業先の村人が求めた演目でもあろう。祝福の要素をもつ演目としては、ほかに後述の「正月祝い口説」があるが、口説のほかに祝福芸そのものとして「三河万歳」なども瞽女たちのレパートリーであった。また、越後の上・中越地方は比較的浄土真宗の勢力が強いところで、「御本山口説」「後生口説」といった報恩講にちなむ口説もある。これは、寺院側が瞽女の持つ歌の力を利用した面もあろうが、彼女たち自身の持ち唄の性格からもきている。既述の段物にもなんらかの宗教的要素が見られたし、小林ハルは後生願いの和讃「夢和讃」なども歌った。和讃は本来瞽女唄ではないが、小林ハルによれば死者供養のために宿へ招き入れられて仏前で和讃を歌わされたこともあったとのことである。

瞽女口説としては、「石童丸口説」は例外である。長岡瞽女の演目に見られるように、瞽女たちはこういった説経種の演目は一般に段物（祭文松坂）として演唱している。しかしこの演目が口説としても歌われていたことは唄本「石動丸かるかやくどき」（吉田屋小吉板）の存在によって知れる。またこれと逆に、瞽女の段物のなかには、一般的には口説で歌われる例であった演目も見られる。たとえば「新板　焼山とうげじゅんれいころしくどき」（吉田屋小吉板）あるいは「新はん　焼山峠順礼ころしくどき」（版元未詳）といった口説の唄本が板行されている「焼山巡礼」を、高田瞽女は段物化して歌っている。そのほか確かに「石童丸」にかぎらず「佐倉宗五郎」「信徳丸」など多くの段物が口説としても流行しているのであるが、しかし越後瞽女は、説経種の演目は基本的に段物にして歌う例であった。これに対して、「御本山口説」や「馬口説」を除けば瞽女の口説は江戸時代に起きた事件いわば世話物を歌う点に特徴があった。この原則に反して段物的な作品が口説としても歌われていることについては、一つの見解として、〈やんれ節〉口説すなわち瞽女口説はもともと説経や祭文から仕入れた「小栗判官」や「石童丸」などの古い物語を歌っていたのだが、それが安政ごろ（一八五四～六〇）から当代の世話物を題材にするようになったのだという見方もあった。[1] しかし、後述するように安政以前から瞽女口説は当代の事件を歌っていたのである。

2　物語に見られるパターン化

口説の内容は一定のパターンによって成り立っている。まず始めに、「花のお江戸の山の手辺に」（鈴木主水）とか「国は松前江差の郡」（松前口説）と、事件の場所を提示する。あるいはその前に、「哀れなるかや三人心中」（三人心中口説）などと、事件の内容の哀れさを一言置く例もあるが、やはり次にすぐ場所を提示する点は同じである。さらに付言すれば、「お吉清三」の歌い出しの例に、「こんど大坂取り沙汰聞けば（このたび大坂のこんな噂を聞いた）」とある点についてである。歌い手にとっての事件が伝聞でしかない以上、これはなんらかの事件を歌うすべての口説に共通することであり、最初に文句に出して言うか言わないかの違いに過ぎないといえるだろう。

場所の次は事件の中心となる男女を紹介する。その人物紹介は、美男美女にパターン化されていて、男ならば「昔美男か今業平か／町の内でも評判息子」とか「器量骨柄諸人に優れ」、女ならば「年は十六また来る春の／優し姿は花にはまさる」とか「年は十七今咲く花よ／花に譬えて申するならば／春は三月八重咲く桜」といった表現になる。

次にそれぞれの事件の内容に入るが、段物のように登場人物に心情を綿々と口説かせることはなく、総じて事件の展開を叙事的に歌って行く。また、男が女のもとへゆく場面や、女が死ぬ場面では、例えば「重兵衛小林通いの時に／下に白無垢あいには綸子／上に着たのが空色小袖・・・」などと、その装束を歌うのも一つのパターンとなっている。

また、心中口説であれば最後は死の場面になるが、これにも例えば「二尺三寸すらりと抜いて／花のかしょくをつい刺し殺し／返す刀で我が身の自害」といった形式的な表現が用いられる。そして末尾は、「それを見る人聞く人共に／泣かん者こそなかりける」といった類型的な歌詞で閉じられる。

以上の点を項目に別けて記せば次のようになる。

1　事件の場所の提示

2　人物の紹介（類型的な美男美女）

3　事件の内容（この部分がそれぞれの作品の個性となる）

4　死の場面

5　人々の同情

このような基本的なパターンをふまえることで口説の作品はいくらでも創ることができたが、それぞれ実際に起きた事件であることを最も良く示す部分は、事件の場所と年代である。しかし、事件が起きた年月については、歌うことが必ずしも定型にはなっていない。右の伝承演目の中では次の四例があるのみである。

a「お久口説」……文政六年未の春

b「次郎さ口説」：（年未詳）五月の五日

c「まま子三次」……安政元年

d「赤猫口説」……弘化三年六月五日の晩

おもしろいことに、a・b二つの演目は越後瞽女の地元である柏崎の事件である。人々の記憶に残るこうした地元の事件に年月が入るのはけだし当然であろう。後の二つの演目は、天保の改革後の、瓦版や読売が鬱勃として現われた時代のもので、瞽女口説がもとづいた読売などにすでに明記されていたものと思われる。

3　演唱のパターン

口説は、歌詞の表現の定型性もさることながら、言うまでもなく演唱の仕方もまた一定のパターンを持っている。長岡系瞽女の土田ミスも小林ハルも共に伝えてはいたが、瞽女口説の演唱形式をよく整った形で伝えていたのは高田の杉本キクイである。瞽女口説は、まず歌い出しと歌い納めに一定の型がある。「松前口説」を例にとれば、最初の歌い出しは、

国は　サーエー　松前　江差のこおり

と、冒頭の七音を三音と四音に分け、最初の三音を歌った後で「サーエー」の語を入れるのが決まりで、どの演目でも必ずここに「サーエー」を入れる。始まりの部分を、三味線を入れて譜面化すれば本編末尾（一八〇〜一八三頁）の**楽譜D**のようになる。

さらに、末尾は、

それを見る人　聞く人　サー　ともに　ヤーレー
いとしものじゃと　そで　ヤー　コレ　しぼる　サーエー

と納めるが、終わりから二コト目の下の七音を四音と三音に分けて、

「○○○○（四音）　サー　○○○（三音）　ヤーレー」

と歌い、最後尾の五音を二音と三音に分けて、

「○○（二音）　ヤー　コレ　○○○（三音）　サーエー」

と納める。この部分も譜面化すれば、本編末尾（一七八～一七九頁）の楽譜Eのようになる。

全体的に見れば「サーエー」で始まり「サーエー」で終わるのが杉本キクイの口説である。歌い出しと歌い納めにこのような定型を置き、その他の部分は、七音＋七音から成る句を二句ずつ区切って三味線の間奏を入れ、ほぼ同じ節の繰り返しによって歌って行く。口説では、七音＋七音の十四音節を一つの単位として一（ひと）コトと呼んでいるから、二コトずつまとめて繰り返す歌い方である。よって、この形式さえ覚えれば、あとは長短どんな内容の口説でも歌えるわけで、瞽女はこの音楽的形式によってすべての口説を歌う。ただし、三味線の調弦だけは高田瞽女も長岡瞽女も二上がりで共通するが、唄の節廻しや三味線の手は瞽女によって異なる。高田瞽女の口説の音楽的特性としては、民謡の新保広大寺と極めて似通っていることから、その節廻しをもとにしているという説が正しいだろう。

長岡系瞽女の演唱方法について、土田ミスの例を見ると、開始部分の「三音節　サーエー　四音節」形式が無く、末尾も次のようにごく簡単に終わっている。

……猫と娘の　心中でござる　サエー　（赤猫口説）

ただし一点、土田ミスの演唱には末尾が次のようになっている例があって注目される。

……お家繁昌で　暮らし　サイ　ける　ヤレエー　（安五郎口説）

つまりこの「ヤレエー」という終わり方は〈やんれ節〉の特色となっているからであり、これについては次節に述べることにする。

二　瞽女口説の歴史

1　文化年間に江戸で流行した越後節

江戸時代には日本各地にいた瞽女のうち、十八世紀末から十九世紀初めにかけて、流行り唄の世界で俄然注目されてくるのが越後瞽女である。江戸時代末期、越後瞽女が歌っていた唄はどんな唄であったか。これについてよく知られている文献は、文化十年および十一年に板行された式亭三馬の戯作『浮世風呂』と『浮世床』である。文化十（一八一三）年刊『浮世風呂』第四編に、「瞽女の唄などがはやつて」云々といった会話が出てくることから、江戸で当時「瞽女の唄」（瞽女節ともある）が流行していたことが分かる。その翌年、文化十一（一八一四）年に板行された『浮世床』二編下では流行の様子がいっそう詳しい。読売などの芸人を話題にした部分には、「瞽女のうたふ越後節」三曲を載せている。その三曲をここでは「新発田」「晒三尺」「餌刺」と仮称しておくことにする。煩雑ではあるが、次にその歌詞を引用してみよう。一つは次のようなものである。

千畑ヱ(引)荒物町のゥ染屋の娘
姉と妹を　ならべて見ィたら
姉はすかない　蕣(あさがお)のゥ花
妹今咲く　白菊のゥ花
姉にや少しも　望はなァいが
妹ほしさに　御立願掛けて
一(いち)に岩船　お地蔵さァまよ

二には新潟の　白山さァまよ
三に讃岐の　金毘羅さァまよ
四(し)には信濃の　善光寺さァまよ
五(ご)には呉天の　若宮さァまよ
六に六角の　観音さァまよ
七ツ七尾の　天神さァまよ
八ツ八幡の　八幡さァまよ
九(く)には熊野の　権現さァまよ
十(とを)で所の　色神さァまよ
掛けた御立願　かなはぬけェれば
前の小川へ　身を投捨てて
三十三尋(ひろ)の　大蛇となァりて
水を流して　くるりくるりと　巻きやァれ
やんれヱ

（新潮古典集成本より）

始めの「千畑」は、新発田の誤りと思われるので、これを「新発田」と仮称しておく。恐らく新潟県の地名新発田であろう。歌詞の中で、願掛けのはじめに「岩船」や「新潟」の神仏が出てくるのも越後の瞽女たちの唄らしい内容である。

この資料と瞽女の録音資料を比べてみて気付くことは、まず最初の歌い出し「ちはたヱー」が杉本キクイの口説冒頭「三音節　サーエー」と共通することである。次に、小書きのカナになっているイ・ウ・ア・ヱの部分は、直前の文字の末尾の母音を延ばすところと思われ、

姉と妹を　ならべて見ーーたら
姉はすかない　あさがおのーー花

のように、七音＋五音＋二音となる五音の後を少し長く延ばして歌ったものと思われる。この点も実際の演唱の場合と共通する。演唱テープでは、このような二行が繰り返しの一単位で、末尾に掲げた楽譜Dのように、はじめの句の方は少し長く延ばすが、次句はあまり延ばさないで歌う。『浮世床』の口説が実際にどのように歌われたかは不明だが、このような共通点と、七七の句を繰り返して最後は七五でとどめ、末尾を「やんれー」で歌い収める形式は、明らかに近代まで越後の瞽女たちが歌い継いできた口説の演唱形式であった。

末尾の「やんれー」によってこれを〈やんれ節〉と呼ぶが、よく整っている高田の杉本キクイの演唱では前述のように「ヤーレー」のあとにもう一行歌って「サーエー」で納めている点が大きく異なる。しかし、土田ミスが伝える一例のほかに、次に引く小林ハルの口説でも末尾が「ヤレー」であり、しかも「晒三尺」では「気が　さ　揉めるやんれヱ」となっていて、小林・土田の「三音節　サー　二音節　ヤレー」にいっそう近いことから、高田の口説のほうが後の変化形であるとも考えられる。つまり、末尾「ヤーレー」のあとにもう一ひねりして「ヤー　コレ　…サーエー」と付け加えたものであろう。これは、ともすれば単調になる口説の演唱に変化を付けるため、瞽女たちが施した工夫だったと考えていいだろう。そもそも口説は、段物と異なり、自分で節廻しを創り上げて歌わなければならないのだといわれている。なお、越後瞽女のほかに信州の飯田瞽女の口説も〈やんれ節〉だった(2)。

次に歌詞に注目してみたい。「新発田」という口説は一種の戯(ざ)れ唄であって、なにかの事件を歌う内容ではない。しかも、一に…二に…と神仏を並べてゆくもので、いわば数え唄の形式をとっている。これは小林ハルが伝承した次の「正月祝い口説」などに受け継がれた形式である。

今年しゃ豊年　満作年(どし)よ
明きの方(かた)から　七福神が
福をまねいて　おいでてござる
ひとつ日もよし　正月はじめ
二つ二日(ふつか)の晩に　夢見がよくて
三つ三日(みか)の晩に　夢見が叶うた
四つ世継ぎの　宝をもうけ
五つ眷属　増したる故(よえ)に
六つ睦まじく　家内が繁昌
七つなにかに　商いはじめ
人に良いとて　褒められまする
八つ山ほど　俵を積んで
九つここらで　蔵まで建てて
十に戸前(とまえ)まで　積み込みまする
旦那お大黒　おかみさんは恵比寿

あとの子供しょは　七福　サイ　神よ　ヤレー

数え唄を歌う歌謡は当時〈一ツトセ節〉であったから、文化年間ごろの瞽女の口説はそうした歌謡に倣った部分があったと思われる。近世名古屋の流行り唄を集めた小寺玉晁編『小歌志彙集』によれば、文化十二年および文政六年の流行として、それぞれ相対死（心中）を歌う数え唄を載せているが、当時瞽女が〈やんれ節〉に乗せて心中事件を歌った例は文献からはほとんど確認できない。〈やんれ節〉の心中口説が流行り出すのは天保末年から弘化年間に至ってのことである。文化年間の「瞽女のうたふ越後節」は右のような短い歌謡が中心だったのではなかろうか。同じく『小歌志彙集』によれば、文政十（一八二七）年の四月頃より、飴を売って歌い歩く者たちによって名古屋でも越後節が流行したとある。[3] 文政年間に至って飴屋に運ばれた〈やんれ節〉の歌詞も、やはり『浮世床』に載る「新発田（染屋の娘）」や「晒三尺」であった。

また、『小歌志彙集』に掲載する〈やんれ節〉歌詞には、東海道の地名をよみこんだものもあって、水戸叶屋版「東海道五十三次　新板越後くどきやんれぶし」（柏崎市立図書館戯魚堂文庫蔵）といった唄本を連想させる。まさにその唄本の書名のとおり、瞽女が流行らせた口説は〈越後くどき〉であり〈やんれ節〉であった。

2　越後節と新保広大寺節

『浮世床』に載せるもう一編の歌詞「晒三尺」は次のようなものである。

船の船頭に　晒三尺貰ろて
わしが冠るにや　晒でもよォいが
殿さ冠るにや　晒ぢやわァるい

何と染めよか　染屋に聴けば
一に橘（たちばな）　二にかきつゥばた
三にさァがり藤　四に獅子牡丹
五ツゐ山の　千本桜
六ツむらさき
七ツ南天（なるてん）　八ツ山桜
九ツ小梅を　ちらしに染めて
十で殿様（とのさ）の　好（すき）の様（よ）に染めた
ほんにさうよと　気が　さ　揉める　やんれヱ

（新潮古典集成本より）

近世歌謡には、「殿さ」で始まり〈やんれ節〉と同じように歌うらしい〈殿さ節〉があってややこしいが、「晒三尺」に類似した歌詞が、文政五（一八二二）年の松井譲屋編『浮れ草』[4]には、〈しんぼ広大寺崩し〉七首のうちの一首としても載っている。

殿さヱ　とのさ　羽織を
何に染よと　紺屋で問へば
一に橘　二に杜若
三に下り藤　四に獅子牡丹

新潟県十日町市大字下組の新保広大寺（2003.6　著者撮影）

五ツ伊山の　千本桜
六ツ紫　絞りか鹿の子か
七ツ南天（なるてん）　八ツ山吹
九ツこぼれ梅　ちらしに付けて
十ヲで殿さの　心意気を染た　やんれ

「…（殿）サエー」で始まり「…ヤンレー」で終わるこの唄は、明らかに右の越後節「晒三尺」の変形といえよう。

また、〈しんぼ広大寺崩し〉とは、越後民謡〈新保広大寺〉（新保広大寺節）の崩しの意である。さまざまに歌詞を替えて歌われ続けてきた〈新保広大寺〉は、越後各地の盆踊りに歌われた代表的な民謡であった。[5] 瞽女たちもまた近代に至るまでこれを歌い続けてきた。次は、高田瞽女杉本キクイが伝承した歌詞の一例である。

〽新保サエーエ、
広大寺は　アラ　どっから出た　ヤレ　和尚だナー
（囃子詞）あーいいとも　まだこい
新保新田からサー　出たヤーレ　和尚だサエー
（囃子詞）あら　南京城（じょう）だか　天（あめ）つくようだよ　戸板に豆だか　ばらつくようだよ
ヘーエンテバ　ナッチョナコンダヨ
〽新保サエーエ、
広大寺は　アラ　なんで気がヤーレ　それたナー
（囃子詞）あーいいとも　まだこい

　お市迷うて　そんで気がそれたサエー

前者の、「・・・・サーエー」と始まり、「サー・・・・ヤーレ・・・・サエー」と納める形式は杉本キクイが歌う口説と極めて似ている。口説は、この開始と末尾の間に七七の歌詞の繰り返しを入れて歌うもので、まさに〈新保広大寺節〉の「崩し」と言える形式である。

また、前掲の『浮世床』（二編下）に引く瞽女の越後節には、次のような囃子ことばが付くのだとある。

　実(ほんと)か爺(ぢい)さん、とぼけた婆さん、小桶で茶ァ呑め。姑(しうと)が我を折る。

杉本キクイ伝承「新保広大寺」の囃子ことばにも次のような例がある。

　あゝ来なさい来なさい、晩にも来なさい。おじいさんお留守で、ばあちゃんつんぼで、だれでも知らない。
　そろりと来なさい。ヘンヘンテバ、ナッチョナコンダヨ。

このような類似もまた瞽女口説と〈新保広大寺節〉との関係を示すものと言えよう。

瞽女の越後節と〈新保広大寺節〉との密接な関係は、『浮世床』に載せるもう一編の歌詞「餌刺」からも推測することができる。「餌刺」は、杉本キクイの伝承によれば、「三条広大寺」として歌われているが、[6]これは江戸時代の安政三（一八五六）年にまで遡ることができる。このことを明かしているのは、伊藤曙覧「越中の古代神」（『日本民俗学』六五号、一九六九）である。その論文中に、「礪波郡福岡町山岸俊正氏蔵古文書を調査していたおり、その安政三年七月、村で唄われていた歌を書き写した書類にめぐりあった。その中に、古代地并三条古代地」として三首の歌謡をあげる、その三番目にある。「広大寺」は「古代神」と訛り、さらに「古代地(こだいじ)」となっているが、「三条古代地」はすなわち「三条広大寺」にほかならない。

3　瞽女口説〈やんれ節〉の成立

〈やんれ節〉口説の成立については、藤田徳太郎著『近代歌謡の研究』（一九八六 復刻）、町田佳声著『日本民謡大観』中部編・北陸地方（一九五五）、竹内勉著『新保広大寺 ―民謡の戸籍調べ』（一九七三）、西沢爽著『日本近代歌謡史』（一九九〇）、ジェラルド・グローマー著『幕末のはやり唄』（一九九五）などに考察が深められているが、いま一つ曖昧なところがある。これは資料として残りにくい歌謡の問題であるがゆえに仕方のないことではあろう。

藤田徳太郎は、〈越後節〉と呼ばれた歌謡は越後の盆踊り唄から出て、それを瞽女が諸国に伝えたものだろうと推定し、『浮世床』に載っているような短い流行り唄が口説節の元で、後に長くなって心中・騒動その他の街談巷説を歌い歩くようになったものだとする。(7) 一般的に言えばその通りであろう。これを少し具体的に言えば、前節に見たように〈新保広大寺節〉から派生した、七七を少し長めに反復する〈新保広大寺くずし〉ができ、これがさらに叙事性を強くして「越後口説」になったものと思われる。〈新保広大寺節〉から生まれた、七七の句を繰り返す長詩型の歌謡は、近・現代の新潟県の民謡においても「細か広大寺」という名で採集されている。〈新保広大寺節〉の変遷について町田佳声は、流行し始めてから幕末に至るまで、次のような三回の変化を遂げたと推定している。(8)

第一期　七七七五調（新保広大寺節、但し終止音から二種の形態が見られるという）

第二期　七七調小反復（広大寺くづし、とのさ節）

第三期　七七調反復（越後口説）　→すなわち「鈴木主水」の成立

これも通説として認めることができる。町田佳声の同書では、文化文政期にあたる第二期の長詩型の歌謡については、「飴売などの手によつて諸国に諷ひ広められ、関東や東北ではこれを「とのさ節」と呼んでいる」と述べているが、それが江戸で瞽女が歌った「越後節」と同じものであったことは、前掲の『浮世床』と『小歌志彙集』が同一の歌詞を載せていることから言うまでもない。また「鈴木主水」の成立をもって第三期としているその時期は天保ごろである。江戸後期の俗曲文献『小唄のちまた』（国立国会図書館所蔵）は、これも名古屋の人小寺玉晁が著したものであるが、そこに名古屋における天保十五（一八四四）年頃の流行り唄として「主水／白糸　ゑちごくどき」（鈴木主水）を載せ、翌年（弘化二〈一八四五〉年）の流行り唄「ゑちごくどき（小菊源太）」「信州横川心中くどきふし」および「於七吉三　武平くどきやんれぶし」を載せているように、「やんれ口説節は天保年中にその最初の成長期を迎えたと推定できる」[9]からである。しかし長編の叙事詩的な瞽女口説はすでに天保以前からあった。そのことは、これもよく知られた「瞽女口説地震の身の上」と題する、文政十二年に越後加茂町の斎藤真幸という儒学者[10]が創作した版本が物語っている。これはタイトルに「瞽女口説」と称する長編歌謡で、写本を含めて各地に流布している作品である。このような素地がなければ天保以後の心中口説も生まれなかっただろう。

　ここで、越後の瞽女が伝えた気になる口説がある。口説の歌詞の構成については、事件が起きた年月を歌うことが必ずしも定型にはなっていないことは既述した。しかしそんな中で、弘化三年（赤猫口説）とか、安政元年（まま子三次）と年代を明示する作品がいくつかある。これは事件の報道性にもとづくものと思われ、まさに出版の取締りが緩んだ天保の改革後の時代状況を反映するもので、事件を去ること遠からぬ時期に創られたものと見ていいだろう。それでは、文政六年未の春とする「お久口説」はどうか。文政六年は事件が起きた年であって、瞽女の口説に歌われたのもその年とは限らない。しかし心中事件が口説に歌われるのは何も瞽女口説だけではないという点を考慮する必要があるだろう。「お久口説」は、柏崎近郷の上原村で起きた心中事件を歌うもので、地元の柏崎では別名「上原心中」という題で音頭口説としても伝わっている。

　…さあさこれから　文句にかかる　かかる文句が　何やと問えば　人に知られし　上原心中　わしの覚えし

　そのあらましを　ぽつりぽつりと　読みあげまする[11]

これはすなわち盆踊りの音頭取りの文句である。盆踊り唄と瞽女口説との密接な関係を示す話も上州にある。例えば、かつて前橋市橘町の雀明神社の盆踊りには、越後からやってきた瞽女たちが三味線で「新潟口説」を歌っていたという。[12] 瞽女口説として歌われる以前に、事件が起きてすぐ、盆供養として心中死した男女を弔う踊り口説が歌われたと見てよい。口説という歌謡形式はそもそも踊り口説に由来するもので瞽女固有のものではなかった。七七の歌詞を同じ旋律で長々と歌う単調な口説は、いわば「文芸の最も野暮なもの[13]」とも言えるが、しかしまた庶人が集って誰もが簡単に踊りの輪に入ることができ、踊りの時間を長く持続するためにはこのような形式の唄が必要だったのである。しかも、七七調の踊り口説には瞽女口説以前に関西で流行した兵庫口説があって、すでに心中物を歌っていた。[14] 越後の海に浮かぶ佐渡が島で踊られる口説も多分に関西の口説の影響下にあるし、また越後で〈甚句〉の隆盛を生んだのも西日本で流行した〈兵庫口説〉だった。〈新保広大寺〉も踊り唄であるが、〈兵庫口説〉から生まれた〈甚句〉の隆盛に刺激されて、それが〈新保広大寺くづし〉となり、また「越後節」と呼ばれた〈やんれ節〉口説を生んだ、という推測も可能であろう。

いずれにせよ、瞽女が越後の踊り口説として歌われていた歌謡に三味線を付けて、それを彼女たちの唄にしていったものであろうし、文政年間には心中口説の類も歌われていたものと推測される。そうでなければ右に述べたように瞽女口説をまねた「瞽女口説地震の身の上」といった作品が文政十二年に生まれるわけがないからである。

三　鈴木主水について

江戸時代から明治にかけて、越後瞽女の唄といえば、何を置いてもまず「鈴木主水」であった。逆にまた「鈴木主水」といえばすぐ越後瞽女が連想されるほど両者の関係は密接だった。この口説は、事件の場所が江戸で、かつまた武士の話となっている。庶民の事件でないこんな話が江戸の町で流行ったのは、幕府の権威が次第に下落してゆく幕末の頃である。安政四（一八五七）年刊行の梅亭金鵞『七偏人』に、三味線を持って門付の真似をする男たちに向かって、田舎出の親爺が次のようなことを言う場面がある。

祭文も唄へねへちう事なら、笠松峠の鬼神のお松か、春は花咲く青山辺よ、鈴木主水といふ武士（さむらい）がちう、瞽女の坊節（ばうぶし）でも唄つたが宜からう。

当時いかに「鈴木主水」という「瞽女の坊節」が人々の人気を得ていたかをうかがわせる資料である。さらに遡ってこの口説の流行を知れる資料としては、天保十五（一八四四）年刊『教訓滑稽　魂胆夢輔譚』（帝国文庫所収）がある。その文中にある次のような会話は当時流行していたこの口説を当て込んだものであろう。

「なんにしろ今の侍は妙な事を言て来た。どこから来たろう」
「春は花咲青山辺だとヨ」
「は、、、ァ鈴木主水といふ侍か」
「女房おやすに二人の子供」

……

また、前掲『小唄のちまた』所収の「主水／白糸　ゑちごくどき」も天保末年ごろの歌詞を収録したものと思われるが、ここにはまさに「ゑちごくどき」とあり、また文句も伝承された瞽女唄とほぼ同じである。堕落して身の破滅を招いた武士の話を歌うこんな瞽女口説が世間にはやったのも、天保の改革後の幕府の風俗取締りが緩んだ時代だからであろうが、それにしても天保十五（一八四四）年ごろには、江戸はもとより名古屋でも歌われていたというから爆発的な流行であった。流行はもちろん唄が瞽女の手を離れ、他の芸能民がそれを歌ったり、民衆がそれを口ずさむことで起こる。当然、越後瞽女が歌い始めたのはさらにその前であった。内容は実際におきた事件がもとになっていると考えられるが、この小さな事件の年代を確かめる資料はない。一説に、享和の頃（一八〇一〜〇三）といい、『増訂 武江年表』（斎藤月岑他著）では、

猿若町二丁目市村羽左衛門が芝居にて、享和の頃青山辺なる鈴木主水といふ武士、内藤新宿の賤妓白糸と倶に情死せしこと俗謳に残りしを、狂言にしくみて興行しけるが、殊の外繁昌しければ、俳優二代目坂東秀佳、内藤新宿北裏通成覚寺へ、白糸が墳墓を営みたり。

と記している。文中の「俗謳に残りしを」とは、前記のような口説の流行を指すが、社会的事件を歌う瞽女の口説は、実際に起きた事件から直接取材したものでないことは言うまでもない。地方においては事件がすでに盆踊り口説の文句として歌われていたものを歌謡化している場合があると考えられるし、また都市においては事件がいったん瓦版や読売によって歌われた後にそれを歌謡化していると考えられるからである。しかしそれが、旅廻りする瞽女によって三味線を伴奏に歌謡化されることで俄然人々に訴える力を増す。瞽女が唄に作った時期はよく分からないのだが、高田瞽女の「鈴木主水」に「当世はやりの／よしこの節よ」とあり、〈よしこの節〉については、『守貞漫稿』（一三、音曲）に「文政三四年比ヨリ行レ、三都トモニ専ラ唄ν之、娼妓モ専唄ν之宴席ニ興ス……」とある。厳密な証拠にはならないが、あるいは瞽女が歌い出した頃に〈よしこの節〉が流行っていたとすれば、これもやはり文政年間（一八一八〜二九）までは遡ることができるのではないだろうか。

次に、「鈴木主水」流行後、右の『増訂 武江年表』では、瞽女が歌っていた俗謡をもとに「狂言」つまり歌舞伎が演じられて大変な評判を得たともある。

嘉永五（一八五二）年三月、江戸中村座初演『隅田川対高賀紋』（三代目桜田治助作）は、その頃瞽女が頻りに歌っていたこの鈴木主水が種だった。[15] これは後に『百人町浮名読売』と改題改作されて上演されているが、その中に主水に恥をかかせるため、敵方が読売を頼んで「白糸くどき」と題する新文句を作り、主水の家の近辺を歌い歩かせる場面がある。その読売の文句とは次のようなものである。

花のエ、花のお江戸のその町々に　さても名高き評判がござる
ところ四谷の新宿辺に　軒を並べて女郎屋がござる
紺ののれんに桔梗の紋は　音に聞こえし橋本屋とて
あまた女郎衆の皆玉揃い　中に全盛白糸さんは
歳は十九で当世姿　立てば芍薬坐れば牡丹
我も我もと名指しで上がる　わけてお客のあるその中に
ところ青山百人町に　鈴木主水という侍は
女房持ちにて子供が二人　二人子供のあるその中で
今日も明日もと女郎買いばかり　見るに見かねて女房が意見
これサ我が夫よう聞かしゃんせ　わしが悋気で言うのじゃないが
二人子供は伊達には持たぬ　言えばなおさら腹立ちまぎれ
又も出て行く女郎買い姿　どうでしまいのあげ句の果ては
連れて逃げるか心中するか　二ツ一ツの思案と見ゆる　ヤンレエ

以上、これまでふれた瞽女口説関係事項の略年表を作ってみれば次のようになる。

（1）天明頃（一七八一～八九）

〈新保広大寺節〉江戸で流行

（2）文化十一（一八一四）年

式亭三馬『浮世床』に「瞽女のうたふ越後節」（越後瞽女が江戸で爆発的に流行せしめた節）あり。

（3）文政六（一八二三）年

この年に起きた越後刈羽郡の心中事件を歌った〈やんれ節〉があり、近代まで高田瞽女が伝承していた。

（明治の唄本に「上原くどき」がある）

（4）文政八（一八二五）年

〈越後節〉名古屋で大流行（小寺玉晁編『小歌志彙集』による）

（5）文政十二（一八二九）年

「瞽女口説地震の身の上」（こののち瞽女口説による地震口説が流行。善光寺地震や東海地震の口説がある）

（6）天保十五（一八四四）年

「主水／白糸　ゑちごくどき」名古屋で流行（小寺玉晁編『小哥のちまた』による）

（7）天保年間（一八三〇～四四）

「お吉清三くどき」やんれ節が流行（小泉八雲「日本の古い歌」）

（8）嘉永五（一八五二）年

江戸中村座で歌舞伎『隅田川対高賀紋』初演、市村座で鈴木主水の瞽女節を採り入れた清元「重褄閨の小夜

衣」上演（藤田徳太郎編『近代歌謡集』「近代歌謡史略」）

（9）安政四（一八五七）年

「鈴木主水という武士がちう、ごぜの坊節」（梅亭金鵞『七偏人』）が流行

四　各演目解説

1　鈴木主水

江戸の青山百人町に住む鈴木主水という侍が、五歳と三歳の二人の子どもを持つ身でありながら、家庭を顧みず、新宿の娼婦（飯盛女）白糸に通い詰めて、家庭の破滅・身の破滅をまねいたという内容である。妻のお安は、身持ちの悪い夫をついには死をもって諫めるが、主水の色狂いは止まなかった。しかし彼が通っていた白糸も、お安を死なせて申し訳ないと自害し、追い詰められた彼もまた結局自害して果てる。歌詞中にある妻のお安と白糸との女同士の義理立ては、近松門左衛門作の浄瑠璃『心中天の網島』における遊女小春と紙屋治兵衛の妻おさんとの関係を思わせるところがある。

東京の明治の瞽女が歌った歌詞は、「鈴木主水が捜し求める刀がみつかり、みごと仇を討つまでは三段に分かれており、全曲うたうと六十分ほど[16]」かかったという。つまり失われた刀剣の探索や仇討ちの話を三段目に加えるものがあったらしいが、これは歌舞伎などの影響による改作であろう。越後の瞽女唄では主水の妻に対する白糸の女の義理立てを中心に歌い、刀剣の探索や仇討ちの話はない。

前述のように、瞽女の口説をもとにした歌舞伎『百人町浮名読売』に、「鈴木主水」の唄を「読売」が歌う場面が出てくるが、既述のようにこれは瞽女が歌う口説と「読売」の唄本との近さを示す例である。[17]江戸時代に板行された

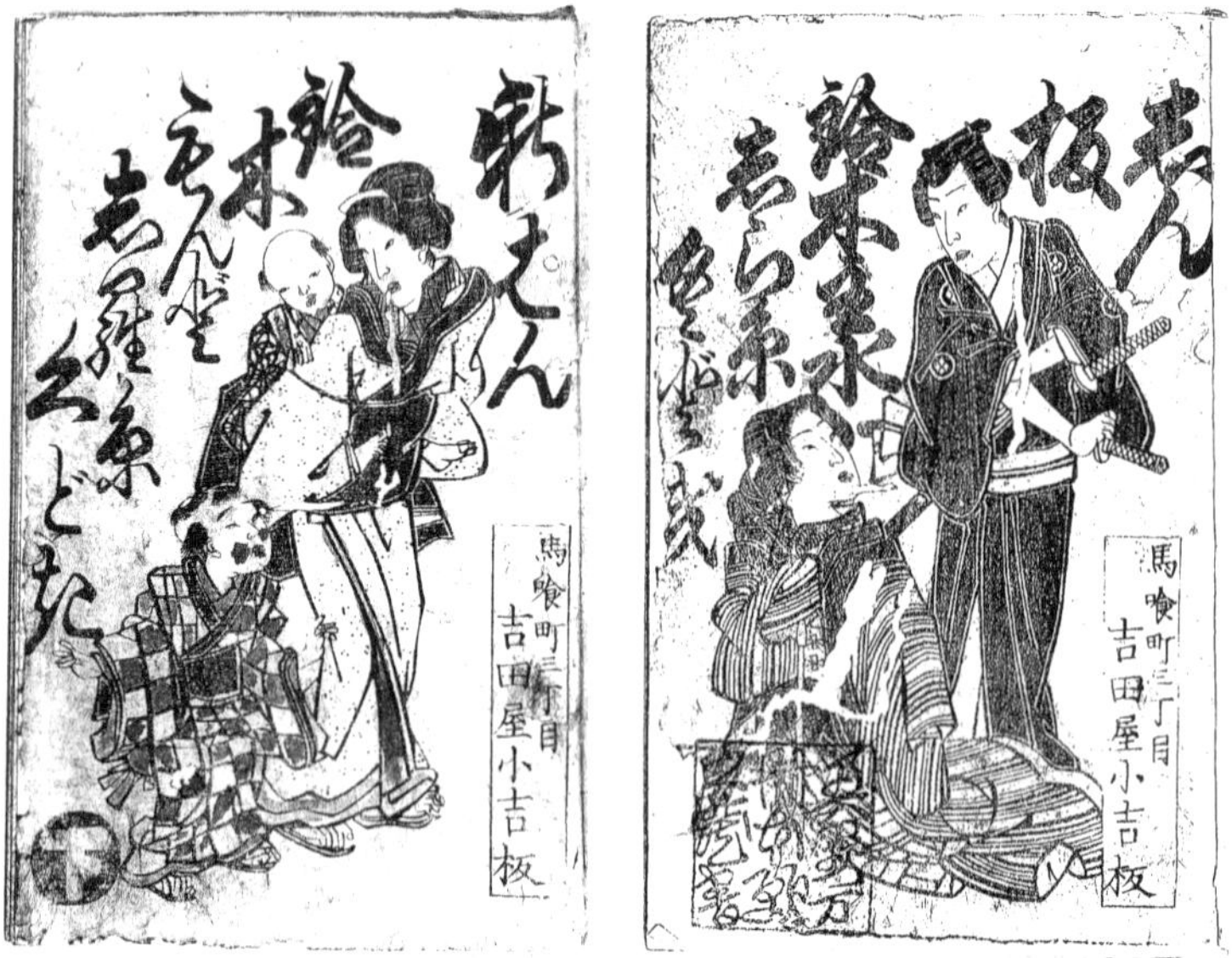

吉田屋小吉発行「しん板　鈴木もんどしら糸くどき」唄本表紙（架蔵）

「鈴木主水」の唄本はとりわけ多く、少なくとも次のような作品をあげることができる。

『江戸じまん　もんどくどき』（新撰亭）

『しん板　鈴木もんどしら糸くどき』（吉田屋小吉版、架蔵）

『新板　鈴木主水白糸くどき』（吉田屋小吉版、架蔵）

『鈴木主水　白糸口説やんれぶし』（発行者不明、架蔵）

『江戸新宿はなし　鈴木主水白いとくどきもんくやんれぶし』（発行者不明、架蔵）

『鈴木主水子供くどきぶし』（発行者不明）

『新板　鈴木主水越後くどき　やんれぶし』（発行者不明）

※いずれも発行年は不明である。

本作は瞽女唄を代表する演目であり、明治に入っても瞽女の唄といえばまずこれを指した。明治の文学者二葉亭四迷にまつわる次のような逸話もある。すなわち内田魯庵の『思い出す人々』（一九二五）によれば、「語学校の教授時代、学生を引率して修学旅行をした旅店の或る一夜、監督の各教師が学生に強要されて隠し芸を迫られた時、二葉亭は手拭を姉さん被りにして箒を抱え、俯向き加減に白い眼を剥きつつ、「処、青山百人町の、鈴木主水というお侍いさんは……」と瞽女の坊の身振りをして、平生小六かしい顔をしている先生の意外な珍芸にアッと感服した」とある。

2　お吉清三

内容は商家の娘と店の使用人との結ばれない恋の悲劇である。このような悲劇はすでに人形浄瑠璃「お染久松」でお馴染みである。「鈴木主水」が江戸を舞台とする代表的な口説だとすれば、本作は京阪を舞台とする代表的な口説である。「鈴木主水」の話は、江戸の事件であり、かつ遊女狂いの果てに身の破滅を招いた武士の話で、武家が中心の都市江戸の物語に相応しく、一方この「お吉清三」は商家に奉公する優男（やさおとこ）と主家の娘の身分違いの悲恋を語るもので、近松門左衛門以来の、京阪の商業都市に相応しい作品といえる。ただし、「お吉清三」の音頭口説の分布が西日本に偏っていることからすると、瞽女口説よりも古い兵庫口説にすでに歌われていたものかも知れない。小泉八雲によれば、この口説が流行したのは天保年間（一八三〇～四四）であったという（「日本の古い歌」）。これは〈やんれ節〉口説によって再流行したときのことであろう。江戸の唄本としては、吉田屋小吉発行の「於吉清三しんぢうくどき」（全四丁）などがある。

3　松前口説

北海道の江差で起きた妻のある若い男と茶屋女（遊女）との心中事件を歌う。大事な跡取り息子を失った後で親が後悔するくだりに、こんなことになるのだったら一千両出してもその女を身請けして添わせてやったのにという内容の文句がある。江差は江戸時代にニシン漁で栄えたところであり、心中した息子の家もニシン漁で金を蓄えた富豪であろう。また、その繁栄を当てにして女郎たちを多く抱える茶屋もあって、そこには心中した娘のように津軽青森など東北の農村から売られてきた娘たちもいた。また、こうした噂は日本海を往来する北前船によって越後の瞽女たちのもとにも届いたものと思われる。

4　次郎さ口説

洪水によって決壊した堰の修復工事にともなう犠牲者の話である。藤井堰は、柏崎市の鯖石川に今もある。柏崎平野をうるおす鯖石川のこの堰は、江戸時代以前、文禄・慶長のころよりさらに古く遡る潅漑施設だという。明治四十二年発行『刈羽郡旧蹟志』によれば、大堰と小堰の二つがあり、大堰は幅四十間、高さ三間、小堰は幅十八間、高さ三間とある。この大掛かりな堰は、洪水によって流される度にその修復が行なわれてきたが、それはかなりの大工事だったようである。そしていつのころか、この堰の修復にまつわる悲話が生まれた。堰修復の人夫に加わった次郎（治郎）という青年が土俵もろとも逆巻く水に沈んだ、あるいは沈められたという話である。かつて地元で「二郎さが淵」と伝えていたその場所は、今はもうわからなくなっているが、明治三十年の洪水のときのことだと地元ではいう。[18]

鯖石川の藤井堰（1996.8　著者撮影）

その青年の悲話は、

あがる点検　二郎さが見えない　見えない筈だよ　土俵の下

（酒井薫風『田尻村のはなし』）

といった文句で盆踊り唄や甚句にも歌われていた。地元では忘れかけられた唄が、高田瞽女によって口説として伝承されていたのである。

なお、この悲話は次のような内容で昔話としても語られている。

昔、ある所に、大川が毎年土手切れで困っている村があったが、その川普請になくてはならない青年がいた。気立ての良い働き者の次郎という男であった。村の娘たちは次郎の顔が見たさに、彼が出る川普請には喜んで加わった。次郎はまた殊（こと）のほか唄が上手で、次郎の唄が出ると娘たちは一生懸命に働いた。これを妬んだある男が、唄を歌っている次郎の後ろへ廻って、力一杯川の深みに突き落とした。次郎が死んでから、川はますます氾濫して不作が続いた。次郎の霊に謝るために一人の勇気ある男が青々としたその淵に飛び込んで行くと、白蛇となった次郎がいたという…。[19]

5　おしげ口説

駿河の三島近郷、田中村で起きた珍しい心中事件を歌う。男は村の名主の長男で清造という二十歳の若者、女は隣の桐木村に住む器量の良い十六歳の娘で名をおしげといった。清造は力が強かったことから安達山という四股名（しこな）を持つ相撲取りでもあった。おしげといい仲になった清造をねたんだ村の若者が四十六人、徒党を組んで彼を闇討ちにした。それを知ったおしげは、清造が討たれた現場に刀を持って駆けつけ、深手を負った清造に力を付けてともに駆け落ちしようとしたが、なおも村の男たちに挑まれたため、清造は仕方なくおしげを殺し、最後の力を振り絞って四十六人を殺害し、自分も自害して果てたという内容である。

6　お久口説

越後の柏崎近郷、上原村で文政六年に起きた心中事件を歌う。男は二十四歳の民さ、女は十六歳のお久。二人は深い仲になって一生離れまいと誓ったが、お久の親が娘を川向こうの村へ嫁がせようとしていることを知った民さは、お久も同意の上だろうと疑い、彼女に冷淡になった。しかし再びお久に逢って、親が無理に嫁がせようとしていることを知った民さは、お久の覚悟を聞き、満月の夜、二人で心中死したという内容である。

越後の瞽女たちが旅廻りする地域で実際に起きた事件を歌っていると思われるが、娘の親が決めた縁談によって引き裂かれることを悲み、恋仲の二人が心中死する展開は、次の「お粂佐伝次」とよく似ていて、一種のパターン化した心中口説になっている。

7　お粂佐伝次

山梨の甲府に住む与右衛門という富裕な商家に、佐伝次という跡取り息子がいた。十六歳になった佐伝次は、向かい町の十三歳になるお粂というやはり裕福な家の娘を見そめて夢中になり、恋文を遣わすが返事がないので、直接屋敷へ忍んでいって契りを交わした。二人は固く行く末を誓って別れたが、親はその事情を知らず娘の縁談をまとめて隣家へ嫁がせることにした。後日ふたたび忍んでいった佐伝次はそのことを知り、お粂と一緒に家を抜け出して五十河原の木の下で心中した。お粂の死骸を見た親は、事情を知らずに縁談を進めたことをたいへん悔やんだという。十六歳と十三歳というまだ年端も行かない二人が死に急いだ話が、子どもの心中として関心を呼んだらしい。明治の唄本に、東京馬喰丁三丁目の吉田屋小吉が吉田小吉と名を替えて発行した「甲州　お粂佐伝次心中くどき」（明治一六年）や、越後で発行された「おくめさでんじくどきぶし」（明治二三年、丸山広蔵発行）などが残っている。

8　お筆半三

江戸の浅草蔵前旅籠町に住む貧しい左官の娘が、富裕な商家の息子に見そめられ、めでたく嫁入りするという話である。娘は名をお筆といい、器量は余り良くなかったがたいそう利発な娘であった。十六歳のとき奉公にあがった商家で、十八歳の半三という若旦那と恋仲になった。逢瀬が重なるうち店内に噂が広まったのでお筆は暇をもらって去ろうとしたが半三は許さない。身分違いから一緒になれない二人は心中しようと決意する。しかし、それを知った半三の叔父の計らいでめでたく結婚するという内容である。貧しい左官の子で器量もあまり良くない娘が、その人柄の魅力によって富豪の家に嫁ぐことができたという出世物語であり、心中口説とも一括されるように若い男女の心中死に終わる恋物語が多いなかで、本作はめでたく歌い納められる口説である。

歌詞は、吉田屋小吉が発行した江戸後期の唄本「江戸の花　お筆半三しんぢうくどき」とほぼ同じである。西沢爽著『日本近代歌謡史』（一九九〇、一九〇頁）では、瓦版から瞽女唄となったこの作品が再び瓦版として板行されたものであろうとする。そうした可能性も考えられよう。越後で発行された明治期の唄本（明治二六年、柏崎の地田多作発行）では、二人の死に場所に叔父が駆けつけて救おうとしたが間に合わず心中死してしまう話となっている。

9　三人心中口説

奥州のある武家の十八歳の息子が、祝言をひかえて許嫁を持つ身でありながら、町娘と恋仲になり、その娘を懐妊させてしまった。身分違いからせめてあの世で夫婦になりたいといって自害しようとした娘を不憫に思い、彼はともに心中しようと決意する。それを知った許嫁の武家の娘が、すでに夫と定まった男を死なせ、別の男と連れ添うのは女の操に背くといって自分も一緒に死にたいと訴える。こうして三人がそれぞれ納得ずくで一緒に心中したという内容である。心中事件といえば通常は男女二人の話に決まっているが、一風変わった事件として人々の関心を呼んだものと思われる。

西沢爽著『日本近代歌謡史』（資料編）に載る、吉田小吉が明治廿一年に発行した唄本「出羽国本間三人心中くどき」も同様の事件を歌っていて、男は山形県庄内の富豪本間久四郎の次男久二、許嫁は仙台伊達家の娘、心中相手の娘の名はおはんとなっている。歌謡化の例は不明だが、三人心中の史実として『猿猴菴日記』[20]に、文化六年に名古屋で起きた僧一人女二人の身投げ心中を載せ、「珍事也」と記す。さらに遡ると、宝永四年、山城の山田という地で起きた三人心中事件があり、朝日文左衛門の『鸚鵡籠中記』に「去るころ、山城のうち、山田と申す所に正意という一向坊主あり、双なき美僧なり。同村に浪人あり、この女（むすめ）二人（姉十七、妹十五）ともに孕ませ三人刺し違えて死す。三人心中といい狂言に仕候」（宝永四年七月）とあって、これも芝居や歌謡になっている。

10　馬口説

飼い馬が人間に使われる苦労を多少滑稽に口説く内容である。農村に農耕馬が多く飼われていた時代には、こうした戯（ざ）れ唄が実感を持って享受されていたものと思われる。この種の口説には、瞽女口説とは別に「鼠口説」「徳利口説」「南瓜の口説」などがあって、盆踊り口説として採集されている。或る説に、これらは早物語系のものと考えられている。(21)

11　石童丸口説

ほぼ説経『かるかや』の流れに添った叙事的な歌詞になっている。この点、長岡瞽女の段物「石童丸」と比較して分かるように、祭文松坂では同一の作品がむしろ叙情的な歌詞になっていることが知れる。心中物がそうであるように、口説は全体に歌詞も短いが、展開も事件の概要をなぞるだけのものになっている。

12　後生口説

この口説は別名を「二十八日口説」ともいい、歌詞中に「御命日二十八日」とあるように、毎年親鸞の命日に行なわれる報恩講の主旨を歌い、門徒衆に後生を願うことをすすめる内容である。親鸞に関する唄本には金沢の近八版「御伝鈔くづしうた」があって本作と歌詞が多少類似する。このことから『御伝鈔』が元になっていることが知れる。ただし本作と近八版の唄本と歌詞が一致するわけではない。越後も浄土真宗の勢力が強い地域であり、歌詞の中には越後へ流された親鸞の事跡を歌い込んで地域的特色も持たせている。

13　御本山口説

親鸞聖人が浄土真宗を開くに至った次第を述べ、その後の吉崎御坊の建立と焼失、そして再建のために人々が木材を運ぶさまを歌い、世が無常であること、御開山親鸞聖人の御恩を思ってそれに報ずるようつとめなければならないことを述べる。なお、江戸時代に本山の東本願寺もなんどか火災にあっており、「明治の東本願寺造営の勧化に新作されたもの[22]」ともされる。「ちしょう智識のご恩のほどを／身をも粉にして報ずるべしと／御開山のさご恩のほどを／骨が砕けても察すべしなれと」とある点から推測すれば、報恩講で歌われることもあったものと思われる。おそらく「後生口説」とともに、東本願寺高田別院の報恩講で歌われたものであろう。

14　へそ穴口説

いわゆるバレ唄である。女の体にある穴のうち、へその穴だけは無用のものであることを口説いたもので、卑猥な内容の口説である。幕末の唄本に「へそあなくどき」「へそのあなくどきやんれぶし」などもあり、さらに文化五年の松井譲屋筆記『浮れ草[23]』に「臍の述懐」という似たような文句もある。本来、男を近づけない瞽女たちの持ち唄にも、座興のためのこうした演目があったことは興味深い。土田ミスの演唱では「さても皆さん　お笑いぐさよ」と始まっている。

15　まま子三次

本作は、夫の留守に継子を毒殺しようと企てて失敗した継母が、虐待の末ついには釜茹でにして殺したという、幕末の農村で起きた残虐な児童虐待致死事件の物語化である。事件の場所を明示し、また事件が起きた年を安政元年と明示するのは、読売と同様の報道性によっている。また、夫の留守の理由が家の経済的苦境による出稼ぎであり、しかもその出稼ぎ先が江戸湾の台場建設であった。品川沖に黒船が現れたころの史実を背景にしている。百姓喜八が田地田畑をみな売り尽くしたというのも、江戸時代後期の自作農あるいは小地主の没落という実際の歴史的背景を物語っているだろう。黒船の来航は多くの瓦版の発行を誘った。そうした世相の中で庶民の関心を呼ぶ巷間の事件も、表向き禁じられていた瓦版の記事になり、その記事や噂をもとに瞽女たちが歌った〈やんれ節〉口説の作品も生まれたと推測される。

資料編の脚注に書いたように、群馬県の民謡八木節では末尾に継母の処刑の様子を歌ったのち、最後に教訓的な言葉を付けているが、江戸時代の出版取締りと庶民向け草双紙の在り方から考えれば、そのような形が元来の姿であったろう。現代のようにこの事件が単なる一過性の三面記事的なニュースに終わらず、長く歌謡に演唱された理由の一つとしては、継子いじめという古くからの文芸の型によって物語化されていたからであった。いじめられる三次にしても、継母を大切に思ういわば江戸時代の孝子伝にとりあげられるような子どもとして語られている。明治になると装いを新たに、三次という男の子がしづゑという女の子に、寺子屋が学校に、手習いの師匠が先生に、逮捕の役人が巡査に、お仕置きの場が裁判所になった「幽霊の継子いじめ」といった物語が〈覗きからくり〉で上演されてもいる。(24)

16　安五郎口説

下総国行徳（現在の千葉県市川市行徳）の商家に、名を安五郎といって、器量といい人柄といい、人並み優れた跡取り息子がいた。十七歳のとき、伊勢参りに行ったついでに西国・四国を巡礼し、京都の旅籠屋に宿泊した。そのとき旅籠屋のお文という十六歳の娘が安五郎に一目惚れし、妻になるといって聞かず、夜逃げして、帰国する彼を追って下総の家までやってきた。安五郎の両親はその娘を見て喜んで嫁に迎え、めでたく祝言を挙げさせ、ますます家が繁盛したという内容である。若い男女の心中口説が多い中で、「お筆半三」と同様にめでたく終わる話となっている。様々な悲喜劇を生んだであろう江戸時代の伊勢参りに、庶民の耳目を引くこうした出来事もあったと想像される。

京女が東男に惚れて、百両の大金を実家から持ち出して駆け落ちしたというこの話は充分ニュース性があった。

17　金次口説

婚礼口説ではあるが滑稽な要素がある。金持ちの息子が三人の娘に惚れられて、娘たちが三人とも子を宿し、同時に結婚を迫るという、通常は悲劇にもなりうる事態が、そうはならず、最初に子を孕んだ娘が本妻となり、あとの二人が妾となって収まるというめでたい話になっている。登場する人物の名も、資産家の「金兵衛」の子「金次」と金尽くしであり、また娘たちの名も、花屋の「お花」、菊屋の「お菊」、藤屋の「お藤」と花尽くしになっていて、祝言性が強い。事件の場所が「越中富山の町」となっているところは、あたかも実際にあった話のように歌われているが、「富山」もまた「金」からの連想による「富(とみ)」に意味があるのであって、本作の虚構性は明らかである。

18　赤猫口説

弘化三(一八四六)年、奈良県の吉野で起きた、人間の娘と猫の心中という珍奇な事件を歌う。ある夫婦にたいへん可愛がられていた飼い猫が、おいそという家の娘に惚れ、侍に化けて通っているうちに懐妊させてしまった。生まれた子は、手足が人間で顔が猫そっくり、そのうえ鳴き声までが猫の鳴き声であった。娘はそれを恥じ、猫も飼い主への恩を仇で返すことになったことを詫び、ともに心中したという内容である。

時代が「弘化」のころとあり、幕末の奇聞として歌われている。幕末には、こうした有り得ない出来事がしばしば世間の噂のたねとなった。たとえば、喜多村信節の『き、のまに〱』(未刊随筆百種所収)からも同時代の同じような風説を拾うことができる。

○肌に鱗の生えた小児「蛇の子」の見せ物（嘉永三年三月）。
○牛込の猫娘。十一歳、塀垣や屋根に上り、縁の下を潜り、鼠を捕らえて喰い、犬を恐れる風説（嘉永三年）。
○狸の子を三匹産んだ娘（天保四年）。

など、こうした話は当時読売でも売り歩かれた奇聞で、瞽女が〈やんれ節〉で歌ったこの口説もそうした世相を反映したものである。

注

（1）三田村鳶魚著『瓦版のはやり唄』（春陽堂　一九二六）四九頁。
（2）松山義雄著『むかし、あったってなん――信州・飯田瞽女民話集』（朝日新聞社　一九八二）所収「飯田瞽女生活誌」。
（3）『近世文芸叢書』第十一（国書刊行会　一九一二）「俚謡」。
（4）浅野建二編『続日本歌謡集成』巻四（東京堂出版部　一九六三）所収、および『近世文芸叢書』第十一「俚謡」所収。なお、『日本歌謡集成』（続編）解説に、『浮れ草』の編者松井譲屋は、清元研究家の小松田良平氏の調査により、歌舞伎狂言作者の松井幸三（二代目）と判明したという。著作年代を知る参考となるだろう。
（5）新保広大寺は、一五三頁の写真のように新潟県十日町市大字下組字新保に現存する寺院である。江戸時代に流行したこの寺の和尚の悪口唄もまたその名で呼ばれている。
（6）斎藤真一著『越後瞽女日記』（河出書房新社　一九七二）別冊資料・瞽女唄。なお、「三条」は現新潟県三条市の地名である。
（7）『近代歌謡集』（博文館　一九二九）所収「近代歌謡史略」九一頁。
（8）町田佳声「新保広大寺から　とのさ―越後口説まで」（日本放送協会　一九五五）『日本民謡大観』中部編・北陸地方。
（9）ジェラルド・グローマー著『幕末のはやり唄』（名著出版　一九九五）一一七頁。
（10）養徳文庫所蔵「蒸気船茶殻口説」の青海漁郎解説による。著者の斎藤真幸は当時三十三歳だったという。

(11) 柏崎市立田尻公民館編『田尻のほりおこし』第二号、一九八二。

(12) 朝倉喬司「盆踊り唄、口説」(岩波講座『日本文学史』第一六巻、一九九七) 一五三頁。

(13) 『定本柳田国男集』第六巻 (筑摩書房　一九八二) 所収「はて無し話」、三二三頁。

(14) 兵庫口説との関係については、拙稿「新潟県に於ける明治の唄本(二)―兵庫口説との比較について―」、(『新潟の生活文化』第五号、一九九八・〇七) および「新潟県に於ける明治の唄本(三)　―〈甚九踊り〉および安政の江戸大地震と幕末の唄本―」(同誌第六号、一九九九・〇九) に述べた。

(15) 田村栄太郎著『実録小説考』(雄山閣　一九六〇) 等。

(16) 竹内勉著『うたのふるさと―日本の民謡をたずねて』(音楽之友社　一九七一) 同『新保広大寺―民謡の戸籍調べ』(錦正社　一九七三)。

(17) ちなみに『百人町浮名読売』の中には、女房お八十(やそ)と下男市助の会話として次のような台詞も出てくる。

市助「お前様も十九(つづ)や二十歳(はたち)のお身でもなし」

八十「人に御意見遊ばす身が」

市助「金(かね)の成る木はあるまいし」

これも瞽女口説の文句を使ったものである。

(18) 酒井薫風著『田尻村のはなし』(柏崎郷土資料刊行会　一九七五)、北鯖石郷土誌『土と水と光』(北鯖石教育振興会　一九七八)。

(19) 佐久間惇一編『波多野ヨスミ女昔話集』(私家版　一九八八) 所収「次郎の砂利がち歌」。

(20) 『日本庶民生活史料集成』第九巻 (三一書房　一九六九) 所収、一一九〇頁。

(21) 武田正「瞽女と昔話の「語り」」(『山形県民俗・歴史論集』第二集一九七八)。

(22) 五来重編『日本庶民生活史料集成』第十七巻 (三一書房刊　一九七二) 解説。

(23) 浅野建二編『続日本歌謡集成』巻四 (東京堂出版部　一九六三)。

(24) この〈覗きからくり〉の演目は、新潟県西蒲原郡旧巻町に伝承されている。

ー もの ー じゃー ー ー と ー ー そ
でーヤ ー ーコ レ ー し ー ぽ ー ー
ー る ー ー ー サ アーー ー エ ー
ー ー

楽譜Ｅ　「松前口説」末尾

（歌詞）それを見る人　聞く人　サー　共に　ヤーレー
愛(いと)しものじゃと　袖　ヤー　コレ　しぼる　サーエー

演唱：杉本キクイ

採譜：板垣由美子

（三味線間奏）
（以下省略）

(唄)
お と にー きこ え し こ
ば や し ーぢゃ ー やー にい かかえ ーー
おなご はーーー さんじゅうー ーーー にに んーー

あ ー ー　サ ー ア ー エ ー ー ー エ
ー エ ー エ ー エ ー ー　ま
つ ー ま ー え え ー え さ ー し の ー こ ー
お ー り ー え さ し や ま の う え ー ー ー げん
（三味線間奏）
だ い ー ー ー ま ー ち の ー お ー ー ー

楽譜D　　「松前口説」の歌い出し部分

（歌詞）　国は　サーエー　松前　江差の郡
江差山の上　源太夫町の
音に聞こえし　小林茶屋に
抱え女ごは　三十二人

演唱：杉本キクイ
採譜：板垣由美子

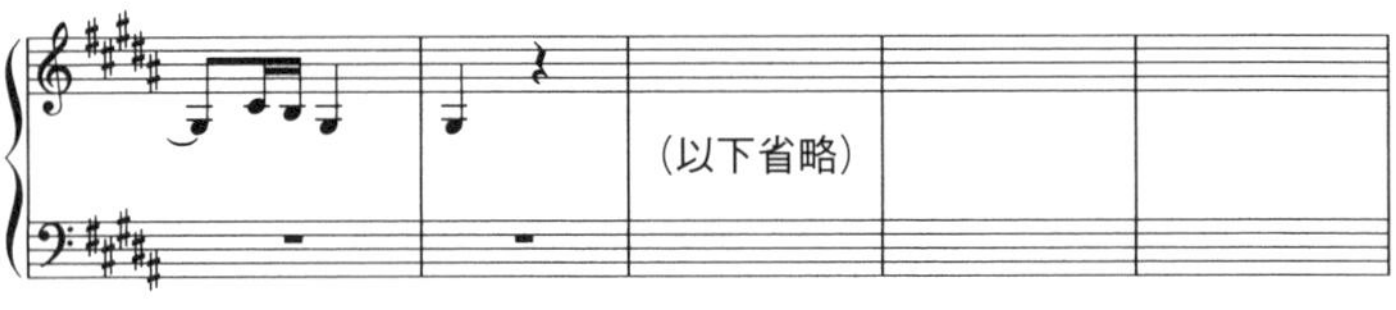
(以下省略)

ふ な ー ー あ ー わ か れ え の ー
ー あ わ れ さ を ー ー ー
こ と は ー ー あ ー ー こ ま ー ー か ー ー
ー ー ー し ら ね ど ー ー ー ー ー も ー ー ー
ー ー ー ー ー
(三味線間奏)

よ き し ー ん ー ー さ く ー ー も ー ー
な き まま ー にい ー い ー ー ー ー ー
あ ん
じょ ー の ー ー ー ひ め ー ー に ー ちち ー
お ま る ー ー ー ー

(唄)
い ず れ
ー に い ー
お ろ ー か あ ー は ー
あ ら ね ど お ー も ー お ー ー ー

よ り て え−−は −
こ れ に
ま あ−− −−た − − − − − − − −
−
(三味線間奏)

(唄)
されー ー ー ー えーば
(三味線)
ー ー ーーーー ーーー ー ー ー ー
にーい ー ー ー ー ーーーー
ー ー いーー いー ー ー ー ー ー

楽譜C

祭文松坂「山椒大夫」の歌い出し部分

演唱：杉本キクイ

採譜：板垣由美子

ー あれて くだーさ いーと お ー おぐ
りーー ーーはん ーがんー まさーき よーは ひめーが
あ ー おしゃー くーーー ーにーい でるーと お ー
よおー ー ー
(以下省略)

(唄)
(三味線)
され ー ー ば に ー ー ー ー ー ー ー より ー ー
て は ー ー みな さ ま ーへ ー ー ー ー
(三味線)
(唄)
さらば ひとく ー ー
ー ち ー よみ ー あ げ ー る ー ー おきき ー なさ

楽譜B

祭文松坂「小栗判官」の歌い出し部分

演唱：土田ミス
採譜：板垣由美子

(以下省略)

なきーま まーーに ー ふるき もんーくーーに
そーーー らえーどーーー ー ー ー あ
わあれ ー ーーーー ーな る ーかやーー てるて
ひーめうきよ の ーー ーー ぎ り ーー
ーーーーに ー せめ らーーー れ ーーー えてーー ーー

えーー ばあ ー ー ー にーー いー ー ー
ー あーー よ りい ー ー
いーーては ーこれーー ーにまあーー た
いずれに おろかわーーー なけーー ーれどーもー おー
ー なにーーしんーー ー んーー さくーの

楽譜A

祭文松坂「小栗判官」の歌い出し部分

演唱：小林ハル

採譜：板垣由美子

資料編　越後瞽女段物集

総合凡例　一　長岡系瞽女小林ハル伝承段物集

一　底本に相当するものは新潟県新発田市教育委員会所蔵の一九七三～四年に録音された小林ハル演唱の録音テープである。長岡系瞽女小林ハルが伝承した瞽女唄は、一九七三～四年に「瞽女唄記録保存事業」として、新発田市教育委員会の委嘱を受けた佐久間惇一・森田国昭・橋本節子三氏によって録音資料が作製されており、その歌詞はすでに佐久間惇一編『阿賀北瞽女と瞽女唄集』（一九七五）に掲載されているのでそれを参照したが、再び右の録音資料に戻って確認作業を行なった。ただし、この確認作業による訂正は一々注記しなかった。

二　校合に用いた資料はおもに、これも新潟県新発田市教育委員会所蔵の、一九七三～四年に録音された土田ミス（長岡系瞽女、一九〇九～七八）演唱の録音テープである。土田ミスは途中から小林ハルの弟子となって一緒に旅回りしたこともある瞽女である。これによって小林ハル伝承の歌詞に欠けている部分を冗漫にならない程度に補った。また、各個別の作品においてはこれと別に参照した関連資料もある。脚注の「小林」は小林ハル、「土田」は土田ミス、「高田」は杉本キクイのことである。小林と土田のごく細かい歌詞の異同は無視した。

三　いずれも録音資料であるため聴き取りにくい部分があるが、前後の文脈から妥当と思われる歌詞を校訂者の私意によって当てた。ただし、幾つかの演目については小林ハル本人にも直接確認した。小林ハル女（一九〇〇～二〇〇五）は、生存時の一九七八年に長岡系瞽女唄伝承者として国の「記録作成等の措置を講ずべき無形文化財」保持者に指定された。なお、歌詞の不明な部分は「□」とした。

四　「こちの人」（妻が夫を呼ぶ語）とあるべき所を「そちの人」とあるなど、明らかに間違いと思われる歌詞は私意によって改めた。また、そのほかにも疑問に思われる箇所は私意によって訂正したが、大きな改変は避けた。

五　高田瞽女杉本キクイ（一八九八～一九八三）が伝承する瞽女唄段物の歌詞を校訂において多少参考とした。
六　歌詞は文語体であるが、表記については現代通用の仮名遣いとした。
七　注における「慣用句」とは、他の語り物にも用いられるので必ずしも瞽女唄固有のものではないが、瞽女唄にも慣用されるのでそのような注を付けた。また、「定型句」とは、瞽女唄の各作品に固有の繰り返し表現をさす。（これについては、盲僧琵琶の語りに関する兵藤裕己の説による。）
八　脚注の漢数字は本文の注釈、（　）のアラビア数字は補訂および校異の注記である。
九　私意によって各段に見出しを付けた。
一〇　作品の各段に演唱時間を入れた。
一一　録音テープの利用については新発田市教育委員会のご許可を頂いた。

総合凡例 二　　高田瞽女杉本キクイ伝承段物集

一　高田瞽女、杉本キクイが伝承した段物十二編を文字に起こした。
二　文字化のために使用した音声資料は、上越市教育委員会が一九七八年（昭和五三）から一九八〇年（昭和五五）にかけて、無形文化財である瞽女唄保存のために収録した杉本キクイ演唱の録音テープである。
三　録音資料であるため聴き取りにくい部分があるが、できるだけ意味が通るように文字化した。ただし、演唱者の訛伝もあろうが、なかには管見にして語彙確認ができなかったものもあり、聞こえたままにして置いた部分もある。なお、音声そのものが聞き取れなかったところは「□」にした。いくつかの作品は、養女の杉本シズと交互に歌っている。

四　同一演唱者による同一作品の音声資料が一件しかないため、本来あるはずの歌詞の揺れ（異同）は確認できなかった。その点、斎藤真一著『越後瞽女日記』別冊資料・瞽女唄（一九七二）は、文字化の間違いがまま見られるものの、伝承者の生前に本人に直接確認できた資料である点で、貴重である。

五　上越市教育委員会が作成した録音テープは、杉本キクイが伝承した歌詞のすべてではない。テープに録音された部分の歌詞は次のように一部分である。

作品名	全体の歌詞	録音部分（総演唱時間）	小林ハル伝承（総演唱時間）
葛の葉子別れ	3段	3段（75分）	4段（103分）
山椒太夫	2段	2段（62分）	伝承無し
信徳丸	7段	4段（129分）	10段（306分）
小栗判官	5段	2段（53分）	4段（96分）
景清	3段	3段（93分）	4段（120分）
八百屋お七	5段	2段（50分）	5段（124分）
佐倉宗五郎	10段	2段（79分）	6段（184分）
片山万蔵	12段	2段（81分）	伝承無し
石井常右衛門	5段	2段（54分）	5段（145分）
山中団九郎	6段	2段（75分）	6段（167分）

平井権八	3段	3段（67分）	6段（145分）
焼山巡礼	2段	2段（66分）	伝承無し
石童丸	伝承無し		3段（76分）
阿波の徳島十郎兵衛	伝承無し		4段（94分）
赤垣源蔵	伝承無し		4段（119分）
明石御前	伝承無し		6段（167分）

（杉本キクイ伝承の全段数については、上越市教育委員会発行『高田のごぜ　資料収録目録』（一九八〇）を参照した。）

伝承した歌詞のすべてが録音されていればいっそう貴重な資料となったと思うと残念でならない。その点では長岡系瞽女小林ハルの音声資料が替え難いものになっている。

六　録音部分が伝承歌詞全体の一部でしかない場合が多いので、小林ハル伝承の作品と共通するものについては、脚注を省き「参考資料」として小林ハル伝承歌詞の後に掲げた。

七　作品の各段に演唱時間を入れた。

八　「信徳丸」については、歌詞の中に差別的な言葉があるが、資料的な意味からそのままにした。

九　録音テープの利用については上越市教育委員会のご許可を頂いた。

1　葛の葉子別れ

〈凡例〉

一　校訂の参考に用いた資料は、土田ミス演唱「葛の葉子別れ」（全四段）録音テープであるが、その他、高田瞽女杉本キクイが伝承した歌詞を多少参考にした。

杉本キクイ伝承の歌詞は、小林ハル伝承の歌詞とほぼ類似するが、歌詞の長さは三分の二程度で、全体にかなり短くなっている。内容面から言えば、本当の葛の葉姫が来ることによって狐が居られなくなる点は同じであるが、庄司夫婦とその娘の葛の葉が登場せず、葛の葉狐と童子丸・保名との別れの悲しみを、よりいっそう集中して語る点が高田の唄の特徴となっている。

二　私意によって判断できない部分は小林ハル本人に直接確認した。また、ごく一部であるが、前後の文脈上何らかの歌詞が脱落していると思われる部分を私意によって補った。

三　脚注については、新日本古典文学大系93『竹田出雲・並木宗輔　浄瑠璃集』（角田一郎・内山美樹子校注、一九九一、岩波書店刊）所収『芦屋道満大内鑑』を参照した。その他、脚注に引用した『しのだ妻』の歌詞は、荒木繁・山本吉左右編注『説経節』（東洋文庫）および鳥居フミ子著『近世芸能の発掘』所収の本文を参照し、また『芦屋道満大内鑑』の文句は帝国文庫『浄瑠璃名作集』および前掲書『竹田出雲・並木宗輔　浄瑠璃集』を参照し、それぞれ私意によって多少表記を改めた。

四　小林ハル九歳のころ（明治四一年頃）祖父が毎晩夜なべ仕事をしながら読んでくれた「読売」の文句は八・

九段目まであって、千年たった白狐の生肝が殿様の病気治療のために求められたこと、芦屋道満との術比べなど、瞽女唄にない部分があったという。「読売」は、地方の芸能民たちが読み売りした小冊子である。ただし瞽女唄の歌詞との直接的な関係はない。

五　参考資料に掲げた高田瞽女の伝承歌詞は、演唱者の文句を編者が聴き取ったままに文字化したものである。

祭文松坂　葛の葉子別れ

一段目（葛の葉狐の由来）　24分

さればに　アーよりては　これに
また
いずれに愚かは　無けれども
何新作の　無きままに
古き文句に　候えど
ものの哀れを　尋ぬれば
一 芦屋道満　白狐
変化（へんげ）に葛の葉　子別れを
事細（ことこま）やかには　誦（よ）めねども
粗々（あらあら）誦（よ）み上げ　奉る
ただ情けなや　葛の葉は
夫に別れ　子に別れ
もとの二 信太（しのだ）へ　帰らんと
心の内では　思えども
いや待てしばし　我が心
今生の名残に　今一度
童子に乳房を　含ませて
それより信太へ　帰らんと
三 保名（やすな）の寝つきを　うかごうて
差し足 抜き足　忍び足
我が子の寝間にも　なりぬれば
眠りし童子を　いだき上げ
眼を覚ましゃいの　四 童子丸
なんぼがんぜが　無きとても
母の言うこと　よくぞ聞け
そちを生みなす　この母を
人間界とは　思うかえ
人間界に　あらずして
まことは信太に　住みかなす
五 再び花咲く　蘭菊の
六 花の色にも　迷わせば
千年近き　狐ぞえ
六年以前　和泉の国
さはさりながら　童子丸

一　享保十九年（一七三四）初演の浄瑠璃『芦屋道満大内鑑』（元祖竹田出雲作）。以下の歌詞は多くその四段目によっている。
二　和泉国信太の杜（もり）。今、大阪府和泉市北部。
三　安倍保名。古浄瑠璃『しのだ妻』では、平安時代の天文博士・陰陽家安倍晴明の父で、奈良時代の遣唐使安倍仲麻呂の七代の後胤安倍郡司保明（やすあき）という武士の子とする。仮名草子『阿倍晴明物語』（寛文二年刊）では、安倍仲麻呂ゆかりの者で阿倍野に住み農作を営む者とある。
四　浄瑠璃・歌舞伎では「安倍（安部）の童子」。昔話では東北から九州までほぼ全国的に「童子丸」（『日本昔話通観』）。なお、『百合若大臣野守鏡』では鷹の化身の子の名が還城丸とある。
五　「再び花咲くらん菊の、千年近き狐ぞや」（『芦屋道満大内鑑』）。「狐、蘭菊の花にかくれ棲むとは、古人の伝へし如く也」（『しのだ妻』）。また、「再び花咲く」は『芦屋道満大内鑑』の「六年以前信太にて、悪右衛門に狩り出され、死ぬる命を保名殿に助けられ」から続いてはじめて意味をなす句である。
六　若い女に化け、女色によって男を迷わす、意。

母と成ったも　過去の縁
このわけそなたに　聞かするぞ
幼なながらも　よくぞ聞け
六年以前の　そのさきに
信太が森の　狐狩り
あの石川[一]の　悪右衛門
常平殿に　狩り出され
命(いのち)危き　その場所へ
その時この家(や)の　保名様
信太が森を　通られて
われに情けを　懸けたまう
大勢(たいぜい)な人を　相手とし
ややひとしくと　戦う内
みずから命が　助かりし
わたしゆえにか　保名様
われを助けん　それゆえに
[二]数か所の傷を　受けたまう
生害(しょうがい)せんと　なされしが
そのままご恩を　おくらんと
思えど狐の　身なるゆえ
何とせん方　無きままに
[三]葛の葉姫の　仮り姿
その場に出でて　みずからが
手傷の介抱　切腹止(と)め
伴いこの家へ　入りにける
しばしのうちと　思いしが
これで添うたが　六年余
月日を送る　そのうちに
[四]二世の契(ちぎ)りを　結びしぞ
結ぶ縁(えにし)の　愛着(あいじゃく)に
女子(おなご)の身なれば　浅ましや
つい懐胎の　身となりて
月日を満ちて　臨月に
生んだるそなたは　はや五つ
われは狐の　身なるゆえ
そちを生みなす　その日より
今日は信太へ　帰ろうか
あすはこの家(や)を　出でよかと

一　悪逆非道の敵役。『しのだ妻』では、芦屋道満の弟で、河内の守護となり、石川郡に住む。また、『芦屋道満大内鑑』では、河内の国の郷侍で、葛の葉姫の父信太の庄司の甥となっていて、道満の弟とはしない。竹田出雲の作品では、道満を忠臣善人と解釈し直しているからである。

二　このあたりも『芦屋道満大内鑑』による。

三　狐が化けた葛の葉姫は保名の許嫁。後出の「恋しくば」の和歌によって作られた物語上の人物で、元禄十二（一六九九）年上演の歌舞伎『しのだづま』に登場する。古浄瑠璃『しのだ妻』には登場しない。

四　夫婦の契り。

思い暮らせし　泣き明かす
そなたが可愛い　ばっかりに
もうちと居たなら　この童子
笑うか言うか　歩むかと
そちに心が　引かされて
思わず五年を　暮らしける
一ええ恥ずかしや　浅ましや
年月つつむ　甲斐もなく
育てあげたが　はや五年
今日はいかなる　悪日(あくにち)ぞ
二我が身の化けが　顕(あらわ)れて
妻子(つまこ)の縁も　これ限り
母は信太へ　帰るぞえ
母は信太へ　帰りても
今にまことの葛の葉姫のお出でぞえ
葛の葉姫の　お出でても
必ず継母と　思わずに
まことの母と　かしずかば
たとえみ腹を　分けずとも

我が子の可愛は　同じこと
さほど憎うは　おぼすまい
三蝶々とんぼも　殺すなよ
でんでん太鼓も　ねだるなよ
四行灯(あんどん)障子も　舐め切るな
路地の植木も　ちぎるなよ
近所の子供衆　泣かするな
一文金(いちもんかね)も　使うなよ
寝ながらお乳も　ねだるなよ
五虫けら拾うて　食べるなよ
六悪いわがきを　起こすなよ
何をいうにも　年若い
七道理じゃ狐の　子じゃものと
人に笑われ　ゆび指され
母が名までも　呼び出すな
常々父の　仰せには
この子に悪い　癖がある
虫けら殺生　する者は
ろくな者には　成るまいと

一　『芦屋道満大内鑑』以前、すでに近松門左衛門作『百合若大臣野守鏡』三段目に、「あさましや悲しやな、年月つゝみしかひもなく、あだなる形を見せけるかや……」（鷹の母の子別れ）と、同様の子別れの場面がある。「今日は如何成(いかなる)悪日ぞやと恨みかこつ」（『譬喩尽』）。

二　本当の葛の葉姫が現われることで居続けることができなくなるという展開は『芦屋道満大内鑑』と同じ。『しのだ妻』では、菊花の咲く秋の庭にながめ入って仮の姿を忘れ、狐の正体を童子に見られたことで破綻となる。身の正体を、夫や我が子に見られて破綻となる話は民話に多い。

三　この句以降すべて禁止の訓戒を連ねる。『景清』にも「山とんぼも殺さない／母様(かかさま)お乳と泣きません／飴やお菓子もねだらない」と類似の句がある。

四　狐の本性を受け継ぐ異常性をいう。

五　これも狐の本性を受け継ぐ異常性をいう。「此児かはりたることあり、虫けらを取り喰ふこと、叱れどもやまず」（『泉州信田白狐伝』）。

六　「悪あがきをふッつと止め」（『芦屋道満大内鑑』）。

七　以下の歌詞も『芦屋道満大内鑑』四段目とかなり共通する。

言われるたびごと　母が胸
張り裂くごとくに　血の涙
良い子になって　童子丸
やがて成人　したならば
[一]手習い学問　精を出せ
論語大学　四書五経
連歌俳諧　詩[二]を作り
一字を二字と　浮かべつつ
近所の人に　見られても
ほんに良い子じゃ　発明じゃと
[三]さても一座の　上様へ
まだ行く末は　ほど長い
誦めば理会も　分かれども
一息入れて　次の段

二段目（子別れ）[四]　25分

なんぼ狐の　子じゃとても
腹は十月の　仮りの宿
おん身は保名の　種じゃもの
あとの仕入れ[五]は　母さんと
皆人びとに　ほめられなば
母は蔭にて　喜ぶぞえ
[六]必ず必ず　別れても
母はそなたの　影[七]身に添い
行く末長く　守るぞえ
とは言うものの　振り捨てて
これがなんと　帰らりょう
名残り惜しいや　可愛やな
[八]離れがたない　こち寄れと
ひざに抱き上げ　いだき締め
顔つくづくと　打ちながめ
これのう可愛や　童子丸
これ今生の　暇乞い
そちも乳房[九]の　飲み納め
わしも乳房の　くれ納め
たんと飲みゃえの　童子丸
母は信太へ　帰るぞえ

一　「手習ひ学文精出して、さすがは父の子ほどあり、器用者とほめられよ」（『芦屋道満大内鑑』）。禁止の訓戒から奨励の訓戒に転じる。
二　漢詩。
三　段切りのための瞽女唄慣用句。各段の終わりに置いて歌い納めとする。「誦めば理会も分かれども」は、さらに歌い続ければ話の筋道も理解できるがの意。
四　浄瑠璃では「狐（こ）別れの段」とも呼ばれる。
五　教え込むこと、躾。「しつけ」（高田）。
六　以下も浄瑠璃の文句とかなり共通する。
七　身に添う影のように離れずに。
八　離れるのが難しい。去り難い。
九　全編、母子の絆が乳房によって表わされているのが特徴。

母は信太へ　帰りても
悲しいことが　三つある
保名様とも　そなたとも
一 左手(ゆんで)と右手(めて)に　夫(つま)や子を
二 抱いて寝るような　むつごとは
夕べの添い寝が　これかぎり
今ひとつの　案じには
三 葛の葉姫が　来たとても
乳がなければ　童子丸
何とてこの母　忘らりょう
忘れがたなき　憂き思い
残るひとつの　案じには
これより信太へ　帰りても
人間(にんげん)と契りを　こめしより
狐仲間へ　交われぬ
母は信太の　四 くれぎつね
身の置きどころが　無いわいの
どうしょうぞえの　童子やと
嘆き給えば　童子丸

たんだ五つの　幼な子は
母の言うこと　聞き分けて
申し上げます　母様へ
あなたは狐と　言わしゃんすが
狐の腹から　生まれたなら
童子も狐で　ござんしょの
お前の行かんす　信太とやらへ
わたしも一緒に　行きたいと
言う子の顔が　見納めか
これがこの世の　別れかと
思い廻せば　廻すほど(1)
これが泣かずに　おらりょうか
葛の葉涙に　暮れにける
またも涙の　顔を上げ
いやいやこの様(よ)のこと言(ゆ)ておろうより
さらば信太へ　帰らんと
泣きいる童子を　いだき上げ
曇りし声にて　子守唄

一　「右と左に夫(つま)と子と、抱いて寝る夜の睦言も、ゆふべの床を限りぞと」（『芦屋道満大内鑑』）。「ア、はかなやな、三年がほど、みぎ羽に我が子、ひだり羽に殿御を寝せし睦言も、けふといふけふ顕れて」（『百合若大臣野守鏡』三段目）。
二　「抱いて寝る夜の睦言は」の転訛。
三　本当の葛の葉姫。
四　眩(く)れ。悲嘆のあまり理性を失う意。また、「東国の俗ニ、木ナドノ蔭ニ、くれト云ヘリ」（『倭訓栞』）などから、信太の杜に棲む狐の意もある。

（1）　以下二行、土田の歌詞で補う。

一 ねんねこせよ　ねんねせよ
ねんねの守りは　どこへ行った
あの山越えて　里へ行った
里のお土産　なにもろた
でんでん太鼓に　笙の笛
二 起き上がりこぶしに　三 張り人形
くるりと廻るは　かざぐるま
子守の唄に　ひかされて
ついとろとろと　眠りける
葛の葉それを　見るよりも
さても世界の　世の中に
四 虫こうごうに　至るまで
我が子可愛く　無い者は
誰一人も　あるまいに
五 七つより前は　仏じゃと
浮世のたとえに　ありぬるが
今この母が捨ててゆくとは夢知らず
眠りし顔の　優しさよ
六 夫の大事　子の可愛

畜生と言えども　わしが身は
人間よりも　百倍も
名残り惜しくは　思えども
行かねばならない　今日の仕儀
たとえ信太へ　行くとても
七 あとに一筆　残さんと
硯引き寄せ　墨すりて
落ちる涙は　すずり水
八 いかなる親子の　ち縁の薄墨を
筆は何かは　知らねども
筆に含みて　葛の葉は
童子をそっと　寝せ退かし
足爪立てて　背伸ばし
九 障子の欄間に　書置きし
一〇 恋しくばとは　散らし書き
左手に取りて尋ね来てみよ和泉なる
書くより童子は　目を覚まし
親子の別れと　いうことが
神や仏の　知らせやら

一　「ねんねこせ〳〵、ねんねが守りは何処へ往た。山をこへて里へ往た。里の土産に何もろた。でん〳〵太鼓にふり鼓」（『芦屋道満大内鑑』）。
二　起き上がり小法子。玩具の達磨。
三　玩具、張り子の人形。
四　むしけらの意の「虫螻蛄」の読み違い。
五　諺。「七つ迄は神のうち」「七つ前は神の子」などというが「仏」の例はあまりない。なお、「七つ児参り」などの民俗があるように、七歳が人生の一つの節目だった。「童子丸」の名も、このような年齢を象徴したものと思われる。ただし折口信夫は、寺奴の部落、童子村と関係があるとする（「信太妻の話」）。
六　「夫の大事さ大切さ、愚痴なる畜生三界は、人間よりは百倍ぞや」（『芦屋道満大内鑑』）。
七　狐に能書のあること、『其昔談』・『一話一言』（巻十六）など江戸時代の随筆に見える。「あらましを書き置かばやと、硯引き寄せ、文こまごまと書かれたり」（『しのだ妻』）。
八　親子の縁の薄さを表わすどんな薄墨だろうか。「ち縁」は「血縁」の意か？
九　障子戸ではなく欄間の障子に書いた点は浄瑠璃と異なる。
一〇　以下の和歌は、安倍清明（晴明）出生の伝説とともに正保四年（一六四

自然と虫の　知らせかえ
童子はわあっと　泣き出だす
葛の葉それを　聞くよりも
持ちたる筆を　投げ捨てて
思わず童子を　いだき上げ
母はどこへも　行(ゆ)かんぞと
乳房を含めて　葛の葉は
落ちたる筆を　取り上げて
口にくわえて　口書(くちが)きし[一]
信太が森の　恨み葛の葉と
書きしるしては　どっと伏し
天にも地にも　かけがえない
たんだひとりの　この童子
捨て行く母が　心を推量せよ
生きた心じゃ　ないわいの
必ずまめで　成人せよ
父上様も　大切に
母が顔をも　見覚え置け
天にあこがれ　地には伏し
身を震わせて　泣きいたり
保名は一間(ひとま)[二]の　蔭よりも
あいや[三]葛の葉　そこもとは
様子はこれに　聞いておる
狐なりとも　苦しゅない
どこへも行きて　たもるなよ
あとに捨て行く　この童子
ふびんでないかい　葛の葉と
声掛けられて　葛の葉は
とてもこれでは　かなわじと
たちまち千年　こうったる[四]
白狐と　現われて
天(てん)俄かに　かき曇り(1)
狐火四方へ　ぱっとあげ
山寺の鐘の響きと　もろともに
信太が森へと　行きにける
ものの哀れと　なりにける
　さても一座の　上様へ
まだ行く末は　ほど長い

七）刊『簠簋抄』に見える。古歌、「わが庵は三輪の山もと恋しくはとぶらひ来ませ杉立てる門」（古今集・雑）、「夜だにあけば尋ねて聞かんほととぎす信太の森のかたになくなり」（後拾遺集・能因）などによって作られた物語歌と思われる。類歌は、中世の御伽草子などにも見え、『梁塵秘抄』にも「恋しくは疾(と)う疾(と)うおはせ我が宿は、大和なる、三輪の山本杉立てる門」とあって、人口に膾炙していたことが知れる。室町時代の歌謡集『宗安小歌集』にすでに「信田の森の恨み葛の葉」と出てもいる。

一　歌舞伎の舞台における所謂「曲書き」である。歌舞伎では裏文字も書かれ、かなりケレンみが強い。古浄瑠璃『しのだ妻』でも書置きの場面を詳しく語るが、曲書きはない。ここは歌舞伎の曲書きの場面を取り入れたものと考えられる。この場面、『芦屋道満大内鑑』には無い。
二　別の間。別室。
三　いやいや（待ちなさい）葛の葉よ。
四　劫を経たる。長い年月を経た意。

（1）　この句、土田の歌詞で補う。

下手の長誦み　飽きがくる
まずはこれにて　段の切り

三段目（信太の森）　30分

あとに残りし　童子丸（1）
眠りしお目を　覚まされて
かか様どこへ　行かしゃった
[一]かか様のうと　泣き出だす
保名は聞くに　走り出で
童子の母は　おらぬかえ
童子が母やい　母やいと
呼ばわる声にて　こなたより
[二]庄司夫婦に　葛の葉は
ともに驚き　走り出で
庄司夫婦の　お言葉に
これこれ申し　保名様
こういう事と　知ったなら
娘を連れて　うかうかと

これまで尋ねて　参らじと
[三]仕様もようも　あろうのに
こういう事とは　つゆ知らず
無惨の次第を　見ることと
夫婦が悔やめば　葛の葉は
両親前に　手をついて
これこれ申し　両親様
何はともあれ　かくもある
我が名を名乗り　姿となりて
生んでもらいし　この子は
とりも直さず　我が子なる
童子を大切に育て上げます両親様（2）
両親それと　聞くよりも
[四]さらばと暇を　致されて
我が家をさして　帰らるる
あとに残りし　葛の葉は（3）
これこれ童子　これ童子
今日よりも　この母が
[五]いちみにかけて　愛しがる

一　「かか様のう」は芝居子役の台詞によるか。
二　信太の庄司は、和泉国の信太を領地に持つ葛の葉姫の父として『芦屋道満大内鑑』に登場する人物。以下も『芦屋道満大内鑑』四段目の文句とかなり共通する。
三　どうなりと他にいくらも方法はあるだろうに、の意。
四　娘の葛の葉を残して庄司夫婦は帰宅する。
五　「いちみ」は一身。我が身のすべて。

（1）　三段目の始め七行は土田の演唱による。小林演唱では「あとで童子は目を覚まし／かか様どこへ行かしゃった／かか様のうと泣き出だす／保名は耐えかね声をあげ童子が母はおわせぬか」。
（2）　以下四行、土田の歌詞で補う。
（3）　この句、私意によって補う。

今まで育てし　かか様と
同じ心と　おぼされて
かか様母（はは）と　呼んでたべ
おお良い子じゃのう[一]しおらしやと
いだき上ぐれば　幼な子は
乳房に縋りて　声を上げ
童子が母はたんとお乳が出るはず
じゃ

このかか様は　乳が出ぬ
いやじゃいやじゃと　膝を下り
かか様どこへ　行かしゃった
かか様のうと　尋ぬれば
聞くに保名は　走り出で
これのういかに　葛の葉よ
[二]たとえ野干（やかん）の　身なりとも
五年六年　連れ添うて
子までもうけし　二人の仲
狐を妻に　持ったると
人がどのように　笑うとも
苦しいことは　ないわいの
[三]別るるとても　相対（あいたい）で
互いに合点（がてん）の　その上で(1)
行きもせよ　失せもせよ
このままにては　いつまでも
放しやらんと　言うままに
[四]いやのう待ちない　葛の葉と
一間（ひとま）の襖（ふすま）を　開け見れば(2)
向かいの障子の　哀れさよ
恋しくばとは　散らし書き
尋ね来てみよ　和泉なる
信太が森の恨み　葛の葉と
哀れは信太へ　帰らんと
[五]一世（いっせ）の形見を　書き残す
保名はそれを　見るよりも
これのういかに　葛の葉よ
我に名残りは　残らずか
童子を不憫と　思わぬかと
一間（ひとま）を駆け出で　庭へ下り

一　可愛いことよ。
二　以下も『芦屋道満大内鑑』四段目の文句とかなり共通する。
三　たとえ別れるとしても、相談してお互いに納得した上で。「相対」の用例、「親の敵を討つまでと相対づくの離別ならずや」（近松門左衛門『嫗山姥』）など。
四　いやいや待ちなさい葛の葉、と。
五　この世の、一生涯の形見。「一世」は、「この世に生きているあいだの意」（岩本裕『日本仏教語辞典』）。
（1）この句、土田の歌詞で補う。
（2）以下二行、土田の演唱歌詞で追加。「向かいの障子を開け見れば」（小林）。

狂気のごとくに　駆けめぐり
眼もあてられぬ　次第なる
まことの葛の葉　見るよりも
申し上げます　我が夫様（つま）
名残りの書置き　有るからは
信太へ連れて　行くならば
母に対面　かなうべし
さらば連れて　参らんと
旅のしたくを　致されて
泣きいる童子を　[一]おぶい上げ
親子もろとも　今ははや
恋しき我が家を　立ち出でて
[二]宿の枕も　数重ね
和泉の国へと　着きにける
和泉の国にも　なりぬれば
信太が森へと　急がるる
信太が森にも　なりぬれば
親子もろとも　今ははや
深き茅野（かやの）を　押し分けて

松の木蔭に　忍ばせて
哀れなるかな　保名様
[三]曇りし声を　張り上げて(1)
童子が母や　女房やと
呼べど叫べど　情けなや
さらに応える　人も無し
声するものには　虫の声
音するものには　滝の音
泣きいる童子と　そのほかは
ただ松風の　音ばかり
保名はそれを　見るよりも
これこれ童子　これ童子
ただそのように　泣かずとも
そなたも母を　呼びゃいよと
言われて今は　童子丸
[四]はいと返事も　優しさに
優しき声を　張り上げて
かか様えのう　かか様と
呼べど叫べど　情けなや

一　背負い上げ。おんぶして。高田の歌詞では、父子の出発を、「泣きいる童子を背なにのせ　ねずの脚絆をつつ高に　四つぢの草鞋ひもを締め　端折笠（つまおりがさ）に竹の杖　恋しき我が家をあとに見て」と、瞽女の旅立ちの姿にも似た言葉で哀れ深く語る。

二　信太の森までの遠い道のりをいう。保名の侘び住まいは、『芦屋道満大内鑑』では住吉神社・天王寺に近い安倍野とあり、信太からさほど遠くない。また、『しのだ妻』でも、「和泉なる信太の森もほど近き、とある在家の住居して」とある。瞽女唄では、ただ遠く遥かな土地へ旅立つことになっているが、それは狐（異類）と人間との隔絶でもあり、また異類の住む世界、「異界」の遠さをも表わしている。なお、『しのだ妻』『芦屋道満大内鑑』では、この前に、「ここになり」の文句で始まる葛の葉狐の秋の野の道行きが哀れ深く語られるが、瞽女唄には無い。

三　以下、二度の子別れの哀愁に満ちた文句が連なる。

四　「はい」と答える返事も可愛げに。瞽女唄の慣用句。

（1）　この句、土田の歌詞で補う。

さらに応える　人もなし
保名ははっと　心付き
泣きいる童子に　打ち向かい
これこれ童子　これ童子
ただそのように　泣かずとも
かほど親子で　呼ぶものに
さらに返事の　無きゆえは
必ずあの石川の　悪右衛門
[一]常平殿に　狩り出され
殺されしは　[二]治定（じじょう）なる
さすればそなたも　母上に
こがれて死するは　治定なる
生きていてこの悲しさを見ようより
いっそ父が　手にかけて
冥土で母に　逢わせんと
童子はそれを　聞くよりも
申し上げます　とと様へ
[三]まことのことで　ありますか
まことのことで　あるならば
早く殺して　給われと
西へ向こうて　手を合わせ
南無や西方（さいほう）　弥陀如来
非業の最期の　この童子
来世は助けて　給われや
母に逢わせて　下さいと
涙もろとも　手を合わせ
保名はそれを　見るよりも
さてもさても　情けなや
[四]現在我が子を我が手に掛けて殺すと
は
いかなるこれは　[五]前生（さきしょう）の
報いか罪か　情けなや
[六]因果同士の　寄り合いか
これこれいかに　童子丸
そなたばかりは　殺しゃせぬ
父ももろとも　自害をし
死して冥土へ　行くときは
死出の山路の　曇りなく

一　六年余りの時間的経過からすれば不自然だが、『芦屋道満大内鑑』でも、子別れの後、石川悪右衛門常平が再び登場する。

二　「治定」は、「確実な、決定した事」（土井忠生他編訳『邦訳日葡辞書』一九八〇）。

三　冥土で母に逢わせるという父の言葉を真に受けて言う。

四　「現在」は、本当の、の意。例えば浄瑠璃『絵本太功記』（尼ケ崎）に「現在母御を手にかけて殺すと云は何事ぞいのふ」などともある悲劇的場面の類句。なお、この行は「字余り」。

五　この世に生まれる前の世。仏教用語「前生（ぜんしょう）」の湯桶読み。他の用例に「前生（さきしょう）の我子が介抱受け」（天明三年初演『伊賀越道中双六』沼津の段）。

六　不運なめぐりあわせの者同士の集まりか。若松派説経祭文『景清一代記』（阿古屋自害之段）に「けなげな八ツや九ツで、げんざいうみなす此の母が、手にかけ殺すと言事は、親ではなふて、鬼か蛇か。因果同士の寄り合じや」。なお、諺に「敵同士の寄合じや」（『譬喩尽』）の句もあり。

三途の川の　濁りなく
父が手をとり　渡るぞえ
極楽浄土へ　連れて行く
極楽浄土と　いう所に
[一]蝶々とんぼも　たんといる
でんでん太鼓も　たんとある
飴やお菓子も　たんとある
そなたの母も　待ちておる
父に命を　給われと
[二]だませばまことと　心得て
申し上げます　とと様へ
それがまことで　あるならば
早く殺して　給われと[三]
かか様に逢いたいお乳が飲みたい飲
みたいと
嘆くも道理じゃ　無理ならぬ
心弱くて　かなわじと
泣きいる童子を　いだき上げ
[四]すでにこうよと　見えしとき

すすき尾花の　蔭よりも
転びつ起きつ　走り出で
保名のおん手に　とり縋り
ご短慮ご無用と　とどめける
　さても一座の　上様へ
まだ行く末は　あるけれど
下手の長誦み　飽きがくる
まずはこれにて　段の切り

四段目（草別れの段）[五]　24分

これのういかに　葛の葉よ
童子が母で　ありつるか
かほど親子で　呼ぶものに(1)
なぜに返事の　なきゆえと[六]
言われて葛の葉　聞くよりも
申し上げます　保名様
あなた二人の　お嘆きを
聞くみずからが　身の辛さ

一　虫けらを好む童子丸の性癖にそった慰めの言葉。先には、「蝶々とんぼも殺すなよ」と戒める母狐の言葉があった。
二　「だます」は、なだめすかして機嫌をとる意。
三　「と」は、「〜とて」「〜と言って」などの省略形であるが、瞽女唄では歌詞の音数を整えるために多用する。
四　『芦屋道満大内鑑』では、父子が自害を試みる部分はなく、保名と童子丸の嘆きに応えて出現する。古浄瑠璃『しのだ妻』では、「いかに童子、母はこの世になきにより、父はただ今、ここにて死して母に会うが、汝もともに死すべきか。のう母上様に会うならば、殺してたべとぞ嘆かるる。保名、心は乱るれども力及ばず、腰の太刀をするりと抜き、すでに刺し殺さんとす」と、ほぼ同内容の部分がある。なお、死のうとすることで事態の打開を図る話は『八百屋お七』三段目でも同じ。
五　二度の子別れ、と瞽女唄では呼ばれている。
六　「無かりしぞえと」などとあるべきところ。

（1）「さきほど親子で呼ぶものに」（小林）。土田の歌詞で補訂。

胸にせきくる　血の涙(1)
とかく返事も　出来かねた
話のうちに　童子丸
かか様のう懐かしやと取り縋る
取り縋られて　葛の葉は
童子を膝に　いだき上げ
おお可愛やな　童子丸
乳房を含めて　葛の葉は
背な撫でさすりて　いたりしが
幼な心の　ことなれば
乳房に縋りて　童子丸
ついすやすやと　眠りける
葛の葉それを　見るよりも(2)
保名のそばへ　近付いて
これこれ申し　保名様
五年六年　連れ添うて
子までもうけし　二人の仲
[一]ご恩の程をもおくりたいとは思えど
も
ご恩の程も　おくられず
[二]とてものことの　お情けに
童子を大切にお育てなされて下さい
と
我が懐より四品（よしな）の品（しな）を取り出だし
我が大切なる　品には候えど
我が子が可愛い　ばっかりで
四品の品を　渡します
四品の品と　申するは
[三]はくめん　はくじゃ　はくじゃく
ききん
まずはくめんおん目に当てるなら
三千世界が　みな見える
はくじゃを耳に　当てるなら
鳥（ちょう）畜類の　鳴く声は
もの言うように　分かります
はくじゃく懐中に　いたすなら
[四]あまた諸人（しょにん）の　人びとの
五臓六腑が　みな知れる

一　恩返しの限りを充分尽くして去りたいとは思うが。

二　どうせ充分に恩返しもできない身の上だから、いっそのこと更にお情けにすがって、の意。

三　「はくめん」（「はっくめん」とも）「はくじゃ」「はくじゃく」「ききん」（「きけん」とも）は、いずれも不明。『しのだ妻』では、「いでこの若に、形見を取らせ申すべしと、手ずから、四寸四方の黄金（こがね）の箱を取り出だし、この箱と申すは、竜宮世界の秘符なり、これを悟りて行なわば、天地日月、人間世界、あらゆることを手の内に知るなり、と与え、また水晶のごとくなる、輝く玉を取り出だし、この玉を耳に当て聞くときは、鳥獣の鳴く声、手に取るごとくに聞き知り、さまざま奇特これ多し、今はやこれまでなり……」とある。また、昔話〈聴耳頭巾〉では「はくじゃく」に相当する宝を「リウセンガン」「リウガンセイ」とするものがある。『芦屋道満大内鑑』では母の贈り物が無く、童子は白狐通によって自然と妙術を具えた神童となっている。

四　意味の重複があるが、多くの人々の、の意。

（1）（2）　土田の歌詞で補う。

ききん懐中に　いたすなら
あまた諸人の　人びとの
一 世上の運気が　みな知れる
この子七つに　なるならば
必ずお渡し　下さいと
四品の品を　渡さるる
眠りし童子も　今ははや
保名のおん手に　渡さるる
童子はふうと　目を覚まし
かか様どこへ　行かしゃんす
童子も行きたい　行きたいと
泣き叫ぶこそ　道理なる
保名はそれを　見るよりも
これのういかに　葛の葉よ
なんぼ親でも　子の心
なにとて無下に　致さりょか（1）
この身このまま　別るるなら
二 なにとて童子が　分かりょうの
身の正体を　顕わしなば
あな恐ろしやと諦めするのは治定なる
三 正体顕わせ　くれよと
言われて葛の葉　聞くよりも
さてもさても　情けなや
我が子が可愛い　ばっかりで
四 現在夫の　見る前で
身の正体を　さらすかと
我が子童子の　そばへより
たちまち千年こうったる白狐と顕われて
狐火四方へ　ぱあっと上げ
しばらく嘆き　おわしける
五 童子ははっと　咳きのぼし
ああ恐ろしや　かか様どこへ行かしゃった
かか様のうと　泣き叫ぶ
まことの葛の葉　走り出で
母はここにじゃ　こちよれと

一 「諸人の人の気が知れる」（土田）。なお運気は、「人間の生命や感官が依存している天の運行や作用」（土井忠生他編訳『邦訳日葡辞書』）。陰陽道の暦法・卜占の用語。「按ずるに、五運六気これを運気と謂う。毎歳、司天在泉及び主気客気等の大過・不及をかんがえて、予め天地の順不順及び時行病症を知る」（『和漢三才図会』暦占部）。なお、仮名草子『阿倍晴明物語』（巻四）によれば「雲気」（世の中の吉凶を予兆する雲の形か。
二 どうしてこの子が納得しようぞ。
三 正体を顕わしてくれよ、と。
四 この「現在」は、目の当たりに、の意。
五 「童子ははっと驚いて」（土田）。恐怖のあまりしゃくりあげて泣く意。
（1）「なにとて童子が分かるなり」（小林・土田）。私意によって改む。

泣きいる童子を　いだき上げ
これこれ童子　これ童子
かか様お乳は　出ぬけれど
飴やお菓子も　買ってやる
でんでん太鼓も　買ってやる
今日（きょう）よりしては　この母が
いちみにかけて　愛（いと）しがる
今まで育てた　かか様と
同じ心と　おぼされて
童子が母と　呼んでたべ
おお良い子じゃのう愛（いと）しやと
優しき言葉で　だまさるる
童子はそれを　聞くよりも
優しき言葉に　だまされて
申し上げます　かか様へ
たとえお乳が　出ぬとても
童子が母で　ありますか
かか様のうと　言いながら
袖や袂に　取り縋る
取り縋られて　葛の葉は
おお良い子じゃのうしおらしやと
童子を背なに　おぶいやり
優しき声にて　子守唄
名残り惜しいや　信太が森
松の木蔭に　身を忍び
親子もろとも　今ははや
信太が森を　立ち出でて
ともに涙で　袖しぼる
道は露やら　涙やら
袂の乾く　ひまはなし
宿の枕も　数重ね
和泉の国を　後にして（1）
我が家を指して　帰らるる
[一]まずはこれにて　段のすえ

―「葛の葉子別れ」末尾―

一　段末、高田瞽女の例、「さて皆様にもどなたにも／下手で長いは座のさわり／これまで誦み上げ奉る」（杉本キクイ）。

（1）他の瞽女の歌詞を参考に、私意によって補う。

※信太の杜（もり）（補注）
『和泉名所図会』（巻三）には、「信太郷中村の荘頭（しょうや）森田氏の宅地にあり。信太社（しのだのやしろ）より十町ばかり西なり…」とある。なお、信太杜の稲荷祠は一名「葛の葉の祠」と称されるが、傍らに古来有名な楠（くす）の老大樹があり、「葛の葉は、楠の葉の誤りであると思われる」（藤澤衛彦著『日本伝説研究』）との説、興味深い。

◇参考資料　高田瞽女杉本キクイ伝承

祭文松坂　葛の葉子別れ

一段目　25分

さればによりては　これにまた
いずれに愚かは　あらねども
諸事（しょじ）なる利益（りやく）を　尋ぬるに
なに新作も　なきままに
葛の葉姫の　哀れさを
あらあら誦（よ）み上げ　たてまつる
夫に別れ　子に別れ
もとの信太（しのだ）へ　帰らんと
心の内に　思えども
いや待てしばし　我が心
今生（こんじょう）の名残（なごり）に　今一度
それより信太へ　帰らんと
保名（やすな）の寝つきを　窺（うかご）うて
差し足　抜き足　忍び足
我が子の寝間（ねま）へと　急がるる
我が子の寝間にも　なりぬれば
眠りし童子を　抱（いだ）き上げ
眼（め）を覚ましゃいの　童子丸
なんぼ頑是（がんぜ）が　無きとても
母の言うのを　よくも聞け
そちを生みなす　この母が
人間界と　思うかえ
まことは信太に　住み処（か）なす
春蘭菊（はるらんぎく）の花を　迷わする
千年（せんねん）近き　狐ぞえ
さはさりながら　童子丸
あの石川の　悪右衛門（あくえもん）
常平（つねひら）殿に　狩り出され
命（いのち）危き　場所なり
その時この家（や）の　保名様
われに情けを　懸けたまう
大勢（おおぜ）な人を　相手にし
ややしとしこと　戦えば
みずから命を　助かりて
そのままご恩を　おくらんと
葛の葉姫の　仮り姿
これで添うたは　六年余
月日を送る　そのうちに
二世の契（ちぎ）りを　結びしぞえ
つい懐胎の　身となりて
月日を満ちて　臨月に
生んだるそなたも　はや五つ
われは畜生の　身なるぞえ

今日は信太に　帰ろうか
あすはこの家(や)を　出でゆかと
思いしことは　度々(どど)あれど
まっと居たなら　この童子
笑うか這うか　歩むかと
そちに心　引かされて
思わず五年　暮らしける
葛の葉姫が　この時に
なれど思えば　浅ましや
年月(としつき)つつみし　甲斐もなく
今日(きょう)はいかなる　悪日(あくにち)ぞえ
我が身の化けを　顕われて
母は信太に　帰るぞえ
母が信太へ　帰りても
今にまことの
葛の葉姫の　お出でぞえ
葛の葉姫が　お出でても
必ず継母(けいぼ)と　思うなよ
でんでん太鼓も　ねだるなよ

蝶々とんぼも　殺すなよ
路地の植木も　ちぎるなよ
近所の子供も　泣かすなよ
行灯(あんどん)障子も　舐め切るな
何をいうても　分かりゃせん
道理(どうれ)ぞ狐の　子じゃものと
人に笑われ　誹(そし)られて
母が名前を　呼び出すな
こののち成人　したならば
論語大学　四書五経
連歌俳諧　詩を作り
一字や二字と　浮かべつつ
世間の人に　見られても
ほんに良い子じゃ　発明じゃと
なんぼ狐の腹から　出(い)でたとて
種(たね)は保名の　種じゃもの
あとのしつけは　母様(はは)と
皆人びとに　ほめられな
母が蔭にて　喜ぶぞえ

母がそなたに　別れても
母はそなたの　影に添い
行く末長う　守るぞえ
とは言うものの　振り捨てて
なんとこれに　帰らりょう
離れがたない　こち寄れと
ひざに抱き上げ　いだき締め
これのういかに　童子丸
そちも乳房の　飲み納め
たんと飲みゃえの　童子丸
母が信太へ　帰るぞえ
母は信太へ　帰りても
悲しいことが　三つある
保名様とも　そなたとも
左手(ゆんで)と右手(めて)の　妻と子を
抱いて寝るような　むつごとも
夕べの添い寝が　これかぎり
母が信太へ　帰りても
お乳(ちち)が無くて　この童子

何とて母を　忘りょうぞ
忘れがたなき　憂き思い
今はひとつの　案じには
人間と契りをこめし　ものなれば
狐仲間へ　交じられず
母は信太の　くれぎつね
身のやりどこも　無いわいな
なんとしょうぞえ　童子やと
哀れなりける　次第なり
　さて皆様にも　どなたにも
あまり長いも　座のさわり
これはこの座の　段の切れ

二段目　25分

　ただいま誦み上げ　段のつぎ
我が子の顔よく見ておれば　童子丸
これのう申し　母様へ
狐の腹から　出でたなら
童子も狐で　ござんしょう
お前の行かんす　信太とやらへ
わたしも一緒に　行きたいと
葛の葉姫が　この時に
言う子の顔も　見納めと
思い廻せば　廻すほど
またも涙に　くれいたる
ようよう涙の　顔上げて
いやいやこの様なこと言ておられまい
行かねばならない　今日の仕儀
ねねこねねこと　撫でさすり
ねんねの守りは　どこへ行った
あの山越えて　里へ行った
里のお土産に　なにもらた
でんでん太鼓に　笙の笛
起き上がりこぶしに　張り鼓
くるりと廻るは　かざぐるま
子守の唄に　ひかされて
ついとろとろと　眠らるる
葛の葉姫は　この時に
眠りし童子を　打ちながめ
眠りし顔の　優しやな
七つより前は　仏ぞえ
今この母が
捨てゆくこととは　夢知らず
夫大事や　子の可愛ゆさは
人間よりも　百倍ぞと
いやいや
この様なこと言ては　おろうより
それより信太へ　帰らんと
硯引き寄せ　墨すりて
流す涙は　すずり水
筆は何かは　知らねども
親子のち縁を切りし　薄墨か
口に含めて
童子をそっと　寝せ退かし
恋しくばと　散らし書き
書くより童子が

親子の別れと　いうことが
神や仏の　知らせやら
自然と虫の　知らせやら
わあっとばかりに　泣き出せば
おお母はどこへも　行(ゆ)かんぞと
泣きいる童子を　抱(いだ)きあげ
落ちたる筆を　取り上げて
口にくわえて　口書(くちが)きに
信太が森　うつる葛の葉と
書き終わりては　どっと臥せ
天にも地にも　かけがえのない
たったひとりの　この童子
捨て行く母の　心を推量しろ
生きたる心で　ないわいの
こののち成人　したならば
父上さんを　大切に
母の顔をも　見覚え置け
天にはあこがれ　地には伏し
わっとばかりに　どっと臥し

保名が一間(ひとま)の　うちに居り
あいやこれのう　葛の葉よ
様子がこれに　聞いておる
狐なりとも　苦しゅない
どこへも行きて　たもるなと
あとに捨て行く　この童子
ふびんでないかい　葛の葉と
声掛けられて　葛の葉は
とてもこれでは　かなわじと
千年こうったる
白狐と　顕われて
狐火(きつねび)ぱっと　火をやむり
山寺の
鐘の響きと　もろともに
和泉の国へ　急がるる
あとに残りし　童子丸
母上様えの　母様(ははさま)と
嘆けばこの時　保名さん
童子が部屋へと　急がるる

童子が部屋にも　なりぬれば
泣きいる童子を　抱(いだ)きあげ
これのういかに　童子丸
母がこの世の　別れじゃに
思い切れよと　だませども
またもこの時　童子丸
母上様えの　母様(ははさま)と
嘆けばこの時　保名さん
何か証拠が　無いかいと
辺りを目につけ　見廻せば
障子の欄間(らんま)に　葛の葉は
恋しくば
尋ね来てみよ　和泉なる
いつでも信太へさへ行(ゆ)けば
逢わるるには　違いない
保名がそれを　見るよりも
さらばこれより　童子を連れて
信太の森へ　訪ねんと
俄かに旅の　仕度(したく)をし

泣きいる童子を　背なに乗せ
ねずの脚絆を　つつ高（だか）に
四つぢの草鞋（わらじ）　紐を締め
端折笠（つまおりがさ）に　竹の杖
恋しき我が家を　あとに見て
信太の森へ　急がるる
かくて信太に　なりぬれば
ものの哀れや　保名様
深き茅野（かやの）を　踏み分けて
曇りし声を　張り上げて
童子が母やえ　母やえと
呼べど叫べど　情けなや
さらに返事が　無かりける
声するものには　虫の声
音するものは　滝の音
ただ松風の　音ばかり
　さて皆様にも　どなたにも
下手で長いも　座のさわり
これはこの座の　段の切れ

三段目　25分

　ただいま誦（よ）み上げ　段のつぎ
これのういかに　童子丸
泣いてばっかり　おろうより
そなたも母を　呼ばりゃいのう
言われてこの時　童子丸
幼き声を　張り上げて
母上様えのう　母様と
呼べど叫べど　情けなや
さらに返事が　無かりける
保名がふと　心付き
これのういかに　童子丸
そなたの母の　葛の葉は
定めしあの石川
悪右衛門に　狩り出され
殺されしは　治定（じじょう）なり
さすればそなたも　あの母に
こがれて死するは　治定なり
生きて
その悲しみを　見ようより
いっそ父の　手にかけて
冥土の母に　逢わせんと
童子はそれと　聞くよりも
冥土の
母に逢いたいお乳が　飲みたいと
早（はや）とく殺して　父様（とと）へ
母に逢わせて　給われと
西へ向こうて　手を合わせ
両眼（りょうがん）閉じたる　有り様は
保名はそれを　ご覧じて
現在我が子を
我が手に掛けて　殺すとは
いかなる前世の　悪縁（あくえん）と
刀に取り付き　嘆かるる
斯（か）かるところへ　葛の葉が
すすき尾花の　中よりも

転びつ舞いつ　とんで出で
保名のおん手に　とり縋（すが）り
申し上げます　保名さん
ご短慮はご無用と　とどめける
保名はそれと　見るよりも
童子が母で　ありけるか
さきほど親子が　呼ぶなかに
なぜに返事が　無かりしぞ
言われてこの時　葛の葉が
さきほど
あなた二人の　お嘆きを
聞くみずからの　身の辛（つら）さ
胸にせきくる　血の涙
どうも返事が　なりかねて
返事無しに　おりました
斯かる言葉に　童子丸
我が母様（ははさま）に　ましますか
そのまま乳房に　取り縋り
乳房に縋る　幼子（おさなご）は

ついとろとろと　眠らるる
葛の葉姫が　この時に
申し上げます　保名様
五年六年　連れ添いしが
ご恩の程も
おくりたいとは　思えども
身は畜生の　ことなれば
ご恩の程も　おくられず
童子を一人（いちにん）　大切に
お育てなされて　くだしゃのせ
我が懐（ふところ）よりも
四品（よしな）の品（しな）を　取り出だし
はくめん　はくじゃ　はくじゃく　き
きん
まずはくめんと　申するは
お目に当てて　見ますれば
あまた衆生（しゅじょう）の　人びとの
五臓六腑が　みな見える
ききんをお耳に　当てるなら

鳥（ちょう）畜類の　鳴く声は
もの言うように　分かります
はくじゃく懐中に　致すなら
諸人（しょにん）の運気（うんき）が　みな知れる
童子が七歳に　なったなら
必ずお渡し　下されと
眠りし童子と　もろともに
保名が方（かた）へ　渡さるる
童子がふうと　目を覚まし
これのう申し　母様（ははさま）へ
お前はどこへ　行かしゃんす
お前の行かんす　信太とやらへ
私も一緒に　行（ゆ）きたいと
袂（たもと）にしっかと　取り縋る
保名がそれと　見るよりも
これのういかに　葛の葉よ
この身そのまま　別れても
何（なん）とこの子が　分かりょうぞ
この子可愛（かわい）と　思うなら

我が身の正体（しょうたい）　顕わすべし
我が身の正体　顕わせりゃ
なんぼ親でも　この子でも
あきらめ致すは　治定なり
言われてこの時　葛の葉が
この子可愛い　ばっかりに
我が身の正体　顕わすと
くるりと返りて　葛の葉は
俄かに狐と　なり変わり
千年こうったる　白狐
尾っぽ振りたち　立ち上がり

童子が前に　立ちかかり
顔つくづくと　うちながめ
それ見るよりも　童子丸
思わずわっと　声を上げ
そのまま保名に　縋り付き
葛の葉姫が　この時に
いづくともなく　逃げて行く
信太を指して　帰らるる
松の木蔭（こかげ）に　しおしおと
皆々顔に　袖を当て
涙で袖を　絞らるる

哀れと言うも　愚かなり
ものの哀れや　保名様
泣きいる童子を　背なに乗せ
斯かる信太を　まかり立ち
恋しき我が家と　帰らるる
さて皆様にも　どなたにも
ことは細かに　知らねども
これまで誦み上げ　たてまつる

—「葛の葉子別れ」末尾—

◇参考資料　説経祭文　葛の葉子別れ

〈凡例〉

一　原本は題簽無しの写本（架蔵本）である。タテ23・8㎝、ヨコ16㎝、匡郭無し、半丁六行。中に「小栗判官一代記　萬屋之段」（墨付29丁）、「出世景清一代記　獄屋之段」（同20丁）、内題無しの「葛の葉子別れの段」（同15丁）、「音曲祝嶋臺」（同5丁）、「一の谷嫩場軍記　その尾の前なんきのたん」（同13丁）、「同　熊谷打のたん」（同10丁）を収める。また、作品中「若松森尾大夫正本／若松八津尾主(?)」等とあり、説経祭文（説経浄瑠璃）の正本であることが知れる。

二　原文には無いが読み易さを考えて句読点を付け、字体を今日通行の字体に改めた。

三　翻字は原文のままとし、誤字、清濁の誤りなどは、右側に小字で注記した。また、平仮名のため読みにくい部分には、横に漢字を添えて便宜をはかった。

四　漢字にふりがなが付いている例は少ないが、読みやすいようにルビを追加した。

五　文中、読めない字は□としたが、読めても不審に思われる文字は（　）に入れ、あるいは右側に小字で（?）を付けた。脱字の部分には ― 印を付した。

（説経祭文）葛の葉子別れ

庄司親子の人々は、心ならねど物おきの、簾を上てしのばる、。保名はそこを立上り、事なきていにて内に入り、コレ葛葉只今戻つて候と、呼る声に女房は、其儘そこに出来り、ヲ、保名さん、今日はいつもよりおそかりし、おはたさむくは御座りませぬか。イヤけふは空暖にして、住吉ゑ参かいし、帰りはれ―の天王寺、ノゥ思ひもよらず六字堂の前で、おん身が父庄司殿御夫婦に、はたと行合、日頃のふ届胸にせまつて、あいさつを仕兼たれど、あつちには恨のけもなく、有家をきいた夫ゆへに是迄尋ねたれと、見る通り連衆もおふけれは、此衆を片付、日くれには夫ゑ参ろふ。たべ物の用いは無用、洗足の湯を頼ぞと、心とけたる御挨拶。一つ二つ物言と思ひしが、かひつまんでも五年噺。おもわず時をうつした。よろこびであろふな。身も大けいと物語れば、ヲ、夫はなにによりお嬉しや。日くれとても間もなし。たべ物は無用とのたもふても、なんぞせすば成るまへかひ。イヤ〳〵なんにもするには及ぬ。童子目をつき出して、お目にかけるが馳走の壱番。おれもかく浪人をして居ても、阿部の保名しや。御身も髪い櫛でも入れて衣服をきかへ、しほたらしなりをせぬが弐番のちそう。余は夜と儘に物語、此くたひれではつ、くまい。日くれ迄いつすいせんと、いふつ、妻のなり風せい、見れ共おとろくていも無きやら、台鏡に打向ひ、髪とりあげる其姿、とこ一つのふしきなし。保名心におもふには、只し娘を連てきた、庄司夫婦の人々が、もしやなんぞじやあるまいがと、まよふ心の奥の間で、しのんでことをう―がいける。妻は衣服をあらためて、しほ〳〵そこへ立出て、伏たる童子をいたきあげ、ちふさをふくめていたきしめ、言んとすれと、せぐり来る、涙は声にさきたつて、暫くむ―ひ入りけるが、よう〳〵泪の顔をあげ、ハツアはつかしやあさましや。年月包しかへもなく、おのれと本性あらはしては、妻の縁も是切に、別れねばならぬしなになり、ち、様にかくとい、たへが、たがひに顔を合ては、身のうへ語るもおもてぶせ。御身ね耳に能覚、父子にかくと伝へてたべ。我は誠は人けんならす。六年いせん和泉の国、信田の□にて、石川悪右衛門にかり出され、死る命を保名殿に助けられ、ふた―花咲蘭菊の、千年近き狐ぞや。あますさへ我故にすかじよので疵を請たまひ、生害せんとしたま―しを、命のおんをほふせんと、葛の葉姫の姿となり、きつをかいほう自害ヲとゞめ、いたわり付そふ其内に、結ぶいもせのあいじやく心、夫婦のかたらいなせしより、夫の大事さ大切さ、くちなるちくせうさんがいは、人間よふも百倍そや。殊におことをもふけしより、右と左に妻と子を、たいて寐る夜はむつ事も、夕部のとこをかきりじやしらす野干の通力も、いとしかわいにうせけるが、ア、イヤ〳〵今別るゝとて父ごせのわさてもなく、□や名を仮、姿を仮た葛の葉殿、おんば有共恨はなし。庄司との御夫婦を、誠のぢゝさまばゝさま、葛の葉殿をしん実の、母とおもふてしたまはば、なんぼ狐の子者迚も、さのみにくうはおぼすまい。悪あがきはふつつとやめ、手習学文せい出して、さすが保名か子程有、きよふ者じやとほめ―れよ。何をさせてもらちあかぬ。道理りよ狐の子者―のと、人にわらわれてそしられて、母か名迄も呼出すな。常々父様のならはせには、年はもいかへで、虫けらの命を取るな。やんがておふきうなつても、ろくな者にはなるまへと、只かりそめのおしかり。母が狐ねの本性を、請つゐたるがあさましやと、そのたひ事に此母は、胸釘さる如く、なんほくるしかりつるに、成人の後迄も、小鳥一つ虫一つ、むやくの殺生致しやるな。かならす〳〵別るゝとも、母はそなたの影身に付そへて、行末長く寺ぞや。とは云物のふり捨て、此儘信田い行ならば、さつきのよふに目をさまし、ちゝが〳〵のみたいといふたとて、今来た葛の葉さんは、姿かたちはにていても、おながなければ乳は有まい。乳のない其時は、此かゝさんはそではない、童子が嫁こよと泣れこら、なんほ狐の女房ても、子にとまくれて保名さんが、男泣をなさるであろふ。それを思ひば今さらに、是がなんとかへらりふ。名残おしやいとはなれがたなやこちよれと、抱上抱付抱しめて、思わずわつとなく声に、保名一間をはしり出、子細はきいたり何ゆへに、童子を捨てやるべきと、呼る声にこなたより、庄司夫婦、葛の葉共にまろひ出、はなちはやらしととり付けば、いたきし童子をはたと捨、かたちは消てうせにける。庄司目をしばたゝき、ヱ、こふいう事と□にもせめてしつたらば、娘を連てうか〳〵是迄たすね—と、仕様もやうも有べしに、むさんな次第を見る事やと、夫婦かくやめば葛の葉も、手持ふさたに見ゑにける。自が姿と成、自が名を名のり、生んでもろふた此ほんは、とりもなをさぬ我子也。と、様嫁々さま、おまへかたの為にも、しんしつの孫者とをもふて下さんせ。コレほんち、今から此母が、身にかへていとしかる程に、今迄の嫁々さまのよふに、嫁々〳〵〳〵〳〵としなつこしうたのむぞや。ヲ、能子やと抱上れば、稚子は乳をさがして声をあげ、此嫁々さまはそてはない。ゐやしや〳〵と膝をおり、嫁々様とこへ行かしやつた。嫁々様のふとたづねれば、保名たいかね声を上て、仮やかんの身なり共、もの、あわれをしればこそ、五年六年付まとい、命のおんをほうぜずや。いわんや子迄もふけし中、狐を妻に持たりと、笑ふ人はわらへもせよ。我はちつともはすかしからす。別るゝともあひたいにて、たかいに合点の其うへで、うせもせよきいもせよ。此儘にてはいつ迄もはなちはやらじ。ヤア〳〵すの葉、童子が母上女房と、あいのふずまを引あくれば、向ふの障子に一しゆのうた。ナニ恋しくは尋来て見よ和泉なる信田の森のうらみくすの葉。ヤアさては、いつしゆのかたみをのこし、つれのふもかへりしか。われに名こりはのこらす共、童子はふひんにおもわすかと、奥に欠入おもてに出、きようきの如くにかけめぐれば、童子も父のあとに付、かゝ様どこへいかじやつた。嫁々さまのふとかつぱと伏、声を斗りに足ずりし、身をもたゑなげくにぞ、庄司夫婦、葛の葉も、ともにあはれに取みたし、せんごふかくになげかるゝ。庄司歎をとゞめんと、ヤイ保名、ふ角なり。狐斗か葛の葉で、我が娘は葛の葉な—じや。ことにのこせし一首の歌、恋しくば尋来て見よとよんだれば、いつでも信田ゑさへ行ば、出なふにうたがひなし。ヱ、未（練）さん〴〵ひけふしごくの有様と、夫婦が勇る折からに、彼悪右衛門かふたゑのろふとう、にからの段八、しがらき運蔵、おち合藤次を始とし、今朝より立よふ木綿買、あないとなつてすつと入り、ヤア阿部保名。主人のこゝろ□も葛の葉姫を隠し置、取も直さぬ間男同前、身の上しらずの陰陽師。見当次第に打殺、姫をうばい連こひと、おふせを請て我々が、此頃ごこらをは—かひす。今見付たが百年目。畏たとしんせつに、葛の葉わたせは其通り。いやだなんぞとじくねると、首とどふとのおわかれだ。首がほしくば其女、わたせ〳〵と呼わりたり。浪人夫婦足よわの、ことに歎きに気もをくれ、とほふにくれて立さわく。保名そつと心づき、是これかならすおさわぎ有な。葛の葉は童子をいたき、御夫婦をか—ほふ致し、うら口出てかけかくせ。とうくへにくるに及ぬと、たしなむ一とうたはさんで、そゝをひきからけ、立上て大おん上け、ヤアすいさんなるくにんばら、保名なくんばいざしらず、それかしかくて有上は、むさんと姫をわたそふか、出物みせんと、さアこひと、おりかけおきし下（幟）のまねき、かけひた、まき竹ひを、おさわくなんと、はつみをうつてになげかゑ、すきまなくためろふ所を、まつかつせと、おやばたゑひとこじはなし、とが有物をせいばひと、はいつけというはたもの、あんばいふりまわす。其いきおひにけふてんし、荷柄の段八欠仕たく。落合しからき運のつき。みけんあばらに大疵請、のたり廻つて死したるは、こきび能こそ見ゑにける。日比ににやわぬ保名が其日のごう情は、狐が力をそへぬらん。はけしかりけるはたらきなり。

2　石童丸

〈凡例〉

一　一九九六年四月に訪問して小林ハル本人に聞いたところ、本作も五千石（旧西蒲原郡分水町）の親方から習ったとのことであった。ただし、親方から習得した歌詞の一段目が短かったので、「石童七つの春なれば／母のもとへと走り行き」から「またも近所の友達と／楽しい遊びを致されて」までの、三十二コト（三十二行）を自分で創作したとのことであった。後掲「石童丸和讃」の歌詞と比較してみると実際はその前後を含めて三十七行分が追加されている。

二　参考資料に掲げた、一九三四年（昭和九年、初版は大正四年）高野山苅萱堂発行の一般向け小冊子『苅萱と石童丸』に載る「石童丸和讃」と、小林ハル演唱の歌詞は、ほぼ同じである。

三　土田ミスの伝承は無い。高田瞽女杉本キクイには、口説の一段として伝承する「石童丸」があるが、詞章は異なる。

四　説経『かるかや』（室木弥太郎校注、新潮日本古典集成『説経集』所収、一九七七）および永田錦心編『琵琶名曲集』（一九一七）所収の錦心流琵琶唄「石童丸」を参照した。「石童丸」は、明治後期に琵琶唄として作られ、人気を博した作品だという（西沢爽『日本近代歌謡史』下）。

祭文松坂　石童丸

一段目（重氏出家）　28分

さればに　アーよりては　これに
また
いずれに愚かは　無けれども
何新作の　無きままに
古き文句に　候えど
一月にむら雲　花に風
散りてはかなき　世の習い
咲き出(い)でにけり　山桜
ながめ楽しむ　春の空
酌む盃に　ちらちらと
二散り込む花の　ひとひらに
加藤左衛門(さえもん)　重氏(しげうじ)は
娑婆の無常を　悟りけり
三国に妻子を　振り捨てて
諸国修行に　出(い)で給う
あとに残りし　千里姫(ちさとひめ)
身重(みおも)なりしが　程もなく
玉のような　子をあげて
石童丸と　申しけり
四蝶や花やに　育てられ
年月送れば　早いもの
石童七つの　春なれば
母のもとへと　走り行き
五もみじのような　手をついて
申し上げます　母上様
近所の友達　あのように
父よ母よと　呼ばわるに
わたし一人に　父はなし
我が父上と　申せしは
どこかお出かけ　なされしか
または冥土六へ　出で立ちか
どうぞ教えて　たまわれと
涙ながらに　石童は

一　慣用句、諺。「月に村雲、花に風」（『譬喩尽』）。他の俗曲にも「月に村雲花に風、心の侭にならぬこそ、浮世にすめる習ひなれ」（錦心流琵琶曲『石童丸』）、「月にむらくも、はなにはあらし、ちりてはかなきこのよのふぜい」（三田村鳶魚著『瓦版のはやり唄』大正十五年刊所収唄本「新板しんぢうくどきぶし」）など。
二　説経『かるかや』では、未だつぼみの花が散って重氏の盃の中に入ったことになっている。
三　二段目に「国は筑前苅萱」とある。説経『かるかや』では、加藤重氏は筑前国の松浦党の総領で筑後・筑前・肥後・肥前・大隅・薩摩、六か国の領主。
四　大切に育てられた意の慣用句。なお、「蝶や花やに育てられ」以下、「父の行方も知れぬゆえ」まで小林ハルの創作。「石童十四の春なれば」と続くところを、十四の半分七歳のときに一度父の行方を母に尋ねたことにしている。以下、次頁の「父の行方も知れぬゆえ」まで三十七行分「和讃」に無く、「和讃」では、「石童丸と申しけり、まだ見ぬ親に恋ひこがれ、石童十四の春の頃」と続く。
五　慣用句。
六　亡くなってしまわれたのか。

両の袂に　とりすがる
母の御台[一]は　聞くよりも
涙ながらに　顔を上げ
これのういかに　石童よ
[二]ただ今主人の　ものがたり
そなたの父と　申せしは
立派なお方で　あるけれど
そなたが腹に　ありしとき
諸国修行に　出でられて
いまだ行方も　知れぬゆえ
そなたが成人　いたすなら
父の行方も　知れるなり
そのとき母が　手を取りて
父を尋ねに　行くぞえと
涙ながらに　だまさるる
石童七つの　幼な子は
母の言葉に　だまされて
はいと返事も　優しさに
またも近所の　友達と

楽しい遊びを　致されて
年月送る　そのうちに
[三]十三年が　そのあいだ
[四]父の行方も　知れぬゆえ
[五]石童十四の　春なれば
神や仏の　お情けか
父は高野[六]に　おわすると
風の便りで　聞きしゆえ
さらば尋ねて　参らんと
親子もろとも　今は早
旅の支度を　いたされて
[七]恋しき我が家を　あとに見て
慣れぬ旅路を　たどりつつ
紀伊の国指して　出でにける
日々にもの憂き　草枕
ようやく高野の　ふもとなる
[八]学文路が宿に　たどり着き
玉屋の方へ　宿とりて
あすは御山へ　のぼらんと

一　御台所。身分が高い人の妻の尊称。奥方様。
二　この先、次頁の十八行目「これのういかに石童よ」の次にあるべき文句が誤ってここに移動したもの。
三　説経『かるかや』では、父は苅萱と名を変えて、はじめ都の黒谷、法然のもとにいたが、十三年目の正月、妻子が訪ねて来て還俗を迫る夢を見、それが現実となることを畏れて高野の山深く分け入ったとある。
四　「父の行方はなお知れぬ」などの文句が相応しい。
五　ここから「和讃」の文句に戻る。「思ひ待つ事十四年、父上高野に在りとき、」（錦心流琵琶曲）
六　和歌山県北東部の高野山。山上に空海（弘法大師）が開いた真言宗の霊場がある。
七　旅立ちの慣用句。
八　高野山への登り口にあった宿場。「高野三里ふもとなる、学文路の宿と申すなる、玉屋の与次殿にこそはお着きある」（説経『かるかや』）。

母は我が子に　うち向かい
これのういかに　石童よ
日ごろ年ごろ　雨風に
そなたが慕いし　父上の
お顔を見んも　遠からず
必ず力を　落とすなと
ここで不憫の　ものがたり
宿の亭主は　洩れ聞きて
一間の方へ　走り行き
[一]その場の方に　手をついて
申し上げます　旅の人
高野の山の　掟には
[二]女人禁制と　書いてある
弘法大師の　戒めに
女は御山へ　登られぬ
聞いて御台は　驚いて
我が子の袖に　取りすがり
これのういかに　石童よ
母は御山へ　登られぬ

そなたが一人で　登るなら
父の人相　教ゆべし
父は人より　背高く
左の眉毛に　黒子ある
これを証拠に　尋ぬべし
言はれて石童は　涙ぐみ
はいと返事の　優しさに
[三]みわさんにちの　日もたたば
父に逢うとも　逢わぬとも
早々御山を　下り来て
母に様子を　ものがたれ
言われて石童　今ははや
はいと返事も　優しさに
涙ながらに　立ち上がり
母にいとまを　告げながら
杖にすがりて　[四]不動坂
登り疲れし　石童は
[五]外の不動に　参りてぞ
南無大聖の　不動尊

一　目上の者に申し上げるときの慣用句。

二　高野山は女人禁制の山であった。麓から高野山へ登る各々の登山道の途中に女人堂があり、そこまでは登ることが許された。

三　演唱者は「二三日の意」という。口説の唄本の句例に「にやかさんや（二夜か三夜）もかかりたならば」とあり、説経『かるかや』には「お山に上り、一両日か二両日は尋ねてに」とある。また「和讃」には、以下、次の「はいと返事も優しさに」までの七行分が無く、「言はれて石童悲しみの、涙ながらに立ち上がり」とのみ。

四　高野山へ登る、良く利用された経路の一つ。

五　不動坂を登った所にある清不動。弘法大師の創建と伝え、古来「外不動」と呼んでいる。

石童これまで　参りしは
ただ父上に　逢わんため
どうぞ逢わせて　たまわれと
いとも殊勝に　伏し拝み
その身は御堂へ　籠もりてぞ
[一]一更が初夜で　二更が四つ
三更が九つ　四更が八つ
五更の天にも　明けければ
はや寺々の　明けの鐘
石童その場を　立ち出でて
ようやく高野へ　登りつめ
[二]九千九万の　寺々や
峰々谷々の　そこかしこ
七堂伽藍の　隅々も
父のありかを　探せども
父かと思う　人は無し
泣く泣く参りし　奥の院[三]
[四]十八町が　道すがら
右も左も　五輪塔
前も後ろも　卒塔婆にて
いと物凄き　道すがら
音に名高い　[五]玉川の
無明の橋に　さしかかり
遥か向こうを　眺むれば
苅萱道心　重氏は
円空坊と　改名し
[六]弓手に花籠　携えて
馬手に数珠をば　つまぐりて
光明真言　唱えつつ
奥の院より　帰るとき
はからず逢いし　石童と
　さても一座の　上様へ
まだ行く末は　ほど長い
誦めば理会も　分かれども
一息入れて　次の段

二段目（親子対面）　27分

一　以下四行、夜の時間的経過を語る慣用句として瞽女唄によく用いられる。説経『かるかや』では「五更に天も開くれば」とのみ。「和讃」では「其夜は御堂に籠りてぞ、臂を枕に笠屏風、泣く〳〵眠りし哀れさや、三更四更と夜も深けて、五更の空も白み行き」とある。
二　「和讃」では「九万九千の寺々や」。説経『かるかや』では、坊の数は七千三百余坊、法師の数は九万九千人、とある。霊場高野山には古来多くの寺院が建ち並んでいた。
三　高野山を開いた祖師空海（弘法大師）をまつる霊廟。なお「和讃」はこの行から二段目「中之讃」。
四　一の橋から奥の院に至るおよそ一、九キロの石畳の参道は、鬱蒼とした杉木立に覆われ、左右に二十万基を越えるという多くの石塔が立ち並び、霊場の雰囲気が濃く漂っている。
五　奥の院近くを流れる谷川。古来、霊水として名高い。その小川にかかる橋を無明の橋といい、そこから先が奥の院で聖域としての性格が一層強い。無明の橋は、御廟（みみょう）の橋ともいう（近松門左衛門『心中万年草』下巻）。
六　「弓手」は左の手、「馬手」は右の手。

一 互いに親とも　我が子とも
知らねばそばへ　寄り添うて
見上げ見下ろす　顔と顔
石童丸の　振り袖と
苅萱僧の　御衣（みころも）の
二 袖と袖とが　もつれしは
親子の因縁　深かりし
そのとき石童は　苅萱の
衣（ころも）の袖に　取り縋り
申し上げます　御（おん）僧よ
これなる御山（みやま）の　そのうちに
三 今道心が　おわさずや
どうぞ教えて　たまわれと
涙ながらに　取り縋る
苅萱僧は　見るよりも
見れば幼い　ひとり旅
腰に差したる　小脇差
それがし加藤を 四　名乗るとき
五 拝領いたせし　刀なる

これは不思議と　思えども
煩悩我が身に　起こりしと
我と心を　取り直し
石童丸に　うち向かい
これのういかに　旅の者
いかに年若（としわか）なるとても
六 粗相（そそう）なものの　尋ねよう
きのうなったも　今道心
おとといなったも　今道心
千万人の　御僧（みそう）たち
容易に尋ね　出されまじ
もしも逢わんと　思うなら
七 八方八口（はっぽうやぐち）に　貼りをせよ
遥かに見ゆる　あの森が
あれが御山の　貼り札場（ふだば）
言われて石童は　涙ぐみ
申し上げます　御（おん）僧よ
哀れお慈悲に　その札（ふだ）を
お書きなされて　下さいと

一　「ただいま誦んだる段のつぎ」などの、段継ぎの文句が省かれている。
二　親子の縁の深さを奇事によって語る点は「和讃」でも同じ。
三　新しく仏門に入った僧のこと。
四　出家する以前、俗名加藤重氏と名のっていた頃、の意。
五　将軍や主君から物をもらう意の謙譲語。
六　思慮の足りない、ものの尋ね方だ、の意。
七　『紀伊国名所図会』によれば、「七口」とも言い、高野山へ登る道は七つだとある。「昔八方八口の道を、今は三方五口なれば」（高田瞽女口説「石童丸」）。

強いて願えば　苅萱は
我は途中の　ことゆえに
〔一〕矢立も持たず　筆もなし
我が庵室へ　来るならば
その札書いて　進ずべし
言われて石童は　喜んで
お連れなされて　下さいと
願えば苅萱　哀れみて
石童丸の　手を引いて
〔二〕萱の庵へ　連れ行きて
草鞋を脱がせ　上にあげ
すずり取り出し　筆とりて
これのういかに　旅の者
国はいずくで　名はなんと
問われて石童は　申するに
申し上げます　御僧よ
〔三〕国は筑前　苅萱の
文武二道に　秀でたる
加藤左衛門　重氏は

我が父上で　あるなりと
名乗れば苅萱　驚いて
持ちたる筆を　取り落とし
しばらく涙に　くれにける
石童それと　見るよりも
申し上げます　御僧よ
泣かせ給うは　不思議なる
〔四〕我が父上で　あるならば
はやく名乗りて　給えかし
苅萱僧は　聞くよりも
さても我が子か　懐かしと
〔五〕言わんとせしが　待てしばし
再び親子の　名乗りをば
せじとの誓〔六〕いは　破られぬ
これのういかに　旅の者
われは父には　あらねども
その苅萱と　申せしは
我が友達で　ありしかど
去年の秋の　末のころ

一　「矢立」は、墨壺と筆入れが一体になった携帯用筆記具。
二　説経『かるかや』にいう蓮華谷の萱堂（かやんどう）で、蓮華坊のこと。
三　説経『かるかや』に、「国を申さば筑前の国、荘を申さば苅萱の荘」とある。
四　錦心流琵琶「石童丸」では、「若し父上にましまさば、明かしてたべと前により、後ろに廻り苅萱の、顔のぞきこみ……」。
五　慣用句。「和讃」でも同じ。
六　九州から都へ上った重氏が、新黒谷の法然に髪を剃ってほしいと懇願したとき、法然は、その場かぎりの安易な出家は許さない、親や妻子が尋ねて来ても会うまい見まいという固い決意を持った者にのみその願いを許すと言ったので、その誓いをたてて剃髪したことを指す（説経『かるかや』）。

重き病（やまい）を　患いて
[一]冥土の旅に　出で立ちぬ
かかることとは　夢知らず
海山越えて　はるばると
尋ね来たりし　そなたをば
むなしく帰す　不憫さに
思わず涙を　こぼせしよ
聞いて石童は　地に伏して
涙ながらに　居たりしが
ようやく涙を　押し拭（ぬぐ）い
申し上げます　御（おん）僧よ
それがまことで　ありますか
[二]まことのことで　あるならば
はかなくなられし　上からは
定めし標（しるし）は　あるならん
どうぞ教えて　給われと
[三]涙ながらに　取り縋る
苅萱僧は　聞くよりも
涙ながらに　立ち上がり

そのころ建てし　新しき
石碑（せきひ）のもとへ　立ち寄りて
これのういかに　旅の者
これがそなたの　父上の
はかなくなられし　その墓と
聞いて石童は　涙ぐみ
かねて用意の　[四]麻衣（あさごろも）
これを石碑に　打ち掛けて
父上菩提と　拝み上げ
かくなられしとは　夢知らず
母上様と　もろともに
[五]海山越えて　尋ね来て
母は麓に　残し置き
わたし一人で　これまでも
尋ね来たりし　甲斐もなく
お果てなされて　この様子
[六]草葉の蔭にて　聞き給え
これに掛けたる　御衣（みころも）は
[七]姉の千代鶴　お手織りの

一　死んでしまったことをいう。
二　前の句を繰り返すのは瞽女唄らしい演唱法。
三　慣用句。
四　説経『かるかや』では「絹の衣」とある。
五　この句、この物語に繰り返される定型句。
六　亡き父の霊魂への呼びかけ。
七　姉を九州に残して、石童丸は母とともに父を尋ねる旅に出た。「ことし十五になる姫の、手わざの絹の衣なり」（説経『かるかや』）。

母上様の　お土産と
持って来たりし　甲斐もなく
せめてお声が　聞きたしと
父の石碑を　なでさすり
[一]泣くよりほかの　ことぞなし
苅萱僧は　今は早(はや)
その繰り言を　聞くにつけ
思わず知らず　涙ぐみ
[二]胸にせきくる　血の涙
ようよう涙を　押しとどめ
　さても一座の　上様へ
まだ行く末は　ほど長い
下手の長誦(ながよ)み　飽きが来る
まずはこれにて　次の段

三段目（父子師弟契約）　21分

[三]石童丸に　打ち向かい
これこれ申し　旅の者
海山越えて　尋ね来て
世に亡き人と　聞くからは
名残り惜しきは　無理はない
とは言うものの　是非もない
ひとたび麓へ　下(くだ)られて
[四]母に様子を　ものがたり
話して回向[五]を　なし給え
これが御山(み)の　御開山(ごかいさん)
弘法大師の　おん供物(くもつ)
母への土産に　つかわさん
言われて石童　嬉しげの
涙ながらに　立ち上がり
[六]押し頂いて　下(くだ)らるる
玉屋が方(かた)へ　下り来て
母上様は　情けなや
我が子の帰りの　遅きゆえ
[七]持病の癪(しゃく)に　悩まされ
行方(ゆくえ)いずこと　案じられ
[八]虚しくなられし　哀れさよ

一　慣用句。以下五行後にある「ようよう涙を押しとどめ」の句と呼応する。
二　親子の情愛に関わる部分に用いられる慣用句。
三　ここも段継ぎの文句が省かれている。
四　二三七頁の「母に様子をものがたれ」と呼応する。
五　死者の弔いをすること。
六　「和讃」では、ここで二段目「中之讃」終わり。場面展開としては妥当な区切り目である。
七　次の句と前後している。
八　山上で父の苅萱は亡くなっていたと告げられ、また亡父の土産を持って麓の宿に帰ったところが母も亡くなってい た、と二つの死が重ねて語られることで悲劇性を深めている。

石童はそれとも　露知らず
玉屋の方にも　なりぬれば
草鞋（わらじ）を脱いで　足濯ぎ
奥の一間へ　走り行き
襖（ふすま）を開けて　手をついて
母上様よ　石童が
ただいま戻りて　参りしよ
言えども言えども　応えなく
これは不思議と　石童は
枕のもとへ　立ち寄りて
様子を見れば　こわいかに
[一]総身（そうしん）すでに　冷えわたる
石童はっと　驚いて
思わず知らず　声を上げ
しばらくそこに　泣き沈む
ようやく涙を　押し拭い
助け給えや　[二]南無大師
野辺の送りを　営みて
形見に残る　[三]母骨（ははこつ）を
涙ながらに　拾い上げ
石童丸の　思うには
さてもさても　情けなや
[四]思い廻せば　廻すほど
父上様には　生き別れ
母上様には　死に別れ
[五]もはや尋ぬる　人もなし
いかにこの身を　致さんと
嘆く心の　哀れさよ
石童は[六]はっと　思い付き
高野へ登りし　そのときに
哀れみ受けし　御僧（おんそう）を
尋ね行くより　せんもなし
かの僧を尋ねて　参りなば
助けくれんと　思い立ち
またも高野へ　登らるる
萱の庵（いおり）へ　訪れて
[七]表のくぐりを　そよと開け
御免なされと　ずっと出で

一　母の体がすでに冷たくなっていたこと。
二　我が帰依する弘法大師様よ、の意。
三　「白骨を」（和讃）
四　慣用句。次に「因果の者はあるべきか」（「信徳丸」）などの句がほしいところ。
五　説経『かるかや』では、石童丸はひとまず九州へ帰る。しかし姉もまた死んでいたので再び高野へ登ったとある。「ああ父上に生き別れ、又母上に死に別れ、天にも地にも只一人、たよりとするは姉ばかり…姉もまた此世を去りて影もなし」（錦心流琵琶曲）。
六　「…はっと思い付き」も慣用句。
七　以下二行、慣用句。

申し上げます　御僧よ
麓へくだりて　見るなれば
母上様は　情けなや
持病の癪に　悩まされ
虚しくなられし　哀れさよ
思い廻せば　我ひとり
ふた親様の　そのために
御(み)弟子になして　給われと
涙ながらに　願わるる
苅萱僧は　聞くよりも
これはどうしょう　何としょう
[一]胸の鏡に　手を組んで
涙ながらに　思案する
それ見るよりも　石童は
申し上げます　御(おん)僧よ
ふた親様の　ためならば
いかなる勤めも　致します
どうぞあなたの　お情けに
御(み)弟子になして　給われと

言われて苅萱　聞くよりも
さらば御弟子に　致さんと
ついに御弟子と　なし給(たも)う
打ち連れだちて　今は早(はや)
親子と名乗りは　給わねど
師匠よ弟子よと　名乗りつつ
打ち連れだちて　国々を
修行をなしつつ　[二]信濃なる
国を住まいに　定めさせ
師弟と名乗る　ばかりにて
親も地蔵の　化身なる
子もまた地蔵の　化身にて
高野の山の　[三]蓮華谷
親子地蔵と　[四]名乗りつつ
今より昔の　物語
南無や苅萱の　地蔵尊
南無苅萱の　地蔵尊

―「石童丸」末尾―

一　熟慮するときの慣用句。
二　説経『かるかや』では、石童丸に親子と悟られないため、苅萱は一人で北国修行に出かけ、信州善光寺の奥の御堂に閉じこもったとある。また、善光寺如来堂の左に親子地蔵菩薩があるともいう。錦心流琵琶曲には「信濃に名高き善光寺、石童寺の本尊に、親子地蔵の在すなり」とある。現在、石童丸・苅萱所縁の寺として、長野市往生地に苅萱堂往生寺、また北石童町に苅萱山西光寺がある。
三　説経『かるかや』によれば、父苅萱は高野山の「蓮華谷に聞えたる萱堂（かやんどう）と申すに取りこもり」修行していたとある。
四　「残りけり」（和讃）の誤り。

◇参考資料　石童丸和讃

＊一九三四（昭和九）年、高野山苅萱堂発行『苅萱と石童丸』（初版は大正四年）所収の本文による。

初之讃　繁氏出家　石童丸母子尋登

月に村雲花に風
散て儚き世の習ひ
さき出でにける山桜
眺め楽む春の空
酌む杯にちら〳〵と
散りこむ花の一ひらに
加藤左衛門繁氏は
娑婆の無常を悟りけり
国に妻子を振り捨て
諸国修行に出で給ふ
時に御台の千里姫
身重なりしが程もなく
玉の様なる子をあげて
石童丸と申しけり
まだ見ぬ親に恋ひこがれ
石童十四の春の頃
父は高野におはすると
風の便りに聞きしより
母の御台と手をとりて
なれぬ旅路を辿りつゝ
紀の国さして出にけり
日々にもの憂き草枕
遂に高野の麓なる
学文路の宿にたどりつき
玉屋が茶屋に宿とりぬ
明日は御山に登らんと
旅の瘁れも忘れはて
母は我子にうち向ひ
日頃年頃雨風に
こがれ慕ひし父上の
御顔を見んも遠からず
必ずこゝろ落すなと
こゝに不憫の物語り
宿の亭主はもれ聞きて
二人の前に出で来り
申上げます旅の人
高野の山の掟には
弘法大師の誡めに
女人は御山に登られず
聞くに御台は驚いて
我子の袖に取り縋り
なう情なや石童よ
母は御山へ登られず

汝が御山に登るなら
父の人相を教ゆべし
父は人より背高く
左の眉毛に黒子あり
筑前なまりの人なるぞ
其を証拠に尋ぬべし
言はれて石童悲みの
涙ながらに立上り
母に暇を告げながら
父を目的に高野山
杖に縋りて不動坂
登り疲れし石童は
日も入合の暮方に
外の不動に参りては
南無大聖の不動尊
石童是迄参りしは
たゞ父上に逢んため
何卒逢して下されと
いとも殊勝にふし拝み

其夜は御堂へ籠りてぞ
臂を枕に笠屏風
泣々眠りし哀れさや
三更四更と夜も深けて
五更の空も白み行き
はや寺々の暁の鐘
夫より御堂を立ち出でて
漸く御山へ登りける
九万九千の寺々や
峯々谷々そこかしこ
七堂伽藍の隅々に
父の在りかを尋ぬれど
父かと思ふ人もなし

中之讃　苅萱父子対面

泣々参る奥の院
十八丁が其あいだ
右も左も五輪塔
前も後も卒堵婆にて
いともの凄き道すがら
音に名高き玉川の
無明の橋にさしかゝり
遥か向を見渡せば
苅萱道心繁氏は
円空坊とぞ改名し
左手に花籠携えて
右手に数珠をばつまぐりて
光明真言唱えつゝ、

奥の院より帰るとき
はからず遇ひし石童と
互に親とも吾子とも
知らねば側に寄り添て
見上げ見下す顔と顔
石童丸の振袖と
苅萱僧の御衣の
袖と袖とがもつれしは
親子の因縁深かゝりし

其時石童苅萱の
衣の袖に取り縋り
物尋ねます御僧よ
此れなる御山の其内に
今道心はおはさずや
どうぞ教えて賜はれと
云はれて苅萱聞よりも
見れば幼なき一人旅
腰に差したる小脇差
某し加藤を名乗るとき
拝領致せし刀なり
扨は不思議と思へども
煩悩我身に起りしと
我れと心を取り直し
石童丸に打ち向ひ
いかに若年なりとても
疎々な物の尋ねよう
千万人の御僧達
容易に尋ね出されまじ

若も遇はんと思ふなら
八方八口に張をせよ
遥かに見ゆる彼の森が
あれが御山の張札場
聞いて石童涙ぐみ
哀れ御慈悲に其の札を
御書なされて下されと
強て願へば苅萱は
我は途中の事ゆゑに
矢立も持たず筆もなし
我が庵室に来るならば
其札書て進ずべし
聞て石童歓んで
御連なされて下されと
願えば苅萱憐れみて
石童丸の手を引いて
萱の庵に連れ来り
草鞋を脱がし上にあげ
硯引寄せ筆を取り

国は何処で名は何んと
国は筑前苅萱の
文武二道に秀でたる
加藤左衛門繁氏は
身が父上であるなりと
名乗れば苅萱驚いて
持ちたる筆を取り落し
暫し涙に暮れければ
石童其と見るよりも
泣かせ給ふは不思議なり
是は御僧何故ぞ
我父ならば片時も
早く名乗りて玉へかし
云はれて苅萱思ふやう
扨も我子か懐かしと
云んとせしが待てしばし
二度親子の名乗をば
せじとの誓は破られず
せき来る涙を押し止め

我は父にはあらねども
其苅萱と申しゝは
吾が朋友でありしかど
去年の秋の末の頃
重き病を煩ひて
冥土の旅に出で立ちぬ
かゝる事をば露知らず
海山越て遙々と
尋ね来りし汝をば
空しく帰す不憫さに
思はず涙こぼせしよ
聞くに石童地に伏して
はつと斗りに泣き沈む
漸く涙を押し拭い
是は誠か御僧よ
はかなく成りし上からは
定めて印は有るならん
哀れせめては其の墓を
教え給へとすがりなば

今道心の御僧は
涙ながらに立ち上がり
其頃立し新しき
石牌の前に連れ行きて
是が汝の父上の
儚くなりしその跡ぞ
云はれて石童涙ぐみ
予て用意の麻衣
其れを石牌に打ち掛けて
父上菩提と拝み上げ
かくなられしとは夢知らず
母上様と諸共に
遙々尋ねて来りしが
母は麓に残し置き
私し一人で是迄でも
尋ね来りし折柄に
御果てなされし其の様子
草葉の蔭に聞き玉へ
其れに掛けたる御衣は

我が姉上の御土産と
持つて来りしかいもなし
父の石牌を撫でさすり
せめて御声が聞たしと
袖にしぐるゝ涙雨
現在実父の苅萱は
このくり言を聞につけ
胸張り砕んばかりにて
思はず知らず泣き沈む
やう〳〵涙の顔を揚げ
如何にも道理遙々と
野山を越えて尋ね来て
世になき人と聞く柄は
名残り惜きは無理もなし
とは云ひ乍ら是非もなし
歎くは仏の為めならず
一度麓へ下られて
母上様に此訳を
話して回向なし玉へ

是は御山の御開山
弘法大師の御供物
母への土産につかはさん
云はれて石童嬉しげの
涙ながらに立ち上がり
押し頂ひて下りける

後之讃　父子師弟結約
慕大師の徳

哀れなるかや母上は
我子の帰りの遅きゆえ
行衛いづくと案じられ
持病の癪に悩まされ
空しく成られし悲しさよ
石童それとも露知らず
玉屋が茶屋に下り来て
草鞋を脱で足すゝぎ
奥の一間に馳り行き
襖を開き手をつかへ
母上様よ石童が
只今帰りて参りしよ
云へども〳〵答なし
是は不思議と立寄りて
様子を見ればこわいかに
惣身既に冷へ渡り
石童見るより驚いて
思はず知らず声を上げ
前後を忘れ泣き沈む
助け玉へや南無大師
漸く涙を押し止め
野辺の送りを営みて
形見に残る白骨を
涙ながらに拾ひ上げ
天にも地にも分ちなき
父上さまに生き別れ
母上さまには死に別れ
心細くも只だ独り
最早尋ぬるものはなし
如何に吾身を致さんと
天にも仰ぎ地に伏して
なげく心の哀れさよ
石童丸のおもふには
高野へ登りし其時に
憐れみ受し御僧を
尋ね行くより詮もなし
彼の僧尋ねて参りなば
救けくれんと思ひ立ち
亦も高野へ尋ね行き
萱の庵戸打ちたゝき
何卒御弟子になし玉へ
云はれて苅萱是非もなく
終に御弟子となし玉ふ
其の後互に親と子が
師匠よ弟子よと名乗つゝ
打連れ立ちて国々を
修行なしつゝ信濃なる
国を住居に定めさせ

師弟と名乗ばかりにて
誓ひは親子諸共に
命おわるに至るまで
親子と名乗り給はねど
親子も地蔵の化身にて

子もまた地蔵の化身なり
今なほ昔の物語り
高野の山の蓮華谷
音に名高き苅萱堂
親子地蔵とのこりけり

南無苅萱地蔵尊
南無苅萱地蔵尊
畢

高野山苅萱堂発行『苅萱と石童丸』表紙

3　信徳丸

〈凡例〉

一　本作は小林ハル本人に直接歌詞の確認をすることができなかった。

二　土田ミスの歌詞は小林ハル伝承のものと細部においてかなり相違が見られるが煩雑にならないよう必要最低限の参照にとどめた。

三　注の「説経『しんとく丸』」は、室木弥太郎校注『しんとく丸』（新潮日本古典集成『説経集』所収、一九七七）を、また「高田写本」は、上越市高田にあった写本で、『日本庶民生活史料集成』第十七巻に翻刻されている「信徳丸壱代記」を指す。また高田瞽女の伝承は、杉本キクイが伝承した瞽女唄の歌詞を指す。なお、「信徳丸」の表記は通用している文字を当てたままである。

四　小林ハル伝承も土田ミス伝承も六段目までしかない。七段目以降は、山形県の米沢で弟子五人を連れた小林ハルが祭文語りと二十日間も同宿することになったときに覚えた祭文の文句をもとに、彼女自身が創作したものだという。宿では瞽女唄が終わると祭文語りの出番となり、小林ハルは別室に寝ながらその文句を聞いて覚えたとのことである。

五　参考資料に掲げた高田瞽女杉本キクイ伝承の歌詞については、写本との比較のため、他の参考資料とは書式を変えて脚注を付けた。

祭文松坂　信徳丸

一段目（継母のたくらみ）　29分

されば に　アーよりては　これに
また
いずれに愚かは　無けれども
何新作の　無きままに
古き文句に　候えど
信徳丸(しんとくまる)の　一代記
ことこまやかには　誦(よ)めねども
粗々(あらあら)誦(よ)み上げ　奉る
河内の国に　隠れなき
一 あしがら山(ざん)の　東(ひがし)にて
二 おさきが里と　申すある
おさきが里に　隠れなき
三 信吉(のぶよし)長者と　申するは
四 しま唐土(もろこし)の　果てまでも
大満(だいまん)長者と　言われたる
郷士(ごうし)一人(いちにん)　おわしける(1)
信吉長者の　ご総領
信徳丸と　申するは
五 長谷(はせ)観音の　申し子で
智恵も器量も　人に増す
果報な御家(おんえ)に　居ながらも
因果は我が身の　生まれつき
ごうんの甲斐ない　生まれにて
六 七つと言いし　明けの春
母上様に　後れたる 七
まことの母の　亡き上(うえ)は
後妻の手にて　育てられ
年月送る　そのうちに(2)
八 後妻は懐胎　なされける
玉のような　若君を
やすやす誕生　なされける(3)
九 五郎丸と　付けられて
長者の喜び　限りなし
一〇 蝶よ花よと　育てられ

一　不明。高田写本では「あしうさんの東なる」とか「あしかざんの東なる」とある。
二　不明。高田写本では「をたぎ」。説経『しんとく丸』では河内の国の高安の郡とのみ。
三　説経『しんとく丸』でも「信吉長者」。
四　土田演唱も「しまもろこし」。「高麗（こま）もろこし」（高田写本）がよい。
五　説経『しんとく丸』では京都清水寺観音の申し子。
六　説経『しんとく丸』では十三歳。なお同書では母の死が清水の観音をなじったための仏罰となっている。
七　土田歌詞では次に「まことの母の亡きのちに／わしを(ママ)ば郡山本多大内記様のりゅうき(ママ)にて／めし(ママ)の左太郎様よりも／今は後妻をもらい受け／後妻の手にて育てられ」とある。
八　高田瞽女演唱では同じく「後妻」だが、高田写本では「継母(けいぼ)」。なお、説経『しんとく丸』では、継母は都の公家の娘で「六条殿の乙の姫、生年十八歳」とある。
九　高田写本でも「五郎丸」。説経『しんとく丸』では「次郎」。
一〇　以下四行、瞽女唄の慣用句。

月日の経つは　はやいもの
月日に堰（せき）は　あらずして
まことに光陰　矢の如し
信徳丸は　十五歳
[一]五郎丸は　はや七つ
ご成長を　なされける
信吉長者は　その時に
[二]大坂（おおさか）にては　隠れなき
亀山長者の　ご息女
おとらの姫と　申するは
その御年（おんとし）は　十四（し）歳
[三]姿をものに　譬えなば
春の花なら　初桜（はつざくら）
夏の花なら　菖蒲（あやめ）かえ
秋の月なら　十五夜の
咲（さ）いに咲いたる　おん風情（ふぜい）
あたりに輝く　如くなる
じっぱら十（とお）の　指までも
瑠璃で伸べたる　ごとくなる

あの姫君を　もらい受け
信徳丸に　娶（めあわ）せて
[四]家督の取り決め　致さんと
一家（いっけ）親類　諸共（もろとも）に
ご相談こそは　なされける
後妻はそれを[五]　聞くよりも
[六]ちえ口惜しいや　残念や
われも女子（おなご）に　生まれきて
信吉長者の　妻となる
人に優（すぐ）れし　子を持ちて
[七]継子（ままこ）にかかるが　残念や
どうしたならば　我が子に
家（いえ）相続が　させらりょと
[八]子に迷うが　親心
[九]女子（おなご）心の　ひとすじに
[一〇]たくみ出（い）だせし　悪戯（いたずら）に
もしや継子（ままこ）の　信徳が
少し風邪でも　ひいたなら
薬となぞらえ　毒盛りて

（1）土田の歌詞で補う。
（2）土田の歌詞で補訂。「年月送れば程もなく」（小林）
（3）土田歌詞で補訂。「やすやす誕生つかまつる」（小林）

一　「五郎丸もはや五歳」（高田写本）
二　「蔭山長者」の転訛。説経『しんとく丸』では、和泉国の蔭山（かげやま）長者の娘「乙姫（おとひめ）」に信徳丸が自ら恋をしたことになっている。「おとらの姫」も「乙姫」の転訛。
三　以下八行、美人を形容するときの慣用句。
四　家長の財産権や社会的地位などを相続させること。
五　土田演唱では「……それと聞くよりも」と、以下すべて「それと」とある。
六　説経『しんとく丸』では、継母に実子ができた時点ですでに呪詛が始ることになっている。
七　「継子にかかる」、不明。
八　諺。「子ゆえに迷うは親心」（土田）
九　「あさまし女子（おなご）の心から」（土田）
一〇　「たくみ」は、たくらみ。

殺してくれんと　思えども
それ世の中の　譬えには(1)
[一]憎む子ほど世にはばかりの道理にて
神や仏の　恵みでか
少しの風邪も　ひかずして(2)
無病息災(むびょうそくさい)　成人す
あるじの信吉　今は早(はや)
もはや来月(らいげつ)　半ばには
おとらの姫を　もらわんと
結納までも　贈らるる
後妻はそれを　見るよりも
さても残念　口惜(くちお)しや(3)
どうか致して　我が子に
家督の取り決め　させたいと
さまざま思い　廻せども
われ一人(いちにん)では　かなうまじ
神の勢力(せいりき)　借り受けて[二]
祈り殺して　仕舞わんと
それより後妻の[三]　おつじ殿

そっと我が家を　忍び出で
[四]出入りの鍛冶屋へ　急がるる
出入りの鍛冶屋に　なりぬれば
[五]御免なされと　ずっと出で
[六]善兵衛(ぜんべい)殿は　家(うち)にかえ
言われて今は　鍛冶屋殿
表の方(かた)へ　走り出で
[七]遥かこなたに　手をついて
これはこれは　上様(うえさま)へ
供をも連れずに　ただひとり
ようこそお出でで　ございます[八]
いかなる御用にて　ありつると
問われて後妻の　申すには
これのういかに　鍛冶屋殿
今宵みずから　参りしが
深い頼みが　あるぞえの
聞いて下さい　鍛冶屋殿
[九]八寸釘の　[一〇]笠無釘(かさなしくぎ)
南無阿弥陀仏を　[一一]取り付けて

一　諺。憎まれ子、世にはばかる。
二　土田演唱では次に、「今宵一夜がそのうちに／信徳丸の一命を／祈り殺してくれんぞと／そうじゃそうじゃと後妻殿／夜は夜中(よなか)の八つ時分／家内の者の目を忍び／夫(おっと)の寝いびきうかごうて／そっと我が家を忍び出で」となっている。
三　高田瞽女の伝承では「お玉」。浄瑠璃『摂州合邦辻』(一七七三年初演)の玉手御前、およびその本名お辻からそれぞれ借用している。
四　これ以下は「鍛冶屋の段」ともいうべき部分であるが、これは高田瞽女の伝承に欠けている。
五　「表のくぐりに手をかけて」(土田)
六　二七九頁［補注］参照。
七　身分の高い人の前に出る時の様子を表わす慣用句。
八　土田演唱テープではこのあたりで一段目終わり。
九　説経『しんとく丸』では「六寸釘」。八寸釘(約二十四センチ)では大きいが、「釘を打たる、八寸の」(近松門左衛門『心中万年草』)などあり。
一〇　俗曲の口説文句に「かけ目五厘に、かしらをほ(は?)ねて、そうほう一面丸みを付けて」(成田守編『音頭口説集成』第三巻所収、長門の口説)、或いは「みみなしくぎ」「帽子ない釘」な

打って下さい　百本（ひゃっぽん）を
鍛冶屋はそれを　聞くよりも
これはこれは　上様へ
笠無釘と　申するは
人を呪いの　釘なるが
呪いの釘を　打つならば
[一]天（てん）は三十三天や
地は七尺（しち）四方（よほう）が　そのあいだ
[二]金輪奈落（こんりんならく）の　底までも
みなけがるいに[三]　なりまする
みなけがるいに　なりますれば
だいいち商売替えを致さにゃならぬ
商売替えを　致すには
[四]大金（たいきん）ご無心　申さにゃならぬ
ほかの儀なれば　何なりと
この儀は御免　遊ばせと
言われて後妻の　おつじこそ
これのういかに　鍛冶屋殿
[五]金談（きんだん）ずくで　出来るなら

これより我が家まで八町がその丁場[六]
金を敷けなら　敷きもしょう
山に積めなら　積みもしょが
予（かね）てそなたも　知っての通り
あの若君の　信徳に
もはや来月　半ばにて
嫁を迎える　沙汰なるが
嫁を迎える　沙汰なれば
可愛や我が子の　五郎丸
[七]他人の婿（むこ）と　定まるが
それが悲しさ　このように
頼む頼むと　ありければ
　さても一座の　上様へ
まだ行く末は　程長い
詠（よ）めば理会（りかい）[八]も　分かれども
　一息入れて　次の段

どともあり、頭頂部の無い釘。なお、釘は和釘である。

一一　一本ずつ「南無阿弥陀仏」と唱えながらの意。ただし「彫（ほ）り付けて」とも聞こえる。

（1）〜（3）　土田の歌詞で補う。

一　仏教用語で、世界の中心に存在する高山須弥山の頂上にある天界という。

二　大地の底まで。金輪（仏教用語）は大地、奈落は地獄のこと。

三　穢れます、の意。以下、土田演唱テープは歌詞が前後し混乱が見られる。

四　元手が必要だから大金をおねだりしなければなりません。

五　金銭上の問題だけで解決できるなら、の意。

六　その区間。八町は約八七〇メートル。

七　家督が継げないことを言った。

八　「理会（りかい）」は、もの事を良く理解し納得すること。

二段目（呪いの釘）　23分

[一]鍛冶屋はそれを　聞くよりも
[二]若君様の　ことなるか
若君様の　ことなれば
なおなおご辞退　致します
後妻はそれを　聞くよりも
これのう申し　鍛冶屋殿(1)
[三]たって辞退に　及ぶのか
辞退に及ぶ　ことなれば
それ先立(さきだ)って[四]地金(じがね)仕入のその時に
夫(おっと)に隠して　五十両
[五]取り替えあるが　鍛冶屋殿
今宵いやと　言うならば
利息共に　取りそろえ
さっそく返済(へんさい)　致せよな
今宵の願いが　かなうなら
すぐに帳面　[六]消すべしと
鍛冶屋はそれと　聞くよりも

これはどうしょう　なんとしょう
[七]娘お菊は　聞くよりも
[八]奥の一間(ひとま)へ　招かれて
申し上げます　とと様へ
これより二三日が　そのあいだ
[九]日延べの段をお願いなされませ
両親(りょうしん)ためと　なるならば
わしが身は傾城[一〇]川竹(かわたけ)と売り広め
兄(あに)さん年季奉公(ほうこう)をなさりませ
鍛冶屋はそれを　聞くよりも
親に孝行の　子どもかと
喜び勇んで　鍛冶屋殿
[一一]居たる所を　立ち上がり
表の方(かた)へ　走り出で
[一二]御新造(ごしんぞ)様の　前に出で
両手をついて　上様へ
これより二三日が　そのあいだ
日延べの段をお願い申します
元金(もときん)返済　致します

一　段始めの文句があるべきであるが省かれている。土田演唱では「ただ今誦んだる段の末」の句あり。
二　信徳丸。
三　どうしても辞退するのか、の意。
四　鍛冶屋の原材料で、加工していない金属のこと。
五　「取替金」ならば前金。ここは、立て替えとあるべきところ。
六　帳消し。借金を無かったことにすること。
七　鍛冶屋善兵衛の娘。
八　困っている父親を見かねた娘が、父を別室などに呼んで以下のことを提案したのである。土田演唱では、「一間のかげへ招かれて」。
九　金の返済期限を延ばすこと。
一〇　遊女（傾城）を定めなき流れの身ともいい、その流れの縁でまた「川竹」ともいう。「川竹の流れの女」（謡曲『江口』）など。
一一　瞽女唄の慣用句。
一二　他人の奥様をいう。

（1）　土田の歌詞で補う。

後妻はそれを　聞くよりも
これのういかに　鍛冶屋殿
二三日どころか今宵一夜のそのうち
に
利息ともに　取りそろえ
さっそく返済　致せよな
鍛冶屋はそれを　聞くよりも
さてもさても　情けなや
[一]四百四病の　病より
貧ほどつらき　病なし
常々お寺の和尚さんの仰せには
人を呪いの　その釘を
必ず打つな　とありければ
打てば和尚へ　義理立たぬ
打たぬば（ママ）主へも義理立たぬ
いかが致して　よかろうや
将棋の駒では　なけれども
王と飛車手に　攻められて
ほかに王手は　無いかいと

[二]胸の鏡に　手を組んで
しばらく思案を　致さるる
思い付いたよ　我が心
この釘打ったる　ことなれば
大金を　[三]たわかりて
五十両の　金子をば
若君様の　そのために
菩提お寺へ　差し上げて
若君様の　そのためと
残る金子と　申するは
伜善八に　任せ置き[四]
われわれ夫婦の　者どもは
[五]ばんどう革籠を　背なに負い
[六]四国西国　廻らんと
そうじゃとばかりに　鍛冶屋殿
[七]俄かに[八]火床を　たてられて
ちんからりんと　打たれける
ようよう釘も　出来上がり
紙に包んで　持って出で

一　諺。「人間四百四病の其中に、貧ほどつらき病なし、と古人もかなしめり」（仮名草子集成第十五巻所収『可笑記評判』巻第四）など。
二　瞽女唄慣用句。
三　賜りて、か。
四　土田テープ、ここで段切り。
五　坂東革籠か、不明。革籠は旅行などに用いた箱形の物入れ。革製のほか、竹で編んだ行李などもさす。
六　巡礼の旅に出ること。
七　土田演唱によれば次のように呪いの釘を造るのも夜中であることが知れる。

身に詰められて　善兵衛は
かしこまって　そおろうや
夜は夜中の　八つ時分
木萱も眠りし　丑の時
水の流れも　止まりしに
家内の者の　人払い
俄かに火床を　たてられて
番号打つやら　ふいご吹く
用意の鉄釘　取り出だし
かあしかあしと　打たれける
一本打っては　南無阿弥陀仏
二本打っては　南無阿弥陀仏
三本四本と　打ち揃え
ようよう鉄釘　取り出だし
紙に封じて　今は早
後妻の前に　立ち出でて・・・

これはこれは　上様へ
あつらいの品も　出来ました
後妻はそれを　聞くよりも
それは大儀で　ござろうが
[一]地代店代（じだいたなだい）　要らんぞえ
貸した金は　消してやる
金子はいかほど　差し上げよ
鍛冶屋はそれを　聞くよりも
大金（たいきん）なれども　上様へ
二百両頂戴　致します
後妻はそれを　聞くよりも
それで良いかい　鍛冶屋殿
かねて用意の　懐中より
二百両金子を　取り出だし
善兵衛が前に　さらと突き
金と釘とを　取り替えて
喜び勇んで　後妻殿
鉄釘百本　懐中し
我が家を指して　帰らるる

かくて我が家に　なりぬれば[二]
その日の暮れるを　待ちにける
程なくその日も　暮れければ
時刻も良しと　言いながら
我が子五郎と　添い寝して
これのういかに　五郎丸
母は用事に　行く程に
ひと（ママ）目覚まして　あるとても
母よ母よと　呼ばわるな
だましすかして　寝せ置いて
夫の寝息を　窺（うかご）うて
さらば支度（したく）と　言うままに
　さても一座の　上様へ
まだ行く末は　あるけれど
下手の長誦（ながよ）み　飽きがくる
一息入れて　次の段

三段目（後妻の呪い）　28分

八　鞴（ふいご）で風を送り、金属を熱するための鍛冶屋の炉。なお、「たてられて」とあるがこれは敬語ではなく語りの言葉として用いられているようである。他にも例は多い。

一　土地代と家賃。
二　土田演唱ではこれ以下、次の「その日の暮れるを待ちにける」の間に、再びこっそりと寝間に忍び帰った継母が、我が子と添い寝して夜明けを待つ部分がある。また、その中には、「我が子五郎のそばへ寄り／これこれいかに五郎丸／ようこそ母を呼ばわらぬ／めぐいかわいいいじらしや」といった定型表現も含まれている。

一白装束に　身をまとい
髪を濯いで　身を清め
二居丈に余る　黒髪を
四方へさっと　振り散らし
髪に四つ手の　枠を立て
三百目蝋燭　四丁立て
口に剃刀　くわえられ
魔障よけとて　額には
四白鑞の鏡を　当てられて
手に金槌を　引っ提げて
鉄釘百本　懐中し
総領の寝間へ　走り行き
信徳丸の　五絵姿を
晒しのきれに　かき写し
これで出来たと　言うままに
六広庭さして　急がるる
広い庭にも　なりぬれば
七表門とは　思えども
もしや番の　者どもに
見咎められては　一大事
さらば裏門　廻らんと
そのまま裏へ　廻られて
ほっと一息　次の木戸⑴
ああら嬉しやな
これまで忍び　出でたれど
誰見咎めたる　人も無し
これでこそ我が大願成就するに疑い
無し
さらば春日へ　忍ばんと⑵
居たる所を　足早に⑶
八黒森指して　急がるる⑷
ああ恐ろしや　行く姿
角は今更　生えねども
火炎の炎を　吹き上げて
大蛇も恐るる　如くなる
程なく社に　なりぬれば
一の鳥居も　はや越えて
九五十五段の　きだはしを

一　以下、呪咀の作法を語る部分。
二　「身丈に余る」（土田文句）居丈ならば上半身の高さ（座高）。高田写本も「居丈」。
三　百匁（約三七五グラム）ある大きめのロウソクで、規格品。
四　シロメともいう。『邦訳日葡辞書』（土井忠生他編訳、一九八〇）に「シロミ　鏡を作るのに用いられる白銅」とある。また、『和漢三才図会』には「按ずるに白鑞を造る法、鉛一斤に唐錫十両を相和して錬り成す」とある。即ち鉛と錫の合金をいう（川口寅之輔編『金属材料辞典』）。鉛の割合が少なければ堅い。よく光る。
五　絵姿を写し取る句は白装束の前にあるのがよい。
六　以下、小林演唱歌詞に多少前後があるので、土田歌詞によって「広庭さして急がるる／広い庭にもなりぬれば」と「程なく社になりぬれば」の位置を入れ換えた。
七　表門が公的で晴れやかな出入口であるのに対し、裏門は私的かつ負のイメージを持つ出入口となっている。
八　高田写本にも「黒森」とある。『景清』に「あの黒森のその中で／梟の鳥がさやずれば」とあり、鬱蒼と木が茂った遠くの森のことで、河内国の春日神社がある場所をさす。

のぼり詰めては　ここにまた
うがいせきに　立ち寄りて(1)
うがい手水で　身を清め
その身は宮へ　上がられて
一 春日の宮に　うち向かい
知らせの鰐口　打ち鳴らし
かしわ手打って　後妻殿(2)
南無や春日の　大神社
この二 丑三も　厭わずに
深い頼みが　あるゆえに
はるばる人目忍んで参りしが
あの若君の　信徳を
今宵一夜に一命を取り給え
命強くて　取られずば
人交わりの　できぬ様に(3)
癩病病みに　して給え
二つに一つの　この願い(4)
この願成就　致さぬば（ママ）
三 前の田川へ　身を投げて

二十尋余りの　悪蛇となり
四十二枚の　歯を揃え
四 十二の角を　振り立てて
かえりてこの大門に　五 のたわりし
社詣での　人を取り
宮を腐らす　春日様
あと草むらに　致します
六 末代春日と　言わしゃせぬ
この願成就　致すなら
御礼参りに　春日様(5)
一の鳥居の　両脇に
七 金の夜燈も　あげまする
金の額も　あげまする
五十五段の　八 きだはしを
九 南蛮鉄に　畳みます
あなたの居宅の　この屋根も
銅瓦で　葺きまする
五色の旗を　五千本
一〇 みな縮緬にて　あげまする

九　以下四行、神社参拝の慣用句。『佐倉宗五郎』にもある。

（1）〜（4）　土田の歌詞で補う。

一　「鐘の麻綱に手をかけて」（土田文句）。なお、説経『しんとく丸』では継母が祈るのは清水寺の観世音。
二　丑の刻は、今のほぼ午前二時から四時ごろまで。三つはその半ばごろ（午前三時ごろ）。
三　「前の池へ身を沈め」（土田）
四　「十二の角」は「安珍清姫」などの俗曲にもある。
五　「のたばる」（方言）は、寝そべる意。
六　今後は春日様などと言って人々が崇拝するようなことは永久にさせない。神に対する後妻の脅迫。説経『しんとく丸』では、信吉長者が清水観音に申し子をして拒否されたとき、これに類似の脅迫をしている。
七　以下、妻の立場としては不相応な約束を口から出まかせにしたもので、高田瞽女の歌詞では後段で後妻がその報いを受けることになっている。説経『しんとく丸』では、「子種授けてたまはるものならば、御堂建立申すべし。……欄干・擬宝珠に至るまで、みな金銀にてみがきたて参らすべし」などと約束して長者と

神はこの世の　飾りかえ
まことにあらたの[一]　神社なら
たとえ無理でも　春日様
ひとたびかなわせ　たび給え
深く信心　こめられて
そのまま裏へ　廻られて
七抱廻る[二]　楠木の
ご神木の　もとに寄り
信徳丸の　絵姿を
真っ逆様に　貼り付けて
鉄釘百本　取り出だし
用意の金槌　持ち直し
左の足の　くるみ[三]に当て
おのれ憎き　信徳め
継母の母が　この釘で
思い知れよと　言うままに
かっしかっしと　打つ釘は
頭の頂上まで　十四経[四]
肋三枚　残りなく
手足の節々　打たれける
五臓六腑と　打つ釘を
並べて立てたる　有り様は
身の毛もよだつ　ばかりにて
その時後妻の姿と申するは(1)髪の毛逆立ち獅子の荒れたる勢いにて
心願込めて　打つ釘が
継子の肝に　通じてか
打ったる釘の　もとよりも
血汐はさっと　走りける
後妻はそれを　見るよりも
なるほど春日の　利益にて
朧月夜に　あのように
血汐の色まで　分かります
喜び勇んで　後妻殿
天を拝し　地を拝し
居たる所を　立ち上がり
春日の宮へ　上がられて

先妻が申し子をする場面がある。
八　階段。
九　南方からの輸入鉄素材で、工芸品などに用いられた良質の鉄。なお、土田演唱はここで段切り。以下、四段目となる。
一〇　土田演唱ではこの他に「太々神楽も打ちましょう／七尺余丈の女子の髪の毛を／鐘の麻綱にあげましょう」とある。

---

(1)～(5)　土田の歌詞で補う。
一　著しくご利益のある。霊験あらたかな。
二　両手を広げて七抱えもある楠の大木。「七抱もある」（土田）
三　方言。くるぶしのこと。なお、島根県の口説「津和野兵三」に、恋の意趣晴らしに呪いの笠無し釘を打つ女の話がある。（森脇太一編『東間覚書抄（下）』）
四　経絡。神経とも血管とも違う漢方医学での人体運行経路。高田の「景清」にも出。

(1)　土田の歌詞で補う。

なおも明神　伏し拝み
一鐘の麻綱に　手をかけて(1)
下向の鰐口　打ち鳴らし
我が家を指して　下向なす
かくて我が家に　なりぬれば
そっと二納戸へ　忍び込み
そのまま三支度も　取り外し
我が子の五郎と　添い寝して
そ知らぬ体にて　居たりしが
四一更が初夜で　二更が四つ
三更が九つ　四更が八つ
五更の天にも　明けぬれば
五お台所や　下女端女
みな起き渡る　朝御膳
　さても一座の　上様へ
まだ行く末は　程長い
誦めば理会も　分かれども
まずはこれにて　段の切り

四段目（信徳丸難病）　28分

お上も今は　お目覚めじゃ
朝の手水で　身を清め
六その日の神へ　一礼し
後妻も今は　お目覚めじゃ
朝の手水で　身を清め
春日の宮へ　一礼し
鏡に写す　我が顔を
ゆうべの気色　相にある
夫に素顔　見せまじと
顔には白粉　薄化粧
鉄漿ほんのりと　含ませて(2)
七丹花の口紅　うるわしく(3)
我が子五郎の　手を引いて
奥の間さして　急がるる(4)
奥の一間に　なりぬれば(5)
夫の前に　手をついて
朝の一礼を　述べにける

一　前出の文句「知らせの鰐口打ち鳴らし」に対応する神社参詣の常套表現となっている。土田の演唱では、「ごかいごかいの手を合わせ／なおも明神伏し拝み／百目蝋燭消されてぞ／宮拝殿を下がられて／我が家を指して下向する」とある。

二　元来は物置き部屋のことであるが、ここは寝室。

三　呪いの装束。

四　以下、夜が明けるまでの時間的経過を表わす慣用句。ただし、継母が出かけた丑三つ時は、四更を過ぎたころで明け方に近い。

五　以下二行、本作で繰り返される定型句。下女や召し使いの女たちが皆起きて朝食の準備を始める様子。

六　「其日の神を拝まるる」（高田写本）土田演唱ではこの後に次の歌詞がある。

　縁を伝うて庭の景色を見てあれば
　代々伝わる　五葉の松
　昨夜一夜が　そのうちに
　たききの如くに　枯れ木さす（？）
　いかなる不思議が　有らんやと
　そのまま仏間へ　上がらるる
　信吉灯明　上げにける
　点けし灯明の　消えしこと
　信吉長者も　今ははや

五郎丸も　手をついて(1)
父(とと)さんお早よう　ござんすと(2)
朝の一礼を　述べらるる(3)
お上(かみ)も今は　朝御膳(あさごぜん)
後妻も今は　朝御膳
[一]御膳(ごぜん)に直る　信吉(のぶよし)は
あたりをきっと　見廻して
今朝(けさ)に限りて信徳丸はなぜ起きぬ
五郎兄(あに)さん　起こせよと
それ聞くよりも　五郎丸
はいと返事も　優しさに
父の仰せに　今は早(はや)
居たる所を　立ち上がり
総領(そうりょ)の寝間へ　走り出で[二]
枕の元に　手をついて
申し兄(あに)さん父(とと)さんも母(かか)さんもお目覚
めじゃ
お前も早く　起きなりませと
暦[三]を教えて　下さいと

呼び起こされて　信徳は[四]
重き枕を　上げらるる
一目見るより　五郎丸
怖いわいのうと　駈け出だす
母のもとへと　走り行き
物も言わずに　泣き沈む
後妻はそれを　見るよりも
おおこの子は　なんで泣く
何が怖いと　尋ぬれば
申し母(かか)さん　兄(あに)さんが
[五]怖い面(めん)を　被(かむ)りてじゃと
父信吉(のぶよし)は　聞くよりも[六]
これのういかに　信徳よ
寝肌(ねはだ)も離れず　悪わがき[七]
年端(としは)もゆかない　幼な子(ご)を(4)
なぜに五郎を　泣かすのじゃ
早く起きよと　ありければ
信徳丸は　聞くよりも
はいと返事を　苦しげに

そのまま仏間を　下がらるる
後妻も今は　起きなりて

七　「丹花の口紅」は「丹花の唇」の転訛か。

(1)〜(5)　土田の歌詞で補う。

一　以下、土田演唱歌詞は小林のものとかなり相違するが、煩雑なためいちいち注記しない。

二　この次に「総領の部屋にもなりぬれば」などの句があるべきところ。

三　土田演唱に、これ以前、父信吉が五郎丸に兄から暦を教えてもらえという句がある。

四　この次に「あいと返事を苦しげに」などの句があるべきところ。

五　一夜にして変わった信徳丸の顔面を見て、子ども心に仮面と見間違えたのである。

六　この次に父信吉の言葉が伝言であることを示す歌詞があるべきところ。高田の歌詞の流れが自然である。

七　我が気、の意。わがまま。「悪いわがきを起こすなよ」（「葛の葉子別れ」）

(1)〜(4)　土田の歌詞で補う。

重き枕を　ようようと
上げて一間（ひとま）を　たどり出で
後妻はそれを　見るよりも
大願成就と　心では
喜びながら　驚いて一
申し上げます　夫上様（つまうえ）
あれあの顔ご覧　遊ばせと
言われて信吉（のぶよし）　見るよりも
はっとばかりに　驚いて
総領（そうりょ）のそばへ　走り行き
顔つくづくと　打ちながめ
これのういかに　信徳よ
その顔なんと　したのじゃよ
ゆうべまでも　あのように
世間の人の　口々に（1）
信吉長者の　総領は
二今業平（いまなりひら）とも　呼ばわれし
今朝（けさ）のそなたの　その顔は
唇（くちびる）目尻（めじり）　耳つばも

欠けて膿血（うみぢ）と　なりにける
顔は一面　三柚子肌身（ゆずはだみ）
目も当てられぬ　風情（ふぜい）なる
これはおおかた癩病病みと言うであ
ろ
この家（や）に於いて　先祖より
筋目を選んで　縁組みし
癩病病みは　出来ぬはず（2）
何神様（なにがみ）の　咎しめか
これのういかに　信徳よ
早く成人　させまして
嫁を迎えて　初孫（ういまご）の
顔見るのが　楽しみと
待つに待ったる　甲斐も無く
言うて長者は　嘆かるる
夫（つま）が嘆けば　女房は
心に嬉しく　思えども
これのういかに　信徳よ
大事のこの家（や）の　総領の

一　土田演唱はここで段切り。
二　在原業平は昔の美男の代名詞。今に生きている業平のようだという意。美女ならば今小町という。なお、土田演唱ではこの句の替わりに、「背高からず低からず／色白からず黒からず／すぐれし器量を持ちながら」とある。慣用句の一種である。
三　柚子の表面が凸凹していることから、そのような肌をいう。
（1）土田の歌詞で補う。
（2）小林演唱では次に「さまでの毒も喰わなんだ」とあるが、文脈上これを信徳丸の言葉と考えて省いた。

そなたが病気の　ことなれば
いかが致して　良かろうと
夫の前の　見せ涙[一]
山ほととぎすか　空で泣く
夫に隠して　目の縁へ
届かぬ涙を　届かせて
嘆く心の　面憎や[二]
信徳丸は　見るよりも
ふた親様の　お嘆きに
はっとばかりに　驚いて
居たる所を　立ち上がり
また我が寝間へ　帰らるる
[三]向こう鏡の　蓋を取り
写せば写る　我が顔を
[四]顔は一面　柚子肌身
唇目尻　耳つばも
欠けて膿血と　なりにける
目も当てられぬ　次第なる
信徳丸は　驚いて

さてもこの顔　なにごとぞ
元の姿が　どこへやら
たんだ一夜の　そのうちに
かような姿に　なるような
さまでの毒も　食わなんだ
何神様の　咎しめと(1)
鏡を取って　投げ捨てて
泣くよりほかの　ことぞ無し
父信吉は　可愛ゆさに
医者を呼んでの　祈祷じゃの
さまざま介抱　なされしが
さらにその甲斐　あらざれば
後妻はそれを　見るよりも
さてもさても　情けなや
この穢らわしい　信徳を
この家で介抱　致されぬ
この家で介抱　致すなら
可愛いや我が子の　五郎丸
家相続の　妨げじゃ

一　わざとらしく空泣きするさまをいう。「山ほととぎす」は古い歌語でもある。
二　語り手の感想であるが、同時に聴き手の感情を代弁していることばでもある。
三　「そばなる鏡の蓋を取り」（土田）
四　以下三行、繰り返し。

（1）　土田の歌詞で補う。

いかが致して　良かろうと
[一]胸の鏡に　手を組んで
しばらく思案を　致さるる
さても一座の　上様へ
まだ行く末は　あるけれど
誦めば理会も　分かれども
まずはこれにて　段の切り

五段目（信徳丸勘当）　37分

思い付いたよ　我が心
あの穢らわしい　信徳を
この家で介抱は　致されぬ
春日の宮へ　一礼し
なにとぞこの家を　追い出だし
[二]あとの清めの　まつりごと
そうじゃそうじゃと　後妻殿
[三]その日の暮れるを　待ちにける
もはやその日も　暮れければ
我が子の五郎と　添い寝して
これのういかに　五郎丸
母は用事に　行くほどに
ひと(ママ)目覚まして　あるとても
母よ母よと　呼ばわるな
だませば今は　五郎丸
はいと返事を　致されて
またも後妻の　たくみごと
時刻も良しと　言いながら[四]
そっと納戸を　忍び出で[(1)]
そのまま裏へ　廻られて
[五]廻る心の　高梯子
我が家の屋根へ　掛けられて
その身は屋根へ　のぼりつつ
春日の宮に　打ち向かい
かしわ手打って　後妻殿
南無や春日の　大神社
[六]ひとたびかなわせ　たび給え
あの穢らわしい　信徳を

一　以下二行、瞽女唄慣用句。
二　家を清める神祭りをしよう。ただし、本来神祭りをするためには家を清めるのが先。
三　以下七行、ほぼ二段目末尾の繰り返し。土田演唱では、継母が家から忍び出たり忍び入ったりする部分に「夫の寝いびきうかごうて」といった定型句もある。
四　次に土田演唱ではここにも「常の衣服を脱ぎ捨てて／白き衣服に着替えられ」とある。
五　よくも思い付いたものだ、高梯子とは。
六　「ふたたび」かと思われるが、土田演唱でも「ひとたび」とある。

（1）　土田の歌詞で補う。

この家で介抱は　致されぬ
この家で介抱　致すなら
可愛や我が子の　五郎丸の
家相続の　妨げじゃ
なにとぞこの家を　追い出だし
あとの清めの　まつりごと(1)
声変わらして　後妻殿(2)
信徳丸の　癩病は(3)
春日の宮の　咎しめとある(4)
この家で介抱　致されぬ(5)
早々明日　癩病病み
いずくなりとも　追い出だせ
この家で介抱　致すなら
だいいち荒神の　気を背くゆえ
一従類までも　取り絶やす
父信吉は　今は早
二夢の如くに　耳に入り
ほのかに顔を　振り上げて
耳を澄まして　聞き居たり

後妻はなおも　声高く(6)
早々明日　癩病病み
いずくなりとも　追い出だし
あとの清めの　まつりごと
われこそ春日の　明神と
言うて屋根を　そっと下り
廻る心の　高梯子
そのまま裏へ　仕舞われて
三そっと納戸へ　忍び込み
四我が子五郎と　添い寝して
そ知らぬ体にて　居たりしが
一更が初夜で　二更が四つ
三更九つ　四更が八つ
五更の天に　明け渡る
お台所や　下女端女
みな起きわたる　朝御膳
お上も今は　お目覚めじゃ
五朝の手水で　身を清め
春日の宮へ　一礼し

一　一族にかぎらず家来までも。
二　夢のような状態で。
三　以下、三段目の終わりから四段目の始まりとほぼ同じ歌詞が繰り返される。
四　この歌詞の繰り返しは、とりわけ子に迷う継母の姿を印象づけている。
五　物語は、毎朝起床すると身を清め、神拝を欠かさない敬虔な長者の生活が前提になっている。

(1)～(5)　土田の歌詞で補う。
(6)　小林演唱では「声変わらせて後妻殿」とあったが、土田演唱を参考に歌詞を入れ替えた。

後妻も今は　お目覚めじゃ
朝の手水で　身を清め
春日の宮へ　一礼し
夫（おっと）に素顔　見せまじと（1）
顔には白粉（おしろい）　薄化粧
我が子五郎の　手を引いて[一]
奥の間指して　急がる（2）る
奥の一間に　なりぬれば（3）
夫（おっと）の前に　手をついて
朝の一礼を　述べにける
信吉長者は　見るよりも
これのういかに　女房よ
ゆうべの夢の　不思議さに
信徳丸が　癩病は
春日の宮の　咎しめとある
この家で介抱は　致されぬ
この家で介抱　致すなら
だいいち荒神（こうじん）の　気を背くゆえ
従類までも　取り絶やすと

[二]昨夜（さくよ）のおん告げ　候えば
いかが致して　良かろうと
後妻はそれを　聞くよりも
夫（おっと）のそばへ　近く寄り
これこれ申し　夫上様（つまうえさま）
[三]われ親里（おやざと）に　在りし時
世間の人の　口々に
信吉長者の　奥様は
おん家（え）に似合わぬ放埒者（ほうらつもの）と噂ある
私どもまで　このことを（4）
ざくざく聞いて　おりました（5）
これをあなたに　話すなら
[四]影（かげ）無い人の　悋気する
愚痴な女子（おなご）と　言わりょかと
これまで包んで　おりました
しからば信徳丸は
あなたの子では　ござんすまい
間男（まおとこ）の子で　ござんしょのう
あなたの子でもない　人の子に

一　土田演唱ではここで段切り。
二　信吉長者が、昨夜の継母の声を神託と受け取ったのである。
三　結婚以前のこと。ただし、瞽女唄では継母の出身地を語らない。
四　死んだ人に焼きもちをやく意。
（1）～（5）　土田の歌詞で補う。

大事のおん家(え)を　穢(けが)すなら
ご先祖様の　お嘆きを
良きご思案を　遊ばせと
信吉長者は　聞くよりも
これのういかに　女房よ
しからば信徳丸は(1)
我が子では　ないとやな(2)
我が子でもない　人の子に
大事なおん家は　穢(けが)されぬ
そうじゃそうじゃと　信吉は(3)
居たる所を　立ち上がり
総領の寝間へ　走り行き
総領の寝間に　なりぬれば
枕のもとへ　立ち寄りて
ここな子餓鬼(こがき)め　業病(ごうびょう)病み
顔を上げよと　ありければ
言われて信徳　今は早(はや)
はいと返事を　優しげに(4)
重き枕を　上げらるる

信吉長者は　見るよりも
これのういかに　信徳よ
己れは我が子で　無いほどに
今日(きょう)よりしては　勘当(かんどう)す
いずくなりとも　出て行けよ
この家で介抱は　致されぬ
信徳丸は　聞くよりも
はっとばかりに　驚いて
その場の方(かた)へ　手をついて(5)
申し上げます　父様(ととさま)へ
ほんに昨日(きのう)は　[一]あれまでに
医者を呼んでの　祈祷じゃの
さまざま介抱　なされしが
今日にかぎりて　わたしをば
親子で無いと　おっしゃるは
いかがのわけで　ございます
[二]どうぞ教えて　くださいと
父(ちち)の袂(たもと)に　とりすがる
信吉長者は　聞くよりも

一　あれほどまでに。
二　土田演唱では「どうぞ教えてくださいと／両の袂に泣きすがる」。「石童丸」に、「どうぞ教えてたまはれと／涙ながらに石童は／母の両の袂にとりすがる／母の御台は聞くよりも」とある。慣用句と見てよい。
（1）～（5）　土田の歌詞で補う。

小癪な小餓鬼と　踏み飛ばす
踏み飛ばされて　信徳は
痛みどころを　撫でさすり
[一]泣くよりほかの　ことぞ無し
信吉長者は　今は早
総領の寝間を　立ち出でて
勝手の方へ　下がられて
これのういかに　[二]折平と
呼ばわれ折平は　今は早
旦那の前に　手をついて
何が御用で　ございます
信吉長者は　聞くよりも
これのういかに　折平よ
[三]ゆうべの夢の　不思議さに
信徳丸が　癩病は
春日の宮の　咎しめとある
この家で介抱は　致されぬ
この家で介抱　致すなら
だいいち荒神の気を背くゆえ
従類までも取り絶やすとの
昨夜のおん告げ　候えば
この家で介抱は　致されぬ
大儀ながら　その方は
乗物[四]いっきょく　用意して
信徳丸を　駕籠に乗せ
[五]天王原へ　連れて行き
捨てて参れと　申さるる
　さても一座の　皆様へ
まだ行く末は　程長い
誦めば理会も　分かれども
まずはこれにて　段の切り

六段目（信徳丸追放）　25分

[六]折平はそれを　聞くよりも
さてもさても　情けなや(1)
邪険の妻に　言い廻され(2)
旦那様も　謀に陥ったか

一　瞽女唄慣用句。
二　『摂州合邦辻』では、「俊徳丸の許嫁浅香姫の中間入平」とある。
三　以下も繰り返し表現である。
四　「いっきょく」は不明。駕籠は一挺と数える。
五　説経『しんとく丸』では、大坂の天王寺。瞽女唄では野原の名となっている。
六　継母の悪巧みを知っている人物が突然登場する不自然さはあるが、折平は次の物語展開を導く重要な人物となっている。
（1）（2）　土田の歌詞で補う。

おのれ憎(にっ)くき　後妻め
この胸晴らさず　置くべきと[一]
思えど主人の　妻なれば
何を言うても　是非もない(1)
[二]あまた僕(しもべ)に　申し付け
これのういかに　みなの衆へ
大儀ながら　その方(ほう)は
乗物いっきょく　用意せと
はいと返事を　致されて
あまた僕(しもべ)は　今は早(はや)
乗物用意を　致さるる
あとに残りし　折平は
総領の寝間へ　走り行き
総領の寝間に　至りては
その場の方(かた)に　手をついて
申し上げます　若君様
今日は旦那の　仰せには
あなたを駕籠に　乗せられて
天王原へと　連れて行き

捨てて参れの　御意(ぎょい)[三]なるが
早くお支度　なさりませ
言われて信徳　顔をあげ
これのういかに　折平よ
[四]思い廻せば　わたしほど
因果の者は　あるべきか
母上(ははうえ)様には　死に別れ
頼りに思う父上(ちちうえ)様には見捨てられ
いかが致して　良かろうと
折平の袖に　取りすがり
[五]泣くよりほかの　ことぞ無し
折平はそれを　見るよりも
申し上げます　若君様
あなたひとりは　捨てはせぬ
あなたの病気の　治るまで
[六]折平はお供を　致します
早くご支度　なされよと
信徳それを　聞くよりも
しからば折平　頼むぞと

一　置くべきかと。
二　折平は多くの下僕たちを指揮監督する立場の人物。後段に「番頭」ともある。
三　ご意向。おぼしめし。
四　以下に類似の歌詞は「石童丸」にもある。「さてもさても情けなや／思ひ廻せば廻すほど／父上様には生き別れ／母上様には死に別れ／もはや尋ぬる人もなし」（「石童丸」）。親と別れた少年の物語として本作と「石童丸」は共通する。
五　瞽女唄慣用句。
六　折平は忠義な家来として語られている。

（1）　土田の歌詞で補う。

涙もろとも　起き直り
手ばやく支度を　致さるる
もはや支度も　出来上がり
折平はそれを　見るよりも
勝手の方へ　下がられて
これのういかに　皆の衆へ
乗物用意も　出来たかと
言われて僕も　今は早
[一]疾うに乗物　出来ました
折平はそれを　聞くよりも
総領の寝間へ　走り行き
申し上げます　若君様
乗物用意も　出来ました
早く早くと　急きければ
信徳涙の　顔を上げ
家内の者に　目を配り
これが我が家の　見納めか
両親前に　手をついて
[二]申し上げます　両親様

[三]わたしが病気の　そのために
恋しき我が家を　出でまする
親の[四]先立つ　不孝者
お許しなされて　給われや
ご縁あるなら　会いましょと
ひとつのご恩も　おくられず
許して給え　両親様
涙にくれて　信徳は
これのういかに　五郎丸
良い子になって　これよりも
兄に負けずに　弟よ
親に孝行　頼むぞと
折平はそれを　見るよりも
申し上げます　若君様
早く早くと　急き立てる
信徳丸は　聞くよりも
しからば折平　頼むぞと
あまた僕に　申し付け
信徳丸を　駕籠に乗せ

一　とっくに。
二　以下、捨てられる信徳丸に長々と暇乞いの文句を述べさせることで悲劇を盛り上げている。
三　土田演唱では以下両親に許しを乞う歌詞はなく、次のようにある。「長々お世話になりました／さてもさても情けなや／私が病気のことなれば／何と言うても是非がない／ご縁あるならまた合おと」。
四　「先立つ」は一般に先に死ぬことをいう。

これのういかに　皆の者
一裏門口より　舁き出でて
天王原へ　急げよと
折平はあとに　追い継ぐと
言われて僕も　今は早
はいと返事を　致されて
若君様を　駕籠に乗せ
裏門口より　舁き出でて
天王原へと　二急がるる
あとに残りし　折平は
主人の前に　手をついて
申し上げます　旦那様
申し上げます　奥様へ(1)
三我が子ばっかり　可愛がり
人の子にいたわりの無い者は
それ世の中に人畜生という譬えがご
ざんしょう
四初手の奥様ご無事でござることなれ
ば

この様の成り行きは　あるまいに
五初手の奥様ご無事で無きことと知り
ながら
こういう嘆きも　あるかいと
なんとそうでは　ござらぬかと
言えども夫婦は　返答なく
申し上げます　旦那様
折平はこの家へ　出でませぬ
若君様のお供を致します
若君様のご病気治すまで
決してこの家へ　帰らぬと
なんと言うにも　答えなく
折平は裏門　出でられて
罪無き六狆を　撫でさすり
ひとつ後妻の　面当てに
これのう己れが様の畜生に
何を言うても　分からない
また折平に　からまるか
罪無き狆を　踏み飛ばす

一　夜中、継母が呪いのために春日神社へ参詣したときも裏門から出た。ここでも裏門は負のイメージをもった通路となっている。
二　「急ぎける」などとあるべきところ。
三　以下、継母に対する非難である。
四　はじめの。
五　この句、意味不明。
六　小型犬のチン。

（1）　土田の歌詞で補う。

つぶやきつぶやき　折平は
天王原へと　急がるる
天王原にも　なりぬれば[一]
まずはこれにて　段の末[二]

※以下、小林ハルの創作歌詞。

七段目　25分

されば　アーよりては　これに
また
いずれに愚かは　無けれども
何新作の　無きままに
古き文句に　候えど
[三]昨夜誦(よ)んだる　段のすえ
信徳丸(しんとくまる)の　一代記
ことこまやかには　誦めねども
粗々(あらあら)誦み上げ　奉る
[四]天王原にも　なりぬれば

あちらこちらと　打ちながめ
ここらあたりが　良かろうと
駕籠(かご)を下ろせば　折平は
若君様に　打ち向かい
申し上げます　若君様
これよりお部屋を　作ります
お部屋作りを　致すには
しばらくかかる　ことゆえに
大儀ながらも　あなた様
お待ちなされて　下さいと
信徳丸は　聞くよりも
涙ながらに　顔を上げ
しからば折平　頼むぞと
かしこまったと　折平は
これのういかに　皆[五]さんへ
お部屋作りを　頼みます
それ聞くよりも　皆さんは
かしこまったと　言いながら
竹や長木(ながき)を　集められ

一　土田演唱もここまでで全体が終わっている。
二　段切りを「段の末」と結ぶのは作品全体の末尾に於いてであり、まだ七段目以降の続きがあるからここは「段の切り」であるべきである。しかし、以下は小林ハルの創作した部分であり、伝承の歌詞の末尾として全体を閉じたものと思われる。
三　この段が昨夜演唱した六段目の続きであることをいう。ただし、前後の七行は作品冒頭一段目の語り出しにあるべき歌詞である。
四　以下、小林ハルが祭文語りの文句を聞き覚えて創作した部分にあたる。
五　駕籠をかいてきた下僕たちのこと。

笹や茅をば　刈り寄せて
忠臣蔵では[一]　なけれども
竹の柱に　笹の屋根
茅を壁にと　致されて
あちらこちらに　縄を掛け
板を集めて　釘を打ち
これをとうとう[二]　致されて
長木を伐って　屋根の上
折平はそれを　見るよりも
屋根にしてん[三]を　掛けられて
ところどころに　石並べ
雨漏りせぬかと　言いながら
屋根に水をば　掛けらるる
雨漏りせない　ことゆえに
神や仏の　お蔭かと
心のうちで　喜んで
下に敷物　何なるや
木（き）の葉草の葉　敷かれける
これで出来たと　言いながら

それ見るよりも　折平は
これのういかに　皆さんへ
ご苦労様で　ありました
あなた方は　これよりも
旦那の方（かた）へ　帰られて
主人忠義を　頼むぞと
言われて皆さん　聞くよりも
申し上げます　折平さん
あなたは旦那へ　帰らぬか
言われて折平は　聞くよりも
これのういかに　皆さんへ
わたしは我が家へ　帰られぬ
若君様の　お供せにゃならぬ
若君様の　ご病気が
全快致せば　帰ります
あなた方は　帰られて
主人忠義を　頼むぞと
言われて皆さん　聞くよりも
さらばさらばの　暇乞い

一　江戸後期の流行り唄に忠臣蔵を詠み込んだ文句があるが、ここの句は見当たらない。小林演唱「八百屋お七」には、「竹の柱に笹の屋根／簀の子の縁に藁畳／莚を壁にしつろうて……忠臣蔵ではなけれども／縁の下にてくだいうが」などとあり、これと紛れたものと思われる。
二　新作歌詞にはこのような稚拙な句が見られる。
三　「してん」は、雨除けの布。

我が家を指して　帰らるる
あとに残りし　折平は
お部屋の周(まわ)り　打ちながめ
中をながめて　見るなれば
さてもさても　情けなや
信吉長者の　若君様
草葉の上では　情けなや
信徳丸に　打ち向かい
申し上げます　若君様
敷物求めて　参ります
大儀ながらも　あなた様
しばらくお待ち　下さいと
言うより早く　折平は
天王原を　下られて
あちらこちらと　見てあれど
敷物とても　更に無し
はるか向こうを　ながむれば
[一]光輝く　石見ゆる
さてもあの石　何なりと

急いで近付き　見てあれば
石の上には　敷物か
手に取り上げて　見るならば
木札(きふだ)に文字が　書いてある
木札の文字を　見るならば
南無や春日の　大神社
この敷物と　申するは
若君様に　お授けと
春日明神　大明神
一心不乱に　願うなら
病気の治る　その[二]いみを
教えてやるぞえ　若者と
教えられたる　そのいみを
疑い無くも　致せよと
[三]三七日の　日もたたば
夢か現(うつつ)に　知らせると
書いてあるぞえ　折平は
春日の宮に　手を合わせ
南無や春日の　大神社

一　高田写本ではこのような霊験は語られていない。
二　「忌み」か。不明。
三　二十一日。

若君様の　この病気
どうぞ直して　給われと
涙ながらに　拝み上げ
喜び勇んで　折平は
敷物を携え　今は早（はや）[一]
天王原へと　急がるる
　さても一座の　上様へ
まだ行く末は　程長い
誦めば理会（りかい）も　分かれども
まずはこれにて　次の段

八段目　31分

天王原にも　なりぬれば
信徳丸に　打ち向かい
申し上げます　若君様
これをご覧　下さいと
信徳丸に　渡さるる
信徳丸は　見るよりも
敷物受け取り　今は早（はや）
木札（きふだ）を取って　今は早（はや）
木札の文字を　読みくだき
さてもさても　有難や
これのういかに　折平よ
この敷物を　頼むぞと
木札を取って　懐中し
かしこまったと　折平は
敷物受け取り　部屋に敷き
申し上げます　若君様
[二]粗相のお部屋も　出来ました
どうぞお休み　下さいと
信徳丸の　手を取りて
そのまま部屋へ　入（はい）られて
二人家内（ふたりかない）で　今は早（はや）
四方山（よもやま）お話　しながらも
宵の御膳（ごぜん）も　済みければ
その晩お休み　なされしが
一更が初夜で　二更が四つ

一　八段目以降、「今は早（はや）」の句がやたらと多い。瞽女唄に慣用される語句ではあるが、小林創作部分では歌詞を七五調にととのえるため安易に多用されすぎたきみである。
二　粗末な、の意。

三更九つ　四更が八つ
五更の天にも　明け渡る
折平はそれを　見るよりも
表の方へと　走り出で
うがい手水で　身を清め
春日の宮に　打ち向かい
南無や春日の　大神社
どうぞあなたの　お情けで
若君様の　ご病気を
どうぞ治して　給われと
一心不乱に　願わるる
信徳丸も　今は早
その場の方へ　起き直り
[一]春日の宮に　打ち向かい
南無や春日の　大神社
まことに有難う　存じます
この見苦しき　我が病
どうぞ助けて　給われと
それはさて置き　折平は

御膳の支度を　致されて
部屋へ入りて　今は早
朝の御膳も　過ぎければ
折平が心で　思うには
わたし一人じゃ　情けなや
若君様の　ご看病
思うようには　行きませぬ
亀山長者の　姫様を
お願い致して　今は早
二人で扱い　致すなら
若君様の　ご病気も
全快すると　思い詰め
申し上げます　若君様
[二]折平一人じゃ　情けない
思う扱い　出来ませぬ
大坂にては　隠れなき
亀山長者の　お娘御
出雲の神の　引き合わせ
結納までも　贈られし

一　説経『しんとく丸』には「我が氏神、清水の観世音」とある。瞽女唄「信徳丸」の春日明神は物語上、説経の清水観音に相当する。

二　高田写本では、介抱をしていた折平を、継母の勧めで長者が家に呼び戻し、たった一人残った信徳丸が、折平の勧めに従って春日明神の社壇の下に移り、そこにたまたま尋ね歩いてきたおとらの姫と出会うことになっている。折平が信徳丸を捨てて帰るところは説経『しんとく丸』の話に多少近い。

二五四頁六の［補注］以下、土田の歌詞では次のようになっている。

善兵衛善兵衛と　起こさるる
善兵衛はそれと　聞くよりも
ふと目を覚まし　起き上がり
夜の夜中の　事なれば
帯引き締めて　今は早
中戸を開けて　立ち出でる
表のくぐりに　手をかけて
表のくぐりを　そおっと開け
顔見合せば　後妻殿
これは〳〵どなた様かと思いますれば
信吉長者の　ご新造様
　さても一座の　上様へ
まずはここらで段の切り

あなたの妻で　ござんしょのう
あの姫様を　借り受けて
二人で扱い　致すなら
あなたのご病気も　早治る
折平が心で　思います
お手紙書いて　下さいと
言われて信徳　聞くよりも
これのういかに　折平よ
わたしが病気の　ことなれば
わたしのお顔を　見るならば
いやじゃと辞退を　致すべし
わたしの病気の　治るまで
そなた一人で　頼むぞと
言われて折平が　申すには
申し上げます　若君様
あなたご病気で　あるとても
出雲の神の　引き合わせ
冥土にござる　母様（ははさま）や
春日の宮の　引き合わせ
願いかなうと　思います
折平は信心　願い上げ
亀山長者へ　参ります
言われて信徳　聞くよりも
心のうちで　思うには
ご縁無ければ　これぎりと
お手紙書いて　渡さんと
お手紙一通書きしたためて
今は折平に　渡さるる
折平はそれを　受け取りて
急いでその場を　まかり立ち
道も急げば　早いもの
大坂町へ　急がるる
亀山長者を　訪ねられ
亀山長者に　なりぬれば
ご免なされと　手を突けば
一の番頭は　出でられて
申し上げます　お客様
あなたどちらで　ございます

二段目

ただ今誦んだる　段の末
信吉長者の　ご新造様
女子（おなご）なんぞが　この夜中（やちゅう）
供をも連れずに　ただひとり
まず何たる用にて　御座ります
まずまずこちらへ　お上がりと
後妻はそれと　聞くよりも
ご免なさいと　ずっと入（い）り
広間のかたへ　上がられて
申し上げます　鍛冶屋殿
そなたに深き頼みたいことありて
夜なおし（ママ）道も　いとわずに
これまで忍んで　来るからは
願いのすじは　別ならず
八寸釘の　笠無しに
南無阿弥陀仏を　切りつけて

言われて折平は　手をついて
河内の国に　隠れなき
あしがら山（ざん）の　東（ひがし）にて
おさきが里と　申すある
信吉長者の　召使い
名前は折平と　申します
大儀ながらも　あなた様
このお手紙を　旦那様
届けて給えと　差し出だす
番頭はそれを　見るよりも
かしこまったと　言いながら
お手紙持って　立ち上がり
奥の一間（ひとま）へ　急がるる
奥の一間に　なりぬれば
唐紙開けて　手をついて
申し上げます　旦那様
河内の国に　隠れなき
あしがら山（ざん）の　東にて
おさきが里と　申すある

信吉長者の　召使い
このお手紙を　送られし
ご覧なされて　下さいと
言うてお手紙　差し出だす
亀山長者は　見るよりも
取る手遅しと　封を切り
お手紙開いて　見るならば
亀山長者は　驚いて
病気のことは　是非もない
天王原とは　何事ぞ
いろいろ文字を　読みくだき
夫婦相談　致されて
おとらの姫を　呼び寄せて
親子ご相談　致せしが
おとらの姫が　申すには
両親前に　手をついて
申し上げます　両親（りょうしん）様
何はともあれ　かくもある
出雲の神に　結ばれた

縁であるもの　わたくしは
なんぼご病気で　あるとても
両親様の　ご承知なら
どんな姿も　厭わぬと
両親それを　聞くよりも
あっぱれでかした　わが娘
これのういかに　番頭よ
使いの者は　帰りしか
番頭はそれを　聞くよりも
申し上げます　ご主人様
玄関の方（かた）でご返事待っておりました
それ聞くよりも　ふた親は
奥へ通して　くれいよと
　さても一座の　上様へ
まだ行く末は　程長い
誦めば理会（りかい）も　分かれども
　一息入れて　次の段

九段目（釘抜き）　49分

かしこまったと　番頭さん
玄関の方へ　走り出で
申し上げます　お客様
今は旦那の　仰せには
奥へ通せと　ありけるが
さあさお上がり　下さいと
折平の手を取り　番頭さん
奥の一間（ひとま）へ　急がるる
奥の一間に　なりぬれば
両手をついて　折平さん
申し上げます　旦那様
河内の国に　隠れなき
あしがら山（ざん）の　東にて
おさきが里と　申すある
おさきが里に　隠れなき
信吉長者の　召使い
粗相の折平で　ありますが

よろしく頼むと　言いながら
時の一礼(いちれ)を　述べらるる
両親(りょうしん)様は　聞くよりも
ご苦労様で　ございます
さあさあこちへと　言いながら
今は折平の　手を取りて
客座へ直し　今は早(はや)
あれやこれやの　お賄い
色々(いろいろ)お話　致されて
申し上げます　番頭さん
[一]一日二日も　見えければ
姫を連れて　参ります
若君様に　よろしくと
言うてお手紙　渡さるる
折平はそれを　聞くよりも
神や仏の　お情けと
西へ向こうて　今は早(はや)
神々様へ　手を合わせ
お手紙受け取り　折平は

申し上げます　旦那様
若君様も　お待ちゆえ
さらばお暇(いとま)　致します
それ聞くよりも　旦那様
夫婦で見送り　致されて
玄関へ出でられ　折平は
しからばご免と　言いながら
天王原へと　急がるる
天王原にも　なりぬれば
若君様に　打ち向かい
申し上げます　若君様
折平はただ今　戻りしと
信徳丸は　聞くよりも
それは大儀で　あったぞと
[二]あとはこれこれ　こうこうと
言うてお手紙　渡さるる
お手紙受け取り　信徳は
取る手遅しと　封を切り
色々(いろいろ)お手紙　読みくだき

一　一日か二日経ったならば。
二　繰り返しの歌詞を省略したこのような散文的な措辞は、瞽女唄などの演唱歌詞としてはふさわしくない。

あっぱれでかした　折平と
折平はそれを　聞くよりも
お誉めのお言葉　いただいて
申し上げます　若君様
至らぬ折平で　あるけれど
神や仏の　お情けで
わたしの思いは　出来ました
言うより早く　折平は
西へ向こうて　手を合わせ
神や仏に　今は早（はや）
お礼参りを　致されて
やがて御膳（ごぜん）に　とりかかる
御膳の支度を　致されて
宵の御膳も　済みければ
その晩お休み　なされしが
朝の御膳も　済みければ
神々様へ　お願いし
春日の宮に　手を合わせ
若君様の　ご病気を
全快致して　給われと
月日の経つは　早いもの
一日二日も　見えければ
大坂にては　隠れなき
亀山長者の　ご夫婦に
娘を連れて　三人で
手早く支度を　致されて
天王原へと　急がるる
天王原にも　なりぬれば
信徳丸の　お部屋なる
ご免なされと　ありければ
お部屋の中にて　ふたり連れ
はいと返事を　致されて
見ればその時　ご夫婦は
申し上げます　番頭さん
ご苦労様で　ありますと
信徳丸は　聞くよりも
申し上げます　旦那様
こんな粗相の　お部屋なり

どうぞお休み　下さいと
言われて今は　亀山は
親子三人　お揃いで
その場の方（かた）へと　入（はい）られて
亀山夫婦は　今は早（はや）
信徳前に　手をついて
申し上げます　若君様
至らぬ娘で　あるけれど
娘を連れて　参りしが
どうぞお願い　奉る
それ聞くよりも　娘御は
信徳前に　手をついて
申し上げます　あなた様
至らぬわたしで　あるけれど
あなたの妻で　ございます
今日よりしては　このわたし
姫[一]と呼んで　下しゃんせ
わたしは夫（おっと）と　呼びまする
信徳丸は　顔を上げ

涙に暮れて　申さるる
こんな姿の　信徳を
夫と呼んで　もらいしが
もったいない　ことなれど
どうぞ頼むと　のう[二]を下げ
色々お話　致されて
今は折平が　申すには
粗相のお部屋の　ことなれば
おもてなしも　出来ませぬ
どうぞ許して　給われと
時の一礼を　述べらるる
亀山夫婦の　申すには
申し上げます　若君様
病（やまい）治りた　暁に
我が家へ戻らせ　給われと
我が家へ知らせて　給われば
お迎え致すよ　若君様
折平様と　申するは
大儀ながらも　我が家（いえ）に

一　「妻」などの誤りだろう。
二　頭を下げる意と思われるが不明。

番頭勤めて　頼みます
言われて皆様　喜んで
それは有難う　ござんすと
亀山夫婦が　申すには
これのういかに　若君様
遠い道中の　ことなれば
これよりお暇（いとま）　致します
申し上げます　番頭さん
何分頼むと　言いながら
時の一礼を　述べられて
天王原を　立ち出でて
大坂さして　急がるる
あとに残りし　三人は
春日の宮へ　手を合わせ
三七日の　その時節
今や遅しと　待ちにける
月日の経つのも　早いもの
三七日の　大願（だい）も
もはやその日の　末（すえ）の刻

その晩お休み　なされしが
一更が初夜で　二更が四つ
三更が九つ　四更が八つ
五更の天にも　明け渡る
三人一度に　目を覚まし
朝の手水（ちょうず）で　身を清め
そのとき折平が　申すには
信徳前にと　手をついて
申し上げます　若君様
このあい今は　夢を見た
春日様の　教えとは
今は折平は　思わるる
七抱廻る（なながいまわ）　楠木（くすのき）の
ご神木（しんぼく）の　もと見れば
九十九本（くじゅうく）[一]の　釘がある
そばにありよの　金箒（かなぼうき）[二]
落とせばすぐに　落ちるゆえ
一本残さず　拾い上げ
下（した）の晒（さら）[三]しも　拾い上げ

一　継母は呪いの釘を百本用意したのだから一本足りないことになる。この点、高田瞽女の歌詞には「なれども女の浅ましに／とどめを一本打たぬよに／情けないには信徳丸／死ぬに死なれずこの末は」とある。なお、説経『しんとく丸』では方々の寺社に百三十五本の釘を打つ。

二　説経『しんとく丸』では「鳥帚（とりぼうき）」とあり、それで信徳丸の体をなでると釘が抜け、病がなおる。

三　信徳丸の絵姿が描かれた布。

若君様の　お姿と
夢に見ました　若君様
言えば夫婦[一]の　言葉には
我々どもも　同じこと
三人諸共（もろとも）　夢じらし[二]
そこで折平が　申すには
申し上げます　若君様
ご新造様[三]と　二人連れ
さらば参ると　言いながら
春日の宮へ　急がるる
春日の宮にも　なりぬれば
一の鳥居も　はや越えて
五十五段の　きだはしを
昇り詰めては　ここにまた
うがいせきへ　立ち寄りて
うがい手水（ちょうず）で　身を清め
春日の宮へ　上がられて
知らせの鰐口（わにぐち）　打ち鳴らし
南無や春日の　大神社

まことに有難う　存じます
若君様の　ご病気を
どうぞ助けて　給われと
ごかいごかいの　手を合わせ
その場を出でて　今は早（はや）
そのまま裏へ　廻られて
七抱廻る　楠木（くすのき）の
ご神木の　もと見れば
ああ恐ろしや　恐ろしや
おとらの姫は　驚いて
申し上げます　番頭さん[四]
この有様は　何事と
涙にくれて　申さるる
折平はそれを　聞くよりも
そばにありよの　金箒（かなぼうき）
鉄釘さらりと　落とさるる
九十九本の　笠無釘（かさなしくぎ）
おとらの姫は　泣きながら
一本残さず　拾い上げ

一　信徳丸とおとらの姫。
二　「夢知らせ」か。
三　奥さん。おとらの姫のこと。
四　折平のこと。

晒しのきれを　見るならば
姿を見れば　こはいかに
信徳丸の　お姿じゃ
鉄釘紙に　包まれて
晒しのきれも　今は早(はや)
懐中に納めて　折平と
またも春日へ　上がられて
なおも明神　伏し拝み
下向の鰐口　打ち鳴らし
斯(か)かる拝殿　下(くだ)られて
天王原へ　帰らるる
天王原にも　なりぬれば
申し上げます　若君様
あとはこれこれ　こうこうと
話し致せば　信徳は
ご苦労さんで　あったぞと
顔を上げれば　若君様
朝の姿と　こと変わり
元の姿に　なり給う

おとらの姫は　見るよりも
鏡を取って　今は早(はや)
申し上げます　夫様(おっとさま)
春日の宮の　お情けで
今朝の姿が　どこへやら
これをご覧　遊ばせと
合せ鏡を　見せにける
信徳丸は　見るよりも
あら有難や　有難や
なるほど春日の　利益にて
あの様(よ)な病は　治りしと
三人揃って　今は早(はや)
春日の宮に　手を合わせ
喜ぶことは　限り無し
おとらの姫は　今は早(はや)
申し上げます　夫様
早く我が家へ　知らせんと
[一]五日七日も　見えければ
さらば我が家へ　知らせんと

一　五日七日と経ったことであるから。

信徳丸は　今は早(はや)
ようようお手紙　したためて
これのういかに　折平よ
このお手紙を　頼むぞと
言うてお手紙　差し出だす
折平はそれを　聞くよりも
お手紙持って　立ち出でる
　さても一座の　上様へ
まだ行く末は　あるけれど
下手の長誦み　飽きがくる
まずはこれにて　段の切り

十段目（御家繁昌）　33分

今はそのとき　折平は
亀山長者へ　急がるる
亀山長者に　なりぬれば
ご免なされと　言いながら
その場の方(かた)へ　上がられて
すぐに奥へと　急がるる
奥の一間(ひとま)に　なりぬれば
間(あい)の唐紙　そよと開け
敷居のもとに　手をついて
申し上げます　旦那様
お手紙持って　参りしよ
これをご覧なされて下さいと
言うてお手紙　差し出だす
夫婦の者は　見るよりも
喜ぶことは　限り無し
申し上げます　番頭さん
ご苦労様で　ございます
こちへこちへと　手を取りて
今は客間へ　直されて
あれやこれやと　もてなされ
色々お話　致されて
亀山長者の　お言葉に
申し上げます　番頭さん
これよりお支度　致されて

一日二日も　見えければ
すぐにお迎え　致します
頼む頼むと　ありければ
折平はそれを　聞くよりも
有難うござんす　旦那様
どうぞお願い　致します
若君様や　ご新造様
これよりお待ちで　ござんしょう
これよりお暇（いとま）　致します
ご免なされと　立ち上がり
玄関の方へ　急がるる
両親様の　門（かど）送り[一]
ご免なされと　言いながら
天王原へ　急がるる
天王原にも　なりぬれば
申し上げます　若君様
このお手紙を　ご覧じな
夫婦の人は　見るよりも
お手紙見るより　喜んで

若君様は　今は早（はや）
折平ご苦労と　言いながら
一日二日も　見えければ
大坂にては　今は早（はや）
手早く支度を　致されて
番頭さんと　諸共に
数多（あまた）人々　お揃いで
駕籠（かご）[二]を持って　お迎えじゃ
天王原にも　なりぬれば
新造ばかりを　駕籠に乗せ
えんさかほいの　掛け声で
亀山長者へ　急がるる
亀山長者に　なりぬれば
ふた親様に　迎えられ
喜ぶことは　限りなし
亀山長者の　申すには
これこれいかに　折平さん
二番番頭[三]と　名を指され
大儀ながらも　あなた様

一　客人が帰るとき、主人が門口まで見送る礼儀。
二　全快した信徳丸がひとまず妻の実家に迎えられるというこの展開は高田写本とは異なる。
三　八段目に「一の番頭」ともあり、筆頭の番頭に次ぐ二番目の番頭。

この家(や)の中間(ちゅうげん)　頼みます
はいと返事も　優しさに
おとらの姫と　信徳は
一間(ひとま)の方にて　今は早(はや)
あれやこれやの　賄いで
信徳丸は　今は早(はや)
元の姿が　どこへやら
元にも勝る　美男なる
亀山長者は　今は早(はや)
[一]もはや一年(いちねん)　見えければ
これのう申し　若君様
そんな綺麗な　お姿を
信吉様に　面会を
致してよかろうと　仰せられ
信徳丸は　聞くよりも
主人の言葉で　あるならば
いやじゃとことは　言われまい
さらばその儀に　致さんと
亀山長者で　今は早(はや)

色々支度を　致されて
おとらの姫と　二人連れ
駕籠に乗せられ　今は早(はや)
数多供勢(あまたともぜい)　引き連れて
折平殿は　先に立ち
亀山長者の　ふた親は
あとに続いて　今は早(はや)
えんさかほいの　掛け声で
ご新造様と　若君様
駕籠に乗られて　今は早(はや)
河内の国へ　急がるる
河内の国にも　なりぬれば
信吉長者の　表門
折平は声を　高々と
申し上げます　旦那様
若君様の　面会と
言われて　信吉驚いて
家内諸共　今は早(はや)
お出迎えを　致さるる

一　もはや一年も経過したので。

五郎丸は　見るよりも
幼い子どもの　ことなれば
兄上様は　お帰りか
ようこそお帰り　なされたと
袖や袂に　取りすがる
亀山長者は　今は早
今は礼儀を　述べらるる
後妻はそれを　見るよりも
赤い顔して　お出迎え
そこで信徳　今は早
これがわたしの　お土産と
色々品々　取り出だし
今は家内の　人々に
白木の三方に　載せられて
鉄釘九十　九本なる
信徳丸の　絵姿と
紙に包んで　今は早
申し上げます　母上様
何も土産の　無きゆえに

これがあなたの　お土産よ
ご覧なされて　下さいと
数多の人の　見る前で
土産の品を　差し出だす
後妻はなんの　気も付かぬ
開いて見れば　こはいかに
九十九本の　笠無釘
信徳丸の　絵姿と
後妻ははっと　咳きのぼし
黒髪といて　今は早
五郎丸を　いだき上げ
五郎丸は　見るよりも
かか様怖いと　言う声は
胸張り裂ける　声なれど
後妻は今は　聞き入れず
五郎丸を　いだきしめ
それ見るよりも　皆さんは
止める間もなく　おつじこそ
一前のお池に　身を投げる

一　説経『しんとく丸』では最後に信徳丸の命によって継母とその子が首を斬られて殺されるが、瞽女唄ではみずから投身自殺したと語られる。高田写本では、お礼参りをしなかった継母が春日明神の報いによって信徳丸と同じ病におかされ、悪事が露見する。そのために裏門から追放された継母は、我が子を抱いて池に身を投げた。その池は後に継母の名を取って「お玉が池」と呼ばれたと、地名起源を語る話になっている。

参考までに付記すれば、近世の地誌によれば、江戸の神田松枝町の辺りにも玉という女が身を投げた「お玉が池」があったという（『江戸名所図会』巻之一）。

親子諸共　今は早(はや)
そのまま最期と　見えにける
信吉長者は　涙ぐみ
女房次男の　死骸をば
すぐにその場で　葬りて
一家(いっけ)親類　集まりて
ご相談こそは　致されて
その場の方に　手をついて
申し上げるが　信徳よ
とかく男と　言うものは
女房おつじに　ひかされて
あなたを捨てるは　わしが無理
どうぞ許して　給えのと
涙にくれて　詫びをする
信徳丸は　聞くよりも
返す言葉も　致さずに
亀山夫婦は　見るよりも
申し上げます　信吉様
人間一生と　言うことに

どんな災難　あればとて
詫びる心の　優しやな
申し上げます　若君様
子は親に詫びる　ことあれど
親が子に詫びるは無理は無い
どうぞ許して　給えのと
我が娘と　諸共に
父上様も　大切に
どうぞお暮らし　なされよと
すぐに親子の　相談で
おとらの姫は　今は早(はや)
信吉前に　手をついて
申し上げます　お舅様
至らぬ姫で　あるけれど
何も知らない　この姫は
あなたに孝行　致します
悪い所は　教えてたべ
言われて信吉　笑い顔
亀山長者も　今は早(はや)

申し上げます　若君様
あなた杖とも　柱とも
たんだ一人の　親様よ
思い直して　これよりも
父上様は　大切に
一家親類　集まりて

めでたく祝言　致される
婚礼盃　相済まし
御家（おんえ）繁盛で　栄えける
まずはこれにて[一]　段の切り

―「信徳丸」末尾―

一　全体末尾の「まずはこれにて段の切り」は、「まずはこれにて段の末」とあるべきところ。

◇参考資料　高田瞽女杉本キクイ伝承

祭文松坂　信徳丸

一段目　29分

さればによりては　これにまた
いずれに愚かは　あらねども
良き新作も　なきゆえに
信徳丸の　哀れさを
　祈りの段と　申します
[一]後妻(ごさい)はこの由(よし)　聞くよりも
是非に及ばぬ　このすえは
神の勢力(せいりき)　借り受けて
信徳丸の　一命を
今宵一夜が　そのうちに
祈り殺して　しまわんと[二]
その夜(よ)夜半の　ころなるが
家内の者の　目を忍び
髪を洗うて　身を清め
白装束(しらしょうぞく)に　身をまとい
居丈(いだけ)に余る　黒髪を
四方へさあっと　振り散らし
[三]髪に四つ手の　枠を立て
信徳丸の　絵姿を
さもありありと　画(か)かれては
鉄釘百本　懐中し[四]
手に金槌(かなづち)を　引っ提げて
斯(か)かる一間(ひとま)を　まかり立ち
まず[五]広庭(ひろにわ)にも　なりぬれば
表門とは　思えども
もし門番の　者どもに
見とがめられては　一大事
裏門口へ　忍ばんと
そのまま裏門へ　廻られて
[六]一息ほっと　つぎぬけど

※脚注の「写本」は、高田にあった明治期後半以降の写本『信徳丸壹代記』（日本庶民生活史料集成・第十七巻所収）をさす。引用にあたっては誤字衍字を訂正してある。

一　「写本」では後妻の名を「おたま」とする。
二　次に一行「女こゝろのをそろしや」がある（写本）。
三　「四つ手の枠」は、四つの柱がある枠。「写本」には「百目ろうそく四丁たて」ともある。
四　次に「くちにかみすりくわいられ」（写本）。
五　長者の屋敷の表にある広い庭。
六　「ほッとひといきつき（次）の木戸」（写本）とあったのを伝承の間に過ったもの。

（詞）あっあ嬉しやな、嬉しやな。これまで忍び出でたれど、誰（たれ）に見とがめられたる人も無く、わが大願成就するに疑いなしと
斯（か）かる所を　足早に
黒森さして　急がるる[一]
一の鳥居も　はや過ぎて
五十五段の　階段（きだはし）を
のぼりつめては　これにまた[二]
うがい手水（ちょうず）で　身を清め
知らせの鰐口（わにぐち）　打ち鳴らし
しずしず宮へ　あがらるる
[三]七重（ななえ）の膝を　八重に折り
[四]はちすの頭（こうべ）を　地に垂れて
[五]ごかいごかいの　手を合わせ
南無や春日（かすが）の　大（だい）神社
請い願わくば　願わくば
今宵みづから　参りしが
お願い申す　筋（すじ）ありて
この丑[六]三つも　厭わずに
これまで参詣を　致します
[七]願いの筋は　別ならず
信吉（のぶよし）長者の　総領の
信徳丸の　一命を
今宵一夜に　取り給え
命強（いのちづよ）うて　取られずば
人（ひと）交わりの　できぬように
癩病病みに　して給え
[八]この願（がん）かなわぬ　その時に
前なる池へ　身を投げて
二十尋（はたひろ）あまりの　悪蛇（あくじゃ）となり
信吉親子を　取り殺し
我が子に家督[九]を　継がせては
返りてこの大門（だいもん）に　のたまわり
社（やしろ）参りの　人を取り
宮を廃（すた）らせ　春日（かすが）様
あと草むらに　致します
[一〇]二つに一つの　このうちに

一　次に「ほどなくかすがになりぬれば」（写本）あり。

二　次に「ウガ□の石にたちよりて」（写本）あり。なお、この部分は小林ハル演唱の「佐倉宗五郎」などにもあって神社参拝の慣用句。

三　小林ハル演唱「佐倉宗五郎」に、「胸に蓮華の塔を組み／しばし祈願をこめられて／はちすのこうべ地に付けて／しばし祈願をこめられて」とあるなど、以下三行、神仏礼拝の慣用句。

四　説経など古い語り物に「八分（はちぶん）の頭（かうべ）を地につけて」とある慣用句の転訛。「八分の頭」は未詳。

五　「ごかいごかい」は五回々々か。不明。

六　丑三つ時は、今のほぼ午前三時過ぎ。

七　「写本」ではここから二段目となっている。

八　神を脅迫する文句は、古い説経『しんとく丸』では長者と先妻が申し子をする場面にある。

九　「家督」は、戸主としての主人が保つ家の財産・地位・権利。

一〇　信徳丸の命を取るか、または癩病に罹らせるかの二つに一つ。

大願成就を　致すなら
御礼参りに[一]　致します
一の鳥居に
金の額を　あげましょう
五色の旗を　五千本
皆縮緬にて　あげましょう
五十五段の　階段を
宮の屋根も
銅瓦で　巻きましょう
太々神楽も　打ちましょう
神はこの世の　飾りかえ
まことにあらた[二]の　神社なら
たとえ無理なる　願いでも
ひとたびかなわせ　たび給えと
南無や春日の　明神と
深くも心願　こめられて
そのままお裏へ　廻らるる
七抱もある　楠の
御神木の　もとに寄り

信徳丸の　絵姿を
真っ逆様に　貼り付けて
用意の鉄釘　取り出だし
左の足の　くるみ[三]に当て
おんのれ憎き　信徳丸
継母の牙の　その釘を
思い知れよと　言うままに
そのまま金槌　おっ取りて
かあしかあしと　打つ音が
金輪奈落[四]の　底までも
拍子響いて　もの凄き
頭の頂上までは　十四経[五]
肋三枚　残りなく
手足の節々　打たれては
五臓六腑へ　立つ釘を
並べて打ったる　有り様が
身の毛もよだつ　ばかりなり
女の一念　恐ろしや
血走る眼に　血をすすぎ[六]

一　既述のように説経『しんとく丸』では、信徳丸誕生以前、清水観音に申し子をした長者と先妻の願文に「子種授けてたまはるものならば、御堂建立申すべし‥‥それも不足におぼしめさるるものならば‥‥欄干・擬宝珠に至るまで、みな金銀にてみがきたて参らすべし」などとある。
二　「あらたの」は、霊験あらたかなの意。
三　「くのみ」（写本）。「手足の節々」とあることから、踝を指すと考えられる。
四　「金輪奈落」は、地獄の底。
五　十四経は、人体血脈の運行。漢方鍼灸の経絡。
六　「血をすすぎ」は、血をそそぎ。

髪の毛逆立ち
獅子の荒れたる　勢いにて
心願こめて　打つ釘が
継子の肝へ　通じてか
打ったる釘の　もとよりも
血汐がさっと　走りける
後妻がこの由　見るよりも
（詞）ああ、嬉しやな、嬉しやな。朧月夜に、このように、血汐の色まで分かります。[一]我が、大願成就と喜んで、
なれども女の　浅ましに[二]
とどめを一本　打たぬよに
情けないには　信徳丸
死ぬに死なれず　この末は
たった一夜が　そのうちに
斯く癩病と　なりくずれ
目も当てられぬ　風情なり
さて皆様にも　どなたにも
下手で長いは　座のさわり
これはこの座の　段の切れ

二段目　31分

ただいま誦み上げ　段のつぎ
後妻がその座を　まかり立ち
また拝殿に　上がられて
なおも明神　伏し拝み
[三]斯かる社を　立ち下がり
我が家を指して　下向なす
まず裏門に　立ち止まり
残らず蝋燭　消されては
裏門口より　忍び込み
我が住む一間に　なりぬれば
常の衣服に　着替えられ
我が子の五郎と　添い寝して
そ知らぬ体にて　居たりける
次第にその夜も　更けわたる

一　次に「さてこそ神のごせいりき」（写本）。
二　次に「すこし心がゆるみしか」（写本）。
三　「げこうのわにぐち打ならし、かゝるやしろをあしばやに、わがやをさしていそがるゝ、ほどなくわがやになりぬれば、まづうら門にたちとまり」（写本）。

[1]三更四更（さんこうしこう）の　時も過ぎ
はや寺々の　明けの鐘
東雲烏（しののめがらす）は　西東（にしひがし）
北よ南と　告げわたる
すでに夜明けて　ありければ
お台所が　下女はした[2]
みな起きわたる　女中がた
おかみも今は　お目覚めで
信吉（のぶよし）長者が　起きなりて
朝の手水（ちょうず）で　身を清め
その日の神も　立拝（たあばい）す
後妻も程なく　おきなりて
朝の手水で　身を清め
夫（おっと）に素顔を　見せまいと
髪取り上げて　後妻殿
顔に白粉（おしろい）　薄化粧[3]
我が子の五郎の　手を取りて
[4]斯（か）かる一間（ひとま）を　まかり立ち
夫の前に　手を突いて

朝のいちぎ[5]を　述べらるる
腰元どもは　それよりも
急ぎ膳部（ぜんぶ）[6]　しつらえて
おかみも今は　朝御膳（あさごぜん）
膳（ぜん）に直りて　信吉（のぶよし）が
あたりをしばらく　打ち眺め
（詞）さて合点が行かぬ。信徳丸は
　今朝（けさ）に限ってなぜに起きん。五
　郎、兄（あに）さん起こせよと
父の仰せに　五郎丸
[7]はいとその座を　まかり立ち
総領（そうりょ）の部屋へ　急がるる
総領（そうりょ）の部屋にも　なりぬれば
枕の元に　手を突いて
（詞）ああれ兄様（あにさま）。とと様も、母様（はは）も
　お目覚めじゃ。お前も早う、起
　きなりませと
呼び起こされて　信徳丸
あいと返事を　苦しげに

一　以下、夜の時間的経過を表わす慣用句。
二　はした女（め）の意で、下女に同じ。
三　次に「いふくをあらためそれよりも」（写本）。
四　慣用句。
五　「いちぎ（一儀?）」は、挨拶の意で使用している。
六　食膳のこと。
七　「写本」では「あへと返事もやさしけに、かゝる其ざをまかりたち」とある。

重き枕を　上げたもう
一目見るより　五郎丸
怖いわいのと　逃げ出だす
母のそばへと　駆け来たり
思わずわあーと　声を上げ
その座へどうと　泣き沈む
後妻はこの由　見るよりも
（詞）[一]ほっほこの子、何が怖い。なん
　で泣くのじゃ。これ五郎丸と
問い掛けられて　五郎丸
子ども心（ごころ）の　頑是（がんぜ）無し
ああれ母様（かか）　兄様が
怖い面（めん）を　被（かむ）てじゃと
言われてこの時　信吉（のぶよし）が
総領（そうりょ）の部屋へ　急がるる
枕の元に　立ちかかり
（詞）[二]これ信徳丸。ねはだも離れず悪
　あがき。なぜに五郎を泣かした
　のじゃ。早う起きよ、信徳丸と

言われてこの時　信徳丸
はいと返事を　苦しげに
重き枕を　上げたもう[三]
後妻はこの由　見るよりも
大願（だいがん）成就と　心では
喜びながら　驚いて
（詞）これ信徳丸。顔、なんとした。
　あれ、あの顔ご覧遊ばせと
言われてこの時　信吉（のぶよし）が
[四]総領（そうりょ）の顔を　うちながめ
（詞）これ信徳丸。いつの間に、この
　ような汚い片輪になりよった。
　夕べまでは、あのように、信吉（のぶよし）
　長者の総領（そうりょ）の信徳様とも言われ
　しが、今業平とも呼ばれれし
すぐれし器量を　持ちながら[五]
今朝の姿の　その姿
みどりの髪も[六]　前禿げて
顔は一面　ゆず肌に

一　この部分、「写本」でも同じく「詞」となっている。
二　この部分、「写本」でも同じく「詞」となっている。以下、同様の場合があって、瞽女演唱テキストとの共通性を思わせる。「ねはだ」は不明。
三　次に「ように〱ひとまをたちいずる」（写本）。
四　「そうれうのかほを見るよりも、はつとばかりにおどろいて、そのまゝ、そばにかけよりて」（写本）。
五　次に「たつたいちやがそのうちに、けさのそなたが此のざまは」（写本）。
六　「ゆず肌」は、柚子（ゆず）の表面が凸凹しているところからいうこと既述。

鼻が欠けて　落つるやら
唇（くちべり）目尻（めじり）　耳つばも
欠けて膿血（うみぢ）と　なり崩れ
信吉（のぶよし）長者が　この時に
(詞)これはおおかた、癩病というで
あろう。この家（や）において先祖よ
り、筋目を選んで縁組致し、こ
のような病人の出来ぬはず
いかなる毒の　喰い当たり
なに神様（がみ）の　咎（とが）しめと
言うて長者も　嘆かるる
父の嘆きに　信徳丸
我が住む一間（ひとま）に　来られては
そばなる鏡の　蓋（ふた）をはね
我が顔見るより　驚いて
なんとしょうぞえ　我が姿
いつの間に　このような
汚い片輪に　なるような
さまでの毒も　喰わなんだ

何神様（なにがみ）の　咎（とが）しめと
思わずわあっと　声をあげ
一その座にどおっと　泣き沈み
消え入るばかりに　嘆かるる
さてその時に　信吉（のぶよし）が
我が子を不憫（ふびん）に　思われて
二やあれ皆の者　ようもてよ
必ずみずを　くれまいと
医者を呼んでの　三方（ほう）じゃのと
さまざま介抱　なされども
その甲斐さらに　あらざれば
泣いてその日も　暮らさるる
四さてその時に　後妻殿
その夜（よ）夜半の　ころなるが
家内の者の　目を忍び
髪を洗うて　身を清め
白装束（しらしょうぞく）に　身をまとい
居丈（いだけ）に余る　黒髪を
四方へさあっと　振り散らし

一　以下、「写本」では「いつそ此ま、しにたやと　其ざにどうとふししづみぜんごわすれてなげかる、　長者此よしごらんあり」となっている。
二　「ヤレみなの者ゆ（湯）をもてや、かならず水はくれまいぞ」（写本）。
三　「方」は、方術。祈祷。
四　「すでに其日もくれけるが、其よやはんのころなるが、又もけいぼのたくみ事…」（写本）。なお、以下の歌詞は既出の定型句。

手に鏡を　引っ提げて
斯(か)かる一間(ひとま)を　立ち出でて
梯子(はしご)を一脚(いっきゃく)　持ち来たり
我が家の小屋根(こやね)に　かけられて
そろそろ屋根へ　上がらるる
その身は神と　偽りて
声変わらせて　後妻殿
(詞)善哉(ぜんざい)善哉、我こそ春日明神なり。信吉長者にもの教えを致さんと
声高らかと　申しける
信吉長者が　聞くよりも
(詞)はて合点(がてん)がゆかぬ。深更に更けわたり、不思議な声が屋根でするると
耳を澄ませて　聞きいたる
後妻はなおも　声高く
(詞)[一]そもそもこの家(や)に癩病人の出来しこと、先妻が[二]かえんの砌(みぎり)、春日の宮をけがし、その咎しめによって、[三]さんこうにはちかたの病と致し、ついに一命は取りけれど、神の罰と心つかぬゆえ、かわいし信徳丸、癩病となりしこと。この家(や)で介抱を致すなら、大神宮をけがし、ついに[四]こうじんのぎを背く。従類まで取り絶やすなり。[五]いい安穏に暮らしたくば、早々明日は癩病病みを何処(いずく)へなりともおん出だすべし。ゆめゆめ疑うものなかれ。
我こそは、春日明神なりと
言うて屋根より　そっと降り
梯子を隠し　部屋におり[六]
そ知らん体(てい)に　居たりける
さて皆様にも　どなたにも
あまり長いは　座のさわり
これはこの座の　段の切れ

一　以下、継母による偽りの託宣。「写本」ではこれより四段目「けいぼのだん」となる。
二　「くわいにん（懐妊）」（写本）。
三　「さんこう」は「さんご（産後）」（写本）。「ち（血）かた」は産褥熱のことであろう。
四　「こうじんのき」（写本）も不明。「従類」は一族。「いつけ一もんをとりたやさん」（写本）。
五　「景清」に「景清殿の身の上をいい安穏に守らせ給え」とあるところからすれば、「家安穏」ではないらしい。
六　次に「わがすむひとまにいられては、つねのいふくにきかいられ、わか子の五郎にそいねして」（写本）。

三段目　31分

[一]されば によりては　これにまた
いずれに愚かは　あらねども
良き新作も　なきままに
信徳丸の　哀れさを
あらあら誦み上げ　たてまつる
すでにその日も　暮れければ
またも後妻の　企みごと
[二]その夜夜半の　ころなるが
家内の者の　目を忍び
髪を洗うて　身を清め
[三]白装束に　身をまとい
手に鏡を　引っ提げて
斯かる一間を　まかり立ち
梯子一脚　持ち来たり
我が家の小屋根に　かけられて
そろそろ屋根へ　上がらるる
その身は神と　偽りて
声変わらせて　後妻殿
（詞）善哉善哉、我こそは春日明神なり。信吉長者にもの申しを致さんと
声高らかと　申しける
信吉長者が　聞くよりも
（詞）はて合点がゆかん。[四]そき深更に更けわたり、不思議な声が屋根ですると
耳を澄まして　聞きいたる
後妻はなおも　声高く
（詞）そもそもこの家に癩病人の出来しこと、先妻はかえんの砌、春日の宮をけがし、その咎しめによって、ちかたの病と致し、ついに一命を取りけれど、神の罰と心つかぬゆえ、かわいし信徳丸は癩病となりしこと、この家

一　歌い出しにこの五行をいれたのは、日時を変えて新たに歌ったゆえか。通常、休止の後に続けて歌う場合は「ただいま誦み上げ段のつぎ」だけで始める。
二　以下四十行、二段目の後半部分と重複している。
三　前の二行「居丈に余る黒髪を／四方へさあっと振り散らし」脱落。
四　「そき」は「とき（時）」の訛伝か。

で介抱を致すなら、大神宮をけがし、ついにこうじんのぎを背く。従類（じょうるい）まで取り絶やすのに。いい安穏に暮らしたくば、早々明日は癩病病みを何処（いずく）へなりとも、おん出だすべし。ゆめゆめ疑うものなかれ。我こそは、春日明神なりと

言うて屋根より　そっと降り
梯子を隠し　部屋に入（い）り
我が子の五郎と　添い寝して
そ知らん体（てい）にて　居たりける[一]
次第にその夜も　更けわたる
[二]三更四更（さんこうしこう）の　時も過ぎ
はや寺々の　明けの鐘
東雲鳥（しののめがらす）が　告げ渡る
東雲鳥で　目を覚まし
[三]信吉長者が　起きなりて
朝の手水（ちょうず）で　身を清め
女房近く　召されては

（詞）これ女房。昨夜不思議なるかな。春日明神の御（おん）告げに、信徳丸が癩病となりしこと。[四]この家（や）で介抱を致すなら、大神宮（だいじんぐう）をけがし、ついにこうじんのぎを背く。従類まで取り絶やすとの昨夜の御告げ。いかがはせんと信吉は

しばし涙に　くれいたる
女房はそれと　聞くよりも
夫（おっと）のそばへ　近く寄り
[五]遥かこなたに　手を突いて
申し上げます　夫上（つまうへ）様

（詞）[六]果てたる人を悪（あ）しく言うではなけれども、定めて先妻は放埒者とあい見えて、あのような筋目の子が出来ました。この家（や）において昔より、あのよな病人の出

一　ここまで、二段目の後半部分と重複。
二　以下、慣用句。
三　以下二句、この段物の定型句。長者の敬虔さを表わす。それを悪用する後妻の罪深さを思わせ、また信徳丸の救いをもたらす背景ともなっている。
四　次に「かすかの宮のとがしめとある」（写本）。なお、後妻の偽りの託宣は本作の定型句。
五　慣用句を用いたため、前の「近く寄り」と矛盾している。
六　「果てたる人」は、死んだ人。先妻のこと。

来しこと、言い伝えにも聞かなんだ。あれは大方、先妻は、う[一]らおとをして出来た子でござんしょう。それをお前はご存じないか。無事であるうちから、とりどりの評判。私どもまでも耳のざくざく聞いておりましたれど、それをお前に話すなら、影[二]ないものの悋気する、愚痴な女と言わりょうと、これまでつつんでおりました。子でないと思えば、敵も同然。とにかく家の立つように良い御了見をなされませと

実心そうに　見せかけて
夫勧むる　根性が
鬼より蛇より　恐ろしや
信吉長者が　聞くよりも
凡夫の心の　あさましに
死んだ女房も　憎くなる

（詞）しからば信徳丸は、おれが子でないとな。この家でいき[三]業をさらす餓鬼。天王原へ捨て、五郎丸に跡相続をさせ、いい安穏に暮らす思案に致さんと

にわかに心が　変わりくる
その座を立って　信吉が
総領の部屋へ　急がるる
総領の部屋にも　なりぬれば
枕の元へ　立ち寄りて

（詞）こら、この乞食、業病病み。

顔上げよと
呼び起こされて　信徳丸
はいと返事を　苦しげに
重き枕を　上げ給う
信吉長者が　見るよりも[四]

（詞）これ信徳丸。おのれがいったい、おれが子ではないとな。

一　「さだめてせんさいがあなたの目をくらかしうらおとをしてできた子で：：」（写本）。「うらおとをして」は、不義によっての意であるが、未詳。裏夫か？
二　「影ないもの」は、死者（先妻）のこと。
三　「いき」は、罵る場合の接頭語。いけ。
四　次に「申、父うへ様なにのごようでござりますいと、いわせもはてず」（写本）あり。

今日よりしては、親子の血縁を
切って勘当いたす。親と思うな
子でないぞ
何処へなりとも　失せおれと
にわかに荒立つ　父の声
聞いて不憫や　信徳丸
父の袂に　取り縋り
(詞)申し父上様。今日に限りて私
を、子でないとは、まあなにゆ
えにと
言わせもはてず　信吉が
小癪な小餓鬼と　踏みのめす
踏みのめされて　信徳丸
痛むところを　撫でさすり
泣くよりほかの　ことぞなし[一]
またも袂に　取り縋り
(詞)申し父上様。今日に限りて私
を、子でないと仰せ遊ばすが、
ほんに私のようなる氏にもつる[二]
にも無い斯く業病となりし者。
家の疵と思し召してのご勘当な
ら背きは致しません。今宵は出
でて参りますと
言うては見れど　身のつらさ
心細さは　限りなく[三]
泣いてその日も　暮らさるる
すでにその日も　暮れければ
信吉長者が　その時に
代々家の　譜代なる
折平近く　召されては
(詞)これ折平。昨夜不思議なるか
な、春日明神の御告げに、信徳
丸が癩病となりしこと[四]、この家
で介抱を致すなら、大神宮をけ
がし、ついにこうじんのぎを背
く。従類まで取り絶やすとの昨
夜の御告げ[五]。信徳丸を駕籠に乗
せ、天王原へ連れ出だし、捨て

一　「写本」では次句から五段目「なげきのだん」となる。冒頭は「さてもあはれや信徳丸、よう〳〵なみだのかほをあげ、(詞)申、父うへ様……」。
二　「つる」は、同族・一族といった意味。
三　次に「其ざにどうとふししづみ」(写本)。
四　次に「春日の宮のとがしめとある」(写本)。
五　次に「ぜひにおよばぬ折平よ」(写本)。

て参るべし。きっと申し付けた
ぞと
[一]主(しゅう)の仰せに　折平が
お詫びもできず　恩(おん)受けし
総領の部屋へ　急がるる
枕の元に　手を突いて
(詞)申し若旦那様。大旦那様の御意(ぎょい)
に任せまして、折平はあんたの
天王原へお供を申します。早々(はよはよ)
ご用意遊ばせと
[二]せり立てられて　信徳丸
泣く泣く用意を　致されて
斯(か)かる一間(ひとま)を　まかりたち
[三]ようよう勝手と　下がらるる
両親前に　手を突いて
申し上げます　ご両親様
これはこの世の
お別れにて　ござります
家内(かない)のうちを　目を配り

これは我が家(や)の　見納めと
嘆く心と　もろともに
思わずわっと　声を上げ
その座へどうと　泣き沈む[四]
折平は見るより　そばに寄り
(詞)申し若旦那様。その御嘆(おんなげ)きは御(ご)
尤もには候えど、嘆いて返らん
ことなれば、早(はよ)お乗り遊ばせと[五]
駕籠の戸引けば　信徳丸
泣く泣く駕籠に　召されては
折平は涙を　押し払い
(詞)これ男ども。大切に裏門口より
若旦那を天王原へ送り申せと
はっとこたえて　下部(しもべ)ども
泣く泣く乗り物　上げられて
天王(てんの)が原へ　急がるる
さて皆様にも　どなたにも
あまり長いも　座のさわり
これはこの座の　段の切れ

一　「きびしきことばに折平もはつと御うけつかまつり、か、るところをまつかりたちそに、(詞) コレ男どもかごを壹丁是へもてこい、はつとこたいて男ともかごを壹丁もちきたる、折平はまくらの元てとて」(写本)。
二　「せり立て」…急き立て。
三　この句、不要か。
四　次に「ぜんごわすれてなげかる、」(写本)などの句があるべきところ。
五　次に「折平が御ともつかまつりまする」(写本)。

四段目　35分

ただいま誦み上げ　段のつぎ
折平(おりへい)はあとに　居直りて

(詞)申し大旦那(おおだんな)様。世の中の譬えの如く、まま[一]となって崩れんままが無いとやら、お果てなされし奥様は、ご無事でござることなれば、[二][三]ごうしのお子に御生(おん)れなされしもの。捨てるとゆうようなむごい親。広い唐(から)にも天竺にも、まあ三千世界にありましょうか。申し奥さん。我が子可愛(かわゆ)思えば、人の子にもちっとうやいたわりが出そうなもの。我が子ばかりを可愛(かわい)がり、人の子にいたわりの無い者は世の中人畜(にんちく)生(しょう)と申します。寝ている狆(ちん)[四]をなでさすり、ええこら畜生め。また折平にからむのか。若旦那の供をせにゃならん。おのれのような奴に何を言うて聞かしてもわけが分からん。一つは後妻の面当てに科(とが)ない狆(ちん)を蹴飛ばして、申し奥様、行って参りますと[五]

飛び出す裏門　今に見ろ
ろくなことには　なるまいと
つぶやきながら　折平が
天王が原へ　急がるる
天王が原にも　なりぬれば
数多下部(あまたしもべ)に　申し付け
俄かに藁小屋(わらごや)　かけさせて
数多下部を　帰されて
折平があとに　ただひとり
前の川より　水を汲み
薬を煎じ　湯を沸かし

一　「まま」は、実子でない親子関係。
二　次に「こんなむごいつれない事がありましょうか、らいびようやみがなになりと」（写本）。
三　「ごうし」は不明だが、長者や豪族の意で使っている。
四　「狆」は、犬の狆。折平に犬がじゃれ付く場面である。
五　次に「か丶るところをまかりたち」（写本）。

いたわり介抱　致しける
信徳丸が　この時に[一]
ようよう涙の　顔あげて
(詞)これ折平。現在の親御(おやご)にさえも見捨てられたこの業病(ごうびょう)。いたわりくれる志、死んでも忘れは致さんと
折平がそれと　聞くよりも
(詞)申し若旦那様。そのようなお心細いこと仰せ[二]遊ばさんす。精出しお薬をお上がり遊ばせ。神信心(かみしんじん)が大切でござりますと
なおも力を　添えにける
すでにその日も　暮れければ
はや丑三つの　ころなれば
折平は若旦那の
枕の元に　手を突いて
(詞)申し若旦那様。今宵丑三つをはじめといたし、あなたのお代参に折平は、春日明神へ百度参りを仕ります。あなたもこれより朝夕春日明神を深くお祈り遊ばせ。早(はよ)ご全快あってしかるべしと
言いつつその座を　まかり立ち
前の川にて　身を清め
斯(か)かるその座を　まかり立ち
春日の社(やしろ)と　急がるる
[三]一の鳥居も　早(はや)過ぎて
五十五段の　階段(きだはし)を
のぼり詰めては　これにまた
うがい石(せき)へ　立ち寄りて
うがい手水(ちょうず)で　身を清め
知らせの鰐口　打ち鳴らし
しずしず宮へ　上がらるる
南無や春日の　大神社
請い願わくば　願わくば
哀れみあって

一　「写本」では次句から六段目「天王原のだん」となる。
二　「おうせあそばさずに」（写本）。
三　以下、神社参拝の慣用句。

信徳様の　業病を
早うご全快
なさしめ給えと　一心に
ややしばらくも　伏し拝み
斯（か）かる社を　立ち下がり
藁小屋指して　帰らるる
前の川より　水を汲み
薬を煎じ　湯を沸かし
いたわり介抱　なされける
月日の経つのは　速いもの
すでに年も　暮れければ
明くる春にも　なりぬれば
またも後妻の　勧めにて
かの折平に
信徳丸を　捨て置いて
家（いえ）に帰れと　言い送る
折平は若旦那の
枕の元に　手を突いて
（詞）申し若旦那様。折平はあなたのお側（そば）に、いつまでも付添いおりまして、ご介抱致したいと思えども、大旦那様より厳しく帰れとあらば是非に及ばぬ。折平はこれより帰ります。あなたもこれにいつまでおいで遊ばしても果てしがつかん。これより春日の宮へ引き越しなされ。朝夕春日明神を深くお祈り遊ばせ。早（はよ）ご全快あってしかるべしと
信徳丸が[一]　この時に
これのういかに　折平よ
現在の
神仏（かみほとけ）には　見捨てられ
本（ほん）に杖（つえ）とも　柱とも
頼りのそなたに　捨てられて
我が身はなんと　なるべきぞ
そなたが家に　帰るなら
いっそ手にかけ　ひと思い

一　「きいて此時信徳丸、おもきまくらをあげたまい」（写本）。

殺してたべと　取り縋る
折平がそれと　聞くよりも
（詞）申し若旦那様。そのようなお心細いことばかり。寿命の長いは[一]鶴に亀。あなたもお命長く遊ばすなら、また花咲く春もあるならん
ただ何事も　このすえは
折平が申すに　任せんと
申し上げれば　信徳様
しからばその儀に　任せんと
泣く泣く用意を　致されて
斯かる藁小屋　立ち出でて
春日の社へ　急がるる
折平は後の　始末をし
長者の家にと　帰らるる
もの哀れや　信徳様[二]
[三]道の露やら　涙やら
袂の乾く　ひまもなく
たどらせ給えば　ようようと
春日の社へ　着きにける[四]
一の鳥居も　早過ぎて
五十五段の　階段を
のぼり詰めては　これにまた
うがい石へ　立ち寄りて
うがい手水で　身を清め
しずしず宮へ　上がらるる
南無や春日の　大神社
請い願わくば　願わくば
哀れみあって
信徳丸の　業病を
早う全快
なさしめ給えと　一心に
ややしばらくも　伏し拝み
斯かるその座を　立ち上がり
社壇の下へと　入らるる
社壇の下にも　なりぬれば
もの哀れや　信徳さん

一　「いのちのながいはつるとかめ、ほうらいさんにあふときく、死はいつたんにしてやすし、生は万代にしてうけがたし、いのちだにあるならば、花さくはるもあるならん」（写本）。
二　次に「たよりのけらいにわかれては、なく〳〵春日へいそがるゝ、すがたを物にたといなば、ふたばつらねしおし鳥の、つまにわかれしごとくにて」（写本）。
三　正しくは「道は露やら涙やら」。以下二行、慣用句。
四　「写本」では次句から七段目となる。

心のうちで　ひと嘆き
世が世であろう　ものならば
河内(かわち)の国に　隠れなき
信吉長者の　総領の
信徳様と　呼ばわれし
絹や絹布(けんぷ)に　身をまとい
隙間(すきま)の風も　厭(いと)う身が
継母の邪険(じゃけん)の　情けなや
絹や絹布と　引き替えて
破れし薦(こも)を　敷かれては
葦簀(よしず)で風を　しのがるる
泣いて月日を　送らるる
[一]それはさて置き　ここにまた
大坂(おおさか)にても　隠れなき
亀山長者と　申するが
ある日のことに　候(そうろ)うが
女房近く　召されては
（詞）これ女房。河内の国、信吉長者
と申するは、去年の秋我が娘を
もらい受け、すでに結納までも
贈りしが、今に至って一向の沙
汰も無い。いかがなされて候う
と
声かけられて　女房が
遥かこなたに　手を突いて
申し上げます　夫上様(つまうえさま)
風の便りで　聞きけるが
嘘か本(ほん)かは　知らねども
河内(かわち)の国に　隠れなき
信吉長者の　ご総領の
信徳様と　申するは
（詞）いかがなことには、たった一夜(いちや)
がそのうちに、かく癩病となり
崩れ、天王が原へ捨てられ給う
と申します
亀山長者が　聞くよりも[二]
（詞）ややあって顔ふりあげ、[三]こら女
房。癩病と聞けば一家(いっか)一門みな

一　場面転換に用いる慣用句。
二　次に「もろてくんでくびかたげ、しばらくしあんをいたせしが」（写本）。
三　「コレにようぼう、たといばせけんのふうぶんにもせよ、ほかの事とは事ちがい、らいびよときいては、だいいち家のけがれ、其うわさがあるならば、此ゑんだんはこつちから、ことわりいふてつかわして、まつゆいのうをもどし、又ほかほかにゑんぐみいたさんと」（写本）。

嫌う病。そんな噂があるなら早
うこちから断り言うて遣わせ。
いずれなりとも我が娘を、また
　他々へ縁付けんと
夫婦ご相談　なされける
ものの哀れや　おとら姫[一]
人の噂と　思いしが
それがまことの　ことならば
癩病病みは　何なると
結納までも　済みければ
[二]みずから殿御に　相違ない

ほかへ嫁入り　わしゃ嫌だ
今宵我が家を　忍び出で
河内とやらへ　尋ね行き
一日なりとも　みずからは
お側で介抱　いたさんと
娘心の　一筋に
その日の暮れるを　待ちかねる
　さて皆様にも　どなたにも
　下手で長いは　座のさわり
これはこの座の　段の切れ[三]

――「信徳丸」末尾――

一　以下、「つぎのひとまにたちぎ、し、はつとばかりにおどろいて、むすめ心のひとすぢに、なんとしようぞいとしようぞいと、それ世中はふたりのおつとはもたぬもの、らいびようやみがなになりと……」（写本）と、歌詞にかなり違いが見られる。

二　自分の夫に相違ない、の意。

三　テープ録音はここで終わっているが、上越市教育委員会発行『高田のごぜ資料収録目録』（一九八〇）によれば、本作の伝承は全七段となっている。以下、物語の展開は、写本「信徳丸壱代記」によれば、おとら姫が尋ねあぐんだ末に春日神社で信徳丸を見いだす話になる。この点は、説経『しんとく丸』での、いせん堂で見いだす話がふまえられている。

4　小栗判官照手姫

〈凡例〉

一　小林ハル伝承歌詞のうち文脈上明らかに欠落していると思われる部分、また明らかに誤りと思われる部分のみ土田ミス演唱テープ等の歌詞によって補った。ただし、土田ミス演唱の歌詞は、三段目に一部同じところがあるが、全体としては小林ハル演唱の歌詞とかなり異なる。そこで、土田ミス演唱テープの一段目と二段目だけは参考資料として別に掲げた。

二　本作では小林ハル本人に全体の歌詞を直接確認することはできなかったが、自分が持たない一段目の歌詞を弟子が持っていると言って、近藤ナヨに吹き込んでもらった朗読テープをいただいた（一九九六年九月）。小林の伝承に欠けているのは始まり一段目の前半部分である。近藤ナヨは、もとの師匠土田ミス没後小林ハルの弟子となった瞽女であり、彼女が記憶していた歌詞は土田ミスのものであった。

三　鈴木昭英編「長岡瞽女唄集」（『長岡市立科学博物館研究報告』第十四号、一九七九）に載る渡辺キク演唱「小栗判官」の歌詞を参照した。

四　参考資料に掲げた高田瞽女が伝承する「小栗判官」（一九七九年録音）の歌詞も、細かい点では相違があるが、大筋においてはほぼ同じである。

五　注における説経『をぐり』のテキストは、室木弥太郎校注の新潮日本古典集成本によった。

祭文松坂　小栗判官照手姫

一段目（化粧と支度）　19分

されば　アーよりては　これにまた
いずれに愚かは　無けれども
何新作の　無きままに
古き文句に　候えど[一]
哀れなるかや　照手姫
浮世の義理に　責められて
泣いて帰らぬ　ことなれば
さらば支度を　致さんと
[二]手慣れし鏡台　取り出だし
向かう鏡を　しゃんと立て
鏡台鏡に　打ち向かい
丈と伸びたる　黒髪を
根ぐしをさっと　払われて
まず粗櫛で　とかさるる
[三]鬢櫛[四]唐櫛　かけられて
[五]伽羅の油で　梳き流し
[六]梅花の油で　艶を出し
髪は何風が　良かろやと
お江戸で流行る　いま流行る
[七]長船とやらが　良かろうか
[八]灯籠鬢には　勝山か
但しは御家の　[九]下げ髪か
いや待てしばし　我が心
高家大名の　流れでも
落つれば同じく　谷川の
水の流れは　同じこと
一夜なりとも　流れの身
下げ髪なぞには　結われまい
当世流行りじゃ　なけれども
[一〇]ぐるり落としに　髱入れて
姫が好みの　[一一]投げ島田
[一二]銀の簪　差しそろえ(1)
[一三]たいまの櫛も　しゃんと挿し

一　例えば「小栗判官一代記」（杉本キクイ演唱）など、次に作品名がくるはずだが省略されている。
二　以下三行、慣用句。「平井権八編笠脱ぎ」「石井常右衛門」などにもある。
三　鬢を梳く櫛。「鬢掻櫛―この櫛江戸にあり。京坂にこれなし」（喜田川守貞著『近世風俗志』）。下図参照。
四　虱も取れる細かい歯の梳き櫛。
五　髪梳き油。「晒蝋に匂を付けて、水油にて煉りたる」（同右『近世風俗志』）ものという。
六　用語例―「この初みどりと申すは、日本無類の油にて、第一には髪の艶をよくし：：：極上々の梅花の油に御座候」（為永春水著『春色辰巳園』）。
七　髪型。→三一八頁の図参照。
八　鬢（両耳上部の髪）を、毛が一本一本透けて見えるほどふっくらと薄く整えるところからの呼称という（南ちゑ著『日本の髪型』一九八一）。「勝山」は江戸時代の代表的な髪型の一つ。
九　公家や上級武士の婦人の、晴れの時の髪型。
一〇　鬢が耳の脇に垂れている髪型で、江戸時代後期に江戸の花柳界から流行したという（金沢康隆著『江戸結髪史』一九六一）。

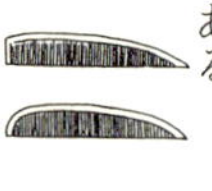

襟は千鳥の　両羽交い(りょうはがい)
[一]鉄漿(かね)黒々に　含ませて
[二]ぼうぼう眉毛に　薄化粧
丹花(たんか)の口紅　鮮やかに
[三]じっぱらとうの　指までも(1)
皆爪紅(つまべに)を　さされける(2)
まずこしらいも　出来上がり
さらば支度と　言うままに
重ね箪笥の　中よりも
色良き衣服を　取り出(い)だし
数(かず)の衣裳は　多けれど
着たる着物を　さっと脱ぎ
紫　縮緬(むらさきちりめん)　長襦袢(ながじばん)
下には白絹(しろきぬ)　練りの絹
間(あい)には鶸茶(ひわちゃ)[四]に　京鹿子[五]
花山吹の　上小袖(うわこそで)
帯は流行りの　唐羅紗(とうらしゃ)[六]で
金糸(きんし)と銀糸の　糸をもち
昇り龍には　降(くだ)り龍

三四(みよ)[七]に廻して　結ぶとき
帯はなんと　結ぼやら
万屋(よろずや)[八]やの字に　結ぼうか
いや待てしばし　我が心
夫(おっと)に貞女　たて結び[九]
今宵泊まりの　御(おん)国司
百万石の　殿なれば
なんぼ流れの　身じゃとても
[一〇]かいどり無しには　出でられぬ
まずかいどりの　見事さは
白綸子(りんず)[一一]には　これはまた
金糸と銀糸の　縫い散らし
桐に鳳凰　背なに縫い
小梅に小桜　糸桜
ふたよ桜は　裾模様
雌蝶雄蝶も　縫い散らし
雌笹(めざさ)に雄笹(おざさ)を　縫い散らし
いかなる手利きの　こしらいか
短冊までも　縫い散らし

一一　島田も江戸時代の代表的な髪型。→三二〇頁の図参照。
一二　玳瑁（たいまい）。鼈甲のこと。
（1）「銀の簪なごやうち」（小林）。土田の歌詞で補訂。

一　おはぐろ。
二　描き眉。「殿上眉、江戸の俗はぼう〳〵眉と云ふ。茫々眉か。諸武家、上輩にあらざれば、これを画かず……」（喜田川守貞著『近世風俗志』）。
三　説経『おぐり』に「十波羅十の指までも、瑠璃を延べたる如くなり」。中世の面影を残すという信州新野の雪祭りの祭事詞章「猿楽口伝」に、「じつぱらとうのゆび迄も　るりをのべたる如ク也」とある（『日本庶民文化史料集成』第二巻所収）。また、御伽草子『蛤の草紙』にも「じつはら十の指までも、瑠璃をのべたる如く成る女房の」とある。
四　茶色味を帯びた鶸色（緑黄色）で、安永・天明（一七七二～八九）頃、小袖や帯の染色として流行したという（板倉寿郎他監修『原色染織大辞典』一九七七）。
五　絞り染めの一種。型染めの江戸鹿子に対して、京都で生産された本来の手絞り染めの鹿子（同上）。

[一]下には亀の　水遊び
上には鶴の　舞い遊び
中には千鳥が　酌を取る
万屋長の　定紋は
みたちばなにて　五つ所
これも金糸の　縫い型で
丸の内には　あげはの蝶
これが照手の　紋所
やがて支度も　出来上がり
　さても一座の　上様へ
まだ行く末は　程長い
下手の長誦み　飽きがくる
一息入れて　次の段

二段目（出立ち　その一）22分

さらば御酌に　出でんぞと
[二]長柄の銚子に　蒔絵の台
手に携えて　しゃんと立つ
これをものに　譬えなば
河原の萩が　朝露で
触らば落ちよの　愛嬌で
真の心が　刺あざみ
[三]八十二人の　女郎たちは
常陸小萩が　出で立つを
今や遅しと　待ちかねる
数多の女郎衆は　口々に
あのまあ常陸の　小萩めは
昨日までは　[四]十二人の
水仕頭の　ことなれば
鍋釜廻しは　上手でも
[五]お客廻しは　知るまいが
錦の床の　伸べようも
[六]伽羅の枕の　直しようも
金の屏風の　立てようも
少しも覚えは　あるまいと
皆口々に　笑わるる
中にもとぼけし　[七]お鍋女郎

六　羅紗は地の厚い毛織物の一種。「唐」は上等な舶来品の意で付けたか。
七　「二重に廻して後ろでは」（土田）
八　矢の字結び。「や」の字形にする帯の結び方。
九　立挟み。結び目の折り返しが、帯と上下直角になる結び方。

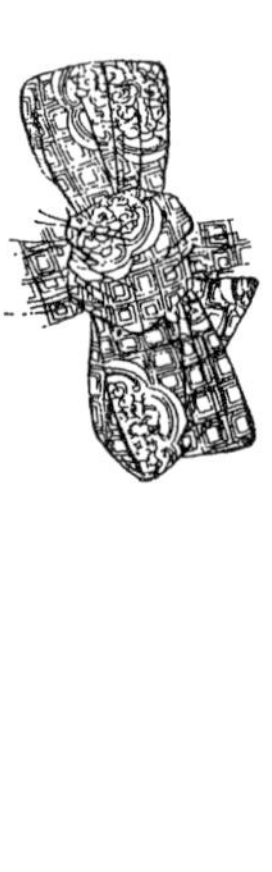

（佐山半七丸著『都門俗化粧伝』より）

一〇　礼装の一種である袿のこと。遊女も正装に用いた。「江戸にては武家市民は、これをかひどりと云ふ」（同右『近世風俗史』巻二十）。
一一　中国から伝来した絹織物。長襦袢の「礼服には白綸子」（『近世風俗志』）。十七世紀の末には堺・京都で産したという（前掲『原色染織大辞典』）。

（1）（2）　土田の歌詞によって補う。

一　文脈が異なるが、説経『をぐり』に「唐の鏡がござあるが……めでたきこと

千代とせさんや　玉乃(たまの)さん
初浪(はつなみ)さんや　こい乃さん
姉(あね)女郎さんも　聞かしゃんせ
今宵(こよい)泊まりの　殿御(とのご)には
定めしお酒(ささ)の　お相手に
私かあなたと　思うたが
一(いち)が違えば　二も違う
散々不埒(ふらち)[一]の　もの違い
今宵泊まりの　お殿様
数多(あまた)女郎の　ある中に
ほかに女子(おなご)の　無きように
卑しい水仕(みずし)の　小萩をば
お酒(ささ)の相手に　呼ぶといの
お酒(ささ)の相手は　良けれども
酒(ささ)に興(きょう)じた　その上で
おん床(とこ)入りにも　なるであろ
下卑(げび)たる水仕を　抱くならば
なんぼ美し　殿御(とのご)でも
鍋墨だらけに　なるであろ

今でも小萩が　出でたなら
かんなぐさん[二]で　やりましょと
それもよかろと　皆さんが
悪い事には　気が揃う
斯(か)かる所へ　照手姫
間(あい)の唐紙(からかみ)　さらと開け
両手をついて　皆さんへ
さて自ら(みずか)と　申するは
主(しゅう)の言い付け　是非もなく
お酒(ささ)の相手に　出でまする
お酒(ささ)の相手は　良けれども
新参(しんざん)女郎の　ことなれば
足らわぬ所が　有るならば
お指図なされて　下さいと
一礼述べたる　み言葉[三]は
実(げ)にも黄金(こがね)[四]の　武士(もののふ)の
昔を忘れず　武家姿
八十二人の　女郎たちは
今は小萩が　威(い)に恐れ

のある折は…裏にはの、鶴と亀とが舞ひ遊ぶ、中で千鳥が酌を取る」とある。
二　酒を注ぐ長い柄の付いた銚子。婚礼に用いるのは両口という。→三二四頁の図参照。
三　土田演唱歌詞では「八十余人」。説経『をぐり』では「百人の流れの姫」。
四　説経『をぐり』では、十六人の下(しも)の水仕の仕事を彼女が一人で勤めていたことになっている。
五　お客を接待する方法。
六　箱枕や陶枕の中に小さな香炉を入れて、寝ながら香を聞くようにした枕。江戸の吉原遊廓で流行したことから吉原枕とも言われたという（矢野憲一著『枕―ものと人間の文化史・81』一九九六）。
七　この人物、説経節にも出。

一　道理に合わない。とんでもない。
二　不明。なぶる、慰み物にするなどの意か。
三　みごとさは、かも知れない。
四　立派な、の意。

返す言葉も　無かりしが
はいとばかりに　のうを下げ[一]
それはさておき　照手姫
長柄の銚子を　携えて
八十二人の　女郎たちの
磨き立てたる　その中を
御免御免と　通り行く
あとに残りし　女郎たちは
後ろ姿を　打ち眺め
あれあれ皆さん　見やしゃんせ(1)
とよ鶴さんも　見やしゃんせ
梅やすさんも　ご覧じな
あれがいつもの　小萩かえ(2)
あのま常陸の　小萩めは
昨日（きの）まで水仕の　時よりも
こう拵（こしら）えて　出で姿
いかに衣服（いふく）が　違うとて
一（いち）が違えば　二も違う
どう拵えて　出で姿
違えば違う　ものなるぞ
小萩をものに　譬えなば
八十二人の　その中へ
小萩が座りし　その時は
物に譬（たと）えて　申すなら
千羽烏（せんばがらす）の　その中へ
孔雀の鳥が　降りたよじゃ
まだも物に　譬えなば
池の真菰（まこも）の[二]　その中へ
菖蒲（あやめ）一本　咲く風情（ふぜい）
水際（みずぎわ）離れて　しゃんとする
じっぱらとうの　指までも
瑠璃で延べたる　如くなる
道理で奥の　お殿様
数多（あまた）女郎の　ある中に
常陸小萩を　お酌にと
お望みなさるは　道理ぞえ
　さても一座の　上様へ
まだ行く末は　程長い

一　不明。「信徳丸」にも出。
二　潮来節の文句に「潮来出島の真菰の中に菖蒲咲くとはしほらしや」とある。土田演唱では「顔は万作桜花／姿をまさしく譬えなば／枝垂れ柳のその枝に／八重の桜を咲かせつつ／梅の香りのある如く」。また、薩摩若太夫の説経祭文では「春の花なら初桜、秋の月なら十三夜、咲いにも咲いたる風情にて」（法政大学「多摩の歴史・文化・自然環境」研究会編『民衆芸能　説経節集』一九九八）。
（1）（2）　土田の歌詞によって補う。

三二四頁注七の［補注］

長船の図
（南ちゑ著『日本の髪型』一九八一）

誦めば理会(りかい)も　分かれども
一息入れて　次の段

三段目（出立(いでた)ち　その二）25分

一お屋敷さんの　奥女中か
または都の　上人(うえびと)か
ただ人(びと)ならぬ　姫なると
傾城(けいせい)　二禿(かむろ)の　口々に
思い思いに　褒めらるる
それはさて置き　照手姫
奥に泊まりし　お殿様
我が夫(つま)小栗と　知れたなら
勇み進んで　出でべきに
我が夫(つま)小栗と　知らずして
三七十二間(けん)の　長廊下
しどらもどらで　はかどらぬ
四羊の歩みに　隙(ひま)の駒(こま)
五梅の間松の間　蘇鉄(そてつ)の間
獅子は居(お)らねど　牡丹の間
虎は居らねど　竹の間よ
鹿は居らねど　紅葉(もみじ)の間
鶴の間雁(がん)の間　通り抜け
百間(ひゃくま)隔てて　次の間の
六南天(なんてん)座敷の　こなたなる
唐紙際(ぎわ)へと　着きにける
金唐紙(きんからかみ)に　手をかけて（1）
開けんとせしが　待てしばし（2）
このや唐紙　開くるなら
開ければ流れの　み座敷よ
開けぬばもとの　水仕(みずし)ぞえ
流れと水仕の　間(あい)障子
どうやすやすと　開けらりょう
もしや相模に　おわします
七兄公達(あにきんだち)にも　あらんかと
今宵泊まりの　おん国司(こくし)
数多(あまた)女郎の　ある中に
常陸小萩(ひたちこはぎ)と　名を指して

一　以下二行、慣用句の一つ。「山中団九郎」などにもある。
二　小林はカムルと歌う。遊女が雑用に使う少女。
三　「四十二間」（土田）
四　「羊の歩み」（『譬喩尽』）。「羊の歩み隙の駒」は屠殺場に向かう羊が一歩〳〵死に近付く意。「隙行く駒」は「光陰の去りやすきをいふ也」（『三冊子』）。
五　以下さまざまな座敷を通り抜ける「部屋づくし」は瞽女唄の慣用表現で、「八百屋お七」などにもある。
六　音が通うことから「難転」（難を転じる）と解される俗信をふまえ、照手の災難がじつは夫小栗との再会の幸運に転じる意を効かせてある。
七　照手姫の兄弟。父は、武蔵・相模両国の郡代横山殿で、相模の豪族。
（1）（2）　渡辺キク演唱歌詞で補う。瞽女唄の演唱では当然あるべき文句である。

お望みなさるは　不思議ぞえ
窺う障子の　隙間(すきま)より
ちらと小栗(おぐり)を　ご覧じて
さても不思議の　お殿様
いつぞや故郷の　相模にて
二世(にせ)と交わせし　我が夫(つま)に
似たるや似たる　花菖蒲(はなあやめ)
一 菖蒲(あやめ)にまごう　杜若(かきつばた)
二 瓜なら二つと　言いたいが
いかに世界が　広いとて
我が夫(つま)小栗の　判官に
背恰好から　なりかたち
顔のおもざし　目の配り
我が夫様(つまさま)に　生き写し
三 御(おん)過ぎ給いし　我が夫(つま)が
黄泉路帰りは　なさるまい
これにござるる　はずはなし
思い付いたと　照手姫(1)
これは朝夕　みずからが(2)

我が夫様(つまさま)に　こがるれば(3)
狐狸(きつねたぬき)が　魔をなして
たばかることぞと　照手姫
はっとばかりに　気もそぞろ
いかなるお主(しゅう)の　仰せでも
この客来(きゃくらい)には　出でまいぞ
四 似たる心で　出でるなら
たとえ肌身は　けがさずと(4)
心の穢れが　我が夫(つま)の
冥土の迷いに　なるであろ
思い廻せば　廻すほど
心もそぞろに　なりぬれば
持ちたる銚子を　投げ捨てて
しばらくそこに　伏しまろぶ
それはさておき　長右衛門(ちょうえもん)
あのま常陸の　小萩めは
嫌じゃと辞退を　致したが
さぞ今ごろは　一間(ひとま)にて
百万石の　殿様と

一　形がよく似ているところから、区別できないほど類似した二つのものを比べるときの慣用句。薩摩若太夫の説経祭文では「似たりや似たり花あやめ、あやめに紛う杜若、瓜なら二つとたとようか」と語る（前掲『民衆芸能 説経節集』）。
二　一個の瓜を真っ二つに割ったように似ている意。
三　お亡くなりになった。
四　本人でもないのに、姿が似ているからという思いだけで座敷へ出るならば。
（1）〜（4）　土田の歌詞で補う。

―― 三一五頁注一一の［補注］

投げ島田の図
（『当世かもじ雛形』より）
「なげ島田とは、なげ首などのなげの意にて、これは後へ倒る丶形を云ふ」
（喜多村筠庭撰『嬉遊笑覧』巻一）

二世の盃　あい済まし
契りの最中（さいちゅう）で　ござんしょの
ちょっと見て来ましょうと言うまま
に
一 くくり頭巾を　脱ぎ捨てて
麻（あさ）がみしもの　紐を締め
奥の間指して　急がるる
かかる一間（ひとま）で　今は早（はや）
小萩が嘆くを　ご覧じて
ややあ小萩　こなさんは
泣いてばっかり　いやるのう
まだも出でて　たもらぬか
そなたが出でて　たもらぬば
万屋（よろずや）夫婦は　まだ愚か
そのほか下（しも）に　至るまで
命危うき　こととある
ここの道理を　聞き分けて
ちょっと出でて　給われと
いかなる邪険（じゃけん）の　万屋も
猫なで声にて　だまさるる 二
照手その由（よし）　聞くよりも
お主（しゅう）の前に　手をついて
申し上げます　お主（しゅう）さま
なんぼ卑しき　わたしでも
お受け申した　上からは
出でませんで　なんとしょう
涙で剥げたる　白粉（おしろい）の
三 けわい直せば　長右衛門（ちょうえもん）
まず案内にと　先に立ち
金唐紙（きんからかみ）を　押し開き
御前（ごぜん）の前も　はばからず
小萩を連れて　出でらるる
　さても一座の　上様へ
まだ行く末は　あるけれど
下手の長誦み　飽きがくる
一息入れて　次の段

一　丸頭巾の異称かという（金沢康隆著『江戸服飾史』一九九八）。七福神の大黒天が被っているような頭巾。「かざす梅の莟みはくくり頭巾かな」（寛文七年刊『続山井』）

丸頭巾

（仮名草子『堪忍記』挿絵・部分）

二　なだめすかして機嫌をとる意。「葛の葉子別れ」「景清」などにも出。

三　化粧。

四段目（二度対面）　32分

遥か末座に　手をついて（1）
恐れながら　お殿様
小萩を連れて　出でました
一 夫婦の曲事（きょくじ）はまっぴら御免と申し上げ

判官それを　聞くよりも
それは二 過分よ　長右衛門
用事ある節（せつ）　呼び出だす
まずは勝手へ　下がられて
休息致せと　ありければ
さすがにたけき　万屋も
三 猫の頭巾（ずきん）で　後（あと）じゃりを
御前の前を　下がられて
かくて勝手に　なりぬれば
炉端（ろばた）に敷きし　四 三つ蒲団（ぶとん）
まずは安堵と　夫婦して
ささやき話（ばなし）の　そのうちに
あとに残りし　照手姫
遥か末座（ばつざ）に　至りては
五 紅葉のようなる　手をついて
花のようなる　つむり下げ
お国司様におきましては今晩お泊まりの段
当宿には問屋本陣あるなかに
かく見苦しき　あばら家へ
ようこそお泊まり　下さるる
万屋夫婦は申すに及ばず
家来しもべに　至るまで
いかばかりか大慶至極とあい述べる
一礼あれば　判官は
汝（なんじ）は常陸　小萩よな
まずまず近う参れ
ひとつ注（つ）げよと　ありければ
仰せに姫君　そばへより
金の盃　差し出だし
長柄の銚子を　手に持ちて

一　我々夫婦に不正なことがあったら、なにとぞお許し下さいと申し上げ。
二　ここの文脈上では「過分」（身に余る有り難さ）というべき立場は長右衛門であり不適切な表現。
三　江戸時代、火災現場で消防夫が被った覆面頭巾にもこの名があるが、ここはそれではなく、猫に頭巾を被せると後ろへ後退りすることから言ったもの。「後じゃり」は、後ずさり。「猫に紙袋」と同じ。越後の諺に「猫の紙袋で後下がり」がある。
四　高級遊女の夜具。ここにはそぐわない。「こいつ、乞食をばかにした。いぜんは三ツ蒲団にも座した男だ」（江戸笑話集『無事志有意』）。下に「七つ蒲団」ともある。川柳に「仕立屋を一軒埋める三蒲団」（傍二一・8）。
五　可憐な者が挨拶する様子を言う慣用句。遊女の例としては「平井権八編笠脱ぎ」にもある。

（1）　渡辺キク演唱歌詞で補う。慣用句。

なみなみ注げば　判官は
受けたる盃　下に置き
汝は常陸　小萩よな
そなたはいかなる　子細にて
[一]常陸の国を　名乗るぞえ
常陸の国に　居[二]たりては
なにびとの　娘じゃよ
聞かば教えと　ありければ
仰せに姫君　顔を上げ
お恐れながら　お殿様
主(しゅう)の言い付け　是非もなく
お酒(ささ)の相手に　出でました
懺悔話(ざんげばなし)に　出でませぬ
懺悔話が　聞きたくば
八十二人の　女郎のうち
お目にとまりし　その者に(1)
いずれ差し替え　遊ばんせ
お気に参らざ　下がります
すぐにその場を　立たんとす

判官それを　見るよりも
刀のこじり[三]で　かいどりの
[四]小褄(こづま)をしっかと　とどめられ
これのういかに　小萩とや
[五]人の身の上　聞く時は
わが故里(ふるさと)を　語れとある
わがいにしえも　語らずに(2)
そなたの名をば　問いかけて(3)
満重(みつしげ)一つの　誤りじゃ(4)
とは言うものの　さりながら(5)
そなたに見する　物もある
まず待て小萩と　とどめられ
水戸の小太郎(こたろ)に　言い付けて
[六]金紋先箱(きんもんさきはこ)　これを持て
袱紗包(ふくさづつ)みの　中よりも
胸の[七]木札(きふだ)を　取り出だし
今は照手に　くださるる
押し頂いて　照手姫
見れば小萩は　驚いて

一　「常陸」は小栗の生国。照手は、相模国、横山殿の娘。
二　「居りしとき」などの表現が良い。
三　刀の鞘の末端部分。
四　着物の襟の末端、裾のあたりの部分。
五　「人の先祖を問うときは／我が古へを語れとある」（土田）　説経『をぐり』には「人の先祖を聞く折は、我が先祖を語るとよ」とある。
六　幕府から金漆で家紋を付けることを許された、大名行列の先頭に担がせる挟み箱。小栗の時代はもっと古いが、ここでは江戸時代の風俗で語っている。大名行列は、「明石御前」一段目に出。
七　餓鬼阿弥車を引いたとき「病本復するならば、必ず下向には一夜のお宿を参らすべし」（説経『をぐり』）などと照手が書いた木札のこと。
（1）～（5）　土田の歌詞で補う。

これはこの　みずからが
一いつぞや車を　引いた時
大津玉屋が　その角(かど)で
二かの餓鬼阿弥と別れを惜しむその時
に
書き残したる　この木札(きふだ)
どうしてあなたの　手に渡る
判官それを　聞くよりも
それはもっとも　道理ぞえ
いつぞやこの家(や)の　門前に
三日三夜(さんにちさんよ)　止まりしが
そちが情けで大津玉屋がほとりまで
送り届けて　もらいしが
熊野本宮(ほんぐう)の　湯に入りて
本復(ほんぷく)致して　帰りしが
天子(てんし)よりも　下さるる
改名(かいめい)致して　今の名は
かく言う判官　満重(みつしげ)と
おん身の上の　物語り

照手その由(よし)　聞くよりも
さてさてあなた様は餓鬼阿弥様にて
ましますか
さほど日柄(ひがら)も　経(た)ざるに
よくも本復　なさんして
まことにお早う　御下向(おんげこう)じゃ
申し餓鬼阿弥の　お殿様
あなた冥土の　方(かた)よりも
この世へおん出で　遊ばして
冥土のことが　お殿様
よくもご存知　候うが
我が夫(つま)小栗の　判官も
このころ冥土へ　行かれしが
舅の父母(ちちはは)　邪険ゆえ
三押し婿入りの　科(とが)ゆえに
四しちむつ毒酒に　害されし
十人殿(との)ばら　もろともに(1)
非業(ひごう)の最期を　遂げられし
非業の最期の　ことなれば

一　土田歌詞では「餓鬼阿弥車の通る時／お主にお願い候うて／美濃の国から大津まで／三日車を引いた時」など、説経に近い文句がある。
二　よみがえって墓から出た小栗の姿が、髪は乱れ、手足は糸のように細く、腹部はふくれて、まさに地獄の餓鬼のような状態だったので、こう名付けられた（説経『をぐり』）。
三　小栗は照手姫の父横山殿の了解なしに強引に姫のもとに婿入りし、毒酒の計略にかかって殺された（説経『をぐり』）。
四　不明。「すつみの毒酒」（土田）。秩父の若松派説経節では「七物毒酒」、多摩の薩摩派説経節では「七味の毒酒」。

（1）土田の歌詞によって補う。

——三一七頁注二の［補注］

長柄の銚子
（『嫁娶重宝記』）

どんな地獄に　おわすやら
餓鬼道にては　ましますか
修羅道に落ちて　おわするか
または浄土に　ましますか
冥土の便りが　聞きたやな
せめて菩提(ぼだい)の　そのために
語り聞かせて　給われと
御前(ごぜん)の袂に　取り縋り
思わずわっと　泣き出だす
判官それと　見るよりも
すぐにその場で　小栗よと
名乗らんとは　思えども
堅(かた)い女子(おなご)の　ことなれば
すぐにその場で　名乗るなら
疑いあるは　治定(じじょう)なる
冥土黄泉(こうせん)閻魔王より伝わりし
[一]安堵(あんど)の御判(ごはん)を　見せばやと
錦の袱紗(ふくさ)の　中よりも
閻魔の金札(きんさつ)　取り出だし
照手が前に　並べける
照手金札　読みくだき
[二]小栗判官　正清(まさきよ)は
娑婆の縁が　切れぬゆえ
ひとたびその地へ　帰すべし
この方より[三]熊野本宮薬師が滝まで湯
を出だす
その方(ほう)より送り届けてもらいしが
[四]藤沢寺へ　遊行上人(ゆぎょうしょうにん)
閻魔の判　と書いてある
照手そのよし　見るよりも
[五]さてさてあなた様は小栗様にてまし
ますか
そもわたくしと　申するは
[六]天(あま)の照る日を　かたどりて
照手の姫とは　わしがこと
判官それを　聞くよりも
おおそなたは　照手かえ
我が夫様(つま)で　あったかと

一　「安堵」はもともと所領などの財産権を幕府が保証した中世の法制度だが、ここでは死んだ小栗が再びこの世へ甦ることを閻魔王が保証したことをいう。
二　以下、「閻魔の金札」に書かれた文章。説経『をぐり』では、「この者を藤沢のお上人の、めいとう聖の一の御弟子に渡し申す。熊野本宮湯の峰に、御入れありてたまはれや。熊野本宮湯の峰に、お入れありてたまはるものならば、浄土よりも薬の湯を上げべきと、閻魔大王様の自筆の御判すわりたまふ」とある。
三　和歌山県、紀伊半島の山中にある熊野本宮大社。近くに参詣者が湯垢離を取った湯峯温泉があり、薬師堂があった。
四　神奈川県藤沢市にある時宗の総本山遊行寺。開祖一遍上人以来、代々の住職を遊行上人と称した。
五　土田演唱では本人確認のため、更に「三つの証拠」（額に「米(よね)」と「宝」の字・両眼の瞳が四体・弓矢の名人）を要求する部分がある。
六　説経『をぐり』に、「下野国日光山に参り、照る日月に申し子」をして生れた姫とある。

一 夢に夢見た　心地して
互いに手と手を　取り交わし
判官ほどの　武士（もののふ）も
嬉しき涙に　暮れにける
さても不思議の　ことなると
ひとたび死したる　その者に
ふたたび契りを　結ぶとは
二 八千代の椿（つばき）　優曇華（うどんげ）か
枯れ木に花の　咲く如く
久しぶりの　ご対面（1）
お江戸の流行りか　知らねども
金の屏風を　立て廻し

南蛮鉄の　火鉢には
悪魔よけとて　伽羅（きゃら）を焚き
緞子（どんす）の蒲団に　綾（あや）の夜具
枕ふたつに　床（とこ）ひとつ
三 七つ蒲団の　その上で
すぐにその夜は　新枕（にいまくら）
その床（とこ）入りの　嬉しさは
譬えがたなき　次第なる
　まずはこれにて　段の末

―「小栗判官」末尾―

一　夢の中で見た夢のように信じがたい気持で。

二　殆ど有り得ないことを言う慣用句。「八千代の椿優曇華の／枯れ木に花が二度も咲く／ゆでた卵も時つくる」（高田瞽女杉本キクイ演唱「平井権八」）。「八千代の椿」は八千年を以て春とする大きな椿。また「優曇華」は三千年に一度咲くという花。

三　「さても見事なお葛籠馬や、七つ蒲団に曲彔据ゑて、蒲団張りしてナ……」（近松門左衛門『堀川波鼓』）などとあるように、鞍の下に敷く豪華な乗馬用の敷物。ここは高級遊女の夜具である「三つ蒲団」が良い。

（1）　土田の歌詞によって補う。

◇参考資料　土田ミス演唱「小栗判官」（一段目・二段目）

一段目

さればによりては　皆様へ
さらばひとくち　誦み上げる
お聞きなされて　下さいと
小栗判官　正清(まさきよ)は
姫がお酌に　出(い)でるとよ
さすがの姫も　今は早(はや)
道理と義理に　からめられ
今は流れに　落ちまして
万屋長(よろずやちょう)が　申すには
こりゃやいいかに　小萩とや
早く支度を　致されて
国司の御前(ごぜん)に　出でてたべ
頼む頼むと　ありければ
主(しゅう)が騒げば　女郎たちも
我(われ)も我もと　出で来たり
あとに残りし　姫君は
あまり心の　寂しさに
東(ひがし)の半戸(はんど)を　そよとあけ
東(ひがし)の方(かた)に　打ち向かい
あの横雲の　あの下(した)は
確か常陸と　覚えたり
西は西方(さいほう)　弥陀(みだ)の国
我が住む下は　奈落(ならく)なり
奈落にまします我が夫様(つま)や従者(ともばら)も
身(しん)は冥土に　御座るとも
魂魄(こんぱく)この土(ど)へ　留(とど)まりて
姫が語るを　聞いてたべ
（*車は三寸の　くさびもて）
千里の道を　遊行(ゆぎょう)する
人は三寸の　舌をもて
五尺の体を　破損(はすん)する
はわ（歯は？）一生の　宝なり
いつぞや街道　この街道
餓鬼阿弥(がきあみ)車の　通る時
せめてあなたの　ご菩提に
お主(しゅう)にお願い　候うて
三日(みっか)車を　曳いたとき
美濃の国から　大津まで
玉屋が茶屋の　角(かど)までも
曳いたる車は　あだとなる
これまで尽くせし　貞女だて
みな無駄ことに　なるわいな
それも誰ゆえ　口故(くちゆえ)に
口故流れに　落ちまして
雉子(きじ)も鳴かずば　射たれまい
わしも会わずば　こがれまい
我が夫様(つま)や従者(ともばら)たちも聞いてたべ
照手は二道(ふたみち)　二心(ふたごころ)
心(しん)から性根が　腐りしと

お恨みなさるは　道理なり
今宵泊まりの　御国司
百万石の　殿なるが
どの様の殿御で　あろうとも
心に錠前　掛けたれば
胸の掛金　外しゃせぬ
なれど武士の　ことなれば
お座敷ばかりは　御免なり
それはさて置き　ここにまた
八十余人の　女郎たちが
洗い粉に鶯の糞を混ぜ来たり
小萩を湯殿へ　連れて行き
まず据え風呂へと　入れらるる
襟筋もとを　洗うやら
両腕引いて　洗うやら
背な撫で下ろす　女郎もある
姉女郎さんが　申すには
こりゃやいいかに　小萩とや
それ肝腎の　金場所は

それは手前で　洗うべし
まず据え風呂も　あい済めば
髪結の部屋へと　急がるる
髪結の部屋にも　なりぬれば
手慣れし鏡台　取り出だし
向かう鏡を　しゃんと立て
鏡台鏡に　向かわれて
丈と伸びたる　黒髪を
根ぐしをさっと　払われて
まず粗櫛で　とかさるる
鬢櫛唐櫛　かけられて
梅花の油で　艶を出し
髪は何風が　良かろいの
お江戸で流行る　いま流行る
長船とやらが　良かろうか
灯籠鬢には　勝山か
但し御家の　下げ髪か
いや待てしばし　我が心
高家大名の　流れでも

落つれば同じく　谷川の
水の流れは　同じこと
一夜なりとも　女郎の身
下げ髪なぞには　結われまい
当世流行りじゃ　なけれども
ぐるり落としに　髱入れて
姫が好みの　投げ島田
銀の簪　差しそろえ
たいまの櫛も　しゃんと挿し
襟は千鳥の　両羽交い
鉄漿黒々に　含ませて
ぼうぼう眉毛に　薄化粧
丹花の口紅　鮮やかに
十波羅十の　指までも
皆爪紅を　さされける
まずこしらいも　出来上がり
さらば衣裳に　かからんと
重ね箪笥の　中よりも
色良き衣服を　取り出だし

繻子(しゅす)の幅広(はばびろ)　積み重ね
常の衣服を　脱ぎ捨てて
緋縮緬(ひぢりめん)の　長襦袢
下には白き　練りの絹
間(あい)には鶸茶(ひわちゃ)に　京鹿子
山吹色の　上小袖(うわこそで)
帯は唐羅紗(とうらしゃ)　これはまた
金糸(きんし)と銀糸の　糸をもち
昇り龍には　降り龍
二重(ふたえ)に廻して　後手(うしろで)は
帯はなんと　結ぼやら
万屋(よろずや)の字に　結ぼうか
夫(おっと)に貞女　たて結び
いや待てしばし　我が心
今宵泊まりの　御(おん)国司
百万石の　殿なれば
なんぼ流れの　身じゃとても
かいどり無しには　出でられぬ
まずかいどりの　見事さよ

白綸子(りんず)には　これはまた
金糸と銀糸の　糸をもち
桐に鳳凰　背なに縫い
小梅に小桜　糸桜
ふたよ桜は　裾模様
雌蝶に雄蝶を　縫い散らし
雌笹(めざさ)に雄笹(おざさ)を　縫い散らし
いかなる手利きの　こしらいか
歌の□□は　知らねども
（*短冊までも　縫い散らし）
肩には鶴が　舞い遊ぶ
裾には亀の　水遊び
中にて千鳥が　酌を取る
鶴と亀とが　舞い遊ぶ
丸の内には　あげはの蝶
これが照手の　紋所
万屋長(よろずやちょう)の　定紋(じょうもん)は
みたちばなにて　五つ所(ところ)
これも金糸の　縫い型(がた)で

ようよう支度も　出来上がり
まずはここらで　段の切り

二段目

さらば御酌(おしゃく)に　出でんぞと
長柄の銚子に　蒔絵(まきえ)の台
手に携えて　しゃんと立つ
かいどり小褄(こづま)に　身をまとい
次のひと間へ　出でんぞと
次のひと間の　女郎たち
皆とりどりに　休まるる
あるひ(ママ)女郎が　申すには
玉琴(たまごと)さんや　こい乃さん
初成(はつなり)さんも　聞かしゃんせ
姉女郎さんも　聞かしゃんせ
あのまあ水仕の　小萩めは
国司(こくし)の御前(ごぜん)に　出でるとよ
あのまあ常陸の　小萩めは

水仕下女の　ことなれば
鍋釜廻しは　上手でも
お客廻しは　知るまいが
錦の床の　伸べようも
伽羅の枕の　直しようも
金の屏風の　立てようも
少しも覚えが　あるまいと
第一お酒の　お相手は
お座敷などは　無器であろ
今宵泊まりの　御国司
百万石の　殿なるが
数多女子の　ある中に
呼ぶべき女郎も　あろうのに
私かあなたと　思うたが
一が違えば　二も違う
散々不埒の　もの違い
水仕小萩を　呼ぶという
下卑たる女子を　お好きなる
お殿様では　ないかいの

あのまあ水仕の　小萩めと
お国司様の　境涯は
鍋墨だらけに　なるであろ
今にも小萩が座敷へ　出でたなら
百万石の　殿様へ
座敷無礼を　致したら
顔でも赤く　するであろ
そのとき青く　なるほどを
なぶってやろうじゃ　ないかいな
悪い事には　気が揃う
そうじゃそうじゃと　笑いける
噂も厭わず　照手姫
銚子盃　持ち直し
次のひと間へ　出でにける
次のひと間の　女郎たちに
心に如才は　無けれども
時の辞宜を　述べんぞと
紅葉のようなる　手を突いて
ても優しき　声をして

畏れながら　女郎たち
今宵はお主の　仰せにて
お酒の相手に　出でまする
新参者の　ことなれば
新造禿も　連れもせず
足らわぬ所が　有るならば
お指図頼むと　言いながら
御免なさいと　それなりに
居たる所を　立ち上がり
奥の間指して　急がるる
あとに残りし　女郎たち
小萩が姿を　打ち眺め
あれあれ皆さん　見やしゃんせ
玉乃さんや　鶴乃さん
初菊さんや　清成さん
小春さんも　見やしゃんせ
姉女郎さんも　あれご覧
あれがいつもの　水仕かえ
あれがいつもの　小萩かえ

あのま常陸の　小萩めは
昨日（きのう）まで水仕の　時よりも
どう拵（こしら）えて　出で姿
いかに衣服（いふく）が　違うとて
違えば違う　ものなるぞ
小萩が姿を　譬（たと）えなば
ずうと出でたる　骨柄（こつがら）は
朝日も輝く　如くなる
八十余人の　その中へ
小萩が座りし　その時は
鳥に譬（たと）えて　申すなら
千羽烏（せんばがらす）の　その中へ
孔雀の鳥が　降りたようじゃ
鳳凰（ほうおう）を立たせた　如くなり
まだも物に　譬えなば
池の真菰（まこも）の　その中へ
菖蒲（あやめ）咲いたる　如くなり
水際（みずぎわ）離れて　しゃんとする
顔は万作　桜花

十波羅十（じっぱらとう）の　指までも
瑠璃で延べたる　如くなり
姿をまさしく　譬えなば
枝垂（しだ）れ柳の　その枝に
八重の桜を　咲かせつつ
梅の香りの　ある如く
道理で奥の　お殿様
常陸小萩を　お酌にと
お望みなさるは　道理なり
今宵泊まりの　御国司（おんこくし）
百万石の　殿だけに
女子（おなご）を見るは　大上手（だいじょうず）
世にある時は　あの女中
お屋敷方（がた）の　奥女中か
または都の　上人（うえびと）か
ただ人（びと）ならぬ　姫なりと
傾城禿（けいせいかむろ）に　至るまで
小萩が姿に　畏れ入り
言葉残して　褒めにける

それはさて置き　照手姫
奥に御座る　お殿様
我が夫様（つまさま）と　知ったなら
勇み進んで　出でべきに
我が夫様とは　つゆ知らず
四十二間（けん）の　長廊下
しどろもどろで　通り行き
羊の歩みに　隙（ひま）の駒（こま）
梅の間松の間　蘇鉄（そてつ）の間
獅子は居らねど　牡丹の間
虎は居らねど　竹の間よ
鹿は居らねど　紅葉（もみじ）の間
百間（ひゃくま）隔てて　次の間で
金唐紙（きんからかみ）に　手をかけて
開けんとせしが　待てしばし
開ければ流れの　み座敷よ
開けぬばもとの　水仕（みずし）ぞえ
どうやすやすと　開けらりょう
今宵泊まりの　御国司（おんこくし）

まだ行く末は　あるけれど
まずはここらで　段の切り

＊（　）内は歌詞脱落のため編者が補入した部分である。

◇参考資料　高田瞽女伝承

祭文松坂　小栗判官

草間ソノ伝承による

装いの段

さればによりては　これにまた
いずれに愚かは　あらねども
種々なる利益（りやく）を　尋ぬるに
小栗判官　一代記
ことはこまかに　誦（よ）めねども
あらあら誦（よ）み上げ　奉る
ものの哀れや　小萩殿
国司の御意なら　是非もなく
さらば用意を　致さんと
鏡台かがみに　うち向かい
はっとばかりに　驚いて
このまあ姿の　やつれたこと

この髪の毛の　切れたこと
髪はどうまあ　そろえんと
夫（おっと）のない身で　みずからは
本多（ほんだ）の髪にも　結われまい
いっそ島田が　良かろうと
丈（たけ）と伸びたる　黒髪を
梅花（ばいか）の水で　梳き流し
伽羅（きゃら）の油で　まとめられ
そのころ流行りか　知らねども
上がりたぼに　下がり鬢（びん）
島田の髪に　ちゃんと上げ
朝鮮鼈甲の　こうがいを
銀のかんざし　爽やかに
顔に白粉（おしろい）　薄化粧
丹花（たんか）のくちびる　麗しく

十波羅十（じっぱらとう）の　指にまで
みな爪紅を　さされける
さらば衣服を　着替えんと
下（した）に白無垢　黄八丈
綸子（りんず）羽二重　着飾りて
帯は流行りの　金華山（きんかざん）
夫（つま）へ貞女を　たて結び
上着は何かは　黒繻子の
金糸と銀糸の　その糸で
ものの上手（じょうず）が　手をこめて
蓬莱山に　鶴に亀
飛び立つばかりの　縫い散らし
裾の模様は　なんと何
こぼれ松葉に　梅の花
雪降り竹に　むら雀

折目〳〵に　すずを付け
短冊までも　下げられて
歌のしょうがは　分からねど
松竹梅の　縫い散らし
すっくと立ったる　有り様は
天道さんの　申し子か
辺りも輝く　ばかりなり
すでに出でんと　なしけるが
いやまてしばし　我が心
この身このまま　出でるなら
冥土にござる　夫上が
姫が性根も　腐りはて
再び花を　咲かすかと
おさげすみこそ　治定なり
如何はせんと　姫君は
しばし涙に　くれ居たる
ようよう涙の　顔上げて
冥土にござる　夫上に
これにて詫びを　致さんと

戒名なにかは　知らねども
南無俗名は　我が夫の
小栗判官　正清さん
身が冥土へ　行けばとて
魂魄この座に　留まりて
姫が語るを　聞いてたべ
お国司さんの　お好みで
今宵お酌に　出でまする
たとえお酌に　出でたとて
好いて好んで　出るじゃなし
餓鬼阿弥車の　着きしとき
お主に五日の　暇もらい
両親菩提と　偽りて
じつはあなたの　ためぞえの
引いた車が　あだとなり
今宵お着きの　お国司さん
なんぼ男が　良いとても
業平みたような　美男でも
迷うまいぞや　我が心

生きたる人に　うち向かい
ものいう如くに　詫びをする
さらば出でんと　言うままに
掻取つまんで　姫君は
しんずしんずと　出でらるる
姿をものに　譬えなば
春の花なら　初桜
秋の月なら　十五夜の
冴えに冴えたる　その風情
辺りも輝く　ばかりなり
万屋前へ　出でらるる
遥か末座に　手をついて
申し上げます　お主さん
用意が良くんば　出でましょう
聞くより万屋　長右衛門
かねて用意か　知らねども
紅葉の土器　しゅ台に載せ
長柄の銚子を　持ち来たり
小萩が前に　座を占めて

(詞)ほほお、こりゃ小萩。今宵お着きのお国司さん。いかなる無理をおっしゃろうとも、必ず粗相(そそう)は申すなよ。そなたの粗相は、あるじ万屋の難儀。主(しゅう)、家来に手をついて、頼まにゃならぬ。小萩殿と

次第に殿字が　あらたまる
はいと返事を　優しげに
銚子土器　手にとりて
万屋前に　立ち上がり
見るより万屋　長右衛門
あれはいつもの　小萩かえ
あれは水仕(みずし)の　小萩かえ
いつもの姿と　ことかわり
あの出で立ちの　気高(けだか)さよ
あの色艶の　美しさ
あの顔立ての　優しさよ
国司の惚れたも　無理はない
そうさいそぞろに　ほの字じゃと
後打(あと)ちながめ　いたりける
さて皆様にも　どなたにも
ちょっとかしこに　とどめおき
次の段にて　わかれます

……………………

杉本キクイ伝承による
　一段目（参上の段）　25分

さればによりては　これにまた
いずれに愚かは　あらねども
種々なる利益(りやく)を　尋ぬるに
よき新作も　無きゆえに
照手の姫の　哀れさを
あらあら誦(よ)み上げ　奉る
それはさておき　ここにまた
七十五人の　女郎衆が
千代鶴さんに　瀬川さん
愛染(あいそめ)さんに　するじさん
わかつまさんも　聞かしゃのせ
蓼食うものも　好きずきで
今宵(こよい)泊まりの　国司さん
数多(あまた)女郎衆の　ある中に
水仕(みずし)の小萩に　惚れたとや
ても物好きでは　ないかいと
水仕を抱いて　寝たならば
鍋墨だらけに　なるであろ
なんといかに　皆の衆
あのや水仕の　小萩めが
お国司様の　お好みで
今宵お酌に　出でまする
たとえお酌に　出でたとて
み酒(ささ)の勧めが　なりましょか
座敷の作法が　分かるまい
なぶってやろうじゃ　あるまいか
あいさ良かろと　言うままに
七十五人の　女郎衆が

三十六間(ま)へ　集まりて
小萩が御前(ごぜん)へ　出でるのを
いまや遅しと　待ちかねる
ものの哀れや　小萩どの
かかることとは　夢知らず
三十六間(ま)へ　なりぬられ
はるか末座(ばつざ)に　手をついて
申し上げます　皆様よ
わしが水仕で　ござんする
お国司様の　お好みで
今宵お酌に　出でまする
たとえお酌に　出でたとて
下がればもとの　水仕なる
座敷ばかりは　お許しと
すーと出でたる　有り様は
よくよくものに　たとえなば
七十五人の　女郎衆は
潮来出島(いたこでじま)じゃ　なけれども
茂りし真菰(まこも)の　如くなり

小萩が姿を　たとえなば
茂りし真菰(まこも)の　その中へ
菖蒲一本(あやめひともと)　出た如く
水ぎに離れて　見えにける
数多(あまた)女郎衆が　見るよりも
あれはいつもの　小萩かえ
あれは水仕の　小萩かえ
いつもの姿と　こと変わり
あの出で立ちの　気(け)高さや
あの色艶の　美しや
あの顔立ての　やさしさや
国司の惚れたも　げに道理
我々すべたと
並べ比べに　するならば
雪と墨より　まだおろか
下人(げにん)の子では　なるまいと
呆れた言葉も　無かりける
かかるところへ　まかり立ち
小萩がその座を　通り過ぎ

二十五間(けん)の　長廊下
夫(つま)の小栗と　知ったなら
急ぎ進んで　出でべきが
知らぬこととは　情けなや
羊の歩みに　隙(ひま)の駒(こま)
しどろもどろで　はかどらぬ
ようようなれば　小萩どの
仮の御殿(ごてん)へ　着きにける
銚子土器(かわらけ)　下に置き
はるばる都の　国司さん
これにて勤め　あえんぞと
障子の隙間を　のぞかれて
見るよりはっと　驚いて
さても不思議な　国司さま
いつぞや相模で　別れたる
我が夫(つま)様には　生き写し
瓜なら二つと　言うべきか
我が夫(つま)様かと　小萩どの
言わんとせしが　待てしばし

ほんに思えば　我が夫は
七付子毒酒を　盛られつつ
ひとたびこの世を　去りせしと
どうしてこの座へ　ござろうぞ
さらば出でんと　言うままに
びいどろ障子に　手を懸けて
開けんとせしが　待てしばし
ほんに思えば　この障子
障子一重は　鉄の
障子開ければ　流れなり
開けぬばもとの　水仕なる
開けては夫への　義は立たん
開けぬば主へ　無奉公よ
この身が二つに　なるならば
からだを二つ　欲しいぞえ
一つは夫への　義を立てて
一つは主へ　奉公せよ
何を言うにも　みずからは
心二つに　身は一つ
いかがはせんと　姫君は
しばし涙に　くれ居たる
さて皆様にも　どなたにも
下手で長いは　座のさわり
これはこの座の　段の切れ

杉本キクイ伝承による

二段目（二度対面の段）　28分

ただいま誦み上げ　段のつぎ
ようよう涙の　顔上げて
ほんに思えば　この障子
障子一重は　鉄の
門より怖い　胸のうち
声立てられず　忍び泣き
（詞）ほお、迷うたり〱。なんぼ嘆いたとて、どうで出でねばならぬ、今宵、これにて嘆きに暇取らば、国司御前に遅なわる。
さらば出でんと　言うままに
懐中鏡を　取り出だし
うるいの顔を　直されて
さらりと障子を　開けられて
ずーと御前へ　出でけるが
よくよく物に　譬えなば
筒に活けたる　牡丹花
水揚げかねたる　風情なり
あたりも輝く　ばかりなり
はるか末座に　手をついて
申し上げます　お殿様
（詞）当垂井の宿に、今夜本陣のある中に、この万屋にごんしゅく、おん泊り下さるる。殊に数多女郎のある中に、しもの水仕、卑しき萩おん招き下さるる段、小萩が身にとりましては、ありがとう存ずると
口には言えど　目に涙
平の判官　みつしげ公

はるか末座を　見くだし給い
(詞)ほほお、その方儀、それに控えしは、この家の主人この万屋に召し抱え、常陸小萩と言うな。汝、今宵酌に招くは余の儀にあらず。国名をかたどり、常陸の小萩と聞けば、常陸は、ても懐かしい国なれば、常陸は何郡において、何村。親、先祖の名は、何と言うぞやと
包まず語れと　仰せける
小萩がそれと　聞くよりも
申し上げます　お殿様
人の先祖を　問うときに
我がいにしえを　語るは本位
そもみずからと　申するは
先祖語りに　出ではせん
国名を名乗りに　出ではせん
主命なれば　是非もなく
今宵お酌に　出でまする
たとえお酌に　出でたとて
先祖語りは　致すまい
国名を名乗りは　致すまい
名乗らで
お気に合わない　女子なら
お下げなされて　くだしゃのせ
わしゃ下がりますと　小萩殿
立たんとなせば　みつしげ公
(詞)おお、あっぱれ、でかしたり〳〵。もっとも、そなたの申す如く、人の先祖を問うときに、我がいにしえを語るは本位。それがし、いにしえも語らずに、そなたのいにしえを問いしこと、国司がこうは末代の恥辱。誤ったり。さりながら、汝に見する物ありと
隠し持ったる　餓鬼阿弥の
胸札出だし　国司様
これ見て疑い　晴らせやと
小萩が前へ　出だささる
小萩がその札　受け取りて
始め終わりを　見てあれば
餓鬼阿弥陀仏と　大文字に
そばの小書きを　見てあれば
そもそもこの車藤沢より出で熊野本宮へ
湯の峰に参る　車なり
ひと引き引けば　千僧供養
ふた引き引けば　万僧供養
三引き四引きと　引くならば
きゅうるいきょうだい　我が身のため
父母菩提と　読み終わる
裏を返して　見てあれば
車の施主は　多けれど
中仙道は　美濃の国
垂井の宿に　隠れなき
万屋長の　下水仕
常陸小萩と　申するは

数多の施主の　ある中に
命に代えて　お殿様
車の施主に　つきました
本復なされし　その後に
必ずお尋ね　くださるべし
女子ふぜいの　身であれば
何も馳走は　いたさねど
おいたきことは　やまやまと
見るよりはあっと　驚いて
国司御前に　手をついて
申し上げます　お殿様
いつぞやこの　門前に
餓鬼阿弥車の　着きしとき
お主に五日の　暇もらい
三日と申す　暮れ方に
のぼり大津は　関寺の
玉屋が茶屋の　門前にて
餓鬼阿弥殿とも　みずからは
あまり別れの　悲しさに

書いて別れし　この木札
どうしておん持ち　あそばすと
問い掛けられて　国司様
（詞）ほほお、不思議はもっとも。恥ずかしながら、それがしは、いつぞやこの街道を車に乗り、数多の人に引かれたる、身は餓鬼阿弥なり。熊野本宮へ、湯の峰にて、めいとうよりも湧き出ずる、薬湯の利益により、四十九日がそのうちに、もとの体と本復いたし、平の判官みつしげなりと
小萩がそれと　見るよりも
はるか末座に　手をついて
申し上げます　お殿さん
あなたは冥土よりの　お帰りの
餓鬼阿弥殿とも言わんとせしが待てしばし
御衣と冠の　威におそれ

はるか末座に　手をついて
申し上げます　お殿様
あなたは
冥土よりも　お帰りの
おん殿様では　ござんすか
いまだ日柄も　たたぬ間に
てもまあお早き　御本復
いかなることが　あればとも
名乗るまいとは　思えども
あなたは冥土の　人ならば
今は何をか　つつむべし
常陸小萩と　偽りて
みずから生まれと　申するは
武蔵相模は　ごんだの宿
横山将監　照元の
五人の公達　弟の姫
天道さんの　申し子で
天の一字を　かたどりて
照手の姫と　申します

二度対面の　お喜び
さて皆様にも　どなたにも
あまり長いも　座のさわり
これはこの座の　段の切れ
――「小栗判官」末尾――

（注）最初の一段は、草間ソノ伝承による歌詞である。杉本キクイ伝承の歌詞の前段（「装いの段」）と思われる一段が、市川信次「高田瞽女の生活と歌謡」（『民俗芸能』三五号、一九六九）に掲載されている。伝承者は草間ソノ。昭和十三年の筆記とのこと。ここに歌詞を多少校訂して掲げた。内容は小林ハル伝承の一段目に相当する。

◇参考資料　説経祭文　小栗判官照手姫

〈凡例〉

一　参考資料として薩摩若太夫正本の説経祭文「小栗判官／照手姫」の「二度対面の段」をあげたかったが、管見に及ばなかったので、第二十段目「よろづやの段・下（部分）」、第二十一段目「清水の段」および第二十六段目「車引段」のみを翻刻した。

二　原本は次の通りである。

（1）小栗判官／てるて姫　二十　よろづやの段・下（部分）

原本所蔵者は上田図書館（花月文庫）であるが、国文学研究資料館作製のマイクロフィルムによった。発行者は馬喰町三丁目の吉田屋小吉で、半丁六行、本文五丁からなり、表紙右側に薩摩若太夫と大きめの文字で書かれ、左右にそれより小さめの文字で薩摩桝太夫他二人の太夫名があり、さらに小さく下に八人の太夫名を記し、その横に十人の三味線弾きを記す。

（2）小栗判官／照手姫　二十一　清水の段

これは架蔵本によった。「清水の段」だけは馬喰町三丁目和泉屋永吉発行であるが、ほかに吉田屋小吉発行の「買物段・上」「買物段・下」「車引段」「矢取段・下」および「一ノ谷　首実検段」が合冊されている。また、裏表紙の内部には貸本屋と思われる「信州小縣郡川東上洗馬　堀内新重郎」の四角な印が押されている。「清水の段」は、半丁六行、本文五丁からなり、表紙右側に薩摩若太夫と大きめの文字で書かれ、左右にそれより小さめの文字で二人の太夫名が薩摩栄喜太夫・薩摩伊勢太夫とあり、下部に二人の三味線弾きを記す。また、「せつきやう上るり」とも記す。タテ22㎝、ヨコ15㎝。

（3）小栗判官／照手姫　二十六　車引の段

これも架蔵本によった。発行者は馬喰町三丁目の吉田屋小吉で、半丁六行、本文五丁からなり、表紙右側に薩摩若太夫と大きめの文字で書かれ、左右にそれより小さめの文字で二人の太夫名薩摩桝太夫・薩摩濱太夫の名がある。さらに下部に十人の太夫名を記し、横に三味線弾き十人を記す。また、「せつきやうさい文」と記す。タテ22㎝、ヨコ15㎝。写真参照。

三　欠けている濁点を私意によって補った。句の区切りは原文のままである。旧字体は今日通行の字体に換えた。

四　マイクロフィルムの綴じ目の部分そのほか読めない部分は□とした。

五　?印を付けたところは存疑の部分である。

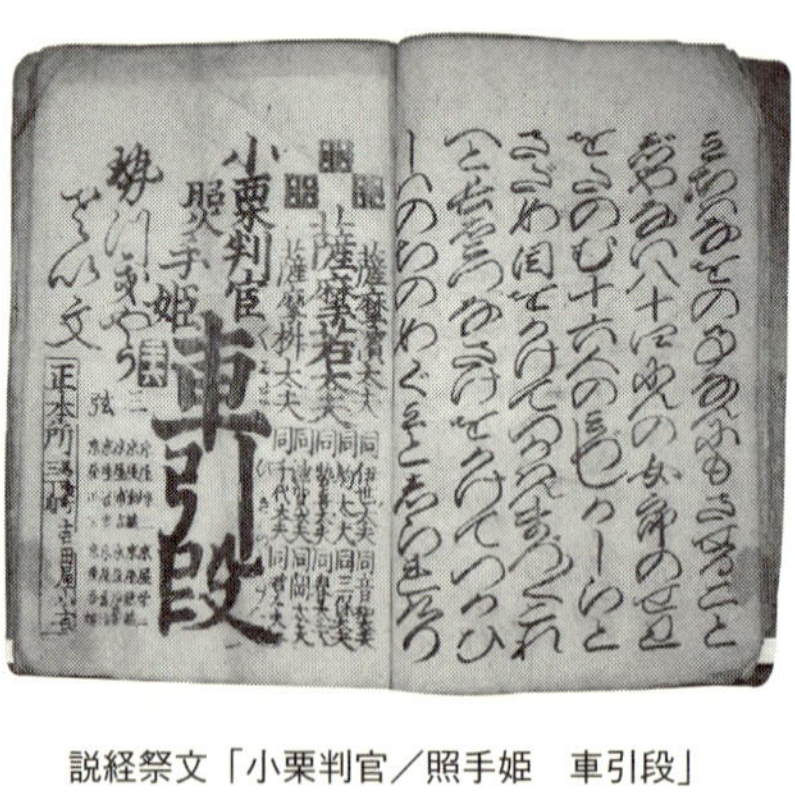

説経祭文「小栗判官／照手姫　車引段」
（吉田屋版　架蔵本）

（1）よろづやの段・下

（これ以前欠）長右衛門。こいつぎり有おつとにわかれてい女をたてるとおぼへたり。ながれのみちをたてぬ者わがやにおいてせんもなし。なんじこれよりくらがへの申付る。まづうりやるしまは三ツのしま。さどへうるかゑぞへうるか。ときわのくにへうるべきか。先さどがしまと申するは。なんじらごときをかい取て。わかき内はいやでもおふでもねやのとぎ。としふりはつる其ときは。金のつるをほらすとや。ときわのくにと申するはつねに五こくのみのりなく。しよくなすものはへびはちむかで□□きとなす。まつたゑぞと申るはなんじらごときをかいとりて身はずた〴〵にきりさいて。おきでりやうしがさめつるゑさにいたすぞよ。さどへうるかときわの国ゑぞがしまへうるべきか。わがやでながれをたてるのか四つ一つのへんとうはなんと小はぎとありければ。ひめぎみすこしもおどろかず。此身さどへうられつ、かねのつるをほりますも。常盤とやらんへうられつ、しよくなすものなく。此身はかつへてしにますも。ゑぞへうられまして身をつだ〴〵にきりさかれさめつるゑさになりますも。さだまるぜんせのごう□□□□のためでござりますいづくへなりとも□□□□□まする□□□□□様うりなされ下さりませ。よろづ屋ほつともてあまし。こいつよつほどたびずれのしたやつ。なか〳〵あまひすでくへぬやつ。かいとつたがふしやう。ながれの道をたてぬやつ。かたいの下しよく申つける。まづかづある下しよくと申するは。のぼるそうばが五十疋くだる三度も五十疋。百ぴきのうまのかいばをいたすべしまた百にんのまごにぜんだてきうじいたすべし。な、かまの大かまをわらびをもつていぶさぬやうにきへぬやう。□□〳〵もしてまいるべし。そのゆもわ□てあるならば百ひきの馬のすそゆをつかまつれ二かいと下のはきそうじ。百人の女郎のびんみづけしやう水くみかへよ。そのかた手間に七百目のあさをうんで出すべしそのやくしまつてあるならば。われ〳〵がちやの水はこれより十八丁あなたなるしみづを三荷汲がやく。右の下しよくもしもできざるものならば。ながれをたてよきつと申つけたるとはつたといかつて長右衛門おくをさしてぞ入にける。あとにのこりしてるでひめさてもじやけんのお主様ながれをたてぬかたい(ママ)とてさまでの下しよくがみづからに。どふまあひとりでつとまらふさはい丶下しよくができざればながれのみちにおとすとや。思へば〳〵なさけなや。いか丶はせんとひめぎみは。なみだにくれてゐたりしが。ハア、それ〳〵。日ごろねんずる日光山(にっくわうさん)きよたきだいひくわんぜおんふかくもねんじ下しよくをつとめん物なると。ちり(?)をむすんで身をきよめ。たゞ一しんに手を合(あわせ)なむきよたき大ひくわんぜおんか丶るなんぎに候なり。あはれだいひくわんおんのちかいをもつてみづからに。下しよくをすけさせたまはれと。ふかくもねんじさあらば下しよくにか丶らんと。□□□□□□□いりにける

(以上「よろづやの段・下」)

(2) 清水(しみず)の段

「さるほどにこれは又。いたわしやひめぎみは。ながれをたてぬかたいとて数(?)の下しよくをいひつかり。清たきだいひくわんおんの。ちかひによつてよう〳〵と。下しよくをつとめそれよりも。十八町あなたなる清水のもとへいそがんとになひをかたにかけられて。萬やいゑをたち出てしみづがもとへといそがれる。みちは露やらなみだやらゆくさきしれぬたにみちを。しみづがさわをたよりにと。いそがせたまへばやう〳〵としみづが元(もと)につきにけり。になひをかしこへおろされて。ひさくを手に取てざぶとくんではざはとあけざはとくんではざぶとあけ。又もかたにをひきよせて。ざんぶ〳〵とくみあげてやう〳〵一荷(いっか)にくみたまひ。おふこをとつてかつがばやと思ひしに。しよてにくんだる其清水。しばしおとめば(が?)かげうつり。はつとばかりにとびさがり。また

たちよりて水かゞみ。やつれはてたよわがすがた。げにやつれしもむりならぬ。つまにおくれてそのゝちは。あなたこなたへかわれつゝながれ〳〵にせめられて。ゆせんぞくだにつかわず。かみにくしのは入もせず。手あしのつめはのびしだい。すがたをものにたとへなば。あのおくやまにすまゐける。わしくまたかにさもにたり。これもたれゆへつまのため。さら〳〵うらみとおもわねど。「ハア、それわがつまさまにおくれてより。ついに一日しみ〴〵と。御ゑかうとてもいたさねば。おもひ出す日をめい日。さいわひあたりに人もなし。さあらば御ゑかういたさんと。清水をひさくにくみあげて。木の葉（は）もぎとりたむけの水。とうのれんげをあわせつゝ。「かいめうなにかはしらねども。なむぞくめうはわがつまの。小ぐりのはんぐわんまさきよ□姫がとなふるこのたむけ。いかなるちしきてうろうの。せんぶまんぶのきやうよりもあつくもうけさせたまわれや。つぎにたむけのこの水は。十人のとのばらたちへのたむけなり。なむあみだぶつなむあみだ。ふかくも御ゑかうなしたまひ。ハ、それ〳〵大ひくわんおんのちかひを以（て）やう〳〵と下しよくつとめこれにてなげきにときうつり。もしももどりのおそなわらば。またみづからにながれをたてよはぎじやうなり。さあらばてふへかへらんと。おふこをとつてかたにかけしみづがさわをたち上り。清水はおもし身はかろし一（と）あしあゆみてたちとまり。またあゆみてはやすらいてあなたへはよな〳〵又こなたへはよろ〳〵とやすみ〳〵てやう〳〵と。よろづやさしてぞいそがれける。

（以上、しみづの段）

（3）車引のだん　　若太夫直伝

さる程に照手姫（てるてひめ）。がきやみ車のそばに寄（より）。女綱（めつな）男綱（おづな）を取（り）わけて。これ〳〵いかに人〴〵いそもみづからと申するは。父母けふやうの其ために。上下五日のせしゆなれば。小はぎが音頭で引すなり。ゑいさらゑいと照手姫。車のおんどを取給へば。ア、ラふしぎの次第也両輪が大地へめりこんで。おせ共引共うごかねど。姫がおんど、聞よりも妹背のゑんにひかれてや。くるり〳〵と廻りける。姫が涙かしらね共垂井の宿を引出し。わづか五日の旅の空いとゞ心は関が原。ふ破の関やの板びさし月もれとてやまばらなる。ハツアそれ〳〵大中臣の朝臣親盛卿の御歌に。吹かへて月こそもらねいた庇とくすみあらせふわの関守。むかしにかわる今須の宿。みのとあふみの国境姫も相模にありし時。乾の殿の奥の間で二世とかはせしおぐり様。かはす枕の睦言にかわるまいぞやかわらじと寝物がたりもはやむかし。せめて一夜もかしはばら。枕に結ぶ夢さへもはや醒が井の宿をこへ。あらしこあらしばんはふけ迚袖さむきすりばり峠の細道をゑいさらゑいと引おろし。あれ鳥井もとのなく音さへ。そらに一こゑ高宮の越川わたれば衛立。御代もめで度武佐の宿。鏡山とは是とかや其昔大伴の黒主卿の御哥に。鏡山いざ立寄て見て行んとしへぬる身の老やしぬると。姿はさのみうつらねど。鏡山とはなつかしや。ゑいさらゑいと引程に。雨はふらねど守山のかのがきやみの胸札に。露迚さらにうかめねど。草津の宿とはこれとかや。ころしもさつきの半にて。山田さはだをながむればさもうつくしき早乙女が。こんのはゞきに玉だすき。早苗をおつとり打つれて。田うたをこそはうたふたり。うへいそうとめ。田をうへい。笠をかふてたもるなら。なん畝なり共うへまんしよ。うへい早乙女田をうへい。かんの野鳥ほと、ぎす山がら小がら四十から。あの鳥だにもさはたらば。さつきのうげうはさかんなり。おぐさ若くさふみ分て。ゑいさらゑいと引車。猶も思ひはおふみぢや。せたからはしはしつとんとゞろと引上て。はしの半に車をとゞめ。ハツア面白のあふみぢの八景かねては聞ど目に見る事は今がはつ。はるかに見へるは其むかし。たわら藤太秀郷殿。ゐとめ給ひしむかで山。こなたに高きは石山寺。秋の月迚さへる共。姫がこ、ろはさへやらぬ。かた田におつるかりねにもたゞわすられぬつまの事。なろふことならみづからも。めいどにいそぎつま上ヱに。あいたや見たやと思へ共。あわづにかへるあの船が。あれが矢橋の帰帆とや比良の高根にあらね共。心は暮雪とつもるなり。あれ三井寺の鐘の音も。いとゞあはれはからさきの。姫はうきよの一つ松。しがのうらはに船とめて。あの山見さいな。此山見さいな。ろかいの音におどろいて沖でかもめがはつと立。あらいたはしの照手姫。あれ鳥さへもあの様につがいはなれぬめうとなか。つまにはなれてみづからは。ねぐらさだめぬやもめ鳥。思へば〳〵悲しやと。つまの別れを思ひつゝ。なみだにくれて照手姫。ゑいさらゑいとひく車。あわづ松もと膳所の城あかまいだれの茶屋がのき。ゆん手に高きがげんじあん。せきの明神ふしおがみ。のぼる所がくるま坂。すでに三日のくれがたは。登る大津や関寺の。玉やがかどに車つく

（以上、車引の段）

5 景清

〈凡例〉

一 本作は伝承者本人に直接歌詞の確認をすることができなかった。小林ハル演唱の歌詞も土田ミス演唱の歌詞もともに脱落が多いが、それぞれ相補う関係にあるものと考えて校訂した。

二 高田瞽女杉本キクイが伝承する歌詞は、小林の歌詞とかなり異なる。参考資料に掲げた杉本の歌詞は、演唱者の文句を編者が聴き取ったままに文字化したものである。

三 人名表記は、近松門左衛門作『出世景清』、また説経祭文「景清一代記」を参考にした。

四 脚注については次の資料等を参照した。

近松門左衛門作『出世景清』第四（守随憲治・大久保忠国校注、一九五九年、岩波書店刊、日本古典文学大系本）

若松派の説経祭文「景清一代記 阿古屋自害之段」（若松若太夫所蔵の写本、但しマイクロフィルムによる）

説経祭文「出世景清一代記 獄屋之段」（若松森尾太夫正本、架蔵の写本）

祭文松坂　景清

一段目（六波羅の獄屋）　29分

さればに　アーよりては　これに
また
いずれに愚かは　なけれども
何新作の　なきままに
古き文句に　候えど
一景清様の　一代記
こと細やかには　誦めねども
あらあら誦み上げ　奉る
平家方にも　隠れなき
悪七兵衛　景清は
上総の国の　住人で(1)
敵一倍の　力持ち
ことに二四相も　悟らるる
悪七兵衛　景清は
運命尽きれば　情けなや
源氏の方へ　召し捕られ
三京六波羅へ　引き出され
京六波羅は　四なんねんど
南　表に　隠れなき
下がりが松の　その下で
景清殿は　豪気とて(2)
新たに獄屋を　建てられて(3)
下は三尺　砂利固め
中は三尺　四方にて(4)
楠の八寸角を　立て並べ
一尺二寸の　大釘を
五裏も返さず　打ち止めて
表の格子を　見てあれば(5)
六南蛮鉄の　総格子
いよいよ獄屋も　出来上がり
役人それと　見るよりも(6)
七六尺余丈の　景清を
八三尺ばかりの　詰牢へ
腰より二重に　曲げられて

一　説経祭文の演目「（出世）景清一代記」との関連がある。「阿古屋獄屋見舞いと申します」（高田瞽女）。
二　四相は元来仏教用語であるが、ここでは一般的にものごとを洞察することのできる聡明さをいう。「景清は二相を悟り候へども重忠は四相を悟る」（貞享三年頃初演、近松門左衛門作『出世景清』）。
三　六波羅は、京都市東山区、鴨川の東、鳥辺山西麓一帯の地。
四　不明。
五　木材を突き抜けた釘の先端を折り曲げない状態。危険である。
六　舶来の良質な鉄材。獄屋の表をその丈夫な鉄で格子状に組んであること。
七　小林演唱では、五尺。「七尺ゆたかの景清を二重に取つて押し入れ」（『出世景清』）。
八　『出世景清』（第四）に類似の詞章がある。

（1）〜（6）　土田の歌詞で補う。

牢の中へと　入れられて(1)
[一]まだ景清は　豪気とて
首に首箍　手に[二]手鉄
足に[三]足枷　掛けられて
[四]丈と伸びたる　黒髪を
四方へ散らして　繋ぎ髪
七十五貫目の　石抱かせ
廻るものには　目の玉よ
通うものには　息ばかり
通ずるものとて　今は早
はっとつく息　ばかりにて
動くものには　脈ばかり
[五]景清心で　思うには
今一度は　一度は
[六]清水大悲の　観音に
誓いを立てて　今は早
敵[七]　十蔵　重勝を
つかみ殺して　くれんぞと
南無や清水　大菩薩

今一度は　一度は
どうぞあなたの　お情けで
敵　十蔵　重勝を
つかみ殺させ　給われと
[八]つかみ殺させ　給わらば
[九]三七日が　そのあいだ
弁慶よりも　[一〇]あたわりし
食物いちろう　食せまい
可愛い妻子が　来たとても
もの一言を　申すまい
三七日が　そのあいだ
[一一]無言の行を　致します
どうぞあなたの　お情けで
敵　十蔵　重勝を
つかみ殺させ　給われと
深き祈願を　こめらるる
[一二]それはさて置き　ここにまた
[一三]五条坂の　かたほとり
[一四]大原の隠れが里と　言うところに

一　それでもまだ。
二　手錠。
三　土田は、絆。足が自由にならないようにする刑具。「上げほだしを打たせ」(『出世景清』)
四　おもに女の髪が長く立派なのを言う慣用句。
五　以下、土田演唱では次のようにある。「哀れなるかや景清は／獄屋のうちにて嘆きごと／さてもさても情けなや／われも平家に隠れなき／三幅対の容姿なり／この有り様は何事ぞ／伊庭の十蔵重勝を」。
六　京都清水寺の本尊。
七　景清を源氏方に訴人した阿古屋の兄。文字表記は説経祭文の「伊場の十蔵重勝」による。近松の『出世景清』には「伊庭の十蔵広近」とある。なお、小林は「伊庭」を「いわ」と演唱している。
八　瞽女唄によく用いられる前句の繰り返し表現。
九　二十一日
一〇　この語、不明。次の「いちろう」も不明。
一一　説経祭文「景清一代記」でも同じ。悲劇の伏線となっている。
一二　話題の転換を表わす慣用句。
一三　京都の五条通から清水寺に至る坂道。もと阿古屋が住んでいた所だが、景

一阿古屋御前(あこやごぜん)と　申するは
二人(ににん)の子どもを　引き連れて
弥石丸(いやいしまる)が　六つなる
弥若丸(いやわかまる)が　四つなる
賤(いや)しい茅屋(くずや)を　仮り住まい
衣機織(きぬばた)って　賃仕事(ちんしごと)
二細々(ほそぼそ)煙を　上げらるる
ある日阿古屋が仮宅茅屋(かりたくくずや)の外(そと)を
三山賤(やまがつ)衆が　五六人
話し致して　通るには
これのういかに　皆さんへ
このごろ源氏の　お達しには
誰(たれ)か景清が行方(ゆくえ)知った者があるなら
ば
四早速注進　致せよと
訴人(そにん)致した　その者は
十万石の大名に取り立てるという
源氏よりのお達しであるが
誰か景清が行方知った者はないかと
尋ぬれば
一人(いちにん)の山賤(やまがつ)　聞くよりも
あいやそれは我々の訴人には及びま
せん
現在阿古屋が　兄弟の
伊庭(いわ)の十蔵重勝は訴人を致し
十万石の大名になられたと
阿古屋はそれを　聞くよりも
機(はた)ごの上より　転び落ち
しばらく涙に　くれにける
五弥石丸(いやいしまる)は　見るよりも
母のもとへと　走り行き
申し上げます　母様(かかさま)へ
お腹が痛くて　泣くのかえ
六気色(きしょく)悪くて　泣くのかえ
我に聞かせて　給われと
どこか痛くて　泣くなれば
お医者迎えに　行きますと
言われて阿古屋は　聞くよりも

清が捕らえられてからは隠れ家に身を潜めていた。次句とつながりが悪い。
一四　ここでは洛北の大原と解されている。高田瞽女の歌詞は説経祭文の通り「小原」。近松の『出世景清』では山崎山の谷蔭。この辺り、字余りが多い。

（1）土田の歌詞によって補う。

一　景清に馴染み、二人の子を生んだ五条坂の遊女。大江幸若舞の『景清』では「あこおふ」――「清水坂の片原に、あこおふと申て遊女の有けるに、あさからず契りければ」（『日本庶民文化史料集成』第二巻所収）。
二　貧しい暮らしをいう。
三　山間僻地に暮らす卑賤な民の意。
四　「佐倉宗五郎」にも類似の文句がある。
五　慣用句。「石童丸」では、「母のもとへと走り行き／もみじのようなる手をついて」とある。
六　気分が悪くて。

落つる涙を　払われて
これのういかに　弥石よ
腹が痛くて　泣くじゃない
気色悪くて　泣くじゃない
そちに聞かすぞ　良くぞ聞け(1)
これぞ平家に　隠れなき
悪七兵衛　景清は
私がためには　夫様
そなたのためには　父様が
一運命尽きたと　言いながら(2)
源氏の方へ　召し捕られ
京 六波羅へ　引き出され
京六波羅は　なんねんど
南 表に　隠れなき
下がりが松の　その下で
父様獄屋の　憂き住まい
二二十日ばかりに　なりそうじゃ
弥石それを　聞くよりも
申し上げます　母様へ

父様獄屋の　住まいなら
明日をも知れない　お命じゃ
せめて命の　あるうちに
獄屋見舞いが　致したい
三どうぞ召し連れ　給われと
阿古屋はそれを　聞くよりも
これのういかに　弥石よ(3)
昼は獄屋へ　見舞われぬ四
昼獄屋に　見舞うなら
源氏の方の　目に当たり五
親子もろとも　今は早
六その身の支度を　致されて
その日の暮れるを　待ちかねる
程なくその日も　暮れければ
七通らぬごぜんを　茶で通し
弥若丸を　背なに負い
弥石丸の　手を引いて
大原の隠れが里を立ち出でる
出でる姿の　哀れさは

一　以下六行、前の繰り返し。
二　あと一日で三七日（二十一日）の満願となる日。このわずかな時間差が悲劇性を高めている。
三　説経祭文「景清一代記」と同じく、子どもが頼んだことになっている点で、近松の『出世景清』とは異なる。
四　土田演唱はここで一段目の段切り。
五　次に歌詞の脱落があるか。
六　以下三行、旅立ちの慣用句。日が暮れるのを待って別れた家族に会いに行く話は「佐倉宗五郎」と類似する。ただし、「佐倉宗五郎」の場合は本作と逆に夫が妻子のもとへ会いに行く形である。
七　「ごぜん」は「御膳」で、なかなか喉を通らない食事を茶で通した意か。
(1)(2)　土田の歌詞によって補う。
(3)　以下四行、土田の歌詞によって補う。

目も当てられぬ　次第なる
[一]道は露やら　涙やら
袂（たもと）の乾く　暇（ひま）はなし
さても一座の　上様へ
まだ行く末は　程長い
下手の長誦み　飽きがくる
一息入れて　次の段

二段目（獄屋見舞）　34分

[二]一条（いちじょう）町へと　はや着いて
一条越えれば　二条町
二条越えれば　三条町
四条河原を　横に見て
五条の橋に　さしかかる
少しす[三]休み　致さんと
橋の欄干に　腰を掛け
弥若丸（いやわかまる）は　目を覚まし
母様（かかさま）お乳と　泣き出せば
阿古屋はそれを　聞くよりも
弥若丸を　抱き下ろし
乳房を含めて　いたりしが
これのういかに　弥若よ
これにて時刻が　移るなら
獄屋見舞いが　遅くなる
早く飲みゃいの　弥若と
涙ながらに　阿古屋殿
[四]またも弥若　背なに負（ぶ）い
弥石丸の　手を引いて
五条の橋も　立ち出でて
[五]六波羅（ろくはら）指して　急がるる
急ぐ道中の　そのうちに
あの黒森[六]の　その中で
梟（ふくろう）の鳥が　さやずれば
弥石それ[七]を　聞くよりも
申し上げます　母様（かかさま）へ
梟の鳥と　申するは
夜分に向こうて　あのように

一　以下二行、道行の慣用句。
二　小林の演唱では段始めの慣用句を置かないで開始している。土田は「ただ今誦んだる段の末」と開始。以下、道行の文句。京の町を一条から五条へと下がり、数字の一から五へつなげて、六波羅の「六」を導く。この表現法は、夜の時間的経過を語る慣用句として瞽女唄によく用いられる「一更が初夜で二更が四つ／三更が九つ四更が八つ／五更の天にも明けければ」と共通する。
三　不明。「し休み」（土田）。なお、高田瞽女の歌詞では五条橋で休む部分が無く、その代り寺社参拝の慣用句を用いて清水寺に参拝する部分がある。
四　夜の闇に紛れ、幼な子を背負い、今一人の子どもの手を引いて歩む母の姿は、離縁されて家を出て行く庶民の母の姿に重ねられて聴衆の共感を呼ぶ場面である。ここには遊女阿古屋の華やかな印象はない。
五　鴨川の五条橋を東山方面に渡った南の一帯が六波羅。
六　鬱蒼と木が茂った森のこと。「信徳丸」にも出。
七　土田は本作すべて「それと」と演唱。

何を頼りに　鳴きまする
阿古屋はそれを　聞くよりも
これのういかに　弥石よ
梟の鳥と　申するは
夜分に向こうて　鳴くのはな
何を頼りに　鳴くじゃない
昼出て鳴くなら　このように
夜分に難儀は　せぬけれど
昼は鳶(とび)や烏(からす)が　あるゆえに
それで夜分に　鳴くわいと
言われて弥石　聞くよりも
歩む足をば　踏みとどめ
思わずわっと　泣き出だす
阿古屋はそれを　聞くよりも
これのういかに　弥石よ
足が痛くて　泣くのかい
今少し行くならば
父様(ととさま)獄屋の　憂き住まい
早く歩みて　給(たも)やいと

[一]だませば弥石　聞くよりも
申し上げます　母様(かかさま)へ
足が痛くて　泣くじゃない
ただいまあなたの　言う通り
[二]梟の鳥と　申するは
夜分に向こうて　鳴くのはな
何を頼りに　鳴くじゃない(1)
昼出て鳴くなら　このように(2)
夜分に難儀は　せぬけれど
昼は鳶(とび)や烏(からす)が　あるゆえに
それで夜分に　鳴きまする
我々どもも　その通り
昼は獄屋へ　見舞われぬ
昼獄屋へ　見舞うなら
源氏の方(かた)の　目が数多(あまた)
それで夜分に　このような
獄屋見舞いを　致します
これぞ平家に　隠れなき
悪七兵衛　景清も

一　「だます」は、うまく言い聞かせて子どもの機嫌をとること。「だませば誠とがんぜなく」（説経祭文）。
二　以下、母の言葉の繰り返し。今の身の上に気付かず何気なく言った阿古屋の言葉が、次の弥石の解釈を誘う。説経祭文「景清一代記」には見当たらない。
（1）　土田の歌詞によって補う。
（2）　演唱テープでは次句と入れ替わっているが、文脈を考えて直した。

一 三幅対(さんぷくつい)の　容姿とは
梟の鳥が　二 同じいと
三 聞いて哀れは　阿古屋殿
両手を胸に　押し当てて
しばらく思案を　致さるる
ようよう心を　取り直し
弥石丸の　手を引いて
六波羅指して　急がるる
四 道も急げば　早いもの
六波羅獄屋に　なりぬれば 五
阿古屋はそれを　見るよりも
これのういかに　兄弟(きょうだい)よ
そなたら二人(ににん)の　父上様
これなる獄屋の　その内(うち)じゃ
はやく対面　致せよと
母の教えに　兄弟は
獄屋のもとへ　走り行き
獄屋の格子に　手を掛けて
申し上げます　父様(ととさま)へ(1)

六 この有り様　なにごとぞ
あなたも平家に　隠れなき
景清様では　ござ無きか
なぜに獄屋を　押し破(やむ)り
我が家へ戻らせ　給わらぬ
日頃の力が　ござ無きか(2)
あなたの力で　破(やむ)れずば
この弥石(いやいし)が　破(やむ)らんと
獄屋の格子に　手を掛けて
えんやらうんと　言うままに
七 押せどしゃくれど　この獄屋
根から生えしか　知らねども
大盤石(だいばんじゃく)にて　動かない
獄屋のうちにて　景清は
八 われ願望(がんもう)の　身であれば
不憫ながらも　是非はない(3)
許して給え　妻や子と
心のうちに　詫びをする(4)
九 阿古屋はそれとも　露知らず

一 元来は、中央に本尊、その両側に脇士仏を配した三幅で一揃いとなっている掛け軸をいう。ここでは景清の容姿が揃っていることをいうか。
二 強い鳥に襲われるのを避けて夜鳴く梟と同じだ、の意。
三 それを聞いて気の毒なのは。
四 慣用句。土田演唱には無い。物語上は無くとも差し支えない。この句が無ければ、「六波羅指して急がるる／六波羅獄屋になりぬれば」となって、これもまた瞽女唄的な繰り返し表現となる。
五 高田の演唱では続けて、「番の者どもこのときに／長の疲れか知らねども／前後知らずに高鼾」と、獄屋を警護する者たちの様子を語る。
六 以下の歌詞、説経祭文に類似する。
七 「地から生えたか知らねども」（高田）。「押(おせ)どしやくれどうごかばこそ／根からはへたる如くなり」（説経祭文「景清一代記」）。
八 敵討ちの願望を達するため、現在無言の行であること。
九 以下、景清の内心を知らないための悲劇へと展開する。
（1）「これのう申し父様へ」（土田）。
（2）（3）土田の歌詞によって補う。
（4）「涙ながらに…」（小林）。土田の歌詞で補訂。

獄屋のもとへ　近付いて一
獄屋の格子に　身をもたれ
申し上げます　夫様（おっとさま）
これなる二人（ににん）の　兄弟は
あなた恋しい　ゆかしいと
はるばる訪ねて　来ましたよ
二なぜに我が子か　兄弟と
三ものばし言うて　給わらぬ
さてもあなたは　自ら（みずか）を
疑い給うは　無理はない
四現在私が　兄弟の
伊庭（いわ）の十蔵　重勝は
あなたを訴人を　なせしとある
妾（わらわ）が兄の　重勝と(1)
同じ心と　思（おぼ）されて
それよりものばし　おっしゃらぬ
いかに気強い　女子（おなご）じゃとて
現在夫（げんざいおっと）の　身の上が
五どうまあ訴人　できましょう

疑い晴らして　六兄弟に
ものばし言うて　給われや
なぜに我が子か　兄弟かと
どうぞ名乗らせ　給われと
涙にくれて　阿古屋殿
景清それを　聞くよりも
心の内にて　今は早（はや）
これのう我が子か　兄弟と
七われ願望（がんもう）の　身でなくば
不憫（ふびん）ながらも　是非もない
許して給えや　妻や子と
心のうちに　詫びをする(2)
阿古屋はそれとは　露知らず
こなたの方（かた）へ　うつむいて
ああ情けなや　情けなや
伊庭（いわ）の十蔵　八そのために
何も知らない　子どもらは
景清様には　見捨てられ
九浮世は源氏に　狭（せわ）められ

一　土田演唱はここで二段目の段切り。
二　「なぜに我が子かよう来たと／お誉めなされて下さらぬ」（高田歌詞）。「扨は我子か女房かと、やさしく云て下されと」（説経祭文「景清一代記」）。
三　「ものばし」は、以下すべて「ものはじ」と演唱している。
四　実の。
五　景清の疑いを思って言う。これ以前の物語、すなわち景清の妻小野姫に対する嫉妬のために、彼の居場所を兄とともに密告したという近松の『出世景清』による物語が背景となっている。
六　ここは二人の息子のこと。
七　以下四行は、本作に繰り返される定型句となっている。景清は、三七日の満願まで無言の行を破ろうとはしない。
八　伊庭の十蔵のために。七音五音に整えるための言い廻し。
九　定型句。「浮世は源氏にせばめられ、たよりに思ふ夫には、疑うけて見はなされ、何面目にながらいて、明日の日のめが拝まれうかへのふ」（説経祭文「景清一代記」）によるものと思われる。

(1)　以下三行、土田の歌詞によって補う。
(2)　「涙ながらに…」（小林）。土田の歌詞で補訂。

何[一]うめうめと　この世には
何とて生きて　おらりょうぞ
さらば自害を　致さんと
我が子二人（ににん）を　引き寄せて
これや二人の　兄弟よ
浮世は源氏に　狭（せわ）められ
頼りに思う景清様には見捨てられ
何生き甲斐の　あるべきと
　さても一座の　上様へ
まだ行く末は　程長い
誦めば理会（りかい）も　分かれども
まずはこれにて　段の切り

三段目（母子自害）　33分

これのう二人（ふたり）の　兄弟よ
そなたら二人（ににん）の　父上様
[二]いろいろお詫びを　致せども
さらにものばし[三]　おっしゃらぬ
これより大原（おおはら）へ　戻るとも
[四]頼りに思う景清様には　見捨てられ
浮世は源氏に　狭（せわ）められ
これぞ平家に　隠れなき
悪七兵衛　景清が
二人の子どもと　言いながら[五]
[六]刺し殺さるるは　治定（じじょう）なり
[七]生きてこの悲しさを　見るよりも
そなたら二人（ににん）　手に掛けて
母ももろとも　自害をし
死して冥土へ　行くときは（1）
死出の山路（やまじ）の　曇りなく
三途（さんず）の川も　濁りなく
母が手を取り　渡るぞえ
ここの道理を　聞き分けて
[八]母に命を　たまわれと
弥石丸（いやいしまる）は　聞くよりも[九]
母の言葉を　聞き分けて（2）
申し上げます　母様（かかさま）へ

一　おめおめ。
二　「何を腹立ちかは知らねども」（高田）。
三　「ばじ」と演唱していること前述。「ばし」は強意の助詞。ここも定型句。
四　以下二行、定型句。
五　次に「現在母の目の前で」（高田）あり。
六　「此頃源氏のおふれには、平家の余類と見たならば、拾五以上は腹切らせ、幼者はしばり首」（説経祭文「景清一代記」）。
七　以下、「葛の葉子別れ」にもある慣用的表現。
八　子殺しの場面として同じく「葛の葉子別れ」にも類似の歌詞がある。
九　次に「はや六歳にもなりぬれば」（高田）あり。
（1）（2）　土田の歌詞によって補う。

それがまことで　ありますか
まことのことで　あるならば
はやく殺して　給われと
西へ向こうて　手を合わせ
南無や西方の　弥陀如来
非業の最期の　われわれを
来世は助けて　給われと
南無阿弥陀仏　弥陀仏と
称える声にて　阿古屋殿
これのういかに　弥石よ
さすがそなたは　兄[一]だけで
母の言葉を　聞き分ける
さまで健気な　そなたをば
現在母が　手にかけて(1)
無惨と殺すと　言うことは
[二]これはいかなる　前生(2)の
報いか罪か　情けなや(3)
因果同士の　寄り合いか(4)
必ず母とは　思わずに

[三]敵の末じゃと　心得て
母に命を　たまわれと
南無阿弥陀仏と　声を上げ
側なる刀を　取り上げて(5)
すっぱと貫く　弥石丸
きゃっと一声　叫ぶのが
この世の最期と　見えにける
弥若それを　見るよりも
[四]獄屋のまわり　駆け廻り
申し上げます　父様へ
あなたが一言　無きゆえに
あれ母様が　あのような
無惨のことを　なされしが
どうぞお詫びを　して給え
のう父様と　今は早
獄屋の格子に　取り縋る
獄屋の内にて　景清は
[五]われ願望の　身でなくば
なに見殺しに　致すべし

一　兄だけあって。「兄は兄だけ智い増て」（説経祭文「景清一代記」）。
二　以下の歌詞も「葛の葉子別れ」にある。
三　景清の敵である伊庭十蔵重勝の妹阿古屋の血を引く者である意。
四　幼子の死を長引かせて悲劇を盛り上げる手法。
五　以下四行、定型句。
（1）〜（5）　土田の歌詞で補う。

許して給え　妻や子と
心の内で　詫びをする
[一]こわこわながら　弥若は
母のもとへと　走り行き
[二]懐剣持つ手に　取り縋り
申し上げます　母様へ
[三]日頃の短慮　起こりしか
いかなればとて　兄様を
無惨のことを　なされしか
今日よりしては　弥若は
[四]山とんぼも　殺さない
母様お乳と　泣きません
飴やお菓子も　ねだらない
若をば助け　給われと
阿古屋はそれを　聞くよりも
これのういかに　弥若よ
さまでに思うはさらさら無理とは思
わねど
今も今とて　言うとおり

そなたら二人の　父上様
いろいろお詫びを　致せども
さらにものばし　おっしゃらぬ
これより大原へ　戻るとも
[五]浮世は源氏に　狭められ
頼りに思う景清様には　見捨てられ
何生き甲斐も　あるべきぞ
そなたばかりは　殺しゃせぬ
母ももろとも　自害をし
兄弟二人の　手を取りて
[六]極楽浄土へ　連れて行く
極楽浄土と　いう所に
蝶々とんぼも　たんといる
でんでん太鼓も　たんとある
飴やお菓子も　たんとある
[七]だませばまことと　心得て
申し上げます　母様へ
それがまことで　ありますか
まことのことで　あるならば

一　怖々ながら。
二　高田の演唱では、「懐剣持つ手に取り縋り／申し上げますはは様へ／何ゆえに兄様を／無残のことをなされます／今日よりしてはこの若が／母が乳も食べませぬ／でんでん太鼓もねだるまい／庭の植木もむしるまい／障子の紙も破るまい／御膳も拾うて食べまする／弥若お許し給われと」とあって、説経祭文「景清一代記」の「髪お結なら結まする。さかやきそれならそりまする。でんでん大こもねだるまへ。庭の植木もむしるまへ。障子の紙も破るまへ。近処の子供も泣せまへ」に類似する。
三　弥若は四歳とあるから余りに幼くこのような歌詞は不自然。
四　以下三行も「葛の葉子別れ」に類似の歌詞がある。
五　以下三行、定型句。
六　「賽の河原と言うとこに」(高田)。「さいの河原へ行時は、お兄様やそな方の様な供達衆も居る程に」(説経祭文「景清一代記」)。以下も「葛の葉子別れ」に類似の歌詞あり。
七　この辺りは頑是無い子どもの様子に戻る。

若をば殺して　給われと
西へ向こうて　手を合わせ
南無や西方の　弥陀如来
非業の最期の　われわれを
来世は導き　給われと
南無阿弥陀仏　弥陀仏と
称うる声と　もろともに
一 すっぱと貫く　弥若丸
きゃっと一声　叫ぶのが
この世のいとまと　見えにける 二
阿古屋はそれと　見るよりも
右の膝には　弥若丸
左の膝には　弥石丸
両の膝にと　抱き上げ
獄屋の格子に　身をもたれ
申し上げます　我が夫様
あなたが一言　無きゆえに
親子もろとも　このような
未練の最期を　致します

もはやこの世の　暇乞い
涙もろとも　阿古屋殿
獄屋の内にて　景清は
三 これのういかに　妻や子
われ願望の　身でなくば
親子三人　このように
なに見殺しに　致すべし
許して給え　妻や子と
心の内で　詫びをする
四 阿古屋はそれとも　露知らず
五 西へ向こうて　手を合わせ
南無や西方の　弥陀如来
非業の最期の　われわれを
来世は助けて　給われと
南無阿弥陀仏　弥陀仏と
兄弟二人を　抱きしめ
すぐに懐剣　持ち直し(1)
六 腹十文字に　引っかいて
そのまま最期と　見えにける

一　以下三行、弥石の死の場面と同じ繰り返し。
二　土田の演唱では、ここで三段目の段切り。
三　以下、景清が妻子に詫びる文句の繰り返し。定型句。
四　景清の心中は、あいかわらず阿古屋には分からない。
五　以下、祈りの文句が三人の悲劇を強調するために繰り返される。
六　女の死に方としてはふさわしくない。説経祭文「景清一代記」では「かへ剣さか手に取り直し、其身ののんどへ押当て、後へグットつらぬいて」とある。
（1）　以下二行、土田の歌詞によって補う。

獄屋の内にて　景清は
われ願望(がんもう)の　身でなくば
女房子どもは　このように
なに見殺しに　致そうと
涙にくれて　いたりしが
南無や清水(きよみず)　大菩薩
敵(かたき)十蔵　重勝を
つかみ殺させ　給われと
深き祈願を　こめらるる（1）
　さても一座の　上様へ
まだ行く末は　あるけれど
下手の長誦(ながよ)み　飽きがくる
一息入れて　次の段

四段目［一］（十蔵最期）　24分

［二］それはさておき　十蔵は
十万石の　大名で
日天(にってん)曇らぬ　上天気(じょうてんき)［三］
今日清水参り(きょうきよみず)に　こと寄せて［四］
景清が獄屋見舞いを　致さんと
［五］さもけんぺいは　先がちに
はいぼう片付け　下に行け
躄(いざり)も立って　逃げて行け
聾(つんぼ)も立ち聞き　致すなよ
座頭も窓を　のぞくなと
下(した)に下にと　言いながら（2）
清水参りを　致されて
六波羅指して　急がるる（3）
六波羅獄屋に　なりぬれば
獄屋の廻り　近付いて
獄屋見舞いを　致さるる
阿古屋親子の　亡骸(なきがら)を
尻目(しりめ)にかけて　うちながめ
いかに景清　この十蔵様はなあ
今日(きょう)清水参りに　こと寄せて
汝(なんじ)が獄屋見舞いを　致したが
さてさて未練の　大腰(おお)抜け［六］

一　この段、小林演唱では歌詞の脱落が多い。
二　話題の転換に用いる慣用句。
三　上天気は鎌倉幕府から十万石を賜った十蔵重勝の気分でもある。
四　次に「数多の同勢を引き連れて」（高田）。「清水もふでに事よせて、俄に道勢そろへける」（説経祭文「出世景清一代記」）。
五　この句、不明。説経祭文「出世景清一代記」には、「さも権柄に高らかに、はいほうわきのけ下におれ。りよがひ致すな、供きるな。いざりは車をしよて駆けいだせ。つきやは臼杵片付ろ。十蔵様の御通りじや。下に〳〵其声わ、耳をつらぬく如にて、六波羅暇にいそがる丶」とあって、大名行列の様子である。成り上がり者十蔵重勝の横柄さを滑稽に語る部分。
六　この次に、妻子を見殺しにした景清をなじるような文句があるべきところ。説経祭文「出世景清一代記」に「連たる妻や子が目の前で死するを、とむる事が叶ぬか。こ丶な大腰ぬけのうつ虫めがなア」とある。

（1）「三七日の大願も／ようようその日の末の刻」とある二行を下へ移動した。
（2）〜（3）　土田の歌詞で補う。

これのういかに　景清
おのれがような　腰抜け武士は(1)
[一]獅子身中の　虫と言う(2)
それより体内に喰い入り喰いさばき
悩ますとある　虫の性
獅子が死すれば
[二]蠹毒も同じ　死ぬという
三代相恩の　主を捨て
[三]何見殺しになす
この十蔵様はなあ(3)
汝が褒美にて十万石賜り
着付けぬ裃　着なせば
ことのほか肩がはる
虫同然の　景清に[四]
肩なぞ揉ますは　畏れある
ここらをひと揉み　揉めやとて
大きなお尻を　振り廻し
あくまで悪口　なしければ
獄屋のうちにて　景清は

おのれにっくき　十蔵め
この胸晴らさで　おくべきかと
歯を喰いしばりて　いたりしが
それはさておき　ここにまた
三七日の　大願(4)も
ようようその日の　[五]末の刻
俄かに獄屋が　家鳴りをし
[六]乱れ格子の
[七]さらりふっと切れて　抜けければ
足枷[八]ほたは　四つに裂け
すっくと立って　景清は
ただ一散に　馳せかかる
これ待て十蔵と　声を掛け
首筋むんずと　引っつかめば
[九]目玉がひょいと　飛び出でる
残る家来と　申するは
みな方々へ　逃げ散れる
そのとき十蔵　手を突いて
これこれ妹婿様　景清様

一　諺。
二　この句、よく聞き取れないが、説経祭文「出世景清一代記」に「獅子が死すればとどく（蠹毒）も死す」とある。
三　この辺りにも歌詞の足りない部分がある。
四　次に「この十万石のお大名が」（高田）あり。
五　説経祭文「出世景清一代記」では満願の時刻を「未の刻」とする。「末」は「未」の誤り。高田の演唱でも「もはやその日も未の頃」。
六　「佐倉宗五郎」にも出。以下、歌詞脱落。
七　清水観音の霊験。
八　ほだ。絆。足枷と同じ。
九　景清の怪力と、口ほどにない十蔵を誇張して語る。「ゑりすじむんずとかいつかめば、あらおそろしや重蔵の、目玉はひよつと飛出し」（説経祭文「出世景清一代記」）によると思われる。
（1）（2）　土田の歌詞によって補う。
（3）　以下八行はこれより前にあるが土田の歌詞を参考にここへ移動。
（4）　以下八行は、三段目末尾と四段目冒頭にあったが土田の歌詞を参考にここへ移動した。

ただいままでの　悪口(あっこう)は
みんな私(わたし)が　[一]出ぞくない
たとえ両眼(りょうがん)[二]　つぶれても
命さえありゃ　景清様
[三]足力按摩(そこりきあんま)の　荒療治(あらりょうじ)
渡世に致して　暮らします
命はお助け　下さいと
涙もろとも　願わるる
景清それを　聞くよりも
これのういかに　十蔵よ
足力(そこりき)按摩の　荒療治
渡世に致して　暮らしても
療治(りょうじ)のしどころ　知るまいが
この景清が教えてくれんと言うまま
に
肋(あばら)三枚　つかみ折る
伊庭(いわ)の十蔵　重勝は
その場でどっと　臥し倒れ(1)
そのまま自害と[四]　見えにける

景清それを　見るよりも
これのういかに　十蔵よ
これが妻の　敵(かたき)ぞと
[五]首をころりと　斬り落とし
これのういかに　十蔵よ
弥石丸の　敵ぞと
右の腕(かいな)を　引き抜かれ
これのういかに　十蔵よ
弥若丸の　敵ぞと
左の腕(かいな)を　引き抜かれ
下手の鍛冶屋が　打ち上げた
[六]よた釘抜きの　ざまのようじゃ
獄屋のもとへ　[七]引き来たり
これのういかに　妻や子
そなたの敵(かたき)を　景清が
女房子どもの　その前で
[八]いろいろものを　語られて
南無阿弥陀仏を　称(とな)われて
十蔵の肩に　足(そく)を掛け

一　意に反した失言。
二　九州で盲目となって余生を送ったという景清の伝説があり、本来両眼を潰したのは景清で、近松の『出世景清』でもそうした伝説をふまえているが、説経祭文や瞽女歌ではそれを敵の十蔵に当てはめている。
三　説経祭文では、按摩渡世で暮らしたいという十蔵の言葉に対して、景清がなじって言った言葉となっている。「たとへ両眼とび出ても、命さへだに有ならば、京らく中や、花のお江戸ゑわけ下り、両国辺に九尺弐間の店をかり、あんまとせいを致します…さり乍十蔵、あんまを致すには、十四けひとゆうもみ所有が、其きうしふをしりおるまい。足力あんまのあらりやうじ。しなんいたしてくれんずと、りやうのあばらゑ手おかけて、一しめうんとしめければ、其まゝいきはたへにける」（説経祭文「出世景清一代記」）。
四　「最期」の誤り。
五　残虐な報復は古い説経などの語り物と同じ。
六　役に立たない釘抜き。釘抜きは先が二股に分かれている。両手の無い死骸を譬えた。なお、土田演唱はここで四段目の終わり（以下無し）。
七　十蔵の死骸を。
八　あまり例のない話の省略形が採られ

さてもさても　十蔵かな
あとで景清　今は早
そのまま獄屋を　建てられて
その身は獄屋に　居たりしが
「南無や清水(きよみず)　大菩薩
清水大悲の　観音を
なおも明神　伏し拝み
申し上げます　清水様

申し上げます　お観音
敵(かたき)十蔵　重勝を
そのまま敵も　討ちました
深き祈願を　こめらるる
　まずはこれにて　段の切り

——「景清」末尾——

ていて、演唱者が語り納めを急いだ様子がうかがわれる。以下にも歌詞の省略がある。

（1）土田の歌詞によって補う。

一　以上全体が、清水観音への祈願から始まり、お礼参りで終わる物語となっている。

◇参考資料　高田瞽女杉本キクイ伝承

祭文松坂　景清（阿古屋獄屋見舞の段）

一段目　30分

されば によりては　これにまた
いずれに愚かは　あらねども
よき新作も　なきゆえに
阿古屋　獄屋見舞いと申します
ことは細かに　誦めねども
あらあら誦み上げ　たてまつる
ものの哀れや　阿古屋殿
ねずの脚絆を　つつ高に
四つぢの草鞋　紐を締め
四つになる子を　背なに乗せ
六つになる子を　手を引いて
人目を忍ぶ　菅の笠
小原の隠れも　立ち出でて

小原の里も　通り過ぎ
松が崎も　はや過ぎて
清く流るる　石川も
越して急げば　今は早
五条坂に　着きにける
清水御寺に　なりぬれば
うがいせきへ　立ち寄りて
うがい手水で　身を清め
しずしず堂へ　上がらるる
請い願わくば　願わくば
哀れみあって
景清殿の　身の上を
いい安穏に
守らせ給えと　一心に
やや暫くも　伏し拝み

かかる堂を　立ち下がり
六波羅指して　急がるる
六波羅街道の　細道を
暗さは暗し　真の闇
木の根茅の根　踏み分けて
見えるものとて　ほかに無い
たまに見えるは　天の星
遥かに見えるは　狐火の
聞こえるものには　虫の声
頼るものには　竹の杖
ても物凄き　原中を
親子三人　手をとりて
六波羅指して　急がるる
阿古屋がしばらく　立ち止まり
これのういかに　兄弟よ

あまた虫の　鳴く中に
あの音(ね)も高き　鈴虫や
心(こころ)の駒(こま)の　くつわ虫
機織り虫の　やるせなや
あの面憎(つらにく)いは　きりぎりす
親子三人　このように
こがれ慕うて　行く父を
思い切れ切り　切れと鳴く
阿古屋が胸に　□ろあわりや
咎(とが)無き虫も　気にかかる
野明け行けば　蘭菊の
花に狐の　声ばかり
ようよう獄屋と　着きにける
かくて獄屋に　なりぬれば
獄屋の様子を　見てあれば
青竹(あおだけ)にて矢来(やらい)を　結(ゆ)わせ
そばに番小屋(ばんごや)　かけさせて
突棒刺股(つくぼうさすまた)　袖搦(そでがらみ)
事(こと)厳重にこそ　見えにける

阿古屋がそれと　見るよりも
番の様子を　うかがわんと
番の者ども　このときに
長(なが)の疲れか　知らねども
前後知らずに　高鼾(たかいびき)
阿古屋がそれと　見るよりも
天(てん)の与えと　言うままに
用意の懐剣(かいけん)　抜き放し
矢来の隅(すみ)を　切り破り
親子三人　忍び込み
弥若背(いやわかせ)なより　降ろされて
これのういかに　兄弟(きょうだい)よ
そなたら二人(ふたり)の　とと様の
景清殿の　御(おん)住まい
はや疾(と)く対面　つかまつれ
母の仰せに　兄弟が
かかるその座を　立ち上がり
蜘蛛手格子(くもでごうし)に　取り付いて

兄弥石(いやいし)が
父の姿を　透かし見る
兄弥石(いやいし)が　声をかけ
申し上げます　とと様へ
あなたの有り様　なにごとぞ
景清様では　ござ無きか
あなたの力で　とと様へ
なぜに獄屋を　押し破り
あなたも平家に　隠れなき
日頃の力が　ござ無きか
あなたの力で　とと様へ
このや獄屋が　破れずば
この兄弟が　破ります
一緒にお帰り　遊ばせと
年端(としか)もゆかぬ　兄弟が
もみじのような　手を出して
蜘蛛手格子(くもでごうし)に　取り付いて
えんやえんやと　揺さぶれど
このや獄屋と　申するは

地(じ)から生えたか　知らねども
大盤石(だいばんじゃく)にて　動かない
なんとしょうぞえ　弟(おとうと)よ
どうしょうぞえの　兄様(あにさま)と
泣くよりほかの　ことぞ無し
獄屋のうちなる　景清が
可愛(かわい)な者よ　さりとても
心に思えど　景清が
なれども
無言の行(ぎょう)の　ことなれば
さしうつむいて　言葉無し
阿古屋がその座を　立ち上がり
格子のもとに　手をついて
申し上げます　夫上様(つまうえ)
あなたは源氏　召し捕られ
獄屋の住まいと　聞くよりも
この身もあるに　あられずし
ふたりの子どもも　召し連れて
これまで訪ね　来たりしに

なぜに我が子か　よう来たと
おほめなされて　くださらぬ
嘆けどようい　景清が
さしうつむいて　言葉無し
阿古屋がそれと　見るよりも
ても胴欲(どうよく)な　我が夫(つま)と
阿古屋ひとりの　子ではない
あなたのためにも　子じゃものと
阿古屋に言葉が　無きとても
せめてふたりの　子どもらに
ひとこと言うて　給はれと
嘆けどようい　景清が
さしうつむいて　居たりける
　さて皆様にも　どなたにも
　下手で長いは　座のさわり
　これはこの座の　段の切れ

二段目　34分

　ただいま誦(よ)み上げ　段のつぎ
阿古屋がそれと　見るよりも
定めてあなたは　みずからは
訴人(そにん)をなすと　思し召し
それゆえものばし　仰せんか
げに疑いは　無理ならず
みずから兄の　十蔵(じゅうぞう)が
僅かな褒美に　目をくれて
あなたを訴人(そにん)を　なすとある
阿古屋も兄の　十蔵(じゅうぞう)と
同じ心と　思し召し
それゆえものばし　仰せぬか
なんぼ気強い　女子(おなご)でも
現在夫(げんざいおっと)の　身の上を
なんと訴人が　なりましょう
疑い晴れた　子どもらに
ひとこと言うて　給はれと

嘆かせ給うぞ　哀れなり
阿古屋が無言と　夢知らず
かかるところを　立ち下がり
ふたりの兄弟　近く寄せ
これのういかに　兄弟よ
そなたらふたりの　とと様が
何を腹立ちかは　知らねども
父さんものばし　仰せぬぞ
頼りに思う　夫上に
親子三人　見捨てられ
なに生き甲斐も　あらずして
このまま小原へ　帰るなら
源氏方の　人々が
あれぞ平家に　隠れなき
景清殿の　子どもらと
現在母の　目の前で
刺し殺さるるは　治定なり
現在人手に　かかるより
母に命を　くれてたべ

そなたらばかりは　殺しゃせぬ
母もろとも　自害して
そして冥土へ　行く時は
死出の山路の　遠きのも
三途の川の　深きのも
親子三人　手を取りて
極楽浄土へ　連れて行く
のう兄弟と　ありければ
兄弥石が　このときに
はや六歳にも　なりぬれば
母の言葉も　聞き分けて
申し上げます　はは様へ
われわれ命を　あげまして
ととさんお胸が　晴れるなら
はや疾く殺して　とと様の
お胸を晴らして　給われと
西へ向こうて　弥石が
もみじのようなる　手を組んで
合掌組んだる　有り様を

阿古屋が見るより　堪えかね
ても健気ないは　弥石ぞ
さほど健気ない　そなたらを
現在母が　手にかけて
刺し殺すとは　何事ぞ
必ず母じゃと　思やるな
われも子じゃとは　思わんぞ
因果同士の　寄り合いか
敵同士の　報いぞと
思うて命を　くれてたべ
西へ向こうて　手を合わせ
南無阿弥陀仏　弥陀仏と
唱うる声と　もろともに
用意の懐剣　抜き放し
無残なるかな　弥石の
心の元に　押し当てて
ぐうと差し込む　ひとえぐり
さあーと叫びし　ひと声が
この世の別れと　なりにける

弥若それと　見るよりも
懐剣持つ手に　取り縋り
申し上げます　はは様へ
何ゆえに　兄様を
無残のことを　なされます
今日よりしては　この若が
母が乳も　食べませぬ
でんでん太鼓も　ねだるまい
庭の植木も　むしるまい
障子の紙も　破るまい
御膳も拾うて　食べまする
弥若お許し　給われと
阿古屋がそれと　聞くよりも
まだ年ゆかぬ　若なれば
だまして殺さん　ものなりと
これのういかに　弥若よ
賽の河原と　言うとこに
でんでん太鼓も　たんとある
山とんぼも　たんといる
そなたの連れも　たんとある
母が
賽の河原へ　行くほどに
そなたは行く気は　ないかいと
母にだまされ　弥若が
賽の河原と　言うとこに
でんでん太鼓も　たんとある
山とんぼも　いるならば
若も殺して　給われと
母にだまされ　それ聞くよりも
焼け野の雉子　夜の鶴
鳥畜類に　至るまで
我が子を思わぬ　ものがない
まして
母がだませば　あのように
賽の河原へ　行きたいと
東西知らぬ　あの若に
なんと刃が　当てらりょう
いかがはせんと　阿古屋殿
しばし涙に　くれ居たる
またも涙の　顔上げて
心を弱く　見せたなら
夫の疑い　晴れやらぬ
またも心を　取り直し
西へ向こうて　手を合わせ
南無阿弥陀仏　弥陀仏と
唱うる声と　もろともに
用意の懐剣　抜き放し
無残なるかな　弥若の
心の元に　押し当てて
ぐっと差し込む　ひと抉り
きゃーと叫びし　ひと声が
この世の別れと　なりにける
阿古屋がその座を　立ち上がり
格子のもとに　手をついて
申し上げます　夫上さん
あなたに疑い　かかりしゅえ
現在あなたの　目の前で

ふたりの子どもを　刺し殺し
阿古屋も自害を　致します
お胸を晴らして　給われと
西へ向こうて　阿古屋殿
南無阿弥陀仏　弥陀仏(みだぶつ)と
唱うる六字(ろくじ)と　もろともに
またも懐剣　おっ取りて
喉(のんど)へがっぷと　貫いて
その座にどっと　臥し沈み
右と左に　阿古屋殿
ふたりの亡骸(なきがら)　抱(いだ)き寄せ
親子三人　北枕(きたまくら)
惜しむべきは　阿古屋殿
惜しまれべきは　年のころ
二十五歳を　一期(いちご)とし
親子三人　情けなや
野辺(のべ)の草葉(くさは)の　露となる
　さて皆様にも　どなたにも
あまり長いは　座のさわり

これはこの座の　段の切れ

　三段目　29分

　ただいま誦(よ)み上げ　段のつぎ
獄屋のうちなる　景清が
現在夫の　目の前で
何見殺しに　致すべし
この世で孝行は　ならねども
未来で言いわけ　致さんと
許させ給えや　妻や子よ
鬼もあざむく　景清が
悲嘆の涙に　くれいたる
それはさて置き　ここにまた
伊庭(いば)の十蔵　重勝(しげかつ)が
おのれ
訴人なした　ご褒美とて
梶原(かじわら)殿より
十万石を　賜りて

清水参りと　こと寄せて
数多(あまた)の同勢を　引き連れて
さもげんぺいが　先がちで
大道(だいどう)いっぱい　はばかりて
はいほうわきより　片付けと
車を屋根へ　引き上げろ
躄(いざり)も立って　駆け出だす
はいほうわきより　下(した)におり
獄屋を指して　急がるる
かくて獄屋に　なりぬれば
十蔵様は　この時に
阿古屋親子の　者どもを
尻目(しりめ)にかけて　うちながめ
いかに景清　この十蔵様は
おのれを
訴人なしたる　ご褒美とて
梶原殿より　十万石を　賜りて
清水参りと　こと寄せて
今日(きょう)は

あまりきつい　退屈ゆえ
ついでにおのれが
獄屋検分　致さんと
これまでお出で　遊ばされ見れば
阿古屋親子の　奴(やつ)めらが
これにて自害と　あい見えて
さてさて景清
おのれは臆病未練な　腰抜け武士よ
おのれがような　腰抜け武士が
獅子身中の　虫という
その虫の謂(いわ)れも　知りおるまい
この十蔵　様はなあ
その謂(いわ)れを聞かせて　やるぞよと
その獅子身中の　虫という
肉を喰いおり　喰いさばき
その体内に蠹毒(とどく)という　虫がしょうす
肉を喰いおり　喰いさばき
つい悩ませ苦しみ　死すとある
さるによって　この虫が

その獅子身中の　虫という
おのれとても　その如く
三世相恩(そうおん)の　主を捨て
またこのように　見殺しになして
いかに景清　この十蔵　様はなあ
おのれ訴人なした　ご褒美とて
梶原殿の　取り持ちで
取り立てられたる　にわか武士
着付けん裃(かみしも)　着(ちゃく)なせば
ことのほか　肩がはり
おのれが力で
ひと揉み揉んで　くれまいか
いやいや虫同然の　景清に
この十万石の　お大名が
肩なぞ揉ますも　畏れ多い
ここらをひと揉み　揉めやとて
たんなん尻(じり)を　振りかけて
あくまで悪口(あっこう)を　吐きちらす
獄屋のうちなる　景清が

おのれ下郎(げろう)　雑言(ぞうごん)かな
今にも思い　知らせんと
南無や清水　観世音(かんぜおん)
仏力(ぶつりき)添えさせ　賜(た)び給えと
一心□□□に　念ずれば
もはやその日も　未(ひつじ)の頃
かの景清が　縛(いまし)めに
にわかに獄屋を　いなりをす
八方(はっぽう)八つに　繋がれたる
金(かね)の鎖(くさり)を
ぶっつと切って　抜け出せば
足枷(あしかせ)なども　四つに裂け
すっくと立って　景清が
苦もなく獄屋を　押し破(やむ)る
十蔵家来が　見るよりも
あら恐ろしやと　言うままに
転びつ舞いつ　逃げ出だす
十蔵様は　この時に
あら恐ろしやと

逃げんとすれば　この時に
着付けん裃（かみしも）　着（ちゃく）なせば
またも大小（だいしょう）が　邪魔になる
これのういかに　家来ども
主（しゅう）を捨てて　逃げるとは
あんまりむごい　わかりぞと
十蔵家来が　聞くよりも
たとえ十万石が　廃（すた）ろとも
命あっての　もののたね
みな散り散（ぢ）りに　逃げてゆく
景清獄屋を　躍り出で
ただ一散に　駆けてゆく
十蔵襟筋（えりすじ）　かいつかみ
目玉をぴょっと　飛び出だし
十蔵がながな　震い出し
妹婿（いもとむこ）さん　景清さん
たとえ両眼（りょうがん）　つぶれても

按摩（あんま）を渡世に　致します
命の済度（さいど）に　かかるなら
命をお許し　給われと
景清
からからと　嘲笑（あざわら）い
いかに下郎と　言いながら
あまりと言えば　愚かの奴
たとえ
按摩を渡世に　なせばとも
十四経（じゅうしけい）という　揉み所（どこ）がある
その療治の仕様も　知りおるまい
この景清　様はなあ
教えてくれんと　言うままに
十蔵こ脇に　手をかけて
うんとひと締め　締めければ
肋（あばら）六枚　つかみ折り
ぐうともすうとも　言わばこそ

十蔵亡骸（なきがら）
目より高く　差し上げて
十間（じっけん）ばかりも　投げ出だす
その草むらへ　立ち寄りて
まだ見せしめに　ならじとて
十蔵腰に　手をかけて
うんとひと締め　締めければ
首引き抜いて　景清が
すっくと立って　金剛力
獅子の荒れたる　勢いにて
しょじょうの人の　見せしめに
それを見る人　聞く人が
恐れん者こそ　無かりける
　さて皆様にも　どなたにも
ことは細かに　誦めねども
これまで誦み上げ　たてまつる

——「景清」末尾——

◇参考資料　説経祭文　出世景清一代記

〈凡例〉

一　原本は次の通りである。

（1）阿古屋自害之段

若松若太夫所蔵本の国文学研究資料館所蔵マイクロフィルム（全19コマ）による。表紙に「景清一代記　阿古屋自害の段」、中に「大里郡深谷町大字西大沼　吉田貞吉」と所持者らしい氏名がある。なお、原本は現在三代目若松若太夫氏が所蔵している。

（2）獄屋之段

架蔵本の若松森尾太夫正本による。本作の表紙には「若松森尾太夫正本／若松八津尾主／出世景清一代記／獄屋之段」とある。タテ24cm　ヨコ16cm　墨付き20丁。

（他の作品「小栗判官一代記」「一の谷嫩場軍記」などと一括して納めてある。若松森尾太夫の履歴は不明。）

二　表記上の方針。

（1）阿古屋自害之段

翻字では濁点を補ったが、仮名遣いはもとのままである。単純な字の誤りや脱字は私意によって訂正し、訂正箇所を（　）に入れた。また、平仮名のため読みにくい部分には横に漢字を添えて便宜をはかった。そのほか読みにくい漢字にルビを付けた。

（2）獄屋之段

翻字では濁点を補ったが、仮名遣いはもとのままである。誤字もほぼそのままにしたが、誤字を正した場合は（　）を付けた。

三　判読できなかった文字は□とした。

四　旧字体や俗字は今日通行の字体とした。（例：舛→升）

五　読みやすいように、原文に付けてある○印を参考に句読点を付けた。

(1) 阿古屋自害之段　　若松崎太夫

去れば其みき破れば、枝葉も又からずとかや。悪七兵衛景清は、源氏の為にとらわれて、六原縄手に引出され、キメ牢舎の身とぞ成しかば、かくし妻なる阿古屋の前、二人の子供おともなふて、大ヲトシ小原のかくれや忍び出、六原差て急がるゝ。道は露やら泪やら、袂のかわくひまも無く、ハリたどり〳〵行程に、千社稲荷や島原の、当時五条の森のかげ、いと物すごき星の色、何国お夫と分らねば、あまりの事に弥石は、カン是のふ申、母上様。父上様のおわし升トメ獄やは何れに候と、尋に阿古やは立留り、ヲ、よふいやつた弥若丸。もそつと行ば、父上のお出で遊ばす六原の、獄家の側に成程に、サア〳〵急で歩みやと、泪乍にすかしつゝ、行ば程無六原の縄手に社は成ぬれば、ホタイ景清殿のおわし升獄家は何れに候と、ヲチ星の光にすかし見て、阿古やはそこへ立留り、コレ弥石丸。そち達二人があこがるゝ父上様はな、それ成獄家の内にお出遊ばす程に、ハヤ〳〵お目にかゝり、よきに御気嫌伺やと、母の詞にいや石丸、ヤコイ獄家の内お差のぞき、御なつかしや父上様。ヲチ其御姿は何事ぞ。阿方は平家にかくれなき、ヲチ景清殿におわさずや。日頃のお力出されて、ツメなぜに獄家お押破り、お戻なされてたまわらぬ。父上力で破れずは、私ら兄弟てつどふて、獄家お破り父上お、我家へお連申さんと、まだよふ少のあどなさは、ろおやの(格)子に手お掛て、いんやらんと言伓に、押どしやくれどうごかば社、キメ根からはへたる如くなり。兄弟、ハツト声お上げ、ツメヤコイエ、情無、此獄家、なぜに破れぬ、うごかぬと、泣ば母も諸に、其伓其にドウと伏し、只さめ〴〵と泣きしは、トメことわり責て哀也。獄家の内なる景清は、飛立程に思共、無言の業の事なれば、じろりと一ト目見夕斗、二ゥ眼とじてむねの内、キメふもんぼんお読誦なす。阿古やは、かくと知らざれば、カヽリ泪の顔お振り上て、コレ申我妻景清殿。阿方はかゝる獄家のうきすまへ、さぞ御無念に御座(り)升。コレ成二人リの子供等は、阿方に逢たへ合せてと、せがむ心の不便さに、是迄連て参りましたわいのふ。なぜ阿方は情なく、お詞は掛てたまわらぬ。無言で御座るは何事ぞ。おまへわ物が言われませぬか。どふぞ一ト言、子供らに。カン扨は我子か兄弟かと、御詞掛て下されと、ノリいゝど獄家の景清は、何と答も有らざれば、詞ハテ合点の行ぬ。此様にこがるゝ夫や子に、お詞のなへはづわなけれど、人の噂に聞つるに、秩父の庄司重忠の手にかゝりしとはいゝながら、誠は私の弟重勝殿が、訴人致せし夫故に、かゝる御身と成りしと聞。さすればわしも兄弟なれば、兄と諸共一味して、訴人おせしと思召、夫故お詞玉はらぬか。コレ申景清殿。いかに賤しへ女子でも、よしや狂乱すれば沖、カヽリ一人リならず二人まで、是此なにあいらしく、トメ子迄なしたる夫婦中、夫トの訴人が成ま(ママ)升か。爰の道理お妻上様、御すいりやうなし玉はれて、扨は我子か女房かと、やさしく云て下されと、くどき泣ど景清は、キメさらに返答なかりける。元より端利よの阿古やの前。ハツア申景清殿。最前から此様にわつゝくだいつ申共、まだお前には、おうたがへが晴ませぬか。チエヽ情なへ。慈悲に及ハぬ。此上は兄上と一でない証拠。げんざへお前の見るまへで、二人の子供お差殺、私も自害致ます。それごろうじた其上は、疑へ晴して給れと、慈悲も泣々兄弟お右と左に引寄て、トメ顔つれ〴〵と打まもり、いわんとすれど胸せまり、むせぶ泪に目もくらみ、トメ正躰(更)になかりしが、阿古やは様々顔お上げ、詞是弥石丸、弥若丸。そなたらは幼けれ共、さむらへの子。母の言事、ヨウ聞きやヤ。最前から、あのよふにいろ〳〵お詫申せ共、父上のお疑が晴ねば、モウ叶わぬわへなふ。浮世は源氏にせばめられ、便に思夫トには、疑うけて見はなされ、何面目にながらいて、明日の日のめが拝まれうかへのふ。死なねばならぬ此場のしぎ。責ての事に其ち達斗助たいと、心はやたけにおもへども、此頃源氏のおふれには、平家の余類と見たならば、拾五以上は腹切らせ、幼者はしばり首。又たいないの身ごもりは、母諸共に差殺し、敵の末は根お立て葉おからせと、日々夜々のきびしへお触。父様のお身の上も、明日にも知れぬお命なれば、しよせんのがれぬ四人の命。人手にかゝらぬ其内に、母に命おたもやい。おゝ驚くまへ〳〵。尤じや〳〵どふ理じやわへのふ。乍去、そち達ばかり殺しやせぬ。母も共に自害して、カン死てめへどへ行時は、死出の山跡(ママ)の高きおも、三途の川の深き瀬も、母がいだへて越ならば、トメなんのいとわん死出の旅。コレ弥石丸。立派に覚ご究ての、父上様へ今生のお暇乞お致しやヤト、母の言ばに弥石丸、兄は兄丈智い増て、獄家の元に手お突て、カン申上升父上様。阿方がお詞無へ故に、ヲチ弥若丸や私は、母上様と諸共に冥途とやらへ行升る。さらばで御座んす父々様と、しやくり上て、泣々も母の側に座お占て、サア〱殺して下されと、聞より阿古屋はこらへ兼、其侭ひざに抱き上、詞ヲ、ヨウ言てたもやつた、でかしやたぞへなふ。夫で社誠に武士の子じや。景清殿の子程有ル。りつぱなかくご、りこう物。けなげな八ッや九ッで、げんざいうみなす此の母が、手にかけ殺すと言事は、親ではなふて鬼か蛇か。因果同士の寄合じや。敵の末じやとあきらめて、ノリ母に命おたもやへと、泪乍にかへけんお、ぬけば玉ちる氷のやいば。我子ののんどへ押当て、南無や西方味蛇如来。非業のさいごの我々お、来世はすくわせ給われや。南無阿弥蛇仏と目おとじて、サハリスツパト社はつらぬけば、ハット一ト声弥石は、トメあしたの露と消にける。側に見て居た弥若は、ヤコイ ハット斗に驚て、まだいわけなきあどなさに、トメ獄屋の廻お欠廻り、ア、見て下され、父上様。母上様が日頃の御端りよおこされてや、兄様おあのよふにむごへ仕置おなさります。そこからわびして下されと、ツメ云ど答もあらざれば、こわ〱ながら母の側、かへ剣持手にとりすがり、コレ母上様。なぜ兄様お其様にむごへ仕置おなさります。明日よりも此弥若、髪お結なら〱(ママ)ま升。さかやきそれならそりま升(ママ)。でん〱大こもねだるまへ。庭の植木もむしるまへ。カン障子の紙も破るまへ。近処の子供も泣せまへ。只おとなしう遊びます。シボリ私は免して下されや。ち、がのみたへ〱と、剣の下お欠廻り、トメちぶさにすがるいぢらしさ。阿古やはかへけん投捨て、其侭我子お抱き上げ、詞ヲ、どふりじや〱、尤じやわへのふ。是、弥若丸。年はの行ぬ其身では、そふ思ふはむりならねど、アレ見よ。兄様は極楽浄土と言、けつこうな所ゑいてじや程に、其方も母に手お引れ、早ふ冥途へ行ま升。極楽へ行道すがら、でん〱大こや、色能花もたんとある。蝶ちよとんぼも居るわへなア。爰の道理お聞分て、母に命たもやへと、だませば誠とがんぜなく、冥途とやらへ行く道にでんぐ〳〵太皷や色能き花、夫に又兄様がお手本もろふたよふな、手習のお師様も有升か。ヲヽ有共〳〵。極楽浄土と言処には、阿弥陀如来様と言て、ソレハ〳〵けつこふな御師様がお出遊ばして、手習も読物も、なにもかもよく教て下る。ソレニ又、さいの河原へ行時は、お兄様やそな方の様な供達衆も居る程に、爰の道理お聞分て、其方も母に手お引れ、早ふ冥途へ行ましよと、すかせば弥若嬉しげに、詞左様ならば、かゝ様、さへの河原とやらへ行、お兄様や供達衆と遊ぶやと、すがれば阿古やは抱き上げ、詞ヲヽ、ヨウ聞訳てたもつた。そんなら西へ向て、コヲ手お合せて、南無阿味蛇仏とさへ言ば、極楽浄土の阿味蛇様、さへの河原のお地蔵様が、お向へにくる程に、母のおしへにまかせやと、いゝつゝかへけん取上て、弥若のんどへ押当て南無阿味蛇仏の声へ諸

共、スッパト社はつらぬけば、パット一ト声、此世の別れ。あへ無息はたへにける。母の阿古やは、気もきよ乱。かへ剣さか手に取り直し、其身ののんどへ押当て、後へグットつらぬいて、獄家の側へすり寄て、コレ申景清殿。二人りの子供お差殺て、私も自害致ましたれば、お疑お晴されて、どふぞ二人の子供らに、物言てやつて下されや。此阿古やは、そ人にもせよ、わきまへ知らぬ子供らに、おうらみは御座り升まへ。親子は一世の縁なれば、是が別れに御座り升。夫婦は二世(と)聞からは、此世の縁はみじかく共、来世は同はちすばの、半座お分て待まする。又其時は、冥途とやらで、必ずお詫び致升。譬お心とけず共、妻子の別一ッぺんの、御向香願上升る。名残おしや景清殿。今一ト目見けれど、もふ目が見へぬ。たへがたなや、くるしやと、言が最期の断末魔。サハリ剣お抜ばがつくりと、二人の死骸の其上に、キリ カッパト伏て死たるは、無残なりける次第なり。

（2）　獄屋之段　　若松森尾太夫

伊場の重蔵重勝、悪七兵衛景清を訴人致せし御褒美に、鎌倉殿より十万石をたま(わ)りて、取立られたるお大(名)。其日は重勝、景清獄屋の見廻り役。清水もふでに事よせて、俄に道勢(同勢)そろへける。先、金紋の先箱に大鳥毛には(小)鳥毛成(なり)。大笠立傘花やかに、やつ子(奴)がふり出(す)足ひよふし。さんざめかしてしうく(主従)は、六原(六波羅)なはて(畷)にいそがる。何おもいけん十蔵は、道勢(同勢)しばしと押とゞめ、アイヤ　家来共、今日それがしは、景清獄屋の見廻り役、清水もふでと言たは、よ(余)がいつわり。夫(それ)じやによつてかくの通りのぎやうれつ。なんでもそれがしが、今日は景清めをさま〴〵にあつこふ(悪口)致し、其方共も(余)につゞいて、ぞふごん(雑言)せよ。其褒美と致しては、今日迄(まで)はもつそう飯成れ共、明日からはちらし飯にして遣はす。サ　先を払ろふていそげ〳〵。ハフア　畏(かしこまつ)て候と、さもけんへい(権柄)に高らかに、はいほうわきのけ下におれ。りよがひ致すな、供きるな。座頭は目をあけ、下ざ(下座)をなせ。いざりは車をしよて欠いだせ(背負って駆け出せ)。つきや(搗き屋)はうす(臼)木根(杵)片付ろ。十蔵様の御通りじや。下に〳〵其こへわ、耳をつらぬく如にて、六原なわてにいそがるゝ。いそげば程なく今は早、景清獄やに付けるが、先に立たる侍は、あこや親子のなきがらを、見るよりはつとおどろいて、此物(者)間近く手をつかへ、ハッア　お殿様へ申上升(ます)。景清めが獄屋の前に、女子供の死骸見ゑ升る。此義はいかがはからへませう、と申上れば十蔵、な何(ん)と言。女子供の死骸とよな。何者に候や。しかと面てい改よ。ハイ。何をうじ〳〵す。ム、聞へた。己はこわへと云のじやな。ヱ、こわくは御ざりませぬが、少しうすきみがわるうく御座り升。ヤア　おくびよふ者めがな。伊場の十蔵重勝様は十万石じやぞよ。其家来の雲平供云る身が、おくびよふ神がたかつてか。早く改めきたられよと、主のけんへい是非も無く、こわ〳〵乍(ながら)立上り、又も死骸のそばい行、あけにそめたるなきがらを、雲平つく〳〵打ながめ、ヤア　是はけつこふな美女じやわい。年頃は三十前ごと見へる。色が白くなし、黒くなし。赤くなし、黄色でなし。べゝ弁天様のよふなしろ物じや。夫に又子供弐人。アゝどふ言わけでしんだやら。かわいそうにと言乍、又もそこを立返り。雲平ろく地に両手を付、申上升我が君様。死骸を改め見升れば、女中壱人、子供弐人に御座り升る。何と言。女子壱人、子供弐人の死骸に相違なへか。御意に御座り升る。其義にあらば此十蔵がけんぶん(検分)いたさん。家来ぞふりをもてと言乍、刀御取しづ〳〵立出、あこや親子の無きがらとは夢さらしらず。ためつすがめつ打ながめ、ヤア わりや妹のあこやじやなへか。兄じや十蔵じや。重勝じやわいの。何ゆいにかゝる自害。ヤア きこへた。さては此十蔵が、そちが夫、景清を源氏方へ訴人致せし夫ゆい(故)に、夫い忠義が立ぬとて、てい女立てにかゝる自害か。今一足早くんば、かゝるざいごはさせまへもの。チア しなしたり。残念〳〵コリヤあこや。しんは迷途(冥土)行は共、魂魄此土に有るならば、兄の言事よつく聞け。悪七兵衛景清を源氏方へ訴人なせし(は)な。それがしが出(世)の身と成、己も共に取立んが為のはかり事。夫はしらずかゝる自害。口おしやと、是と言もみな獄屋の内の景清めがなすわざ。己其侭おくべきかと、袴のもゝだちたかく取、刀のつかに手をかけて、獄屋の前に立ふさがり、コリヤ 景清。なんじせう根が有ならば、眼をひらゐてよふく見よ。伊場の十蔵重勝様じやぞよ。此十蔵はな。己を訴人致せしそれゆゐに、鎌倉の大あたま殿より、十万石を□下て、取立てられたるお大名。今日は己が獄屋をけんぶんいたさんと、見らるゝ通り、あまたの道勢を召し連、春〳〵(遙々)是きて見れば、妹あこやはじめつ(自滅)のてい。なんじはけん在。連たる妻や子が目の前で死するを、とむる事が叶ぬか。こゝな大腰ぬけのうつ虫めがなア。己がよふなやつは、何よき譬が有そふな物じや。ヲツト あるは〳〵。己はしゝしん中の虫によふにたやつじや。さり乍、しゝしんちうと斗りにては、己がよふなくせうなやつにわ□かるまへ。しゝしんちうの虫のし□くを、十蔵様が物語らん。耳の穴をくりあけて、よつく聞。夫、天竺にはしゝと言て、いたつていきおへたけき(猛き)け(獣)者有。其たい内にはとゞくと言ちいさな虫がせうずる。其虫、しゝのひにくにくい入る時は、しゝはくるしみしすと有。しゝがしすれば、とゞくもしす。是を名付て、しゝしんちうの虫ととのふるわやい。ぶうんつ(た)なき平家のざんとふ、はじをしつて、義を立る侍は、さぬき八島だんの浦あるいは長州赤間が関、備中の水丁(ママ)三かゑ四かゑに事〳〵くほろび(給)ふ有。夫何(れん)ぞや。己壱人ばくたい(の)ろくをはみ乍、たいせつ成三代そふおんの御主人を見捨て、西国の方よりも猫におわるる鼠のよふにこそ〳〵とにげまいり、アノ清水の境内をまごつく所を、此十蔵が聞出し、源氏方へ訴人致せし夫ゆへに、今は獄屋のうきすまへ(憂き住居)。ヱ、さ、またはなんじも近(い)内に命を失。あこや親子はじめつ致す。是すなはち、しゝしん中の虫もどふぜん。□た〳〵こゝな天ばつしらぬのうづけ物めかなア。是景清。己、明日あたりは引出され、しばり首のけいばつなれ共、此重蔵もいつたん結だ兄弟の縁、鎌倉殿へおなげきを申上、牛さきか、鋸引か、さかさ磔付くらへにはまけてもらおふかい。ア、兵衛。わしに斗り物言せ、無言でいるは。ア、聞へた。腹が立のじやな。ヲ、無念であろふ。口おしかろふが、手かせ足かせを打たれては、びんぼふゆるぎもい(ママ)なるまい。ふびんな者じやなア。平家御盛の其時には、勇士だの力士じや抔とりきみおつても、運めいつくれば天の網、今は獄屋のうきすまへ。此十蔵様い、ひつぷ下郎と云われても、御運が来つて大名と御出世をあそばし、御裃やら大小やら、お肩もはれば、ホラ お腰もなやむ(病)じやないかいな。何(ん)と己が力らで、此十蔵様の、けん(肩)ひきを少しもんでくれまいか。イヤまて〳〵、ひつぷど(ふ)ぜんの景清。十万石の御大名の肩抔とは、おそれおふくて、ごたいがすくんでもまれまい。己にもまする処有。ちやどこゝらがよかろふと、大きな御しりふり廻し、獄屋のこふしにすり付て、あく迄あつかふ致されて、コリヤ 家来共。此よふに兵衛めをあつこふ致し、イヤモ 日本ばれがしたよふじや。サ 是からは、酒盛じや。サ よふいの酒肴、よが前い持来れよと従に(ママ)、はつと家来共、兼ね(て)持参の酒肴、重蔵前に持来り、かの十蔵がのむ酒は、末ごの水としられける。獄屋の内成(うちなる)景清は、無念のはがみいか斗。己につくき十蔵目。やわか此侭おくべきかと、心はやたけには(や)れ共、無言の行の事なれば、物云事もかなわづして、心の内にて景清は、ふもんぼん(普門品)をどくじゆ(読誦)なし、未の刻の来るのを、今やおそしとまちかねる。まつまもせわしき未刻。けちがん来ると見ゐけるが、アラ ふしぎの次第□、俄にあたりは物すごく、ぼんぶの目には見ゐね共、清水寺の方よりも、紫雲一むら来りしが、清水千手観世音、品れい〳〵とあらわれて、第ひたい成しびやつこふより、こんじきの光りをはなつと見へける。かの景清を今しめし獄屋にこそは、きり降か丶れば、ありがたや獄屋は俄に迷途なし、さて八□の鉄くさり、さらりん〳〵すと切てのけ、七わにわけたる髪の毛はぬつと切れて、さて両足の大ほだは四にわれて飛ちつたり。それと見るより景清は、チヱ ありがたやとふしおがみ、前成こふしに手お掛て、ゐんやうんと言侭に、楠にては八寸角、くもでこふしの其獄屋、はらり〳〵とこわれたり。夫と見るより重蔵はじめ家来共、みな一どふに驚いて、そりやこそ大へんおふさわぎ。獄屋の内成景清が、鬼になつた蛇になつた。角がはいた毛がおひた。そりやくるぞ、やれくるぞ。くゐ殺されては叶ぬと、鑓持鑓を(遣)はなし、合□籠そこゐほふり出し、家来はそぞろ〳〵にげじたく。それと見るより十蔵は、これ〳〵ゐかに家来共、主がなん義のこのば所を、なぜ其よふににげて行。あれ景清がこわゐなら、遠のほふからそろ〳〵と、石でもなげて手つだわぬ。こふゆふ時の主と御家来様ではないかへな。それと聞より家来共、おや〳〵たわけの旦那様、わしらわわづか一年に、三両弐分に弐合半、わづか斗のきうきんで、命をまとふに掛よふと、證文手形はおじやせぬ。わしらわお先へにげて行。旦那は御施の事なれば、後からゆるりしゆつぽりと、明日当りお泊掛にゆさん心で、ゆる〳〵ふら〳〵おにげなさへ。一足先と云乍、御茶べんとふをほ(ふ)り出し、お□のたゐたて、すべてころんで、お腰の骨をぬんぬひて、こふ言時には、おきてにげてはかなわぬと、おしりに魔除の札を立、何方共なくころばり行。伊場の重蔵重勝も、にげんとすれと着付ぬ袆ちやくなせば、手足にひつからまつてけつからまつてにげられぬ。大小ぶらさらじやまに成。まご付所を景清は、獄屋のかんぬきひつさげて、重蔵までやと、おつかけ行。早、間近も成ぬれば、わら〳〵はつしと□ちなやす。重勝後ゐふりかへり、さもかなしげに手を合せ、是れ〳〵申、景さん清さん。妹むこの景清さん。只今言たるぞふごんは、まんざらわるぎじや御さんせぬ。ひゐきにおもふ心から、一ぱいきげんの出そこなへ。わたしがわるくばあやまろふ。御腹も立とふがりやうけんして、すねずとそちらへむかしやんせと、安政二年の十月の江戸のじしんじやなけれども、かな〳〵ふるいて□いける。景清なんの聞ばこそ。己にくき人ぴ人。今こそ思ひしられよと、ゐりすじむんずとかいつかめば、あらおそろしや重蔵の、目玉はひよつと飛出し、両眼おさへて重蔵は、(尚)もかなしきこゑをあげ、是れ〳〵申、景清さん。おまへはどふでも殺すきか。たとへ両眼とび出ても、命さへだに有ならば、京らく中や、花のお江戸ゐわけ下り、両国辺に九尺弐間の店をかり、あんまとせいを致し升。それもかな(わ)ぬ事なれば、東海道や中仙道、日光道中まごついて、右や左の旦那様やおかみさん、めん〳〵めくらに壱文弐文のごふりよくで、其日のろめひつなぎ升。命はおたすけ下されと、泪ながらに詫入ける。ム、ハ、是重蔵。己は此景清に、肩をもめと言たじやないか。其舌の根のかわかぬ内、あんまとせい致すとは、チチ　みさげはてたる大腰ぬけ。めがなくば、さり乍十蔵、あんまを致すには、十四けひ(経)とゆう(言)もみ所有が、其きうしふをしりおるまい。足力あんまのあらりやうじ。しなん(指南)いたしてくれんずと、りやう(両)のあばら(肋)ゐ手おかけて、一しめうんとしめければ、其まゝいきはたへにける。せじやうの人ゐの見せしめと、かの十蔵のなきがらお、目よりもたかくをし上て、十間斗りもほふりだし、御取上て大おんあげ、遠からん物はおとにも聞て、(近)くはよつて目にも見よ。平家方にかくれ無、悪七兵衛景清が、獄屋をやぶつて出たると、いさみ立たる其こつがら、げにも勇士と見ひにけり。

6　阿波の徳島十郎兵衛

〈凡例〉

一　土田ミス演唱の歌詞のほかに、伊藤太郎・藤田治雄「しもかわ瞽女坂田とき聞書」（『高志路』二二三号、一九七二）所収「巡礼おつる」（全四段）を校訂の参考に用いた。脚注の「坂田」は坂田ときを指す。

二　土田ミス伝承の歌詞は小林ハル伝承の歌詞とほぼ同じである。高田瞽女杉本キクイが伝承する歌詞はない。

三　私意によって判断できない歌詞の部分は、小林ハル本人に直接確認した。また、前後の文脈上何らかの歌詞が脱落していると思われる部分を一部まったくの私意によって補った。

四　近松半二等の合作浄瑠璃、明和五（一七六八）年初演『傾城阿波の鳴門』は、続帝国文庫『近松半二浄瑠璃集』により、私意によって多少表記を改めた。脚注の「阿波の鳴門」、また「半二の浄瑠璃」は、この浄瑠璃を指す。

祭文松坂　阿波の徳島十郎兵衛

一段目（親子再会）　20分

さればに　アーよりては　これにまた
いずれに愚かは　なけれども
何新作の　なきままに
古き文句に　候えど
阿波の徳島　十郎兵衛の
一人娘に　お鶴（つる）とて
一年はようよう　九つで
背なに笈摺（二おいずる）　手にひしゃく
巡礼に報謝と　言うて廻る
廻り来たのが　どこなるや
摂津の国は　大坂で
三玉造村にて　さしかかる
またも報謝と　立ち寄れば
お弓我が子と　知らずして
どれどれ報謝　進（しん）じょうと
思わずそばへ　駆け寄りて
顔つくづくと　うちながめ
さてし四おらしい　巡礼の子と
背なの笈摺（おいずる）　見てあれば
五同行二人（どうぎょうににん）と　あるからは
定めし連れ衆は　親御（おやご）たち
それ聞くよりも　巡礼は(1)
申し上げます　小母（おば）さんよ
親子の連れなら　よけれども
六わたしが三つの　その年に
ふた親様と　申するは
わたしを祖母（ばば）さんに　あつらえて
どこのいずくへ　行きしやら
風の便りも　なきゆえに
それでわたしは　一人旅
親を尋ねに　廻（まわ）ります
お弓はそれを　聞くよりも(2)
親を尋ねに　廻るとは

一　「年はやうくとをくの、道をかけたる笈摺に、同行二人としるせしは…」（阿波の鳴門・八段目）
二　笈摺は、巡礼が着た袖無し羽織の様なもので背に布が一幅縫い付けてある（『嬉遊笑覧』七）。親の有る無しで色分けがしてあった。巡礼の目的、住所、年齢、名前などを記す。「笈摺も二親の有る子じやによつて、両方は茜染（あかねぞめ）」（阿波の鳴門・八段目）。→六三八頁の図参照。
三　十郎兵衛とその妻お弓が、紛失した藩主の宝剣を探すために、盗賊に身をやつして隠れ住んでいる所。「浪花（なには）の町はづれ、玉造に身を隠す、阿波の十郎兵衛」（阿波の鳴門・八段目）。
四　可愛らしい。
五　本来、仏（観世音菩薩）と一緒であることを意味する。「同行二人としるせしは、一人は大悲のかげ頼む」（阿波の鳴門・八段目）。
六　「どふした訳じやしらぬが三ツの年に、と、様やか、様も、わしをばゞ様に預けて、どこへやらいかしやんしたげな」（阿波の鳴門・八段目）。

（1）「お鶴はそれと聞くよりも」（土田）。
（2）「お弓はそれと聞くよりも」（土田）以下、土田の演唱は全て「それと…」。

可哀そうでは　ないかいと
口には言えど　心では
思い廻せば　廻すほど
さて我々も　その通り
[一]国を駈け落ち　致すとき
三つになりしの[二]　娘をば
母上様に　あつらえて
国を駈け落ち　致したが
指折り数えて　みてあれば
ちょうど今年で　九つじゃ
見ればこの子と　申するは
十にも足りない　娘じゃが
[三]もしや我が子で　ないかいと
国名(くにな)を聞いて　みるものと
これのういかに　巡礼よ
国はいずくで　あるぞえの
それ聞くよりも　巡礼は
申し上げます　小母(おば)さんよ
国は阿波の国徳島[四]の家中(かちゅう)でございます
お弓はそれを　聞くよりも
阿波の国と　聞くからは
さて珍しや　なつかしや
わしが生まれも　阿波の国
[五]我が子のお鶴で　ないかいと
[六]言わんとせしが　待てしばし
徳島と言うても　広い家中
人まちがいでは　ならんぞと
ふた親の名を聞いて　みんものと
これのういかに　巡礼や
ふた親の名は何と　申すぞえ
それ聞くよりも　巡礼は
[七]申し上げます　小母(おば)さんへ
[八]ととさんな阿波の徳島十郎兵衛と申します
かか様お弓と　申します
我が名はお鶴と　言いまする
お弓はそれを　聞くよりも

一　十郎兵衛は、かつて、阿波の城主玉木衛門之助の江戸家老桜井主膳の中間(ちゅうげん)であったが、酒席の争いから、国家老小野田郡兵衛の家来に手傷を負わせた科で勘当を受け、三歳の娘を母に預け、女房お弓と共に国を出た（阿波の鳴門）。
二　「の」は不要。
三　半二の浄瑠璃に比べ、瞽女唄では我が子の認知を長引かせることで母親の心の揺れを一層細かく語る。
四　徳島の藩士。徳島城主は史実では蜂須賀氏だが、半二の浄瑠璃では玉木衛門之助。瞽女唄では十郎兵衛を藩士とする。
五　巡礼の娘の素性が少しずつ明かされ、それに伴ってお弓の心の動揺が増す、という語りの工夫になっている。
六　慣用句的表現。
七　お弓の心の動揺に対して、娘はまだ何も気付いていない。
八　「と丶様の名は阿波の十郎兵衛、か丶様はお弓と申します」（阿波の鳴門・八段目）。

これが我が子の　お鶴かと
思わずわあっと　泣き出だす
ここで親子と　名乗ろうか
[一]いや待てしばし　我が心
親子名乗りは　致されぬ
我が夫の　十郎兵衛は
[二]刀の詮議の　そのために
[三]山賊渡世で　世を送る(1)
今朝も悪人の　[四]武太六が
わずかの金子に　目をくれて
大坂町の　奉行所へ
訴人するとの　ことなれば
今にも捕り手が　来たならば
[五]縄目に及ぶ　我々じゃ
なんで親子と　名乗りょう
名乗れば[六]同罪の　罪じゃもの
名乗って憂き目を　見せんより
いっそ名乗らず　帰そうと
いや待てしばし　我が心

ここで親子と　名乗らずわ
どこのいずくへ　廻りても
親という人　ほかにない
なんとしょうぞえ　どうしょうと
しばし涙に　くれにける
[七]涙の顔を　払われて
これのういかに　巡礼や
はや昼飯の　ころなるに
[八]昼飯食べて　行きゃえよと
言われてお鶴は　遠慮なく
しからばお世話に　なりましょと
[九]甲掛け草鞋の　紐を解き
足を濯いで　上がらるる
さても一座の　上様へ
まだ行く末は　ほど長い
誦めば理会も　分かれども
まずはこれにて　次の段

一　慣用句。
二　酒席の過ちから勘当されている彼は、紛失した藩主の宝剣を探し出して勘当を許してもらおうと、今では盗賊に身をやつしている。（阿波の鳴門・三段目）
三　半二の浄瑠璃に「阿波の海賊十郎兵衛」の語が唐突に出る（三段目）ように、十郎兵衛は海賊として有名だったが、半二の浄瑠璃が陸上の盗賊に替え、瞽女唄ではさらに山賊に替えた。
四　半二の浄瑠璃では、約束の日限に借金を返さないので、武太六が十郎兵衛を代官所へ訴えることになっている。
五　逮捕されること。
六　親の罪によって子も処罰されるなどの縁座制は、江戸時代の刑罰において広く適用された。（石井良助『日本刑事法史』）
七　この句は「ようよう涙の顔を上げ」などの慣用句的表現がふさわしい。
八　半二の浄瑠璃では、娘を家に上げることはしない。この場合、子別れする母の嘆きを強調するための引き延ばしと考えられる。ただし、柳亭種彦の読本『阿波濃鳴門』（文化四年刊）にもある。
九　「甲掛け」は、足の甲を覆って保護する旅行用の履物。

（1）「山賊渡世で日を暮らす」（土田）。

二段目（子別れ）　24分

ただいま誦んだる　段のつぎ
事は細かに　誦めねども
粗々誦み上げ　奉る
昼飯過ぐした　そののちは
旅の疲れで　お鶴こそ
[一]現在母とは　露知らず
[二]お弓の膝を　枕にし
ついすやすやと　眠りける
お弓はそれを　見るよりも
現在親子で　ありながら
親子名乗りが　できぬとは[三]
いかなる前世の　報いやと
お弓はわっと　泣き出だす
時も移れば　はやいもの
[四]七つの刻にも　なりぬれば
お鶴はふうと　目を覚まし(1)
お弓の顔を　打ちながめ
申し上げます　小母さんへ
なぜそのように　泣かしゃんす(2)
あなたがそのように　泣かしゃれば
わたしの母かと　思われて
どこへも行きとは　ござんせぬ
せめてお前の　おそばに
三日も泊めておいて　下さいと
[五]両の袂に　泣きすがる
お弓はそれを　見るよりも(3)
ここで親子と　名乗ろうか
いや待てしばし　我が心
親子名乗りは　致されぬ
これのういかに　巡礼よ
お前の母では　ないぞえの
われはよその　小母だぞえ
[六]むごいことを　聞くゆえに
涙が出でて　ならぬぞえ
手拭いにて　ふき取りて

一　本当の母とは。
二　柳亭種彦の読本『阿波濃鳴門』にも「お弓が膝を枕として、旅寐の夢をぞむすびけり」と類似の表現がある。半二の浄瑠璃には無い。
三　土田演唱ではここで段切り。
四　夕方、四時前後。
五　「袂に…すがる」は、瞽女唄の慣用句的表現。
六　可哀そうなこと。

（1）「眠りしお鶴は目を覚まし」（土田）。
（2）以下二行、「どうやらあなたが泣かしゃれば」（土田）。
（3）「お弓はそれと聞くよりも」（土田）。

さらば[一]だまして　帰さんと
これのういかに　巡礼や
あいにく今日と　申するは
夫の留守の　ことなれば
泊めて置くこと　ならぬぞえ
さぞや我が家に　祖母様が
必ず案じて　ござんしょの
大方お前の　ふた親も
我が家へ帰るで　あろうぞえ
お前はこれよりどこへも行かずして
祖母様方へ　帰らんせ
言われてお鶴は　是非もなく
さらばそれなら　参じます
[二]いかいお世話に　なりました
[三]優しきいとまを　致されて(1)
[四]甲掛け草鞋の　紐を締め
泣く泣くその場を　出でらるる
お弓はそれを　見るよりも
これのういかに　巡礼や

忘れたことが　あるぞえの
はやく戻れと　ありければ
お鶴ははっと　戻らるる
お弓は[五]手箱の　中よりも
小判一枚　取り出だし
これのういかに　巡礼や
僅かなれども　報謝ぞと
差し出だせば　巡礼は
申し上げます　小母さんへ
国を出る時　祖母様に
[六]小判というもの　わたくしは
[七]たんともろうて　きましたよ
[八]要りませないと　辞退せば
お弓はそれを　聞くよりも
これのういかに　巡礼や
歌の文句じゃ　なけれども
[九]旅は道連れ　世は情け
情けが無ければ　渡られぬ
お前は一人旅の　ことなれば

一　よく言い聞かせ、なだめすかして、の意。なお、はるばる訪ねてきた我が子に対して親が名乗らない例に「石童丸」がある。
二　「いかい」は、とても、大変の意。
三　けなげに別れを告げ、の意。
四　出発するための旅装。
五　「針箱の、底をさがして豆板の、まめなを悦ぶ餞別と」（阿波の鳴門・八段目）。「あたりの手箱ひきよせて、小金一両とりいだし」（柳亭種彦『阿波濃鳴門』）。種彦の読本も何等かの語り物に拠ったか。なお、下の文句に十郎兵衛が強奪した財布の中身が「小判が十枚小金が五十匁」とあることからすれば、お弓の渡した金は『阿波の鳴門』の豆板銀がふさわしい。
六　「銀は小判といふ物をたんと持ております、そんなりやもふさんじます」（阿波の鳴門・八段目）。
七　たくさん。
八　要りませんと。
九　諺。清元など邦楽の詞章にも使われている。

（1）　土田の歌詞で補う。

一 お金が道連れで　あるぞえの
金さえたんと　持つならば
どこのどなたも　泊めるぞえ
これを仕舞えと　言うままに
無理に持たせて　お弓こそ
二 髪撫で上げて　くれいたり
涙に暮れて　居たりしが
それ見るよりも　巡礼は(1)
申し上げます　小母さんへ
お金は持って　おるけれど
一人旅の　ことなれば
これまで尋ねて　来たけれど
泊めてくれる人は　ないわいの(2)
艱難致して　来ましたよ
三 野に寝たり　山に伏し
人の軒場を　かり寝せば
情け知らずの　子供衆は
乞食そちへ　行けなぞと
箒を持って　四 しわぐやら

その時の　せつなさは
なんと言うべき　方もなく
ふた親そばに　おるならば
こんな難儀も　あるまいに
五 よその子供衆　見るたびに
髪結い直して　もらったり
衣装着替えて　もらったり
夜は抱かれて　寝やしゃんす
わたしもかか様　あるならば
あのよに致して　もらわんと
これまで尋ねて　来ましたよ
これほど六 大悲を　頼むのに
仏の利益が　無いものかと
お鶴はわっと　泣き出だす
お弓はそれを　見るよりも(3)
七 堪え堪えし　溜め涙
一度にわあっと　泣き出だし
急き来る胸を　撫で下げて
早くだまして　帰さんと

一　「同行二人」とあったように、巡礼にとって宗教的な道連れは仏（観世音菩薩、また四国巡礼者の場合は弘法大師）である。金は世俗の道連れ。しかし、お弓の言葉と逆に、金が仇となって娘は命を落とす。

二　髪を撫で上げてくれていた。

三　「悲しい事は独り旅じやて、どこの宿でも、とめてはくれず、野に寝たり、山に寝たり、人の軒の下に寝ては擲れたり、こはい事や悲し事、と、様やかゝ様と一所に居たりや、こんなめには逢ふまい物を」（阿波の鳴門・八段目）。

四　たたく、打つ、の方言。

五　「余所の子共衆が、かゝ様に髪結ふて貰ふたり、夜は抱れて寝やしやんすを、見るとわしもかゝ様が有るなら、あの様に髪結ふて貰ふ物と、羨しうござんす」（阿波の鳴門・八段目）。

六　衆生を哀れむ観世音菩薩の心。下に、「大悲の観世音」とある。

七　がまんにがまんを重ねて耐えていた、の意。用語例―「こたへ〱し悲しさを一度にわつと溜涙」（浄瑠璃『伽羅先代萩』六段目）。

（1）「お鶴はそれと見るよりも」（土田）。

（2）「誰でも泊める人はない」（土田）。

これのういかに　巡礼や
七つの刻にも　なりぬれば
早く帰れと　急き立てる
急き立てられて　お鶴こそ
もらい受けたる　その小判
守り袋に　仕舞われて
[一]さらばそれなら　参じます
いかいお世話に　なりました
優しきいとまを　致されて
胸に掛けたる　鉦(かね)を打ち
南無や大悲の　観世音
札所一番　那智山(なちいざん)[二]
二番紀の国　紀三井寺[三]
父母(ちちはは)の恵みも深き　粉河寺[四]
仏の誓い　頼もしきかなと
御詠歌とともに　走り出で
　さても一座の　上様へ
まだ行く末は　ほど長い
下手の長誦(ながよ)み　飽きがくる
まずはこれにて　段の切り

三段目（子殺し）　20分

お弓はそれを　見るよりも
我が子の可愛(かわい)さ　身に余り
これのういかに　巡礼よ
はるか向こうへ　行くならば
[五]三本道が　あるほどに
右へ行けば　大坂(おおさか)じゃ
左へ行けば　山道(やまみち)じゃ
必ず必ず　迷うなよ
親子の縁に　引かされて
うしろ姿の　見えるまで
あと見送りて　いたりしが(1)
やがて姿は　雲霞(くもかすみ)
お弓ははっと　心づき
[六]あの子今晩　泊め置いて
夫(おっと)の帰りた　そのときに

（3）「お弓はそれと聞くよりも」（土田）。

一　以下三行既出。定型表現。
二　西国三十三ケ所観音霊場巡り札所一番は、和歌山県那智勝浦町の青岸渡寺。山号那智山。本尊、如意輪観音。
三　札所二番、和歌山市の紀三井寺。本尊、十一面観音。
四　和歌山県那賀郡旧粉河町（紀の川市）にある三番札所。本尊、千手千眼観音。「粉」に「子」を掛け、父母の恵みも深き子、の意で続ける。なお、四番札所は、大阪府和泉市の施福寺（牧尾）、五番札所は大阪府藤井寺市の葛井寺。次は奈良県の壷坂寺へと続く。（享保十一年刊『西国巡礼歌諺註』及び安政五年『西国三十三所御詠歌仮名鈔』による。）
五　三叉路。
六　以下、お弓が思い直してお鶴を連れ戻そうとする展開は、半二の浄瑠璃と同じ。「イヤ〱どふ思ひ諦めても、今別れては又逢ふ事はならぬ身の上、譬へ難儀がかゝらばかゝれ、又其時は夫の思案、程は行まい追付て、連て戻らふそふじや〱と、子に迷ふ、道は親子の別れ道」（阿波の鳴門・八段目）。ただし、半二の浄瑠璃では、家を出て行くお弓と入れ違いに、十郎兵衛がお鶴を連れて家に戻る。

相談致して　名乗らんと
そうじゃそうじゃと　お弓どの(1)
どれこれよりも　行(い)てこうと
前垂れ一筋　しめられて
乱れし髪を　なで上げて
我が家の方(かた)を　あとに見て
飛ぶがごとくに　今ははや
お鶴の後(あと)を　慕いける
それはさておき　お鶴こそ
三本道に　なりぬれば(2)
幼い子どもの　身であれば
お弓の言うこと　打ち忘れ
右の大坂へ　行かずして
一左の山道　踏み迷い
行けば行くほど　道せまる
草ぼうぼうと　生(は)え茂る
水はさあさあと　流れ行く
御寺々(おんてらでら)には　暮れの鐘
心細さは　限りなし

杖を力に　たどたどと
山坂(やまさか)指して　登らるる
はるか向こうの　方(かた)よりも
二鬼もあざむく　十郎兵衛は
鉄砲肩に　掛けられて
山坂よりも　下(くだ)らるる
行き違(ちが)わんと　致せしが
これのういかに　巡礼や
どこへ行くと　ありければ
それ聞くよりも　巡礼は
申し上げます　小父(おじ)様へ
わたしゃ大坂へ　行きまする
それ聞くよりも　十郎兵衛は
大坂へ行くと　あるならば
おまえは道に　迷うたが(3)
小父(とと)と一緒に　来たれよと
お鶴の手を引き　だんだんと
玉造指して　急がるる
ようよう村近くに　なりぬれば

---

(1)　坂田の歌詞で補う。

一　お鶴が道に迷うところ、半二の浄瑠璃には無い。山道に迷って受難となる展開は、むしろ柳亭種彦の読本『阿波濃鳴門』にある。この相違は、舞台を前提とする制約を受けるか否かにもよる。

二　鬼をあざむく、である。鬼と見誤るほど勇猛で怖い様子。

(1)　以下「そうじゃそうじゃとお弓どの…お鶴の後を慕いける」の七行、土田演唱の歌詞で補う。この部分、小林演唱では「あとを慕うてみたけれど／お鶴の行き方はさらに知れないと」の二行のみ。

(2)　土田の歌詞で補う。

(3)　坂田の歌詞で補う。

もはやその日も　暮れにける(1)
月の明りで　十郎兵衛は
娘の姿を　打ちながめ
さてこの巡礼と　申するは
お金をたんと　持つ様子
この子の金を　借り受けて
あの武太六へ　済ますなら
我が身の悪事も　知れまいと
さらばだまして　金を借り(2)
そうじゃそうじゃと　十郎兵衛は
これのういかに　巡礼や
このや街道と　申するは
このたび物騒につき
おいはぎ泥棒が　沢山(たくさん)じゃ
そちはお金を　持つ様子
無用心(ぶようじん)で　あるぞえの
「小父(とと)に貸しては　くれぬかえ
それ聞くよりも　巡礼は
申し上げます　小父(おじ)様へ

[二]お金は持って　いるけれど
国を出る時　祖母(ばば)様に
人がどのように　言うたとて
[三]ふた親様に　会うまでは
決してこの金　離すなと
かえすがえすの　お言葉じゃ
わたしゃいやじゃと　言うままに
我が身の懐中(かいちゅう)へ　手を入れる
それ見るよりも　十郎兵衛は
さてこの巡礼と　申するは(3)
年こそゆかぬと　いいながら
手ごわい奴(やつ)じゃ　ないかいの
言い出すからは　是非もない
威(おど)しにかけて　やらんぞと
[四]貸してくれと　言うままに(4)
お鶴の懐中へ　手を入れる
お鶴ははっと　驚いて
ああ恐ろしや人殺しと　鳴り立てば
それ聞くよりも　十郎兵衛(5)

一　「ドレ伯父が預かつてやらふ、爰へ出しやと、武太六に約束の足(たし)にもなろかと心の工面、だましかくれど合点せず」(阿波の鳴門・八段目)。

二　「此小判の財布には、大事の物が包んで有る程に、人に見せなとばゞ様が言はしやんしたによつて、誰にもやる事成りませんと」(阿波の鳴門・八段目)。

三　前段の母親の場面では、母が我が子と知りつつ名乗れないところに悲劇が生じているが、ここでは聴衆が二人の親子関係を知っているのに当事者間の認知が後れているところに悲劇が生じる。

四　このあたり、山賊渡世の十郎兵衛がお鶴から金を奪う話は、『仮名手本忠臣蔵』五段目(山崎街道)の定九郎と与市兵衛の話に似ている。また、巡礼が山道で山賊に会い、小判を捲き上げられる話には、「焼山峠巡礼殺し」があり、これも口説節や高田瞽女の段物など俗曲に歌われている。

(1)(2)(4)(5)　土田の歌詞で補う。

(3)　坂田の歌詞で補う。

鳴り立てられてこれはたまらない（1）
[一]近所へ知れては　ならんぞと
お鶴の口へ　手を当てる
幼い子どもの　身であれば
手を当てられたる　ばかりにて
[二]そのまま空しく　なりにける
それ見るよりも　十郎兵衛は
さて悪いことを　致したが
殺す気でも　無かったが
死んだる者は　是非もない
お鶴の懐中へ　手を入れて（2）
守り袋を　取り出だし
見れば小判が十枚　[三]小金が五十匁
そのほか一通書付　添えられて
月の明りで　十郎兵衛は
上書きさっと　見てあれば
どうやら見覚えの　ある筆の跡
子細は書付に　あるであろ
さらば我が家へ　急がんと（3）

死んだるお鶴を　背なに負い[四]
斯かるその場を　足早に（4）
我が家を指して　急がるる
[五]さても一座の　上様へ
まだ行く末は　あるけれど
下手な長誦み　飽きがくる
一息入れて　次の段

四段目（帰国）　28分

かくて我が家に　なりぬれば
お弓お弓と　門の戸を
たたけどお弓は　返事なく
がてんの行かぬ　ことなると（5）
我が家へ入りて　見てあれば
暗さは暗し　真の闇
お弓の姿　さらになし（6）
死んだるお鶴を　寝せ置いて
行燈ありあけ　かき照らし

一　「コリヤやかましい〳〵、近所へ聞へる、声が高いと口へ手をあて」（阿波の鳴門・八段目）。
二　「息も通はぬ即死の有様」（阿波の鳴門・八段目）。
三　小玉銀（豆板銀）。「こりや小玉が五十匁計り」（阿波の鳴門・八段目）。
四　背負い。なお、前述のように、半二の浄瑠璃では、お鶴の死が帰宅の後である。
五　段切りの歌詞、坂田ときの例では、段を切るとき、「ちょいと止め置く次第なり」と歌い納め、二段目以降の歌い出しを、「またも嘆きでよみ上げる」と始めている。なお、そのほかの瞽女では、「さて二段目にかかりますときは、只今読み上げし段の次ぎ……と出ます。……一段の段切れでは、さて皆様にもどなたにも、ちょっとかしこにとどめおき、次の段にて別れます、といって休みます」といった例もある（郡司正勝「瞽女物語」）。

（1）〜（5）　坂田の歌詞で補う。
（6）　坂田の歌詞で補訂。「お弓の行き方はさらに知れませせぬ」（小林）。

書付開いて　見てあれば
一国を駆け落ち　致すのち
いまだ風の便りも　なきゆえに
お鶴を以て　尋ねさせ
二国次の　宝剣の
ありかが知れて　あるからに
巡り合うたる　そのときは
ふたたび国へ　立ち帰り
君に忠義を　尽くせよと
筆こまごまと　書きしるし
母上様の　手跡なる
それ見るよりも　十郎兵衛は
嘆きの中の　喜びじゃ
この書付が　あるからは(1)
今でも捕り手が　来たならば
斬って斬って　斬り払い
血の池地獄を　しつらえて
ふたたび国へ　立ち帰り
君に忠義を　尽くさんと

待ちいるところに　女房は
気に気を揉んで　馳せ来たり
申し上げます　夫上様
今日はいかなる　吉日で
国のお鶴が　尋ねきて
親子名乗りを　致そうと
三思えど縄目が　恐ろしゅうて
親子名乗りを　致さずに
ここを帰して　見たけれど
あの子を今晩　泊め置いて
あなたの帰りた　その節に
相談致して　名乗らんと
跡を慕うて　みたけれど
お鶴の行き方はさらに知れませぬ
いかが致して　よかろうと
それ聞くよりも　十郎兵衛は
これのういかに　お弓殿
山より帰りし　道すがら
ととが一緒に連れて戻りてあるぞい

一　以下、国元の母親からの書状。宝剣が見つかり、十郎兵衛はもはや盗賊をする必要のない情況にあった。即ち、お鶴を殺すような事態が避けられる情況下にありながら、しかしそのことがお鶴を殺すことで初めて判明するという、事の順序の逆転が引き起こす悲劇。半二の浄瑠璃では、十郎兵衛がお鶴を我が子と知るのはお弓の言葉からで、国元からの書状を見るのはその後である。
二　十郎兵衛が探していた藩主の宝剣。宝剣紛失の次第は半二の浄瑠璃に詳しく語られ、瞽女唄でもそれが背景となっている。即ち、宝剣を預かる十郎兵衛の主人江戸家老桜井主膳を陥れ、藩政をほしいままにせんと企む国家老小野田郡兵衛が盗み取っていたのである。
三　罪のない娘まで捕らえられるのを恐れて。

（1）　坂田の歌詞で補う。

の
お弓はそれを　聞くよりも
どれどこにおりました
一それそこに寝ておると
聞いてお弓は　立ち上がり
お鶴のそばへ　寄り添うて
これのういかに　お鶴やい
母のお弓が　来たわいの
お鶴お鶴と　呼び起こす
言えどもお鶴は　返事なく
これのういかに　お鶴やい
旅疲れとは　言いながら
幼心(おさなごころ)の　ことなれば
帯も解かずに　それなりに
眠っておるか　これお鶴
言えども返事の　無きゆえに
またもお鶴を　抱き起こし
顔つくづくと　見てあれば
はや息絶えて　見えにける

お弓ははっと　驚いて
申し上げます　夫上様(つまうえさま)
お鶴は死んで　おりました
いかに山賊　せばとても
いかなる天の　業罰(ごうばち)で
二現在我が子を我が手に掛けて殺すと
は
いかなる前世(ぜんせ)の　報いやと
お弓はわっと　泣き出だす
さいぜん名乗った　ことならば
こんな嘆きも　あるまいに
堪忍してくれ　お鶴やえ
鬼もあざむく　十郎兵衛は
親子の情(じょう)に　引かされて
男涙を　はらはらと
三南無阿弥陀仏を　唱わるる
それはさておき　捕り手の衆
表の方(かた)より　十五、六人
十郎兵衛館を　取り巻いて

一　十郎兵衛の言葉。「ソレそこの蒲団の内に、よふ寐入て居るわいと、いふにふしんも立縞の、蒲団を明けて顔見るより、ヲ、ほんに娘じや、ヲ、嬉しや……笈摺はづし帯とく〳〵、見れば手足もひへ渡り、息も通はぬ娘の死骸」（阿波の鳴門・八段目）。
二　「葛の葉子別れ」にほぼ同じ歌詞があり、「景清」にも類似の歌詞がある。
三　半二の浄瑠璃では、この後、娘の死骸を前に国元の老母の手紙を夫婦で読みながら愁嘆する場面が続く。

どやどやどやと　入(はい)り来る
それ見るよりも　十郎兵衛は
心得たりと　身構えし
身構えあれば　捕り手の衆
一 緋房(ひぶさ)の十手を　さしかざし
暫く仕合いと　見えにける
はやそのひまに　お弓殿
傍(そば)なる火鉢を　引き寄せて
大勢(たいぜ)めがけて　投げ付ける
灰(あく)はぱっと　飛びにける
大勢(たいぜ)の目口(めくち)へ　入(はい)り来る
はやそのひまに　十郎兵衛は
二人三人(ににんさんにん)　斬り殺し
お弓この場を　逃げようと
二 死んだるお鶴を　背なに負(ぶ)い
徳島指して　急がるる
道も急げば　はやいもの
鳴門(なりと)の渡(わたり)に　さしかかる
不思議なるかな　後ろより
とと様かか様と　呼ぶ声ある
夫婦の者は　聞くよりも
後ろの方(かた)を　見てあれば
三 紫雲の雲が　棚引(たなび)いて
死んだるお鶴は　昇りゆく
四 我が子のお鶴は　降(くだ)りくる
夫婦の者は　見るよりも
途方に暮れて　居たりしが
のうのう申し　かか様へ
最前名乗って　くださらば
こんな難儀も　あるまいに
道踏み迷い　山道で
とと様に　行き合(い)いし
すでに殺されんと　するところ
五 観音様の　身代わりに
これまで送りもろうて来ましたと
夫婦の者は　聞くよりも
喜ぶことは　限りなし
親子三人手に手をとりて

一　十手は、江戸時代に犯罪者を捕縛する捕り手の役人が持った短い鉄の棒で、柄に房紐(ふさ)を付ける。房の色は、関西の与力・同心の場合、朱赤色と紫色の二種類。また江戸町方与力・同心の房紐は錆朱色という。（名和弓雄『十手・捕縄事典』）

二　半二の浄瑠璃では、役人を斬り退けて逃げるとき、お弓が家に火を放って娘の死骸を火葬にしてしまう。「コリヤ女房、娘が死骸は何とした、そりや気遣ひごんせぬ、コレ此通りと死骸の上、落ちる戸障子積み重ね、松明の火を差し付て、人手に渡さぬ火葬のいとなみ」（阿波の鳴門・八段目）。

三　紫色の雲が棚引くのは、本来、菩薩や阿弥陀仏が死者を来迎するとき。

四　お鶴は、半二の浄瑠璃では死んだままだが、柳亭種彦の読本『阿波濃鳴門』では蘇生丹という仙薬によって生き返る。

五　お鶴の蘇生は、中世の神仏霊験譚を借りている。観世音菩薩の霊験となっているのは、お鶴が観音札所巡りの巡礼だからである。

観音様へ　参拝し
鳴門（なりと）の渡も　はや越えて
徳島指して　急がるる
徳島町（まち）にも　なりぬれば(1)
我が家を指して　帰らるる
かくて我が家に　なりぬれば
君よりの再びの　召し抱え(2)
[一]元は百石の知行　二百石にも加増せ
られ

それ聞くよりも　十郎兵衛は
喜ぶ事は　限りなし
[二]親子三人　もろともに
君に忠義を　尽くされて(3)
[三]おん家（え）繁盛で　栄えける
　まずはこれにて　段の末

——「阿波の徳島十郎兵衛」末尾——

一　半二の浄瑠璃では、十郎兵衛は江戸家老桜井主膳に仕える中間であって、知行をもらえるような身分（藩士）とはなっていない。
二　国元の母はすでに死んでいることになっている。
三　本作は祝言で終わる。
（1）　以下二行、土田の歌詞で補う。
（2）（3）　坂田の歌詞で補う。

7　八百屋お七

〈凡例〉

一　土田ミス演唱「八百屋お七」（ただし「火あぶり」の段を欠く全四段）録音テープによって小林ハル伝承の歌詞に欠けている部分を冗漫にならない程度に補った。また、鈴木昭英編「長岡瞽女唄集」（『長岡市立科学博物館研究報告』第一四号、一九七九）に載る渡辺キク伝承の歌詞（三段目まで）を参照した。

二　高田瞽女杉本キクイ伝承の歌詞を校訂において多少参考とした。長岡系瞽女唄と高田系瞽女唄では歌詞にかなり相違が見られる。全体的な印象としては、長岡系の唄がお七の心情を口説くように歌ってゆくのに対して、高田系の唄はどちらかと言えば物語の展開を叙事的に歌ってゆく傾向がある。

三　小林ハル演唱のテープは全五段に分かれているが、各段の内容と分量とを考えて全四段に改めた。（瞽女唄段物の段分けは固定的でない。瞽女たちは二〇～三〇分程度の演奏で区切りを付け、一段とする。しかも、小林ハルの「八百屋お七」は三段目末尾付近で歌詞に乱れがあり、そこで段切りをして新たに四段目として語り出していると考えられる。）

四　参考資料に掲げた高田瞽女杉本キクイが伝承する歌詞中の（　）の句は斎藤真一著『越後瞽女日記』別冊資料（河出書房新社、一九七二）によって補った部分である。また、最初の四十七行もテープに入っていない「八百屋お七」前半の歌詞であるが、同じく右の資料によって明らかな誤りと思われる部分を編者なりに校訂して掲げた。

祭文松坂　八百屋お七

一段目（忍びの段）　29分

[一]さればに　アーよりては　これに
また
いずれに愚かは　無けれども
何新作の　無きままに
古き文句に　候えど
八百屋お七の　一代記
事細やかには　誦(よ)めねども
粗々(あらあら)誦(よ)み上げ　奉る
花のお江戸に　隠れなき
所は本郷[二]　三丁目
[三]五人娘に　三の筆
八百屋の娘に　お七とて
歳は二八で　細眉毛
面白盛りや　花盛り
情け盛りや　色盛り

二十日の闇には　迷わねど
恋路の道の　暗(くら)迷い
縁は異なもの　味なもの
[四]小姓の吉三(きちさ)に　あこがれて
今宵は学寮へ　忍ぼうか
明日は学寮へ　忍ぼうかと
物憂き月日を　送りしが
夜は夜中(よなか)の　八つ時分
母と添い寝の　手枕(てまくら)を
そよと脱け出て　それなりに
寝間着(ねまき)のままで　しごき帯
寝乱れ髪を　撫で上げて
さらしの手拭い　頬かむり
我が住む寝間を　忍び出で
危なさ怖さを　身にしみて
両親(ふたおや)様の　目を忍び
[五]駒込寺(こまごみでら)へ　忍ばんと
ようよう我が家を　忍び出で
お寺を指して　急がるる

一　土田ミスの歌い出しは、「さればによりては皆様へ／さらばひとくち誦み上げる／お聞きなされて下さいと／あれやこれやと思へども／何新作も無きままに／筋道誦み上げ奉る／とかく世の中色と欲／変はり易いは人心　染り易いは色の道／花のお江戸に隠れなき……」。

二　『天和笑委集』（巻十一）では「本郷森川宿」、『近世江都著聞集』（第一）では「駒込追分願行寺門前町」、井原西鶴の『好色五人女』（一六八六）では「本郷辺(ほんごうのほとり)」とのみ。なお、以下に「二丁目」ともある。

三　江戸の湯島天神に願掛けの名筆を残したという五人の娘。一説に、笠原（笠森）お仙・城木（白木）屋お駒・八百屋お七・薩摩屋おきそ・能登屋お信。紀海音『八百屋お七』に「…湯島に懸けし松竹梅本郷お七と記し置く」とも、また斎藤月岑他著『増訂 武江年表』の関根只誠補に「十三歳の春松竹梅の三字を書きたる横額をゆしまの拝殿に掲げたるが今にあり」とも。

四　寺小姓は住持に仕えて雑用を行なう少年。吉三は吉三郎の略。史実としては諸説がある。学寮があって小姓のいる寺は駒込の吉祥寺である。

五　西鶴の『好色五人女』では「駒込の吉祥寺」。他に「正仙院」とも「小石川

寺大門にも　なりぬれば
[一]通る大門　道すがら
千本松原　小松原
朝日も射さない　松林
松の小枝に　鳥づくし
鳥もいろいろ　おる中に
山雀小雀に　四十雀
妙の音を出す　ほととぎす
[二]弟のためかは　知らねども
[三]八千八声の　声をして
鳴くほととぎすの　しおらしさ
お七は吉三に　焦がれては
八千八声は　鳴かねども
吉三に逢いたい　添いたいと
日には三度の　血の涙
草の中にも　虫づくし
[四]虫もいろいろ　おる中で
機織り虫の　せわしさよ
心静むる　鈴虫や

誰を待つやら　松虫は
忙しそうにて　鳴き明かす
朝夕焦がるる　くつわ虫[五]
なかで憎いは　きりぎりす
お七が心も　知らずして
明け暮れ恋しい　吉さんを
思い切れ切れ　切れとなく
やれ情けなや　きりぎりす
思い切らるる　ことなれば
これまでお寺へ　忍びゃせぬ
性ある虫なら　聞いてたべ
そなたも役目で　鳴くであろ
鳴く商売の　ことなれば
[六]常に鳴くなじゃ　なけれども
今宵一夜は　推量して
お七が通る　そのときは
鳴いてくれるな　頼むぞと
鳴くきりぎりすも　振り捨てて
さらばお寺へ　忍ばんと

円乗寺」とも伝える。駒込の吉祥寺は、曹洞宗の寺で学寮も備えた関東の大刹。

一　ここから道行き。「鳥尽くし」「虫尽くし」によってお七の心情を歌う。なお〈物尽くし〉は瞽女唄の中でよく用いられる手法。

二　盲目の兄が、邪推から親切な弟を殺して後悔し、悲しみのあまりホトトギスとなって「弟恋し」と鳴くという昔話による。

三　「ほと丶ぎすは夏中に八千八声鳴くといへり、千声ともいふ」（天明六〈一七八六〉年自序、松葉軒東井編『譬喩尽』）。

四　虫づくしの文句、土田ミス演唱歌詞と多少異同あり。

五　このあとに、「私の可愛は蛍虫／昼は草葉で身を隠す／夜は恋路の道照す／忍びお方のためとなる」（土田）とも。なお、天和二年十二月二十八日の大火でお七が焼け出され、翌年三月二十九日に刑死したという史実によれば、頃は虫の時節ではない。

六　いつも鳴くなというわけではないが。

かくてお寺に　なりぬれば
お庫裏の雨戸に　手をかけて
そよと開けては　忍び込み
忍び込んだよ　やれ嬉し
忍び込んだが　茶の会の間（1）
あまたお寝間の　あるなかに
どれが吉三の　お寝間やら
辺りをしばらく　見廻せば
一 獅子はなけれど　牡丹の間
虎はなけれど　竹の間よ
鹿はなけれど　紅葉の間
鶴の間雁の間　通り抜け
夏は涼しき　扇の間
吉三の様子を　菊の間で
お七が姿じゃ　なけれども
すんなりほっそり　柳の間
二 目細鼻高　桜の間
差し足抜き足　忍び足
ようようなれば　学寮の
唐紙ぎわへ　立ち寄りて
間の唐紙　手をかけて
開けんとせしが　待てしばし 三
このや唐紙　開けるなら
まだ添い馴染まぬ　吉三さん
唐紙音で　目を覚まし 四
もしも吉三に　八分され
恥かかされては　一大事
昔古人の　たとえには
五 八分されても　二分残る
残る二分にも　花が咲く
その二分求めて　花咲かす
これまで思うて　来たるのに
吉三に逢わずで　帰られぬ
六 妹背山では　なけれども
七 山と山とが　りょう分で
境の川に　隔てられ
間を流るる　吉野川
敷居の水が 八　ままならぬ

一　以下、部屋尽くし。
二　目細、鼻高、桜色と続く。「目細く、鼻高く、顔色の桜色なるが、美相なりとの義」（明治三九年刊『俚諺辞典』）。
三　「…待てしばし」の類の文句は瞽女唄の慣用句。
四　この次に、「見つけられたら何としょう／どうしょうぞよと娘子は／小首をかたげて思案する」（土田）とも。
五　諺。「俗語に人を擯斥する事をはちぶと云ふ」（村田了阿編『増補俚言集覧』）
六　近松半二等合作浄瑠璃『妹背山婦女庭訓』（明和八〈一七七一〉年、大坂竹本座初演）。ここはとりわけその三段目「山の段」。吉野川を隔てた仇敵同士の家の恋人雛鳥と久我之助の悲恋物語。
七　右の『妹背山婦女庭訓』をふまえた文句。「山と山とが領分の、境の川に隔てられ、物云かはす事さへもならぬ我身の侭ならぬ」（「山の段」）。
八　この場合、溝とあるべきところ。吉野川の縁で、溝を川の水に見立てた。

（1）以下「夏は涼しき扇の間」まで土田の歌詞によって補う。小林の演唱では「茶の会の座敷へ忍び込み　鶴の間雁の間通り抜け」とのみ。

寝ておる吉三は　久我之助（こがのすけ）（1）
一 焦がるるこの身は　雛鳥（ひなどり）よ
これまで通い　忍び来て
この唐紙の　開かぬのは
何神様の　お咎めぞ
さらば神々　頼まんと
二 一つ東（ひがし）の　あずまや様
二つふたごの　明神様
三つ三島の　薬師様
四つ信濃の　善光寺
五つ出雲の　色神様
六つ六道の　お地蔵様
七つ七尾の　天神様
八つ八幡（やわた）の　八幡様（はちまんさま）
九つここで　思案ある
十はところの　鎮守様（2）
紀州の国に　隠れなき
名草（なぐさ）の郡（こおり）　加太（かた）が浦
三 淡島様と　言う神は

女子（おなご）一代の　守り神
腰からしもの　病気なら
何なりともかなわせあるとのご誓願
わたしが吉三に　惚れたのも
これもやはり腰から下（しも）の　病気ぞえ
これのう申し　淡島様
どうぞあなたの　ご勢力（せいりき）で 四
この唐紙の　開くように
開いたばかりじゃ　つまらない
吉三と話の　できるように
話ばかりじゃ　つまらない
吉三としっぽり　添い寝して
うまく楽しみ　できるように
うまく楽しみ　できたなら
そのまま命が　終わるとも
好いた吉三と　添ふならば
五 厭う心は　さらになし
六 悪七兵衛（ひょうえ）　景清は
詰めの牢さえ　破るのに

一　久我之助からの音の繰り返し。
二　以下、色事に霊験のある神仏を列挙する。いわば祭文の神降ろしの文句でもあるが、また俗謡的な数え唄ともなっている。具体的な土地との関係は不明なものが多い。「出雲の色神様」は縁結びの神、「薬師」には色薬師などがあり、「地蔵」には艶書地蔵・文使地蔵などがある。なお、文化・文政期に江戸で瞽女が流行らせた〈越後節〉の歌詞にこれと似たものがある（式亭三馬の『浮世床』など）。
三　和歌山市加太の粟島神社に祭られる神。この神は各地に祭られ、淡島講もあって婦人病や安産の守り神として広く民間の信仰を集めている。信仰は、戦国末期から江戸初期頃、淡島願人の手で広められたと推定されている（桜田勝徳著『海の宗教（自然と人間シリーズⅡ）』一七二頁）。
四　次に「病本復させてたべ」（土田）とも。
五　土田は「少しも厭ひはせぬわいな」。
六　源氏に復讐を企てる平家の残党景清は、捕らえられて狭い詰牢に入れられるが、大力を出して牢を破ったという話による。祭文松坂「景清」参照。なお、江戸後期の俗曲に、「虎は千里の薮さへ越すに、ノウコレサ、障子一と重がまアまなアらぬ、シングイ〳〵」（喜田川守貞

唐紙一重が　ままならぬ
女子心（おなごごころ）の　恐ろしさ
これも世上の　譬えなる
親の教える　縫い針（はり）や
読み書きなぞは　覚えずに
親の教えぬ　大胆な
[一]色の道には　智恵がつく
[二]島田の油を　梳（す）き取りて
唐紙敷居に　すりこんで
間（あい）の唐紙　そよと開け
横身になって　そっと入（い）り
開けし唐紙　はたと閉め
忍び込んだよ　やれ嬉し
忍びし座敷を　見てあれば
あまた出家も　寝てござる
[三]学山（がくざん）様も　寝てござる
鐘つくお方も　寝てござる
ほんにお寺と　いうものは(1)
西瓜畑じゃ　なけれども
丸い頭が　ごろしゃらと
さても一座の　上様へ
まだ行く末は　程長い
誦（よ）めば[四]理会（りかい）も　分かれども
一息入れて　次の段

二段目（お七の口説き）　29分

差し足抜き足　忍び足(2)
ようよう吉三の　お寝間なる(3)
枕の元へと　立ち寄りて(4)
髪に挿したる　前挿（まえざし）で
[五]眠る灯（あかし）を　掻き照らし
吉三の寝姿　うちながめ
さてもきれいな　吉三さん
常に見てさえ　よい殿御（とのご）
まして寝姿　優しやな
お七が惚れるも　無理はない
髪は烏の　濡羽（ぬればば）色

『近世風俗史』巻之二十三）があり、慣用句となっている。
（1）以下数句、土田演唱の歌詞を参考に補訂。
（2）以下数句、土田演唱歌詞を参考に補訂。

一　諺。
二　島田髷に結った髪の油。島田髷は未婚女性の髪型で、「ふり袖は島田なるべし」（『我衣』）とされた。
三　瞽女唄の段物では唐突に登場する人物であるが、説経祭文には寺へ忍び込んだお七を見付けて言い寄る場面がある。また、都一中の浄瑠璃『八百やお七』（内題『八百屋お七物語』）にも、お七に横恋慕する「かくざん（覚山）坊」が登場する。
四　「理会（小説語）えとくすること也」（村田了阿編『増補俚言集覧』）。
五　「有明行灯（ありあけあんどん）」（渡辺キク）。
（1）〜（4）　土田の歌詞で補う。

一角前髪に　大たぶさ
あのもみあげの　美しさ
二今業平の　殿御ぶり
とても女子に　生まれたなら
この様なきれいな　吉さんと
こちの人よ　女房よと
言われて三日も　暮らしたい
学問疲れか　知らねども
または良き夢　見しゃんすか
三白川夜船で　寝てござる
のう可愛やと　すり寄りて
女子に博労は　なけれども
四袖から袖に　手を入れて
耳に口をば　あてられて
軒端を伝ふ　五笹蜘蛛の
糸より細き　声をして
これのういかに　吉三さん六
わたしゃお前に　あこがれて
夜中も厭わず　来た程に

ちと目覚まして　くだしゃんせ
こちらへ向いて　下さいと
呼び起こされて　吉三さん
ふと目を覚まし　起き直り
女子禁制の　この学寮(1)
夜更けて女子の　声がする(2)
七七つ下がりて　この寺へ
女子なんぞは　この夜中に
忍び込んだる　その者は
迷い変化の　物なるか
狐狸の　業なるか
いかなる迷ひの　物なるや
正体現わせ　くれんぞと
守り刀に　手をかけて
八鍔元くつろげ　いたりしが
お七はそれを　見るよりも
申し上げます　吉三さん
迷いが迷いで　ござんする
わたしゃお前に　迷うてきた九

一　前髪の生え際を角張った感じに剃った元服前の少年の髪型。「頭布で頭は見えねども角前髪のお小姓らしい」（近松『夕霧阿波鳴渡』）。「角前髪に大たぶさ　二折り崩しにしゃんと結い」（渡辺キク）とも。
二　在原業平を今に出現させたようないい男ぶりの意。この次に、「わたしが惚れたも無理はない／好いた吉三と添い遂げて／長の月日が送りたい／のう可愛やとすり寄りて／袖から袖へ手を入れて」（土田）とも。
三　ぐっすり寝込んださま。
四　牛馬を売買する博労が袖の下で取り引きする習慣をさす。
五　蜘蛛のことだが、「細小蟹」が正しい。「細小蟹」は蜘蛛の雅名。
六　この次に、「あなたはその様にうたた寝て／風邪でも引いたらどうなさる／主（ぬし）が風邪引きゃどもならぬ（？）／お目覚まされてくだしゃんせ／こちらへ向いて給われと」（土田）とも。
七　夜明け前、午前四時頃。以下、「女子禁制のこの学寮／夜更けて女子の声がする／狐狸の業わいの　ふすまの辺りに住いなす／魔性変化の奴ばらが／吉三の性根奪わんと／夜更けてこの座へ参りたる／正体現わせくれんぞと」（土田）とも。

いつぞや本郷　焼け出され
われらが家も　類火にて
家作成就を　致すうち(1)
親子三人　もろともに
この寺門前　仮住居
一八百屋久兵衛が　七ぞいの
吉三ははっと　驚いて
おやおや久兵衛殿の　娘かへ
供をも連れずに　この夜中に
何(なに)たる用にて　お出でじゃと
言はれてお七は　顔を上げ
これのう申し　吉三さん
そのときお前が　この寺の
二お朝事(あさじ)参りの　そのときに
本尊様の　その前で
花立て替へを　なさるとき
うしろ姿を　ちらと見て
身にしみじみと　惚れました
三堪(こら)えじょうなき　懐かしい

見たい逢いたい　添いたいと
思う月日が　重なりて
この様(よ)な病ひに　なりました
三度の食事が　二度となり
二度の食事も　一度なる
一度の食事も　吉三さん
四胸につかへて　癪(しゃく)となる
お茶や白湯(さゆ)でも　通りゃせぬ
両親(りょうしん)それを　見るよりも五
恋路の闇とは　露知らず
六江戸らくちょうの　神々へ
残らず心願　かけらるる
お七の病いが　治るなら
一生殿御(とのご)は　持たせまい
七祝いの座敷も　踏ませまい
八男に肌も　触らせまい
男と名のつく　ものならば
男猫でも　抱かせまい
淡島様へも　その通り

八　鍔元を押し広げて刀を抜きやすくする動作。

九　以下、「あなたもご存知あるであろ／わたしゃ本郷三丁目／八百屋久兵衛の七ぞいの／吉三はそれと聞くよりも／これはこれは久兵衛殿の娘かへ／女子なんぞがこの夜中へ／供をも連れずにただひとり／何たる用にてありつるや／お七はそれと聞くよりも／何たる用とは胴欲な／そら曲が無い吉三さん／あなたもご存知あるであろ／いつぞや東(あずま)の大火事に／わらわが家も類火にて／家作成就を致すうち／この寺門前仮住まい／親子三人もろともに／お朝事参りのその節に」（土田）。

（1）（2）　土田の歌詞によって補う。

一　井原西鶴『好色五人女』では「八百屋八兵衛」とあって「むかしは俗姓賤しからず」とし、『天和笑委集』（巻十一）では「八百屋市左衛門」とあって「生国は駿河国富士郡の農民」とし、『近世江都著聞集』（第二）では「八百屋太郎兵衛」とあって、もと「前田家の足軽」とする。紀海音の浄瑠璃『八百屋お七』では「久兵衛」。口説節・説経祭文・一中節なども「久兵衛」。河竹黙阿弥の『三人吉三廓初買』（安政七年初演）でも、八百屋久兵衛となっており、お七の親の

堅い心願（しんがん）　こめらるる(1)
わたしゃそうでは　ござんせぬ(2)
千服万服の　薬より
あなたの一声　聞くことで
ほんに病気が　快気する
お七が心で　思うには
この様（よ）なきれいな　吉さんと
一生添いたいとは　思えども
末代ならずば　十年も
十年ならずば　七年も
それもならずば　五年でも
五年ならずば　三年も
それもならずば　一年も
それもならずば　半年も
半年ならずば　百日も
それもならずば　五十日も
五十日ならずば　三十日
それもならずば　二十日でも
二十日ならずば　十日でも

十日ならずば　五日でも
それもならずば　三日でも
せめて一夜（いちや）も　片時（かたとき）も
一こちの殿御（とのご）や　女房やと
言うて楽しむ　ことあらば
女子（おなご）に生まれた　甲斐もある
好いたお主（ぬし）と　添うならば
たとえ野の末　山の奥
木（き）の実かやの実　食べるとも
竹の柱に　笹の屋根
簀の子の縁（えん）に　藁畳（わらだたみ）
莚（むしろ）を壁に　しつろうて
糸も取りましょ　績（う）み紡ぎ
二わたしが手ずから　飯（まま）炊いて
おあがりなされや　食べましょと
どんな貧しき　暮らしでも(3)
苦労に苦労が　してみたい
手鍋さげるは　まだおろか
欠けた茶碗に　たがをかけ

名前として定着している。
二　「真宗ニテ、毎朝ノ勤行ノ称。……信徒ノ、此時刻ニ、御堂ニ参詣スルヲ、あさじまゐりト云フ」（『大言海』）。
三　我慢できない。「年寄は堪へ性（じょう）が無ひ」（一七八六年自序、松葉軒東井編『譬喩尽』）などと使う。
四　「恋は女子（おなご）の癪の種／思い出だせば胸ふたぐ」（土田）とも。なお、『譬喩尽』に「恋は女子の癪の種　豊後節国大夫ニ出」とある。
五　この前後、「医者やテンシャやゴテンシャや／掛けども少しも験（げん）はない」（土田）あり。
六　江戸洛中か？
七　祝言もさせない。
八　「手習い学問すればとて／男と言う字も書かせまい」（土田）とも。
（1）　土田の歌詞によって補う。

一　「こちの女房や殿御やと」（小林・土田）。「こちの殿御」は「こちの人」（妻が夫を親しんで呼ぶ称）の尊敬語。
二　下女も雇わず自分で御飯を炊いて。次の「手鍋さげる」も同じ。
（1）　土田演唱歌詞によって補訂。
（2）　以下四行、渡辺キクの歌詞を参

口欠け土瓶で　お茶を煎じ
汲んで飲んだり　飲ませたり
一忠臣蔵では　なけれども
二縁の下にて　くだいうが
風の吹くたび　三ゆらのすけ
四屋根から天川　義平さん
寝てて大星　拝むとも
五朝は早起き　ばんないで
六仕事はせんざき　やごろでも
七縞の財布や　米櫃が
たとへおかるに　なるとても
明日はわきから　もろのでも
わしゃよい八ちべと　かんぺする（1）
これまで思うて　来たほどに
不憫とひとこと　吉三さん
言うてくれては　どうじゃいな
吉三はそれを　聞くよりも
これのういかに　お七とや
わたしゃ子細の　ある身ゆえ九

七つの歳より　この寺の
住持のお世話に　あずかりて
今日は出家を　遂げようか
明日は出家を　遂げようかと
明け暮れ思うて　おるとこへ
一〇恋路の道の　ことなれば
ひらにご免と　二はねらるる
お七が心は　浅間山
胸に煙りの　立つごとく
　さても一座の　上様へ
まだ行く末は　程長い
下手の長誦み　飽きがくる
一息入れて　次の段

三段目（床入り）　32分

お七は吉三に　打ち向かい
これのういかに　吉三さん
梅も八重咲く　桜花

考に補訂。
（3）　渡辺キクの歌詞で補う。

一　竹田出雲等合作の浄瑠璃『仮名手本忠臣蔵』。以下その登場人物、斧九太夫、大星由良助、天河屋義平、鷺坂伴内、千崎弥五郎、お軽、高師直、与市兵衛、早野勘平を歌い込んだ人物尽くし。
二　『忠臣蔵』七段目の斧九太夫の様子。流行俗曲の例に「高い二階から鏡で見ればの、由良は玉章　マア　お軽が簪ばつたり、椽の下には九太夫が文を読む、七段目茶屋ばかりの」（小寺玉晁編『小唄のちまた』文政十一年流行どんどん節）。
三　竹の柱ゆえ、家がゆらゆら揺れる意。
四　笹で葺いた粗末な屋根のすき間から天の河が見える意。
五　朝は早起きもしないで。
六　仕事はせずに家でごろごろ過ごす意。
七　「縞の財布」は、お軽の父親与市兵衛と、お軽の夫勘平に因縁深い品。
八　良いと勘弁する。
九　この次に、「何の辞退は申さぬが／三（？）つの歳に父に遅れ／母の家にて育てられ／お寺へ稚児にあげられて……」（土田）とも。

牡丹も八重じゃ　しゃくやくも
数ある中の　乱菊も
[一]一重にひらく　朝顔も
うすもみじ葉の　一枝も
思い思いに　色をもつ
あなたも出家を　遂ぐるなら
釈迦のみ弟子で　ござんしょの
羅睺羅は釈迦の　子でないか
[二]陀羅尼は釈迦の　妻じゃもの
釈迦にも妻子の　あるものを
如来と書いた　一文字は
[三]女口に来たりと　書くそうだ
妙法蓮の　妙の字は
女少しと　書くそうだ
浄土真宗を　見やしゃんせ
昔が今に　至るまで(1)
[四]親鸞上人　始めとし
左手と右手に　妻と子を
抱いて寝るでは　ないかいの

あなたも出家を　遂ぐるなら
袈裟や衣の　お情けで
可愛や娘と　つい一度
言うてくれたが　よいわいな
これのういかに　吉三さん
[五]文玉章を　贈りしが
やれど尽くせど　返事無い(2)
見ればあなたは　封も切らぬ
あなたが読むが　いやならば
わたしが読んで　上げまする
わたしの家は　八百屋ゆえ
[六]青物づくしに　こと寄せて
丹誠尽して　書いた文
これにておん聞き　下さいと
まず一番の　[七]筆だてには
[八]ひと蕗しめじ　松茸そうろ
あだな姿の　大根や
紫蘇や三つ葉や　芹よと
[九]たでぬしさんに　ほうれん草

一〇　以下、「今さら恋路に迷ふとは／上人様の大恩を／仇で返す如くなり／未来の道が恐ろしや／それにまた弥陀本尊の□□／ここの道理を聞き分けて／この儀はひらにご免ぞと／花のお七をぴんとはね／はね返されてお七こそ／両手を組んで思案する／さて花尽くしと申するは／日蔭の木にも花が咲く／梅も八重咲く桜花」（土田）とも。

一一　はねつけなさる。拒否する身振り。

（1）　以下三行、渡辺キクの歌詞を参考に補訂。

一　以下、「庭に開けし朝顔も／濃いと薄いの色を持つ／それにお前はなんぞいの」（土田）とも。花尽くし。

二　釈迦の妻は耶輸陀羅。

三　「如来」の文字を分解したもの。またそれは、お七が口説きに来たことと意味上の関連がある。次の「女少し」も、女と少しだけ交わる意を持たせてある。なお、文字を分解した洒落は、次に「浄土真宗」とあるように浄土真宗の説教の話芸から取り入れた文句であろう（関山和夫『説教と話芸』一八頁参照）。

四　浄土真宗の開祖親鸞には妻恵信尼との間に覚信その他の子があった。

五　恋文。

一 蕨(わらび)が心を　独活うどと
二 瓜(うり)な願いの　山の芋
心の竹の子　願いあげ
三 神々様へ　蓮根(れんこん)し
早く嫁菜(よめな)に　なりたやな
四 もしもいや菜と　言われたら
なんと松露(しょうろ)　栗くりと
案じて物も　慈姑(くわい)ずに
辛(から)いこえびじゃ　なけれども
筆にまかせた　唐がらし
八百屋の店では　なけれども
五 十六ささぎの　初なりを
塩梅(あんばい)見る気は　ないかいの
ひと莢(さや)もぐ気に　なりやしゃんせ(1)
食べてみしゃんせ　味が良い
これのういかに　吉三さん
わたしにばっかり　もの言わせ
さらにあなたは　もの言わぬ
秋がきたやら　鹿が鳴く
わたしゃお前に　焦がれて泣く
のう六胴欲(どうよく)なと　とりすがる
吉三はそれを　聞くよりも
これのういかに　お七とや
恋する人が　あればとて
恋わるる人のあるは　世のならい(2)
文玉章を　贈りしとて
いまだ返事も　返さぬうちに
重ねてお出では　ご無用と
お七はそれを　聞くよりも
これのういかに　吉三さん
野原(のはら)に根をもつ　花咲かす
採れば手にたつ　鬼あざみ
鬼と言わるる　花でさえ(3)
露に一夜(いちや)の　宿を貸す
馬に蹴られし　道芝も
露に一夜の　宿を貸す
菜種の花さえ　あのように
しおらしそうなる　花なれど

六　盆踊り口説やチョンガレ節、また九州筑前の座頭琵琶の〈くずれ〉にも「青物づくし」があって、庶民に人気の俚謡だったことが知れる（『日本庶民生活史料集成』第十七巻参照）。また、紀海音『八百屋お七』末尾にも見られる。
七　「筆たては書出る初筆をいふ」（『嬉遊笑覧』巻三）。
八　女性の手紙文の書き出し文句「一筆湿しまゐらせ候」をもじったもの。
九　主さん（お前さん）に惚れたの意。「たで」は「蓼」か。
（1）土田演唱の歌詞を参考に補う。
（2）土田演唱歌詞を参考に補う。「文の数々七十本／やれど尽くせど返事無い」（土田）とも。

一　妾(わらわ)の心をくどくどと。
二　無理な願いを山芋のように長々と口説く意か。
三　神々へ祈り。「蓮根し」は単なる語呂合わせか。
四　「嫁菜」の縁で「いや菜」と言ったもの。
五　まめ科の野菜ササゲの長いもの。
六　人情の無いこと。
（1）以下二行、土田演唱歌詞を参考に補う。

胡蝶に一夜(いちや)の　宿を貸す(1)
それになんぞへ　吉三さん
お前の肌を　なぜ貸せぬ
これのういかに　吉三さん
恋という字を　知らぬかい
色という字を　覚えぬか
[一]わたしゃ女子(おなご)で　知らねども
今宵これまで　忍び来て(2)
この身このまま　帰りゃせぬ
吉三はそれを　聞くよりも[二]
さてもくどい　女子(おなご)じゃの
いつまでそうして　居たとても
その理(り)[三]に詰まる　わしじゃない
花のお七を　はねられて
ころと丸寝の　空(そら)ねむり
お七はそれを　見るよりも
これのういかに　吉三さん
これまで思うて　来たるのに
あなたがいやと　言うならば[四]

この身このまま　帰りゃせぬ
さらば自害を　致さんと
守り刀に　手をかけて
鍔元くつろげ　いたりしが
吉三ははっと　驚いて
これのういかに　お七とや
それは何ゆえ　短慮よ[五]
刀は危い　下に置け
今までいやと　言うたのは
そちが心を　試すのじゃ
死ぬ程わたしに　惚れたなら
さらばお前に　身をまかす
[六]十六ささぎの　振り袖を
こちへこちへと　今は早(はや)
奥の一間(ひとま)へ　引きにける
奥の一間に　なりぬれば(3)
六尺屏風を　立て廻し
お七帯とけ　床急げ
お七はそれを　聞くよりも

(2)「恋いらるる人のあるは」(小林)。
(3) 以下二行、高田瞽女杉本キクイの歌詞を参考に補訂。

一　私は女で学問をしていないから知らないけれども。
二　小林ハル演唱ではこれより四段目となる。
三　相手の理屈に追い詰められて反論できなくなる意。
四　以下、「恋しいあなたの膝元で／一命終わりしことなれば／末代添うたも同然だ／この座をあかしてくだしゃんせ／この身このまま帰りゃせぬ」(土田)。
五　次に、「出家というは／人を助ける法なれど／人を殺してわしじゃとて／本望遂げたる甲斐は無し／これのういかにお七とや／刀は危い下に置け・・・」(土田)とも。この前後、土田演唱と多く異なる。
六　十六歳の振袖姿の娘を。
(1)〜(3)　土田演唱歌詞で補訂。

これのういかに　吉三さん
あかりを消して　下しゃんせ
一 初床入れの　ことなれば
二 わしゃ恥しいと　言うままに
三 口水仙の　玉椿
手足はしっかと　からみ藤
からみついたよ　藤の花
色紫の　ほどのよさ
五尺体の　真ん中に
締めつ緩めつ　初鼓
打ち出す音色の　おもしろさ
夜はほのぼのと　明け渡る
明けの烏が　西東(1)
そのときお七が　思うには(2)
大寺小寺　残りなく
鐘つくお方も　気がきかぬ
本郷のお七が　かわゆくば
十日も朝寝を　すればよい
しののめ烏は　死ねばよい
わけて憎いが　庭の鳥
四 お天道様も　その通り
本郷のお七が　かわゆくば
七日七夜も　出ぬがよい
お天道様の　出先には
五 黒金門でも　あればよい
もったいない　ことなれど
いかに別れが　つらいとて
罪なき仏に　恨みする
　さても一座の　上様へ
まだ行く末は　程長い
下手の長誦み　飽きがくる
一息入れて　次の段

四段目（火あぶり）　34分

今はそのとき　お七こそ 六
我家の方へ　帰られて
お七が心で　思うには

一　男女が始めて同衾すること。
二　以下、「わしゃ恥しいとじゃれかかる／よもや話も後や先／余り口説の長さゆえ／明けの烏が西東／お七可愛と告げ渡る／そのときお七が思うには／なんの小癪な明け烏／鳴いて良ければわしが泣く／お天道様も情けなや／お天道様の出先には／黒金門でもあればよい／いずれなりともお天道様の出ぬ国に／七日七夜も寝てみたい／いかに我が身がつらいとて／神や仏に無理願い／小袖の袂に包まるる／これのう申し吉三さん／またも明晩頼みます／さらばと言うてはほろと泣き／ほろと泣いてはさらばよと／駒込寺を忍び出で／本郷指して急がるる」（土田）とも。
三　口吸う（接吻）。「玉椿」は花寄せの語呂合わせ。「口水仙の杜若」（高田瞽女）とも。なお、この辺りの詞章、説経祭文では「互いに帯とき組み付いて、口にすい付きからみ付き、恋の錠前じっとしめ、いきもとぎれる風情なり」とある。瞽女唄ではさらに修飾してある。
四　おてんとうさま。太陽の神格化。
五　鉄の扉。太陽が出て来られないようにである。
六　以下、「一日二日も経たざれば／明くればお寺が恋しなる／暮るれば吉三が恋しなる／なれども女子の浅思案／また

明くればお寺が　恋しなる
暮るれば吉三が　恋しなる
いかが致して　よかろうと
一 胸の鏡に　手を組んで
涙ながらに　思案する
女子心の　一筋に
後の災難　つゆ知らず
二 飛んで火に入る　夏の虫
いつぞや本郷の　るいさい火事に
我らが家も　類火にて
家作成就　致すまで
親子三人　もろともに
あの寺門前　仮住居
またも我が家を　焼いたなら
駒込寺へ　行かりょかと
そうじゃそうじゃと　お七こそ
今日よ明日よと　思いしが
或る日のことで　ある宵に
そよ風吹くに　引かされて

三 あはれなるかな　お七こそ
こたつのおきを　二つ三つ
四 小袖の小褄へ　掻い包み
二階はしごを　のぼらるる
ひとけたのぼりて　ほろと泣き
ふたけたのぼりて　ほろと泣き
五 みけたよけたは　血の涙
ようやく二階へ　のぼられて
六 二階の半戸を　そよとあけ
そよ吹く風と　もろともに
小袖のおきを　二つ三つ
わが家の屋根へ　投げ出だす
急いで半戸を　閉められて
お七は二階　下りられて
表のかたへ　走りゆく
火事よ火事よと　いう声に
八百屋夫婦は　もろともに
表のかたへ　走りゆき
八百屋久兵衛は　見るよりも

も我が家を焼いたなら／恋しゆかしい吉さんに／逢わりょうことかと心得て／こたつのおきをば二つ三つ／小袖の袂にかい包み／流るるあとは三途川／のぼる梯子は死出の山／我が家ばかりとは思いしが／俄かに大風が吹き来たり／さても一座の上様へ／まづはこれにて段の末」（土田）とも。なお、土田演唱はここで末尾となっている。

（1）（2）　土田演唱歌詞を参考に補う。

一　「胸の鏡」は、胸元の意。「智恵の鏡」「胸に手を置く」などから、胸に手を組んで考える様子。

二　諺であるが、お七が自ら火付けをして火あぶりの刑にあったことを指す。「愚人夏の虫、飛んで火に入る」（説経『をぐり』）、「愚人夏ノ虫飛デ火ニ入」（元禄四年刊『漢語大和故事』巻一）。

三　思い詰めて放火に至るお七の行為について詠嘆した言葉。

四　「小袖の小褄そつととき、手ばやく綿を引出だし、有おふ火ばちのおき一つ、はやくも綿にかいくるみ」（説経祭文）。

五　高田瞽女の歌詞に、「昇る梯子は死出の山／落つる涙は三途の川」（杉本キ

これのういかに　お七やい
寒くはないかと　問われける
そこでお七が　申すには
これのういかに　父様へ
わたしは寒くは　なけれども
わが家の類火は　是非もない
駒込寺へ　急がんと
あの吉さんの　あの寺と
涙ながらに　申しける
父の久兵衛が　聞くよりも
さてもさても　情けなや
ただいま出来し　災難は
[一]わが子のことで　ないかいと
思いし甲斐も　情けなや
誰(たれ)知るまいとは　思えども
[二]釜屋の武兵衛が　訴人して
それ聞くよりも　お奉行様
お七このたび本郷二丁目より始め
[三]ご本丸まで　焼いたる罪

明日は白州へ　出だせよと
言われて母上　聞くよりも
これのういかに　お七やい
おかみの白州(しらす)に　出たならば
もの正直に　申せよと
[四]もの正直に　申すなら
必ずおかみの　お情けで
[五]罪は許(ゆ)れるで　あろうぞと
教えられては　娘こそ
はいと返事も　優しさに
衣類着かえて　お七こそ
白州の方(かた)へ　急がるる
白州の方(かた)にも　なりぬれば
ご免なされと　ずっと入り
お奉行様は　見るよりも
さても美し　この娘
[六]火あぶり罪(ざい)とは　情けなや
罪(つみ)は許して　やりたやと
これのういかに　お七とや

クイ）とも。

六　二階の窓。六尺の下半分が壁や板腰で、その上半分を戸としたもの。

一　なんと我が子にかかわる災難であったかと。

二　この人物はいささか唐突に登場する。紀海音の浄瑠璃『八百屋お七』にはお七に恋慕する敵役として「万屋武兵衛」が登場する。ただし訴人したとは無い。歌舞伎では文化五年の芝居に「かまや武平」が登場（戯場年表）。山東京伝（歌川国貞画）『八百屋／於七伝　松梅竹取談』（十五巻、文化六年刊、合巻）でも釜屋武兵衛が登場。小寺玉晁編『小哥のちまた』に「於七吉三　武平くどきやんれぶし」がある。また、明治期刊行の『くどきぶし』には、お七に横恋慕して叶わぬ妬みから彼女をそそのかし放火させた上、訴人したことが詳しく語られている。また、河竹黙阿弥の『三人吉三廓初買』（安政七年初演）でも訴人する釜屋武兵衛が登場。

三　「ご本丸」は江戸城の本丸。ただし西鶴の『好色五人女』では、「すこしの煙立さはぎて」とある。お七一家が焼け出されたとされる天和二年暮れの大火事との混同か。

四　以下、実は正直に言ったがために、奉行はお七を救えなくなる。

まだそなたと　申せしは
一歳は十二か　十三か
言われてお七は　涙ぐみ
申し上げます　お奉行様
十六歳に　なりました
お奉行様は　聞くよりも
十六歳にも　なるまいが
まだ十三か　十四歳
十五歳にも　なるまいと
問はれて今は　お七こそ
申し上げます　お奉行様
わたしの生まれと　申するは
二丙午(ひのえうま)の　生まれなる
十六歳に　なりました
言われて皆さん　情けなや
丙午と　あるからは
十六歳に　なるであろ
火あぶり罪(ざい)と　申しつけ
三裸馬(はだかうま)に　乗せられて

あわれなるかな　お七こそ
八百八町を　四引き廻し
八百屋の家(いえ)に　来たりしが
お奉行様は　馬を止め
お七このたび本郷二丁目よりはじめ
ご本丸まで　焼いたる罪
火あぶり罪と　ありければ
お七はそれを　聞くよりも
申し上げます　ふた親様
親の先立つ　不孝者
先立つ罪の　数々や
不孝をお許し　下さいと
大音(だいおん)あげて　申しける
母はそのよし　聞くよりも
表のかたへ　走り出で
馬にとりつき鐙にすがりてこれ娘
それそのような利口の事を言いなが
ら
五なぜ成敗に　あやるぞへ

五　火刑の罪は許されるであろうと。

六　江戸時代、放火は重罪で、引き廻しの上、火刑であった。「意趣慾心にて火を付、又は人に附させ候もの、被頼候て附候者、十六歳以上は総て火罪、十五歳迄は流罪…」（『徳川禁令考』別巻、「享保度法律類寄」）。『猿猴庵日記』（文化年間、『日本庶民生活史料集成』第九巻所収、二八二頁）に、文化四年名古屋の事件として、放火に興味を覚えた十三四の娘が慰みに方々へ火を付けて捕らえられたが、「年十五にならぬ故、火罪にはならぬよし」とある。

一　年齢を実際より少なく見て、罪を軽減してやろうと考えた取り調べ奉行の誘導尋問である。『近世江都著聞集』（第一）に、「万一十五以下に候へば、国禁をおかし候とても、子供の事は、其罪を一段引下げ、宥め申付らるゝ事も有之」として再吟味が行なわれたとある。紀海音『八百屋お七』には、「お上にもどふぞして、助けたふ思召云訳の仕様をば、くゝめる様にの給へども年のゆかぬ悲しさは、吉三様に逢いたさに火を付ましたと有様に、云放せば是非もなく…」とある。なお、男子の場合も「十六からは表役」（『譬喩尽』）とも言われ、江戸時代、大人として扱われる年齢がこのあたりにあった。

一それほど吉三と　添いたくば
なぜこの母に　露ほども
洩らせ聞かせて　給わらば
二しようもようも　あろうのに
涙ながらに　申さるる
それはさて置き　お奉行様
三鈴が森へと　急がるる
今はお七に　打ち向かい
これのういかに　お七とや
四汝願いの　筋あらば
早く申せと　ありければ
お七は涙の　顔をあげ
申し上げます　お奉行様
駒込寺の　吉さんに
命あるうち　逢わせてと
願いあげれば　お奉行様
これこれいかに　みなの衆（しょ）へ
早くお寺へ　急げよと
言われて今は　若い者

駒込寺へ　急がるる
申し上げます　方丈様
八百屋の家の　お七こそ
火あぶり罪の　ことなれば
命あるうちに　吉さんに
逢わせてくれと　頼まるる
方丈様は　聞くよりも
これのういかに　吉三郎
八百屋の家の　お七こそ
火あぶり罪と　あるゆえに
お七言いたい　こともある
汝も言いたい　こともあろ
早く参れと　ありければ
吉三は顔を　赤らめて
五草履片方（かたかた）　下駄はいて
鈴が森へと　急がるる
鈴が森にも　なりぬれば
六あまた見物　押し分けて
お奉行様の　前に出で
二　丙午は寛文六（一六六六）年に当たる。お七の火刑が天和三（一六八三）年だからこれでは十八歳となって不自然。西鶴『好色五人女』は十七歳とする。『近世江都著聞集』（第二）には、「お七生年は寛文八年十月なりと、公の留め書に見へたり」とある。ここに「丙午」とあるのは、お七の火難と結び付けられた俗信による。
三　鞍を置かない馬。
四　死罪・獄門などの重罪人は、市中引き廻しの上で処刑される。高田瞽女（杉本キクイ）の歌詞では「江戸町づくし」によって道行きとなる。
五　どうして、罰せられるようなことをしたのか、の意。
一　取り返しのつかなくなった後での親の悔い、嘆きである。
二　なんらかのよい解決法もあったろうに。
三　品川の鈴が森。鈴の森とも。江戸時代に刑場があった。
四　奉行の情けで最期にお七は再び吉三と対面する。実際は火刑の場でこのような劇的な出会いは無かっただろうが、非業の死を遂げた人物が、最期はこの世に思いを残すことなく死んで行くように納めるのが、語り物の一般的な終わり方である。なお、紀海音『八百屋お七』では、

申し上げます　お奉行様
お七が身内の　者なるが
どうぞ逢わせて　下さいと
お奉行様は　聞くよりも
こちへこちへと　今は早(はや)
吉三郎は　見るよりも
煙の中の　お七こそ
お七熱つかろ　せつなかろ
お七はそれを　聞くよりも
吉さん思えば　熱くない
言われて吉三も　たまりかね
黒髪切って　今は早(はや)
煙の中へと　投げ出だす
お七はそれと　見るよりも
申し上げます　吉さんへ
主(ぬし)がその身に　なるからは
娑婆に思いは　残らんと
十六歳と　申せしは
無常の煙と　立ちのぼる
　まずはこれにて　段のすえ

——「八百屋お七」末尾——

刑場に駆けつけた吉三郎が切腹してお七よりも先に死ぬ。また、西鶴『好色五人女』では、お七の火刑後に出家する。また、明治期刊行の『くどきぶし』では、釜屋の武平を敵討ちした後に遺書を残して自害する。

五　草履と下駄を片方ずつ履いての意で、非常に慌てた様子。「草履隻足(かたし)雪踏片足(かたし)不ㇾ履(はかぬ)もの」（『譬喩尽』）。

六　お七との別れ、お七のための出家を衆人環視の中で行なうことに、死者追善供養という物語上の意味がある。なお、お七の刑死は天和三年三月二十九日、戒名は「妙栄禅定尼」（小石川円乗寺、弘化二年記『八百屋於七墳墓記』）。また『天和笑委集』（巻十一）では、お七を含めて当日四人の者が同時に火刑に処せられたとある。高田の歌詞に「四本柱を並べたて」とあるのはそれによるか。

◇参考資料　高田瞽女杉本キクイ伝承

祭文松坂　八百屋お七

恋の緋桜　江戸かがみ
所は本郷　三丁目
八百屋きょうべの　娘にて
年は二八（にはち）の　細眉毛
見目良き娘じや　ないかいの
東（あずま）に稀なる　髪形（かみかたち）
人相骨柄（こつがら）　世に優れ
諸人愛嬌　さわり良く
店の商い　上手なり
花の東（あずま）に　隠れ無き
五人娘の　三（さん）の筆
中でも八百屋の　せんせいは
花によくよく　譬えなば
立てば芍薬（しゃくやく）　直れば牡丹
歩み姿は　百合の花

蔦（つた）で咲く藤　野で野菊
桔梗（ききょう）苅萱　女郎花（おみなえし）
冬の花には　何と何
水仙山茶花（さざんか）　枇杷（びわ）の花
月にあがめて　譬えなば
十三、四、十五夜のお月まんまる
と
角（かど）の取れたる　色娘
なれども本郷は　大（たい）火事で
お七がやかたも　類火にて
普請中の　その間（あいだ）
遠くの親類　頼るより
近くの菩提所　頼まんや
てんらく山（さん）の　吉祥寺
七十石の　御しょう院

きょうべい代々菩提所なり
旦那お寺に　置かればやと
旦那お寺の　門前に
親子三人　仮住い
その折からに　お七殿
あまり心の　寂（さび）しさに
観音参りに　出で給い
かくてみ堂に　なりぬれば
本尊なにかは　知らねども
ゆきに配慮　遂げられて
下向（げこう）の鰐口（わにぐち）　打ち鳴らし
わが家に帰る　道すがら
かかるところへ　吉三郎
黒縮緬（ちりめん）の　羽織にて
緞子（どんす）の帯に　茶の袴

花籠弓手（はなかごゆんで）に　提（さ）げられて
とあるところを　静々と
花立て替えに　のぼらるる

一段目　25分

さればによりては　これにまた
いずれに愚かは　あらねども
種々（しゅじゅ）なる利益を　たずぬるに
良き新作も　なきゆえに
八百屋お七の　ゆくたてを
あらあら誦（よ）み上げ　奉る
お七はそれと　見るよりも
世界は広きと　いうものの
あんな殿御（とのご）も　あるものか
あんな殿御と　添うならば
たとえ野の末（すえ）　山の奥
虎伏す野辺の　末までも
竹の柱に　とばの屋根
簀の子の縁（えん）に　薦畳（こもだたみ）
みずから手鍋を　さげるとも
一升の米を十日に　食すとも
吉さんと添うなら　わしゃ良いが
我が家へ帰りて　お七殿
下女のお杉が　仲立ちで
文玉章（ふみたまずさ）を　贈れども
かえり返事の　無きゆえに
恋の病（やまい）と　なりまして
三度の食事は　二度となり
二度の食事は　一度でも
湯でも水でも　通りゃせぬ
両親（ふたおや）大きに　驚いて
医者やきねん祈祷と　致すれど
その甲斐さらに　無いわいの
げにも世上（せじょう）の　譬えにも
親の心を　子は知らぬ
子の心親知らんの道理にて
恋の病と　夢知らず
嫌な煎薬（せんやく）　飲め飲めと
お七が心に　思うには
どうせこの身は　死すかいの
これで死んで　あるならば
この土（ど）へ生まれた　甲斐がない
こはどうしょうぞえの　なんとせん
胸の鏡に　手を当てて
しばし思案を　致しける
思い付いたる　ことがある
昔古人（むかしこじん）の　譬えにも
思いかけたる　その橋を
一度は渡るの　世の譬え
さらば今宵は　忍ばんと
日が暮れたかとそっと覗いて見てあれ
ば
日はまだ八つ半　七つぞえ
天道（てんとう）様も　天道様
われみ寺へ　忍ぶのに
そのご推量も　無いわいの

なぜ日が暮れて　給わらぬ
女心の　はかなさに
科(とが)無い天とうさんに　恨みする
すでにその日の　入相(いりあい)の
へんしの鐘が　ごんごんと
泊まり烏(がらす)は　西東(にしひがし)
その日も暮れて　夜もすがら
木萱(きかや)も眠る　丑の刻
両親(ふたおや)様の　目を忍び
鏡台鏡に　打ち向かい
あずま後ろへ　たなびかせ
丈(たけ)と伸びたる　黒髪を
梅花(ばいか)の水で　つやを出し
伽羅(きゃら)の油で　まとめられ
香(こう)の油で　匂い付け
ぐるり落として　根を締めて
髪取り上げて　お七殿
（女子(おなご)に相撲は　無けれども）
吉さんころりと　投島田

きれし前髪　止めの櫛
銀の簪(かんざし)　名古屋うち
前と後ろに　爽やかに
（顔に白粉(おしろい)　薄化粧）
さらば衣服を　着替えんと
下に白無垢　黄八丈(きはちじょう)
間(あい)にひわ茶に　緋縮緬(ひぢりめん)
上に着たのが　何と何
緞子鹿子(どんすかのこ)に　黄八丈
紫綸子(りんず)の　振り袖を
帯は神田の　広小路
三四(みよ)に廻して　お七殿
八百屋のやの字に　結び下げ
忍ぶその身は　頬かむり
一足歩んで　振り返り
二足歩んで　見返りて
もしこのことが
両親(ふたおや)さんに　知れたなら
どんな憂き目に　会うとやら

とは言うものの　さりながら
後(あと)は野となり　山となり
行く先花じゃと　お七殿
とある住家(すみか)を　そっと抜け
急ぐ大門(だいもん)　松の木の
松虫鈴虫　くつわ虫
機織り虫も　良けれども
面(つら)の憎いは　きりぎりす
思い切り切り　切りと鳴く
これのういかに　きりぎりす
なんぼそなたが　鳴いたとて
これほど思う　吉さんに
どうして思い　切らりょうぞ
さらばみ寺へ　急がんと
み寺を指して　急がるる
　さて皆様にも　どなたにも
　下手で長いは　座のさわり
　これはこの座の　段の切れ

二段目　25分

ただ今誦(よ)み上げ　段のつぎ
かくてみ寺に　なりぬれば
裏戸をそろそろ　引き開けて
その身は内へ　入りにける
あと戸(ど)を引いて　お七殿
急ぐに程なく　今ははや
雁(がん)の間(ま)鶴の間　はや過ぎて
獅子はおらねど　牡丹の間
鹿はおらねど　紅葉の間
夏は涼しき　扇の間
とあるところを　はや過ぎて
吉(きち)さの学寮と　急がるる
かくて学寮に　なりぬれば
げに唐紙の　側(そば)に寄り
誰(たれ)やら寝(ね)びきの　音がする
御上人(しょうにん)さんの　お寝間やら
学山(がくざん)の　お寝間やら
吉さの寝間なら　わしゃ良いが
ここの道理を　譬えなば
大和の国では　無けれども
（敷居の溝に　堰(せ)かされて）
唐紙一重は　妹背山
げにも世上の　譬えにも
虎は千里の　薮を越す
われ人間に　生まれ来て
唐紙一重は　ままならぬ
さらば唐紙　開かんと
島田の油を　爪でこき
敷居の溝に　流されて
唐紙障子に　手を掛けて
開けんとせしが　待てしばし
恋路の文(ふみ)と　梅の花
開かん先は　楽しみと
なになく唐紙　押し開き
向こうの方(かた)を　見てやれば
何疑いも　あるべきぞ
何を言うても　吉さんは
学問疲れか　知らねども
机の上の　居眠りを
お七がそれと　見るよりも
吉さの側(そば)へ　そっとより
銀の簪(かんざし)　ちょいと抜き
行灯(あんどん)かき立て　灯(ひ)を照らし
吉さの顔を　打ちながめ
こうも可愛ゆく　なるものか
呼び起こさんと　お七殿
これのういかに　吉さんよ
お目覚まされよと　呼び起こす
呼び起こされて　目を開き
お七が姿を　見るよりも
びっくり驚き　吉三郎
やあれいかに　この所へ
女人禁制(きんぜい)　なる所へ
女の姿を　現わすとは

まさしく迷い　変化（へんげ）なもの
わが心奪い取らんと　覚えたり
憎いやつを
斬って捨てんと　言うままに
守り刀に　手を掛けて
すでにこうよと　言いけるが
その手にすがり　お七殿
これのういかに　吉さんよ
私しゃ迷いで　無いわいの
狐狸（きつねたぬき）に　よもあらじ
もっとも迷いに　候うが
晦日（みそか）の闇に　迷わねど
恋路の闇の　暗紛れ（くらまぎれ）
あなたに迷うて　来たわいの
わしゃこの門外に　仮住い
八百屋のお七で　ござんする
ここの道理を　聞き分けて
色良きご返事　遊ばされ
お七と聞いて　吉三郎

持ったる刀を　下に置き
その身もそこへ　出し給い
そんならそなさんは
八百屋のお七で　あるかいの
これまで忍ぶ　こころざし
忘れは□□□　さりながら
ものを語らば　聞き給え
げにそれがしと　申するは
まだ幼年（ようねん）の　折からに
両親（ふたおや）さんに　死に別れ
その菩提を　とげんがため
明日（あす）出家を遂げるものなれば
ほかの儀ならば　何なりと
その儀はいやじゃと　はねつける
はねつけられて　お七殿
これのういかに　吉さんよ
女嫌（おんないや）とは　偽りよ
（もったいなくも　候えど）
朝夕唱うる　お題目

南無妙法蓮華経の　妙の字も
女に少しと　書くわいの
経文陀羅尼も　さの如く
まして凡夫（ぼんぶ）の　身であれば
女嫌（おんないや）とは　偽りよ
かたく女を　無用でも
少しばかりはようござんしょ
駒に蹴られし　道芝も
露に一夜（いちや）の　宿を貸す
五月（ごがつ）野に咲く　鬼あざみ
当たりや手に立つ　花でさえ
露に一夜の　宿を貸す
雪に押されし　竹でさえ
雀に一夜の　宿を貸す
水に押されし　柳さえ
燕に一夜の　宿を貸す
（梅も八重咲く　桜花）
（八重九重に咲く　芍薬も）
（一重に開く　朝顔も）

（露に一夜の宿を貸す）
なにを言うても　吉さんは
十八歳の　花なれど
色と恋との　二文字（ふたもじ）を
字には読み書き　致すれど

（あんまり固い　お人ぞえ）
まことの恋の　色の道
（赤いか黒い　分かち無く）
（戦（いくさ）のことと　色の道）
絵で見たばかりで　味知らん

さて皆様にも　どなたにも
あまり長いは　座のさわり
これはこの座の　段の切れ

―「八百屋お七」末尾―

8　佐倉宗五郎

〈凡例〉

一　歌詞の校訂にあたっては、一九九六年九月、小林ハルが読んだ「佐倉宗五郎」朗読テープ（二段目〜六段目の部分）を参照した。本人の話によれば、歌詞はこの後、親子が処刑される「磔の段」まであったが、忘れてしまったという。また、本作は「舟止めの段」「子別れの段」「磔の段」の三段から構成されるという。

二　私意によって判断できない部分は、一九九六年九月、小林ハル本人に直接確認した。

三　土田ミスの歌詞（一段目欠）はほぼ同じだが、部分的には大きく異なるところもある。しかし煩雑を避けて異同の注は最小限にとどめた。

四　高田瞽女の伝承歌詞は、大筋では同じだが細部の相違が大きい。参考資料に掲げた杉本の歌詞は、演唱者の文句を編者が聴き取ったままに文字化したものである。

五　注における『佐倉義民伝』は明治十九年七月森仙吉発行の刊本、また『地蔵堂通夜物語』は白鳥健編『義民叢書・佐倉宗吾』（一九三一年、日本書院刊）所収のテキストによった。

祭文松坂　佐倉宗五郎

一段目（駕籠訴不首尾）　25分

さればに　アー　よりては　これ
にまた
いずれに愚かは　無けれども
何新作の　無きままに
古き文句に　候えど
一佐倉宗五郎　一代記
ことこまやかには　誦めねども
あらあら誦み上げ　奉る
国は下総　印旛の郡
佐倉の城下と　申するは
二堀田上野様の　ご本領
上野様の　時代には
三取箇の強いと　いうことが
窓は何尺　何寸と
四窓役までは　よけれども
あまた難渋の　百姓の
五鍬役蓑役　笠の役
膳役椀役　箸の役
六囲炉裏に立てたる　火箸まで
皆役取らるる　悲しさに
そのとき総代と　申するは
七上岩村の　宗五郎様と
滝沢村の　六郎様
あまた百姓に　頼まれて
願いの願書　認めて
花のあずまへ　八願いにのぼり
お江戸は九馬喰町　二丁目
上総屋方へ　宿をとり
一度二度は　さて置いて
三度の願いも　上げたれど
一つのかないも　無き故に
その時ご老中と　申するは
一〇久世大和守様で
一一駕籠訴をなせし　その罪で

一　柏崎の瞽女伊平タケの歌詞は「それはさておきここにまた／これは何よと尋ぬれば／農道の鑑 武士の戒め／佐倉曙義民伝／俗に宗五郎一代記／これより誦み上げ奉る……」（『しかたなしの極楽―越後瞽女口説―』一九七三）。また、土田の歌詞に「あずまの鑑□□□（ぎしじん？）佐倉宗五郎一代記」、高田瞽女の歌詞に「武士のいましめ／百姓鑑と表題に残り／まことは佐倉宗五郎殿の身の一条」とある。
二　史実では堀田上野介正信（一六三一～八〇）。佐倉藩十二万石の堀田家第二代城主。万治三年領地没収、寛文十二年若狭小浜藩酒井忠直にお預け。（『三百藩藩主人名事典』新人物往来社、一九八六）
三　田畑に課する年貢のこと。ここでは課税一般の意に用いている。
四　窓の広さに応じた課税。
五　いわば資産税だが、生活必需品にまで税金をかけたこと。
六　「ゆるり」の転訛。「火爐（ユルリ）」（『易林本節用集』）。
七　高田の演唱では「上岩橋」、実録『佐倉義民伝』では岩橋村、『地蔵堂通夜物語』では公津村。
八　本来は関西方面から江戸を指す語。
九　馬喰町には、訴訟に上る地方の人を

佐倉の城下へ　ばいとられ
きびしき獄屋の　憂き住まい
三尺ばかりの　詰牢へ
五尺余丈の　両人を
二重に取って　押し入れて
丈と伸びたる　黒髪を
四方へ散らして　繋ぎ髪
首に首箍　手に手がね
足に足枷　掛けられて
廻るものには　目の玉よ
動くものとて　脈ばかり
通うものには　息ばかり
哀れと言うも　愚かなる
そのとき天下の　楽隠居
大久保彦左衛門様は　聞くよりも
なになに下総の国　印旛の郡
佐倉の城下と　申するは
上岩村の　宗五郎と
滝沢村の　六郎は

あまた百姓の　そのために
きびしき獄屋の　憂き住まい
さするというは　情けなや
この大久保様が　願力で
もらい下げて　くれんぞと
とあり屋敷を　まかり立ち
げにも二人の　罪人を
めでたく獄屋を　もらいさげ
なれども駕籠訴の　罪なれば
このまま故郷へ　帰されぬ
上野　東叡山の　その寺へ
年三年と　限られて
今は上野へ　渡さるる
こと三年は　長けれど
日数を満ちて　今は早
もはや師走の　十五日
宗五郎その座を　まかり立ち
六郎の座敷へ　急がるる
六郎の座敷に　なりぬれば

泊めた公事宿があった。

一〇　江戸時代前期の老中だった大和守には、久世広之（一六〇九～七九）がいる。

一一　正規の手続きで訴訟しても願いが聞き届けられない場合に、老中などの要人が駕籠で外出する機会をとらえ、直接訴え出ること。このような越訴は法に外れた行為として厳罰の対象となった。

一　奪い取られ、の意。用語例―「ばひとりて我に見せよ」（『宇治拾遺物語』）。

二　テープには次句に「なされたそうで御座います」とあるが、船頭が語る文句の竄入と見て削除した。

三　以下十一行、段物「景清」とほぼ同じ。

四　不正を嫌った天下のご意見番として講談などで人気があった江戸時代前期の旗本（一五六〇～一六三九）。

五　拘留・投獄されている犯罪者を引き取ること。

六　「とある」の転訛。

七　「げに」（実際その通りに）を強調して、その事態に共感した語り手の気持を表わす。その通りめでたくもらいさげて。

八　上野にある天台宗の寺院で、徳川将軍家の菩提所として崇敬された寛永寺。江戸の鬼門に位置し、京都の鬼門を守る

これこれいかに　六郎殿
あまた百姓の　そのために
こと三年は長きように　思いしが
日数を満ちて　今は早
もはや師走の　十五日
来春お寺を　払われても
一つの願いも　かなわねば[一]
故郷へ帰る　顔は無し
貴殿の思案は　いかがぞと
問われて六郎は　顔を上げ
これこれ申し　宗五様
来春お寺を　払われても
一つの願いも　かなわねば
故郷へ帰る　顔は無い
来春お寺を　払われたら
[二]のめり死にに　死ぬ覚悟
宗五郎それを　聞くよりも
のめり死にに　死んだとて
何とて百姓の　ためならぬ
愚人に向かって　言葉なし
宗五郎その場を　まかり立ち
我が住む座敷へ　立ち返り
[三]八幡絵像に　うち向かい
南無や八幡　大菩薩
あまた百姓の　そのために
なるもならぬも　われひとり
良きご思案を　貸したまえと
[四]胸に蓮華の　塔を組み
はちすの頭　地に付けて
しばし祈願を　こめられて
その日の暮れるを　待ちかねる
程なくその日も　暮れければ
宗五郎座敷を　まかり立ち
その身の支度を　致さるる
さても一座の　上様へ
まだ行く末は　ほど長い
誦めば理会も　分かれども
一息入れて　次の段

比叡山の延暦寺になぞらえて東叡山と称された。

一　「かなわねば」の転訛。
二　「のめり」は、前に倒れること。行き倒れて死ぬ意。
三　掛軸に描かれた八幡神の絵。
四　以下二行は祈りの慣用句。「はちすの頭」は、説経等古い語り物に「八分の頭」とある慣用句の転訛。

二段目（舟止め）　26分

[一]哀れなるかや　宗五郎は
手早く支度を　致されて
その日の暮れるを　待ちにける
もはやその日も　暮れければ
時刻もよしと　言いながら
人目をつつむ　ほおかむり
菅の小笠で　顔隠し
四つち[二]の草鞋の　紐を締め
[三]親重代の　[四]鮫柄を
左手の小脇に　たばさんで
哀れなるかや　宗五郎は
[五]裏店小店の　目を忍び
上野のお寺を　忍び出で
花のあずまを　あとに見て
印旛をさして　急がるる
[六]印旛の渡しに　なりぬれば

[七]丸木柱に　とばの屋根
痩せた世帯の　小屋により
船頭頼むと　ありければ
小屋のうちにて　船頭は
申し上げます　お客様(1)
今宵は舟止めにて　通されぬ
宗五郎それを[八]　聞くよりも
[九]現在我が家が　見えながら
こは何故の　舟止めと
そのままそこに　どおと伏し
前後正体[一〇]　なき沈む
小屋のうちにて　船頭は
さてもあなたと　申するは
いづくのお方か　知らねども
ただ舟止めというても分かるまい(2)
それご案内の通り
このたびお国の　騒動が
[一一]上岩村の　宗五郎様と
滝沢村の　六郎様

一　祈願の後、死を覚悟して直訴の決意を固めた宗五郎は、妻子と最後の別れをするため、夜ひそかに抜け出して我が家へ向かう。
二　「ち」は草鞋の両側に付いている輪で、そこに藁紐を通して結び、足に固定する。
三　先祖伝来の。名主には苗字帯刀が許された者もあったが、ここは脇差である。
四　刀の柄の部分を、糸で装飾せず、ただ鮫皮で包んだだけのもの。鮫皮は手が滑りにくくてよい。
五　貧しい人々が住む長屋や小家。用語例―「裏店小店の一人者」（鶴屋南北作『お染久松色読販』）。表通りでは人目につくので裏通りを行くのである。
六　千葉県北部の印旛沼にあった渡し場。印旛沼は長く曲がりくねっていたため渡し舟で対岸に渡った。今、JR下総松崎駅下車、南西へ五、四㎞の所に「甚兵衛渡し」と称される場所がある。『佐倉義民伝』（明治一九年、森仙吉刊）には「平川の渡し」とある。
七　丸太の柱に草葺きのそまつな小屋。
八　朗読ではすべて「それと」と言っている。
九　実際、目の前に。
一〇　「無き」と「泣き」の掛け詞。「前後正体無き」は、理性を失って取り乱し

一数多百姓の　そのために
願いの願書を　したためて(1)
花のあずまへ　願いにのぼり
お江戸は馬喰町　二丁目の
上総屋方へ　宿をとり
一度二度は　さておいて
三度の願いも　上げたれど
一つのかないも　無き故に
その時ご老中と　申するは
久世大和守様へ
駕籠訴をなせし　その罪で
佐倉の城下へ　ばいとられ
厳しき獄屋の　苦しみを
なされたそうで　ございます
二江戸の殿様　大久保様が
げにも二人の　罪人を
目出度く獄屋を　もらいさげ
なれども駕籠訴の　罪なれば
そのまま故郷へ　帰されぬ

上野とやらの　その寺へ
年三年と　限られて
渡されたそうで　ございます
年三年は　長けれど
日数を満ちて　今は早
今日は師走の　十五日
三当年評判の　悪さには
宗五郎様や　六郎様
上野のお寺を　忍び出で
花の吉原　四三浦屋で
女郎買いすると　言うことが
国いっぱいの　評判じゃ
五上野様へ　洩れ聞こえ
上野様の　仰せには
宗五郎や　六郎は
上野のお寺を　忍び出で(2)
女郎買いするとは　牢破り
もしもお寺を出でたる姿を見たなら
ば

た状態。

一一　以下、前の部分の繰り返し。船頭が宗五郎へ語る形で繰り返す。

(1)(2)　土田の歌詞によって補う。

一　「数多百姓に頼まれて」（土田）。

二　「その時大久保彦左衛門様の情けにて」（土田）。

三　甚兵衛の話で宗五郎は国元の悪い評判を知る。

四　「三浦屋」は、吉原遊廓の著名な遊女屋。本作に多用される「三」の数の一つ。

五　佐倉の城主堀田上野介正信。

(1)(2)　土田の歌詞によって補う。

早速[一]注進　せよとある
訴人致した　その者は
宗五郎なれば　六十両
六郎ならば　三十両
褒美の金を　やるとある
そこやかしこへ　[二]高札を
立てておけども　今日までは
嘘やら本やら　知らねども
訴人致した　人も無い
また見たという　人も無い
上野様の　仰せには
宗五郎や　六郎は
長々牢者の　ことなれば
女郎買いするには　金は無し
これより[三]故郷へ　近ければ
忍んで故郷へ　立ち返り
あまた難渋の　百姓の
御用金じゃと　取り立てて
女郎買いするのは　[四]治定なる

印旛の渡しを　止めたなら
花のあずまへ　洩れ出でて
[五]斬り取りごうどり　するであろ
さすれば宗五郎様は[六]縄目に及ぶ(1)
[七]玉の命も絶え絶えなると
上野様の　はからいで(2)
それゆえ上より暮れ[八]六つ限り
役人これへ　くだられて
三十六人　現われて
封印付きの舟止めでございます
また明日の明け[九]六つには
役人これへ　立ち寄りて
三十六人　現われて
かの[一〇]海老錠をはずさぬうちは
一寸たりとも　動かぬ舟
ここの道理を　聞き分けて
明日おいで　なされよと
[一一]ことこまやかの　物語り
いちいち聞いて　宗五郎は

一　上の者へ急いで知らせること。
二　法度、御触れ、心得などを書いて、辻や橋のたもとなど人目につきやすい場所に高く掲げ、民衆に周知させた広報板。
三　江戸の上野から下総の印旛までは直線距離にして四〇km余り。
四　疑う余地なく決まりきったこと。
五　「斬り取り」は人を斬り殺して金品を奪うこと。「ごうどり」は強盗のことか。用語例—「徒ら悪事は、斬り取り強盗‥‥」（安藤昌益『自然真営道』）。
六　犯罪者として捕縛されること。
七　人の命を「玉の緒」といい、死を玉の緒が絶えるという言い方はあるが、「玉の命」という語はない。
八　午後六時前後。
九　御前六時前後。
一〇　海老が体を曲げたような形の錠前。
一一　以上、船頭の語りが長々と続く。
（1）「縄目に及ぶ」を土田歌詞で補う。
（2）土田の歌詞によって補う。

思いも寄らない　評判じゃ
あずまに三年（さんねん）　おるうちは
女郎買いどころは　さておいて
一 一日二食（にじき）の　黒米（くろごめ）(1)も
喉へ通らぬ　ことなるが
今日は百姓の　ためなろか
明日（あす）は百姓の　ためなろと
思い暮らして　おるところ
そのや噂を　聞いたなら
二 二百六十　四か村（しそん）は
さぞや我が身を　恨むべし
故郷に残せし　女房や
三 七つ頭（かしら）で三人の子どもらは
さぞや我が身を　恨むべし
矢を射る如くに　速い川
川の岸へと　まかり立ち
足つまだてて　背伸（せい）ばし
あの横雲（よこぐも）の　あの下（した）が
恋しい故郷の　上岩（かみいわ）か
こりゃやいかに　妻や子
父（とと）はこれまで　来たけれど
舟止めなれば　是非もない
来たる師走の　二十日（はつか）には 四
五 死なねばならぬで　死ぬるぞえ
あとで難儀が　かかるとも
われを恨んで　たもるなよ
　さても一座の　上様へ
まだ行く末は　ほど長い
下手の長誦（ながよ）み　飽きがくる
一息入れて　次の段

三段目（甚兵衛再会）　31分

六 翼（つばさ）が欲しい　羽根欲しや
七 鳥や翼の　身であれば
八 たって行きたい　我が家まで
子どもに顔が　見せたやな
女房に暇（いとま）が　致したい

一　入牢者に対しては「食物は朝夕の二食制度で汁と菜とを添えた」（大槙紫山著『江戸時代の制度事典』一九七三）。黒米は玄米のこと。
二　実録『佐倉義民伝』では二百三十六ケ村。薩摩若太夫の説経祭文では「二百八十四ケ村」とまちまち。
三　高田瞽女の歌詞では「十一頭（かしら）で三人が」。義民伝の類では息子が四人で、そのほか他家に嫁した娘もいたと語る。
四　土田の演唱ではここで段切り。
五　将軍に直訴をすれば死罪を免れえない。
六　以下、愁嘆場の聞かせ所。
七　土田の歌詞は「鳶（とび）や烏（からす）の身であれば」。
八　飛び立って。

（1）土田の歌詞で補訂。「日に三度の黒米も」（小林）。

何を言うにも　語るにも
[一]ろくじの川が　ままならぬ
越すに越されぬ　何としょう
姿はここに　居(お)ればとて
心は我が家へ　[二]行きたもう
会われぬ妻子(つまこ)に　あこがれて
死ぬる二十日(はつか)が　遅くなる
会われぬものと　覚悟して
さらばお江戸へ　帰らんと
[三]埴生(はにふ)の小屋の　そばへより
申し上げます　船頭さん
夜中(やちゅう)に参り　お願い申す
ぜひ向こうへ　通る者
また明日(みょうにち)は　頼むぞと
お暇乞いの　懐かしさ
小屋のうちにて　船頭は
不思議なるかな　あの声は
宗五郎様に　よく似たり
宗五郎様の　ことなれば

[四]われ十三年　その後(あと)で
上岩村に[五]人殺しを　致せしその時に
命助けて　もろうたる
命の主(しゅう)の　宗五様
何がどうでも　会いたいと
起きんとせしが　待てしばし
もし人違いも　一(いち)大事
いやいや違い　候うとも
そこであやまりゃ　済んだこと
むっくと起きて　船頭は
帯も締めずに　丸裸(まるはだか)
ものも履かずに　[六]かち裸足(はだし)
小屋の外へと　走り出で
[七]一の谷では　熊谷(くまがい)もどき(1)
[八]くもりし声を　張り上げて(2)
おおいおおいと　呼び返す
呼び返されて　宗五郎は
足(そく)踏み留(とど)めし　独り言
不思議なるかな　あの船頭

一　不明。
二　自己敬語となっていて不自然。
三　前に「丸木柱に苫の屋根」とあったように、粗末な船頭小屋のこと。
四　「われ十三年その以前」（土田）。
五　渡し守は、穢多・非人頭弾左衛門の支配下にあり、甚兵衛も過って人を殺した前歴を持つように、罪科によって最下層の賤民（非人）に落とされた者である。
六　「かち」は歩行の意だが、語調をととのえるために付け加えたもの。
七　一の谷の合戦で、熊谷次郎直実が声を張り上げて平敦盛を呼び返す場面は、浄瑠璃『一谷嫩軍記』にあって有名。ここは宗五郎を呼び返す船頭の行為をそれになぞらえたもの。
八　はっきりと聞き取れない声。おもに泣き声などにいう。

（1）（2）　土田の歌詞によって補う。

ただいま通りし　そのときに
舟止めにて通されぬと言いながら
またおおいおおいと　呼ぶからは
われ宗五郎と　推量して
[一]上野守偽りの高札にだまされて
われをばい取り　注進いたし
褒美の金を　六十両
せしめんとの　計略か
この場を逃げるは　やすけれど
またおおいおおいと　呼ぶうちに
近所の百姓に[二]しまかれては一大事
[三]駕籠訴成就　せぬうちは
蚤にもつませぬ　このからだ
船頭ふぜいの手に及ぶ宗五郎ならず
己れ憎っくき　船頭め
[四]打ち放して　くれんぞと
菅の小笠を　取って投げ
四つ乳の草鞋の　紐を締め
親重代の　鮫柄の

[五]下げ紐取って　はや襷
小屋のそばへと　走り行き
獅子の荒れたる　勢いにて
ものも言わずに　斬りかかる
そば近寄りても　まだ知れぬ
甚兵衛はそれを　見るよりも
まあまあ待たんせ　ご短慮と
そばにありよの　[六]櫂棒で
上段下段に　受け流し
さてもあなたは宗五郎様ではござな
きか
宗五郎それを　聞くよりも
われ宗五郎なれば　なんとする
[七]甚兵衛はそれを　聞くよりも
あなた宗五郎　様なれば
[八]われ十三年　その後で
命助けて　もろうたる
上岩甚兵衛で　ございます
宗五郎それを　聞くよりも

一　上野介が正しい。
二　取り巻かれては、の意。
三　直訴の誤り。駕籠訴はすでに行なって失敗している。
四　「この世のいとまをさせんぞと」（土田）。
五　「用意の一腰携えて」（土田）。
六　船を漕ぐ櫂。朗読では「三間櫂」とあるが、それでは為朝のような豪傑でなければ振り回せない。
七　『佐倉義民伝』では「渡守太兵衛」。
八　「われ十三年その以前」（土田）。

抜いたる刀を　鞘に入れ
ほんにまことの　甚兵衛かえ
宗五郎様か　懐かしや
絶えて久しき　対面と
互いに手に手を　取り交わし(1)
[一]焼け野の雉子　夜の鶴
泣くよりほかの　ことぞなし
甚兵衛は宗五郎　手を取りて
そこは端近　こなたへと
埴生の小屋へ　連れ行きて
御物語の　哀れさよ
申し上げます　旦那様
こんなに寒い　そのときに
[二]ひとくべ焚いてあたらせ申したいと
は存ずれど
[三]ご吟味厳しき　中なれば
印旛の渡しの　船頭は
夜火を焚いたと　言われては
人の不審も　一大事

兼ねて用意の　消し炭を[四]
萱の俵の　中よりも
埴生の囲炉裏へ　つがれける
船頭ふぜいの　身であれば
扇子団扇や　竹も無し[五]
己れが笠で　あおがれて
暫し燠を　こしらえて
宗五郎様を　あてにける[六]
またも甚兵衛は　物語り
申し上げます　旦那様
酒屋へ飛ぶのは　やすけれど
ご吟味きびしき　中なれば
印旛の渡しの　船頭は
夜酒取ったと　言われては
人の不審も　一大事
昔古人の　譬えには(2)
[七]寒い時には汚いものとてさらになし
[八]腹の空いたる　その時は
不味物なしの　道理にて

一　この句は慣用句的に使われたものであるが、元来子を思う親の心をいう諺であり、ここは誤用である。次句「泣くよりほかのことぞなし」に引かれ、慣用句として過って挿入されたものか。『地蔵堂通夜物語』では、宗五郎夫婦が斬首される我が子を磔柱の上から見て悲嘆する場面にこの諺がある。
二　囲炉裏に勢い良く火を焚いて暖めてやりたいとは思うけれども、の意。
三　取り調べ。
四　一度おこした炭の燃え残りを、再利用するために消して蓄えて置いたもの。
五　火をおこすための火吹き竹。
六　土田、ここで段切り。以下、三段目。
七　諺。ただし本来は、寒い時には寒さが凌げさえすればどんな汚い着物でも厭わないものだ、という意。「寒き時は汚ひもの無し」（『譬喩尽』）。
八　諺。空腹にまずいもの無し。

（1）（2）　土田の歌詞によって補う。

わたしが夜食の　食べ残り
[一]腰抜け余り酒でもおあがりと
[二]貧乏徳利を　取り出だし
埴生の囲炉裏に　[三]あぶり燗
熱くも燗を　つけられて
[四]五郎八茶碗に　注ぎ移し
宗五郎様へ　あげにける
押し頂いて　宗五郎は
呑めばその時　甚兵衛は
[五]三畳敷きも　下がられて
その場の方へ　手をついて
申し上げます　旦那様
[六]われ十三年　その後で
上岩村に人殺しを致せしが
宗五郎様の　お情けで
命助けて　もろうたる
命の御礼を　致します
また近寄りて　膝組みし
申し上げます　旦那様
あなたあずまへ　お立ちより
なおも取箇が　強くなる
さても一座の　上様へ
まだ行く末は　ほど長い
誦めば理会も　分かれども
まずはこれにて　段の切り

四段目（妻子困窮）　30分

ここでも二軒　また五軒
所[七]闕所　国はらい
親は子を連れ　子は親を
連れて[八]袋を　首に掛け
出でる[九]非人が　多ければ
二百六十　四か村は
人種尽きる　ごとくなり
中にも哀れは　あなたの御家
昨日も用事が　あったから
船頭ふぜいの　身であれば

一　演唱者は、悪酒の意と解している。
二　粗末な徳利。「赤垣源蔵徳利の別れ」の講談にも出。
三　囲炉裏の火で徳利を熱し、酒の燗をすること。
四　「飯茶碗の、粗製にして、大なるもの」（『大言海』）。
五　慣用句。土田の演唱では「三枚敷き」。
六　死罪になるべきところを宗五郎に救われたという定型表現が三度繰り返され、甚兵衛の義理堅さを強調している。「われ十三年その以前」（土田）。
七　「闕所」は犯罪人の財産を没収すること。「国払い」は領内から追放すること。ここは年貢未納によって領民が被った刑罰。
八　施し物を入れる袋を首に下げて物乞いする姿。
九　士農工商の身分制度の外に落とされた賤民。

何も土産の　無き故に
わずかの飴を　携えて
あなたのお家を　のぞきしが
昔と今は　こと変わり
屋根に[一]葺き草　さらになし
障子に紙も　これもなし
内に敷物　あらざれば
あなたの女房　おせん様[二]
切れた[三]着類に　身をまとい
[四]煤け車に　身をやつし
人の[五]把針や　賃仕事
子どものかつごと[六]　見えにける
行きし私に　取り縋り
聞いて下さい　甚兵衛よ
われが夫の　宗五様
あずまに三年　沙汰もなし
[七]役人御免も　さらに無し
家財道具は　まき取られ
田畑　[八]諸色　道具まで

残らずおかみへ　まき取られ
ほんに悲しい　暮らしじゃの
何も知らない　子どもらは
近所の子どもは　遊べども
着る物とても　あらざれば
庭でひと足　遊ばれぬ
埴生の寝間に　寝せておく
蒲団というても　[九]藁のすべ
夜具というても　切れ莚
三日に一度の　湯やお粥
昨日も喰わせずに　暮らしたが
今日も喰わせずに　寝せておく
[一〇]太る盛りの　子どもらの
手足の容態　見てあれば
深山奥山　その奥の
[一一]鷲鷹熊にも　さも似たり
ほんに悲しい　暮らしにて
それはよけれど　このごろは(1)
上から役人　くだられて

一　屋根を葺く材料である萱や藁のこと。以下、宗五郎家の極貧の様子。
二　妻の名は、『地蔵堂通夜物語』に「蔦」、説経祭文に「峯」、義民伝の類に「さん」とか「金」とあり、さまざまである。
三　衣類。
四　糸をつむぐときの紡錘車。参考資料の高田の歌詞に、家財道具をまき取られて、このようなものだけが残ったとある（四五五頁）。
五　針仕事。「針で物を縫うこと」（『邦訳日葡辞書』）。
六　不明。「その日を暮らすと見えにける」（土田）。
七　お役御免、か。
八　さまざまな物。家財である。
九　藁しべ。稲の先の穂が付いている細くつややかな部分。蒲団にするには固くてそぐわない。藁布団に使ったのは根もとの柔らかい部分である。
一〇　「育つ盛り」（土田）。
一一　薩摩若太夫の説経祭文正本「小栗判官照手の姫」（買物段）に「姿をものにたとへなば、あの奥山にすまゐける鷲熊鷹にさも似たり」とある。慣用句だろう。なお、壱岐に伝わる『百合若説経』写本（山口麻太郎校訂『百合若説経』）には「はちくま鷹」とある。

罪なき私に　縄を掛け
宗五郎家へ　帰らぬか
帰っていたなら　白状と
ほんに打つやら　たたくやら
わたしばかりは　よけれども
何も知らない　子どもらを
薦の中から　引き出だし
罪なき子どもに　縄を掛け
父様家へ　帰らぬか
帰っていたなら　白状と
またも打つやら　たたくやら
三人一度に　声をあげ
母様怖いと　言う声が
胸に針釘　打たるよじゃ[一]
これぞこの世の　[二]三悪道
どうしょうぞえの　甚兵衛と
言えども悲しい　船頭の身
何も思案の　なき故に
暇乞いして　帰りたが

あなたは流石の　人なるが
よきご思案を　遊ばせと
宗五郎それを　聞くよりも
五郎八茶碗を　下に置き
[三]胸の鏡に　手を組んで
しばらく思案を　致さるる
いかに天命が　尽きればとて
[四]えがたき時の　きわとなる
何も知らない　子どもらに
その様な苦しみ　させるかと
悲嘆涙に　くれにける
聞いて下さい　甚兵衛よ
今宵これまで　来たわけは
来たる師走の　二十日には
[五]とう将軍様と　申するは
上野のお寺へ　ご歳暮を
そのとき行き場所と　申するは
[六]三枚橋の　下に入り
天下に[七]直訴を　致すなら

（1）土田の歌詞によって補う。

一　土田演唱は次に「娑婆に地獄は無いという」の句あり。
二　畜生道、餓鬼道、地獄道の三つの苦しみの世界。
三　慣用句。
四　不明。
五　「とう」は不明。
六　「東叡山黒門前の忍ぶ川に架かる三つの小橋」（前田勇編『江戸語大辞典』一九七四）。「街に三ツの橋を架る。これを三橋といふ。俗に三枚橋といふは非なり……昔時この所に仁王門ありけるが、明和の火災に回禄せしよし」（『絵本江戸土産』「上野黒門及三橋の図」）。なお、『地蔵堂通夜物語』には「下谷広小路仁王門前三前橋」とある。
七　将軍に直接訴えること。

願いの叶うは　治定なり
二百六十　四箇村も[一]
年貢所納は　御免なり
なれども悲しや　我が身こそ
[二]すぐにその場で　お手打ちか
[三]首獄門は　治定なる
さるるこの身は　厭わねど
故郷に残せし　女房や
子どもに難儀が　かかる故
それで今宵は　来たけれど
女房おせんと　申するは
[四]三くだり半の　縁切りで
ひとまず親の在所へ　送り付け
あと三人の　子どもらは
菩提お寺へ　差し上げて
我が亡き跡を　[五]とわせんと
それでこれまで　来たけれど
舟止めなれば　是非もない
なれどそなたに　逢うたから

故郷へ行きたも　同然じゃ
あなた私に　なり代わり
三くだり半の　縁切状
女房方へ　届けてたべ
子どもはただいま　言うとおり
菩提お寺へ　差し上げて
我が亡き跡を　とわせんと
しからば甚兵衛　頼むぞと
三くだり半の　縁切状
紙に包んで　今は早
甚兵衛の方へ　渡さるる
甚兵衛はそれを　受け取りて
申し上げます　旦那様
これがまことで　ありますか
甚兵衛は宗五郎　見ては泣き
宗五郎甚兵衛　見ては泣き
[六]泣く音はすまぬ　浦千鳥
[七]互いに涙に　くれにける
これこれ申し　旦那様

一　土田、ここで段切り。以下、四段目。
二　直訴は違法であり、厳しく咎められた。
三　晒し首。
四　「三行半（みくだりはん）ノ去状」（『俚言集覧』）。離縁状は三行半に書くという慣わしがあった。
五　弔わせようと。
六　「泣く音（ね）が浜の…」（土田）。
七　「互いに羽交いを絞りたる」（土田）。

これであなたを　見納めか
宗五郎それを　聞くよりも
これのういかに　甚兵衛よ
我もそなたを　見納めじゃ
女房子どもを　頼むぞと
しからば甚兵衛(じんべえ)と　言うままに
一 斯(か)かるところを　立ち上がり
さても一座の　上様へ
まだ行く末は　あるけれど
下手の長誦み　飽きがくる
一息入れて　次の段

五段目（甚兵衛決死の渡し）　31分

二 四(よ)つちの草鞋(わらじ)の　紐を締め
人目をつつむ　ほおかむり
菅の小笠(こがさ)で　顔隠し
さらば甚兵衛(じんべえ)と　言うままに
あずまを指して　急がるる
あと見送りて　甚兵衛は
惜しい男を　殺すぞえ
もはやわたしも　六十の余(ろくじゅうのよ)
いつ死んでも　良き体(からだ)
三 われ十三年　その後(あと)で
宗五郎様が　無いならば
危うき一命(いちめい)　助からぬ
四 六道(ろくどう)の辻で宗五郎様に逢うたとて
ひとつのご恩も　送らずば
対面致す　顔は無し(1)
盗んで舟を　渡さんと
切れたどてらに　縄の帯
用意の玄能(げんのう)五　たずさえて
あとを慕うて　急がるる
宗五郎様に　追い続き
申し上げます　旦那様
われ十三年　その後(あと)の
命の御礼(おんれい)を　致します

一　その座を立ち上がり、の意。
二　以下三行、本作の定型句。
三　甚兵衛の義理堅さを強調するために、この句も繰り返される。
四　死後、地獄・餓鬼・畜生・修羅・人間・天上の六種の世界へ赴く、その分かれ道。用語例―「六道の辻へゆけば、鬼七八人出て罪人を咎める」（『鹿の巻筆』第四）。
五　石などを割る大きめの金槌。
（1）土田歌詞で補訂。「対面致した甲斐もない」（小林）。

桃川如燕講演『義民之鑑佐倉宗五郎』口絵より（春江堂書店、明治43年刊）

あなたこれまで　お出でなら
妻子(つまこ)に会いとう　ござんしょの
盗んで舟を　渡します
宗五郎それを　聞くよりも
いやいや覚悟決めてのことなるが
さらばお江戸へ　帰らんと
それ聞くよりも　甚兵衛は
いやいや親子一世(いっせ)の暇(いとま)乞い[一]
お戻りなされて　下さいと
引き戻されて　宗五郎は
せっかくあなたの　ご親切
しからば甚兵衛　頼むぞと
舟場(ふなば)を指して　戻らるる
宗五郎様は　舟に乗り
甚兵衛はそれと　見るよりも
用意の玄能(げんのう)　持ち直し
宗五郎ためには　[二]弘誓(ぐぜ)の舟
甚兵衛がためには　[三]死出の山
海老錠(よびじょ)今は　放さるる

力(りき)にまかして　打ち放し
[四]海老錠は砕けて　こはいかに
甚兵衛はそれを　見るよりも
繋ぎし縄を　おっ取りて
えんやえんやの　掛け声で
遥か向こうへ　乗り移る
甚兵衛はそれを　見るよりも
[五]これのういかに　旦那様
今宵のうちに　お帰りなされ
人に見られて　一大事
甚兵衛はこれにて　待ちておる
宗五郎それを　聞くよりも
しからば甚兵衛　頼むぞと
上岩(かみいわ)指して　急がるる
道中(どうちゅう)の道の　傍(かたわ)らに
[六]年寄り子どもは　おい倒(だお)れ
目も当てられぬ　次第なる
宗五郎それを　見るよりも
涙にくれて　今は早(はや)

一　高田瞽女の『山椒太夫』に類似の句「親子一世の生き別れ」あり。

二　有り難い救いの舟、の意。本来は、仏が生死の苦しみから衆生を救って極楽浄土へ渡すことを舟に譬えたもの。用語例―「極楽へやる救誓（ぐぜい）の船歌」（『ひらがな盛衰記』）

三　舟止めの禁制を破れば死罪を免れないことからいう。

四　土田演唱では甚兵衛が神に祈るとその霊験によって海老錠が開いたと語る。なお、説教祭文や講談では鉈で鎖を断ち切ることになっている。→前頁の図参照。

五　これ以下、土田の演唱では「申し上げます旦那様／梅沢村の梅吉は／一万石の目付役／捕り手三人油断なく／夜昼ともに廻らるる／宗五郎様が来たならば／必ずこの方へ届け出よと／余り寒さの強いゆえ／捕り手もしばらくお休みじゃ／その間でござる旦那様」という歌詞があり、末尾の伏線となっている。

六　佐倉城主の苛政による印旛郡の農民の悲惨な状況。

上岩指して　急がるる
上岩村(かみいわむら)にも　なりぬれば
すぐに我が家と　思えども(1)
久しぶりの　ことなれば
[一]鎮守様へ　参らんと
[二]五十五段の　階段(きだはし)を
昇りつめては　今は早(はや)
うがい石(せき)へ　立ち寄りて(2)
うがい手水で　身を清め(3)
ようやく宮へ　上がられて
[三]鐘の緒綱(おづな)に　手をかけて(4)
知らせの鰐口(わにぐち)　打ち鳴らし[四]
南無や所の　鎮守様
我は娑婆[五]の　暇乞い
あとに残せし　妻や子を
良きよに守らせ　給われと
[六]ごかいごかいの　手を合わせ
下向(げこう)の鰐口(わにぐち)　打ち鳴らし
羽黒様の　大門(だいもん)を

心細そに　くだられて[七]
我が家を指して　急がるる
かくて我が家に　なりぬれば
表口(おもてぐち)とは　思えども
いや待てしばし　我が心
人に見られて　一大事
さらば裏口　廻らんと
そのまま裏へ　廻られて
破れ格子に　身を隠し(5)
[八]我が家の様子を　見てあれば
我が女房の　おせんこそ
切れた着類(きるい)に　身をまとい
煤(すす)け車に　身をやつし
人の把針(はしん)や　賃[九]いとで
その日を送ると　見えにける
三人(さんにん)子どもは　目を覚まし
[一〇]悴(せがれ)の宗吉(そうきち)　手を突いて
申し上げます　かか様へ
父(とと)さんな　江戸詰めで

一　鎮守様は、土田演唱に「羽黒様の大門(だいもん)を／心細そにのぼらるる」とあるように羽黒神社。
二　以下、神社参拝の慣用句。
三　神社の拝殿に吊るされた鰐口や鈴に付けられた綱。
四　以下、土田の演唱では「七重の膝を八重に折り／はちすのこうべ地につけて」の慣用句が用いられている。小林の演唱では欠落。
五　この世。人間界。仏教用語。
六　「ごかいごかい」は不明、と演唱者はいう。
七　土田、ここで段切り。以下、五段目。
八　以下、甚兵衛から聞いたことを、宗五郎が実見する場面。土田の演唱では「昔と今はこと変わり／屋根に葺き草さらになし……」の部分から前出の文句を繰り返す。
九　縫物の賃仕事。
一〇　以下、三人の子どもの会話を繰り返すのは、子別れの場面を長引かせるため。義民伝の類では、十一歳の長男宗平以下、九歳の源介、六歳の喜八、三歳の三之助の四人ともある。

(1)〜(5)　土田の歌詞で補う。

さぞ艱難で　ござんしょの
死なしゃったかも　知れないが
[一]このあい変な　夢を見た
弟の宗八　起き上がり
申し上げます　かか様へ
父さんな　江戸詰めで
さぞや寒かろ　せつなかろ
久しい便りが　無いわいと
弟の三平は　何気なし
かか様寝ないか　早よ寝ぬか
またも佐倉の　役人が
ほんに来るぞえ　たたくぞと
おせんはそれを　聞くよりも
これのういかに　弟よ
かか様早く　寝るならば
三日に一度の　湯やお粥
食わすることも　ならぬぞえ
兄に負けずに　弟は
良い子になって　眠れよと

言えど聞かない　子どもの身
[二]宗五郎それを　聞くよりも
さて情けなや　情けなや
ここで帰ろか　なんとしょう
夢ものがたりを　聞くにつけ
宗五郎涙に　くれにける
[三]胸の鏡に　手を組んで
しばらく思案を　致さるる
いやいや折角甚兵衛の　志
暇乞いして　帰らんと
裏口からして　戸をたたく
おせんははっと　驚いて
[四]この大雪の　深夜中に
戸をたたくとは　不審なる
狐　狸の　わざなるか
そのまま打ち捨て　おくべしと
またも仕事の　針使い
宗五郎またまた　戸をたたく
女房ははっと　心づき

一　近ごろ、の意。
二　土田の演唱では、次のように宗五郎の帰宅する場面が大きく異なる。「今は我が子に引かされて／煤け車をしまわれて／どれどれ裏の戸閉めばやと／裏へ廻ればこはいかに／おぼろに見ゆる大男／おせんはそれと見るよりも／村の若い衆の冗談か／またも佐倉の藩中か／気概を見せてくれんぞと／たすき十字に綾どって／後ろ鉢巻締められて……」。
三　以下二行、慣用句。
四　大雪の降る真夜中が物語の舞台となっている。なお、女房との再会から子別れにかけての場面は『佐倉義民伝』に類似の詞章がある。

もしや夫（おっと）の　お帰りかと
裏口からして　うかごうに
またほとほと　たたかるる
女房は声を　細々（ほそぼそ）と
誰（たれ）やと問えば　表（おもて）には
宗五郎声を　なお細く
妻のおせんと　呼ぶ声が
まさしく夫の　声なれば
いまさら女房は　嬉しやと
戸をさらりと　引き開ける
　さても一座の　上様へ
まだ行く末は　あるけれど
誦めば理会（りかい）も　分かれども
まずはこれにて　段の切り

六段目（子別れ）　39分

宗五郎それを　見るよりも
寄るよりはやく　戸を閉め
誰（たれ）も居ぬかと　問われける
問われて女房の　答えには
あなたお江戸へ　出（で）られしより
[一]池浦（いけうら）金沢　両人が
[二]忍びの者を　[三]くれぐれに
きびしく廻らせ　人々の
評判噂を　聞く様子
気遣いなきは　渡し守
[四]甚兵衛ばかりは　懇（ねんご）ろに
あしらいくれるは　これぱかり
この大雪の　降りしより
一日二日（いちにちふつか）　顔出さず
子どものほかには　人は無し
何はともあり　お上がりと
[五]お湯を取って　差し出だす
[六]三人子どもは　走り出で
父様（とと）お帰り　なされたと
悴（せがれ）の宗吉　手をついて
申し上げます　父様（とと）へ

一　池浦・金沢は、『佐倉義民伝』に強欲非道の役人として語られる。
二　スパイ。
三　朗読では「村々」とある。
四　宗五郎の恩に報いようとする甚兵衛の義理堅さが何度も強調されている。
五　足を濯ぐための湯。
六　これ以下もまた三人の子どもが三様に出迎える場面を繰り返す。

長々の　江戸詰めで
さぞ艱難で　ござんしょのう
早くお上がり　なされよと
宗吉草鞋の　紐を解く
弟の宗八　手をついて
申し上げます　父様へ
さぞ艱難で　ござんしょのう
早くお上がり　なされやと
一甲掛の紐を　解き捨てて
足を濯いで　あげますと
弟の三平は　何気なし
まだ歳三つの　ことなれば
父様おみや二を　下さいと
袖や袂に　取り縋る
宗五郎それを　見るよりも
三平を膝に　抱き上げ
囲炉裏のもとへ　立ち寄れば
悴の宗吉　年高で
さっそくきじり三へ　下がられて

急いで火を　焚き付ける
焚き火の明りで　顔と顔
見ては涙の　種となる
父が今でも　死するのを
知らずで喜ぶ　この子ども
ふびんのことや　可愛やと
女房雨具を　しまわれて
夫のそばへ　近く寄り
その場の方へ　手を突いて（1）
申し上げます　旦那様
御用が済んで　お帰りか
いかがの訳で　ございます
宗五郎それを　聞くよりも
これのういかに　女房よ
あずまに三年　居たけれど
何も土産の　無きままに
これが土産と　言うままに
三くだり半の　縁切状
紙に包んで　取り出だし

一　草鞋を履くとき足の甲を覆って保護する布。「足袋の、底なくして、足の甲にのみかくるもの。草鞋ばきに用ゐる」（『大言海』）。
二　お土産の幼児語。
三　囲炉裏の下座の方。また、その側にあって薪を入れておく所。

（1）　土田の歌詞によって補う。

今はおせんに　渡さるる
押し頂いて　おせんこそ
どれどれお夜食　あげばやと
お台所へ　下がられて
何はともあり　かくもある
可愛い夫(おっと)の　江戸土産
見ずに片時(かたとき)　おらりょかと
行灯有明(あんどんありあけ)　かき照らし
開いて見れば　縁切状[一]
おせんはそれを　見るよりも
これはどうしょう　何としょう(1)
ほんに昨日(きのう)や　今日までは
[二]人の噂と　思うたが
三くだり半を　くれるから
まことのことと　きわまった(2)
添えば夫(おっと)　添わねば敵(かたき)
恨みを言わずに　おくべきと
夫(おっと)のそばへ　走り行き
その場の方(かた)に　手をついて

申し上げます　旦那様
あなたの留守の　そのあとで(3)
三年貞女(ていじょ)を　立てました
何が不足で　縁切状
恨みが聞きたい　聞きたいと
わけが聞きたい　宗五様
どうぞ教えて　下さいと
それ聞くよりも　宗五郎は
これのういかに　女房や
それには深い　わけがある
[三]来たる師走の　二十日(はつか)には
とう将軍様と　申するは
上野(うえの)のお寺へ　ご歳暮を
そのとき行き場所は三枚橋の下に入(い)り
天下に直訴(じきそ)を　致すなら
願いの叶(かな)うは　治定(じじょう)なる
二百六十　四箇村(しかそん)も(4)
年貢所納(しょのう)は　御免(ごめん)なり(5)

一　土田、ここで段切り。以下、六段目。
二　二段目の甚兵衛の言葉にあったように、宗五郎が吉原で遊女遊びをしているという噂。
三　以下、前に甚兵衛に対して言ったことの繰り返し。
(1)　土田の歌詞によって補う。
(2)　土田の歌詞で補訂。「まことのことでありますと」(小林)。
(3)〜(5)　土田の歌詞によって補う。

なれど悲しや　我が身こそ
すぐにその場で　お手打ちか(1)
首獄門は　治定なる
さるるこの身は　厭わねど
故郷に残せし　そなたらや
七つかしらで　三人の
子どもに難儀が　かかるゆえ
それで今宵は　来たわけじゃ
そなたは三くだり半の　縁切りで
親の在所へ　送りつけ
あと三人の　子どもらは
菩提お寺へ　差し上げて
我が亡き跡を　とわせんと
それで今宵は　来たわけじゃ
おせんはそれを　聞くよりも
申し上げます　旦那様
それがまことで　ありますか
まことのことと　極まれば
[一]良き時には添う悪しき時には切れる
ような
愚痴な女子じゃないわいの
あなたが[二]駕籠訴を　なさるなら
わたしも一緒に　駕籠訴せん
いかに気強い　女子じゃとて
[三]現在夫の　身の上を
切れるような愚痴な女子じゃないわ
いと
三くだり半を　取って投げ
[四]泣くよりほかの　ことぞなし
宗五郎それを　見るよりも
これのういかに　女房や
我が女房で　誉めるじゃないが
達者に生まれた　良い女子
なれどもおせん　聞いてたべ
わしと手前と　今ここで
ふたりで[五]駕籠訴を　するならば
三人子どもの　身の上が
ただいま命の　無いごとく

一　説経『しんとく丸』に、病める信徳丸を自分の夫と思う乙姫の言葉として、「よき時は添はうず、あしき時は添ふまいの契約は申さず。あしき時添うてこそ、夫婦とは申さうに」とある。
二　直訴の誤り。
三　まさしく我が夫以外の何者でもない、と強調する語。
四　慣用句。
五　ここも直訴の誤り。

（1）　土田の歌詞によって補う。

そなたはあとに　長らえて
われが死んだる　そのあとで
三人子どもを　育て上げ
問い弔い香華頼むぞと
話し終わらぬ　そのうちに
もはや聞こえる　鳥の声
宗五郎はっと　驚いて
夜は明らかに　明けるなら
行くことならぬ　今のうち
行かんとするを　見るよりも
[一]三人子どもは　すがりつく
ああ父さんがまた行かしゃんす
これのう申し　父様へ
悴の宗吉　年高で
まっさき腰に　すがりつく
申し上げます　父様へ
かか様ひとりで　情けない
三人子どもの　身の上が
どうまあ介抱　できましょう

あすからどこへも　行かずして
家に居て　くだしゃんせ
わたしもこれから　稼ぎます
仕事教えて　くださいと
弟の宗八　手をついて
申し上げます　父様へ
わたしも言うこと　聞きまする
いたずらしません　書物読む
書物教えて　くだしゃんせ
坊やの子守りを　致します
[二]弟の三平は　何気なし
まだ歳三つの　ことなれば
良きも悪きも　知らぬゆえ
父様見るより　珍しげに
[三]ちんちん踊りや　[四]輪くぐりや
[五]ねねつたんぽや　子どもの芸
覚えた通りに　して見せる
なれど宗五郎　思い切り
もはや聞こえる　鐘の声

一　以下もまた子別れの場面を長引かせる繰り返し表現。
二　この句も三度繰り返され、まだ状況をよく理解できない幼い三男の行動が哀れを誘うように語られている。
三　片足を上げて跳びはねる動作をすること。
四　両手で輪を作り、そこへ自分の足を入れる遊戯か。
五　「ねねつぼ」ならば、「子供が人さし指を他方の手のひらに当てる所作」（尚学図書編『日本方言大辞典』一九八九）。

早くお江戸へ　帰らんと
妻のおせんを　叱りつけ
子どもたらかし一　さらばとて
三人子どもの　手を放し
ただ一散（いっさん）に　走り行く
行かんとするを　見るよりも
三人子どもは　声を上げ
申し上げます　かか様へ
父（とと）さんがまた行かしゃんす
どうぞ留（と）めて　下さいと
三人子どもは　今は早（はや）
立ち上がりたり　伸び上がり
二乱れ格子（ごうし）に　手を掛けて
父様（とと）お帰り　なされやと
ありたけ声を　張り上げて
姿　形（すがたかたち）の　見えるうち
泣き叫ぶは　道理なる
三もはや姿も　見えざれば
親子もろとも　今は早（はや）

ものも言わずに　泣き沈む
それはさて置き　後ろより
梅沢村の　梅吉と
四同心方（どうしんがた）は　今は早（はや）
五十手（じって）捕り縄　携（たずさ）えて
ご上意ご上意の　声をかけ(1)
これこれいかに　宗五郎
おかみの御用じゃ　宗五郎と
宗五郎様は　聞くよりも
後ろの方（かた）へ　振り向いて
砂利場（じゃりば）の中へと　手を突いて
梅沢村の　梅吉も
御（ご）同心方も　その通り
命惜しいじゃ　なけれども
願いが成就　致すまで
お許しなされて　下さいと
涙にくれて　願わるる
梅吉それを　聞くよりも
やれ珍しいや　宗五郎か

一　たらす。だますこと。
二　朗読では「くもり格子」、土田の演唱では「破れ格子」。
三　「やがて姿は雲霞」（土田）。
四　与力の配下に属して犯罪の取締りに当たった下級の役人。
五　捕り手の役人が持った短い鉄の棒。持ちやすいように柄の部分が付いている。

（1）　土田の歌詞によって補う。

おかみのご上意じゃ　ないかいの
今日(きょう)は許しちゃ　おかれない
一 尋常(じんじょ)に縄に　掛かれよと
言われて今は　宗五郎は
これのういかに　梅吉よ
なんじが首の　落ちる時
われが救うて　くれたけが
二 そのご恩も　忘れしか
三 二尺二寸を　抜き放し(1)
丁々発止(ちょうちょうはっし)の　戦いで
上(うえ)よ下(した)よの　大騒ぎ(2)
捕り手三人　今は早(はや)
ころりと川へ　組み落ちる
不思議なるかな　今は早(はや)
宗五郎様は　上になり
捕り手の梅吉　下になる

甚兵衛はそれを　見るよりも
櫂棒(かいぼ)の先で　押し分けて
宗五郎様は　助かりし
捕り手三人　梅吉は
櫂棒(かいぼ)の先にて　流さるる
宗五郎様は　今は早
斯(か)かる舟場(ふなば)へ　走り行き
しからば甚兵衛　頼むぞと
甚兵衛はそれを　見るよりも
宗五郎様を　舟に乗せ
遥か向こうへ　越し着ける
哀れなるかや　宗五郎は
あずまを指して　急がるる
　まずはこれにて　段の末

―「佐倉宗五郎」末尾―

一　すなおに。
二　梅吉は、甚兵衛と同様宗五郎の恩義を受けながら、逆に忘恩の人物として設定されている。
三　武士の場合は、刀剣の長さの標準は二尺八寸。ここは脇差。
(1)(2)　土田の歌詞によって補う。

◇参考資料　高田瞽女杉本キクイ伝承

祭文松坂　佐倉宗五郎

一段目　45分

さればによりては　これにまた
いずれに愚かは　あらねども
武士のいましめ
百姓鑑（かがみ）と　表題に残り
まことは
佐倉宗五郎殿の　身の一条
国は何処（いずく）と　たずぬれば
国は下総（しもうさ）　印旛（いんば）の郡（こおり）
二百六十四（よ）か村（そん）は　佐倉の城下（じょうか）
堀田上野（ほったこうずけ）様の　じみょうじん
上野（こうずけ）様と　申するは
御高（おんたか）十一万　五千石
上野様の　時代より

取箇（とりか）の強いと　いうことが
窓は何尺　何寸と
窓役（まどやく）までは　よけれども
または難渋（なんじゅう）の　百姓に
蓑役鎌役（みのやくかまやく）　膳までも
囲炉裏（よろり）に立てた　火箸まで
蓑役鎌役　釜の役
皆（みな）役取らるる　悲しさに
親は子を連れ　子が親を連れ
連れては袋を　首に掛け
出でる非人が　多ければ
二百六十　四（よ）か村が
人種（ひとだね）絶える　ばかりなり
上岩橋（かみいわはし）の　宗五郎様と
滝沢村の　六郎殿と

あまた百姓に　頼まれて
さらば百姓を　救わんと
願いの願書を　認（したた）めて
花の東（あずま）と　急がるる
花の東に　なりぬれば
良きところに　宿をとり
一度二度は　三度まで
願い上げれど　かないませず
その上ならず　宗五郎さん
駕籠訴（かごそ）をなせし　その罪で
佐倉の城下へ　下げられて
げにも二人（ににん）の　罪人（つみびと）を
きびしく獄屋（ごくや）へ　入れにける
哀れなるかな　宗五郎さん
五尺余丈（よたけ）の　ろうにんを

二よになして　入れにける
石磐石(いしばんじゃく)にて　身を沈め
廻(まわ)るものとて　目の玉よ
動くものとて　脈ばかり
通じるものとて　このときに
はあとつく息　ばかりなり
このこと誰(たれ)知るまいとは　思えども
大久保様へ　洩れ聞こえ
大久保彦左衛門様は　聞こしめし
なになに下総(しもうさ)の国　印旛の郡
二百六十四(よ)か村に　隠れなき
上岩橋(かみいわはし)の　宗五郎様と
滝沢村の　六郎殿と
あまた百姓に　頼まれて
願いの願書を　したためて
花の東(あずま)へ　急がれて
駕籠訴(かごそ)をなせし　その罪で
佐倉の城下へ　下げられて
厳(きび)しく獄屋の　苦しみを

このまま見ては　おられまい
大久保様は　情けにて
願い下げて　やるほどと
いまは供々(ともども)　連れられて
花の東(あずま)と　急がるる
良きところに　宿をとり
げにも二人(ににん)の　罪人を
めでたく獄屋を　もらいさげ
なれど駕籠訴の　罪なれば
その身は故郷(こきょう)へ　送られず
上野(うえの)は東叡山と　いう寺へ
年三年(ねんさんねん)と　限られて
その身はお寺へ　渡さるる
こと三年(さんねん)は　長けれど
日数(ひかず)を満ちて　今ははや
今日(きょう)は師走(しわす)の　十五日
宗五郎涙の　顔上げて
六郎の座敷と　急がるる
六郎の座敷に　なりぬれば

これのういかに　六郎殿
来春(らいはる)お寺を　払われて
このまま故郷へ　帰るなら
二百六十　四(よ)か村(そん)は
末代なくの　種なるぞ
またも願書を　上げられて
貴殿(きでん)の思案は　いかがぞと
さしうつむいたる　顔色(がんしょく)が
身の毛もよだつ　ばかりなり
六郎はそれと　見るよりも
なるほどあなたの　言うとおり
来春(らいはる)お寺を　払われて
故郷へ帰る　顔も無く
まず私(わたくし)の　思うには
髪四方(しほう)浄土に　刷り落とし
袈裟や衣(ころも)に　身をまとい
日本六十余州　廻り死にと死に覚悟
宗五郎それと　聞くよりも
髪四方浄土に　刷り落とし

日本六十余州　廻りても
何とて百姓の　ためならず
愚れんに向こうて　言葉なし
宗五郎殿は　そのときに
居たるところを　立ち上がり
我が住む部屋へと　帰られて
ごかいごかいの　手を合わせ
南無や八幡　大菩薩
良き工夫を　たまわれと
しばらく回向（えこう）に　くれにける
思い付いたる　ことがある
今日（きょう）は師走（しわす）の　十五日
来たる師走（しわす）の　二十日（はつか）には
とう将軍様と　申するは
上野（うえの）のお霊廟（たまや）へ　ご歳暮を
そのとき我らを　導きたまえ
ご門の橋の　下におり
直訴（じきそ）を致す　覚悟なり
さすれば願いが　かなうが治定（じじょう）

それより故郷へ　忍び込み
女房おせんを　始めとし
親の在所へ　送り込み
あと三人の　子ども等を
旦那お寺へ　差し上げて
出家菩提を　とむらわしょ
そして我が身は　ただひとり
身は八つ裂きに　なろうとも
駕籠訴をせずに　おくべきかと
その日の暮れるを　待ちかねる
すでにその日も　暮れければ
鐘も無常に　告げにける
時刻も宜（よろ）しと　言うままに
宗五郎支度を　見てやれば
白縮緬（しろちりめん）の　わくら繻袢（じばん）
おもんのたかじょを　めされては
親重代（おやじゅうだい）の　鮫柄（さめずか）を
左手（ゆんで）の小脇（こわき）へ　差し込んで
人目をつつむ　ほおかむり

夜露を凌ぐ　菅の笠
麻裏草履（あさうらぞうり）に　身を乗せて
裏店小店（うらだなこだな）の　目を忍び
印旛（いんば）をさして　急がるる
かくて印旛に　なりぬれば
痩せた世帯の　小屋により
船頭頼むと　言いければ
小屋のなかにて　船頭が
申し上げます　旦那様
あなたはいずくの方（かた）かは　知らねども
なになに下総の国　印旛（いんば）の郡（こおり）
二百六十四（よ）か村に　隠れなき
上岩橋（かみいわはし）の　宗五郎様と
滝沢村の　六郎殿と
あまた百姓に　頼まれて
願いの願書を　したためて
さらば百姓を　救わんと
花の束（あずま）と　急がるる
駕籠訴（かごそ）をなせし　その罪で

佐倉の城下へ　下げられて
厳しく獄屋へ　入れられて
大久保彦左衛門様は　情けにて
願い下げて　くだされど
その身は故郷へ　送られず
上野が東叡山と　いう寺へ
年三年と　限られて
いまはお寺へ　渡されて
嘘か本かは　知らねども
花の東の　吉原で
女郎買いするとの
東いっぱいの　評定で
堀田上野様へ　洩れ聞こえ
女郎買いするとは　牢破り
宗五郎上野へ　出た姿
たれ一人も　届け出せ
褒美の金の　百両を
また六郎ならば五十両の　高札を
あすこここと立ってござます旦那様

明日三十六人　集まりて
かのゆびじを　はずさぬうちは
一寸たりとも　動かぬ舟
是非是非通る　ことならば
明日おん出で　くだされと
宗五郎それと　聞くよりも
女郎買いどころか　さておいて
一日に二食の　黒米も
喉へも通らで　こうすれば
今日は百姓の　ためなろか
あすは百姓の　ためなろか
日に日に思うて　いるものを
故郷に残せし　女房や
十一頭で　三人が
我を恨んで　いるであろ
これのういかに　船頭よ
また明日は　頼むぞと
東を指して　振り返る
さて皆様にも　どなたにも

あまり長いも　座の障り
これはこの座の　段の切れ

二段目　33分

ただいま誦み上げ　段のつぎ
甚兵衛はそれと　聞くよりも
さて不思議なるかな　あの声は
宗五郎様の声に　さも似たり
あれは宗五郎　様ならば
われは十三年の　その前に
命助けて　もろうたる
命の主の　旦那様
何がどうでも　会いたいと
小屋場の外へ　掛け出だし
いちの□□□を　□□□□し
曇りし声を　張り上げて
おおいおおいと　呼び返す
呼び返されて　宗五郎が

いかにも憎くき　船頭め
ただいま舟止めで通されぬと言いなが
ら
またおおいおおいと　呼び返す
われを宗五郎と　推量して
褒美の金（かね）の　百両を
せしめるとの　計略か
憎くき船頭
ただひと打ちに　致さんと
獅子の荒れたる　勢いにて
菅（すげ）の小笠（こがさ）を　取って投げ
一刀に手を掛け　鍔元三寸くつろがす
一刀をすらりと　抜き放し
ござんせと　斬りかかる
斬りかかられて　船頭が
こはたまらじと　言うままに
そばにありし　櫂棒（かいぼう）で
上段下段に　斬りかかる
何を言うにも　語るにも

さきはめしょの　ことなれば
櫂棒地に　投げ捨てて
大地に手を突き　顔を下げ
申し上げます　旦那様
あなたは宗五郎様ではありませんか
さあ宗五郎ならば　なんとする
あなたは宗五郎　様ならば
われは
十三年が　その前に
命助けて　もろうたる
上岩甚兵衛で　ござります
そんならそなたは　甚兵衛か
そのままそばへ　走り行き
久しきものと　そばへ寄り
宗五郎甚兵衛の　顔を見
甚兵衛は宗五郎様の　顔を見
申し上げます　旦那様
いつもご無事で　おめでたき
ここは端近（はしぢか）　こなたへと

見苦しき我が小屋へ御入（おんはい）り遊ばせと
しからば御免と　宗五郎が
そのまま小屋へ　入（はい）らるる
甚兵衛はそれと　見るよりも
申し上げます　旦那様
このような寒い　そのときは
ぱあとひとくべあたらせとう存ずれど
印旛の渡しの　船頭が
夜（よる）火を焚いたと
人に不審（ふし）まれては　一大事
しばし待たんせ　消し炭と
萱（かや）の俵（たわら）を　取り出だし
埴生（はにう）の囲炉裏（いろり）に　つがれては
船頭ふぜいの　ことなれば
団扇も扇も　無きままに
山笠（やまがさ）取って　あおがる
次第に炭も　おきあがる
宗五郎正座（しょうざ）へ　直されて
その身はさんじょへ　下がられて

申し上げます　旦那様
このよな寒き　そのときが
お酒一つと　言いたいが
印旛の渡しの　船頭が
夜酒（よるさけ）取ったと
人に不審（ふし）まれては　一大事
それ世の中の　譬えにも
寒い時には汚（きたな）ものなし
お腹（なか）の空（す）いたる　そのときが
不味物（まずもの）なしの　道理にて
わたしの飲んだる　飲み残り
汚（きたな）ござらぬ　旦那様
一杯お上がり　遊ばせと
貧乏徳利（びんほどくり）を　取り出だし
埴生（はにう）の囲炉裏（よろり）に　あぶり燗（かん）
熱くも燗を　つけられて
五郎八茶碗（ごろはちじゃわん）を　取り出だし
一杯お上がり　遊ばせと
宗五郎それと　見るよりも

そんなら一つ頂戴　致さんと
御酒（ごしゅ）なみなみと　うけられて
また近寄りて　膝組みし
四方（よも）山の話を　致さるる
昨日（きのう）も用事が　有ったから
上岩村へ　行きまして
あなたのお宅へ　のぞきしが
あなたの女房の　おせん様
鍋墨だらけの　ぼろ着（ちゃく）し
帯は縄帯　締められて
屋根に葺（ふ）き草　さらにない
おん家（え）に敷物　さらにない
泣きの涙で　申そうなら
これのういかに　甚兵衛や
こちの夫（おっと）　宗五郎様
東（あずま）に三年　沙汰もない
それも良けれど　この頃が
なおも取箇（とりか）が　強くなり
みな人々が　お苦しみ

上野（こうつけ）の　役人衆に
家財道具を　まき取られ
残すものには煤（すす）け車（ぐるま）ばかりなり
煤け車で　糸をとり
細き煙で　日を送る
それも良けれど　この頃が
嘘か本（ほん）かは　知らねども
こちの夫（おっと）　宗五郎様
花の東（あずま）の　吉原（よしわら）で
女郎（じょろ）買いするとの
東（あずま）いっぱいの　評判じゃ
そのこと
堀田上野（こうづけ）様へ　洩れ聞こえ
上野（こうつけ）の　役人衆が疑い掛けて
かかる我が家へ　踏み込んで
宗五郎居ないか　白状せと
ほんにぶつやら　たたくやら
わたしばかりは　良けれども
罪なき子供に　縄を掛け

ととは居ないか　白状せいと
打ち打擲（ちょうちゃく）を　致さるる
三人一度に　声をあげ
母（はは）さん怖いと　言う声が
胸に針釘（はりくぎ）　打つごとく
子どもらは

余所の子どもと　事かわり
庭にひと足も　遊ばれず
埴生（はにう）の寝屋に　寝せておく
蒲団というたら　藁のすべ
夜具というたら　切れ莚（むしろ）
十日（とおか）に一度や　湯や小粥（おかい）

まだ今日（こんにち）も食べずにおりますと
さて皆様にも　どなたにも
あまり長いは　座の障（さわ）り
これはこの座の　段の切れ

―「佐倉宗五郎」末尾―

◇参考資料　説経祭文　薩摩若太夫正本　桜草語

〈凡例〉

一　原本は上田図書館花月文庫所蔵本の国文学研究資料館作製マイクロフィルムを利用した。表紙には筆で「説教祭文集　佐倉宗五郎　小栗判官　八百屋お七　石童丸　三荘太夫　一の谷」と書かれてあり、江戸の唄本屋吉田屋小吉が発行した版本のうち説教節正本を合冊したものである。このうち佐倉宗五郎の物語は「桜草語」と題され、「浅倉川渡場（あさくらかはわたしば）」と「浅倉当吾内の段（あさくらとうごうち）」がそれぞれ上・中・下の三冊に分かれて収録されている。それぞれの表紙（「浅倉川渡場」上の表紙は欠）には、薩摩若太夫の名が大きく書かれ、その左右と下欄に薩摩を名のるそのほかの弟子の太夫たちが七人と、京屋七造ほか計三人の三味線弾きの名が載っている。また外題の横には「説経浄瑠璃」とあり、本文は半丁六行の浄瑠璃本形式で書かれ、「正本所　馬喰町三丁目　吉田屋小吉」と発行者を記す。ただし、発行年の記載はない。タテ22㎝　ヨコ14・5㎝

浅倉川渡場　上―本文14丁、中―本文15丁、下―本文13丁（当吾と甚兵衛を村の悪者が襲う部分に欠丁がある）

浅倉当吾内の段　上―本文17丁、中―本文13丁、下―本文19丁

二　ここには瞽女唄の歌詞との比較のために参考資料として「浅倉川渡場」のみを翻刻した。江戸期の語り物であることから、この正本では佐倉を浅倉に替え、宗五郎を当吾に替えている。

三　旧字体や俗字は今日通行の字体とし、余分と思われるルビは部分的に省略したが、そのほか句読点等はほとんど原文のまま翻刻した。

浅倉川渡場

一年に。余る心苦も身につもる　雪はしきりに古郷の。妻子に一目近江路の。浅倉領の堺なる　川辺ちかくになりぬれば。　浅倉はたち止り　ハヽヽ去年にかはる村のすいび。横しま非道の代官に。苦しめられて。御領分の民百　姓。衰へ果しこの有様。ハア是非もなき世の成行じやなア　ヲヽ向ふに見ゆるは浅倉川の渡し場。ヤレ〱嬉しや。最早村へはわづかの道じやと　雪踏わけてよふ〱と。まづわたし場の小家に当吾はあゆみ寄　ヤコレ親仁殿急用有て。この川を今宵越ねば叶はぬ者。御苦労ながら。ちよつとわたしてもらひたい。コレ親仁殿〱と　いふにこなたは目をさまし　ヲヽイ〱誰じやかしらぬがまへとは違ふてこの節は。御領主様の言付で。日が暮ると船留じや。夜が明てからわたしてやるほどに。あしたござらしやれ　アヽイヤこの大雪ことに夜ふけて。さぞなんぎで有ふが。酒代は望にまかせん。どふぞ渡して下されと　いへどこなたは起もせず　エヽくどい男じや。今もいふ通り暮六ツからは。おれが自由にはならぬはいのふ。イヤコレ翌迄はまたれぬ急な用向。そふいはずともどふぞわたして呉ぬか甚兵へと。言にこなたはきゝみゝ立　何じやおれが名を呼は誰じや。村の者なら。この節の厳しい御触はしる筈だに。誰じや〱。アイヤおれじや。高津村の当吾じやと聞て恟りはしり寄　あいや申声が高しづかに〱とあなたこなたを見まはして甚兵へ直しもそばに寄　イヤ申当吾様。夜中と申この大雪に。どふして御帰村なされました。イヤわしが戻つたはいろ〱子細の有ことじやが。そなたのいまの様子。合点の行ぬ有様つゝまず咄して聞してたもと　いふに親仁は声密め。ハイ〱イヤモウシ御合点のまいりませぬは御尤。是にはたいてい深い様子の有こと。とつくりとお聞なされませ。お前様が上京なされた其跡は。村中はらつひ乱外役人共にいぢめられ。一日〱と。村のすいび。御代官の船橋殿が様々むりばかり その上にこの間村の悪者どもが。ひそ〳〵咄しを。わたくしが立聞ましたら。代官の言付にて。当吾が村へ見へたなら。見付次第に人知れず殺してくれと。サひそかの頼み シヤアサ、。悔りなさるは御尤でござります。夫ゆへに昼夜となく。此渡しば近辺を見廻り。あなたがお戻りなされたら。殺そふとするゆゑ。どふぞ御帰りなされないけりやアよいが。けふは御戻りなさるゝか。あすはあなたの御かへりかと。あんじぬ日迚はござりませぬト聞て色当吾は顔色替り「ヤ、何といやる。代官めが工にてこの当吾殺さんとするとや。チ、何咎あつて。さほどに憎む代官船橋。あまつさへ。我女房の妹。お君を理不尽に屋敷へ連行んとする。その上この当吾を殺そふとする極重悪人。恨み重る船橋八平。モウこの上は。かんにんがならざるぞと カン「われをわすれて立上れど「思ひまはせば村中のなんぎをすくはんその為に「かゝる大望抱く身で「私事には捨られぬと「思はず拳をにぎりつめ「身をふるはして男なき 色「甚兵衛手鼻うちかんで コトバ「ヲ、お腹立はおどふりながら。譬中。なく子と地頭。とらの威をかる狐代官。痩百姓をむごくするゆへ今は農行する人は一人もなし。村の住居も成ませぬゆへ。重代の田地田畑みな打捨他国へてうさん。夫故に昼夜となく。見廻りの役人衆が家〳〵の人数をあらため。その上。ア、アレ御らうじませ。渡し船は暮六ツからは。つう路をとめアノ通り。鎖りでもやいをつなぎ

浅倉川渡場　中

錠前おろし封印付。人の往来も自由に。叶はぬよふな情ない。世の成行になりましたと。かたるも聞も目に涙 色「当吾はほつと溜息つき 詞「国を出てより早一年。くはしい様子はしらなんだが。追〳〵上るしう訴の願書も。御用人の主水様が。いろ〳〵とおとりなし下さつても。との、お傍さらずの佞奸者。岩渕玄蕃と鎌田五平太。代官と心を合。白を黒と言かすめ。親父様を始め。組合の衆三人とも。出牢のねがひも叶はず。それゆへにわれ〳〵が。宿やの二階へ集り。さま〴〵と談合しても。是ぞと言思案も出ず。イヤモウほつとせいこんをつくした

わいのふ。イヤモウ〱嘸あなたの御苦労かんなん。あだおろそかではござりますまい。又国元の有様を御覧じませ。去年までは相応に。たがへしました田地田畑。あれるも道理住てはなし。家は有ても明家斗り。私も七十近身をもつて。他国へ行にも路銀はなし。詮方なく〱日をおくり　「つらき浮世をわたしもり　「思へばことしで三年あと年貢に詰り重代の田畑人の手にわたし　か、るうき目を見ることも　「なまじなま中。長生の　「重荷は老のごうさらしと　「ゐなか育の一徹親仁しらがあたまをふり立て　「かこちなげくぞ道理なり　当吾は涙おしぬぐひ　「扨〱聞しに勝る村の衰。是非もない世の有様じや。イヤコレ甚兵へ必案じさつしやるな。モいふまいとは思へどもそなたの気しつを見込だゆへ。妻子にも語らぬ一大事。安心するよふに言ふて聞そふ。爰へ〱と　「声をひそめてそばへより　「扨マア都の様子と言たら組合村名主年寄。さいぜんも咄すとふり。みな一どふに打寄て。しう訴のねがひも数度におよび。御慈悲深い主水様と。太司馬様との御相談にて。殿様をいろ〱とおいさめ申上。よふ〱願ひのおもむきも。御聞済に相成。ヤレ嬉しやと思ふ所に。又〱村騒動を百姓一揆じやと。佞人どもめが申上たるゆへ御上にはいよ〱御怒り強く。あまつさへ主水様も太司馬様も。御前の首尾はさん〴〵になり。御目通りを遠ざけられ。閉門迄仰付られたはいのふ。折角是迄村中の。艱難心苦も水の泡頼みも綱も切れ果て。何と仕様も内々に。思案を極めた一大事。最前も言通り。必他言せまいぞよ。其大望は別義でなし。ことしはもはや余日はなく明れば正月将軍足利義政公。御仏参の御成先。執権細川勝元公も御参詣。其節が一世の大事。村のこんきうこれまでの一分始終を。訴状にした、め。通天の御橋の下に隠れゐて。恐れ多きことなれども。執権へ直訴に及べば。仁心深き勝元公。おそばに御出て遊ばし。御取上になるは必定。さすれば領主へ御沙汰となれば。佞人共が歯がみをなすといへども。大高義の事なれば手出しはならず。願書のおもむき叶ふは治定。やがて昔の浅倉に。立かへすは今の間じや。安堵しやれ甚兵へと。委細を聞て横手を打　「ハテ扨イヤモ、、感心しました。去とては有難い御分別。チヱ、忝い〳〵。とはいふ物。御直訴なされて有ならば。あなたの御身の上にどんな咎は懸りは致しませぬか。サア迚も此身は。捨る覚悟に極たしあん。「夫では「ハテ扨おどろく事はない。サア上を恐れず直訴の科人おもき御仕置は覚悟のまへ。二百八十四ケ村の民百姓が飢渇のくるしみ。モ当吾一人の命にやかへられぬはいのふ。是ほど砕く心の中推量しやれ甚平へと誠を明す仁義の魂　又とたぐひもあらみたまを　大ヲトシ「末世に神と崇めしも実にもどふりとしられける　色「当吾は心取直し　コトバ「わしが今夜もどつたは。組合の衆がす、めに任せ女房や子供等に。今生の逢納め。又よそながらの暇乞。心残りのないやうにと。未練ながら。爰までは立かへりて見て有ば代官めが工にて。此当吾を殺さんとする。ことに厳しいアノ船留

浅倉川渡場　下

ア、イヤモウ〳〵思ひ切て都へ立戻ふ。ヤコレ甚兵衛。どうぞ御苦労ながら。この一通を。女房おみねに手渡しして。今宵爰まで来たことを。委くはなして下され。ア、是までは長いあいだ色〳〵そなたの世話になりました。随分達者で長生さつしやれ。こなたの心切忘れはせぬ。礼は未来で言ますぞと　色「立上るをひきとゞめ「マアお待なされませ折角妻子に暇乞に。御戻りなされた物。どふマア此侭。もどされませう。どふがな工面して。この川を渡してあげませふ。これはしたり。川を渡せばこなたは科人。サア夫は。イヤサコレ人になんぎを懸させて見て居るよふな心なら。この苦労はせぬはいのふと。さらばと言てかけ出すを　詞「マ、待しやりませどふあつても。放ませぬ　ハテ扨放せ　放しやせぬともぎ放しても又かけ寄袖にすがるを振きつて行んとするを引とゞめ　詞「ハテ扨マ、わしが言事も。ちつとは聞て下さりませ。最前も申通り。死後れたこの親仁。生がひもない身の上。譬どのよふな。咎めをうけましても。ちつともいとひは致しませぬ。せめて此身を捨てなと。川を渡して上ますが。あなた様へ。心ばかりの恩がへしと留るを振切行をやらじと争ふ内　鉈おし取て一生懸命　舫のくさりを打切る音に「当吾はびつくり仰天し　コトバ「コレ甚兵

衛。もやいをきつて。どふしやるのじや。イヤ申旦那様。御代官がふうゐんを付て置たもやいの鎖。打切るうへは。譬あなたが渡らいでも。科はのがれぬこの甚兵衛。心置なく。早ふ船へ乗しやりませ。ヲ、甚兵衛。チヱ、忝い〳〵。扨々おどろき入たそなたの心節。とはいふもの、是迄も。大望を謀るこの当吾が。未練にも。古郷へ立かへり。思はぬそなたまでに罪の巻添。コレ甚平へ赦してたもれ。ゆるしてくれと　色　手をあはす　「ア、勿体ない〳〵。諸人の難義を身に引受。命を捨る御慈悲の御前様。しにおくれたるこの親仁が。命を一ッや二ッ捨たとて。塵埃りとも思ひませぬが。世にも稀なる仁義のあなたを　カン「獄卒どもの手に懸て　モリ込「とがにおふみの鎗先に冥土の鬼となす事かと　コトバ「思へば〳〵旦那様。ヲ、甚平へチ、無念にござるはいのふ。ヲ、道理じや。口をしいわいのふ。ヲ、尤じや〳〵とたがいに手に手を取組で磨合たる仁義と仁義　上るり　ヲトシ「歎く

涙は浅倉の「川水増る思ひ也　詞「気をとり直し甚平へが「ハ、よしなき歎に隙取たり。サ、時刻移らば事むづかしい。人目にかゝらぬ其内に。はやく〳〵と気をせく所へ何に隠居たりけん　所の悪者印旛の八　小家の陰より　ロツナ?「踊り出　ヤア様子は残らず立聞た御領主様を非分に言立。直訴をするとの工の次第。また船留の此川を。夜中に越は大胆者。甚平へ諸共

（この部分欠）

うつて両人が八が死がいを引抱へ「川へざんぶり水煙りそこしら浪とながしける「サ、斯成からは長居は御無用。ちつとも早と甚平へが当吾が手を取諸共に船に打乗煩悩の　ハリ「岸をはなれて乗り出す。これぞ求誓の船の内。未来を頼む阿弥陀笠。身にまとふたるみの果は。いかゞ成らん罪科も。積る思ひは弥増て歎きは解ぬみなれざほ　さすがにつよき男気は末にその名も高津村。船をはやめて漕で行

9　赤垣源蔵

〈凡例〉

一　土田ミス伝承の歌詞は、小林ハル伝承の歌詞とほぼ同じである。高田瞽女杉本キクイの伝承する歌詞はない。

二　私意によって判断できない部分は、小林ハル本人に直接確認した。

三　講談義士伝の詞章は『講談全集』第三巻（一九二九）所収の一竜斎貞山口演「赤垣源蔵重賢」により、二代目吉田奈良丸の浪曲「赤垣源蔵徳利の別れ」の詞章は、『大衆芸能資料集成』第六巻所収のものによった。その他、神田伯竜口演「講談義士伝　赤垣源蔵」（明治三六年刊速記本）、揚名舎桃李口演「赤垣源蔵」（明治三二年刊速記本）、芝清之監修『浪曲忠臣蔵大全集』（キングレコード株式会社発行　一九九四）及び為永春水著『いろは文庫』第三編（天保十年、一八三九）を参照した。

四　江戸時代の歌舞伎演目に安政五（一八五八）年江戸市村座初演の河竹黙阿弥作『赤垣源蔵』があるが、瞽女唄詞章との直接的な関係はない。

祭文松坂　赤垣源蔵

一段目（兄の館訪問）　30分

さればに　アーよりては　これに
また
いずれに愚かは　無けれども
何新作の　無きままに
古き文句に　候えど
義士本伝[一]の　その中に
赤垣源蔵　暇乞いの段
ことこまやかには　誦めねども
筋道[二]誦み上げ　奉る
さて赤垣源蔵と　言う人は
播州揖西[三]の郡　龍野の城主
脇坂[四]淡路の　留守居役
柳の間詰めで　三百石
塩山[五]伊左衛門の　弟であるけれど
幼いときより浅野内匠の家来にて(1)
赤垣源太夫[六]へ　もらわれて
気性活発で　あるゆえに
殿[七]に寵愛　なされしが
三十六[八]の弥生半ばの十四日
おん家断絶　身は浪々
しばらく兄に　引き取られ
酒よ酒よで　日を送る
兄と弟の　仲なれば
伊左衛門殿は　良けれども
新造のおまき[九]と　気が合わず
頃は元禄　十五年(2)
師走半ばの　十四日
泉岳寺[一〇]の　評定で
今宵は敵を　討つゆえに
思い思いに　暇乞い
なかにも赤垣　源蔵は
どこで呑んだか　赤い顔
相も変わらず　千鳥足
二枚[一一]のお小袖　着されて

一　赤穂浪士を語る講談・浪曲の義士伝物には義士銘々伝と義士外伝がある。本伝は銘々伝のこと。外伝は「俵星玄蕃」「天野屋利兵衛」など関連人物の伝記。

二　土田は「あらあら誦み上げ奉る」。

三　小林・土田ともに「セッサイ」。明治二十九年、揖東・揖西の二郡を合併して旧名の揖保郡に戻した。

四　脇坂淡路守安照。内匠頭切腹後の赤穂城受城使をつとめた。

五　講談でも塩山伊左衛門は脇坂淡路守の江戸表上屋敷の留守居役で源蔵の兄とする。

六　為永春水『いろは文庫』では仲垣氏の養子。

七　殿（浅野内匠頭）に可愛がられた意。

八　源蔵三十六歳の元禄十四（一七〇一）年三月十四日。この日、江戸城での刃傷事件により浅野内匠頭が切腹を命ぜられ浅野家断絶。『堀内伝右衛門覚書』（『赤穂義人纂書』所収）では三十四歳。

九　塩山の奥方の名。一竜斎貞山口演と同じ。

一〇　十四日、泉岳寺に集った浪士たちは、主君の墓参を済ませた後、最後の打ち合せをしたと伝えられる（室鳩巣『赤穂義人録』など）。赤穂義士事典刊行会編『赤穂義士事典』（一九七三）では『寺坂信行私記』などからそのような事実は無かったとする。

赤合羽に[一]　饅頭笠
左は土産の　皮包み[二]
右の手は　懐中して
卍巴と　降る雪に
芝新銭座脇坂淡路のご門前[三]
門番衆に　打ち向かい
これはこれは　ご門番
この降る雪に　ご苦労と
寄ろうとすれば　ご門番
恐れ入ったる　源蔵さん
兄上様は　留守居でも
ご門は殿の　門なれば
笠でお通り　なさるとは
殿へご無礼で　ござらぬか
源蔵はそれを[四]　聞くよりも
恐れ入ったる　ご門番
このこと知らぬで　なけれども(1)
まずまず拙者ご覧願いたい
左は土産の　皮包み

懐中なしたる　右の手は
寒いためでは　無けれども
股に挟みし[五]　酒徳利
懐の右手が　押さえおる
これを離せば　落ちるゆえ
ご貴殿お取り　下さいと
いつも面白き　ご酒機嫌
お通りなされと　笠を取る[六]
許せ許せと　源蔵は
降るは降るはも　口の内
足もひょろひょろ　お玄関
頼む頼むと[七]　訪えば
下女のお杉は[八]　聞くよりも
どおれと返事を[九]　軽々し
下女のお杉は　今ははや[一〇](2)
表の方へ　出で来たり
どなたと思えば　源蔵さん
しばらくお出で　無きゆえに
旦那様はご案じなされてございます

一一　講談・浪曲に「お小袖を二枚召して」など。

（1）土田の歌詞で補訂。「幼いときに浅野内匠のおん家来」（小林）。

（2）以下二行、土田の歌詞で補う。

一　柿渋で赤く染めた桐油紙の合羽という。

二　竹の皮に包んだ食べ物。

三　東京都港区浜松町のあたり。寛永十三年、この地で新銭「寛永通宝」を鋳たところから呼ばれた地名（斎藤月岑他著『武江年表』）。

四　土田の文句は以下すべて「それと」。

五　股間に徳利を挟んで来るのは、神田伯竜及び一竜斎貞山の講談と同様。

六　講談・浪曲では、結び紐が解けないので、小枕（頭に乗せる台）を残して源蔵自身が笠をもぎ取ったとする。「いつも面白きご酒機嫌」とあるように、その方が酩酊した彼の様子を滑稽に見せる。

七　玄関で訪問客が案内を乞うときの言葉。

八　下女一般の名。一竜斎貞山口演でも「すぎ」。神田伯竜口演では「みさ」。

九　来訪者が玄関で「頼む」「頼みましょう」と案内を乞うたとき、家の者がそれに応える言葉。

一〇　「今ははや」の句、小林の場合は全段に三回使用されるが、土田の演唱に

源蔵はそれを　聞くよりも
これのういかに　お杉やい
兄上お出でで　ござろうな
お杉はそれを　聞くよりも
申し上げます　源蔵さん
お上(かみ)の御用で　赤坂へ
ただ今お出かけなされたばかり
源蔵はそれを　聞くよりも
これのういかに　お杉やい
兄はお上の　御用にて
赤坂あたりへ　お出掛けか
お出掛けなされば　仕方無し
姉上お出でで　ござろうの
お杉はそれを　聞くよりも
日頃奥様の　仰せには
旦那の留守に源蔵殿が来られたら
[一]持病の癪(しゃく)と　偽って
帰してくれいと　頼まるる
今日は旦那の　留守ゆえに
奥様へ忠義[二]を　立てようと
申し上げます　源蔵さん
ご新造様は　雪[三]のせいで
持病の癪が　起きたれど
さき程ようよう　おさまりて
お休みなされて　ございます
源蔵はそれを　聞くよりも
これのういかに　お杉やい
病気とあれば　是非もない(1)
[四]そっくりお寝かし　申し置け
しからば兄上お出でで　ござろうのう
お杉はそれを　聞くよりも
お上の御用で　赤坂へ
ただ今お出掛けなされたばかり
源蔵はそれを　聞くよりも
しからば姉上様はおいでかい
お杉はそれを　聞くよりも
[五]これはしたり　源蔵さん
ただ今申し上げた　通りにて

は一回も用いられていない。小林演唱では七五調の句構成のために安易なほどよく用いられる。

（1）土田の歌詞で補う。

（2）以下二行、「表の方へ走り出で　お杉はそれと見るよりも」（土田）。

一　『仮名手本忠臣蔵』二段目の戸無瀬の例など、癪の発作は急に起こるため、とっさの場合に便利な仮病として使われる。

二　「忠義」の語は、ここと末尾の二箇所のみ。

三　「雪あたり」（為永春水『いろは文庫』）。

四　そのまま。

五　意外なことに驚き呆れたときに発する言葉。ここで、同じことを何度も聞き返す源蔵は、酒に酔って正体もないような素振りをしているが、内心はどうしても最後の暇乞いをしたいという切なる気持を持っている。

（1）「持病の癪とあるならば」（土田）。

癪でお休み　なされしと
あまりと言えば　源蔵さん
日頃馴染みの　お杉やい
そんなに邪険[一]に　言うまいぞ
今日は雪見の　酒盛りで(1)
酔うた源蔵は　くどかろう
許してくれや　お杉やい
兄上お帰り　なさるまで
お台所で　待ち受ける
笠と合羽(かっぱ)を　脱ぎ捨てて
酒と肴は　炉の縁(ふち)へ
これのういかに　お杉やい(2)
兄上お帰り　なされたら
ちょっと知らせて　くれいよと
寒さ厭わず　酒の徳
[二]囲炉裏(いろり)のそばで　高いびき
かくて夕暮れ近くになりぬれば
起き直りて　源蔵は
これのういかに　お杉やい

まだお帰りは　無いかいのう
お杉はそれを　聞くよりも
出掛けが遅い　ことゆえに
夜分(やぶん)になるかも　知れませぬ
源蔵はそれを　聞くよりも
[三]夜分になっては　不都合と[四]
奥の癪も　治らぬか
お杉はそれを　聞くよりも
まだお悪いようでございます
源蔵はそれを　聞くよりも
[五]胸の鏡に　手を組んで
しばらく思案を　致さるる
兄はお上の　御用にて
[六]お出掛けなされば　仕方無し
[七]さても一座の　上様へ
まだ行く末は　ほど長い
誦(よ)めば理会(りかい)も　分かれども
まずはこれにて　段のきり

一　冷酷で思い遣りがないこと。
二　ゆるり。囲炉裏。
三　土田の一段目、以下の文句が無い。
四　「と」には余り意味がない。五音に調えるためのもの。
五　「胸の鏡」は、胸元の意。以下二行、瞽女唄慣用句。
六　「お帰りなければ仕方無し」などとともに、本作に繰り返される定型表現の一つ。
七　段切りの文句、土田演唱では「さても一座の上様へ　まずはここらで段のきり」。

(1)　土田の歌詞で補う。
(2)　以下三行、土田の歌詞で補う。

二段目（徳利の別れ）　32分

これのういかに　お杉やい
[一]お帰りなければ　仕方無し
兄上ふだん[二]の　ご紋付
ちょっと拝借　願いたい
お杉はそれを　聞くよりも
申し上げます　源蔵さん
今日は旦那の　ご普段着
あなたがお召しに　なさるのか
源蔵はそれを　聞くよりも
いやいや着物は沢山着ておれど
少し子細が　あるゆえに
ちょっと拝借　願いたい
お杉はそれを　聞くよりも(1)
持ってきたのが塩山伊左衛門殿のご
普段着
源蔵はそれを　見るよりも
嬉しそうに　押し頂き
柱の釘に　掛けられて
最前持参の　酒肴（さけさかな）
皿や湯呑みに　入れられて
柱の衣類に　供えられ
[三]両手つかいて　源蔵は
さて兄上様(2)
[四]今日（こんにち）源蔵お暇乞いに出でました
お留守と聞いて　わたくしは
夕刻近く　待ちたれど
お帰りなければ　仕方無し
声ふるわせた　源蔵を
お杉はそれを　見るよりも
申し上げます　源蔵さん
いかにご酒の　機嫌とて
着物と話は　できまいが
[五]茶番も程良く　なさりませ
それ聞くよりも　源蔵は
可笑しかろうが　お杉やい

一　始めに前段末尾の句を繰り返すのは、文句の続きを記憶から呼び出すためと思われる。土田ミスも、二段目以降は、まず前段末尾の一行を繰り返してから歌い出す。
二　「御紋付の御平常着」（貞山の講談）、「ご普段着のご紋付」（酒井雲の浪曲）。
三　両手を突いて。なお、為永春水の『いろは文庫』（一八三九）では、いくら酔っても弁舌爽やかな源蔵を話の核とし、このように兄の普段着に向かって暇乞いする話はまだない。
四　定型表現。これに類似した文句が全段に四箇所出る。
五　茶番狂言のこと。滑稽な内容の道化芝居。

（1）「かしこまったとお杉殿」（土田）。
（2）以下六行、「申し兄上様　ながらくご無沙汰申し訳なし　声ふるわせて源蔵は」とのみ（土田）。

いささか子細が　あるゆえに
しばらく黙って　下さいと
またも衣類に　向かわれて
申し上げます　兄上様
[一]藁の上より　わたくしは
浅野の知行を頂戴したけれど
不幸におん家は　断絶し
身は浪人と　相成りて
長らく兄上様にご迷惑かけました
今日は子細が　あるゆえに[1]
お暇乞いに　出でたれど
お留守と聞いて　わたくしは
夕刻近く　待ちたれど
お帰りなければ　是非もない
残念ながら　立ち帰る
会わずに帰るが　残念と
涙ながらに　暇乞い
これのういかに　お杉やい
兄上お帰り　なされたら

今日源蔵お暇乞いに出でまして
お留守と聞いて　源蔵は
夕刻近くも　待ちたれど
お帰りなければ　是非もない
夜に入るならば　不都合と
よろしく言うて　下されい
お杉はそれを　聞くよりも
申し上げます　源蔵さん
どこかお立ちに　なさるるか
源蔵はそれを　聞くよりも
[二]十万億土と　言うゆえに
よほど遠いと　思わるる
もう容易には　帰らない[2]
来年七月　新盆に
ちょっと戻って　来るほどに
[三]素麺や蓮の飯は嫌いにて
酒を手向けて　くれいよと
わたしが持参の　この酒は
[四]矢野の滝水という　上酒じゃ

一　幼少の頃の意。「藁の上から預った大三郎を、公暁様のお身がはりに」（浄瑠璃『鎌倉三代記』）。

二　『阿弥陀経』に説く、十万億の仏国土を過ぎた遠い彼方にあるという西方極楽世界。「はるかに西のかた十万億の国へだてたる・・・」（『源氏物語』若菜・上）など。

三　盆棚（精霊棚）に供える供物についていう。

四　銘酒の名。一竜斎貞山口演に「矢野の諸白」とある。また、江戸の銘酒の一つに「四方の滝水」がある（式亭三馬『四十八癖』二編）。「上酒」は上等の良い酒。

（1）以下二行、土田の演唱による。「今日源蔵　お暇乞いに出でたれど」（小林）。

（2）土田の歌詞で補う。

これを兄の寝酒にあげてくれ
お杉さらばと　饅頭笠（まんじゅうがさ）
合羽（かっぱ）まとうて　立ち上がる
お杉はそれを　見るよりも
もうお帰りに　なりますか
ご機嫌よろしゅと　[一]門（かど）送り
源蔵はそれを　聞くよりも
これのういかに　お杉やい
癪が持病の　姉上に(1)
病気大事に　遊ばせと
よろしく言うて　下されい
そちもいつまでも　このように
[二]水仕（みずし）奉公長くしようとは思うまいぞ(2)
早く良い所へ縁付くよう
源蔵[三]まさかた神に念じてくれるぞえ
涙隠してあはははと高笑い
心はあとへ　赤垣は
ようよう出でる　門の外（そと）
塩山伊左衛門と書いたる表札は

紛（まご）う方（かた）なき　兄の筆
源蔵はそれを　見るよりも(3)
兄の不在は　是非無いが
姉はまた病気で　会われない
言葉交わすに　及ばない
さて兄上様
千代に八千代に　さざれ石
ますますご出世遊ばすように
蔭でお祈り　申します
[四]鬼をも防（ふせ）ぐ　赤垣も
とけて流るる　血の涙
無事に別れを　告げられて
降りくる雪の　その中を
急いでこそは　行かれける
一足（ひとあし）違いに　伊左衛門
お帰り[五]ぞうと　供声（ともごえ）に
新造女中は　お出迎え
お帰りさまで　ございます
玄関へ上がりて　伊左衛門

一　客の帰りを門口まで出て見送ること。
二　下女奉公。お杉は武家の屋敷に奉公する結婚前の娘。後段に「下女」とある。
三　小林・土田ともに「まさかた」。意味不明。
四　「鬼をも拉（ひし）ぐ」の転訛か。
五　「候（そうろう）」の意。お帰りになりました。

(1)　以下三行、土田演唱では八行前の歌詞「これを兄の寝酒にあげてくれ」に続いてある。
(2)　土田の歌詞は、次に「割れ鍋の綴じ蓋で」が挿入されている。
(3)　以下六行、土田の演唱で補う。この部分、小林演唱の歌詞は「申し上げます兄上様」とのみ。

[一]一助大儀で　あったぞえ
寒さ凌ぎに　ご酒が良し
部屋へ下がりて　たんと呑め
一助それを　聞くよりも(1)
有難うござんす　旦那様
お休みなされて　下さいと
[二]中間部屋へ　下がらるる
あとに残りし　伊左衛門(2)
衣類着替えて　ご新造に
わたしの留守に　どなたでも
お出でなされは　せぬかいと
お聞きなされば　おまきさん
[三]別に用ある　おん方は
お出でなされは　せぬわいの
源蔵殿が　参りました
それ聞くよりも　塩山は
さては弟　源蔵が
二月ばかりも　影見せぬ(3)
寒さ厳しく　なりしゆえ
何か無心に　来たであろ
どういうお形で　参ったと
お聞きなされば　おまきさん
わたしゃ持病の　癪ゆえに
会い申うさんで　居りました
それ聞くよりも　塩山は
彼は[四]生来　酒を呑む
そなたと心が　合わぬゆえ
[五]来るたびごとに　癪が出る(4)
そうしたわけでも　あるまいが(5)
蔭で女中や[六]小者を相手にし
弟源蔵の　酒癖が
良いの悪いの　悪口を
聞く度ごとに　わしが胸
腹が立たぬで　無けれども
わしさえ堪えて　居たならば
内輪に波風　立つまいと
今までじっと　堪えしが
　さても一座の　上様へ

一　為永春水の『いろは文庫』では「逸助」。一竜斎貞山口演では「常平」、神田伯竜口演では「松尾市次」。浪曲、桃中軒雲右衛門の弟子酒井雲口演では「いちすけ」、二代吉田奈良丸口演では「常平」。

二　「中間」は、武家の奉公人。「中間と云は侍の下、小者の上也。侍と小者の間なる故に中間と云也」（『貞丈雑記』巻之四）。

三　源蔵は大切な用があって来たのだが、塩山の妻には客として扱われていない。大望成就まで本心を隠し誤解を承知で行動するという「義士」譚の特徴がよく表われている。

四　生まれつき。

五　土田演唱では、ここで二段目の段切り。なお、これ以降、末尾に至るまでの文句、酒井雲口演「赤垣源蔵徳利の別れ」（芝清之監修『浪曲忠臣蔵大全集』）に酷似する。

六　雑用に使われる武家の下僕。中間よりも身分が下の奉公人で、「下女・小者」と併称される。後段に「水汲み六蔵」ともある。

(1)　土田の歌詞で補う。
(2)　「あとに残りし塩山は」（土田）。
(3)〜(5)　土田の歌詞で補う。

まだ行く末は　ほど長い
誦（よ）めば理会（りかい）も　分かれども
まずはこれにて　段のきり

三段目（兄の情け）　31分

一昨夜（さくよ）　アー誦（よ）んだる　段の末
しからば誦み上げ　奉る
二おきずみなされて下さいと
そなたは何も　知らぬゆえ
武士の風上（かざかみ）にも置けぬ奴とは思おうが
三確か今年の　夏の頃
酔い倒れて　寝て居たる
水よ水よと　呼ぶ声に
お杉は水を　持って来る
源蔵の取らない　そのうちに
お杉は放せし　ことゆえに
源蔵の衣類に　水がかかる
どうすることぞと　見ておれば
酔い倒れた源蔵起き直り
濡れたる衣類に　目もくれず
側（そば）に置いたる　四大小の
中刃（なかは）を見たり　柄（つか）見たり
鞘の端（はじ）まで　あらためて
水が掛らぬ　その上に(1)
静かに側（そば）へ　しまわれて(2)
ようやく着物を　あらためて
これこれお杉　この後（のち）は
良く気を付けよと　言うたるが
日頃乱暴の　源蔵ゆえ
五むだなき心の　酔い心地(3)
荒手で折檻　するであろ
その時わたしが　詫びしようと
心の内で　考えし
いとも丁寧に　聞かせしが
六武士の魂に心を付けることなれば
長く浪人して　おるまいと

一　二晩に渉って段物を歌った場合の歌い出し。
二　「おきずみ」は「お聞き」と同じと小林談。目上の者に許しを求める意の「お聞き済み」と思われる。「拙僧が申し入れ度きことのあり、御聞済み下されうや」（河竹黙阿弥作『仲光』）。
三　以下の挿話、神田伯竜口演にもあるが、ここは一竜斎貞山口演の文句に近い。「武士の風上にも置けぬ奴ではあるが、確か当年六月であつた。相変らず源蔵が大酔をして、すぎ水を持つて参れと申したので、すぎが水を汲んで持参いたすと、源蔵が手を出し、盆を引いたので源蔵の袴から衣類をビツシヨリ濡らした、嘸怒るかと思ひの外……」（貞山口演）。
四　刀と脇差。「我が所在は刀・脇差なれば大小と判じた」（『鹿の巻筆』）。
五　「むだなき心」と聞こえるが、意味不明。
六　「剣は武士之霊」（「徳川成憲百箇条」）。諺に、「刀は武士の魂」。
（1）〜（3）　土田の歌詞で補う。

心の内で　喜んだ
これ[一]のういかに　女房よ
わたしがためには弟であれば
そなたのためにも弟でないか
わしが十言（とこと）の　情けより
お前の優しい　一言（ひとこと）が
源蔵どんなに　喜ぼう
源蔵どころか　このわしも
どんなに嬉しいか知れないが
いやいやこれはわしに似合わぬ愚痴
が出た
病気とあれば　是非もない
誰（たれ）も会わずに　帰したか
下女のお杉は　聞くよりも
申し上げます　旦那様
わしが目通り[二]　しましたと
今日は立派の　召物（めしもの）で
酒と肴を　携えて
兄上お帰り　なされたら
一杯呑むと　おっしゃって
勝手の方（かた）でお待ち申しておりました
お帰りいつぞと　お尋ねに
夜分とお答え　申したら
夜に入（い）るならば　不都合と
兄上[三]お帰り　なされたら
今日（こんにち）源蔵お暇乞いに出でまして
お留守と聞いて　源蔵は
夕刻近く　待ちたれど
お帰りなければ　是非もない
会わずに帰るが　残念と
よろしく言うて　くれいよと
あなたふだんの　ご紋付
貸してくれいと　願われて
嬉しそうに　押し頂き
柱の釘に　掛けられて
最前持参の　酒肴
皿や湯呑みに　入れられて
柱の衣類に　供えられ

一　以下八行、土田の歌詞無し。
二　身分の高い人に会うことだが、ここの用例はそぐわない。
三　以下、「よろしく言うてくれいよと」まで七行分、二段目の源蔵の言葉を繰り返す。この部分、土田演唱には無く、省略しても意味が通じるため、こうした繰り返し表現は、脱落したり、故意に省かれる場合がある。

その場の方（かた）に　手をついて
兄上一つ　召し上がれ
お流れ頂戴　致します
あとは何やら　口の内
ぐずぐず言うて　居（お）られける
塩山それを　聞くよりも
これのういかに　お杉やい
さては弟　源蔵は
どこかへ行くと　申したか
お杉はそれを　聞くよりも
芸州広島浅野大学[一]様へ参ると申された
それ聞くよりも　塩山は
さては弟　源蔵は
芸州広島へ　参ったか
会いたかったで　あろぞえの
会わずに帰る　源蔵も
会わぬわたしも　残念じゃ
虫が知らすか　塩山は

寝酒たべても　酔（よ）いもせず
その晩お休み　なされしが
うつつうつつで　眠られぬ
[二]子（ね）の刻半（はん）と　思うころ
体にびっしり　汗が出る
はあっと驚き　目を覚ます(1)
寝てはおられぬ　道理
現在血肉（ちにく）わけたる　弟が
[三]鎬（しのぎ）をけずる　雪の中
そうこうするうち　夜が明けた(2)
[四]窓下（まどした）駆け行く　人々は
どうだ碗六[五]（わんろく）ゆうべの騒動聞かれたか
もしもしこれ　茶助（ちゃすけ）さん
人を茶[六]にして　くれまいぞ(3)
ゆうべの騒動存ぜん知らぬで済むものか
ゆうべ本所[七]の　松坂町
浅野内匠の　おん家来
四十余人の　同勢で

一　浅野大学頭長広。浅野内匠頭の弟で養嗣子。刃傷事件で赤穂の浅野家断絶後、弟の大学はしばらく閉門。その後、広島の浅野本家に御預けとなった。
二　午前一時頃。この辺り、夜中の塩山の様子は講談とほぼ同じ。
三　刀を抜いて烈しく斬り結ぶ様子。
四　早朝から町の人々に噂が広まった様子を語る。浪士一行は、本所の吉良邸から永代橋を渡って高輪の泉岳寺に至る途中、汐留橋を渡り、芝口辺の脇坂邸近くを通った（『赤穂義士事典』）。室鳩巣の『赤穂義人録』には脇坂邸のこと無く、伊達邸の前、また保科邸の前を通ったとある。本居宣長筆記の講釈『赤穂義士伝』（一七四四）では、浪士一行が脇坂邸の門前を通ったとき、門番が咎めず通過させたので後で罪を得たと語る。
五　茶碗の「碗」の字を当ててみた。
六　ばかにする。茶化す。
七　吉良上野介義央の屋敷があった所。

（1）（3）　土田の歌詞で補う。
（2）　土田の歌詞で補訂。「そうこうするうち目が覚めて」（小林）。

吉良の屋敷へ　乱入し
目出度く殿の　仇を討ち
亡き殿様の　ご菩提所
芝高輪　泉岳寺
今引き上げる　道すがら
仙台様の[一]　お屋敷に
粥の馳走が　あるといの
行（ゆ）こう行こうと　急き立てる
塩山それを　聞くよりも
さては弟　源蔵も
中に有りしと　覚えたる
一助（いちすけ）おらぬか　一助よ
一助それを　聞くよりも
はいと返事を　致されて[1]
何が御用と　両手突く
それ見るよりも　塩山は
これのういかに　一助よ
ゆうべ本所の　松坂町
浅野内匠の　おん家来

四十余人の　同勢で
吉良の屋敷へ　乱入し
目出度く殿の　仇を討ち
亡き殿様の　ご菩提所
芝高輪　泉岳寺
今引き上げる　道すがら
仙台様の　お屋敷に
粥の馳走が　あるといの
さても弟　源蔵も
中に居よかと　思わるる
その方（ほう）見届け　参れよと
さても一座の　上様へ
まだ行く末は　ほど長い
誦（よ）めば理会（りかい）も　分かれども
まずはこれにて　段のきり

四段目（形見の品々）　30分

一助（いちすけ）それを　聞くよりも

一　仙台城主松平陸奥守（伊達綱村）。室鳩巣『赤穂義人録』では、一行が伊達邸の前で見咎められ、大石内蔵助が事情を説明して通過を許されたとある。また本居宣長筆記『赤穂義士伝』では、脇坂邸を通過した後、隣りの松平陸奥守の屋敷で酒を振る舞われたとある。（左の絵図参照）

（1）土田の歌詞で補訂。「はいと答えて今ははや」（小林）。

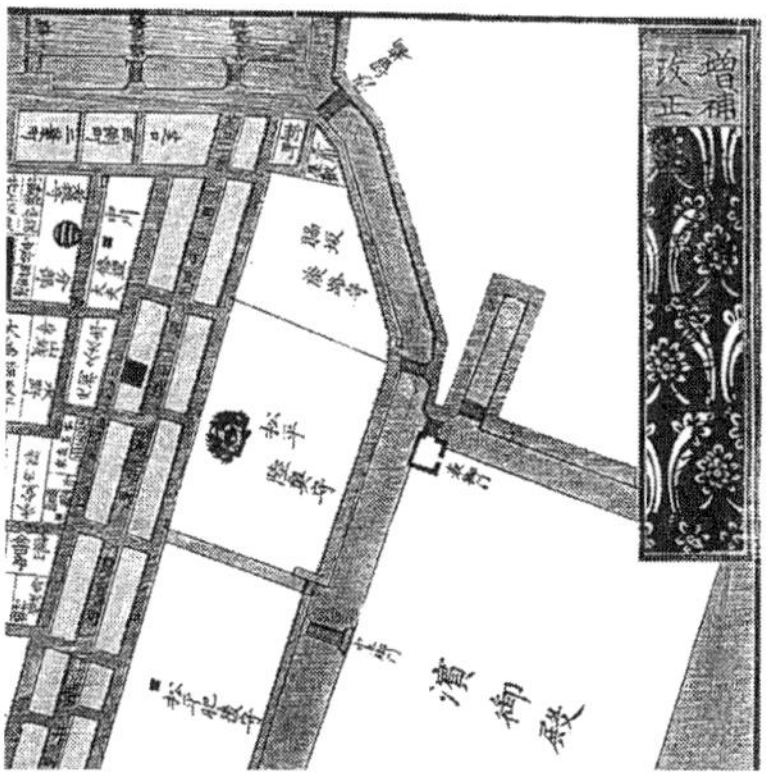

浜田義一郎編『江戸切絵図・金鱗堂版』（一九七四）より

一お控えなされや　旦那様
いかにご兄弟の　欲目とて
あの飲んだくれの　源蔵さん
仇討ちなどとは思いも寄らぬ
塩山それを　聞くよりも
黙れその方(ほう)の知ったことでない
早く見届け　参れよと
言われて是非なく　一助は
居たる所を　立ち上がり
二吉良の屋敷へ　急がるる
それ見るよりも　塩山は
一助待って　一助よ
中に源蔵　居たならば
あたり近所へ　聞こえるよう
大きな声で　言うてくれ(1)
もしも源蔵　居ないなら
小さな声で　言うてくれ
畏(かしこ)まったと　一助は
是非なくその場を　まかりたち(2)

吉良の屋敷に　なりぬれば
門(もん)のくぐり三を　開かれて
四十余人の　同勢で
揃うて出でる浅野の浪士
一助それを　見るよりも
今か今かと　見てあれば
中にも赤垣　源蔵は
左の肩より胸いっぱい(3)
敵(てき)の血潮を　浴びられて
槍を力に　足つまだて
四兄の館(やかた)を見ている様子
目早く見付けた　一助は
慌てて側(そば)へ　駆け寄って(4)
もしもし源蔵様では　ござらぬか
源蔵はそれを　聞くよりも
連れ立ち同志に　うち向かい
さて一同の　方々(かたがた)へ
これに来たりし　中間(ちゅうげん)は
わたしが兄の　召使い

一　おやめなさいよ、お止しなさいよの意。為永春水の『いろは文庫』では、疑うのが兄の伊左衛門、きっと居ると確信するのが逸助（一助）となっている。
二　講談では、討入り後、松平陸奥守の屋敷で休息していた浪士一同がその屋敷の門から出るところへ駆け付けることになっている。文脈上は「仙台様のお屋敷」とあるべきところ。以下も同じ。
三　門の片側の小さな潜り戸。
四　この場面を松平陸奥守邸とすれば、脇坂淡路守邸はすぐ隣りである。前頁の絵図参照。

（1）（2）　土田の歌詞で補う。
（3）　土田の歌詞で補訂。「左の胸より今ははや」（小林）。
（4）　「やがて側へと近付いて」（小林）。

いささか話が　あるゆえに
私にお構い　下さらず(1)
先に引き上げ　下さいと
連れ立ち同志は　聞くよりも
お先へご免と　会釈して
高輪指して　急がるる
あとに残りし　源蔵は
良く来てくれた　一助よ
一助それを　聞くよりも
申し上げます　源蔵さん
これが来ないで　なんとしょう
実はここまで　来(き)は来たが(2)
あなた居(お)るか　居らぬかと(3)
心配致して　おりました(4)
よく居て下さった　源蔵さん(5)
源蔵はそれを　聞くよりも
これのういかに　一助よ
きのう屋敷へ　出でたるは
酒と肴を　携えて(6)

この世の名残りに　兄上や
姉上様に　お目通り
それ楽しみに　至りしが
[一]きしょう持つ身とは　言いながら
お上の御用で　赤坂へ
姉はまたも病気で会われない
会わずに帰る　源蔵の
胸を察して　下されと
[二]世の諺にも　言う通り
[三]反間苦肉(はんかんくにく)の　はかりごと
察してくれよ　一助よ
三度呑む酒　二度までは
毒呑む心地が　したわいと
[四]槍の柄に付いた　短冊は
逆さまながら　兄上に
源蔵よりの　おん形見
差し上げなされて　下さいと
懐中探りて　紙包み
これは人参の　細末(さいまつ)じゃ

一　土田は「きしゅう」と発音。塩山の立場である「主持つ身」の意か。
二　これ以下、土田の歌詞は大きく前後している。ただし、各句の文句は小林とほぼ同じ。
三　敵の裏をかき、我が身を苦しめて敵を欺き、敵情を探ること。これは大石内蔵助の話を始めとして、廻りの人々の誤解を忍びつつ本心を隠して討入りの日を待つ義士伝物の主要なテーマとなっている。
四　兄への形見は一竜斎貞山の講談と同じ。神田伯竜口演では呼子の笛となっている。
（1）〜（6）　土田の歌詞で補う。

[一]癪（しゃく）が持病の　姉上に
源蔵よりの　形見じゃと
差し上げなされて　下さいと
またも探りて　紙包み
[二]中に入れたる　十両は
そちと水汲み　[三]六蔵と
下女のお杉と　三人で
形見に分けて　下さいと
それ聞くよりも　一助は
申し上げます　源蔵さん
[四]金は使えば　無くなるが
残る形見を　下さいと
源蔵はそれを　聞くよりも
あたりを見れども　何もなし
これのういかに　一助よ
[五]吉良で討死に　したときに
浪士集める　呼び子の笛
これをそなたに　取らするぞ
それ見るよりも　一助は

有難うござんす　源蔵さん
形見の品々（しなじな）　懐中し
申し上げます　源蔵さん
今日は祝いに　旦那様
あなたのお好きな　ご酒じゃもの
一杯呑ませて　やりたいと
お待ち申して　ございます
ちょっと立ち寄り　下さいと
言えども源蔵は　そりゃならぬ
一助それを　聞くよりも
申し上げます　源蔵さん
窓下（まどした）までも　駆け寄りて
顔だけ見せて　くだしゃんせ
言えども源蔵は　そりゃならぬ
さらばさらばと　源蔵さん
その場の方（かた）を　立ち出でて
高輪指して　急がるる
一助それを　見るよりも
申し上げます　源蔵さん

一　義姉への薬の形見は神田伯竜口演にもある。
二　吉良邸で討死した場合を考え、自己の死骸を片付けてくれた者への謝礼として、浪士たちは、なにがしかの金を懐中したと伝える。
三　塩山家の下僕。
四　金よりも残る形見が欲しいという一助の言葉は浪曲と同じ。神田伯竜口演では金だけもらう。一竜斎貞山口演では物惜しみするケチな男となっている。
五　笛の用途の誤認。「呼び子の笛」は、吉良邸で最初に義央を捕らえた者が合図に吹く約束だったと伝える。

今一度こちらへ　振り向いて
顔だけ見せて　下さいと
源蔵はそれを　聞くよりも
後ろの方(かた)へ　振り向いて
にっこと笑うて　駆け出だす
あとに残りし　一助は
形見の品々　懐中し(1)
一館(やかた)を指して　帰らるる
かくて館(やかた)に　なりぬれば
表口から　声高く(2)
申し上げます　旦那様

源蔵殿は　居(お)られたが
あとはこれこれ　こうこうと
一部始終の　物語り
二聞く塩山も　嬉し泣き
三しんちゃゆるした　徳利(とっくり)が
四脇坂家の　宝物(ほうもつ)に
なったというのも　忠義の徳
残る誉れの五徳利別れのお話は
げに勇ましき　次第なる
　まずはこれにて　段の末

―「赤垣源蔵」末尾―

一　土田演唱では「我が家を指して急がるる　かくて我が家になりぬれば」となっているが、これは不用意に不相応な慣用句が出てしまったものと思われる。
二　講談では、これ以後、脇坂家の家中の者たちが源蔵の残した徳利の酒を呑みに押し掛けてくる場面があるが、瞽女唄には無い。
三　「しんちゃゆるした」の意味不明。「…色した」の意か。
四　為永春水の『いろは文庫』では、塩山家の重宝となったとあるのみだが、後の講談では殿に献上した経緯も語る。
五　本作は、講談・浪曲では「徳利の別れ」と称される。ここはそれをうけたもの。瞽女唄段物の名としては本作冒頭にある「赤垣源蔵暇乞いの段」。

（1）　土田の歌詞で補訂。「吉良の屋敷を立ち出でて」（小林）。
（2）　土田の歌詞で補訂。「大音(だいおん)上げて一助は」（小林）。

10　明石御前

〈凡例〉

一　土田ミス伝承の歌詞は、小林ハル伝承の歌詞とほぼ同じである。高田瞽女杉本キクイが伝承する歌詞はない。

二　私意によって判断できない部分は、小林ハル本人に直接確認した（一九九六年三月）。

三　本作は字余りが多い。

祭文松坂　明石御前

一段目（大名行列）　22分

さればに　アーよりては　これに
また
いずれに愚かは　無けれども
何新作の　無きままに
古き文句に　候えど
[一]播磨軍記と　世に残す
明石騒動の　そのうちに
小菊殺しの　物語り
ことこまやかには　誦(よ)めねども
あらあら誦(よ)み上げ　奉る
国は播州に　隠れなき
明石の城主　お固めなさる
殿は松平左兵衛督(さひょうえのかみ)　[二]信虎(のぶとら)公は
いただく知行が　六万石
[三]大坂(おおさか)落城のみぎり
[四]太刀(たち)の先にて取ったる知行が六万石
都合(つごう)十二万石　なるところ
[五]淡路藩中　六万石
時の天下へ[六]首しろ代(だい)に
差し上げられて　片道中は
日(ひ)に三人の斬り捨て御免
お墨付きをば　頂戴致し
参勤交代　勤めのみぎり
東海道を　お通りなさる
ここはどこよと　尋ぬれば
伊豆の国にて　賀茂の郡(こおり)
[七]三島の宿(しゅく)にて　ふじ屋の方(かた)へ
[八]明石御前は　お泊まりじゃ
幕打ち張りて　[九]盛り砂致し
おん殿遅しと　待ち居たり
それはさておき　ここにまた
[一〇]りゅうきゅう定めし　一人(いちにん)は
もとは尾張の　侍(さむらい)で
[一一]稲富豊後介(いなどめぶんごのすけ)　と申するは

一　書名としては不明。
二　明石藩に信虎という名の城主はいない（『三百藩藩主人名事典』）。また明石城主が兵衛督となったのは江戸中期以降のこと。六万石と定まったのも延宝七年（一六七九）以後で、それ以前は七万石（『藩史大事典』）。
三　元和元年（一六一五）、大坂夏の陣。
四　戦の手柄によって得た領地。大坂の役で軍功があった明石藩主に第五代目の松平山城守忠国（一五九七～一六五九）がいる。
五　淡路洲本藩六万三千石は、元和元年、藩主池田忠雄が本家岡山藩主に転出後、幕府が没収。
六　「首代(くびだい)」はもともと刑罰で殺される代わりに支払う金のことであるが、ここでは斬り捨て御免の許可を得るために幕府へ献上した領地をいう。
七　東海道の宿駅で陣屋があった。今、静岡県三島市。
八　明石藩のお殿様。作中の松平左兵衛督信虎公を指す。
九　大名が宿泊する本陣の庭に盛り上げる円錐形の砂山。敬意を表して貴人を迎えるためのもの。
一〇　不明。土田の歌詞も同じ。

高は殿より　七百石
頂戴致せし　ご大身
げにも[一]火術の　名人で
諸家中方へ　鉄砲の
指南致せし者にて　候えば
おん殿様は鶴を御成のその節に
御前の所望で　豊後介
鶴を射てよとの　仰せなる
はっと応えて　豊後介
火術の早業　一発放し
鶴を射とうと　思うたに
お[二]鷹匠を射ち止めたるその罪で
すぐお手打ちにもなるべきところ
[三]成瀬隼人正の　お情けで
裏門より[四]阿房払いに致されて
是非もなくなく　豊後介
故郷尾張を　罷かり発ち
[五]二日町へと　落ちにける
尾張屋源内と　名乗られて

同じく二日町に　住まいをなす
女房おりつに　娘の小菊
三人家内の　ことなれば
[六]生まれ落ちより　商人さえ
今の世渡り　住みにくい
それで昨日や　今日までは
武家で育った　身の上なれば
ほかに渡世の　無きままに
狩人渡世に　致されて
細々月日を　送らるる(1)
或る日のことに　源内は
朝早ばやくも　起きなおり
女房おりつに　うち向かい
これのういかに　女房や
今日は明石の　お通りじゃ
明石の殿と　申するは
一徹短慮の　君ゆえに
少し[七]不調法が　あるならば[八]
なんぼ幼い　子じゃとても

(1) 稲富は稲留とも書く。江戸時代初期、尾張藩に仕えた砲術家に、稲富流の開祖稲富一夢がいるが、一夢は「伊賀守」（『寛政重修諸家譜』）である。モデルの人物は未詳。

一 鉄砲や大砲を扱う技術。尾張藩は稲富流。
二 大名の鷹狩のために鷹を飼育し訓練する専門の技術者。鷹狩に鶴を取ること、また鶴料理をすることがあった（『松平大和守日記』、『葉隠』聞書七・22、43など）。
三 江戸時代初期の尾張藩の家老としては、成瀬正成（一五六八〜一六二五）、その子成瀬正虎（一五九四〜一六六三）がいる。いずれも隼人正。
四 武士に対する追放刑の一つ。大小両刀を取り上げ、裸にして割り竹で叩き、古着に縄帯を締めさせて追放する（前田勇編『江戸語大辞典』）。
五 三島宿の町名。
六 元来商人の身分に生まれ付いた者でさえ。
七 あやまち。
八 土田の演唱は以下、「斬り捨て御免のお大名／うけたまわれば近頃は／愛知郡に隠れなき／おこしきんすのあいじくに……」。

[一]未練情けも　言わずして
みんな斬り捨て　なさるぞえ
愛知郡に　隠れなき
[二]起清洲の　間宿に
くさかい村の百姓馬方佐五平[三]は
酒興のうえの　慮外にて
斬り殺されたと　言う話
今日は小菊を　出だすなよ
ほかの仕事も　致さずに
小菊が守りを　頼むぞと
[四]言うよりはやく　その身の支度
[五]めくの腹掛け　股引脛巾
弾薬腰に　付けられて
鉄砲かついで　源内は
我が家の方を　あとになし(1)
箱根山へと　分け登る
あとでおりつは　今ははや
我が子小菊に　向かわれて(2)
これのういかに　小菊女よ

[六]今日は明石の　お通りじゃ
明石の殿と　申するは
一徹短慮の　君ゆえに
斬り捨て御免の　お大名(3)
少し不調法が　あるならば
なんぼ幼い　子じゃとても
未練情けも　言わずして
みんな斬り捨て　なさるぞえ
今日一日は　おとなしく
[七]母のそばに　居やれよと
言われて小菊も　今ははや
はいと返事も　優しさに
母のそばで　一二三
手習い致して　おるとこへ
近所の友達　五六人
表の方へ　立ち寄りて
これこれ申し　小菊さん
今日は明石の　お通りじゃや(4)
行列参[八]詣に　行かぬかえ(5)

(1)　土田の歌詞で補訂。「細く月日を送らるる」(小林)。

一　父源内の語るこの言葉が後の伏線となっている。
二　起は、美濃路の木曽川近くにあった宿駅。清洲から京方面へ三つ目。
三　「さごはい」と歌っている。上の「くさかい村」も、日下部村か。
四　この行、土田は「言うよりはやく源内は／その身の支度を致されて」。
五　めくら縞。紺の綿織物の、縞模様の一種で、仕事着などに用いた。「紺メクラ島ハ股引、脚半、腹掛ノ類、必ラズ用之」(『守貞謾稿』巻十九)。
六　以下、源内の言葉を女房が小菊に繰り返す。瞽女唄の特徴。
七　以下、土田の歌詞は「母のもとに居やれよと／言うてなだめておるとこへ／隣家の友達五六人／表の方へ立ち寄りて」と続く。
八　神社仏閣だけでなく、貴人のもとへ行くときにも使う。

(1)～(4)　土田の歌詞で補う。
(5)　土田の歌詞で補訂。「おまえ殿様行列参詣に行かぬかえ」(小林)。

小菊はそれを[一]　聞くよりも
母の元へと　走り行き
申し上げます　母様（かかさま）へ
[二]お末（すえ）さんや　お梅さん
支度を致して　来ましたよ
小菊もやって　下さいと
おりつはそれを　聞くよりも
これのういかに　小菊女よ
[三]行列参詣に　出でるなよ
のちになるなら　裏のお堂に
[四]手品神楽（てじなかぐら）が　あるゆえに
母が連れて　ゆくわいと
小菊はそれと　聞くよりも
母の言葉に　ひかされて(1)
表の方へ　走り出で
申し上げます　皆さんよ
行列参詣に　行きませぬ
後（のち）になるなら裏のお堂に手品神楽が
ある故に
母（かか）さんと一緒に　行きまする
[五]子どもはそれと　聞くよりも
これのういかに　小菊さん
行列参詣に　行かなけりゃ
明日（みょうにち）よりも　手習い先で
[六]筆子（ふでこ）仲間も　はびきます
お前と誰も　連れ出たぬ
それでも行かぬか　小菊さん
子供仲間の　意地悪さ
言えば小菊も　[七]理に詰まり
母の元へと　走り行き
[八]申し上げます　母様（かかさま）へ
行列参詣に　行かなくば
明日（みょうにち）よりも　手習い先で
筆子仲間も　はびかれます
どうぞやって　下さいと
[九]母のたもとに　泣きすがる
　[一〇]さても一座の　上様へ
まだ行く末は　ほど長い

一　土田の演唱では以下すべて「それと」。
二　土田は「あれ友達があのように」。
三　土田は「行列参詣に行きゃるなよ」。
四　獅子舞を中心に、品玉（しなだま）・皿廻し・曲鞠などの芸を演じた太神楽のこと。
五　土田は「それ聞くよりも友達は」。
六　師匠の元で手習いする弟子のこと。「はびき」は、はぶく意。仲間外れにすること。
七　「道理によって言い負かされる」（『邦訳 日葡辞書』）こと。ここでは、返すべき言葉がなくなること。
八　土田は「これのう申し母様（はは）へ」。
九　慣用句。「両の袂に泣きすがる」（「石童丸」「阿波の徳島十郎兵衛」）なども。
一〇　土田の段末は「さても一座の上様へ／まずはこれにて段の切り」とのみ。
（1）　土田の歌詞で補う。

誦(よ)めば理会(りかい)も　分かれども
一息入れて　次の段

二段目（道切り）　30分

[一]おりつも今は　ひと思案
源内殿が　あれほどまでに
堅く言うて　ゆかれたに
出して間違い　あったなら
源内殿へ　めんぼくない
と言うてこの子が　出たがるを
[二]自ら(みずか)が身肌(みはだ)分けたる自身の子なら
なんと言うても　叱りつけ
無理にも出さずに　置くけれど
三つの歳より　手につけて
育てあげたる　義理ある子
[三]ままの隔ては　せぬけれど
[四]人の口には　戸がたたぬ
源内娘の　小菊ばかり
母がままで　厳(きび)しくて
友達出るのに　出されぬかと
言われることの　悲しやな
一緒に連れて　出でるなら
よもや不調法も　あるまいと
箪笥引きあけ　小菊が衣裳
はや取り出だして着替えさせ
まだ歳七つの　ことなれば
[五]おびぎ仕立(じた)ての　お小袖に
色よき帯を　しめさせて
髪を直して　花髪刺(はなかみざ)し
前に巾着(きんちゃく)　下げさせて
これのういかに　小菊女(じょ)よ
母はそなたを　召し連れて
行列参詣に　出でるには
乱れし髪を　撫で上げて
そうして一緒に　連れて行く
待ちていやれと　言い聞かせ
おりつは一間(ひとま)へ　入(はい)らるる

一　土田の演唱は、「ただ今誦んだる段の末」と、段継ぎの文句から入る。
二　おりつは継母という設定である。継母の立場のむずかしさがこの悲劇のきっかけとなっている。
三　継母としての心の隔て。より古いタイプの物語には、継子いじめの話が多いが、江戸時代の物語では逆に継母であるが故に、実母以上に気を遣い、自己犠牲をはらう話となる。これもその一つ。
四　諺。人の評判はとめられない意。「人の口には戸がたてられぬと云俗諺の如く、世人はさま〲のことを言(いふ)ものなり」（『甲子夜話』四十一）。
五　「おびぎ」は「おぶぎ」（土田）とも。初着(うぶぎ)の意で、方言（新潟県十日町市など）にも残る。

表の方にて　友達は
[一]申し上げます　小菊さん
支度ができたら　行きましょよ
殿様お出でに　なるわいの
早く早くと　急きければ
急き立てられて　小菊女は
[二]飛んで火に入る　夏の虫
後の災難　露知らず
母にかまわず　友達と
一緒に我が家を　出でられて
[三]表三島へ　急がるる
表三島に　なりぬれば
十より下の　幼な子は
死ぬるというと賽[四]の河原へ行くという
この世からして　石積む稽古
花を折りては　石を積み
まだ殿様の　お出でで　ないかと
待ち居る所へ　明石のおん殿

行列お立て　あそばして(1)
[五]金紋先箱　行列で
[六]台笠　立傘　油鳥毛に　小鳥毛
鉄砲は三十二から　弓が二十四張り
供槍十五筋　長刀十二振り(2)
これを厳しく　たて道具
別に虎毛鞘の槍が一筋
馬上にまたがるこれはどなたと見てあれば
[七]道中家老を　つかまつる
田中丹蔵　和田源太左衛門なる
その後よりも　続かれしは
その日の当番　荒井幸左衛門
その後よりも　続かれしは
一の家老の津田兵部助様
君の先供　致さるる
その後よりも　続かれしは
君に増すとも　劣らぬ
悪逆非道の　鷲塚兵馬

一　土田は「これのう申し小菊さん」。
二　諺。中世の『源平盛衰記』巻八には「智者は秋の鹿、鳴きて山に入り、愚人は夏の虫、飛んで火に焼く」とある。江戸時代には「とんで火に入る夏の虫」（近松門左衛門作『国性爺合戦』など）と出。
三　三島宿の表通りのことであろう。
四　民間信仰による死者の世界の一つ。
五　大名行列の先頭に立つ従者が担ぐ金色の家紋の入った挟み箱。「先箱の紋は金紋先箱と唱へて何方も同やうなる：：」（『甲子夜話』四十一）。土田は「金紋先箱申すに及ばず」。
六　「台笠、立傘、今世、幕府御成大名旅中行粧ノ具也」（『守貞謾稿』巻二十九）。「七つ道具の台笠、立傘、馬標これぞと名にし大鳥毛」（近松門左衛門『堀川波鼓』）。
七　土田演唱では、「道中家老とつかまつる津田兵部助様／君の先供致さるる／その後よりも続かれしは／田中丹蔵和田源太左衛門なる／その日の当番荒井幸左衛門／その後よりも続かれしは／君に増すとも劣らぬ／強悪鷲塚兵馬助」となっていて順序が異なる。

（1）（2）　土田の歌詞で補う。

それより大将　信虎公は
[一]網代の駕籠に　お召し遊ばし
右や左や　あとさきに
御徒の役人　十二人
絹羽織の　侍衆
十人ずつ　二条に並び
その後よりも　続かれしは
それより大将お乗り替えのお駕籠に
は
引き馬三つ合羽籠から沓籠両掛挟
み箱
[二]お先触れに　じょう若党
[三]下に下にと　言いながら
窓を覗くな　煙出すなと
六万石の　ご威光で(1)
本陣指して　急がるる
お殿のお馬威勢盛んの名馬なれば
本陣近いと　喜んで
にんといいななく　その声に
可愛いや小菊は　驚いたか
ああ恐ろしやお殿のお馬が喰い付き
まする
わたしゃ向こ丁へ行きましょと
行列盛んの所へ走り出でれば源太左
衛門
お情け深い　仁なれば
口には言わねど　心では
返れ戻れと　言うままに
足で蹴落とす　土手の下
小菊は見慣れぬ　侍に
突き落とされて　驚いたか
思わずわぁっと　泣き出だす
はやその声を　おん大将
お駕籠のうちにて　聞こし召し
行列止めよの　上意なれば
拍子木もろとも行列その場へ止まり
ける
誰そあらぬか[四]源太左衛門とお声が掛

一　上等の駕籠。「晴ノ時用之。…今世、乗物ニハ上極トス」（『守貞謾稿』後集巻三）。
二　行列の到着に先立って、本陣となる宿場に大名一行を迎える諸準備を命じることが先触れの役。若党は、藩士に仕える若い侍。「じょう若党」は不明。
三　東海道藤沢宿の老人の回顧談に、「お大名衆のお通りはおっかなかったねえ。下いろ、下いろうって、立っちゃいけねえ、立てば斬られちまうっていうだから、大人のうしろに小さくなってふるえてただ」（山川菊栄『わが住む村』）とある。
四　源太左衛門は「道中家老」とあり、道中の責任者となっている人物。

（1）　土田の歌詞で補う。

かる
お声がかりに　なりぬれば
駕籠先へ　手をついて
君の目通り　平身低頭
恐れながら　我が君様
斯様(かよう)な所へ行列お止め遊ばして
何を仰せ　ご詮索なされます
おん大将は　聞こし召し
あいや源太左衛門
ただいま余が　行列先
[一]道切(みちぎ)り致せし者これあり
鳥類にてか　畜類かと
お尋ねあれば　源太左衛門
[二]あれは鳥類　畜類と
申し上げれば　君様へ
我が偽りを　申せし罪
いかが致して　良かろうと
その体(てい)見て取る　[三]兵部助
さてこそ我が君様は

女郎(めろう)の道切り致せし所を
ご承知あって　おん大将
鳥(ちょう)　畜類と　お尋ねある
これをお言葉に　従いて
[四]女郎(めろう)の命を助けてくれんと駕籠先
に手をついて
君の目通り　平身低頭
恐れながら　我が君様
ただいまあなたの　行列先
道切り致せし　その者は
二日町から　三島の辺(へん)に
朝夕(ちょうせき)[五]ど伏(ぶ)して　おりまする
犬畜生で　ございます
甲斐無き畜生お手討ちになされたと
て
さのみ君の御功(ごこう)にもなるまじと
兵部助は　心得ます
おん大将は　聞こし召し
兵部余は[六]六万石公儀へ差し上げて通

一　土田は「道切り致したその者は」。
二　以下四行、源太左衛門の心中の言葉。
三　兵部助は「一の家老」とあった人物。
四　この行、小林は字余りで一気に歌うが、土田は「女郎の命を助けてくれんと／駕籠先に手をついて」と、二コトで歌う。なお、土田演唱では、ここで二段目の段切り。
五　「ど」は、罵り卑しめる意で用いる接頭語。
六　前出の「首しろ代」のこと。なお、この行、小林は字余りで一気に歌うが、土田は「あいや兵部余は六万石／公儀に差し上げて通ると言うても」と、二コトで歌う。

ると言うても
甲斐無き畜生　殺しはせぬ
犬なら助け　つかわすぞ
人間ならば　三つ子でも
助け置くこと　相ならぬ
行列立てよの　上意なれば
拍子木もろとも行列立てんとなすと
ころ
悪逆非道の　鷲塚兵馬
行列お立て　遊ばすこと
暫く暫くと　差し止める
一これはこれは　兵部殿
君へ何偽り申し上げられてあるや偽
りでござろう
ただいまあなたの　行列先
道切り致せし　その者を
犬と申し上げらるるは定めし偽りで
ござろ
兵部助は　聞くよりも

これはこれは　兵馬殿(1)
犬に相違ないによって犬と申し上げ
たのじゃ
犬ではござらぬ　犬でござる
犬ではござらぬ　犬でござる
あくまでも犬と言わるることなれば
この鷲塚が調べ出だしてお目にかけ
んと
二同心小者（こもの）に　申し付け
土手の下を　捜（さが）さるる
可愛いや小菊は茨（いばら）の木蔭（こかげ）に忍び泣き
役人それと　見るよりも
忍び泣きする　小菊をば
襟髪（えりがみ）つかんで君様のおん目通りへ差
し出だす
　さても一座の　上様へ
まだ行く末は　ほど長い
誦めば理会も　分かれども
まずはこれにて　次の段

一　以下、鷲塚の言葉。鷲塚兵馬は、五段目に「二番家老」とある。
二　同心は下級の役人。小者は、雑用に使われる下僕。

（1）　土田の歌詞で補う。

三段目（命乞い）　31分

鷲塚兵馬は　見るよりも
これはこれは　兵部殿
これが犬と言われますか
ご返答いかがと　差し詰める
[一]おん大将は　聞くよりも
[二]あいや兵馬　詰めるに非ず
東海道の　ことなれば
犬も沢山　おるであろ
兵部助が見たるは犬であろ
また汝が見たる　この女郎
鷲塚所望じゃ　斬り捨てよ
勇み勇んで　鷲塚は
小菊を取って斬り手の役に渡さるる
そのとき[三]荒井　幸左衛門
たすき十字に　あやどって
後ろ鉢巻白綾取って凛と締め
刀の[四]目釘を　湿されて
玉散る刃を　携えて
小菊が後ろへ　立ち廻る
[五]小菊はそれを　見るよりも
[六]もみじ葉ほどの　手をついて
旦那様許して　くだしゃんせ
小菊はなんにも　致しはせぬ
父様母様　居らぬかえ
[七]どうぞ詫びして　たまわれと
数多の見物　見るよりも
あれ不憫やな　どこの子じゃ
見れば器量よい　お娘子
知らずにござるか　気の毒やと
[八]ともに涙の　袖しぼる
中で一人　進み出で
あれあれは尾張屋[(1)]　源内の
一人娘の　小菊とて
朝夕楽しむ　その人じゃ
知らずにござるか　気の毒や
教えてやろうと　言いながら

一　土田は「おん大将は聞こしめし」。
二　明石城主は、城主らしい度量の大きい人物として語られている。
三　二段目に「その日の当番」とあった。長旅だったので諸役を交替で勤めたのである。
四　目釘は、柄と刀心を固定する釘。抜けないように湿らせる。
五　土田は「可愛いや小菊は刃の下で」。
六　慣用句。「石童丸」に「もみじのような手をついて」など。
七　土田は「詫びをなさいて下さいと／泣き叫べば数万の見物／あれ可愛やどこの子じゃ」。
八　慣用句。「葛の葉子別れ」に「共に涙で袖しぼる」など。

（1）土田の歌詞で補訂。「一人子じゃとて可愛がり」（小林）。

居たるところを　立ち上がり(1)
二日町へと　急がるる
それはさておき　おりつさん
乱れし髪を　なで上げて
小菊行(ゆ)こうと　言うままに
表の方へ　走り出で
見れども小菊は　居らぬゆえ
声張り上げて　呼ばわれば
隣り近所の　人々は
申し上げます　おりつさん
小菊はさっきに　友達と
表三島へ　行きました
おりつはそれを　聞くよりも
これはどうしょう　なんとしょう
源内殿が　あれほどまでに
堅く言い付け　行かれたに
よもや不調法が　なけりゃよいと
気を揉み気を揉み　急ぎ行く
道の途中で　[一]迎えの人
息を切って　駆け来たり
そのままおりつに　取りすがり
申し上げます　おりつさん
[二]小菊は明石の　道切(みちぎ)り致し
ほんに只今　殺されます
詫びをなされて　くださいと
おりつはそれを　聞くよりも
これはどうしょう　なんとしょう(2)
[三]かかる災難　なにごとと
そのままそこに　伏し倒れ
ものも言わずに　なき沈む
迎えの人は　見るよりも
申し上げます　おりつさん
ここに嘆いて　いたとても
時刻移れば　殺されます
早く早くと　急かされて
引き起こされて　おりつ殿(3)
よろめく足を　踏みしめ〳〵
[四]三島の宿(しゅく)へ　急ぎける

一　表三島から知らせに駆け付けた見物人のひとり。
二　「小菊は明石の道切り致し／ほんに只今殺されます」の二行、この物語の定型表現として繰り返される文句。これ以下、五回繰り返される。
三　このような災難が我が子に降りかかるとは、一体どうしたことか、の意。まさかの思いが的中してしまった衝撃を表わす言葉。
四　ここは「表三島へ」とあるべきところ。

(1)　土田の歌詞で補う。
(2)　土田の歌詞で補う。また、土田の歌詞では、次に「源内殿があれほどまでに／堅く言い付け行かれたに」の二行あり。
(3)　土田の歌詞で補う。

表三島に　なりぬれば(1)
あまた見物　押し分けて
おん殿様の目通りへ　出でられて
[一]駕籠先へ　手をついて
お恐れながら　おんかみ様
ただいまあなたの　行列先
道切り致せし　幼な子は
みずからが子で　ございます
[二]当年我が子　歳七つ
西も東も　分かちない
[三]悪戯（いたずら）するよな　子ではない
どうぞあなたの　お情けで
お助けなされて　くださいと
涙もろとも　願わるる
おん大将は　聞こしめし
やあやあ女（おんな）　汝が願いによって
命は助け　つかわすと
言うも終わらず　鷲塚兵馬
やあや女（おんな）おん殿様のおん目通り恐れ
もなく
己れが子の詫びに　出でるとは
大胆不届き　者なるぞ
容赦はならぬと　突き飛ばす
突き飛ばされて　おりつさん
またその下から　手をついて
[四]申し上げます　おんかみ様
どうあっても助かりませぬことなれ
ば
[五]この子はお助け　くだしゃんせ
わたしを殺して　たまわれと
鷲塚兵馬は　聞くよりも
やあやあ女（おんな）昔古人の　たとえには
[六]子は親の身代わり立つと言うことあ
れど
親は子の身代わり　かなわない
ならん下がれと　叱らるる
またその下から　手をついて
お恐れながら　おんかみ様

一　土田は「その場の方へ手をついて」。
二　「当年我が子歳七つ／西も東も分かちない」の二行も、この物語の定型表現として繰り返される文句。
三　土田は以下四行、「譬えて申さば這い虫同様／お許しなされて下さいと／涙にくれて願わるる」。
四　土田は「恐れながらおんかみ様」。
五　土田は以下二行、「わたしを殺してくだしゃんせ／この子を助けてください」。
六　江戸時代の封建社会では、主君や親など目上の者のために命を捨てるのが当然という観念があった。子の身代わりになりたいと願う自然な親の情愛は、親子の上下関係から建前上は許されないことになる。身代わりでなくとも、親のために子が犠牲になる江戸時代の物語は多い。

（1）　土田の歌詞で補訂。「三島の宿に着きければ」（小林）。

この子と申すは　みずからが
一身肌（みはだ）分けたる　子ではない
この子の母と　申するは
産後の上で　果てられて
三つの歳より　手に付けて
乳母（うば）で育てる　わたくしは
一年いくらの　給金じゃ
この子は主人　わたしは家来
主人の身代わり　家来はかないましょう
どうぞあなたの　お情けで
わたしを殺して　くだしゃんせ(1)
この子を助けて　くださいと
鷲塚兵馬は　聞くよりも
ややあや女（おんな） 乳母と言うたり我が子と言うたり
上（かみ）偽りの　悪党者
二容赦はならんと　突き飛ばす
三詮方（せんかた）なしと　おりつさん
こなたの方（かた）へ　うつむいて
四さてもさても　情けなや
三つの歳より　手に付けて
五義理に義理を　重ねてぞ
六育て上げたる　義理ある子
これにて小菊が　殺されては
なにおめおめと　このりつが
この世に生きては　おらりょうぞ
さらば自害を　致さんと
思いし甲斐も　情けなや
七いや待てしばし　我が心
願いかなうか　かなわぬか八
本陣旦那様　お願い申し
せめて夫の　帰りまで
命助けて　もらわんと
九本陣指して　急がるる
本陣前にも　なりぬれば
障子さらりと　引きあけて
その場の方（かた）へ　手をついて

一　身を分けた、と同じ。自分が生んだ子の意。
二　鷲塚兵馬の冷酷さによって小菊の助命嘆願は退けられる。
三　土田は「詮方尽きておりつさん」。
四　慣用句。「葛の葉子別れ」「八百屋お七」などに出。土田演唱、次に「思い廻せば廻すほど／因果な者はあるべきと」の二行あり。
五　強調表現。この上なく義理を立て抜いて、の意。おりつが義理を感じる第一の理由は、夫の源内が朝の出がけに言った言葉にある。
六　土田は「育て上げたる甲斐は無い」。
七　慣用句。なお、この後土田の演唱には「夫の留守のその後で／死顔見せては気の毒と」といった文句がある。
八　土田演唱では、ここで三段目の段切り。
九　ここでは本陣の旦那がそのまま家にいるように語られているが、大名が宿泊する予定の本陣では、その亭主が裃を着て然るべき所に出迎える慣行があった（忠田敏男『参勤交代道中記』一九九三）。

（1）　土田の歌詞で補う。

申し上げます　旦那様
当年我が子　歳七つ
西も東も　分かちない
こんにち明石御前の道切り致し
ほんに只今　殺されます
夫の留守に　義理ある子
殺されましては　みずからが
じつに言い訳　立ちませぬ
せめて夫の　帰るまで(1)
どうぞあなたの　お情けで
お助けなされて　くださいと
涙にくれて　願わるる(2)
本陣旦那は　聞くよりも
願いかなうか　かなわぬか
願うてやろうと　言うままに
我が家の方（かた）を　立ち出でて(3)
あまた見物　押し分けて
おん殿様のおん目通りへ出でられて
　さても一座の　上様へ
まだ行く末は　ほど長い
誦めば理会も　分かれども
まずはこれにて　段の切り

四段目（縄掛け）31分

その場の方（かた）へ　手をついて
お恐れながら　おんかみ様
これがわたしの　百姓で
一亭主は農業で　家（うち）は留守
死顔見せても　気の毒じゃ
せめて夫の　帰りまで
二お助けなされて　くださいと
おん大将は　聞こしめし
そんなら暮れ六つ限り
三鐘の合図で小菊が無常を告ぐるなり(4)
そのとき未練を　残すまい
逃（に）がし隠しを　致すなら
この本陣も　同罪の罪

一　一段目に、もと尾張の武士だった源内は、今浪人して狩人渡世をしているとあった。
二　三度目の助命嘆願。小菊の処刑はここでまたほんの少し引き延ばされ、さらに次の助命嘆願の機会を待つことになる。
三　暮れ六つの鐘の音を合図に小菊を殺すという意。
（1）〜（3）土田の歌詞で補う。
（4）「鐘の合図で」は、土田の歌詞で補う。

本陣旦那は　聞くよりも
それは有難う　ござんすと
言うも終わらず　鷲塚兵馬
[一]三寸縄で　くくし付け
[二]縄役はつる屋に　申し付けたぞよ
ならびに三島の　定役とやら
縄のご番が　本陣旦那
何も知らない　幼な子を
三寸縄で　くくし付け
今はおりつに　渡さるる
おりつはそれを　見るよりも
それは有難う　ござんすと
[三]涙ながらに　抱き上げ
我が家を指して　帰らるる
かくて我が家に　なりぬれば
一間の方へ　寝せて置く
神や仏が　世にあらば
この子を助けて　くださいと
両手を合わせ　伏し拝み(1)
おりつは涙を　流さるる
[四]それ見るよりも　小菊女は
申し上げます　母様へ
小菊はなんにも　致さぬに
旦那様お手々を　縛られた
お手々が痛くて　なりませぬ
母様解いて　くだしゃんせ
この縄解いて　くれるなら
お母の言うこと　聞きまする
行列参詣に　出でません
赤い着物も　汚しません
[五]雛や人形も　ねだらない
どうぞ解いて　くださいと
願えばおりつは　聞くよりも
これのういかに　小菊女よ
お父の掛けたる　縄なれば
母が解いて　やるけれど
おんかみ様の　縄なれば
母が解くこと　ならぬぞえ

一　三寸縄で…「罪人を縛る縄の法」（『俚言集覧』）。後ろ手に縛り上げる。
二　「縄役」は、罪人を縛った縄の端を持つ人。「つる屋」は唐突に出てくる人物。
三　土田は「縄付きの小菊を抱き上げ」。
四　土田は「小菊はそれと見るよりも」。
五　土田は「飴（金）やお菓子もねだらない」。

（1）　土田の歌詞で補う。

一父様（ととさま）お帰り　なさるなら
すぐに解いて　やるぞえと
二涙ながらに　言い聞かす
小菊はそれを　聞くよりも
三はいと返事の　優しさに
おりつも今は　たまりかね
表の方（かた）へ　走り出で
今日に限って帰りが遅いと言いなが
ら
箱根山から　伊豆の山
またもおりつは　打ち眺め
見ては涙の　種となる
それはさておき　源内は
その日に限りて　獲物無く
兎一つ小鳥一羽も　見当たらぬ
こんな時には　はや帰り
小菊がそばで　夕飯（はん）酒の楽しみと
鉄砲かついで　源内は
箱根山より　下（くだ）らるる

道中の道の　菜畑に
雉（きじ）の雌鳥（めんどり）が
四十二羽の雛（ひよこ）を連れて遊んでおる
あれを小菊が　土産にと
手早く鉄砲　下ろされて
五火蓋（ひぶた）をきって　放さるる
親鳥ぱっと　立ち上がり
六生まれたばかりの雛（ひよこ）にあたる
源内それを　見るよりも
親鳥撃とうと　思うたに
生まれたばかりの雛（ひよこ）にあたるか可愛
やの
同じ人間なら敵討ちとも言うべきに
七鳥や翼（つばさ）の　身であれば
敵は討たれずしおらしそうに見てご
ざる
堪忍してくれ　雉の鳥
明日から殺生　止めにして
善心（ぜんしん）に　立ち返り

一　土田は「父さん山から帰るなら」。
二　土田は「待ちていやれと言い聞かせ」（土田）。以下、土田演唱の歌詞、脱落や小異多し。
三　慣用句。「葛の葉子別れ」「石童丸」などに出。
四　ここは雉となっているが、山鳥も一生に十二羽の雛を生むと言われる。
五　火縄銃の発火装置の一部。
六　源内が帰宅して娘の受難を知る予兆となっている。鉄砲の名人源内の撃ち損じは、この物語の始まりでもあった。ただし、娘の受難を父の殺生との因果関係で語るものではない。
七　慣用句。「佐倉宗五郎」に出。

お経読誦（どくじゅ）を　してやると
雉にお詫びを　致されて
鉄砲かついで　源内は
我が家を指して　帰らるる
かくて我が家に　なりぬれば（1）
あまた人々　源内さん
とんだ不仕合わせで　ございます
[一]小菊は明石の　道切り致し
ほんに只今　殺されます
詫びをなされて　下さいと
聞いて源内　驚いて
表口から　声高く
女房只今　帰りたと
言う声聞いて　おりつさん
涙ながらに　走り出で
その場の方（かた）へ　手をついて（2）
申し上げます　源内さん
あなたの留守の　そのあとで
申し訳の　なきことを
致しましたよ　源内さん
推量なされて　くだしゃんせ
小菊は明石の　道切り致し
ほんに只今　殺されます
詫びをなされて　くだしゃんせ
どうあっても助かりませぬことなれば
わたしも殺して　くださいと
涙にくれて　願わるる（3）
源内それを　聞くよりも
愚痴を言うまい　これ女房
たとえそなたを　殺したとて
[二]小菊が命は　助かるまい
これのういかに　女房よ
斯様（かよう）なことも　あるべきぞ
[三]われが四十二の厄（やく）で
そなたが三十三の厄
小菊は七つの[四]　厄なれば
三厄（さんやく）重なる　大難（だいなん）が

一　この定型表現は何度も繰り返され、物語の切迫感を出している。
二　土田は「あの子の命は助かるまい」。土田演唱の小異の例としてあげておく。こうした小異は多い。
三　俗に、男の大厄が四十二、女の大厄が三十三という（大塚民俗学会編『日本民俗事典』一九七二）。
四　七歳も厄年にあたる。
（1）〜（3）　土田の歌詞で補う。

あの子にかかるか　可愛やの
もう殺されて　しもうたか
まだ殺されは　せぬわいの
奥の一間（ひとま）の方（かた）へもらい下げておきました

源内それを　聞くよりも
草鞋の紐を　解き捨て（1）て
足を濯いで　上がられて
障子さらりと　引き開ける
小菊はそれを　見るよりも
父様（ととさま）お帰り　なされたか
わたしなんにも　致さぬに
旦那様お手々（てて）を　縛られた
お手々（てて）が痛くて　なりませぬ
母様（かかさま）解いてと　願えども
母様解いて　くれませぬ
父様（ととさま）解いて　くだしゃんせ
この縄解いて　くださるなら
お父（とと）の言うこと　背くまい
母様（かかさま）言うこと　聞きまする
行列参詣に　出でませぬ
雛（ひな）や人形も　ねだらない
飴やお菓子も　ねだらない
一千万（せんまん）がけも　致します
どうぞ解いて　くださいと
小菊はわっと　泣き出だす
源内それを　聞くよりも
いかにも憎き　明石めが
十（とお）にもならぬ　我が子に
縄を掛けるも　気が強い
どれどれ父（とと）が　解いてやる
二山刀（やまがたな）を　取り出だし
縄を切らんと　致すれば
本陣旦那は　見るよりも
早まるまいぞえ　これ源内
そなたの留守に　この小菊
死顔見せては　気の毒と
思うてこの本陣がもらい下げておい

一　約束をやぶったらいくらでも償うという賭け。大人の世界を知らない子供らしい言葉。
二　「山に行くときに腰に提げる小刀の総称」（日本民具学会編『日本民具辞典』一九九七）。これで木の枝を払ったり、獲物の解体を行なう。

（1）土田の歌詞で補う。

たのじゃ
この縄切られた　ことなれば
この本陣も　同罪の罪
聞いて源内　驚いて
すぐに刀を　下に置き
その場の方へ　手をついて
申し上げます　旦那様
わたしも元は　侍じゃ
縄[一]の作法は知らない訳ではなけれども
我[二]が子が可愛い　ばっかりで
縄を切る気に　なりました
お許しなされて　くださいと(1)
涙にくれて　詫びをする
　さても一座の　上様へ
まだ行く末は　ほど長い
誦めば理会も　分かれども
一息いれて　次の段

五段目（妙法寺の命乞い）29分

本陣旦那は　聞くよりも
それは道理じゃ　もっともじゃ
わしも五人の　子をもった
どの子ひとりも　隔てない(2)
表で泣き音(おと)　するたびに
もしや怪我でも　あったかと
案じらるるは　親心
そなた杖とも　柱とも
たんだ一人の　子じゃもの
悲しうのうて　なんとしょう
それはさておき　ここにまた
そこへ本陣の八十八やのお祝い致し
た老人が
腰[三]には梓の　弓を張り
冷飯草履(ひやめし)[四]に　身を乗せて
紫竹(しちく)[五]の力杖(りきづえ)　力(ちから)にし

一　「三寸縄」という、役人によって本式に掛けられた罪人の縄を、他人が勝手に切ることは許されない。
二　慣用句。「葛の葉子別れ」に出。
三　弓なりに腰の曲った老人の姿をいう。
四　藁草履の江戸語という。「藁草履―江俗、冷飯草履ト云」（『守貞謾稿』巻三十）。「石井常右衛門」にも出。
五　竹の一種。杖などに用いた。
（1）（2）　土田の歌詞で補う。

源内館（やかた）へ　お見舞いじゃ
正座（しょうざ）へ直りて　これ源内
なんぼ嘆いて　いたとても
小菊が命は助かる道理は分かるまい
それ玉川村[一]天竜山妙法寺と申するは
そなたのためにはご師匠寺（でら）ではない
かいのう
ご師匠寺を　お頼み申せ
ご師匠寺の　ことなれば
[二]緋（ひ）の衣には紋白（もんじろ）の袈裟
掛けし出家の　願いなら
いかに明石が　無理じゃとて
袈裟や衣の　お情けに(1)
まさかいやとは　言われまい
源内それを　聞くよりも
それは有難う　ござんすと
[三]すぐに支度を　致されて
女房小菊が　身の上を
頼むとばかりに言い捨てて

玉川村へ　急がるる
玉川村にも　なりぬれば
お寺を指して　急がるる
天竜山妙法寺にも　なりぬれば
[四]七つ過ぎれば　門閉まる
裏門廻りて　源内は
御免なされと　言いながら
障子さらりと　引き開けて
その場の方に　手をついて
申し上げます　[五]長老様
二日町の源内が命に関わるお願い
じゃ
それ聞くよりも　長老様
居たるところを　立ち上がり(2)
[六]方丈様へ　取り次げば
方丈様は　聞くよりも(3)
源内ならこれへ通せ
源内それを　聞くよりも(4)
それは有難う　ござんすと

一　現、三島市玉川。寺院は不明。
二　赤い緋の衣は高僧が着る。紋白は、白く染め抜いた紋。
三　土田は「その身の支度を致されて」。
四　「七つ」は午後四時ごろ。七つ過ぎ閉門のことは、寺院法度に見えない（石井良助編『徳川禁令考』前集五）。
五　禅宗寺院での僧位。曹洞宗では下位の僧だが、臨済宗では一寺の長をいう（『古事類苑』宗教部三十二所引『類聚名物考』）。ここでは「方丈」よりも下位の僧である。なお、「妙法寺」は日蓮宗に多い名であるが、地元ではこの寺を「玉沢妙法華寺」としている（『三島市誌』下巻、一九五九）。
六　禅宗で、寺院の住持（住職）をいう。
（1）〜（3）　土田の歌詞で補う。
（4）　土田の歌詞で補う。但し、土田は「源内それと聞くよりも」。

すぐに奥へと　入(はい)られて
その場の方(かた)に　手をついて
申し上げます　方丈様
当年我が子　歳七つ
西も東も　分かちない
今日(こんにち)明石御前の道切(みちぎ)り致し
ほんに只今　殺されます
どうぞあなたの　お情けで
命をお助け　下さいと[一]
涙にくれて　願わるる(1)
方丈様は　聞くよりも
これのういかに　源内よ(2)
若い時なら願(ねご)うてもやろが
歳がいったら　愚痴[二]になり
気の毒だが願いはかなわぬ
源内それを　聞くよりも
申し上げます　方丈様
あの子を助けて　下さらば
釈迦の御跡(おんあと)　慕います

黒髪さらりと　切り落とす
方丈様は　見るよりも
これのういかに　源内よ
髪を取っての　願いなら
願いかなうか　かなわぬか
願うてやろうと　言うままに
さらば支度を　致さんと(3)
緋の衣には　紋白の袈裟
[三]ひくじょうの　ひき袈裟に(4)
水晶の数珠を　手に掛けて(5)
長老伴僧　お側役(そばやく)
[四]音楽拍子(ひょうし)で　罷(ま)かり立ち
表三島へ　急がるる
表三島に　なりぬれば
数多(あまた)見物　押し分けて
おん殿様のおん目通りへ出でられて
駕籠先へ　手をついて
[五]声高々(たかだか)に　お願い申し奉る
恐れながら　おんかみ様

一　土田演唱では、ここで四段目の段切り。
二　老いぼれて愚かになったこと。
三　不明。
四　鉦(しょう)・銅鑼(どら)・鈴(りん)などを鳴らして物々しく寺院を出立する様子。
五　四度目の助命嘆願。演唱者の小林ハルによれば、「佐倉宗五郎」の段物にもあったという。ここでは、小菊がいったんもらい下げられ、事件の発生からかなり時間が経っているにもかかわらず、行列がその場に立ち止まったままの感じを受ける。不合理ではあるが、多くの見物人に囲まれ、城主の駕籠先で助命嘆願を繰り返すことで、物語の切迫感が持続し、耳で聴いているかぎりでは不自然さを与えない。

(1)〜(5)　土田の歌詞で補う。

天竜山妙法寺で　ございます
尾張屋源内の　頑是（がんぜ）無し
当年取って　歳七つ
今日（こんにち）あなた様の　行列先
道切り致せし　その罪を
お許しなされて　下さいと
[一]おん大将は　聞くよりも
ほかの人なら　助からぬ
袈裟や衣の　お情けで
小菊が命を　くれてやる
以後無礼があるならば坊主が命も危
ういと
左様（さよう）心得　いるようにと
方丈様は　聞くよりも
それは有難う　ござんすと(1)
源内夫婦が　聞いたなら
まあどのように嬉しいであろうぞと
立ち上がられて　いたりしが
[二]二番家老の　鷲塚兵馬

これ待て坊主と　声かけて
尾張の者と　聞くからは
鳥（ちょう）　畜類でも　助からぬ
[三]我らが尾張を通りしそのときに(2)
馬方一人（いちにん）　殺した上で
七日（なぬか）の道止め　されたれば
無念晴（ば）らしじゃ　容赦はならぬ
方丈様は　聞くよりも
恐れながら　おんかみ様(3)
昔より侍（さむらい）というは願い出だして一旦
[四]は
坊主が願い　かなわねば
寺を開[五]かにゃ　なりませぬ
お許しなされて　くださいと(4)
鷲塚兵馬は　聞くよりも
寺を開こうが　開くまいが
そりゃ貴殿（きでん）の　勝手じゃ
道切り致す　大罪人
容赦はならぬと　叱らるる

一　一段目に、明石城主は「一徹短慮の君」とあったが、この物語ではいずれの助命嘆願に対しても、一国の城主としての寛大さを示している。
二　小菊の助命嘆願を退けるのは常に、「君に増すとも劣らぬ／悪逆非道の鷲塚兵馬」（一段目）である。なお、この句土田は「鷲塚兵馬は見るよりも」。
三　この事件は、一段目の源内の言葉で知れる。鷲塚が源内を尾張の者と知ったのは、妙法寺の言った「尾張屋源内」という言葉からである。
四　ここは文脈が切れて文意が通じない。歌詞の脱落があるか。
五　僧が寺を出て行くこと。「難儀がかかりゃ師弟とも此寺をひらく分」（紀海音『八百屋お七』上巻）。

（1）土田の歌詞で補う。
（2）以下四行、土田の歌詞で補う。
（3）土田の歌詞で補訂。「申し上げますおんかみ様」（小林）
（4）土田の歌詞で補う。

方丈様は　聞くよりも
長老伴僧に　手を引かれ(1)
力なくなく　立ち返り(2)
我が家を指して　帰らるる
かくて我が家に　なりぬれば
長老伴僧に　暇（いとま）を告げ(3)
家内の者に　目を配り
これが我が家の　見納めと
本尊様へ　暇乞い
袈裟や衣に　火をかける
ぼっと燃え上がる　その煙り
四方に分かれ天に昇る煙（けむ）もある
また一筋の　その煙り
本陣かたへ　どっと行く
あとふた筋の　その煙り
おん殿様と　鷲塚が
[一]首にからまる　煙りなる
兵部助（ひょうぶのすけ）は　見るよりも
おん殿様の　身の上に
間違いあっては　一大事
とやかく思う　そのうちに
小菊引けよの　声がかり
お声がかりに　なりぬれば
涙ながらに　源内は
　さても一座の　上様へ
まだ行く末は　あるけれど
下手（へた）の長誦（ながよ）み　飽きが来る
一息入れて　次の段

六段目（仇討ち）33分

[二]縄付きの小菊を　抱（いだ）き上げ
夫婦もろとも　今はほや
[三]表三島へ　急がるる
表三島に　なりぬれば
[四]仕置きの場所を　見てあれば
柳の俎板（まないた）　添えられて(4)
桶にたっぷり　水ひとつ

一　二人の最期を暗示する。ふた筋の煙りは、物語末尾、金銀の毒玉が双方へ分かれ、城主と鷲塚兵馬にあたったことの予兆。
二　「縄付き」は罪人の姿である。
三　「表三島へ急がるる／表三島になりぬれば」の二行も定型表現として繰り返される。土田演唱では、「表三島になりぬれば」で五段目の段切り。
四　刑罰を科する場所。小菊を処刑する場。
(1)〜(3)　土田の歌詞で補う。
(4)　土田の歌詞で補う。これ以下、全体的には土田演唱に脱落が多い。

中で刀は　水浸(びた)し
源内夫婦は　見るよりも
これで我が子を　殺すかと
正気(しょうき)心も　あらばこそ
哀れなるかや　小菊女(じょ)は
荒薦(あらごも)上にと　座らせて
父(とと)やお母(かか)と　泣き叫ぶ
一兵部助は　見るよりも
源内夫婦我が子の可愛は同じこと
親子の別れを　告げてやれ
おりつはそれを　聞くよりも
それは有難う　ござんすと
二矢来格子(やらいごうし)に　手を掛けて
これのういかに　小菊女よ
父(とと)やお母(かか)は　居たけれど
父(とと)はそなたを　助けるとて
父(とと)が力の　届くだけ
願うてみたが　助からぬ
そなたも武士の　子でないか

死ぬると覚悟を　致したら
未練の死によう　致すなと
母の教えに　小菊女は
申し上げます　母様(かか)へ
三そんなら武士の子で　ござんすか
われが死んだる　そのあとで
赤い着物と　髪刺(かみざ)しは
お寺へ上げて　くだしゃんせ
雛や人形や　四お手本は
辺り近所の　子供衆(しょ)に
形見にやって　くだしゃんせ
辺り近所の　子供衆(しょ)は
行列参詣に　行きゃるなよ
わたしがように　なるわいと
覚悟きわめた　けなげさを
泣かぬ人こそ　なかりける
五黙れと言うた　この父(とと)は
涙が先に　立つわいの
方丈様は　見るよりも(1)

一　一の家老の津田兵部助は、常に慈悲心のある人物として登場する。
二　刑場に一般の人が立ち入らないよう、方形または菱形の格子状に竹や棒を組んで囲ったもの。
三　「武士の子」の自覚が、小菊の態度を大人びたものに豹変させるが、これは武士階級に特別の倫理観が要求された江戸時代の観念である。
四　手習いの教科書。
五　文句が落ちたか。落着きの悪い文脈になっている。

（1）　以下七行、土田の歌詞で補う。

これのう申し　皆さんへ
泣いてはあの子の　ためならぬ
あの子を可愛と　思うなら
[一]てんで宗旨々の　手向けぐさ
南無阿弥陀仏唱える人もある
南無妙法蓮華経唱える人もある
役人それと　見るよりも
小菊が衣裳を　取り脱がせ
俎板上(まないたうえ)に　乗せられて
それ見るよりも　小菊女は
もみじ葉(は)ほどの　手を合わせ
南無阿弥陀仏を　唱わるる
役人それを　見るよりも
すぐに刀を　手に持ちて
小菊の首を　落とさるる
小菊がわっと　叫ぶのは
この世の暇(いとま)と　なりにける
左のお手々(てて)も　斬り落とし
右(みぎ)のお手々(てて)も　斬り落とし
左の足も　斬り落とし
右(みぎり)の足も　斬り落とし
胴は二つ斬り
七つになる子を七つ[二]試(だめ)しに致されて
死んだ小菊が　その前で
[三]大広蓋(おおひろぶた)を　並べたて
酒宴模様と　見えにける
矢来の外(そと)にて　源内は
[四]歯の根を噛んで　見てござる
いかにも憎き　明石めが
七つになる子を七つ斬りに致したと
この胸晴らさず　置くべきかと
涙と共に　見てござる
兵部助は　見るよりも
源内夫婦我が子の可愛は同じこと
小菊が死骸を　くれてやる
源内夫婦は　聞くよりも
それは有難う　ござんすと
すぐに死骸を　もらい下げ

一　「てんで」は、各自、めいめいの。
二　試し斬りは、罪人が首を斬り落とされて処刑された後に行なわれた（藤沢衛彦『日本刑罰風俗史』下巻　―芳賀登監修『日本文化史叢書』）。「首を切られ手足をもがれ試し物に成るとても」（近松門左衛門『大経師昔暦』）。
三　食物をのせる広い盆。もと衣服を入れる箱のふたで、そのふたに載せて衣服を賜ったことから、衣服に限らず人に振る舞う食物をも載せる器になったという。用例に、「ハイお肴がまゐりました、ひろぶたを二階へあげる」（『春色梅児誉美』初編巻之三）など。
四　憤り悔しがるさま。「歯が根鳴らし、拳をはり」（近松門左衛門『用明天王職人鑑』）。

我が家を指して　帰らるる
かくて我が家に　なりぬれば(1)
おりつはそれを　見るよりも
ほんに昨日は　あれまでに
父(とと)やお母(かか)と　言うたのが
この身になったか　可愛やと
神や仏が　世にあらば
この子をお助け　下さいと
涙にくれて　いたりしが(2)
おりつは涙の　顔を上げ(3)
申し上げます　源内さん
頼りに思うこの子に死なれ
何を頼りに　長らえよう
わたしも殺して　くだしゃんせ
小菊が道連れ　致します
源内それを　聞くよりも
これのういかに　女房よ
この子ひとりを　助けるとて
一か寺の寺を開いてしまい

方丈様は　情けなや
路頭に彷徨(さまよ)い　なされしは
この世に生きては　おられない
我々夫婦も　その通り
方丈様と　もろともに
小菊が道連れ致さにゃならぬ
女房覚悟が　できたかと
疾(と)うに覚悟は　できました
早く殺して　給われと
南無阿弥陀仏を　唱わるる
源内それを　聞くよりも
山刀(やまがたな)を　取り上げて
おりつが首を　落とさるる
小菊が死骸と　もろともに
本尊様へ　納められ
表口にて　方丈様
源内なぜそう　暇(ひま)どるや
時刻移ると　急(せ)きければ
鉄砲かついで　源内は

(1)～(3)　土田の歌詞で補う。

方丈様と　もろともに
一 恋しき我が家を　あとに見て
箱根山へと　分け登る
二 八里のお山の　中ごろで
三 馬滑りの大難(だいなん)にもなりぬれば
源内それを　見るよりも
これのう申し　方丈様
ここら辺りが良かろうかと
松の木蔭に　身を隠し
四 金銀の毒玉を双方へ詰められて
おん殿遅しと　待ち居たり(1)
五 一更が初夜(しょや)で　二更(にこ)が四つ
三更が九つ　四更が八つ
五更の天にも　明け渡る
本陣方でも　今ははや
六 日天(にってん)曇らぬ　上天気
明石御前は　今ははや
行列お立て　遊ばして
八里のお山を　登らるる

八里のお山の　中ほどで(2)
馬滑りの大難にもなりぬれば
おん殿のお馬はひとりでに足(そく)を止め
打てども打てども　動かない
はやそのひまに　源内は
手早く鉄砲　下ろされて
火蓋(ひぶた)を切って　放さるる
金銀の毒玉が双方へ分かれ
金の毒玉はおん殿様に打ち中たり
銀の毒玉が鷲塚兵馬に打ち中たる
兵部助が　申すには
これはこれは　鷲塚殿
大儀ながら　その方は
おん殿様のご看病にお国にお帰り遊
ばせと
兵部助が　計らいで
病気届けを　なされける
兵部助が　後見(こうけん)で
七 死病(しびょう)届けを　なされける

一　旅立ちの慣用句。「葛の葉子別れ」にもある。
二　「箱根八里は馬でも越すが……」と俗謡に歌われた箱根の山越の道。
三　「猿滑り」の難所はあるが、未詳。地元の伝承では「石割坂附近」という（『三島市誌』下巻、一九五九）。
四　猟師の慣習として、身に危険が迫り、もはや絶体絶命のときに用いる特別の弾丸二つを常に所持するという（「錬(きた)ひ玉」―『想山著聞奇集』嘉永二年刊）。また、たとえば長野県の昔話、猟師の渋右衛門が持つ二つの黄金の弾丸の話もある。ここはそうしたことをもとに作られた話と思われる。
五　以下三行、夜の時間の経過を表わす慣用句。「石童丸」他にも出。
六　お日さま。太陽のこと。「景清」にも出。
七　城主の不慮の死を、表向き病死として幕府に届け、事無く済んだこと。
（1）土田の歌詞で補う。
（2）土田の歌詞で補訂。「一同お山の中ほどで」（小林）

あとに残りし方丈様と源内は
時刻も良しと　言いながら
腹十文字に　ひっ裂いて[1]
その場で切腹　なされける
昔が今に　至るまで
戦争前まで目出度く定まる次第なる[一]
　まずはこれにて　段の末

―「明石御前」末尾―

一　結びは祝言の句となっているが、意味不明。土田演唱では「昔が今に至るまで」から末尾二行なし。

(1)　土田の歌詞で補う。

11　石井常右衛門

〈凡例〉

一　本作は、伝承者本人に直接歌詞の確認をすることができなかった。

二　石井常右衛門・一藤左仲・須原治右衛門などの人名表記は近世の実録本『敵討 西国順礼女武勇』（大喜多勘学所蔵）によった。

三　説教源氏節「石井常右衛門」（蓬左文庫所蔵本の国文学研究資料館作製マイクロフィルム）および西村富次郎出版『石井常右衛門実記』（編輯人不詳、一八八六）を参照した。なお、説経祭文の「石井常右衛門」は未見である。

四　土田ミスの伝承は無い。高田瞽女杉本キクイ演唱の歌詞を参考にしたが、長岡系瞽女小林ハル演唱の歌詞とは大きく異なる。参考資料に掲げた杉本の歌詞は、演唱者の文句を編者が聴き取ったままに文字化したものである。そのため意味不明の語句も多い。

五　脚注の『実録』は『敵討 西国順礼女武勇』を、『実記』は『石井常右衛門実記』を指す。

六　本作にも、字余りが多い。

祭文松坂　石井常右衛門

一段目（吉原遊び）28分

さればに　アーよりては　これに
また
いずれに愚かは　無けれども
何新作の　無きままに
古き文句に　候えど
石井常右衛門　直高が[一]
なぶられ話の　そのうちに
なぶり返しの　その段を
事細やかには　誦めねども
粗々誦み上げ　奉る
[二]一藤左仲
須原治右衛門の　両人は
あのや憎っくき　常右衛門
[三]吉原町へ　連れゆきて
遺恨のなぶりを　致さんと

[四]三月十八日を　待ちにける
十八日にも　なりぬれば
朝早よ起きて　左仲こそ
これはこれは　ご同役
今日は三月　十八日
浅草観音　[五]命日なるが
[六]これを託けに　出でましょと
それ良かろうと　両人は
手早く支度を　致されて
石井の宅へと　急がるる
[七]石井の宅にも　なりぬれば
[八]表のくぐりを　そよと開け
ご免なされと　ずっと入り
これこれいかに　石井氏
今日は三月　十八日
浅草観音　命日なるが
浅草参詣はいかがでござるとありければ
それ聞くよりも　常右衛門

一　『実録』には見当たらない。人名の漢字表記は適当に当てた。
二　『実録』に「一藤左仲・須原治右衛門の両人」とある。説経源氏節「石井常右衛門／三浦屋高尾　巴屋之段」では「北村作左衛門・小林平馬・奥村源太・渡辺藤左衛門・須藤京次」の五人。
三　江戸の吉原遊廓。
四　『実録』では来たる十八日に出掛けようとまず三人が約束したことになっている。話の順序としては、十八日に吉原へ行く約束をし、それから常右衛門がその日のために前もって高尾に助力を頼んだわけである。本作では、『実録』の「石井常右衛門三浦屋高尾に面談の事」に当たる部分を省略している。
五　縁日の誤り。「観音の縁日」（実録）。三月十八日は、浅草寺の観音が示現した日と伝えられ、この日は浅草三社権現の祭礼が行なわれた。（『東都歳事記』）
六　浅草参詣を口実にして。吉原遊廓は、浅草寺の裏手近くにあった。
七　以上の二句、瞽女唄の演唱によく使われる繰り返し表現。以下の「浅草参詣を致さるる／浅草参詣を致されて」等も同じ。
八　以下二行、他家を訪問するときの慣用句。

覚悟決めての　ことなれば
よろしゅうござろと　受けにける
手早く支度を　致されて
浅草参詣を　致さるる
浅草参詣を　致されて
帰りがけなる　道すがら
また両人が　申すには
これのういかに　石井氏(うじ)
これより我が家へ[一]すぐすぐ帰るもき
まりが悪い
吉原遊び[二]はいかがでござるとありけ
れば
それ聞くよりも　常右衛門
覚悟を決めての　お付き合い
それもよろしゅう　ござろうが
ご貴殿方(きでんがた)は一足(いっそく)早う頼みます
両人それを　聞くよりも
望むところの　幸いと
心のうちで　喜んで

そんなら約束　違(たが)わずに
後(あと)からお出(い)で　なされよと
足(そく)にまかせて　両人は
吉原さして　急がるる
吉原町にも　なりぬれば
玉屋[三]の方(かた)へ　さしかかり
頼む頼むと　ありければ
それ聞くよりも　甚助(じんすけ)[四]は
表(おもて)の方(かた)へ　走り出で
さあさお上がり　下さいと
二階座敷へ　案内し
店の女郎(じょろう)は　総じまい[五]
一藤左仲(いっとうさちゅう)の　買い馴染(なじ)み
花菊大夫(はなぎくだゆう)[六]と　申するは
須原治右衛門の　買い馴染み
白鬚大夫(しらひげだゆう)と　申するは
両人のものを
手もとの方へ　招ねかれて
女房気取りで　とりはやす

一　「すぐすぐ」は、生まじめの意で使用している。
二　遊女遊び。
三　『実録』でも「玉屋」、高田の歌詞も「玉屋」であるが、説教源氏節では「巴屋」となっている。
四　廓の若い者。「若い者」は、『吉原大鑑』に「二階かけ引、客の応対、万事を捌く男なり」とあって、遊廓の雑務一般を引き受けるのが仕事。若いとは限らない。一般には「喜助」と呼ばれた。川柳に「喜助畳へ頭を摺て御勘弁」（『誹風柳多留』一一四篇二四丁）ともある。
五　遊女を総て買い上げる意。店を借切っての大尽遊びである。川柳に「病人も顔を出させる惣仕舞」（『誹風柳多留』四篇四〇丁）。
六　『実録』には、左仲の相手が「浅衣」、須原の相手が「歌菊」とある。

また両人が　申すには
これのういかに　[一]皆さんへ
今日は一つの　頼みある
後から一人の　侍が
訪ねて来たる　その時は
なぶってなぶってなぶりぬいてくれ
まいか
そのなぶり様と　申するは
[二]薩摩生まれの　[三]青てんじん
[四]辻謡の　大尽様
てれてん踊りは　[五]どでごんすと
ひとつなぶれば　一人目
金一両ずつ　遣わすぞ
それ聞くよりも　皆さんは
手を打ち鳴らして　笑いける
また両人が　申すには
これのういかに　皆さんへ
ここら辺りに喧嘩の上手はあるまい
か

[六]若者それを　聞くよりも
ありますあります　[七]角町に
[八]喧嘩屋吉兵衛と　申するは
[九]四里四方　山の手かけて
音に聞こえし　喧嘩屋なるが
上の喧嘩が　ご入用かえ
中の喧嘩が　入用かえ
下の喧嘩が　金十両
中の喧嘩が　二十両で
上の喧嘩と　申するは
金に限りは　ござんせぬ
それ聞くよりも　両人は
これのういかに　若い者
たとえいかほど　かかるとも
上の喧嘩を頼んで　もらいたい
委細承知と　甚助は
[一〇]居たるところを　立ち上がり
角町さして　急がるる
角町方にも　なりぬれば

一　店(玉屋)の遊女や使用人をすべて含めていう。
二　近世の実録本には、石井常右衛門の前歴を彦根藩士とするものと薩摩藩士とするものがあるが、瞽女唄では薩摩藩の武士とする。
三　不明。『実録』には「野暮てん」とあり、これを誤ったか。
四　「辻大臣」(実録)。浪人していたとき、生活に困った常右衛門が街頭に立って謡を歌いながら金銭を乞うていたことから、それを軽蔑して付けたあだ名。大尽(大臣)は遊廓で豪遊する気前のいい客のこと。
五　薩摩方言をまねて野暮を強調するのである。
六　若い者。甚助とある人物。
七　吉原遊廓の町名。川柳に、「中程にあつて角丁とはどふじや」(『誹風柳多留』十九篇)とある。
八　喧嘩師。好んで人に喧嘩を売る無頼漢をいう。「山中団九郎」には「喧嘩の勝兵衛」なる人物が登場する。
九　江戸の町の全体。用語例―「咄の評判四里四方」(『落噺無事志有意』序)。
一〇　慣用句としてよく用いられる。

喧嘩屋を頼んで　今は早(はや)
斯(か)かる座敷へ　連れ参り
常右衛門のお出で遅しと待ちいたり
[一]それはさて置き　常右衛門
ある古着屋(ふるぎや)へ　立ち寄りて
切れたお小袖(こそで)　お求めじゃ
[二]冷飯草履(ひやめしぞうり)に　身を乗せて
玉屋をさして　急がるる
かくて玉屋に　なりぬれば
頼む頼むと　常右衛門
奥から出てくる　甚助は
[三]薩摩生まれの　青てんじん
辻謡(つじうたい)の大尽様(だいじんさま)とはお前のことか
疾(と)くからお待ちで　ございます
早くお上がり　下さいと
それ聞くよりも　常右衛門
その場の方(かた)へ　上がられて
二階梯子(はしご)を　のぼらるる
下に見ている　甚助は
なる程先(さき)から大尽方(だいじんがた)がよくも言うた
り譬えたり
梯子(はしご)をのぼる　様態(ようだい)は
[四]縁(えん)の下の　雷(かみなり)が
天竺(てんじく)へのぼる　様子(ようす)なり
こは面白し　可笑(おか)しやと
　さても一座の　上様へ
まだ行く末は　ほど長い
誦(よ)めば理会(りかい)も　分かれども
まずはこれにて　段の切り

二段目（常右衛門の恥辱）35分

手を打ち鳴らして　笑いける
耳にも入れずに　常右衛門
二階座敷へ　上がられて
その場の方(かた)に　手を突いて
これはこれは　ご同役
疾(と)くからお待ちと　言うことを

一　話題の転換に使われる慣用句。
二　粗製の履物。江戸で藁草履のことをいった。「明石御前」にも出。
三　以下二行、本作の定型句。
四　無骨な様をいう。雷は「青てんじん」（天神？）からの連想か。

若い者から　聞きました
拙者は少々　遅かった
さぞお待ちどうにて　ありつらん
お許しなされて　下さいと
時の[一]辞儀を　述べらるる
両人それを　見るよりも
これのういかに　石井氏
その有様は　何事と
それ聞くよりも　常右衛門
あなた方は[二]古来のご家来なれば
衣服衣裳は　たんとある
まだまだ私は　[三]新抱い
定紋ついたる　お小袖は
御殿様の御目通りへ着さにゃならぬ
こんな所は　これでよい
数多の女郎衆は聞くよりも
薩摩生まれの　青てんじん
辻謡の　大尽様
まずまず一つおあがり召されよと

[四]杯洗取って　注いで出す
また一人が　此方より
申し上げます　辻大尽
化粧いたして　あげますと
[五]顔に墨を　塗られける
また一人が　進み出で
申し上げます　辻大尽
わたしはあなたに　惚れました
こちらへおなびき　めされよと
また一人が　立ち上がり
申し上げます　辻大尽
わたしもあなたに　惚れたようだ
こちらへおなびき　めされよと
双方にては　袖を引く
ついに両袖　もがされて
それ見るよりも　常右衛門
心は弥猛に　思えども
[六]高尾の言うた　一言を
守りにかけて　常右衛門

一　じぎ。挨拶。ただし「時儀」ならば時候の挨拶。下に「時の一礼を述べらるる」とある。
二　古くからの。
三　主君に仕えるようになってまだ間も無い者。
四　酒席で盃を洗うための道具。
五　以下、常右衛門がなぶられるところを長々と語るのは、善人を理不尽に迫害した悪人が最後に滅びるといったパターンの物語の常套手段である。これによって、その後のなぶり返しが胸のすくような展開となる。
六　高尾は、後出の三浦屋の遊女で代々襲名され人望があった名妓。高尾の言った「一言」とは、例えば「其座にてぬし様なぶるならば、やはり馬鹿になつて居てなぶらるゝだけなぶられ、其上にて文を書、若ひ者に持せて自らが方へ御越し玉ひ」（実録）などの内容を指す。

にっこり笑顔を　含ませて
申し上げます　皆さんへ
お酌(しゃく)を致して　もろうたり
化粧を致して　もろうたり
それに両袖　もがされて
何も御礼(おんれ)は　ござんせぬ
また一人(いちにん)が　進み出(い)で
申し上げます　辻大尽
髪結い直して　上げましょと
[一]丈(たけ)と伸びたる　黒髪を
[二]弓手(ゆんで)の方(かた)に　一つずつ
前に一つ　後ろに一つ
[三]あわびの貝の貝なりに髪結うて
それ見るよりも　常右衛門
髪結い直して　もろうたり
何も御礼(おんれ)は　ござんせぬ
これよりお肴　致します
薩摩で名物かすり[四]踊りを致さんと
居たるところを　立ち上がり
薩摩で名物かすり踊りを致されて
滅多無性(めったむしょう)に　踊りたて
台(だい)の中へと　踊り込み
皆皿鉢(みなさらはち)も　踏み毀(こわ)し
両人それを　見るよりも
これのういかに　石井氏
いかに酔興の　上じゃとて
静まりめされ　石井氏
それ聞くよりも　常右衛門
これはご免と　言うままに
その場の方(かた)にて　高胡座(たかあぐら)
また両人が　申すには
これのういかに　石井氏
拙者(せっしゃ)どもは　このように
馴染みの女郎衆を　近く寄せ
女房気取りで　楽しむに
ご貴殿も　このように
この場の方(かた)に好いた女があるならば
馴染みに召されよ　石井氏

一　おもに女の髪の豊かさをいう慣用句。
二　弓手と馬手（左右）に一つずつ、か。
三　不明。『実録』には「大尽様の美しい御髪(おぐし)の上げやう、如何なる太夫さん達でも堪らぬ執柄(しっぺい)下り。歌菊さん。可愛らしいやら、実に偏痴気(へんちき)な御髪であるはいなといへば、左仲は、オ丶夫々(それぞれ)、併(しか)し夫(それ)ではもてぬと言ふて立上り、石井が後へ寄懸り、しっぺい下りの髷(わげ)を取て、是では如何(どう)ぢやと引上れば、牽頭(たいこ)末社若い者、座中残らず立上り、石井が髪の髷を解き、散切髪(ざんぎりがみ)の辻大尽、イヤ散切大尽〳〵と、座中一度に立上り、手を打て大声揚げ、大笑ひ」とある。
四　不明。

この場の方に好いた女がないならば
いずくなりとも馴染みの女郎がある
ならば
お招き召されよ　石井氏
言われて今は　常右衛門
望むところの　幸いと
心のうちで　喜んで
そんなら新抱い（しんがか）の　私（わたくし）も
馴染みの女郎を　呼びましょと
違い棚より　常右衛門
硯箱をば　取り出だし
[一]鹿の巻き筆　かみながし
匂い麝香（じゃこう）[二]の　墨をすり
[三]ののじの紙を　取り出だし
文（ふみ）さらさらと　書きしたため
[四]箱に入れられ　石井氏
[五]これのういかに　若い者
大儀ながらも　その方（ほう）は
このお手紙を三浦屋方（かた）の高尾[六]職（しょく）[七]へ

大儀ながらも　届けてたべ
それ聞くよりも　喧嘩屋[八]は
これのういかに　辻大尽
このお手紙を三浦屋方へ届けても
高尾職が　来ぬ時は
なんと召さるや　辻大尽
それ聞くよりも　石井氏
このお手紙を三浦屋方へ届けても
高尾職が　来ぬとても
われは恥を　覚悟なる
他（ほか）のお人の　恥ならぬ
これのういかに　若い者
届けてくれよと　本気（ほんき）にて
小理屈張っての　願いゆえ
それ聞くよりも　若い者
そんなら届けて　参ります
文箱（ふみばこ）もって　立ち上がり
三浦屋さして　急がるる
三浦方にも　なりぬれば

一　「鹿の巻筆」は奈良の名産。この筆で書いた恋文は願いがかなうとされた。この筆用語例―「鹿の巻筆、封じ文、恋し小石にくゝり添え、女の念の通ぜよと祈願を込て打つ礫」（『妹背山婦女庭訓』山の段）。高田瞽女の口説「お粂佐伝次」には「鹿の巻筆半紙の紙に」とある。
二　麝香を加えて製した香りの良い墨。
三　不明。
四　文箱。状箱。
五　『実録』には「こりや〳〵若い者。太義ながら此文箱を三浦屋の高尾方へ持行ておくりやれ。早く頼む」とある。
六　「吉原京町一丁目三浦屋四郎左衛門かゝゑ名妓」（近世風俗志）。万治二年、十九歳で没した高尾を初代とする。その後代々襲名されたが、山東京伝『近世奇跡考』では寛保元年（一七四一）十一代目を最後に名跡が絶えたとする。山東京山には『高尾考』がある。なお、江戸の遊女は「金銭に泥まず…意気張りを専らとする」（近世風俗志）と評されるが、本作の高尾の行動はその典型である。
七　「職」は、位の高い遊女のこと。吉原ではそれぞれの遊女屋の中で上位の遊女をさして「御職（おしょく）」と言った。高田瞽女は「御職様」と演唱している。ここもあるいは「高尾御職」と演唱していたかも知れない。

[一]表のくぐりを　そよと開け
ご免なされと　ずっと入り
これのういかに　[二]善六(ぜんろく)よ
[三]今日私(わたい)のところへ
面白いお客が　来ましての
酒井雅楽頭の　ご家来衆
一藤左仲(いっとうさちゅう)に　須原殿(すわらどの)
[四]しもお遊びで　あるけれど
なかで一人(いちにん)の　侍(さむらい)は
[五]男は美男で　あるけれど
日本一(にほんいち)の　馬鹿者よ
このお手紙を三浦方の高尾職へ
届けてくれえと　本気にて
小理屈張っての　願いゆえ
余儀なく持って　来たけれど
これを奥へと　あげるなら
いかなお叱り受けるも知れず
いっそ奥へ　通さずに
いっときの　笑いぐさ

これを開いて　笑わんと
言うて文箱　差し出だす
善六それを　見るよりも
あいや甚助[六]　馬鹿いうな
このお手紙と　申するは
私(わたし)のところの　高尾様
一(いち)の馴染みで　あるぞえと
言われて甚助　驚いて
途方にくれて　居たりしが
[七]それはさて置き　善六は
文箱持って　立ちあがり
高尾の部屋へと　急がるる
高尾の部屋にも　なりぬれば
机の上には　書物[八]を積み
自分は女大学[九]を
読んでいながら　眠りしが
それ見るよりも　善六は
その場の方へ　手を突いて
申し上げます　高尾様

八　喧嘩屋は常右衛門に喧嘩を売ったつもりだが何の効果もない。『実録』や『実記』、また説教源氏節には喧嘩屋が出てこない。

一　以下二行、慣用句。前出。
二　三浦屋の若い者。
三　以下、前の内容が善六への報告として再び繰り返される。
四　「しも」は不明。
五　「男振は能けれども、日本一の嬲られ大尽」(『実記』)。
六　「甚助」は、『実録』では「玉屋若い者源八」とある。
七　以下二四行、録音無し。佐久間惇一編『阿賀北瞽女と瞽女唄集』によって補う。
八　遊女と古典文学は一見不釣合いのようにも感じられるが、川柳に「おいらんの書棚に古今三部抄」(『誹風柳多留』九七篇二四丁)といった句があり、大夫のような高級遊女には、いかなる客にも対応できるように、箏・三味線にかぎらず、茶道・華道のほか和歌や俳諧などの文学的教養も求められた。「扇屋へ行くので唐詩選習い」(『誹風柳多留』二〇篇三一丁)などの句もある。扇屋も吉原の著名な妓楼。
九　儒教道徳にもとづいた江戸時代の女子教育書。貝原益軒の著とされる。

玉屋がうちの　客様が
ただ今この文　贈られし
ご覧なされて　下さいと
右の文箱　差し出だす
取る手も遅しと　封を切り
それ見るよりも　高尾様
文の書き様(よう)　見てあれば
筆[一]の気高(けだか)さ　尋[二]常で
筆勢ありて　書き様(よう)は
まことにもって　見事なる
弘法大師の　御筆(おんふで)か
弁天様も　ようやせぬ
それ見るよりも　高尾様
使いは店に　おるかやと[三]

三段目（高尾の化粧と文度）29分

裾(すそ)をとって　走り出で
これのういかに　若い者
常さん玉屋へ　おいでかえ
若い者は　聞くよりも
常とやら　[四]辻(つじ)とやら
お連れは二人で　ございます
日本一(にほんいち)の　[五]野暮(やぼ)さんと
聞くより高尾は　驚いて
これのういかに　若い者
辻でござらぬ　大切な[六]
それ聞くよりも　甚助(じんすけ)は
あの常さんが　お馴染みか
高尾職は　聞くよりも
そうであるぞえ深い馴染みなる
ご大切の　お方なり
よくよくあしらい　頼むぞと
[七]高(たか)が後(あと)より　早速(さっそく)参る
言われて若者　驚いて
玉屋の方(かた)へ　急がれて
申し上げます　ご主人様
三浦屋おうちの　高尾様

一　筆跡。
二　ここでは優れている意。説経『おぐり』に例があるように、恋文を受け取ったとき、まず上書きを褒めるのが語り物の定型とする意識がうかがえる。
三　次に来るべき段切りの慣用句は録音が無いので省略した。
四　辻謡をしていた常右衛門を侮辱する言葉。『実録』に「常とやら辻とやら男振はよけれども日本一のなぶられ大臣。ほかに御連は御二人」とある。
五　元来遊里ことばで、遊廓のことに通じていないこと。軽蔑の意で使用される。
六　以下、歌詞が落ちたか？
七　「高尾」。自分のことを言った。

早速これへ　お出でなる
聞いて驚く　[一]山三郎
早く支度を　致さんと
玄関の方へ幕打ち張りて盛り砂[二]致し
高尾様のお出で遅しと待ち居たる
数多女郎衆も　今は早
皆々支度を　致されて
玄関の方より　お出迎え
二階座敷も　その通り
数多の女郎衆は　口ぐちに
高尾様の　お出でとや
[三]太鼓たたきも　逃げ支度
それ見るよりも　常右衛門
これこれ申し　皆さんよ
高尾がこれへ　来るとても
[四]何をざわざわ　騒がるる
ご銘々様と　言いながら
ひっそと静まる　奴ばらに
勝手は煮るやら　焼くもある

[五]鯉の一本　焼き魚
鯛の濃漿　活き作り
[六]俄かに料理が　替わるなり
これはさて置き　ここにまた
三浦屋方にて　[七]今は早
高尾職は　今は早
朝夕の　寝覚めにも
常右衛門の　身の上を
片時忘るる　ひまはなし
三月十八日を　待ち受けて
十八日に　なりぬれば
出入りの呉服屋　呼び寄せて
[八]定紋付いたる　お小袖を
定紋付けて　お求めじゃ
ある小道具屋を　呼び寄せて
大小一腰　お求めじゃ
[九]重ね箪笥も　お求めじゃ
何から何まで　ひと通り
定紋付けて　お求めじゃ

一　『実録』には「江戸町壱丁目玉屋仙三郎」とある。明治の『実記』では「江戸町一丁目玉屋山三郎」。吉原に実在した著名な妓楼。
二　貴人の来臨を迎えるとき、儀式的に設ける円錐形に盛り上げた砂。「明石御前」にも出。
三　「太鼓持ち」（幇間）の誤り。遊廓の座敷で客の機嫌をとることを商売にしている男芸者。「たいことは是口をよくたたくの義」（『誹風柳多留』二篇七丁）。
四　今まで恥辱にあっていた常右衛門の立場が逆転し今度は彼が優位に立つ。物語はここで折り返し、嬲る側と嬲られる側とが反転する。
五　鯛の誤り。次は「鯉の濃漿」の誤りと思われる。味噌汁仕立の鯉こく。
六　大夫の座敷は料理も豪華になる。
七　「今は早」は余分な句。七五調に調えるために便利な句として多用されることがあるが、ここは次句と一つにして「三浦屋方にて高尾職」などとあって然るべきところ。
八　「まもり刀にいたるまで皆石井の定もんつき」（説教源氏節）。「常右衛門の定紋の五三の桐」（『実録』）。
九　「二重引出の小袖箪笥を、二つかさねて、一棹にすべく作りたるもの」（大槻文彦著『大言海』）。

さらば支度と　言うままに
髪結いの部屋に　急がれて
[一]新造禿に　言いつけて
[二]古き元結を　払わせて
まず[三]粗櫛で　とかされて
髪の根ぐしを　直されて
[四]鬢櫛唐櫛　かけられて
伽羅の油で　梳き流し
梅花油で　艶を出し
[五]ふくめ島田に　しゃんと結い
[六]朝鮮鼈甲　類も無く
げに玳瑁の　[七]二枚櫛
髪の飾りも　出来あがり
化粧の部屋へと　急がるる
化粧の部屋にも　なりぬれば
向かう鏡を　しゃんと立て
鏡台鏡に　向かわれて
襟は[八]千鳥の　両羽交い
鉄漿ほんのりと　含ませて

ぼうぼう眉毛に　薄化粧
丹花の口紅　鮮かに
顔にはお白粉　薄化粧
眉毛は三夜の　三日月に
口紅梅の　笑み顔は
筆でも及ばぬ　顔かたち
さらば化粧も　出来あがり
新造禿に　手を引かれ
さらば衣服と　言うままに
重ね箪笥の　中よりも
色よき衣服を　取り出だし
着たる着物を　さっと脱ぎ
数の衣裳は　多けれど
紫縮緬　長襦袢
[九]下に白無垢　着替えられ
間に着たのは　何なるや
緋縮緬の　間着なり
上に召したは　何なるや
花山吹きの　上小袖

一　新造は、若い見習い女郎。禿は、大夫の雑用に使われる廓の少女。「禿は八、九歳より十二、三歳の間の小女なり」（近世風俗志）。成長後、新造となる。小林演唱ではカムルと発音。

二　以下、遊女が盛装するときに用いられる瞽女唄慣用表現で、「小栗判官」「白井権八編笠脱ぎ」などにも見られるが、その他一般女性の例としても「信徳丸」、「八百屋お七」（高田）などに用いられている。髪を結い直し、顔の化粧をし、衣服を調える、という順序でその過程を語る。説経源氏節「石井常右衛門高尾達引之段」では花魁道中の箇所に高尾の装束を紹介する。

三　「根」は、髻を結うために髪を頭頂部に集めて束ねたところ。髻のこと。（金沢康隆著『江戸結髪史』参照）

四　「鬢櫛」は鬢を梳く櫛。「小栗判官照手姫」脚注参照。「唐櫛」は、歯を極めて細くし、密接させて割った竹製の梳き櫛で、両側に歯を付けてあるもの。

五　「つくね島田」（高田）か？　島田髷の一種。

六　『近世風俗志』に「朝鮮鼈甲は……一種の下品玳瑁なり」とある。そうだとすれば、ここにはそぐわない。玳瑁は鼈甲のこと。

七　二枚の櫛を髪に挿すこと。遊女風俗

帯は何やと　見てあれば
二重緞子の　幅広を
三四に廻して　後ろ手は
今のはやりに　しゃんと締め
それに上帯　何なるや
目につきまする　金襴で
[一]大夫の親と　申するは
浄　飯大王の　[二]お妃で
摩耶夫人と　申せしは
仏の親にも　劣らない
衣服衣裳や　髪飾り
高尾大夫が　充分に
出来あがった　ことなれば
やがて支度も　出来あがり
　さても一座の　上様へ
まだ行く末は　ほど長い
誦めば理会も　分かれども
まずはこれにて　段の切り

四段目（常右衛門の雪辱）34分

夕日に輝く　如くなり
玉屋が方にて　[三]両人は
高尾がこれへ　来るならば
三浦屋方では　大騒ぎ
[四]南無三宝と　控えける
高尾様が　お出立ち
数多女郎衆に　送られて
新造禿を　引き連れて
三浦屋方を　立ち出でて
[五]玉屋が宅へと　急がるる
かくて玉屋に　なりぬれば
玉屋山三郎ご免許せといいながら
玉屋の方へ　あがらるる
若い者は　見るよりも
疾くからお待ちで　ござんすよ
どうぞお上がり　下さいと
高尾様の　手を取りて

の一つ。
八　千鳥が両羽を打ち交わしたような形。なお、紐で斜めに打ち違えて縛ることを「千鳥掛け」ともいう。
九　「下に：：間に：：上に」の重句表現は、前出の「上の喧嘩：：中の喧嘩：：下の喧嘩」と同様。

一　以下四行、文脈上の座りが悪い。
二　お釈迦様を産んだ摩耶夫人のこと。浄飯大王は古代インド迦毘羅衛の王。その妃が、摩耶夫人。
三　一藤・須原の二人。
四　字義は仏・法・僧の三宝助け給えの意であるが、失敗したときなどに、さあ大変の意で使う。
五　「江戸町出て仲の町、巴やさしてそねり来る」（説教源氏節）。おいらん道中。

二階座敷へ　あがらるる
二階座敷に　なりぬれば
その場の方(かた)へ　手を突いて
一花のようなる　つむり下げ
申し上げます　ご先生二
ご高名(こうめい)は疾(と)くより承りておりますれ
ど
お目にかかるは　今日(きょう)はじめて
わが夫(おっと)の　常さんが
三いかいお世話に　なりました
時(とき)の一礼(いちれい)　述べらるる
両人それを　聞くよりも
はいと言うたる　ばかりにて
返す言葉も　あらざれば
高尾職は　今は早(はや)
常右衛門を　打ちながめ
この有り様は　何事と
思えど笑顔を　含ませて
申し上げます　常さんへ

この有り様は　何事ぞ
四髪結い直して　あげますと
新造禿に　言い付けて
顔の墨を　落とさせて
五まず粗櫛(あらぐし)で　とかさるる
鬢櫛唐櫛(びんぐしとうぐし)　かけられて
梅花(ばいか)の油で　艶(つや)を出し
その髪立派に　結い直し
申し上げます　常さんへ
衣裳着替(きか)えて　下さいと
定紋付いたる　お小袖を
常の六綴(つづれ)を　脱ぎ捨てて
上から下まで　着替えさせ
七大小一腰(ひとこし)　替えられて
さても立派の　殿御(とのご)ぞと
また両人に　打ち向かい
これのう申し　ご先生
わが夫の　常さんが
あなた方の　お馴染みから

一　瞽女唄の慣用句で、「小栗判官」「白井権八編笠脱ぎ」などにも出。ただし、それらには「紅葉のようなる手をついて／花のようなるつむり下げ」とある。
二　一藤・須原の二人に対して言う。
三　一藤・須原への、高尾の当てこすり。「いかい」は、とても、たいへんの意。
四　『実録』には、「御髪をあげて参らせん。禿ども鏡台をもつてきやといふに、禿は立て次の間へ持せ来りし手道具は、金なし地に蒔絵にて、常右衛門と高尾とのひよく定紋付たる鏡台にかゞみをのせて、禿梅治目八分に持て出、常右衛門が前に直せば、高尾は立て櫛を取上、常右衛門が後へ廻りて、髪すきながらめりやすをうたひける」とある。
五　以下三行、髪梳きの慣用句。
六　常右衛門が着て来た、つぎはぎだらけのぼろ着物。
七　刀と脇差の一揃いの意ではあるが、遊郭では武士といえども刀は持ち込めないのが慣例。

化粧いたして　もろうたが
今度私(わたい)が　あなた方へ
化粧いたして　あげますと
硯墨筆(すずりすみふで)　取り出だし
馬に鹿を　書いてやる
申し上げます　常様へ
あれあれはなんと　ご覧(ろう)じます
それ見るよりも　常右衛門
両人姿を　打ちながめ
お高(たか)[一]でかした　あれこそは
馬に鹿を　書いてある
あれを判じて　みるならば
すぐに馬鹿(ばか)とも　読むであろ
高尾様は　聞くよりも
申し上げます　常さんへ
座敷変えて　あげますと
玉屋山三(さんざ)に　注文致し
玉屋山三は　聞くよりも
かしこまったと　今は早(はや)

すぐに準備を　調(ととの)いて
銘酒を添えて　今は早(はや)
立派の台に　載せられて
鯉[二]の一本　焼き魚(ざかな)
鯛の濃漿(こくしょう)　活き作(づく)り
俄かに料理が　替わるなり
銘酒を添えて　つり[三]あぐる
二階座敷へ　添えらるる
常右衛門は　見るよりも
これはこれは　ご同役
ただ今までも　今までは
あなた方の　お馴染みから
お酌を致して　もろうたが
今度わが妻　高尾から
お酌を致して　もらやいと
両人(りょうにん)それと　聞くよりも
花魁(おいらん)盃作法知らぬば受けるも恥かし
と言うて辞退いたせばなお恥かしい
四十八手の　そのうちに

一　高尾のこと。「高(たか)」「常(つね)」と呼び合うことで二人の親密な関係を演出している。
二　以下三行、前の歌詞の繰り返し。ここでも鯉と鯛が入れかわっている。
三　昇降機を使って、下から吊り上げて二階へ料理を運ぶのである。

[一]逃げる手が　一の手と
すぐにその場を　立たんとす
それ見るよりも　常右衛門
やれ待ちたまえと　袖引き止める
袖ふり放して　両人は
[二]行燈部屋へと　身を隠す
高尾職は　見るよりも
申し上げます　常さんへ
ご両人の　御方は
いずくへ行き　なされました
それ聞くよりも　常右衛門
両人はいずくへ行きたもうたか
どれ調べて見んと　言うままに
あちらこちらと　探がさるる
見れども両人　見当たらぬ
行燈部屋を　探がさるる
行燈部屋にも　なりぬれば
あちらこちらと　見てあれば
[三]雨降り鳥が
羽交いしぼる　如くにて
ただしおしおと　控えける
それ見るよりも　常右衛門
[四]これはこれは　ご同役
ただ今までも　今までは
あなた方の　お馴染みから
お酌を致して　もろうたが
今度わが妻　高尾が酌で
一杯おあがり　召されよと
むり無惨に　引き出だす
いやがる一藤　引き寄せて
さあさ酒に　致さんと
高尾職は　見るよりも
[五]これはこれは　ご先生
ただ今までも　今までは
あなた方の　お馴染みから
わが夫の　常さんが
お酌を致して　もらったが
今度私が　あなた方へ

一　「逃げる手が一の手」は諺。
二　昼に行燈をしまっておく薄暗い部屋であるが、遊廓用語としては揚代を支払えない客をしばらく押し込めておく部屋（上田万年・松井簡治共著『修訂大日本国語辞典』）であった。一藤・須原にとっては屈辱的な場所である。
三　雨で翼をびっしょり濡らした鳥のように、わびしげでしょんぼりしていること。「雨降りの鶏」といった諺もある。
四　以下六行、前の繰り返し。字足らずで歌っている。
五　以下も、少し言葉を変えての繰り返し。

お酌を致して　あげまする
粗相（そそう）の私（わたし）で　あるけれど
一杯おあがり　召されよと
言うて盃　さされける
[一]花魁（おいらん）盃作法知らぬば受けるも恥かし
と言うて辞退いたせばなお恥かしい
両人顔を　赤くして
さても一座の　上様へ
まだ行く末は　あるけれど
下手の長誦（ながよ）み　飽きがくる
ひと息入れて　次の段

五段目（玉屋没落）22分

花魁（おいらん）盃　受けらるる
高尾職は　見るよりも
[二]作法知らない　盃は
こは面白し　可笑しやと
にっこり笑顔を　含ませて
これこれいかに　皆さんよ
数多（あまた）の女郎衆を　呼びましょうと
皆々女郎衆を　集められ
高尾の心で　思うには
[三]さてもこの家（や）は　見納めか
なにとぞこの家（や）を　追い払い
この家（や）のあるじも　追い払う
なにはともあれ　今は早（はや）
[四]芸者太鼓も　打ち鳴らし
さあさ酒に　致さんと
芸者踊りの　にぎやかさ
何も知らない　[五]皆さんは
高尾の心も　知らずして
三味線（しゃみ）を弾くやら　踊るやら
[六]拳（けん）を打つやら　歌うやら
その家（や）座敷の　にぎやかさ
なにも知らない　皆さんと
これのういかに　皆の衆へ
わが夫（おっと）の　常さんが

一　以下二行も前の繰り返し。
二　一藤・須原にとって再び屈辱的な場面である。
三　玉屋を廃業に追い込もうというのである。
四　太鼓持ち（幇間）の意の「太鼓」を楽器と誤ったものだろう。
五　玉屋の主人や女郎衆。
六　酒席の遊戯。近松門左衛門作『冥途の飛脚』（中巻）に、客待ちの遊女たちが退屈紛れに拳の遊びをしながら酒を呑ませ合う場面がある。

いかいお世話に　なりました
私が御礼を　致します
数多女郎衆も　今は早[一]
高尾の心　知らずして
喜び勇んで　今は早
あれやこれやと　もてはやす
高尾の心で　思うには
数多の人を　喜ばせ
[二]何とてこの家を　払わんと
時刻移れば　今は早
皆々座敷を　下がらるる
残る人には　高尾職
常右衛門と　二人連れ
そこで高尾の　申すには
申し上げます　常さんへ
こんな座敷は　汚らわしい
三浦屋方の　我が部屋で
ゆるりとおあがり　なされよと
常右衛門の　手を取りて

二階座敷を　下られて
部屋へ直りて　今は早
申しあげます　山三郎
いかいお世話に　なりました
今宵この家は　これかぎり
数多女郎衆も　今は早
いずくへなりとも　追い出だせ
[三]花菊大夫と　白髭は
三浦屋方へ　連れ行きて
庭掃き掃除に　使うぞえ
残る女郎と　申するは
いずくなりとも　勝手に行け
玉屋山三も　その通り
[四]五丁の家には　置くことならぬ
はったと睨んで　高尾職
これがこの家の　見納めと
さらばさらばと　支度をし
数多の女郎衆も　今は早
猫に鼠の　如くにて

一　「今は早」の語、この辺り少し多い。
二　何とかして。
三　前に一藤・須原の買い馴染みとあり、常右衛門を嬲った遊女たち。
四　五丁町。元吉原の時代に五丁の町があったことから、吉原の異称。川柳「けいせいの意地は五町をかまう也」(『誹風柳多留』八篇一八丁)は、不実な客を廓から追放する遊女の意気地。ただし、高尾による玉屋の追放は有り得ない話。

皆方々(ほうぼう)へと　身を隠す
玉屋山三も　逃げ支度(したく)
それ見るよりも　高尾職
[一]白髭大夫と　花菊大夫
新造禿(しんぞかむろ)を　引き連れて
常右衛門の　手を取りて
三浦屋方へと　急がるる
三浦屋方にも　なりぬれば
[二]三浦屋方にて　今は早(はや)
高尾職の　その部屋で
勝手の人に　言い付けて
急いで取り出す　酒肴(さけさかな)
三浦屋方の　女郎たち
高尾の部屋へ　呼び寄せて
立派にお酌を　致されて
芸者太鼓も　打ち鳴らし
数多(あまた)の女郎衆は　酌をする
三味線(しゃみ)を弾くやら　歌うやら
拳を打つやら　踊るやら
高尾の部屋の　にぎやかさ
花菊大夫と　白髭は
庭掃き掃除に　使われて
三浦屋方に　住居(すまい)する
三浦屋方の　女郎たちは
高尾様の　仰(おお)せにて
常右衛門の　手を取りて
立派に三浦屋　送り出し
まずはこれにて　[三]段の切り

—「石井常右衛門」末尾—

一　この句と次句、文脈を考えて順序を入れ替えた。
二　余分な句である。
三　話は結末となっているので「段の末」がよい。

◇参考資料　高田瞽女杉本キクイ伝承

祭文松坂　石井常右衛門

一段目　29分

されによりては　これにまた
いずれに愚かは　あらねども
よき新作も　なきままに
常右衛門の　行くだてを
あらあら誦み上げ　たてまつる
かねて覚悟の　常右衛門
されば仕度を　致さんと
そこで結んで　肩に掛け
かかで結んで　そそえ下げ
綿の出でたる　黒羽二重
中身の出でたる　赤羽二重
帯は何よと　見てあれば
茶の緞子の　切れたので
小倉袴に　破れ羽織
柄の蒔絵と　薄れたる
鐺の剥げたる　大小で
深編笠にて　面を隠し
斯かる我が家を　立ち出でて
本町通りと　急がるる
柳原も　通り過ぎ
筋違い見附も　はや過ぎて
蔵前通りと　急がるる
はや蔵前にも　なりぬれば
声高々と　常右衛門
謡の節が　観世流
花川戸へと　急がるる
金龍山を　後に見て
山谷田町を　横に見て
土手八丁と　急がるる
土手八丁も　越えられて
じくじく下るは　衣紋坂
見返し柳を　うちながめ
はや大門へと　着きにける
大門入れば　中の町
小鳥も音を出す　吉原の
数多女郎屋も　通り過ぎ
玉屋を指して　急がるる
かくて玉屋に　なりぬれば
声静やかに　常右衛門
もうしお頼み　申します
女郎屋の番頭が　聞くよりも
表の方へ　出でられて
(詞)これはこれは、乞食大尽様。

ようお出でくださいました。いとうさんに須原様、御両人でお待ちかねでござります。さあさお上がり遊ばせ。お前の履物は、もったいないから、神棚に飾りましょうと

そのまま番頭が　なぶりける
なかでも春治に　春吉が
吉原雀の　口々に

（詞）やあお乞食さん、ようお出でなましたよ。昨日は今日とこと変わり、昨日や今日や夕べまでや、浅草・蔵前・本町通り、ゆたかなせいちょうの近辺にて、こわれた扇の手拍子で一銭二銭のこうじゃくにあずかり、越後屋・大丸屋の差しまけで命をつないだお前さんが、まことで結構なお着物、また金銀作りの大小たばさみ、こうも出世がなるものか。似てもにつかん蛤貝が雀になったようじゃよ。こちお寄りなませよ。いやさ、ぷんぷんと菰被りの匂いがするから、そちお寄りなませようと

あくまで悪口　なしけるが
このとき大勢の　女郎どもが
しん紫に　うす桃に
花紫に　ささごもに
緑川に　早川に
お千代さんに　桜木に
おなべさんに　おたかさん
姉女郎さんが　始めとし

（詞）あれ出てごろうじませよ。乞食大尽の辻さんが来たよ。おおそれそれ、乞食大尽の辻さんが来たとは、ええうう

みんな一度に　手をたたき
二階の方より　とんで降り
常右衛門の前に　立たれては
乞食大尽の　辻さんが
結構なお羽織　めしたれば
鳥が馬鹿にして　糞かけた
その糞とって　あげますと
常右衛門に　とりついて
羽織の
紐を切るやら　帯を解く
髻を取って　突き倒す
常右衛門が　このときに
かっとばかりに　とり逆上し
ああ無念や　残念や
我も世にある　ものならば
薩摩守の　家来にて
知行は三千　五百石
お取りなさるる　若旦那
飛ぶ鳥も　落つるにが
おんみ尽きては　是非がない
酒井の家来に　なったなら

いとう須原の　奴ばらが
我に格別な　妬みを着せ
あの下衆下郎の　この振舞如何せん
ただひと討ちに　致さんと
轡に変わらん　鍔の音
ただたんちゃんと　うち鳴らし
いや待てしばし　我が心
手討ちにするのも　やすけれど
高尾頼んだ　わいたたず
そうじゃそうじゃと　常右衛門
しばし思案を　致しける
姉女郎さんが　始めとし
お椀折敷を　取り出だし
貧乏徳利に　腐れ酒
これのういかに　辻さんよ
お前の武芸に　相応した
腐れ酒一杯　おあがりと
なぶり立てれば　このときに
横合いよりも
花紫が　進み出で
これのういかに　辻さんよ
お前のお相手が　どこにある
姉女郎それと　聞くよりも
（詞）辻さんのお相手は、吉原中に無いよ。吉田町にちゃんとある。晒し手拭いほおかむり、莫蓙を抱えて夕暮に、さあおいんな、さあおいんな、ちょっと奴さんが二十四文。なおして五十の辻さんがお客だよと
あくまで悪口　吐き散らす
ものの哀れや　常右衛門
すべた女に　なぶられて
前後正体　なかりける
いとう須原が　進み出で
（詞）いやいやご先生。ただ今までは一角の人と存じたが、ただ今女郎どもの話を聞くに、乞食大尽じゃの辻大尽じゃのと、言われてお顔が済みますかい。武士ならば切腹めされ、腹かきめされ。けがらわしいと睨め付ける
睨め付けられて　常右衛門
落つる涙が　みいねいと
悲嘆の涙に　暮れいたる
さて皆様にも　どなたにも
下手で長いは　座のさわり
これはこの座の　段の切れ

二段目　25分

ただいま誦み上げ　段のつぎ
天の井それと　見るよりも
申し上げます　辻さんよ
お前の日頃の　お馴染みの
長屋の姉さん　呼びましょか
言われてこのとき　常右衛門

いざこのときと　心得て
腰より矢立を　取り出だし
懐中よりも紙を　出だされて
思いしことを　書きしるし
上包(うわづつみ)も無く
ただまつかわのように　封じられ
これのういかに　者どもや
この手紙を頼むと　言いければ
どこへ持って　行きますへ

(詞)三浦屋高尾のところへ頼む、と言いければ、これはこれはごもったいない。三浦屋高尾様と申するは、江戸・京・大坂三個(さんが)の津にも並びなく、女官十万石の格を御免とこれある御職(おしょく)様、まずお座敷と申するは

金唐紙(きんからかみ)の　二重貼り
紫紋紗(もんしゃ)の　蒲団敷き
歌俳諧ご将棋　双六
茶の湯活け花
詩なぞお作り　遊ばされ
御気(おんぎ)にかなわぬ　そのときが
お大名様方の　お相手にも

(詞)なかなかお出ましのない御職(おしょく)様。似ても似つかん雪と墨。天道(てんと)さんに石ぶつけたような話じゃようと

一度にどっと　笑いける
常右衛門の書かれた　お玉章(たまずさ)を
足で蹴るやら　手で投げる
姉女郎それと　見るよりも

(詞)こりゃ者ども。なにをざわざわ騒ぐのじゃ。なんぼ乞食大尽が未熟でも、書いたる玉章と申するは、いろは四十八文字(もんじ)より作り出したるものなるぞ。いろは四十七文字と申するは、弘法大師のご制作。仏の作を足で蹴るやら、手で投げたりすりゃ、仏の御罰(ごばつ)をこうむりて

よきお客が　取れんぞえ
それそのときは
この吉原を　追い出され
切見世(きれみせ)の
ひゃっ転ばしと　身が落つる
早くも手紙を　持ってゆけ
みどり新造(しんぞ)が　聞くよりも

(詞)なんと言って持って行きますえ。玉屋から参りました。かようなものは、玉屋の前に落ちておりました。良き文言(もんごん)なら御職様に、お手本に遊ばされまし。悪しくば、時のお笑いぐさに、まずまずご覧(ろう)じまし、と持って行け

姉女郎の　ひと声に
鼠舞(ねずみまい)して　出でてゆく
三浦屋表(おもて)に　立ち止(ど)まり

(詞)これはこれは、御職様のお使い

番。ちょっとご案内、お頼み申し
ます。
三浦屋みどりが　聞くよりも
表の方(かた)へと　出でられて
（詞）なんで御座(ござ)ますえ。玉屋から参り
ました。かようのものは、玉屋の
前に落ちておりました。良き文言(もんごん)
なら御職様に、お手本に遊ばされ
まし。悪しくば、時のお笑いぐさ
に、まずまずご覧(ろう)じましと差し上
げてたもいのうと
三浦屋みどりが　受け取りて
高尾が一間(ひとま)と　急がるる
新造(しんぞう)の間(ま)も　通り過ぎ
禿(かむろ)が部屋も　はや過ぎて
高尾が一間(ひとま)に　なりぬれば
唐紙(からかみ)左右に　押し開き
はるかこなたに　手をついて
（詞）申し御職様。玉屋から参りまし
た。かようのものは、玉屋の前に
落ちておりました。良き文言(もんごん)なら
御職様に、お手本に遊ばされま
し。悪しくば、時のお笑いぐさ
に、まずまずご覧(ろう)じまし、と差し
出だす。
かねて覚悟の　高尾こそ
はやくも手紙を　受け取りて
封じ目(み)切って　読むよりも
三返(さんべん)ばかりも　頂いて
まことに結構な　お親切
（詞）これ、みどり。かようなものは玉
屋の前に落ちていたとは偽りご
と。この手紙を遣(つか)わせくださった
お人さんはなあ。国は薩摩の国な
るが、
知行は三千　五百石(こく)
お取りなさるる　若旦那
七年さきの　我が馴染み
おのこのおたふくに　お迷いなされ
（詞）千両ばかりも、ためになって下
さったが、それゆえ親御様よりご
勘気(かんき)をこうむりて、うろたえ廻っ
ておいでるとのお話を聞いて、ど
こにどうしていやしゃんすやらと
逢いたい見たいと　思えども
身は浮かれ木(ぎ)の　ことなれば
我が身で我が身が　ままならぬ
観音様を　拝んだり
まじないもすりゃ　身の祈願
出雲の神さん　恨んだが
今宵(こよい)は
いかなる神の　お手引きやら
こがるるお人に　逢わるるとは
嬉しことや　ありがたや
喜ぶことは　限りなく
（詞）これ、みどり。じきに参上つかま
つりますから、いまそっとお待ち

くだされと
玉屋のみどりに　申し越せ
みどりがはあっと　立ち上がり
表の方(かた)へ　出でられて
これのう申し　春治(はるじ)様
(詞)かようのものは、玉屋の前に落ちていたとは、嘘か本かえ、まことかへ。問い詰められて、玉屋のみどり、なるほど、お疑いはごもっとも。いとう様に須原様、御両人でお先お出でなされ、あとから乞食大尽が来るとおっしゃって、あに違わん、ただひとりでお出でなされ、そのお人の書かれた手紙を、高尾様の前へあげるも恐れ多いから、それで偽り申したのでござりますと
三浦屋みどりが　聞くよりも
まあ乞食とは　なにごとぞ
高尾さんの　おん馴染み
直(じき)におん出で　なさるから
お幕を張って
お待ち設(もう)けを　なされやと
恋こがれたる
ふたりが仲と　見えたるゆえ
吉原中(じゅう)の色神さんとも
言わるるお人の　夫上(つまうえ)よ
乞食じゃなぞと　言い捨てて
なぶり散らした　お恨みで
さんむんいっせと　落とさるる
嘘じゃないかえ　じゃらじゃらと
(詞)てんごう言わずに、あれを聞かせてくだしゃんせ。うそじゃないよ。直(じき)におん出でなさるから、お幕を張ってお待ち設(もう)けをなされや
と
春治が聞いて　驚いて
三浦屋方(かた)を　まかり立ち
玉屋を指して　帰らるる
かくて玉屋に　なりぬれば
(詞)申し姉女郎さん、行って参りました。あの乞食大尽は、高尾様のおん馴染み。直(じき)にお出でなさるとある。姉女郎それを聞くよりも、またこの子、途方もない。九郎(くろ)助稲荷にだまされて、阿呆らしやと言い捨てて
このとき大勢(たいぜ)の　女郎どもが
後(のち)の難儀と　夢知らず
歌いつ舞いつ　騒ぎける
さて皆様にも　どなたにも
あまり長いも　座のさわり
これはこの座の　段の切れ

—「石井常右衛門」末尾—

〈凡例〉

一　実録『敵討 西国順礼女武勇』（全十五巻）のうち最初の巻二～巻四が本作の瞽女唄の内容に当たる部分である。紙数が多くなるので、ここではそのうち巻二「石井常右衛門三浦屋高尾に面談の事 附 一藤須原玉屋にて遊興の事」を除き、巻三と巻四を翻刻した。

二　底本は国文学研究資料館作製のマイクロフィルムを用いた。原本は大喜多勘学所蔵本である。

三　原本は半丁八行、一行の文字数は十余字、漢字には多く振り仮名が付いている。

四　読みやすいように句読点、および濁点・半濁点を加え、旧字体は今日通用の字体に変えた。ただし、「大鼓（太鼓）」「同前（同然）」「一所（一緒）」などの誤字はそのままにした。

五　原本にある振り仮名のうち読み方に問題の無いものは、なるだけ省略した。また、残したものは読みやすいように濁点を加えた。

六　会話文には「　」を付けた。

敵討　西国順礼女武勇　巻之三

石井常右衛門恥辱を蒙る事
附　一藤須原過言の事

去程に、石井常右衛門は朝の使者をも相勤て、跡は仲ケ間へ頼み合て、一僕召連て、屋敷を出、草里取は砂利場より返し、急ぎて吉原へ来り、玉屋が店先へ、深編笠にて入りければ、若ひもの、「是は〳〵辻大臣様。只今御出なるか。御両人の大臣様方も先刻よりいつそ〳〵御待兼て御ざります。さあ〳〵御通り遊ばせ」と、出合頭に、大臣も辻大臣とけじめをくわせければ、常右衛門、扨は我推量にちがひなしと思ひながら、じつとこらへ若ひ者に案内させ、奥へ通りければ、座敷より大皷まつしやが走り出、「是はたまらぬ。きやんな大臣様。いや大臣殿の御出なり。いやえ、づゝ(ママ)大臣様の御入だ」と口々に言ば、最前より、一藤・須原が差図にていわせける、失礼ともいわん方なきぞう言也。然れども常右衛門は、大事をおもへば小事にかゝわらぬそらばかづくり、「是さ〳〵あまり笑ひ召るな。身どもは当所始めてなれば、余りさやうにさわがれては、とりのぼせて気持がわるひ」と、さも苦しそうな顔つきをして座敷へ通り、一藤・須原両人、口を揃へ、「是は〳〵唯今御出か。先刻より御待申た。どふもきつい御もつたい」と気を持せるにもとんじやくせず、「さぞ〳〵御待兼。屋敷を出るより片はしりに、あまり走りて、へりま大根。先大根より一こん」と、わざととぼけて盃を取れば、浅衣・歌菊、こらへかねて吹出し、「笑止な御客さまではあるわひな」と、口へ手をあて笑ひければ、又常右衛門、「是は〳〵、又身どもとした事が、其元様へあいさつも致さず、斯なる無礼。さて、身共は御両所の同役。自懇(ママ)、御見知り下され(ママ)べし」と云ば、「おや〳〵まあ馬鹿らしい石部さんでは有わいな」と言つゝ、笑へば、一藤・須原、「石井常大臣とて、曲輪でよつほど名の高ひの。何と須原殿、そうでは御ざらぬか」とあたゝめがくれば、治右衛門は、「君立のが大きな間違ひ。石部・草津の間なりや、梅の木の和中散。抑々此大臣は、最初門々辻々で隠れもない深編笠の辻大臣。一銭二銭の謡ひ泊りにて、漸々知行にあり付た鉢の木、梅桜松にて候。其松にて思ひついた。松の位の大夫でも、格子でも、一生のおもひでに、あげて遊びが貴殿の渡世。なんと座中の衆、そうじやあるまひか」といへば、浅衣おかしがり、「まあ、あの辻さんの美しひ御髪のあげやうわひな。大夫さん方でもたまらぬしつぺい下り。歌ぎくさん、可愛らしい、いやらしい、へんちきな御髪ではあるわいな」といへば、左仲、「夫では持ぬ」と立上り、石井が後ろへ立懸り、しつぺい下りの髪わげをとり、「是ではどふぢや」と引上れば、大皷まつしや若ひ者、女郎やりて禿共、一度に座中残らず右往左往に寄あつまり、石井が髪をときさわぎ、たぶさもむしりちらして、「ざん切の辻大臣様」と、座中大勢ひが手を打、大手をあげ、大笑ひなり。見る目も笑止な有さまなり。常右衛門、十分なぶられて、乱髪をかきあげながら、づんと立て、違ひ棚の硯箱を取出し、文さら〳〵と認めて、相方の名を書、文箱に入て、「扨、須原殿・一藤殿、各々方は相方の女郎を呼で、御たのしみの御一座申さん。こりや〳〵若ひ者。太義ながら此文箱を三浦屋の高尾方へ持行ておくりやれ。早く頼む」と、文箱を渡せば肝を潰し、「すりや此文箱を、あの高尾さんへ御上申しますかへ」。「いかにも三浦屋の高尾方へ」。「いや、こりやおかしい。高尾さんへ何やうあつての此御文」。「いやさ、あの高尾を呼んで、今から遊ぶのさ」といへば、座中一統に、どつと笑ひ出し、「やれ〳〵是は片腹いたし。此廓にて、高尾さんに逢大臣は、大名方か、たゞし江戸で一二を争ふ指おりの大金持を連て来さへ、初会は一月も前から云入て置ねば、軽々敷出なさる事のない重くろしい廓のてんぺん。あて事もなひ、つがもなひ、そんなやすい高尾をさんでは御ざりません。いやはや、あんまりおかしくて、腹がでんぐり返し、おかしう御ざります。どふで此文箱を持て行てからが、御取上はなしの切口、見せのふんばりか、たか〳〵局。失礼ながらおまへに相応。かふいへば御腹がちつとたとふが、つい口がすべりやした」と、まぎらかせば、皆々傍から、「是々源八殿。主の働きで、ひとしほ世話して進ぜて下さんせ」と、文箱を突出せば、「てんこちもない、とんでもなひ野暮介だ」と、悪口してぞ笑ひけり。一藤・須原も言葉を揃へ、「なまじい持て行、戻されたら此上の恥のかきあげ、上ぬりするはいらぬ事。食過た事云はず共、新造でも呼んで置がよかろふ。なんと君立そうではあるまいか」といへば、浅衣・歌菊も、「ほんに常さんの、沢山そふに、ついに一座もない御方へ文や使を軽々と、どう御光来がおがまれよふ。きついすいけふな御方では有わひ」と笑へば、常右衛門まじめになり、「是さ若ひ者。我等が遣わす此文、たとへ此侭戻されても、我等が恥辱、覚悟のまへ。皆の恥にはならぬ事。ぜひ持て行ておくりやれ」と、再三いふにぞ若ひもの、おかしけれども、「そんなら持て参らふか。突戻されて、赤ひ恥を見るがせうし」とつぶやき、しぶ〳〵と座敷を立出る。扨源八は、三浦屋へ来り、「是まア、聞てくりやれ。おらが座敷へ、けふ、へんな客が来て、座敷中になぶられて、いやはや笑止千万。又、夫斗りか、此文を持て行との事。まつかな恥を見のが気の毒さ、達て留ても聞入ず。憎さもにくし、突戻させて笑ふと持ては来が、高尾さんへは上られまい。いかひたわけも有もの」と咄せば、三浦やの若ひ者、「いや、どりや。ゑらひきやんな。したが、世界は広ふても、弐人となひあんぽんたんじや。去ながら、今日は高尾さんも、幸ひさむしがつて御出なさる。どんな事をも言をつたか、ちよつと御慰みに御目に懸ん」と、奥の一間へ持て行、差出せば、高尾は文の上書を見て、取手もおそし(ママ)、封押切、終りまで委敷よみて、「此文の使は帰りしか。誰が持てきたぞ」といへば、「玉屋若ひ者、源八が持てまいりました」といへば、「其若ものに、ちよと逢たいから、是へといふてたもひの」といへば、若ひ者、「こりや源八殿〳〵。高尾様が逢ふとおつしやる。めつたな物を取次て、叱らるゝな」といへば、源八も、こきみあしく奥へ行て、手をつけば、「是、玉やの若ひもの。そちの座敷へ常さんが御出さんしてじやげなの。して、まあ、女郎衆も来てじやかへ」といへば、「なるほど、常とやら辻とやら、男振はよけれども、日本一のなぶられ大臣。ほかに御連は御二人。よねさんたちも御二人御出なされて御座ります」と、何心なくいゝければ、「あの常さんは、私しが久しい馴染の御方。幸ひ用事もあれば、押付参りんせうと、返事は口上の趣きいふてたもひの」といゝければ、玉屋の源八、「あの辻大臣、いや常大臣様。あなた様のおなじみにて御座りますか」。「お、馴染とも。ずんど大切な御方ぢや」。「さあ〳〵もつての外の事。大事〳〵」と、云つゝ立て、飛がごとくに立帰り、玉屋の門口から、「さあ〳〵大事が出来ました。大事〳〵」と云ければ、仙三夫婦も走り出、「何事成ぞ」と尋ぬれば、源八せきのぼせて、息つきあへず、「座しきのなぶられどの。いや、殿じやない。様じや、様も〳〵高尾さんのずんと深ひ御馴染で、おし付爰へ大夫さんが御出なさるゝはづ」といふを聞て、仙三夫婦も驚き、「高尾さんが御出とや。さあ〳〵大事と、やぼと見て余りなぶり過た。野暮を知らぬ此方のあやまり。野暮所ぢやない。大通じや。笑止しな事が出来て気のどく」とつぶやきて、顔見合せて居たりしが、夫婦・源八倶々座しきへ出、「さあ〳〵おまへさん方、大事が出来ました」と、いふにびつくり何事かと、座敷の客は驚けば、常右衛門落付、「若ひ者帰りしか」。「只今帰りましたが、気の毒な事が出来ました」。「そりや、何事なるぞ。太夫が返事は何と申越たるや」といへば、「あなた様からの御文をあげましたら、押付御出との御口上」といふを聞く一藤・須原両人きもを消し、「それはめいわく千万」、「何に高尾さんが御来光とや。是は気の毒」。浅衣・歌菊もろとも、大皷まつしやが迯支度をしてめいわく顔を、石井はおかしく、「高尾が爰へ参るとて、何をおさわぎめさるゝぞ」と、真顔にて、「先々しづまり玉へ」と、落付ける程いや増にきみあしく、取乱れたる物を片付、座中目と目を見合して、ものをもいわず居る所へ、高尾が道中、そと八文字にあゆみ来る姿は、今での日本無双のむな高帯に、取上島田三ツ櫛笄ひ日にかゞやき、金銀のびやう打たる駒下駄をはき、青空に日傘を差かけさせ、対の禿に、手代に手道具を持せ、数多連て賑々敷、玉屋をさしてねりくれば、物見が知らせに、亭主仙三先に立、「只今高尾さんの御来りん」と、座敷へ案内す。常右衛門は、衣紋をつくろひて上座に直りければ、一藤・須原も女郎も大皷も、其外まつしや座中の人々、只きもを潰し、きよろ〳〵とうろついて、大晦日の晩に掛取に、隠れ兼たる風情にて、あやまり入てぞ居たりけり。

敵討　西国順礼女武勇　巻之四

常右衛門恥辱をすゝぐ事
附　一藤須原石井に討るゝ事

去程に、高尾は大勢ひを引連、しづ〳〵と座敷へ通り、うちかけ姿たほやかに、座につけば、傍から禿が、常右衛門の定紋の五三の桐を高蒔絵に付たる手箱、たばこぼんにきせるやら、実光るも道理、金とにしきの袋より取出して、高尾と常右衛門が所に差出せば、一藤・須原も女郎も、始めの羽ぶりはどこへやら。孔雀の側の鳶からす。見る影もなきありさまなり。高尾は、詞もしとやかに、「常右衛門さん。よふこそ御出なんした。此程は御とう〴〵しかりしが、御替らせもなかつたかへ」と云て、「御連さん方よふぞ御出。女郎衆太義でざんすのふ。仙三さん御夫婦方、御替りもなしかへ」と挨拶し、たばこくゆらし長きせる。目もとの相図に常右衛門、「あの御二方の御方は、我等同役にて、けふ御さそひにて是へ参り、先程から御両所や女郎衆、いかひ御世話になつたでや」と、かゆひやうに、いたひように、詞のなぞを告知らすれば、高尾が聞て、「是は〳〵常さんの御同役さん方。御目に懸るは、けふ初めて。新参の常右衛門さんなれば、何角おまへさん方の御世話がちでござんせう。万事、御頼み申しんす」と、あたゝめかければ、両人、「痛み入たる御挨拶。拙者義は一藤佐仲」、「私しは須原治右衛門と申者。自今、御見知り下さるべし」と、手を付てりつぱに述ければ、「おや、かたくろしいぞや。お前さん方の御使者の間で云なんすでおつす。是々若い衆。久し振で常さんに酒一ツ上申たひから、肴が乱れて見へるぞへ。ちと気を付て御上げ申しや」と、いわれて玉屋のわかいもの、勝手へ立出て、「夫吸もの。おさかな」と、高尾がきげんとり〴〵に、勝手は料理の大混雑なり。扨、大夫高尾は、常右衛門が顔をしつかと見て、「中常さん。いつになひおまへの御顔付。そしてまあ、其御髪の乱れやうわいな。何事ぞへ。あの、御連さんへ。途中にて誰ぞと喧嘩にてもおざりはせんかへ」と、とはれて両人、浅衣、歌菊、大鼓まつしやども、亭主に至るまで、さあ〳〵どのやうな事になろふやら知れぬと、手に汗を握り、顔を見合せて、ぶる〳〵震へて居たりしが、「いや〱けん嘩も何もせんが、最前爰で、皆の衆がなぶり、いやなぶりも何もせんが、砂利場で呑で、一盃きげんに、店の上り口でころんで、つひ元結が切て、是此通りのざん切大臣。何れも左やうじや御座りませぬか」と、あてつこする程、座敷はぶる〱。高尾は聞て、「そりやあぶなひ事やのふ。どこも痛はなされぬか。もしや其ひやうしに、御腰の物でも抜たら、のふ浅衣さん歌菊さん。あぶない事。まあ〱御髪をあげて参らせん。禿ども、鏡台をもつてきや」と、いふに禿は立て次の間へ、持せ来りし手道具は、金なし地に蒔絵にて、常右衛門と高尾とのひよく定紋付たる鏡台に、かゞみをのせて、禿梅治、目八分に持て出、常右衛門が前に直せば、高尾は立て櫛を取上、常右衛門が後へ廻りて、髪すきながら、めりやすをうたひける。此体を見て、左仲・治右衛門両人は、口あんごりあき、鼻毛三尺うつゝをぬかし、扨てうまいと見とれて居たり。高尾、髪を結仕まい、手を洗ひて座しきに付ば、御吸ものよ、御肴と、仙三が詞に、高尾打消し、「是々常さん。私しら斗りものいふて、お二人さんや女郎衆は、いつそ無言のぎやう同前。殊の外座敷が淋しいわひな。此様な所に居るより、私しが座敷へ御出なんし。一献汲ん。一所に御出遊ばしませ」と、常右衛門をいざなひ、「然らば御両所、後程御目に懸らん」と、づんと立て、高尾は石井が手をとり、「皆さん是に」と云捨て、三浦やへこそ帰りける。肝をぬかれて一藤・須原、溜息つき、女郎どもは色真青になり、大鼓まつしやもこそ〱逃、花の座敷の賑はしきも、秋の木の葉となりければ、跡には焼野の雉子の声、けん〱言のは喧嘩の仕出し、勝手の方、煮焼も手持ぶさた、せうし千万、前代未聞の恥のかきあげに、云ば一日も早暮々に、こそ〱と両人は、玉屋が見せの外へ出て、三浦やの方をにらみ、「おのれにくくも我等を踏付にしおつたな」と、足踏してそ立帰る。扨、石井常右衛門は、高尾同道にて三浦屋へ帰り、ほつと一息つきて、高尾にむかひ云けるは、「扨々今日は忝し。能も我約束の通り、間違玉わず早速御出、某しが恥辱を御すゝぎ下され、千万忝しとも、有難しとも、千金にもかへられぬ事也。誠に其許の御影にて、先別条なく相済、大慶至極」と一礼を述ければ、高尾、「是は〱御念の入たる御挨拶。誠に、鳥なき里の蝙とやらにて、みづからが廓のいせひぶり、御武家様に御目にかけしはづかしさよ」といふ。「去ながら、此高尾といふ名を御存じに、めいわくながらけふの狂言。去にても御二人の御連様方、万一心の恨を挟みおまへの難義になるやうな事でも出来はせまひかと、是のみ気遣ひに存る也。最早此末は、此廓へ御連は遠慮なされて然るべし。申までは なく候へ共、万事御心を付られ、御油断なく御勤」。残る方なく挨拶の内に、四郎左衛門、袴・羽織にて膳部を持せて、「先刻よりわざとさしひかへ、御挨拶にも罷出ず、初めて御来りん、自分御言葉を下され、あり難く存じ候。もはや御時分とぞんじ、出来合の麁飯差上、憚りながら拙者、是にて御相伴仕らん」とて、りつぱな料理を差出せば、「是は〳〵御亭主には初めて対面。何角と、いかひ御世話の事ども。いさ〳〵是へ。近ふ〳〵」と会釈すれば、次の間にて三人共、食事おわれば、酒宴を催し、四方山の物語りする内、はや日も暮て、店々は大あん灯も掛あんどうも、早帰りの刻限と、高尾に対面して、「扨先日より始終の御事、中々具には申尽し難し。万事、御芳志の御礼は近日参会致し、御礼申べし」とて、亭主を初め、其外の者共へ会釈し座を立。高尾始、家内の者ども大勢、どや〳〵と見送り、みせへ出れば、三浦やの目印に、高尾が定紋の付たる大灯行二張、羽織着たる手代、若ひ者三人、皆々下座を切、平伏す。常右衛門、是を見て、「いや、我等見送りの為ならば、決し（ママ）無用に致さるべし。極忍びの歩行なれば、目立ては却て迷わく。砂利場に迎ひも来てあれば、あれまでは壱人参る。しのびの小てうちんをかし玉へ」といへば、亭主、「なる程、是もがてんの上なれば、三浦屋の習らひ、高尾さんの客なれば、大門口迄は召連玉へ。御忍びの御供を付るは無礼なれば、御心に任すべし。左やうならば、衣紋坂より小挑灯にて御帰りあるべし」とて、亭主も壱町程見送り、常右衛門大門口まで送られ、衣紋坂より唯壱人、小挑灯を手に持、江口の謡ひを中音に諷ひながら帰りける所に、土手の中程より、何者とも知れず、行先に立廻り、仁王立に立ふさがり、「いかに常右衛門。玉屋にての意趣、覚へたるか」と、すらりと抜て、打て懸る。心得たりと身をかわし、挑灯なげ捨、刀を抜て、はつしと請留、少しなやまし、乗て懸るを得たりかしこしと、身をひらきければ、左仲は少しよろめく所を、すかさず左りの肩先より、右の乳の下まで大げさに討放すを、「須原治右衛門相手なり」と切て懸れば、「やれおそし。今ちつと早く御参りなればよし」といふまゝ、腰をしづめて横なぐりになぐりければ、むざんなる哉、諸ひざを一刀に切落され、どうど尻餅を突けるさまは、居ざりの抜身ぞおかしけれ。扨、治右衛門は、心はやたけにはやれども、足がなければ立事ならず、「無念や残念や」と、はぎしりかみて居たりける。常右衛門、から〳〵と打笑ひ、「やみ討とは、ひけう千万也。けふ玉屋の意趣、なぶり殺しと思へども、人の来ぬ内、暇をとらせん。観念せよ」と、首打落し、田の中へなげ込み、刀をあらひ鞘に納め、左仲が死がひを田のうちへ蹴落とし、二人がしがひを能々うづめ、土手の上なる血を片付、あたりを見れば人もなし。一息つきて心を定め、又吉原へとぞ戻りけり。

12　山中団九郎

〈凡例〉

一　本作は、伝承者本人に直接歌詞の確認をすることができなかった。

二　題名は、歌い出しの文句「山中団九郎一代記」に拠っているが、物語の中心人物は平井権八であり、「平井権八編笠脱ぎ」の前段の内容となっているので「平井権八山入りの段」とも称される。

三　土田ミスの演唱と比べると歌詞にかなりの異同がある。小林演唱の歌詞に矛盾しない範囲で、可能な限りこれをとり入れた。どちらかと言えば、土田演唱の方に瞽女唄的な繰り返し表現や重句が見られる。小林演唱のうち土田演唱と異なる部分には、演唱者が独自に歌詞を調えている例が見られる。

四　本作は元来実録・講談に由来すると思われるが、同様の「石井常右衛門」などと比べると字余りがほとんど無く、歌詞がこなれている印象を受ける。これは瞽女唄の歌詞が、参考資料の唄本に見られるように、すでに歌謡化されていたものによったからだろうと思われる。

五　実録本『石井明道士』および馬喰町三丁目吉田屋小吉板の唄本「平井権八小紫くどき」などを参考にした。脚注の「唄本」は吉田屋小吉板の唄本を指す。

六　高田瞽女杉本キクイが伝承する歌詞とはかなり異なる。参考資料に掲げた杉本の歌詞は、演唱者の文句を編者が聞き取ったままに文字化したものである。

祭文松坂　山中団九郎

一段目（権八旅立ち）　23分

さればに　アーよりては　これに
また
いずれに愚かは　無けれども
何新作の　無きままに
古き文句に　候えど
山中団九郎　一代記
ことこまやかには　誦めねども
筋道誦み上げ　奉る
哀れなるかな　権八は
国は中国　名も高き(1)
[一]松平相模の　家中にて
父は平井[二]の　庄左衛門
伜は権八　[三]直則で
十と五歳の　明けの春
犬の噛み合い　遺恨なる
本庄助太夫　[四]手にかけて
[五]勘当受けし　今は早
[六]恋しき我が家を　あとに見て
[七]東を指して　急がるる
東海道へ　下りしが
[八]七つ過ぎにも　なりぬれば
[九]鳴海の宿にも　候えば
さらばここへ　泊まらんと
そこやかしこへ　立ち出でて
一夜の宿を　願いしが
[一〇]ひとり道中の　ことなれば
誰でも泊め手が　無いわいな
[一一]間の宿にも　候えば
宿屋が無ければ　是非もない
さらば向こうへ　急がんと
向こうを指して　急がるる
それはさて置き　ここにまた
鳴海の宿と　[一二]岡崎の
間の道のり　尋ぬれば

一　鳥取藩主池田家は、初代、第三代〜六代、幕末の第十二代藩主が相模守を称した。その他は因幡守。また、松平の称号を許されたのは分家の東池田家当主であった。（新人物往来社刊『三百藩々主人名事典』四）

二　江戸時代の歌舞伎では実名を避けて「白井」とする。

三　表記は適当に当てたが、唄本には「直のり」とある。「伜権八郎といふ十七歳なりけるを」（『石井明道士』）。

四　自分の手で殺すこと。

五　親子の縁を絶たれ、家から追放されること。

六　旅に出るときの慣用句。

七　「東」は江戸をさす。

八　夕方、午後四時前後。

九　今、名古屋市緑区鳴海町。東海道の宿場で、本陣、旅籠があった。

一〇　一人旅の者は犯罪者など事情のある者と疑われた。

一一　宿場と宿場の間にあって、旅人の休息程度の施設しかない街道沿いの村。なお、『東海道中膝栗毛』では弥次郎・喜多八が岡崎と宮の間を一日がかりで歩いている。下り方面で言えば、宮―鳴海―池鯉鮒―岡崎の順に宿場があった。

一二　今、愛知県岡崎市。「こゝは東海に名だゝる一勝地にて、殊に賑しく、両

[一]五里と八町の　場所なる
この街道の　山奥に
[二]山中名乗る　団九郎は
六十二歳の　爺なるが
[三]昼は馬子の　真似をして
お客だますが　大上手
またもその日の　団九郎は
東海道へ　立ち出でて
馬の接待　致せども
誰でも乗り手が　無いわいの
さらば[四]夜討ち　致さんと
並木の蔭に　身を隠し
もしも良い客　来たならば
鉄砲にては　撃たんぞと
[五]二つ弾丸を　こめられて
眼を配りて　待ちかねる
それはさて置き　権八は
団九郎待つとは　夢知らず
肩をいからし　身をこなし

刀の鍔元　[六]くつろげて
日暮れを指して　急がるる
団九郎それを　見るよりも
さても良い客　来たわいと
鉄砲振り上げ　待ちかねる
侍様の　威におそれ
持ちたる鉄砲　振り落とし
溜め息ついて　涙ぐみ
さても残念　口惜しや
[七]あったらお客を　逃がしたと
いかが致して　だまさんと
[八]胸の鏡に　手を組んで
しばらく思案を　致さるる
思い付いたよ　我が心
横手を打って　(1)喜んで
[九]蟹の甲より　年の劫
[一〇]口の弁巧で　だまさんと
親爺は後を　追いかける
侍様に　追いつづき

側の茶屋、いづれも奇麗に見へたり」（『東海道中膝栗毛』四遍下）。
（1）土田の歌詞によって補う。

一　『東海道分間絵図』によれば、岡崎から池鯉鮒までは三里八町、池鯉鮒から鳴海までは二里廿八町。
二　唄本には山賊の名が「くまたか」とある。
三　街道の旅人を相手にする駕籠かきの雲助などには、こうしたならず者がいた。
四　闇に紛れて人を襲うこと。また、夜盗。
五　火薬を多くして二つの弾丸を込めた銃。猟師が大形の獣を射つときに用いた。『仮名手本忠臣蔵』第五「山崎街道」で猪を撃つ勘平の猟銃も「二つ玉」。
六　用心のためすぐ刀が抜けるように、鍔と鞘の間に隙間をつくること。
七　惜しい。せっかくの。
八　以下二行、瞽女唄の慣用句。
九　諺。「亀の甲より年の劫」とも。
一〇　言葉巧みに。

（1）土田の歌詞によって補う。

これこれ申し　お侍
見れば貴方（あなた）は　一無提灯（むじょうちん）
物騒（ぶっそう）のことでは　無いかいな
私やこの八町先の　山奥の
二熱田新田（あつたしんでん）と　言う所（とこ）の
百姓爺（じい）で　御座います
伜一人（いちにん）　持ちけるが
ちょうど貴方（あなた）の　年格好（としかっこう）
先月（せんげつ）使いに　出しけるが
この街道の　真ん中で
何者なしたる　仕業（しわざ）やら(1)
なぐり殺しに　なりました
どうやら貴方が　懐かしい
今日（きょう）はその子の　命日じゃ
伜追善（せがれついぜん）　供養のために
三接待馬を月に　三日（みっか）ずつ
四道者（どうしゃ）に施し　致します
ご不自由ながらも　今晩は
私の所へお泊まりなされて下さいと

まことらしげに　団九郎は
涙もろとも　願わるる
五権八それと　聞くよりも
口の弁巧（べんこ）に　だまされて(2)
それがまことの　真実か(3)
それがまことと　あるならば(4)
幸い足も　疲れしゆえ
さらば泊めて　もらわんと
権八後（あと）へ　引き返えり
団九郎親爺（おやじ）は　喜んで
並木の蔭から　馬を出し
これこれ申し　お侍
ひとり道中の　ことなれば
さぞお疲れで　ござんしょのう
これこの馬に　乗り給え
権八それを六　聞くよりも
泥棒の馬とは　露知らず
身を軽げに　馬に乗り
団九郎親爺は　喜んで

一　灯火を持たずに夜道を行くこと。
二　現、名古屋市中川区、熱田区、港区の辺り。
三　接待は、善根を積むため巡礼者などに無償で宿や食を提供すること。ここは旅人をただで馬に乗せること。
四　遍路（巡礼）など物参りの通行人（『邦訳日葡辞書』）。
五　「さしもに猛き権八も」（土田）。
六　土田の演唱ではすべて「それと」。

（1）～（4）　土田の歌詞で補う。

馬の手綱を　肩に掛け
[一]追分歌うて　急がるる
[二]一里登れば　不動坂
二里と登れば　天狗岩
三里登れば　松の木の
[三]天神林(てんじんばやし)の　中ほどで
親爺(おやじ)は馬を　引き止めて
古木(こぼく)の蔭に　立ち廻り
[四]五尺二寸の　大太刀(おおだち)を
脇挟んで　立ち出でる
権八それを　見るよりも
さても不思議な　親爺かな(1)
百姓爺とは　見えないぞ(2)
我は泥棒に　だまされた(3)
[五]さても残念　口惜しい
さても一座の　上様へ
まだ行く末は　程長い
誦(よ)めば理会(りかい)も　分かれども
まずはこれにて　段の切り

二段目（山中の岩屋）　35分

[六]親爺(おやじ)の心を　試さんと
馬の上にて　そら眠り
こくりこくりと　眠らるる(4)
団九郎心で　思うには
この侍を　殺すなら
あの[七]大小(だいしょう)は　百五十両
[八]印籠(いんろう)とても　五十両
右の腰にも　金がある
衣裳つくづく　眺むれば
十と五両が　品物じゃ
この侍を　殺すなら
四百両(しひゃくりょう)は　ただ取るぞ
[九]隠田(おんでん)　百姓(びゃくしょう)　作り取(ど)り
[一〇]濡れ手で粟米(あわごめ)　つかむよと
[一一]臍算盤(へそそろばん)で　団九郎は
胸の[一二]ごだまを　しゃんと掛け

一　民謡の馬子唄。
二　以下、一、二、三と続ける道行き表現の工夫。
三　不明。
四　五尺二寸は、長大すぎる刀である。「脇挟んで」は長刀などにいう表現。以下に「五尺二寸の段平」ともある。
五　「何としょうぞいどうしょうぞ」（土田）。土田もここで段切り。
六　小林演唱ではここでも段継ぎの歌い出し定型句はない。土田は例によって「先ほど誦んだる段の末」と始める。また、土田の演唱ではここに「（何としょうぞいどうしょうぞ）／胸の鏡に手を当てて／しばらく思案致さるる／思い付いたと権八は／横手を打って喜んで」と慣用句を使った歌詞もある。
七　刀と脇差の一揃い。
八　印籠には手のこんだ高価な工芸品もあった。
九　役人に隠してひそかに耕作し年貢を納めない田。収穫のすべてが自分のものになる。
一〇　苦労せずに利益を得る意の諺。
一一　胸算用の意であろう。
一二　算盤の五珠(ごだま)。
（1）～（4）　土田の歌詞で補う。

団九郎権八　見るよりも
これこれ申し　お侍
貴方(あなた)はなにとて　眠らるる
これまでなんとも　無けれども
これから先へ　行きますと
下から狼　出でまする
上から山賊　出でまする
気を付けなされと　申しける
権八それを　聞くよりも
刀の柄(つか)に　手をかけて
これこれ申し　親爺様
年(とし)が若くも　侍じゃ
狼千匹　居(い)やがろうが
泥棒が千人　出(い)でよとも
[一]刀の目釘(めくぎ)の　飛ぶまでは
恐るることは　無いわいな
俺(おれ)を力に　思われて
早く[二]館(やかた)へ　急げよと
言われて親爺は　びっくりし

さても恐ろし　お侍
隠居の腕には　行かぬ奴(やつ)
早く岩屋へ　引き込んで
[三]本手(ほんて)に勝負を　させんぞと
そうじゃそうじゃと　団九郎は(1)
またも手綱(たづな)を　肩にかけ
追分歌うて　急がるる(2)
[四]狼谷(おおかみだに)の　細道を
下を流るる　天魔川(3)
通り過ぎれば　今は早(はや)
岩屋の門にも　来たりしが
馬の上にて　権八は
[五]館の様子を　見給えば
八寸角の　楠(くすのき)の
扉は欅(けやき)の　[六]一枚戸(いちまいど)
権八見るより　驚いて
これが泥棒の　館なり(4)
恐ろし構えじゃ　ないかいな(5)
我は泥棒に　だまされた(6)

一　飽くまで奮戦することをいう。目釘は刀身を柄に固定する釘。これが抜けると柄と刀身が離れ、刀の用をなさなくなる。
二　百姓ならば「館」とは言わないところ。
三　不意打ちなどではなく、本格的な勝負を。
四　人里離れた山奥に至ることを思わせるための架空の地名。
五　高田の歌詞では岩屋の凄さが詳しい。以下、歌詞の不足が感じられる。
六　一枚の大きな厚い板で作った扉。欅は材質が堅い。
（1）～（6）　土田の歌詞で補う。

もしもかなわぬ　その時は
逃げるが道の　分別と
あちらこちらを　見てあれど
どちらへ向いても　高山(こうざん)で
逃げる道こそ　さらに無し
さても残念　口惜しや
一親の罰をば　こうむりて
二なぐり殺しに　なるかいの
岩屋の土に　なるかいの
しゃくり上げては　涙ぐみ
それはさて置き　ここにまた
親爺(おやじ)は馬を　引き止めて
門の扉を　たたかれて
三おしげ今来た　出迎えせい
はっとおしげは　応えしが
涙ながらに　立ち上がり
さても残念　悲しやな
わずか二八(四にはち)の　十六で
六十二歳の　爺様(じいさま)に

この身任すが　口惜しや
親の敵も　取りたいが(1)
女子(おなご)のことなら　是非もない
いやな出迎え　するだかと
前垂れたすきを　取り外し
五塗り駒下駄を　履き鳴らし
からりころりと　立ち出でて
六門の扉を　押し開き
七その場の方(かた)に　手を突いて
申し上げます　親爺様
お帰り様で　ありますか
いつもに変わりて　遅うござる
八さぞお疲れで　ござんしょう
早くお上がり　なされよと
時の辞儀(九じんぎ)を　述べにける
親爺はそれを　見るよりも
これのういかに　おしげとや一〇
この侍は　ひとり者
一一おいとしままに　連れ申す

一　権八は、飼い犬同士の喧嘩から人を殺して勘当された身であった。
二　なぶり殺し、であろう。
三　後出のように本名は「亀菊」。
四　「年は二七の十四歳」（高田）。
五　漆塗りの駒下駄。「塗り駒下駄に身を乗せて」（土田）。
六　土田演唱では「門の扉に手を掛けて／右や左に押し開き／門の仕切りに手を突いて」とある。
七　瞽女唄の慣用句。
八　以下二行、「佐倉宗五郎」に類句あり。
九　挨拶。
一〇　「とや」は五音に調えるための語。
一一　気の毒に思って。

（1）　土田の歌詞によって補う。

奥へ案内　致せよと
言われますれば　権八は
馬の上より　下り給う
門の内へと　入られて
これこれ申し　内儀様
通りかかりの　浪人が
一夜のお世話に　なりまする
何分頼むと　見給えば
十五六の　花盛り
権八見るより　二度たまげ
さても美し　この女
一我が朝にては　音に聞く
二小野の小町に　良く似たる
天竺にては　聞こえたる
三九尾の狐に　さも似たり
さても似合わぬ　夫婦連れ
似合わぬことを　尋ぬるに
四釣鐘に　提灯か
五豆腐に金槌　当て処無し

さてこの女子と　申するは
六下郎の娘じゃ　ないわいの
七お屋敷さんの　奥女中か
または都の　上人か
ただ人ならぬ　娘なり(1)
これをつかんで　来る親爺
恐ろしい泥棒じゃ　ないかいな
見れば見るほど　寒気立つ
それはさて置き　おしげ殿
侍様の　手を取りて
玄関を指して　急がるる
やがて玄関に　なりぬれば
権八玄関に　腰を掛け
おしげは一間の　内よりも
八茶釜のぬるまを　取り分けて
これこれ申し　お侍
足を濯いで　あげますと
草鞋の紐を　解き捨てて
砂地の牛蒡を　磨くように

一　日本。
二　小野小町は美人の代表。
三　化して美女となり、中国・日本へ渡って国王をおびやかした天竺（印度）の妖狐。我が国では「玉藻の前」と現われ、鳥羽院を悩まして退治されたことが、謡曲『殺生石』などに語られる。
四　不釣合いなことをいう諺。「ちゃうちんにつりがね」（『毛吹草』）。
五　やわらかい豆腐に金槌は当てようがない。ただし、「豆腐に鎹」の諺と同じ意味とすればここには不適。
六　「下郎」は身分低く賤しい者。
七　以下三行「小栗判官」などにもある慣用句。
八　「銅壷のぬるま湯汲み出だし」（高田）。

（1）　土田の歌詞によって補う。

こくりこくりと　磨かるる
磨きながらも　うちながめ
さても美し[一]　お侍
こんな奇麗な　良い殿(との)を
われが殿御(とのご)と　定めたら
[二]草葉の蔭に　親たちは
喜ぶことは　限りなし
[三]好いた殿御は　ままならぬ
[四]南風かは　知らねども
心がどましゃま[五]　するわいの
恋にこがれて　おしげ殿
顔と顔を　見合せて
こんな美し　お侍
どうして見てて　殺さりょう
いかが致して　助けんと
心配顔(がお)で　おしげ殿
侍様の　手を取りて
奥へ案内　致されて
奥の一間(ひとま)に　なりぬれば(1)

間(あい)の唐紙(からかみ)　そよと開け
申し上げます　お侍
これにて休息　遊ばせと
おしげは勝手へ　下がらるる
あとに残りし　権八は
いよいよ泥棒の　館なり
我は泥棒に　だまされた
何としょうぞい　どうしょうぞ
ただ茫然と　権八は
[六]胸の鏡に　手を組んで
しばらく思案を　致さるる
思い付いたと　権八は
横手を打って　喜んで(2)
[七]にわか聾(つんぼ)の　真似をして
[八]館の様子を　うかごうて
そうじゃそうじゃと　権八は(3)
それはさて置き　おしげ殿
さては奥間(おくま)の　お侍
ご機嫌伺いに　参らんと

一　実録に、権八はたいへんな美男と語られる。土田の演唱でも、おしげから見た権八が、「さても美しお侍／その侍のその親は／弁天様ではないかいの」と語られている。
二　団九郎に殺された親たちを言う。
三　好きになったお方は思うようにならない意。
四　「南風」は暖かい風の意だが、この比喩語義未詳。
五　不明。慌てる意の「どまぐれる」などと関連があるか。
六　以下二行、瞽女唄の慣用句。
七　急に耳が聞えなくなる病気。「そら聾(つんぼ)」(土田)。
八　高田の歌詞では家の中の様子を詳しく語る。

(1)　この句以下、「何としょうぞい　どうしょうぞ」までの九行、土田の歌詞によって補う。
(2)(3)　同じく土田の歌詞によって補う。

一煙草盆を　手にさげて
茶台を持って　立ち上がり
二奥の一間へ　急がるる
奥の一間に　なりぬれば
間の唐紙　そよと開け(1)
三その場の方に　手を突いて
申し上げます　お侍
煙草の煙と　申するは
悪い雲を　切り払う
四お茶の出花と　申するは
その日の災難　免くとい
楽々お休み　なされよと
時の辞儀を　述べられて
おしげは勝手へ　下がらるる(2)
五それはさて置き　ここにまた
団九郎親爺と　申するは
厩へ馬を　繋ぎ止め
洗足致して　上がらるる
ものの哀れは　権八は
親爺は上がって　来たわいと
どんなふうじゃと　見てあれば
常の六綴れを　脱ぎ捨てて
上がり浴衣は　七縮緬じゃ
間に着たのが　恐ろしい
南蛮鉄の　八鎖なり
上には紬を　召し給う(3)
さても一座の　上様へ
まだ行く末は　程長い
誦めば理会も　分かれども
まずはこれにて　段の切り

三段目（権八の仮病）　28分

その時流行りか　知らねども(4)
九呉絽服なぞを　締め掛けて
奥の一間の　お侍(5)
ご機嫌伺いに　参らんと(6)
曲り腰を　伸しながら

一　茶碗を載せる台。
二　以下二行、瞽女唄の重句的表現、かつ慣用句。
三　「座敷の仕切りに手を突いて」（土田）。
四　急須に入れたお茶の出し始めで香味の良いのを出花というが、それを呑むとその日一日災難に合わないといった俗信があったか。
五　本作で多用される話題転換の慣用句。
六　「綴れ」は襤褸着物の意。
七　百姓親爺に似合わない衣服のさま。
八　鎖帷子。鎖を表面に縫い付けた単衣の防御用下着。
九　「呉絽服連」の略。舶来の毛織物。
（1）～（6）　土田の歌詞で補う。

ゆらりたらりと　立ち出でて
奥の間さして　急がるる(1)
奥の一間に　なりぬれば
間の唐紙　そよと開け
座敷の敷居に　手を突いて
これこれ申し　お侍
ようこそお泊まりくだしゃんした(2)
このや深山の　山家にて
百姓からの　ことなれば
別に馳走も　出来ませぬ
我々夫婦に　身を任せ
今宵一夜は　大船に
乗ったる心地で　楽々と
お休みなされて　下さいと
時の辞儀を　申しても
権八聾の　ことなれば
[一]せめて挨拶　なさらない
不思議に思う　親爺殿
[二]またも言葉を　聞き返し

これこれ申し　お侍
時の辞儀を　申しても
せめて挨拶　なさらぬが
気に障るが　できたのか
ただし気色が　悪いのか
お薬あげよと　申しける
権八その時　笑顔して
これこれ申し　親爺様
お前先から　見てあれば
何か言いたい様の顔付きじゃ
いったい私と　申するは
恥を[三]言わぬば　理が知れぬ
小さい時から　わがままで
親の言うこと　聞かぬゆえ
神のとがめか　知らねども
十三歳の　その年に
[四]よつんぼの病気を　患うて
七つ下がりて　そののちは(3)
何を言うても　分かりゃせぬ

一　せめて挨拶だけでも。
二　「またも親爺は手を突いて」（土田）。
三　「言わぬば」と歌っている。
四　「よつんぼ」は夜聾。高田の歌詞では、以下噛み合わない会話が権八と滑稽に交わされる。高田の歌詞では「そら聾」また「かな聾」とある。
（1）　これ以下三行、土田の歌詞によって補う。
（2）（3）　いずれも以下二行、土田の歌詞によって補う。

言いたいことが　あるならば
今宵は我慢　致されて（1）
明日の朝まで　待ってたべ
親爺はそれを　聞くよりも
はかりごととは　露知らず
天竺よりも　授かった
福の神では　ないかいの
居たる所を　立ち下がり（2）
正座のもとへ　座を取りて（3）
おしげを呼んで　聞かせんと
おしげ〱と　呼ばわるる
はっとおしげは　応えしが
前垂れ襷を　取り外し（4）
何が御用と　両手つく
親爺はそれを　見るよりも
これのういかに　おしげとや
一この侍は　よつんぼで
何を言うても　分からない
二この侍を　殺すなら
四百両は　ただ取るぞ
印籠取っても　五十両（5）
大小取っても　百五十両（6）
左の腰には　金がある（7）
衣裳つくづく　眺むれば（8）
三四十両が　品物ある（9）
おしげ喜べ　ありがたや
うれしい事では　ないかいのう三
おれはこれから　支度して
四門弟を迎えに　行ってくるぞ
そなたは後にて　お侍（10）
五吊り天井の　その下へ
お床を延べて　お侍
よくもだまして　寝せ申せ
きっと申し　付けたりと（11）
親爺は支度を　致されて（12）
曲り腰を　伸しながら
六尺棒を　杖に突き
さらば行って来と　言うままに

一　「奥の一間のお侍／よつんぼの病気のことなれば」（土田）。
二　以下、前の句の繰り返し。一見煩わしいが繰り返すのが瞽女唄的。
三　土田の演唱ではここで三段目の段切り。
四　子分たちのこと。
五　高田の歌詞では吊り天井の座敷を詳しく語る。
（1）〜（12）　土田の歌詞で補う。

親爺は我が家を　出でらるる
あとに残りし　おしげ殿
これこれ申し　神々様
一冥土に御座る　両親様
どうぞあなたの　お情けで
この侍の　お命を
どうぞ助けて　給われと
両手を合わし　拝みける
何はともあり　ご膳をば
あげての後の　思案じゃと
お台所へ　下がられて
夕飯支度を　致さるる
山の名物　とろろ芋(1)
これも炊事に　取り立てる(2)
二打ち豆汁に　より入れて
昆布巻なる　ご馳走じゃ
やがてご膳も　出来上がる
三権八方へ　持ち参り
これこれ申し　お侍

ご膳お上がり　下さいと
言えど聾の　ことなれば
四脇見を致して　知らぬ顔
おしげはそれを　見るよりも
はかりことは　思いしが
ほんにまことの　聾かえ
のう気の毒やと　袖を引く
引かれてこなたの　権八は
五いっそ知らずに　おりました
これはご馳走と　言うままに
おしげは給仕を　致さるる(3)
お湯かと思えば　またご膳(4)
お湯かと思えば　またご膳(5)
あがる飯をば　十六杯
続いてお汁も　十六杯
三十二杯の　飯と汁
おしげはそれを　見るよりも
男良いのに　惚れれども
六飯を喰うのに　わしゃ惚れぬ

一　おしげの両親は団九郎に殺されている。
二　膳の料理の歌詞は珍しい。「より」は不明。
三　以下四行分、土田演唱では慣用句を用いながら「奥の一間のその方へ／お膳道具持ち参り／奥の間さして急がるる／奥の一間になりぬれば／間の唐紙そよと開け／さぞお待ちかねでござんした／腹がすいたでござんしょう／さあさご膳をおあがりと／権八それと聞くよりも」とある。
四　権八は娘に対しても聞こえないふりをする。
五　まったく。用例に、「女郎衆は、いっそ無言のぎやう同前（同然）」（『敵討西国順礼女武勇』巻之四）。
六　この辺りは滑稽な部分である。
（1）〜（5）　土田の歌詞で補う。

やがてご膳も　過ぎければ
お膳道具を　下げらるる
あとに残りし　権八は
[一]這う虫けらも　腹で這う
わしも大事の　身の上じゃ
大食したと　うち笑い
[二]それはさて置き　おしげ殿
さても残念　情けなや
あの侍は　よつんぼか
何を言うても　分かりゃせぬ
はかりことと　思わるる
そのまま座敷へ　出でられて
その場の方へ　手を突いて
これこれ申し　お侍
貴方は何とて　お出でたよ
これは泥棒の　館なり(1)
この家のあるじと　申するは
六十二歳に　なるけれど
昼は馬子の　真似をして

お客だまして　来る親爺
いまだ貴方に　申さぬが
我が身の上の　物語り
[三]わしは[四]三州　三河にて
城下に於いて　名も高き(2)
田中平右衛門　[五]安重の
ひとり娘の　亀菊なる
何不足なく　生れしが
[六]われはこの家へ　来るときは
腰元どもや　家来ども
両　親様と　もろともに
春の三月　半ばごろ
大勢の者を　引き連れて
花見に出でたる　その時に
このや泥棒に　見付けられ
両親様は　斬り殺され
腰元どもや　家来ども
秋の木の葉の　散る如く(3)
皆方々へと　逃げ散れる

一　這う虫にとって腹が大切なように、私も山賊と戦うには腹拵えが大事である、の意。諺的な句。
二　以下六行分、土田演唱では「勝手の方ではおしげ殿／ひとり思案を致せしが／堪え袋の緒が切れた／奥の一間のお侍／ご機嫌伺いに参らんと／奥の間さして急がるる／奥の一間になりぬれば／間の唐紙そよと開け」とある。
三　以下、亀菊の問わず語りが続く。
四　三河国に同じ。
五　「安重」の漢字表記は適当に当てた。物語上の虚構的人物。
六　土田演唱に「十三歳の春」とある。
(1)　この句以下五行、土田の歌詞によって補う。
(2)(3)　土田の歌詞によって補う。

残る者には　われ一人(ひとり)
このや泥棒に　さらわれて(1)
なんとしょう様(よ)も　あらずして
このや岩屋へ　引き込まれ
涙ながらに　居たりしが
　さても一座の　上様へ
まだ行く末は　程長い
誦めば理会(りかい)も　分かれども
一息入れて　次の段

四段目（亀菊の助力）　21分

その時門弟(もんてい)が　申すには
[一]これのういかに　娘とや
お頭(かしら)様の　女房に
なるかならぬか
なると白状　致すなら
命は助けて　やるぞいの
ならぬと白状　致すなら
命はただ今　これ限り
そのとき私が　思うには
このや岩屋に　暮らすなら
百にも一つ　千一つ
神や仏の　恵みにて
親の敵(かたき)や　下女の仇(あだ)
もしも敵(かたき)が　討たりょかと
心の内で　考えて
なると白状　致したが
まだ山(やま)馴れない　自らが
今年(ことし)で三年　暮らします[二]
貴方は今宵は　暇乞い[三]
お休み所と　申するは
吊り天井の　逆落(さかお)とし
地獄の呵責(かしゃく)じゃ　ないかいの
このや唐紙　押し開き
掛け物一幅(いっぷく)　捲(まく)るなら
三里が道の　[四]くけ道じゃ
爺(じい)さん帰らぬ　そのうちに

一　土田演唱には「これこれいかに花娘」とある。
二　以上、娘の身の上話。
三　この世の暇乞い。殺されること。
四　抜け道のこと。
（1）　土田の歌詞によって補う。

くけ道案内　致します
早くご支度　なされよと
権八それを　聞くよりも
[一]まことのおしげと　思えども
泥棒の女房の　ことなれば
心に油断は　できないと
ものも言わずに　権八は
[二]脇見を致して　笑い顔
おしげはそれを　見るよりも
はかりこととは　思いしが
ほんにまことの　聾(つんぼ)かと
畳の縁(へり)に　喰いついて
思わずわっと　泣き出だし
しばらく涙に　むせびしが
ようやく涙を　払われて
これこれ申し　お侍
貴方まことの　聾かえ
のう気の毒やと　取り縋り[三]
たとえ聾で　あればとて

眼(まなこ)見える　お侍
側なる火鉢を　引き寄せて
そのまま灰を　均(なら)されて
一々(いちいち)文字をば　書き記(しる)し
[四]裏の唐紙　押し開き
掛け物一幅(いっぷく)　捲(まく)るなら
三里がうちの　くけ道じゃ
爺(じい)さん帰らぬ　そのうちに
くけ道案内　致します
早くご支度　なされやと
一々(いちいち)文字をば　書き記し
[五]冥土に御座る　両親(ふたおや)様
どうぞあなたの　お情けで
この侍の　お命を
どうぞ助けて　給われや
亀菊一度[六]の　お願いじゃ
どうぞ助けて　給われと
涙ながらに　願われて
おしげは一間(ひとま)へ　入(はい)らるる

一　本当に誘拐されたおしげとは思ったが。ここは、「まことのことと思えども」といった句が良い。
二　土田の演唱では、団九郎に言った前出の文句（「申し上げます内儀さん／小さい時に親の恥を言わねば理が知れぬ／親の罰かは知らねども／よつんぼの病気を身に受けて／七つ下がりてその後は／何を言うても分かりゃせぬ」）をここでも繰り返す。
三　土田演唱、ほぼこの辺で四段目の段切り。なお、土田の演唱はこれ以下歌詞の乱れがある。
四　以下六行、火鉢の灰に書く形だが、前の文句の繰り返し。
五　以下四行も繰り返し。
六　一生に一度の。

あとに残りし　権八は
さきほどおしげは　この火鉢
引き寄せ灰を　均(なら)してぞ
何か文字をば　書き記(しる)し
どれ見てやろうと　権八は
[一]行灯有明(あんどんありあけ)　掻き照し
見れば書いたる　その文字は
[二]たとえ聾で　あればとて
眼(まなこ)見える　お侍
裏の唐紙　引き開けて
掛け物一幅(いっぷく)　捲(ま)くるなら
三里がうちの　くけ道じゃ
爺(じい)さん帰らぬ　そのうちに
くけ道案内　致します
早くご支度　なされよと
冥土に御座る　両親様(ふたおや)
この侍の　お命を
どうぞあなたの　お情けで
どうぞ助けて　給われと
亀菊一度の　願いなる
さても一座の　上様へ
まだ行く末は　あるけれど
下手の長誦み　飽きがくる
一息入れて　次の段

五段目（権八山賊を欺く）27分

それ見るよりも　権八は
嘘やら本(ほん)やら　知らねども
さらば支度を　致さんと
側(そば)なる行灯(あんどん)　ひるがえし
こいつは胴と　名付けられ
側(そば)にありようの[三]　徳利をば
ちょいと手拭い　頬被(ほおかむ)り
[四]じゅうめん棒を　足として
側(そば)なる夜具を　かけられて
これで出来た[五]と　高笑い
さらば支度を　致さんと

一　「佐倉宗五郎」にも出。慣用句。
二　以下、ほぼ前の歌詞の繰り返し。
三　ありあわせの。
四　不明。
五　あたかも人が寝ているように巧く見せかけることが、である。

我が身の支度を　致されて
裏の唐紙　引き開けて
掛け物一幅（いっぷく）　捲（まく）られて
教えられたる　くけ道に
門弟の来るのを　待ち兼ねる
それはさて置き　おしげ殿
これこれ申し　神々様
神や仏が　世にあらば
[一]あの様（よ）な美し　お侍
どうぞ助けて　給われと
両手を合わせ　拝みける
爺さん帰らぬ　そのうちに
髪なで上げて　知らぬ顔
鏡に写す　我が顔を
涙の顔は　現わるる
ようやく涙を　払われて
顔には白粉（おしろい）　薄化粧
向こう鏡の　蓋を取り
写せば映る　我が顔は

もとの姿で　笑い顔
これで出来たと　言うままに
爺さん来るのも　待ち兼ねる
それと知らずに　親爺様
八十五人の　[二]門弟を
残らず一堂に　集められ
さらば我が家へ　行かんぞと
団九郎親爺は　先に立ち
喜び勇んで　今は早
岩屋を指して　帰らるる
かくて我が家に　なりぬれば
親爺は扉を　押し開き
おしげおしげと　呼ばわるる
はいと応えて　おしげ殿
[三]塗り駒下駄を　履き鳴らし
からりころりと　立ち出でて
その場の方（かた）に　手を突いて
これこれ申し　親爺様
お帰り様で　ありますか

一　この句も繰り返され、権八が美男であることを印象付けている。
二　山賊の家来たちである。
三　以下五行、前出の定型表現。

さぞ寒かったで　ござんしょのう
早くお上がり　下さいと
これこれ申し　皆さんへ
早くお上がり　下さいと
それ聞くよりも　皆の衆は
喜び勇んで　今は早(はや)
団九郎館(やかた)へ　入らるる
団九郎親爺が　申すには
これのういかに　おしげとや
酒を沸かせと　言い付ける
はっと応えて　おしげ殿
前垂れ襷(たすき)を　掛けられて(1)
お台所へ　下がられて
一一斗釜(いっとがま)にて　沸かさるる
八十余人の　門弟は(2)
どっと一度に　来たりける
お台所は　大騒ぎ
一(いち)の子分の　団助(だんすけ)は
これのういかに　皆の衆へ

うまい肴が　取れたぞへ
二前手(まえて)祝いに　一杯と
三てんでてんでが　勝手呑み
おしげが心で　思うには
今宵(こよい)私が　酌をして
残らず奴等(やつら)を　食べ酔(い)わせ
さすれば奥間(おくま)の　お侍
助かることも　あろうぞと
そうじゃそうじゃと　おしげ殿
色目(いろめ)を使うて　今は早(はや)
これのういかに　皆の衆へ
ご苦労さんで　御座います
今宵私が　酌をする
よろしく頼むと　申さるる
それ聞くよりも　皆の衆は
これこれいかに　皆の者
四ご新造様の　お酌だぞ
めったやたらに　このような
結構のことが　あるものかと

一　一斗(約十八リットル)も入る大釜。
二　前祝いの意か。
三　各自それぞれ。めいめい。
四　ここでは他人の妻の敬称。奥様。
(1)　土田の歌詞によって補う。
(2)　この句以下八行、土田の歌詞によって補う。

こらやいいかに　権来い
熊来い八来い　白もこい
猫と杓子と　ご主人を
残してあとは　みんな来い
下戸も上戸も　差別なく
[一]もうぞになるほど　呑みにける
そのとき団九郎　今は早
これのういかに　者どもよ
奥に泊まりし　お侍
様子をうかがい　参れよと
言われて今は　皆の衆は
一の子分の　団助は
はいと返事も　致されて
二十人の　門弟を
連れて奥間へ　急がるる
奥の一間に　なりぬれば
[二]ろくと一つで　二階より（1）
例の盤石　落とさるる
早くもこれを　引き上げて
唐紙開けて　どやどやと
入れど中は　真っ暗じゃ
幸い点けおく　提灯の
明りで側へ　駆け寄りて
今一太刀と　言うままに
胴中見かけて　斬りかかる
どんがらりんの　音がする
　さても一座の　上様へ
まだ行く末は　あるけれど
誦めば理会も　分かれども
まずはこれにて　段の切り

六段目（団九郎の最期）　31分

一の子分の　団助は
さても不思議か　お侍
[三]頭ちゃんちゃん　胴はどんとん
足はいかがの　音がする
今一太刀と　斬りかかる

一　理性が働かなくなること。惚けることなどにもいう。
二　轆轤か。回転仕掛けの吊り天井の工夫である。高田の歌詞には、「くさびを二くさび抜くならば／座敷はぜんまい仕掛けなり」とある。
三　権八に欺かれた山賊たちの様子を滑稽に語る部分。

（1）　土田の歌詞によって補う。

かんからかんの　音がする
さてもこいつは　[一]手者(てしゃ)である
金仏(かなぶつ)様かえ　木仏(きぶつ)かえ(1)
ただし竹かい　面白い(2)
はぐって見ようと　一同に
夜具をはぐれば　何事ぞ
徳利に行灯　じゅうめん棒
呆れてみんなが　高笑い
これのういかに　者どもよ
きゃつは逃げたぞ　ここからと
わしに続いて　こう来いと
一(いち)の子分の　団助(だんすけ)は
二十人の　門弟を
連れてくけ道　急がるる
面白いのは　権八じゃ
野郎(やろ)ども今かと　言うままに[二]
先立(さきだち)からして　斬りかくる
瓜茄子(うりなす)切るように　二十人
残らず斬って　しまいける

それはさて置き　団九郎は
不思議なるかな　あの人数(にんず)
行ったばかりで　帰らぬが
誰(だれ)か見とどけ　参れよと
それ聞くよりも　皆の衆は
はいと返事も　致されて
[三]たるてのみずは　先に立ち
[四]三十人の　門弟を
連れて奥間へ　急がるる
かかる一間(ひとま)に　なりぬれば
見れば唐紙　開いておる
覚束ないと　思案する
たるてのみずは　言うようは
きゃつは逃げたに　相違ない
われはこれより　追いかける
わしに続いて　こう来いと
たるてのみずは　先に立ち
くけ道さして　急がるる
面白いのは　権八じゃ

一　武芸の腕前がすぐれた者。
二　土田演唱では、ほぼこの辺で五段目の段切り。
三　人名だが語義未詳。団九郎の子分。土田演唱では「たるてのみぞう」。
四　以下二行、前の繰り返し。
（1）（2）　土田の歌詞によって補う。

野郎ども今かと　言うままに
先立からして　斬りかくる
三十人の　門弟を
一 残らず斬って　しまいける
それはさて置き　団九郎は
さても不思議の　ことなるぞ
行ったばかりで　帰らぬが
きゃつは逃げたに　相違ない
逃げたら逃げたと　おとずれに
誰か知らせに　来るであろ
誰か見とどけ　参れよと
言われて今は　者どもは
二 喧嘩の勝兵衛は　先に立ち
二十人の　人数で 三
見れば唐紙　開いておる
これのういかに　皆の者（1）
きゃつはここから　逃げたぞと
我はこれから　追いかける
四 さらばさらばと　言いながら

くけ道さして　急がるる
権八それを　見るよりも
野郎ども今かと　言うままに
血の垂る刀を　杖につき
広い所で　斬り捨てる
瓜茄子切るように　二十人
残らず斬って　しまいける
それはさて置き　団九郎は
五 不思議なるかな　あの人数
行ったばかりで　帰らぬが
六 薩摩の飛脚で　沙汰は無し
きゃつは逃げたに　相違ない（2）
逃げたら逃げたと　おとずれに
誰か知らせに　来るであろ
しばらくたてども　誰も来ぬ
門弟は残らず　殺されしか
さても残念　口惜しい
わが門弟の　仇敵
思い廻せば　廻すほど

一　団九郎の子分、二度目の失敗。
二　三度目の門弟派遣。
三　次に「奥の間さして急がるる／かかる一間になりぬれば」などの句があるべきところ。
四　然らば。それならば、の意。
五　団九郎の言葉も三度目の繰り返し。
六　行ったきり帰って来ない意の諺。「封建時代に他国より薩摩に入りこみし者の、生還せざるをいふ」（藤乙男編『諺語大辞典』明治四十三年刊）。薩摩では秘密を守るために領内に入ってくる他国人を殺したからだとも言われる。

（1）（2）　いずれもこの句以下四行、土田の歌詞によって補う。

一胸に米搗き（こめつ）　する如く
とかくどかどか　してならぬ
われが支度を　致さんと
二面籠手脛当て（めんこてすねあ）　当てられて(1)
袴の股立（はかま三ももだち）　高く取り(2)
手早く支度を　致されて
五尺二寸の　四段平（だんびら）を(3)
抜いて真っ向（まこう）に　ふりかざし(4)
これのういかに　おしげとや
手前は心配　致しゃるな
われが参りて　お侍
見事立派に　斬り捨てる
おしげはそれを　聞くよりも
心のうちで　思うには
本（ほん）に残らず　殺せしか
五おのれも参りて　殺されれ
心のうちでは　思えども
これこれ申し　親爺様
わたしゃ嬉しゅう　ござんすと

言われて団九郎　喜んで
後（のち）の災難　露（つゆ）知らず
おしげ灯（あかし）を　点（つ）けれよと
はいと応えて　おしげ殿
六龕灯（がんどう）提灯（ぢょうちん）　点けられて
団九郎手を引き　今は早（はや）
奥の一間（ひとま）へ　急がるる
奥の一間に　なりぬれば
権八心で　思うには
ただ今殺した　人数（ひとかず）は
七五十人は　しっかりじゃ
残ったところで　五十人
高（たか）で知れたる　はした者
広い所へ　立ち出でて
見事立派に　斬り捨てる
そうじゃそうじゃと　権八は
血の垂る刀を　杖につき
座敷半ばへ　出でらるる
団九郎親爺は　驚いて

一　心臓の鼓動が高鳴ること。おしげの言葉には「心がどましゃまする」とあった。

二　戦いにのぞむための防御用具。

三　袴の左右の裂けている部分。股裁の義（『倭訓栞』）。

四　幅の広い刀。『仮名手本忠臣蔵』第五「山崎街道」に「斧九太夫がせがれ定九郎、身の置き所白浪や、此街道の夜働き、だん平物を落とし指し」とあり、ここでも夜盗の刀となっている。

五　団九郎親爺をののしって言った言葉。「殺されれ」は、殺されろの意。

六　ただ龕灯（がんどう）ともいう。持ち手の方を暗くし、前方のみを照すように作った照明器具。回転する内部の金具に蝋燭を立て、持つ角度を変えても光源が安定するように作ってある。

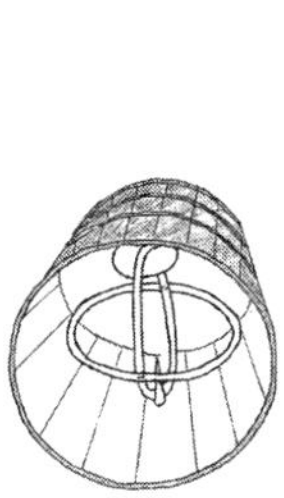
龕灯提灯の図

七　団助が率いる二十人、「たるてのみず」が率いる三十人、喧嘩の勝兵衛が率いる二十人。計七十人である。

(1)〜(4)　土田の歌詞で補う。

しかし侍　姓名は
問われて権八　申すには
私ゃ[一]因州　鳥取の
城下において　名も高き
平井権八　直則じゃ
団九郎それを　聞くよりも
おのれ憎き　侍め(1)
[二]百姓づれとは　思うたか
何隠さんや　山賊じゃ
私ゃ山中　団九郎
[三]七十二歳の　爺なるが
この老人が年寄り役目に泊め置いた
よくも門弟を　殺したな
我が門弟の　仇敵
覚悟致せと　斬りかくる
権八それを　見るよりも
こんな相手は　足らねども
早く殺せば　楽しみも
薄くなるから　相手にしょ

おしげはそれを　見るよりも
龕灯提灯　照さるる
団九郎方を　明るくし
ただちらちらで　見えませぬ
団九郎それを　見るよりも
おしげ龕灯　そうでないと
おしげはそれを　聞くよりも
ただはいはいと　言葉にて
言うたばかりで　是非もない
権八それを　見るよりも
哀れなるかな　団九郎の
両腕ざっくと　斬り落とし
団九郎その場へ　伏し倒れ
権八それを　見るよりも
これのういかに　おしげとや
手前も敵を　討たれよと
団九郎それを　聞くよりも
これのういかに　おしげとや
[四]一夜添うても　妻は妻

一　因幡国。鳥取県東部。
二　たかが百姓と。
三　前には「六十二歳」とあった。
四　たった一夜の契りでも妻である意の諺。

（1）この句以下三行、土田の歌詞によって補う。

早く殺して　給われと[一]
おしげはそれを　聞くよりも
団九郎親爺に　うち向かい
妻と言うかい　畜生め
心に錠前　掛け置いた[二]
親の敵に　我が乳母と
家来の敵じゃ　覚悟すれ

覚悟ひろげと　とどめ刺す[三]
おしげはそれと　見るよりも
権八手を引き　下がらるる
後は闕所と　なるわいな[四]
まずはこれにて　段の末

―「山中団九郎」末尾―

一　早く苦痛を取り去ってほしいからである。
二　身は従っても心までは許さなかった意。
三　罵倒語。
四　罪人の田畑家屋敷を没収する刑罰をいうが、ここはもはや山賊も居なくなって空き家となったことをいう。土田演唱の末尾は、「あとに残りし門弟は／猫と鼠の如くなり／侍様の手を取りて／岩屋の方を後になし／岡崎さして急がる」とある。

◇参考資料　高田瞽女杉本キクイ伝承

祭文松坂　山中団九郎（岩屋の段）

一段目　39分

さればによりては　これにまた
いずれに愚かは　あらねども
よき新作も　なきゆえに
団九郎岩屋(いわや)の段と申します
ことは細かに　誦(よ)めねども
あらあら誦(よ)み上げ　たてまつる

権八郎
おのれが馬に　打ち乗せて
岩屋を指して　連れ来たる
一(いち)の門へと　来たりける
一枚板の　大扉(おおとびら)
門へ入(はい)りて　権八郎
岩屋の様子を　打ち眺め
岩屋の様子と　申するは
裏は峨々(がが)たる　高山(こうざん)なり
前は何かいとも知れぬ　大谷(おおたに)なり
岩屋の様子を　打ち眺め
玄関先には
びぎょうごようの　たか□□を立て
団九郎住み処(か)を　なす家(うち)は
武士も及ばん　仕掛けなり
岩屋の間口と　申するは
まず十七、八間(けん)とも　おぼえたり
岩屋の口にて　団九郎が
馬をとどめて　申すには
（詞）申しお侍様。これは熱田(あつた)新田、親(おや)爺(じ)の宅でございます。ゆっくりお休みあそばせと
権八それと　聞くよりも
馬の上より　ひらとおり
辺りを目に付け　いたりしが
団九郎声を　張り上げて
くぐり戸はっしと　打ち鳴らし
これ娘よ　亀菊よ
ただ今親爺が　戻ったと
呼ばわる声の　恐ろしさ
岩に響いて　もの凄く
一間(ひとま)のうちなる　亀菊が
さてこそ親爺が　戻られしぞえ
わしほど因果な　者がない
母上様や　乳母(うば)殿の
現在敵(かたき)の　団九郎に
娘呼(よ)ばりを　致さるる

それでも仰せは　そむかれぬ
出で来る姿を　見てやれば
年は二七の　十四歳
色良き衣服に　身をまとい
塗り駒下駄の　音高く
からりころりと　出でて来る
くぐり戸がらりと　開けられて
腰をこごめて　亀菊が
(詞)申し、お頭様。いつもとは違い
お早いお帰りでござります。今日
はとりわけ寒うござりましょうと
いちぎ述べれば　団九郎が
(詞)これ娘。寒いの寒くないのと言う
だんでは無い。これにお控えなさ
るるお侍様。九州辺だと仰せら
れたが、花の東へくだるものを、
宿を取り兼ねて難渋を致すによっ
て、この親爺を見掛け、今宵一夜
泊めてくれいとおっしゃるゆえ、
今宵一夜おかくまい申す。ずいぶ
ん粗相の無いようにご馳走致せ。
これ亀菊。申しお侍様。これはす
なわち、わたくしの娘でござりま
す。なんにも気遣いはござりませ
ん。ゆっくりお休み遊ばせと
これのう娘よ　亀菊よ
おりゃこれより　厩へ行きて
駒を繋いで　来るほどと
駒の手綱を　手にとりて
厩を指して　急がるる
あとに残れし　亀菊が
手燭の前に　手を突いて
(詞)申しお侍様。この山川の見苦しき
あばら家に、ようこそお泊まり下
さいました。なにも馳走は致さね
ど、焚き火ばかりでござりますと
権八それと　聞くよりも
前にはにじゅうしこう　縫い入れたる
深編笠を　はずされて
(詞)これはこれは、うちの娘殿でござ
りますか。この山川に似合わんご
丁寧なご挨拶。今宵一宿お世話
様にあずかりし冥加至極に存ずる
と
いちぎを述べし　見事さや
背高からず　低からず
色白からず　黒からず
亀菊それと　見るよりも
ものが自由に　なるならば
あの団九郎を　捨て置いて
こんな奇麗な　侍と
添うて苦労の　三年も
三年ならずば　三月でも
三月ならずば　三日でも
添うて一苦労　してみたい
逢うた初手から　可愛さが
身にしみじみと　惚れぬいて

堪えじょうなく　一筋に
恋かに迷うは　世のならい
言いつつその座を　まかり立ち
銅壷のぬるま湯　汲み出だし
盥にあけて　亀菊が
申し旅の　侍様
早くも洗足　遊ばせと
しからば御免と　言うままに
四つぢの草鞋　紐を解き
すぐに洗足　致されて
千手院の　大を持ち
団九郎館へ　上がらるる
もとより利発の　男ゆえ
すぐに正座を　致されて
炉端にこそ　高あぐら
辺りを目に付け　居たりしが
(詞)まずこのお家は、百姓の家とも言うたが、まず百姓の家には、だいいち俵かますも無し。また町人の家でも無し。二間四方の炉を切ってあり。奥の座敷を見渡せば刀掛けに大があって小は無し。また長押には槍が三筋に長刀が二折、まさしくこのお家は盗賊どもの住み処を致す家なりと覚えたり。よしよし、そうとも言わば、それがしは、斬って斬って斬り抜いて、
首塚築いてくれんぞと
そら聾の　真似をして
居眠り致して　見せかける
それはさて置き　ここにまた
団九郎親爺と　申するは
駒を厩に　繋がれて
我が家を指して　帰られる
我が住む一間に　なりぬれば
常の衣服に　着替えられ
しまぐんだいの　三つ重ね
浅葱のはるうけ　前で締め
てすりの付いたる　煙草盆
銀の煙管を　引っ提げて
茶の間を指して　団九郎が
のさりのさりと　出できたり
権八前に　座を占めて
(詞)申しお侍様。わたくしの家にお泊め申しても何も気遣いはございません。ゆっくりお休み遊ばせ。あなた最前、てんぱくのはしで仰せらるるには、九州辺だと仰せられたが、九州辺はどなた様のごあんちゅうで、当時は何の御役、御勤めなされます。してまたこの度、何の御用で、花の東へお下りなされましたと
問えど答えぬ　権八郎
そら聾の　ことなれば
聞こえんふりして　とぼけ面
(詞)申し親爺殿。旅をするには天気が

悪くて困りますと
団九郎親爺(おやじ)が　このときに
(詞)申しお侍様。天気のことをお尋ね
申したのではござりません。この
度、何の御用で花の東(あずま)へおくだり
なされますと、それをお尋ね申し
たのでござります。ほんに問わず
物語りとは、お前のことと
言えど答(いら)えぬ　権八郎
聞こえんふりして　とぼけ面(づら)
団九郎が顔を
穴のあくほど　打ち眺め
(詞)申し親爺殿。最前から何かものを
問うように見えまするが、恥を言
はねば是(ぜ)が知れん。けさ、宮と桑
名の間(あい)で、わずか四十六銭の船賃
に差し迫られて、船頭どもに打ち
たたかれ、その櫂が肩に当たり、
腰に当たり、東海道を憂き艱難を
し、またお前の馬に乗り、寒さを
しのぎ、この焚き火に暖まったる
ところが、耳ががんがんと言う
て、お前の言うことが分かりませ
ん。話があるなら、明朝(みょうあさ)とって
くだされと
団九郎それと　聞くよりも
(詞)からからと打ち笑い。そら見や、
亀菊。ごうの悪いやつは、うおの
のはたを巡るとは、ここのわけ。
先立って、あの侍は、てんぱくの
はしで馬に乗ったる容態(ようだい)は、たっ
とうりょうの達人。また大小の差
しぶりは、□□□□□達人とも
見えたるゆえ、この親爺もかなう
まいかと思うたが、我が家へ参り
てかな聾(つんぼ)になるとは、よくよく因
果な奴じゃと
これのういかに　亀菊よ
早くもこの侍に　夕飯(ゆうはん)喰らわせ
達磨の座敷へ　連れ行きて
逆さ屏風に
北枕に　寝かして置け
これより天狗が岩屋へ
手下ども　迎えに行く
娘頼むと　団九郎が
龕灯(がんどう)提灯(ちょうちん)　吊り下げて
手ごろのごおうを　杖となし
天狗が岩屋と　急がるる
さて皆様にも　どなたにも
下手で長いは　座の障(さわ)り
これはこの座の　段の切れ

二段目　36分

ただいま誦(よ)み上げ　段のつぎ
あとに残る　亀菊が
申し旅の　侍様

岩屋の様子を　ご存知か
ご存知なくて　連れられしか
我が家へ参りてかな聾（つんぼ）になるとは
よくよく因果な　お侍
わたしも因果で　ござります
母上様や　乳母殿の
敵（かたき）に思う　団九郎に
娘呼（よ）ばりを　致さるる
因果同士の　寄り合いか
敵（かたき）同士の　報いぞと
□□□□□□　数あれど
何を言うにも　語るにも
かな聾（つんぼ）で　是非がない
これこのよで　これ申し
今にも手下の　者どもや
悪党親爺（おやじ）が　帰り来て
吊り天井の　下にして
非業の最期を　さするかと
思えばいとしや　悲しやと
嘆く盛りに　権八郎
（詞）これ、うちの娘殿。ご膳が食べと
うござります。ご膳が済むとすぐ
に寝かしてくだされと
亀菊それと　聞くよりも
ほんにいとしや　お侍
何も様子を　知らずして
ご膳が食べたい　寝たいとは
よくよく因果な　お侍
それ世の中の　譬えにも
耳の聞こえん　その人が
仏様じゃと　人が言う
早くもご膳を　差し上げて
達磨の座敷へ　連れ行きて
仮名書きなりとも　みずからは
岩屋の様子を　手に書いて
岩屋を逃がして　やらんぞと
そうじゃそうじゃと　亀菊が
前垂れたすきに　身をまとい
急ぎ膳部を　しつらえて
勝手の方より　だんだんと
権八そばへ　なおされて
あるし火鉢を　引き寄せて
火箸を取り　筆となし
灰かきならし　仮名書きに
申し旅の　侍様
ご膳をおあがり　遊ばせと
書いて見せれば　権八郎
しからば御免と　言うままに
山賊どもに
いちぎ述べるは　要らねども
菩薩の前の　礼儀として
膝立て直し　権八郎
膳に直りて　礼儀を述べ
箸を取ったる　容態と
お椀を上げたる　有り様は
歳はゆかねど　武士の胤（たね）
一方（ひとかた）ならん　小笠原

亀菊それと　見るよりも
今にも手下の　者どもや
悪党親爺（おやじ）が　帰り来て
吊り天井の　下にして
非業の最期を　さするかと
思えばいとしや　かわいやと
泣く泣く給仕を　致さるる
権八それと　見るよりも
（詞）これ、うちの娘殿。給仕しながら、めろめろと吠え面（づら）が、拙者が若い者であればとも、なんぞ親爺の留守に恋じりでも出だすかと、邪推を廻すは世の習い。私が若い者であればとも、そのよな不躾な侍ではござりません。あじなところへ気を廻し、風邪でも引いて下さるなと
またもお椀を　そっと出し
お茶かと思えば　またご膳
ご膳ご膳と　出ださるる
亀菊それと　見るよりも
こうやたらに
ご膳をお上がり　遊ばすが
人間が
生まれてくる　その時より
死ぬるまでの　□□をあたわすとある
今宵達磨の　座敷で
非業の最期を　さするのを
虫が知ってで　あろうかい
それゆえこうやたらに
ご膳をお上がり　遊ばすかと
またも給仕を　致さるる
権八心に　思うには
そののち
山賊どもを　相手に致し
戦うときは
お腹が空いては　一大事と
またもお椀を　そっと出し
お茶かと思えば　またご膳
食べも食べたよ　権八郎
三十六杯　食べました
亀菊それと　見るよりも
男の良いのに　惚れたれど
大飯（おおめし）喰らで　わしゃいやだ
ご膳の済むを　見るよりも
手燭（てしょく）を点（とぼ）して　亀菊が
達磨の座敷へ　走り行き
さきほど親爺の　仰せには
逆さ屏風に
北枕と　言うけれど
それでは縁起が　悪いから
南枕に　本（ほん）屏風
床を延べては　亀菊が
権八そばへ　走り行き
火箸を取り　筆となし
灰かきならし　仮名書きに
申し旅の　侍様

早くもお休み　遊ばせと
書いて見せれば　権八郎
しからば御免と　立ち上がり
亀菊姫に　手を引かれ
達磨の座敷へ　□□□□が
女房気取りで　行かれける
達磨の座敷の　様態が
唐南天（からなんてん）の　床柱
紫檀の腰板　打たれては
まず掛け物と　申するは
からで狩野こうげん　元信の
お直筆の　墨絵の達磨
違い棚に　袋戸を
まず活け花と　申するは
遠州流の　投げ活けに
寒紅梅を　爽やかに
鹿の角の　刀掛けに
村正の大（だい）を　掛けられて
まず差添は　枕のもとに

帯紐（おびひも）解いて　権八郎
しからば御免と　臥せにける
亀菊それと　見るよりも
上から夜具を　なで掛けて
すぐに勝手と　思えども
あまりのことの　悲しさに
権八枕のもとへ　座を占めて
あなたは真（まこと）に　耳が聞こえんかい
また偽りにて　あるならば
みずから語るを　聞いてたべ
わたしの夫（おっと）と　申するは
この山中（やまなか）に住み家を致す
山中団九郎と　申します
七十五人の　手頭（てがしら）なり
このままお休み　遊ばすなら
親爺の手下が　帰り来て
吊り天井の　下にして
非業の最期を　さするかと
親爺の手下が　帰り来て

くさびを二（ふた）くさび　抜くならば
座敷はぜんまい　仕掛（じか）けなり
きりりくるりと　廻りくる
落つれば非業　最期なり
この達磨の掛け軸（じ）を上げると
岡崎町（まち）まで　矢作（やはぎ）まで
山賊忍びの　抜けはなり
これへ抜けて　くだされと
一心こめて　亀菊が
ことこまやかに　物語る
さて皆様にも　どなたにも
あまり長いも　座の障（さわ）り
これまで誦み上げ　たてまつる

―「山中団九郎」末尾―

◇参考資料　吉田屋版やんれ節口説唄本平井権八小紫くどき

〈凡例〉

一　ここに翻刻したのは江戸末期の唄本屋が発行した〈やんれ節〉口説の唄本である。

二　三田村鳶魚著『瓦版のはやり唄』（大正五年刊）にも収められているが、底本は架蔵本によった。ただし、下巻の末尾一丁が欠けているので、東京都立中央図書館の加賀文庫所蔵本で補った。加賀文庫の本は同じ吉田屋小吉発行で、文句も同じであるが、改版である。

架蔵本は次のような小冊子である。

上四丁　下四丁（末尾一丁欠）　タテ17・7㎝　ヨコ11・6㎝　匡郭無し　半丁八行

上巻表紙に、幡随院長兵衛の絵があり、「平ゐ権八小紫くどき ㊤ 馬喰町三丁目　吉田屋小吉板」とある。

下巻表紙には、権八の絵があり、「ひら井権八小紫くどき ㊦ 馬喰町三丁目　吉田屋小吉板」とある。

三　原文には無いが、七七調の〈やんれ節〉であることから、七音ごとに空白を置いた。

四　表記は振仮名も含めて原文のままである。

〽こゝに　サヱ、　すぎにし　そのものがたり　くには中国　その名もたかき　ぶけのからうに　一人のせがれひらゐ権八　直のりこそは　犬のけんくわが　いこんとなりて　おなじかちうの　本じやうじを　打てたちのき　あづまをさして　くだる道にて　くわなのわたしわづか斗の　ふなちんゆへに　数た船頭に　とりかこまれて　すでにあやうき　そのをりからに　これを見かねて　ひとりのりよじん　ひらゐたすけて　我やへつれる　これは名におふ　とうかいだうに　その名くまたか山ぞくなるが　それと権八　ゆめさらしらず　その家うちには　美じんがござる　名をばかめぎく　つぼみのはなよ　みれば見るほど　おとなしやかで　そのよごんはちが　ねまにしのび　もふし若さん　さむらひさんよこのや主は　とうぞくなるよ　しつて泊るや　しらずであるか　こよいお命　あやうふござる　私も三かはのふう家のむすめ　こぞのくれから　このやへとられながのつき日を　なみだでくらす　古郷恋しや　さぞ両しんも　あんじさんすで　あらうと思ふ　おまへ見かけて　おたのみもふす　どふぞなさけじや　ごしやうじやほどに　私をつれ立　このやをにげて　古郷三かはへおくりてたべと　くどき立られ　権八こそは　さすがよしある　侍なれば　そのサわけがら　のこらずきいてさらばこのやの　主をはじめ　手下とうぞく　皆きりころし　おまへこきやうへ　御つれもふし　二人ひそかにやくそくかため　娘かめぎく　たち出ゆきやる　ヤンレヱ、引

〽それと　サヱ、　しらずに　くまたか殿は　てした数たに　さゝやきけるは　こよひ泊たる　若侍は　こしにさしたる　ふた腰こそは　金づくりで　めいさくものよ　二百両から　先へのものじや　かれをあざむき　連きたりしは　それをうばゝん　こゝろのたくみ　おくのざしきへ　ねかしておいた　もはやじこくも　夜はんのころよ　おくの一トまに　切込ければ　かねて権八こゝろへあれば　夫とひらゐは　ぬく手も見せず　主く

またか　てしたのやつら　つひにのこらず　みなきりころし　そこでかめぎく　手をひき連て　さんしうやはぎの　長じやにきたり　一ぶしじうの　はなしをいたす　長者ふうふは　よろこびいさみ　どふぞわが家の　むこにもせんと　すゝめけれども　権八どのは　なほも仕官の　望であれば　ちやうじや夫ふに　ことはりいふて　いとまごひして　たゝんとすれば　いまはかめぎく　せんかたなみだ　ぜひもなく〳〵　かね取出して　こゝろばかりの　はなむけなりと　いへばごんぱち　きのどくかほを　心ざしとて　いたゞき納め　はなのあづまへ　いそがれまする　行ばほどなく　川さきじゆくの　おとにきこへし　万ねんやとて　こゝにしばらく　おやすみなさる　さてもこれから　品川までの　道は何りと　おたづねなさる　(注)――わづかに　二里程あれど　鈴が森とて　なん所がござる　よごと〳〵の　辻ぎりあれば　七つすぎにも　はやなりければ　今よひたう所へ　おとまりあれと　いへど権八　耳にもいれず　大小さす身は　それしきごとに　おそれとまらば　あまたのひとに　おくびやうみれんの　さむらひなりと　ながく笑はれ　ちじよくのたねよ　それは元より　のぞみでござる　いさみすゝんで　品川さして　ゆきやる　ヤンレヱ、

引

ひら井権八小紫くどき　下

〽さても　サヱ、　ひらゐ　権八どのと　おなじ茶屋にて　やすんでゐたる　花の東に　その名もたかき　をとこだてにて　ばんずゐ長兵衛　ひらゐ出てゆく　あと見おくりて　さすがさむらゐ　あつはれものよ　さらば若しゆの　手なみをみんと　あとにつゞいて　長べゑこそは　すゞがもりへと　はやさしかゝる　そのや場しよにて　権八こそは　かねてかくごと　山ぞくどもを　大ぜいあい手に　火ばなをちらし　夫とみるより　ばんずゐちやうべゑ　さらばすけだち　いたさんものと　げにやにわうの　あれたるごとく　切てまはれば　さんぞくどもは　くもをかすみと　にげゆくあとで　そのや長兵へは　ひらゐにむかひ　おとしわかにも　似あはぬ手なみ　恐いつたる　働なるよ　わしも江戸にて　名をうるを

とこ　おせわ致さん　わがやへござれ　いへば権八　よ
ろこび入て　さらば今より　兄弟ぶんと　あれば長兵へ
が　かくまひなさる　さても助七　すけ八たちは　おや
をうたれた　その仇がたき　平ゐごん八　打はたさんと
是も東の　はな川戸にて　しやく家住ゐで　ふたりの
ものは　はなのお江戸を　日ごとにたづね　それとごん
はち　はやくもさとり　忍びねらつて　ふたりの者を
なんのくもなく　ころしてしまひ　今はごん八　安どの
思ひ　心ゆるみし　若げのいたり　花のお江戸の　新よ
しはらに　音にきこへし　はな扇やの　小むらさきにぞ
心をかけて　よごとひごとに　おかよひなさる　この
や小むらさき　すじやうをきけば　三州やはぎの　ちや
うじやがむすめ　今は長者も　おちぶれはて丶　娘かめ
ぎく　ゆうぢよにうられ　なみだながらに　勤をいたす
ひらゐごん八　夫とはしらず　しよくわいざしきの
そのはじまりに　どふか見たよな　かほつきなりと　思
ふこ丶ろが　先へもつうじ　いつそかはゆい　おわかし
ゆさんと　おもふざしきも　はや引すぎて　床に成たる
そのむつごとに　ヤンレヱ、

〽さても　サヱ、　たがいに　かほ見あはせて　おも
ひついたる　いぜんのはなし　さてはかめぎく　権八さ
んか　一どわかれて　またあふことは　さきの世からの
やくそくごとよ　二世も三世も　そのさきまでも　か
はるまいとの　たがいのちぎり　それがあく事の　おこ
りとなりて　人をころして　金とることが　よごと日ご
とに　たびかさなれば　どくを食ば　さらまでもなりと
猶もつのりて　中せんだうの　おとにきこへし　くま
谷どて丶　じやう州きぬうり　弥いちを殺し　ひやく両
余りの　きん子をとりて　猶もくるわへ　忍んで通ふ
あくじせん里で　ごん八身ぶん　そのやゑすがた　おた
づねものよ　こ丶にめぐろの　こむそうでらに　忍び入
ども　きびしいせんぎ　いまはてんちに　身のおきどこ
ろ　なくもなかれず　かくごをさだめ　おぶぎやうさま
へと　名のりて出る　あはれなるかや　ごん八ことは
すゞかもりにて　おしおきとなる　さてもばんずゐ　ち
やうべゑこそは　平ゐ権八　さらしたくびを　ねがひも
らひて　目ぐろ寺へ　うづめほうむり　ゑかうをなさる
其やうわさを　きく小むらさき　人めしのんで　くる

わを出（いで）て　ひるも心（こゝろ）は　めぐろのてらの　ひらゐごん八
はかばのまへに　みだれそめにし　そのくろかみに
なんとしろむく　しにしやうぞくと　すがたくわいけん
のんどへあて、　なむやみだぶつ　なむみだぶつと
二世（にせ）をたすけて　たまわれかしと　おつるなみだは　ち
ぐさのつゆと　きへてうき名（な）を　ひよくづかと　いまの
世（よ）までも　はなしにのこる　ヤンレヱ、引

（注）この部分に「道（みち）は」の語が落ちている。

13　平井権八編笠脱ぎ

〈凡例〉

一　本作は伝承者本人に直接歌詞の確認をすることができなかった。

二　『驪山比翼塚』（森羅万象）、『白井権八一代話』など、江戸時代の刊本や芝居では実名を避けて「白井」としているが、実録写本や俗曲では『平井権八一代記』「平井権八小紫くどきやんれぶし」など「平井」である。瞽女唄の場合も俗曲としての性格からして「平井」がふさわしい。本作の演唱者も「平井」と歌っている。（なお、小林演唱では「脱ぎ」「脱ぐ」を「脱き」「脱く」と清音にも歌っている。）

三　土田ミスの歌詞と小林の歌詞とはほとんど同じである。但し、土田演唱のテープは六段目の後半が欠落している。

四　歌詞の中には差別的な言葉もあるが、資料としての性格からそのまま文字化した。

五　「山中団九郎（平井権八山入りの段）」と比べると本作は字余りが特徴となっている。

六　高田瞽女杉本キクイが伝承する歌詞とはかなり異なる。参考資料に掲げた杉本の歌詞は、演唱者の文句を編者が聴き取ったままに文字化したものである。

祭文松坂　平井権八編笠脱ぎ

一段目（吉原三浦屋）　29分

さればに　アーよりては　これに
また
いずれに愚かは　なけれども
何新作の　なきままに
古き文句に　候えど[一]
東(あずま)に於いては　名も高き
[二]花川戸(はなかわど)　幡随院(ばんずい)の
[三]男だてなる　長兵衛は
数多(あまた)[四]門弟(もんて)を　集められ
[五]喜ぶことは　限りなし
[六]四天王方(かた)と　申するは
蛇(じゃ)の目の伝吉　お頭(かしら)で
腕抜き伝蔵　その次は
金五郎さんに　権八さん[七](ごんぱち)
権八さんと　言う人は
男(おとこ)美男で　利発者(りはつもの)
力もあれば　智恵もある
読み書きなどは　言わずとも[八]
剣道のことは　なお上手
何にとりても　抜け目なく（1）
四人仲間の　相談で
伝吉さんの　申すには
これのういかに　皆の衆へ
[九]この間(あい)聞けば　吉原(よしわら)へ
[一〇]しんきの大夫が　来たといの
遊びに行こうじゃ　ないかいの
[一一]それもよかろうと　皆様が
六人連れにて　この時に
揃いの支度を　致されて
さあさあ来たりと　先に立ち
[一二]吉原指して　急がるる
吉原町(まち)にも　なりぬれば
大門(おおもん)くぐりて　中の丁(なかのちょう)
[一三]小鳥も音(ね)を出す　吉原の

一　以下「…粗々誦み上げ奉る」などの定型歌詞が省略されている。土田の歌詞にも無い。
二　花川戸は吾妻橋近くの隅田川右岸の地。浅草寺とも近い。
三　強きをくじき弱きを救う親分肌の者。侠客。
四　子分たちのこと。
五　権八を迎えたことなど、喜びの対象が落ちている。
六　本来は四方を守り固める仏教の護法神のことだが、転じて武将や頭目に仕える部下たちのうち有力な四人を選んでいう。
七　権八は四天王ではない。唐犬権兵衛の誤りだろう。
八　言わずもがな。
九　土田演唱では「新吉原の三浦屋へ」。
一〇　新規か？
一一　四天王の他に親分の長兵衛と権八を含めた六人。
一二　以下二行、瞽女唄の重句表現。
一三　小鳥がさえずる葦原(よしわら)の意で続ける。

（1）　土田の歌詞によって補う。

一菊の紋日の　ことなれば
ことのほか賑やかで(1)
二そそり歌うて　行くもある
三投げ節歌うて　来るもある
行き来の人で　賑やかさ
皆けん四げんの　二階では
五検番芸者や　内芸者
男芸者が　集まりて
六拳を打つやら　踊るやら
三味線を弾くやら　歌うやら
ちんちゃんどんで　賑やかさ
七道も急げば　早いもの
三浦屋表に　なりぬれば
案内頼むと　申しける
八若い者は　聞くよりも
表の方へ　走り出で
長兵衛前に　手を突いて
これはこれはどなた様かと思います
れば

花川戸の　親分様
長兵衛様にて　御座います
今晩菊の紋日の　ことなれば
ことのほか賑やかで
表二階が皆ふさがりまして御座い
ます
して昨夜よりあるお大名の居続けで
相客ならぬと申されまするによって(2)
この三浦屋九をご贔屓とおぼしめさば
今晩いずれへなりともお上がり下さ
い
また後日にお出で　遊ばせと
長兵衛はそれ一〇を　聞くよりも
こりゃ若い衆　何を言う
一一今晩菊の紋日の　ことなれば
ことのほか賑やかで
表二階が皆ふさがりまして御座い
ます
して昨夜よりある大名の居続けで

一　菊の節句にあたる紋日。「紋日」は、遊女が馴染みの遊客の援助によって身を飾る日。
二　「そそり」は遊里に通うという意味があるが、ここは寛永頃（一六二四～四四）流行した小唄「ほそり」の誤りか？　なお、以下二行も重句的表現。
三　十七世紀末に京阪地方で流行した小唄（藤沢衛彦『流行唄と小唄』等）。
四　土田演唱では「きんぎん（金銀）」と聞える。
五　あるいは交替で勤める勤番芸者か。
六　遊廓揚げ屋の賑やかさを表わす慣用句。石井常右衛門にもある。
七　道行きの慣用句。
八　遊廓で働く男衆。歌舞伎十八番『助六』に「三浦屋若い者喜助」など。
九　江戸の吉原遊郭の京町一丁目にあった名高い遊女屋。前出。
一〇　土田の演唱ではすべて「それと」。
一一　以下二行、前の繰り返し。
(1)　土田の歌詞によって補う。
(2)　土田歌詞で補訂。「相客ならぬ」（小林）。

相客ならんと　申しける
さあその大名は参勤交代の節(せつ)
[一]身(み)は町人の　悲しさに
少しは片っ端(ぱし)へ縮まり通してもやろうが
この長兵衛に　相客ならぬ
さあその大名は
将軍様へ　申し上げ
天下晴れての女郎買いと見える
この吉原へ来て花魁(おいらん)の腹の上に
[二]登城(とじょう)致す　大名は
この長兵衛に　相客ならぬ
[三]さあその大名にちと応対致さんと
立たんとすれば　若い者
[四]猫の頭巾じゃ　なけれども
かながな震い　後(あと)へ去り
亭主はそれを　見るよりも
[五]表の方へ　出で来たり
長兵衛前にと　手を突いて
これはこれは
どなた様かと　思いますれば
長兵衛様の　ことなるか
ただ今あれにて　聞きつれば
若い者が　粗忽(そこつ)を申し
ちとお気にさえられましたる様子
今晩は菊の紋日のことなれば
ことのほか賑やかで
表二階が皆ふさがりまして御座います
裏二階でも　よろしくば
どうぞお上がり　下さいと
長兵衛はそれを　聞くよりも
こりゃ亭主そう事さえ分かれば良し
時に亭主　[六]無心がある
あれに一人編笠被(いちにんあみがさかむ)りの客人は
[七]したが身(み)が弟このごろ中国よりも下りしが
当年歳(とし)は　二十一歳で

一　自分は。
二　吉原に来て女郎買いする大名への皮肉。将軍に御目見えするときは江戸城に登城することからいう。
三　吉原は世俗の権力関係と無縁な所。
四　猫に頭巾をかぶせると後ずさりすることからいう。「小栗判官照手姫」にも出。
五　この前後、三浦屋の店先での場面である。
六　本来は金品をねだることだが、ここは頼みごと程度の意。
七　「したが」は、しかし、それにしても、の意だが、ここは文脈にそぐわない。これ以下に「したが身が弟……」の定型表現があるので、それにひかれた誤り。

恥を言(い)わぬば[一]　理が知れぬ
七つの歳に母の洗濯湯を被(かむ)り
首から上は　丸焼けじゃ
まず頭に毛は一筋もなし
目は一つで鼻も無ければ耳も無い
上唇(うわ)が　切れて落ち
まず頭(あたま)と　申するは
[二]白いところに　黒いとこ
赤いところに　お紺(こん)のとこ
ちょいとおまけに　紫のとこ
これをものに譬(たと)えて見ようなら
茹(う)でた卵を五色(ごしき)に染めたるような
のっぺらぼうの　大片輪(おおかたわ)
それゆえに　今もって
女の肌へ付いたることもなし
今宵は兄の[三]　情けにて
人交わりをさせてやりたさに
今晩連れて　参りしが
[四]かの編笠は　御免なり

亭主はそれを　聞くよりも
申し上げます　親分様(1)
これはこれはあなた様のことなれば
編笠はさて置いて
差し傘さしてお通りなさるとも
苦しいことは　ないわいの
裏二階でも　よろしくば
どうぞお上がり　下さいと
長兵衛は聞いて　心地よく
これのういかに　若い者
二階座敷へ　案内いたせ
かしこまったと　若い者
長兵衛様の　[五]手を取りて
二階座敷へ　急がる[六]る
二階座敷に　なりぬれば(2)
まず床(とこ)の間を　見てあれば
菊の紋日の　ことなれば
金銀絹布(きんぎんけんぷ)の　薄畳(うすだたみ)
色良き菊を　活けられて

一　土田演唱では「言わねば」。
二　以下、火傷による皮膚の様子。たいへん差別的な表現ではあるが、あくまで過去の資料としてそのまま表記しておきたい。資料の利用には注意が必要である。
三　鈴ヶ森で交わした兄弟の盟約による表現。
四　編笠を被ったままの失礼を許せ。
五　「…の手を取りて」も瞽女唄の慣用句。
六　土田演唱ではここで一段目の段切り。次の段から三浦屋の裏二階の場となる。通常瞽女の演唱ではそういった内容上の配慮はしない。

（1）（2）　土田の歌詞で補う。

これも客への　馳走ぞと
まず正席に　長兵衛は
次に平井の　権八郎
あとの四人の　子分衆も
皆々座敷へ　着きにける
馴染みの女郎衆も　今は早
思い思いに　支度をし
皆々座敷に　着きにける
勝手の方では　大騒ぎ
[一]ただ今上がりし　客人は
花川戸の　親分様
長兵衛様にて　ございます(1)
機嫌そらして　ならんぞと
お茶や煙草と　もてはやせ
山海の珍味尽くせし取り肴
[二]大広蓋に　盛り並べ
飯を添えて　[三]吊り上ぐる
二階座敷へ　据えらるる
それより盃　始められ

[四]伊八はそれを　見るよりも
申し上げます　親分様
あなた方は　そのように
面白そうのお遊びに見えますが
[五]今宵初会の　お客様
未だ[六]相方にて見えませぬが
いずれの女郎衆を出しましょと
長兵衛はそれを　聞くよりも
こりゃ若い衆よき所へ心付けてくれ
た
わしも久々に吉原へ参り
余り話が　混雑致し
ついに忘れて　候うが
しからば若い衆　頼むぞと
さても一座の　上様へ
まだ行く末は　程長い
誦めば理会も　分かれども
まずはここらで　段の切り

一　土田は「今宵上がりし裏二階の客人は」。
二　蓋の形をした大きな入れ物で、もともと進物としての反物などを入れて客人へ出した盆であったが、遊廓では客に出す料理を入れる御膳にも使った。「明石御前」にも出。
三　昇降機で二階へ料理を運ぶのである。「石井常右衛門」にも出。
四　伊八は三浦屋の若い者。
五　初会は廓用語で遊女が初めての客の相手となること。ここでの初会の客は権八。
六　相方は相手の遊女。

（1）　土田の歌詞によって補う。

二段目（女郎衆辞退）　27分

いずれの女郎衆　出しましょと
長兵衛様は　聞くよりも
これのういかに　若い者
[一]したが身が弟には
余り悪い女郎も買わしたくもないが
このうちに滝川瀬川かしく
[二]これ三人の　上なれば
金銭(きんせん)を望み次第
是非頼んで出(い)だしてくれいよと
若い者は　聞くよりも
申し上げます　親分様
滝川さん瀬川さんかしくさん
これ三人の　上なれば
広い吉原でも客振(ふ)[三]りの名人と呼ばわれし
長兵衛様は　聞くよりも
これのういかに　若者や
金銭(きんせん)の使いによって
女郎に振られて　なるものか
是非頼んで出だしてくれいよと
言われて今は　若い者
かしこまったと　言いながら
[四]是非なく座敷を　立ち出でて
[五]女郎衆の部屋へと　急がるる
女郎衆の部屋にも　なりぬれば
いずくの里[六]でも　同じこと
お客の噂を　とりどりに
夕べ私(わたい)の　お客様
好いたお方で　[七]ありんした
夕べ私(わたい)の　お客様
好かぬお方で　ありんした
話半(はなしなか)ばへ　若い者
唐紙さらりと　引き開けて
[八]遥かこなたに　手を突いて
申し上げます滝川さん瀬川さんかし

一　それにしても、程度の意。
二　この三人のうちならば。
三　うまく断って相手にしないことがよくあることで有名な遊女たちの意。
四　「その場の方を立ち上がり」（土田）。
五　以下二句、瞽女唄の重句表現。
六　色里（遊里）のこと。
七　吉原の遊女言葉を模倣したもの。ありました、の意。
八　「その場の方へ手を突いて」（土田）。

くさん
[一]無心があって　お願いに
上がりまして　御座います
みんな言わずに　滝川が
これのういかに　若い者
[二]無心と言うてもほかのことではある
まいが
金の無心の　ことであろ
私等この家に　おるうちは
二分や三分の
端金（はしたがね）に不足はさせんぞえ
金はいかほど　要りますと
[三]言われて今は　若い者
滝川さんと　したことが
そんなことでは　ありませぬ
今宵上がりし裏二階の客人は
花川戸の　親分様
長兵衛様にて　御座います
いつも[四]五人連れにてお上がりなさる

今晩六人連れにてお上がりなさる
[五]中で一人（いちにん）編笠被りの客人は
長兵衛様の　弟御（おとうとご）
このごろ中国よりも下（くだ）りしが
当年歳（とし）は　二十一歳で
[六]恥を言わねば　理が知れぬ
七つの歳に母の洗濯湯を被（かむ）り
首から上は　丸焼けじゃ
まず頭に毛は一筋もなし
目が一つで耳も無ければ鼻も無い
上（うわ）唇が　切れて落ち
まず頭（あたま）と　申するは
白いところに　黒いとこ
赤いところに　お紺（こん）のとこ
ちょいとおまけに　紫のとこ
これをものに譬（たと）えて見ようなら
茹（う）でた卵を五色に染めたるような
のっぺらぼうの　大片輪
それゆえに　今もって

一　「無心」は、長兵衛のことばの反復である。
二　無心は一般に金品をねだることだからである。
三　「若い者は聞くよりも」（土田）。
四　四天王と呼ばれる四人の子分と長兵衛。
五　以下、定型句として繰り返される。
六　土田演唱では「言わねば」。

女の肌へ付いたることもなし
今宵は兄の　情けにて
人交わりをさせてやりたさに
今晩連れて　参りしが
したが身が弟には
余り悪い女郎も買わしたくもないが
このうちに滝川さん瀬川さんかしく
さん
これ三人の　上なれば
金銭(きんせん)は　望み次第
是非頼んで出だしてくれいよと
長兵衛様の　お願いじゃ
今宵一夜その座を御勤(おんつと)め下さいよと
願い上げれば　今は早(はや)
滝川さん　瀬川さん
滝川さんは　いかがぞえ
それ聞くよりも　滝川は
いかにお金が　欲しいとて
片輪のお客に　出でられぬ

瀬川さんは　いかがぞえ
私もいやで　ありんすと
かしくさんは　いかがぞえ
かしくは聞くより　思案顔
長兵衛様と　申するは
ほかの人とは　こと変わり(1)
広い東(あずま)の　男だて
こういう廓(くるわ)に勤めておるうちは
まさかの時の　ためなろか
片輪の弟が　あればとて
この色里(いろさと)[一]へ　連れ参り
業恥(ごうはじ)[二]さらす　わけはない
女郎なぶりと　覚えたり
定めし美男に　候うと
これのういかに　若い者
主(ぬし)のお顔を　立てまして
わたしゃ出よかと　思います[三]
滝川瀬川は　聞くよりも
これのういかに　かしくさん

一　遊廓のこと。
二　恥を強めていったもの。
三　土田演唱では、ここで二段目の段切り。
(1)　土田の歌詞によって補う。

片輪のお客に　出でるなら
朋輩(ほうばい)仲間の　顔汚(かおよご)し
さほど片輪に　出たいなら
この三浦屋を　欠け落ちし
一 晒し手拭い　頬かむり(1)
寝莫蓙(ねござ)一枚　抱えられ
二 芝で神明(しいめい)　切通(きりどう)し
青木が原の　山下(やました)へ
夜鷹(よたか)に出(い)でるが　良いわいの
夜鷹に出でる　ことなれば
片輪のお客が　たんと来る
それも良かろと　なぶり立て
かしくは顔に　赤みざし
滝川瀬川に　向かわれて(2)
これこれ申し　皆さんへ
そうひやかしたる　ものでない
これも私が　冗談よ
三 なんの私は　出でましょう
これこれいかに　若い者

花川戸の　親分に
お腹立ちの　無いように
その方(ほう)よろしく申し上げてくれよと
かしこまったと　若い者
女郎衆の部屋を　立ち出でて
二階座敷へ　急がるる
二階座敷に　なりぬれば
長兵衛前に　手を突いて
申し上げます　親分様
滝川さん瀬川さんかしくさん
段々(だんだ)の訳(わけ)を申し上げたれば
腹が痛いの横っ腹がつるの頭(あたま)が病めるのと
皆三人ながら　お断り
長兵衛はそれを　聞くよりも
病気とあれば　是非もない
　さても一座の　上様へ
まだ行く末は　程長い
下手の長誦(ながよ)み　飽きがくる

一　以下、夜鷹の風俗を表わしている。「夜鷹」は、日が暮れてから夜の街へ出る下級の売春婦。「手拭をほうかむりにして、垢付きたる木綿布子に黄ばみたる木綿二布をして、敷物を抱へて端々の辻に立ちて、朧月夜を上首尾としておいで〳〵と呼ぶ声こだまして、いと哀れなり」（近世風俗志）。
二　飯倉神明宮、俗に芝神明という（斎藤月岑著『東都歳時記』）。東京都港区芝にある。
三　滝川・瀬川が拒否した後、かしくが一旦引き受けようとするが、なじられてやはり断る。これは説話的に見れば二度目の失敗に当たる。
（1）（2）　土田の歌詞で補う。

一息入れて　次の段

三段目（高尾引受）　25分

これのういかに　若い者
このうちに[一]二代高尾(たかお)
[二]小紫大夫(こむらさきたゆう)と言うがあるはずじゃ
是非頼んで出(い)だしてくれよと
伊八はそれを　聞くよりも
申し上げます　親分様
小紫大夫様と言うは
大名高家(こうけ)[三]で　あればとて
十万石より　その下(した)は
容易のことで　出(い)でもせず
ましてそのようなのっぺらぼうのお
客さんには
定めてお出では　御座るまい
[四]蛇に蛙じゃ　なけれども
[五]及ばぬ鯉の　滝のぼり
及ばぬことじゃと　嘲笑(あざわら)う
長兵衛はそれを　聞くよりも
こりゃ若い衆　何を言う
蛇に蛙じゃないが
細言(こまこと)ぬかすと　踏み飛ばす
是非頼んで出だしてくれえよと
言われて今は　伊八殿
是非なくその場を　まかり立ち(1)
大夫の部屋へと　急がるる
大夫の部屋にも　なりぬれば[六]
新造禿(しんぞかむる)を　呼び寄せて
[七]じょうちゃじょうがし　取り出だし
ようようゆ膳(ぜん)と　見えにける
斯(か)かるところへ　若い者
金唐紙(きんからかみ)を　押し開き
その場の方(かた)へ　手を突いて
申し上げます二代高尾小紫大夫様へ
[八]無心があって　お願いに
上がりまして　御座います

一　高尾は吉原の三浦屋の名妓として代々襲名された。『燕石十種』第一巻所載「高尾考」によれば、万治二年（一六五九）死去の高尾は初代と思われ、その後三浦屋の高尾の名跡は十一代まで続いた。なお、長兵衛の死は、『増訂 武江年表』によれば慶安三年（一六五〇）とされるが、竹内誠・深井雅海編『日本近世人名辞典』（吉川弘文館、二〇〇五）では『徳川実記』によって明暦三年（一六五七）とし、これがほぼ定説である。

二　二代高尾が「小紫」とも名乗ったかは不明。元禄年間の例としては、「三浦屋の小紫」（元禄七年刊『好色萬金丹』巻五など）とあって高尾のほかに小紫と名乗る大夫が別にいたことが知れる。

三　江戸幕府の職名に高家があり、赤穂事件の吉良氏など名門の家柄があてられ、朝廷関係の儀礼などをつかさどったが、石高は低く一万石に達する者はなかった。ここはただ権威のある者の意で、古来「大名高家」と言い表してきた用語を用いたまでである。

四　諺。とても相手にならない意。

五　一般的な慣用句。鯉に恋をかけた、かなわぬ恋の意味の洒落。このあたり、高尾を気やすく呼ぼうとする態度をあざ笑う場面は、「石井常右衛門」とも共通する。

六　土田の演唱では次に「金唐紙を引き

今宵裏二階の　客人は
花川戸(はなかわど)の　親分様
長兵衛様にて　御座います
いつも五人連れにてお上がりなさる
今晩六人連れにてお上がりなさる
[一]中で一人(いちにん)編笠被りの客人は
長兵衛様の　弟御(おとうとご)
このごろ中国よりも下(くだ)りしが
当年歳(とし)は　二十一歳で
恥を言わぬば　理が知れぬ
七つの歳に母の洗濯湯を被(かむ)り
首から上は　丸焼けじゃ
まず頭に毛は一筋もなし
目が一つで鼻も無ければ耳も無い
上唇(うわ)が　切れて落ち
まず頭(あたま)と　申するは
白いところに　黒いとこ
赤いところに　お紺のとこ
ちょいとおまけに紫のとこ
これをものに譬(たと)えて見ようなら
茹(う)でた卵を五色(ごしき)に染めたるような
のっぺらぼうの　大片輪
それゆえに　今もって
女の肌へ付いたることもない
今宵は兄の　情けにて
人交わりをさせてやりたさに
今晩連れて　参りしが
したが身が弟には
あんまり悪い女郎も買わしたくもな
いが
先ほど長兵衛様のお頼みで
[二]滝川さん瀬川さんかしくさん
段々(だんだ)の訳(わけ)を申し上げたれば
腹が痛いの横っ腹がつるの頭(あたま)が病め
るのと
皆三人ながら　お断り
長兵衛様の　申すには
病気とあれば　是非もない

開けて」とし、以下前出の歌詞「まず床の間を見てあれば……色良き菊を活けられて……」を繰り返す。
七　上茶・上菓子か？
八　滝川・瀬川等のときと同じ繰り返し。一段目の長兵衛のことば、「時に亭主無心がある」を受けた定型句。

（1）土田歌詞で補訂。「かしこまったと立ち出でて」（小林）。

一　以下、前の言葉の三度目の繰り返し。
二　ここからも先の繰り返し。

このうちに二代高尾小紫大夫様と言
うがあるはずじゃ
是非頼んで出だしてくれよと
その方よろしくおっしゃりまして御
座います
今宵一夜その座を御勤め下さいよと
願い上げれば　小紫
[一]長兵衛様と　申するは
ほかの人とは　こと変わり
広い東の　男だて
こういう廓に勤めておるうちは
まさかの時の　ためなろか
片輪な弟が　あればとて(1)
この色里へ　連れ参り(2)
業恥さらす　わけはない(3)
定めし美男に　候うと(4)
聞けば聞くほど　気にかかる(5)
思い付いたよ　我が心
[二]三年後の　ことなるが
岡崎家中で　別れたる
二世と交わせし　我が夫の(6)
権八さんで　ないかいな
権八さんと　申するは
[三]中国因幡の　ご浪人(7)
人目を忍ぶ　そのために
もしも火傷を　なされしか
権八さんの　ことなれば
まことの神の　引き合わせ
もしも知らない　片輪なら
[四]花魁御職を　退くばかり
そうじゃそうじゃと　言いながら[五]
これこれいかに　若い者
[六]長兵衛様の　ことなれば
ほかの人とは　こと変わり
広い東の　男だて
主のお顔を　立てまして
今宵一夜その座を御勤めましょうと
その方宜しく申し上げてくれえよと

一　以下九行、前段にも類句あり。一旦引き受けようとしたかしくと同じ判断である。
二　三年前。段物「山中団九郎」の物語を前提にしている。
三　権八は、もと鳥取藩士。
四　花魁は高尾のような高級女郎をいう。御職の意味も同じ。
五　土田演唱では、ここで三段目の段切り。
六　「長兵衛様と申するは」（土田）。以下三行、本作の定型句。
（1）〜（7）　土田の歌詞で補う。

[一]言われて若者　聞くよりも
踊り上がり　飛び上がり
天にも昇る　心地して
二階座敷へ　急がるる
二階座敷に　なりぬれば
長兵衛前にと　手を突いて
申し上げます　親分様
二代高尾小紫大夫様へ
段々(だんだ)の訳(わけ)を申し上げたれば
[二]長兵衛様と　申するは
ほかの人とは　こと変わり
広い東(あずま)の　男だて
主のお顔を　立てまして
今宵一夜その座を御勤(おんつと)めましょうと
宜(よろ)しく頼むと仰(おっしゃ)りまして御座ります
長兵衛はそれを　聞くよりも
あっぱれでかした　若い者
　さても一座の　上様へ
まだ行く末は　あるけれど
誦めば理会(りかい)も　分かれども
まずはこれにて　段の切り

四段目（高尾支度）　18分

[三]されば　アーよりては　これに
また
いずれに愚かは　なけれども
何新作の　なきゆえに[四]
昨夜(さくよ)誦んだる　段の末
ことこまやかには　誦めねども
　あらあら誦み上げ　奉る
[五]長兵衛はそれを　聞くよりも
あっぱれでかした　若い者
さあさあ盃　さすぞえと
盃させば　伊八殿
しからば頂戴(ちょうだい)　致さんと
数多(あまた)の女郎衆は　聞くよりも
さてもさても　不思議なる

一　土田の演唱では「若い者は聞くよりも／居たる所を立ち上がり／喜び勇んで若い者」とある。「若者」は「若い者」がよい。なお、説話的には三度目の成功である。
二　以下、小紫の言葉を繰り返す。これも本作の定型句となっている。
三　小林の演唱では、通常は段の途中にこうした歌い出しの定型歌詞を置かないが、「昨夜誦んだる段の末」とあるように一日置いて翌日続きを始めたためと考えられる。土田の演唱では既述のように各段継ぎの始めに「さきほど誦んだる段の末」の一行を置く。
四　次に作品名が入るはずだが一段目と同様ここにもそれがない。
五　前段の文句を繰り返して記憶呼び出す。

あの花魁（おいらん）と　したことが
大名高家（こうけ）で　あればとて
十万石より　その下は
容易のことで　出（い）でもせず
[一]片輪のお客に　出でるとは
今宵はどういう　間違いか
お気が違いは　なさらぬか
さてもさても　可笑（おか）しきや
肝（きも）がつぶれて　腹痛い
片腹痛いと　[二]かんしめる
またまた[三]肝（きも）が　返ります
日本一の　大（おお）片輪
大夫さんが　出でたなら
今でも編笠　[四]脱くであろ
さあさ見物　致さんと
思い思いの　支度をし
皆々座敷へ　[五]出できたり
長兵衛様は　聞くよりも
さてもさても　面白さ

心の内にて　笑わるる
数多（あまた）門弟も　その通り
勝手の方（かた）では　大騒ぎ
大夫さんが　出るといの
大夫さんが　出たならば
日本一の　大（おお）片輪
今でも編笠　脱くであろ
さあさ見物　致さんと
我も我もと　今は早（はや）(1)
二階座敷へ　急がるる
二階座敷に　なりぬれば
次の一間（ひとま）は　今は早（はや）
二階も落ちる　ごとくなる
それはさておき　小紫
さらば支度を　致さんと
[六]髪結（かみい）の部屋へ　急がるる
髪結（かみい）の部屋にも　なりぬれば
手慣れし鏡台　取り出だし
向かう鏡を　しゃんと立て

一　十万石以下の大名に出ない高尾がここに出る話は、これも達引による話と類似する。
二　不明。
三　肝がひっくり返るようだ。「肝が潰れる」と同じく、非常に驚くさま。
四　「脱く」と清音に歌っている。
五　遊女たちがである。
六　以下、遊女化粧の慣用表現で、「小栗判官」や「石井常右衛門」などにもある。ここは「石井常右衛門」とほぼ共通する。

（1）　土田歌詞で補訂。「思い思いに支度をし」（小林）。

鏡台鏡に　向かわれて
新造禿(しんぞかむろ)に　言いつけて
古き元結(もとい)を　払われて
丈(たけ)と伸びたる　黒髪を
根ぐしをさっと　払われて
まず粗櫛(あらぐし)で　とかさるる
鬢櫛唐櫛(びんぐしとうぐし)　かけられて
伽羅(きゃら)の油で　梳き流し(1)
梅花(ばいか)の油で　艶を出し
髪は何風(なにふ)が　良かろうと
一ふくめ島田に　しゃんと結い
二朝鮮鼈甲(べっこう)　類も無く
げに玳瑁(たいまい)の　二枚櫛(にまいぐし)
髪の飾りも　出来あがり
さらば化粧と　言うままに
新造禿(しんぞかむろ)を　引き連れて
髪結(かみい)の部屋を　立ち出でて
化粧の部屋へ　急がるる
化粧の部屋にも　なりぬれば
新造禿に　言いつけて
襟(えり)は千鳥の　両羽交(りょうはが)い
鉄漿(かね)黒々に　含ませて
ぼうぼう眉毛に　薄化粧(うすげしょう)
丹花(たんか)の口紅　鮮かに
三十波羅十(じっぱらとう)の　指までも
皆爪紅(つまべに)を　さされける
四瑠璃で延べたる　如くなる
　さても一座の　上様へ
まだ行く末は　程長い
下手の長誦み　飽きがくる
一息入れて　次の段

五段目（二階座敷）　20分

さらば衣服に　かからんと
重ね箪笥(だんす)の　中よりも
色よき衣服を　取り出だし

一　つくね島田（高田）。
二　朝鮮鼈甲は品質の劣る鼈甲だという（『近世風俗志』）。ここでは高級品として歌われている。玳瑁はウミガメの一種で、その甲羅は鼈甲の材料となる。
三　「小栗判官照手姫」にも同様の句がある。
四　前句との続きが悪い。「小栗判官照手姫」に見られるように、「十波羅十の指までも／皆爪紅をさされける」と「十波羅十の指までも／瑠璃で延べたる如くなり」の二つの慣用表現があり、ここはそれらが混同したもの。

（1）　土田の歌詞によって補う。

数の衣裳は　多けれど
着たる着物を　さっと脱き
一紫縮緬　長襦袢
二下には白き　練りの絹
間には三鶸茶に　京鹿子
上に召したが　何なるや(1)
花山吹の　上小袖
帯は何やと　見てあれば
四飛び立つばかりの　猩々緋
それに上帯　何なるや
目につきまする　五金襴で
模様は獅子の　牡丹なり(2)
菊の紋日の　ことなれば
裾の模様を　見てあれば
ものの上手が　手をこめて
大菊小菊　牡丹菊
あるいは種々さまざまの菊尽くし
やがて支度も　出来上がり(3)
大夫の下駄と　申するは

夏の茅原　通る様の
松虫鈴虫　くつわ虫
ちんからりんの　音がする
新造禿を　引き連れて
二階座敷へ　急がるる
六勝手の方では　大騒ぎ
七大夫さんが　出たわいな
大夫さんが　出でたなら
今でも編笠　脱くであろ
さあさ見物　致さんと
数多女郎衆は　今は早
大夫さんが　出たわいな
八日本一の　大片輪
さあさ見物　致さんと
居たる所へ　小紫
金唐紙に　手をかけて
さらと開けては　今は早九
しっと言う声　もろともに
ずっと出でたる　お姿は

一　「緋縮緬」（土田）。
二　「下には白無垢浅黄無垢」（土田）。
三　「黄無垢や浅黄無垢」（土田）。
四　赤い緋色だから、燃え立つ、か。ただし高田の文句も「飛び立つ」。
五　金箔糸を織り込んだ豪華な織物。
六　「座敷の方では大騒ぎ」などとあるべきところ。但し、高田瞽女の歌詞でも同じく「勝手の」とある。
七　以下二行も瞽女唄の重句表現。
八　本作の定型句。
九　土田演唱では、この辺りで四段目の段切り。
（1）～（3）　土田の歌詞で補う。

[一]背高からず　低からず
鼻筋通り　色白で
眉毛は三夜の　三日月で
目を開かせて　花桜(1)
口紅梅の　笑み顔は
筆でも及ばぬ　顔かたち
[二]紅葉のような　手を突いて
花のような　頭下げ
ても優しき　声をして(2)
皆さんようこそ　お出でと(3)
長兵衛様は　うちながめ
この花魁と　したことが
[三]お屋敷さんの　奥女中と
その場の方にて　手を突いて
長兵衛様の　お言葉に
[四]これはこれは　花魁
今宵は無理なるご無心申し
さっそく御聞き届けあって
この長兵衛は類も無く大慶と

時の一礼　述べらるる
それと聞くより　小紫
はいと言うさえ　優しさに
それはさて置き　権八は
深編笠の　[五]透かしより
今宵出でたる　小紫
[六]三年後の　ことなるが
岡崎家中で　別れたる
[七]二世と交わせし　我が妻の
[八]亀菊姫で　ないかいの
いや待てしばし　我が心
あの亀菊姫と　申せしは
国は三州　三河にて
城下において　名も高き(4)
[九]田中平右衛門　安重の
一人娘の　亀菊なり
あの亀菊姫が　これへ来て
遊女に出でべき　はずは無し[一〇]
今でも酒宴の　済んだのち

一　以下、美人の形容の慣用句。
二　瞽女唄慣用句。「小栗判官照手姫」などにも出。
三　慣用句。「お屋敷さんの奥女中か／または都の上人か」の省略形。
四　以下、七五調を外れた長兵衛の言葉で、高田では会話体の詞で語る。
五　編笠には、被ったままでも前方を透かし見ることができるように前部に粗い目の網が設けてある。
六　三年以前の。
七　夫婦の縁は来世まで続くと考えたことから夫婦は二世の縁という。
八　亀菊の遊女名は古く鎌倉時代の軍記物語『承久記』にも見える。
九　「吉田右衛門殿の」（高田）。
一〇　高田の文句は、次に「なにはともあれかくもあり」。

（1）～（4）　土田の歌詞で補う。

床入れ致さん　そのときに（1）
まことのことが　分かるなり
そうじゃそうじゃと　権八は
されはさておき　小紫
[一]深編笠の　透かしより
権八郎を　うちながめ
[二]さても不思議な　お客様
見れば見るほど　覚えある
[三]殊に羽織の　紋所（2）
丸に井桁を　付けてある
そばなる刀を　見てあれば
鞘はたまりの[四]　けした金
縁と頭は　赤銅の
鍔は□□□　重ね鍔
柄は茶糸の　もろ捻で
目貫は後藤が[五]　手を込めて
目釘は八幡の　力竹
[六]切羽はばきは　見えないが
[七]関で打たせた　千手院
[八]村正にて　あるならば
紛う方なき　我が夫に
[九]三年後の　ことなるが
岡崎家中で　別れたる
権八さんで　ないかいの
権八さんと　申するは
[一〇]中国因幡の　ご浪人
人目を忍ぶ　そのために
もしも火傷を　なされしかと
さても一座の　上様へ
まだ行く末は　程長い
誦めば理会も　分かれども
一息入れて　次の段

六段目（権八小紫再会）　24分

今でも酒宴の　済んだのち
床入れ致さん　そのときに
まことのことが　分かるなり

一　この句「笠にてお顔が見えねども」（高田）が良い。
二　「今宵初会のお客様」（土田）。
三　以下、小林の歌詞に欠けている紋所と刀の様子を述べた部分は、ほぼ同じく高田の歌詞にもある。
四　不明。
五　後藤は目貫師職人を指すか？　なお、刀剣関係の職人に後藤九右衛門という鍔屋があった。
六　刀剣の鍔の部分にある金具。
七　刀身についていう。関は岐阜県の地名で、刃物の産地。今、岐阜県関市。
八　刀工の名による刀剣の銘。高田の場合は刀を見て確信する文句がある。
九　ここで小林の歌詞に戻るが、土田の演唱では「権八さんに相違ない／今でも酒宴が済んだのち／床入れ致さんその時に／まことの事が分かるなり……」と続く。
一〇　小林演唱では次句と順序が逆になっている。
（1）　土田の歌詞によって補う。
（2）　この句以下、「紛う方なき我が夫に」までの十三行、土田の歌詞によって補う。

そうじゃそうじゃと　小紫
長兵衛前に　手を突いて
申し上げます　親分様
あなたがたは　そのように
面白そうのお遊びに見えますが
今宵初会（しょかい）の　お客様
宵から笠を　召しまして
さぞお気詰まりでござんしょのう
[一]編笠脱かせて　楽々と
御酒（ごしゅ）をお上げ　くださいと
言うて盃　さされける
それ聞くよりも　長兵衛は
[二]これはこれは花魁（おいらん）
身が弟と　申するは
御酒（ごしゅ）はきつう嫌いに御座る
せっかく大夫の　こころざし
兄が名代（みょうだい）　致さんと
そばから盃　取られける
小紫は　聞くよりも

[三]御酒（ごしゅ）嫌いに　あるならば
煙草を付けて　あげるなら
少しお笠が　上がらんと
長兵衛前に　手を突いて
これはこれは　親分様
御酒嫌いに　あるならば
煙草いっぷく　召しませと
言うて煙管（きせる）を　差し出だす
長兵衛はそれを　見るよりも
これはこれは花魁（おいらん）
身が弟と　申するは
煙草もきつう嫌いに御座る
せっかく大夫の　こころざし
兄が名代（みょうだい）　致さんと
[四]またも煙管（きせる）を　取られける
小紫は　見るよりも
せんかた無しと　今は早（はや）
長兵衛前に　手を突いて
申し上げます　親分様

一　以下、小紫と長兵衛との間で、権八の編笠をめぐる駆け引きが滑稽に続く。
二　以下、高田文句では会話体の詞となる。
三　以下、酒を煙草に替えた反復。
四　説話的には二度目の失敗に当たる。

覚悟をきわめて　出でました
今宵一夜（いちや）は　我が夫（つま）じゃ
どんなお顔で　あればとて
どんな姿で　あるとても
恥ずかしいことはござんせぬ
編笠脱かせて　下さいと
早く早くと　言いながら
深編笠の　透かしより
権八さんを　うちながめ
長兵衛様は　聞くよりも[一]
これはこれは花魁（おいらん）[二]
それほどまでに心を付けて下さらば
さらば編笠　脱がせんと
次の一間（ひとま）に　うち向かい
これこれいかに　皆の衆へ
日本一（にっぽんいち）の　大（おお）片輪
見物致さんとて
次の一間（ひとま）は　あの如く
二階も落ちる　ばかりなり

さあさあ見物　致さする
ゆるりと見物　致しゃいと
大音（だいおん）上げて　申しける
数多（あまた）の見物　聞くよりも
手を打ち鳴らして　待つ様子
中にもどうけ[三]の　権兵衛は
百目（ひゃくめ）蝋燭[四]　五六梃（ごろくちょう）
昼にもまさる　座の光
それ見るよりも　長兵衛は
権八郎の　後ろより
深編笠に　手をかけて
一寸（いっすん）[五]上げては　二寸下げ
二寸上げては　四寸（しすん）下げ
小紫は　見るよりも
申し上げます　親分様
早く早くと　気をもめば
少々上げては　なお下げる
見物方（がた）は　見るよりも
今か今かと　ながめられ

一　これ以降、土田演唱のテープが欠けているため校合せず。
二　次も高田の文句では会話体の詞である。
三　道化、すなわち幇間（たいこもち）の意にもとれるが、長兵衛の子分「唐犬（とうけん）権兵衛」のなまり。
四　重さ百匁（もんめ）もある大きな蝋燭。百匁は三七五グラム。
五　なおも長兵衛のじらしが続く。

小紫は　たまりかね
居たる所を　立ち上がり
権八さんの　後ろより
深編笠に　手をかけて
申し上げます　親分様
今宵一夜は　我が夫じゃ
[一]我が脱がせて　やらんぞと
編笠ぱっと　取られける
それ見るよりも　皆の衆は
権八さんを　見るよりも
これはこれはと　驚いて[二]
数多の女郎衆は　今は早
こんな片輪が　あるならば
[三]年季増しても　出てみたい
滝川瀬川に　かしくさん
かしくさんが　申すには
これこれいかに　皆さんへ
わたしゃあの時　あのように
まことと出たいと　思うたが

お前二人に　なぶられて
わたしゃ出ないで　悔しいと
死んでもこのこと　忘りゃせぬ
小紫は　見るよりも
申し上げます　親分様
こんな奇麗な　良い殿御
片輪者と　偽って
わたし一人に　気を揉ませ
長兵衛様は　聞くよりも
[四]これはこれは花魁
身が弟のような器量の良き者は
広い唐にも　日本にも
またと二人に　なきものは
やはり片輪の　うちなると
さあさあ酒に　致さんと
その座はどっと　高笑い
芸者太鼓[五]も　うち鳴らし
拳を打つやら　踊るやら
三味線を弾くやら　歌うやら

一　高田の文句では長兵衛が取ったとある。
二　醜いどころか、逆にたぐい稀な美男の顔に驚くのである。
三　娘を遊女屋へ売るときには遊女勤め何年と年季の取り決めをする。金のある客に請け出されるか、年季を終えて苦界から自由の身になることを望むのが遊女の一般的な気持である。
四　以下、高田の文句は会話体の詞で語る。
五　男芸者の幇間の略タイコをそのまま太鼓に解しているが、高田の文句では「芸者幇間を集められ」とある。

ほのぼのその夜も　明けにける
まずはこれにて　段の末（すえ）

―「平井権八編笠脱ぎ」末尾―

◇**参考資料**　高田瞽女杉本キクイ伝承

祭文松坂　平井権八（編笠脱ぎの段）

一段目　24分

さればによりては　これにまた
いずれに愚かは　あらねども
種々なる利益を　尋ぬるに
よき新作も　なきままに
平井権八こい小紫の行くだてを
あらあら誦み上げ　たてまつる
それはさて置き　ここにまた
小紫と　申するは
新造禿に　申し付け
鏡台鏡を　直させて
かかる一間を　まかりたち
鏡台鏡に　打ち向かい
古き元結を　はねられて
丈と伸びたる　黒髪を
粗櫛ちょう櫛　かけられて
梅花の水で　梳き流し
香のあぶらで　におい付け
髪は流行りか　知らねども
つくね島田に　ちゃんと上げ
朝鮮鼈甲は　類も無く
げに玳瑁の　二枚櫛
色良き笑顔に　薄化粧
さらば衣服を　着替えんと
下に縮緬　長襦袢
間に黄無垢に　浅黄無垢
紫なこの　上着にて
帯は流行りか　知らねども
飛び立つばかりの　猩々緋
黒びろうどの　打掛に
金糸と銀糸の　その糸で
ものの上手や　手をこめて
菊の紋日の　ことなれば
大菊小菊に　かむろ菊
或いは紅菊　牡丹菊
種々さまざまの　菊尽くし
すでに用意も　できあがり
対の禿が　伊達支度
遣り手の肩へ　手を掛けて
しずしず出でる　その姿
よくよく物に　譬えなば
月雪花にて　申そなら
おのおの梅には　しらぬ雪
更級たごの　月の影

枝垂り柳の　その枝に
やようの桜を　咲かせては
梅の香りも　あるごとく
さすが名高い　大夫職
げに気高くも　見ゆるなり
三浦屋うちが　大騒ぎ
勝手の方(かた)では　このときに
新造に禿に　若い者
遣り手衆に　致るまで
大夫様が　出たぞえの
大夫様が　出たならば
今にも編笠　脱ぐであろ
どんなおかしな　化け物か
見物しょうじゃ　あるまいか
もしやおかしな　片輪なら
なぶってやろうじゃ　あるまいか
あいさ良かろうと　言うままに
悪いことには　気が揃う
我も我もに　人々は

二階座敷へ　上がらるる
次の一間(ひとま)と　申するは
人にてあまを　つくばかり
かかるところを　段々に
歩むに程なく　今ははや
花魁御職(おいらんおしょく)の　ことなれば
若い者が　案内で
しーと言う声　諸共に
唐紙さらりと　開けられて
大夫様の　おん出でと
皆々末座(ばつざ)へ　下がりける
かかるところへ　小紫
怖(お)めず臆せず　しずしずと
背高からず　低からず
色白からず　黒からず
髪は烏の　濡れ羽色
えりは千鳥の　もろ羽交い
甲斐と駿河の　国境(くにざかい)
三国一の　富士額(ふじびたい)

薄毛の眉毛に　三日月の
みを開かせて　花桜
口紅梅(くちこうばい)の　笑み顔で
小野の小町か　楊貴妃(ようきひめ)
欺くほどの　顔形(かおかたち)
まことに天人(てんにん)　あまくだり
筆にも墨にも　及ぶまい
花魁御職(おいらんおしょく)の　ことなれば
上座(うわざ)にちゃと　座を占めて
さも優しげなる　声をして
皆さんようこそ　おん出でと
長兵衛はそれと　聞くよりも
(詞)これはこれは、小紫大夫には久々
にてのご対面。したが今宵は無理
なるご無心を申し、さっそくおん
聞けとどやって、この長兵衛も、
まことに上も無く大慶と
小紫は　聞くよりも
あいと返事を　優しげに

あとはしばらく　言葉無し
さて皆様にも　どなたにも
あまり長いも　座の障（さわ）り
これはこの座の　段の切れ

二段目　19分

ただいま誦（よ）み上げ　段のつぎ
権八郎は　このときに
深編笠の　明かしより
三年あとの　ことなるが
岡崎家中（かちゅう）に　残したる
亀菊姫に　良く似たり
似たりや似たりや　あの菖蒲（あやめ）
菖蒲に紛（まご）う　杜若（かきつばた）
瓜なら二つと　言うべきか
さてはそなたは　三州（さんしゅう）の
亀菊姫では　ないかいと
言わんとせしが　待てしばし
あの亀菊と　申するは
岡崎家中（かちゅう）で　名も高き
おん町奉行　おんつとめ
吉田右衛門殿の　息女なる
あの亀菊が　これに来て
遊女になるべき　はずがない
なにはともあれ　かくもあり
今にも酒宴が　済んだのち
床入れ致す　そのときに
まこと亀菊　姫じゃやら
または知らない　遊女やら
そのときまことが　分かるなり
そうじゃそうじゃと　権八郎
じーとこらえる　身の辛さ
小紫も　そのごとく
権八姿を　見るよりも
合点のゆかぬ　ことがある
今宵わたしの　客人（きゃくじん）が
笠にてお顔が　見えねども
人品骨柄　座のしまり
三年あとの　ことなるが
岡崎家中（かちゅう）で　別れたる
二世と定めし　我が夫（つま）の
権八さんに　良く似たり
さてはあなたは　中国の
権八様では　ないかいと
言わんとせしが　待てしばし
殊（こと）に羽織の　紋所（もんどころ）
丸に井桁（いげた）が　付けてある
そばなる刀を　見てあれば
鞘はたまりの　いしだたき
下（さ）げ緒（お）は博多の　綾織（あやおり）で
鍔（つば）は□□□を　重ね打ち
縁（ふち）と頭（かしら）は　赤銅（しゃくどう）の
獅子に牡丹の　けむり押し
柄（つか）はちゃ糸の　もろ捻（ひね）り
鮫（さめ）はひたちの　ころう鮫（ざめ）
目貫（めぬき）が後藤が　手をこめて

その身の出世　昇り龍
または東へ　くだり龍
目釘は　やわたのちから竹
切羽はばきは　見えねども
中身はまさしく　千手院
村正にても　あるならば
紛う方なき　我が夫の
権八様に　相違ない
たとえこがるる　我が夫の
権八様で　あればとも
敵持つ身の　ことなれば
これにて姓名を　明かすなら
まさかのときの　一大事
そうじゃそうじゃと　小紫
心のうちで　知らぬ顔
女子ながらも　くよくよと
はやくお顔を　拝したい
どうしたならば　良かろうと
少し思案を　致しける

盃差して　あるならば
少しお笠は　上がらんと
これのう申し　長兵衛さん
あなたがたは　そのように
なじみの女郎衆を　そばに置き
面白そうなる　お遊びし
わたしのお客は　あのように
宵から笠を　めしまして
さぞ気詰まりで　ござんしょう
編笠取らせて　心地好く
御酒をお上げ　くだされと
盃差せば　長兵衛が
（詞）こりゃ花魁。身が弟と申するは、
御酒ばし下戸にてございます。
せっかく大夫のこころざし。兄が
名代 致さんと
そばから盃　取られける
さて皆様にも　どなたにも
あまり長いも　座の障り

これはこの座の　段の切れ

三段目　24分

ただいま誦み上げ　段のつぎ
また心に　小紫
煙草をつけて　あげるなら
少しお笠は　上がらんと
これのう申し　長兵衛さん
御酒が嫌いで　あるならば
煙草をいっぷく　お上がりと
煙管を出せば　長兵衛が
（詞）こりゃ花魁。身が弟と申するは、
煙草もきつう嫌いでございます。
せっかく大夫のこころざし。兄が
代を致さんと
またも煙管を　取られける
せんかた尽きて　小紫
これのう申し　長兵衛さん

覚悟きわめて　出たからは
今宵一夜（いちや）は　夫（つま）じゃもの
どのよなお顔で　あればとも
なに恥ずかしゅう　ござんしょう
さほど人目を　恥じ給はば
二階を人払いに　致します
編笠取らせて　心地好く
御酒をお上げ　くだされと
身に詰められて　長兵衛は
（詞）こりゃ花魁（おいらん）。あなたは、さほどまでに心を込めて下さるなら。その気にてもあるならば、しからば編笠取らせましょう。したが若い衆、身が弟の片輪者どうじを恥さらすなら、ゆるゆる見物致せやと
次の一間（ひとま）も　あの通り
二階も落つる　ばかりなり
唐紙さらりと　開けられて
若い者に　申し付け
二階の梯子（はしご）を　取りはずせ
はあとばかりに　若い者
残らず梯子を　取られける
まずとうけんの　権兵衛（ごんべい）は
百目（ひゃくめ）蝋燭　五六梃（ちょう）
若い者に　取り寄せて
座敷半ばへ　立てられて
昼にもまさる　座の光
さてそのときに　長兵衛が
大夫御免と　言うままに
かかるその座を　まかり立ち
権八郎の　あとに寄り
深編笠に　手をかけて
一寸上げては　五分（ごぶ）と下げ
二寸上げては　またも下げ
そばに見ておる　ご見物
気をもみ気をもみ　居たりける
またもや笠に　手をかけて
（詞）いやいや、すべたども。日本一のおお片輪。ゆるゆる見物致せやと。なかでも滝川・瀬川・かしく、これ三人に、先ほど願い上げたれど、腹が痛いの、頭が病（や）めるの、横っ腹がつるのと、お三人ながらみなお断りでござります。その病気の中からようこそ見物に出られたのう。さあさ、ゆるゆる見物致せよと
編笠ふわりと　取られける
編笠はずせば　権八郎
角前髪（すみまえがみ）の　おお髱（たぶさ）
背高からず　低からず
色白からず　黒からず
愛嬌あって　けん高く
にっこと笑いし　有り様は
まことに美男の　権八郎
在原（ありわら）中将　業平（なりひら）も
かくやとばかり　疑われ

筆にも墨にも　及ぶまい
数多(あまた)女郎衆は　聞くよりも
菊の井さんに　はるじさん
あせぎのさんに　きよのさん
きよかわさんも　来やさんせ
あんな奇麗な　良い殿御(とのご)
片輪者とは　偽りて
あんな片輪が　あるものか
あんな片輪が　あるならば
年季増しても　出てみたい
かしくはひと目　見るよりも
あんな奇麗な　良い殿(との)に
わたしゃ出よかと　言うたのに
あまりなぶりの　強さゆえ
それでわたしも　やめました
滝川さんにも　恨みある
瀬川さんにも　恨みある
このことばかりは　忘りゃせぬ
かしくが恨んで　あと悔やむ

小紫が　見るよりも
これのう申し　長兵衛さん
あんな奇麗な　良い殿御
片輪者とは　偽りて
わたし一人に　気を揉ませ
あんな奇麗な　良い殿は
広い唐(から)にも　日本にも
またと二人(ふたり)　ありゃせない
またと二人　あるならば
八千代の椿(つばき)　優曇華(うどんげ)の
枯れ木に花が　二度も咲く
ゆでた卵(たまご)も　時つくる
長兵衛はそれと　聞くよりも
(詞)こりゃ花魁(おいらん)。身が弟のような器
量の良い者は、広い唐にも日本に
も、またとふたり無きゆえに、
やっぱり片輪のうちなりと
一度にどっと　おお笑い
さあさ酒に　致せよと

芸者たいこを　集められ
飲めや騒げと　言うままに
三味(しゃみ)線を引くやら　歌うやら
拳を打つやら　踊るやら
ぴんちゃんどんで　おお騒ぎ
楽しみその夜も　明かさるる
さて皆様にも　どなたにも
下手で長いも　座の障(さわ)り
これまで誦み上げ　たてまつる

―「平井権八」末尾―

14　山椒太夫

〈凡例〉

一　本作は、高田瞽女杉本キクイが伝承した作品で、小林ハル・土田ミスには伝承がない。

二　クラウンレコード「杉本キクエ・越後瞽女の唄」、および室木弥太郎校注「さんせう太夫」（新潮日本古典集成『説経集』所収、一九七七）を参照した。脚注の「レコード」「説経」は、それらを指す。

三　説経「山椒太夫」は長い物語であるが、杉本キクイが伝承した歌詞は「舟別れの段」と称するここに文字化した二段のみである。

祭文松坂　山椒太夫（舟別れの段）

一段目　32分

さればによりては　これにまた
いずれに愚かは　あらねども
よき新作も[一]　なきままに
安寿の姫に　ちし王丸[二]
舟別れの　哀れさを
事はこまかに　知らねども
あらあら誦み上げ　たてまつる
佐渡と丹後の　人買いが
沖の方へと　急がるる
はや沖中にも　なりぬれば
佐渡の次郎が　声をかけ
（詞）おおい宮崎。いつまで漕いでも
　果てしがない。もういい加減に
　して引き分けようじゃあるまい
　か。

なるほど、次郎どんの言わるる
　通り、いつまで漕いでも果てし
　がない。もういい加減にして引[三]
　き分けようと
艄[四]をすっぱと　切り離し
舟は左右へ　別れける
御台ははっと　驚いて
これのういかに　舟長どの
あの姉弟の　乗る舟と
妾が乗りし　この舟と
ひとつ湊へ　着く舟が
なぜに左右へ　分かれます
あの舟これへ
この舟あれへと　馳せらるる
それでも末には　舟長どの
ひとつ湊へ　着くかえの
佐渡の次郎が　聞くよりも
（詞）なんとやな、老いぼれ。うぬれ
　ら何も知りおらんな。たったい

一　レコードでは「よき新作もなきゆえに」。
二　説経では「つし王丸」。
三　詞からここで歌に戻る。詞の末尾は以下同様である。
四　舟と舟とを繋ぎ止めていた綱。なお、この次に「腕にまかせて漕ぎ出だす」の句を入れる場合もある。

ま直江へ戻りし、山岡太夫権
当、あれ情けの人[一]と思いしか。
ありゃ人かどわかしの大名人。
うぬれら老いぼれ二人を、この
佐渡の次郎が買い取って、佐渡
が島へ連れて行く。あれなるふ
たりの餓鬼どもが、[二]丹後の宮崎
が買い取って、丹後の国へ連れ
て行く。佐渡が島へ行く舟と、
丹後の国へ行く舟と、どうして
　ひとつに漕がりょうと
腕にまかせて　漕ぎ出だす
御台はなおも　驚いて
これのういかに　[三]うば竹よ
たったいま直江へ　戻りし
山岡太夫　権当が
あれ情けの人と　思いしが
人かどわかしで　あったとや
そなたわたしを　もろともに
佐渡が島へ　売るとある
あれなるふたりの　姉弟が
丹後の国へ　売るとある
のううば竹と
[四]言わんとせしが　胸せまり
声より涙が　先に立つ
その座へどっと　泣き沈み
ようよう涙の　顔上げて
これのういかに　舟長どの
売られ買わるる　われわれが
定まる前世の　悪縁と
あきらめも　致そうが
あれなるふたりの　姉弟に
ここで別れて　いつが世に
また逢うことかは　知れがたし
ただこの上の　情けには
親子一世の　生き別れを
名残り惜しませ　たまわれば[五]
[六]佐渡の次郎が　このときに

一　直江の浦で宿を探しあぐね、橋の下で野宿しようとしていた四人に対し、山岡太夫が慈悲の心をよそおって宿を貸したことなど、これ以前の物語を前提としている。
二　「餓鬼どもが」とあるが、「餓鬼どもは」とあるべきところである。以下にも文法にはずれたこうした部分がある。なお、これは瞽女の段物全体に言えることである。
三　説経の諸本に「うわたき」「うわ竹」「うは竹」などとある。
四　「言わんとせしが胸せまり／声より涙が先に立つ」の二行は本作で三回繰り返される定型句。
五　ここも「たまわれと」とあるべきところ。また、レコードでは次に「すがり嘆かせたまわれば」の句がある。
六　「佐渡の次郎が聞くよりも」（レコード）。

(詞)なんとやな、老いぼれ。[一]売られ買わるるわれわれが、定まる前世の悪縁と諦めも致そうが、あれなるふたりの餓鬼どもに、ここで別れていつが世に、また逢(お)うことかは知れがたし。ただこの上の情けには、親子一世の生き別れをさせてくれいとな。おりゃ、そのくらいの休みをうってくりょう。泣かずにそれに居やがれと

つっ立ち上がり　次郎衛門
舟のこべりに　立ち上がり
(詞)おおい宮崎。その舟こちへと
呼び戻す
呼び戻されて　宮崎が
舟をひとつに　漕ぎ寄せて
舫(もやい)をしっかと　くくし付け
佐渡の次郎が　この時に

(詞)おおい宮崎。おぬしを呼んだは別でない。こいつら老いぼれのぬかすには、売られ買わるるわれわれが、定まる前世の悪縁と、諦めも致そうが、あれなるふたりの餓鬼どもに、ここで別れていつが世に、また逢うことかは知れがたし。ただこの上の情けには、親子一世の生き別れをさせてくれえとぬかすゆえ、おりゃ、そのくらいのことを厭う次郎ではないが、おぬしとおれで[二]一服やらかし。こいつら親子一世の生き別れを、見物しようじゃあるまいか。

なるほど、次郎どんの言わるる通り、おらもこの年月(としつき)まで、[三]親子一世の生き別れとやらの愁嘆を、ついにいっぺんも見たこ

一　御台が言ったこの言葉もやはり本作で三回繰り返される。
二　煙草を吸って休息すること。
三　小林ハル伝承の常磐津「日高川」に、川へ飛び込む清姫を傍観する船頭の言葉として、「おらこの年まで焦がれ死にというものは、ついに見たことはない、さらば寝ながら見物しょうと」がある。

とはない。さらば見物いたさん
と

情けも知らない　舟長が
まずは[一]艫（とも）のまに　高あぐら
火打ち取り出し　打ち点けて
空へ煙りを　くゆらせて
[二]そらうそぶいて　見物す
ものの哀れや　御台さん[三]
うば竹[四]局（つぼね）に　手を引かれ
丹後の舟へと　乗り移り
安寿（あんじゅ）の姫に　ちし王丸
右と左に　抱（いだ）き寄せ
これのういかに　姉弟（きょうだい）よ
たったいま直江へ　戻りし
山岡太夫（たゆう）　権当（ごんとう）が
あれ情けの人と　思いしが
人かどわかしで　あったとや
この母（はは）うば竹　もろともに
佐渡が島へ　売るとある

そなたら姉弟（きょうだい）　情けなく
丹後の国へ　売るとある
のう姉弟（きょうだい）と
言わんとせしが　胸せまり
声より涙が　先に立つ
[五]またもその場へ　泣き沈む
またも涙の　顔あげて
これのういかに　姉弟（きょうだい）よ
そなたらいずくへ　行けばとも
鳥の鳴く音（ね）が　同じこと
人に出過ぎを　申すなよ
短慮の心も　起こすなよ
姉弟（きょうだい）仲良く　睦（むつ）まじく
姉は弟（おとうと）　あわれみて
弟（おと）は姉を　敬うて
姉に短慮の　あるときは
歳（とし）はゆかねど　弟（おと）の若（わか）
父上様に　成り代わり
姉に意見を　致すべし

一　舟の後部。
二　口をすぼめて煙を吐き出すさま。「そら」はとぼけた様子。
三　レコードでは「さま」。
四　岩城の家に仕える乳母だったことから局といったのであろう。この呼称から来る優雅さが、末尾で大蛇に変身した姿の恐ろしさを際だたせている。
五　以下の二行、レコードでは「またも涙にくれいたる／その座へどっと泣き沈み／ようよう涙の顔あげて」とある。

弟(おと)に短慮の　あるときは
姉が母に　成り代わり
弟(おと)に意見を　致すべし
そなたらいずくへ　行けばとも
安寿(あんじょ)ちし王と　名乗るなよ
五十四郡[一]も　語るなよ
父上様の　名の恥辱
名乗らざかなわん　その時は
乳母(うば)[二]が里と　申するは
信夫(しのぶ)[三]が里にて　候えば
これを名乗れと　御台さま
返す返すに　言い聞かす
懐中(かいちゅう)よりも　御台さま
何やらひと品(しな)　取り出だし
これのういかに　弟(おとうと)よ
これなる一巻(いちかん)と　申するは
岩城(いわき)の家の　系図なり
これが無ければ　出世ができぬ
これがそちへの　形見ぞと
弟(おとと)の衿(えり)に　掛けさせて
必ず人手に　渡すなと
　さて皆様にも　どなたにも
あまり長いも　座の障(さわ)り
これはこの座の　段の切れ

二段目　30分

ただいままでの　段のつぎ
守り袋を　取り出だし
これのういかに　安寿(あんじょ)よ
これなる守りと　申するは
岩城(いわき)代々　御(おん)守り
伽羅陀山(きゃらだせん)[四]の　地蔵様
そなたらいずくへ　行けばとも
肌には離さず　朝夕(あさゆう)の
信心致す　ものならば
もしそなたらの　身の上に
自然大事　あるときは

一　父岩城判官正氏が治めていた奥州の領地。
二　うば竹。
三　伊達の郡(こおり)、信夫の荘（説経）。現、福島市。説経では買い取った山椒太夫が姉に名付けたことになっている。
四　仏教語で、地蔵菩薩の浄土。説経ではこの地蔵が後の丹後国の金焼地蔵になったと語られる。

御身代わりに　立ちたもう
悪事災難　よけたもう
これがそちへの　形見ぞと
必ず人手に　渡すなと
姉の衿に　掛けさせて
これが親子の　生き別れ
母の顔も　見置かれよ
そなた二人の　その顔も
母によくよく　見せてたべ
のう姉弟と
言わんとせしが　胸迫り
声より涙が　先に立つ
その座へどうと　泣き沈み
うば竹局が　見るよりも
年端もゆかぬ　ご姉弟
いずくへ離して　やらりょうと
共に涙に　伏し沈み
[一]佐渡の次郎が　見るよりも
(詞)おおい宮崎。こんなことを長と
見ている事ではない。俺もどうやら、[二]うつ泣きになった。もういい加減にして引き分けようじゃあるまいか。
成るほど、次郎どんの言わるる通り、こんなことを長と見ておる事ではない。俺もどうやら涙が出てならぬ。もういい加減にして引き分けようと
すっくと立って　舟長が
衿筋むんずと　かいつかみ
ご姉弟が　とりすがり
申し上げます　母様へ
あの舟長を　頼まれて
われわれ姉弟　もろともに
佐渡へ連れさせ　たまわれと
すがり嘆かせ　たまわれば
宮崎それと　見るよりも
[三]しゃ面倒なる　餓鬼どもと

一　レコードでは、「佐渡の次郎がこのときに」。
二　「うつ」は接頭語。本当に泣けてきた、といった意味か。
三　「しゃ」は、ののしる意の接頭語。

衿筋つかんで　引き離す
もののあわれや　御台さま
丹後の舟を　立ち上がり
佐渡が舟へと　乗り移り
思い溜めたる　ため涙
一度にどうと　伏し沈み
直江が浦の　朝霧に
姿かたちも　見えざれば
のう姉弟（きょうだい）と
呼ばわりたまえば　あちらでも
母上様えの　うば竹と
互いに呼びつ　呼ばわれつ
なれども舟が浮木（うきき）の　ことなれば
主従（しゅうじゅ）四人の　方々も
次第次第に　遠ざかる
何思いけん　うば竹が
起き直って　涙を払い
（詞）申し、お御台さま。[一]三代相恩（そうおん）の
　御主人さまと、佐渡が島へ買い
取られ、朋輩（ほうばい）の身となって、朝
夕ご苦労ご難儀あそばすを見て
いまするも[二]法（ほう）ならず。長（なが）のお暇（いとま）
たまわれと
直江が方（かた）を　はったと睨み
(1)おんのれ憎き　山岡が
いまにも思い　知らせんと
はったと睨んだ　有り様は
身の毛もよだつ　ばかりなり
(2)舟のこべりに　立ち上がり
海へざんぶと　身を投げる
それ見るよりも　御台さま
[三]ちい無念や　口惜しや
[四]ても[五]胴慾（どうよく）な　うば竹と
この身も共にと　言うままに
舟のこべりに　立ち上がる
佐渡の次郎が　見るよりも
（詞）いやいやどっこい、そうは参ら
　ん。たった今、山岡よりも買い

一　一般に、祖父以来三代にわたって仕え、主人から代々恩を受けた意で使う。大きな恩を受けている意。
二　人の道にそむく意。
三　悔しいときに発する語。
四　さても、の意の接頭語。
五　非情な。むごい。

(1)　以下三行、レコードによる。テープでは、「（詞）おんのれ憎き山岡め。よっくもわれわれ四人を謀（たばか）りしぞえ。女でこそあれ、うば竹が、いまこそ思い知らせんと、（歌）直江が方（かた）をはったと睨んだ有り様が」となっている。
(2)　この句、レコードによって補う。

たてのほやほや。一匹飛び込まれて、二貫[一]の損がたつ。また己れまでも飛び込まれてたまるものかと
何[二]のいといも　荒縄で
小手(こて)を高みに　いましめて[三]
中舟梁(なかふなばり)[四]に　くくし付け
腕に任せて　漕ぎ出だす
遥か沖を　見渡せば
大風(たいふう)がさっと　吹き来たる
震動ないり[五]に　鳴り渡る
白浪だって　荒れ出だす
たちまち今は　うば竹が
額(ひたい)にかぶく[六]と　角を振り
総身(そうみ)は
九万九千の　うろこ逆(さか)立ち
眼(まなこ)は日月(にちげつ)の如く　光輝いて
げに紅の　舌を巻き
口より火焔を　吹き出だし
逆巻く浪を　押したて蹴たて
浮いつ沈みつ　沈みつ浮いつ
ばらばらばっと　水煙り
逆巻く浪を掻き分け　掻き分けて
直江へ帰る　山岡を
後を慕(しと)うて　追っかけ行く
山岡それと　見るよりも
うば竹大蛇と　夢知らず
こは不思議なる　荒れごとと
板子(いたご)[七]の下(した)へと　もぐり込み
万歳楽(まんざいらく)[八]桑原　桑原と
がながな震えて　居たりける
かかる所へ　うば竹が
たちまち舟へ　追いついで
半段(はんだん)ばかりも　引き戻し
宙(ちゅう)へ引き上げ　このときに
七重八重と　巻き絞めて
板子の上へと　頭(かしら)を上げ
(詞) おんのれ憎き山岡太夫権当め。

一　人身売買で利益を得るはずの金。
二　何のいたわりもなく。「あらなわ」に「あらず」の意が掛けられている。
三　縛ること。
四　舟の中にある横木。
五　地の底。奈落。
六　「かぶく」は擬態語らしいが意味不明。
七　舟の前部と後部に棚状にはった板の部分。
八　地震のとき、災いを避けるために唱えるまじないの語。「桑原」は雷鳴のときに唱える。

よっくも、われわれ四人を謀(たばか)り
しぞえ。女でこそあれ、うば竹
が、いまこそ思い知らせんと

山岡それと　聞くよりも
うば竹様えの　大蛇様
[一]うたてお腹が　立つならば
十二貫はこれに　有りまする
取り返して　あげましょう
命をお許し　たまわれと
両手を摺りて　詫びにける
[二]なにがうば竹　聞き入れず
宙へ引き上げ　引き下ろし（1）
ぎりりぎりりと　からみつき
舟を微塵に　巻きこわし
ずんだずんだに　引き裂いて
底の水屑(みくず)と　なりにける
小気味(こきび)よくこそ　見えにける[三]
　さて皆様にも　どなたにも
ことはこまかに　知らねども
これまで誦み上げ　たてまつる

―「山椒太夫」末尾―

一　気に入らないで。
二　どうして、どうして。
三　杉本キクイが伝承する歌詞は以上ですべてである。
（1）この句、レコードによって補う。

◇参考資料　やんれ節口説唄本新板　三庄太夫悪心くどきぶし

〈凡例〉

一　ここに翻刻したのは江戸末期の唄本屋が発行した〈やんれ節〉口説の唄本である。段物と違い、口説では一場面に停滞せず、物語の全体を簡潔に歌う。

二　底本に使った架蔵本には、上の表紙に「新板　三庄太夫悪心くどきぶし」とあり、下の表紙には「新板三庄太夫やきかねくどきぶし」とある。発行者は「中ばし　松坂や」とあるが未詳。刊年も不明（江戸末期）。上・下各四丁の計八丁（無彩色表紙絵あり）、半丁八行　タテ18・4㎝　ヨコ11・7㎝　匡郭なし

三　原文にはないが七字ごとに空白を入れた。

四　漢字に付けられた仮名のルビは原文のままであるが、仮名の傍書小書きの漢字は意味がとりやすいように著者が入れたものである。

新板　三庄太夫悪心くどきぶし

〽いまは　サヱ、　むかしの　そのものがたり　ゆく手まどふき　そのみちのくに　ちよのこけむす　いはきといふて　ならぶかたなき　大名ござる　ときにぎやくしん　いへ国うばひ　みだいわかぎみ　ひめぎみ三人　なれしやかたを　なく〳〵いでゝ　なれぬたびぢに　さまよひめさる　つひに人かひ　賊手にかゝり　母のみたいは　さてさどが嶋　あんじゆつしわう　あねおとヲとは　はるかたんごへ　ひきわかれゆく　みだいへさきにふしまろびつゝ　やよやふな人　あわれをしらば　共にのせてよ　いなしてくれと　なげき給へば　あなたのふねに　あんじゆなみだの　かほふりあげて　そちも人なら　あはれをしれよ　しばしおやこが　わかれのいとま　はなしたいこと　きゝたいことも　たんとあるゆへすこしのあいだ　ゆるしくれてよ　なう船人と　いへばおなじく　つしわう丸も　共にちいさき　手をうちあはせ　をがむわいのと　まはらぬ舌に　いへどたのめどそらふくかぜに　はしるしらほの　たゞしらぐ〳〵と　あ

中ばし　松坂や板

くるなみまを　はやこぎつくる　にしとひがしの　しほぢのわかれ　日かずほどへて　つしわうあんじゆ　さんしよだいふに　うりわたされて　あねはしほくみ　おとゝはしばを　かるきものにも　おとつたてわざ　ヤンレヱ、

〽過る　サアヱ、　月日も　早いくめぐり　あねは十六　おとゝは十二　ある日あんじゆは　おとゝにむかひこれさつしわう　よくがてんせよ　そもや一ぐん　いへあるじとは　たれもいは木の　その子とうまれ　おちやめのとに　つねかしづかれ　あやにけんふに　身はまとわれて　くらすこの身が　あられうことか　こゝろなぎさに　しほくみかねて　あはれこぶかき　おくやまかげに　ましばこりつむ　いまこのなげき　かくてすぎなば　いのちもついに　ないてくらして　おはらんよりはそちはおのこゞ　いは木のちすぢ　こゝをにげのき　こきやうへかへり　家をおこして　はたあげなして　いまのつらさを　むかしとなさば　世にもめでたき　そなた

のほまれ　あねはあとより　おつ付(つく)ほどに　そなたまづ
〳〵　にげゆき給へ　何(なに)をうぢ〳〵　することかはと
い(言)へばつしわう　こくび(小首)をあげて　それはもつとも　さ
はさりながら　つらきながらも　きやうだいふたり(二人)　わ
しはおまへを　力(ちから)とたのみ　まつ(又)たおまへは　わたしを
力(ちから)　あさ(朝)なゆふ(夕)なに　たゞあけくれに　ことばがたきも
　ふたりがほかは　なつ(夏)のむし(虫)かや　ね(音)にこそたてね
ひかるつき日も　我(わが)このみ(身)をば　てらしたまはぬ　もの
としならば　ながくうき世に　はぢ(恥)みんよりは　こゝで
し(死)んだが　はるかにましよ　しかしもろとも　はし(走)ると
ならば　それはうれしい　たのもしけれど　わたしひと
りで　おさき(先)へゆくは　どうも気(き)になる　こゝろがすま
ぬ　これさそないに　なか(泣)しやらずとも　したくしやさ
んせ　よういをさんせ　いざとうながす　おとゝがこと
ば　あねはきくより　又(また)なきしづむ　ちゞにあかね(茜)の
そ(染)めいろぎぬ(衣)も　なみだ〳〵に　いろ(色)そへにける　ヤン
レヱ、引

新板　三庄太夫やきかねくどきぶし

〽かくて　サヱ、　きやうだい　手(て)にてをかは(交)し　しば
しなみだに　あやめもわかず　とき(時)のうつるも　しら(知)ざ
りしかど　あねはさすがに　なく(泣)め(目)をはらひ　さらばそ
なたが　い(言)ひやるとほり　とも(共)にはしらん　さはさりな
がら　あのやしゆじん(主人)は　じやぢ(邪知)ふかきもの　ふたりに
げなば　たちまちし(知)れて　おつて(追手)かゝらば　なんぎ(難儀)のひ
とつ　さらばそなたは　まづまづさき(先)へ　い(往)んでたもい
の　とくにげてたも　わしもあとより　すきみあはせて
　やがてはしらん　合点(がてん)がいたか　はやくゆ(行)きねと　す
かしつな(泣)いつ　いざと手(て)いだす　をがさ(笠)のひも(紐)ゝ　あは
れみじかき　このよのわかれ(別)　あねがこゝろの　たけづ(杖)
へちから　たどりゆくかげ　見(み)をくる(送)あねは　ほつとた
めいき　つきだすかねの　こへもしよ(諸)げ(行)うや　めつぽう(滅法)
かい(界)に　戻(もど)りおそしと　ちやう(長)じや(者)がじ(次)なん(男)　どこにお
るぞよ　なにしてをるぞ　はやくうせうと　あんじゆが
ゑりを　ぐつとつかんで　長(ちやう)じやがまへに　はたとひき

すへ　これおやぢさま　こいつはなはだ　ふとゞきしご
く　さきへおとゝを　にがしておいて　すつとはしらん
こやつがたくみ　いかゞせんかん　してよからんと
いへばちやうじやは　むくりをあげて　だいのまなこに
はつたとにらみ　おのれめらうめ　おと、のがきを
どこへにがした　はくぜうせよと　うてどた、けと　か
くごのひめは　しらぬとばかり　なきふしたまふ　ちや
うじやます〳〵　いかりにたへず　ひばしとりあげ　て
つ火となして　ひめをひきすへ　しぶときあまよ　おの
れはくぜう　せぬうへからは　とてもいけては　おかれ
ぬやつと　ゆきをあざむく　あんじゆがかほへ　もゆる
てつくわを　さしあてがへば　じいとあとつく　其おそ
ろしさ　ひめはいまさら　かくこをきわめ　もはやこれ
まで　さはしなばやと　てつくわとりあげ　みづからの
どへ　ぐつとつらぬく　かくごのさいご　ちやうじやみ
るより　ちからをおとし　かねになる木を　いちじのせ

めに　もろくからした　このうめくさに　おと、つしわ
う　とくとらへよと　いふにめんめん　すそはせをりて
そこよこ、よと　たづねてあるく　いともあやうき
そのばのなんぎ　されどつしわう　うんつきねばや　か
らくのがれて　京都へのぼり　ときのしやうぐん　しよ
かうにたより　いへのなやみに　このとしつきの　るら
ういさいに　ごんじやうすれば　すぐとりやうちを　あ
ておこなはれ　もとの岩木に　や、かへりざき　はなも
みもある　しゆつせのかどて　さんしよ太夫を　まづか
らめとり　あねのかたきと　のこぎり引よ　後は三なん
次郎も共に　あるはうしざき　さかばりつけと　死げ
いきはまり　ことすみければ　さどがしまより　母ぎみ
むかへ　親子久しき　そのたいめんの　ちよのはるかぜ
音のどやかに　いまの世迄に　吹つたへける　ヤンレ
エ、

15　片山万蔵

〈凡例〉

一　本作は高田瞽女杉本キクイが伝承した作品で、小林ハル・土田ミスには伝承がない。

二　脚注の「松廼家翠口演講談筆記本」は、早稲田大学演劇博物館所蔵、一九一〇年一〇月、大阪・岡本偉業館刊『片山萬蔵　義士外傳／松廼家翠口演』（馬場三郎速記、全二〇五頁）を指す。

三　上越市教育委員会発行『高田のごぜ　資料収録目録』（一九八〇）によれば本作の歌詞は全十二段あるというが、同市教育委員会所蔵の録音資料はここに文字化した二段のみである。ただし、倉田隆延氏が一九七五～一九七九年にかけて録音した、杉本キクイ演唱「片山万蔵」全段の歌詞が倉田隆延「瞽女唄「片山万蔵」をめぐって（一）（二）」（『傳統研究』第十一・十二号、二〇〇三・二〇〇五）に載る。

祭文松坂　片山万蔵（舟別れの段）

一段目　35分

されぱによりては　これにまた
いずれに愚かは　あらねども
よき新作も　なきゆえに
義士の[一]外伝(がいでん)　後れ腹(おくればら)
まことを申せば　片山万蔵(まんぞう)
[二]舟別れの　一落(いちらく)を
これにて誦(よ)み上げ　たてまつる
そのころは世が泰平に　治まりて
鎗を長押(なげし)に　掛けられて
太刀には[三]革袋(かわぶくろ)を　掛けられて
夜は鼠の　通い道
天下泰平の　御代(みよ)となり
あまり世の中は
治まりかねたか　知らねども
頃は元禄　十四年

播州赤穂を　お固めなさる
[四]浅野内匠頭(たくみのかみ)と　申するは
公儀の旗本　[五]吉良上野(きらこうずけ)殿と
わずかな遺恨が　もととなり
[六]松の御間(おんま)も　おそれなく
上野殿を　ひと討ちと
小さ刀に　手がかかり
刃傷(にんじょう)に
及ばれましたる　ばっかりに
その日のうちに　ご切腹
五万三千石は　水の泡
家中の面々(めんめん)　多けれど
親は子を連れ　子は親を連れ
みな散り散りにと　なりにける
さても哀れな　次第なり
中でも
片山万蔵と　申するは
赤穂の家中で　親孝行
浅野内匠の　頭様(かみさま)へ

一　「外伝」は、討入りした四十七士のほかに事件に関わった人物たちの伝記。「後れ腹」は、討入りに参加できず、四十七士の死後、そのあとを追って切腹したこと。万蔵の切腹を示唆する。
二　「舟別れ」の段は、山椒太夫にもある。「一落」は、話の顛末、一件。
三　「革袋」には猫の意があり、その縁語として次の「鼠」につなげたもの。
四　赤穂城主、浅野内匠頭長矩。
五　吉良上野介義央。旗本ではなく、江戸幕府の儀式・典礼をつかさどった高家の一人。
六　「松の御間」は、江戸城内の松の廊下。

御(おん)手を取って　剣術の
指南役を　致さるる
御家の騒動は　是非がない
[一]親子三人　もろともに
旅の仕度(したく)を　致さるる
十三駄(だん)[二]の　荷物をこり
馬の背中に　付けられて
慣(な)れし赤穂を　後(あと)に見て
水の流れと　もろともに
[三]ちとせが浜へ　急がるる
ちとせが浜にも　なりぬれば
[四]お客待つのは　松の屋で
松にからまる　蔦(つた)屋もあり
それに花咲く　藤屋とか
夏は涼しき　扇屋と
数あるお茶屋の　店先に
客引き女子(おなご)は　あるゆえに
[五]二人(ににん)を茶屋へ　休ませて
万蔵ひとり　磯辺(いそべ)へ参り
舟があるかと　あちこちを
眺めて見たれど　舟がない
是非なく万蔵が　お茶屋へ返り
茶屋の番頭に　うち向かい
これこれいかに　番頭よ
今日(きょう)はこの浜に
一艘の舟が　かからぬか
問えば番頭の　申す様(よ)は
申し上げます　お武家様
あなたは当城内の
ご浪人と　見受けます
[六]ごちとう様の　騒動に
[七]浜人いちの　遠慮なく
七日(なぬか)のあいだの　舟止めと
聞くより万蔵が　驚いて
家中の面々　のみならず
領分の　者にまで
このような難儀を　さするのか
みな吉良上野の　なすわざよ

一　「親子三人」は、片山万蔵と彼の義母（お政）と妻（菊江）の三人。松廼家翠口演講談筆記本には、万蔵の妻の名が「お弁」とあり、片山家の娘で、万蔵は入り婿となっている。瞽女唄では母が万蔵を「伜(せがれ)」、菊江を「娘」と呼んでいる。
二　「駄(だ)」を「だん」と歌っている。「こり」は、荷物を梱包すること。
三　松廼家翠口演講談筆記本では「千鳥ヶ浜」とある。
四　以下、茶屋尽くし。
五　「二人」は、母と妻。
六　「ごちとう」、不明。
七　この句も意味不明。凡例に述べた倉田隆延録音翻字資料では「浜人一同遠慮して」となっている。

いつかは一度　この無念
晴らさで置かんと　ただひとり
万蔵が母に　うち向かい
申し上げます　母様へ
ただ今聞かれる　そのとおり
舟止めならば　是非がない
長の道中　[一]大層でも
馬でも駕籠でも　雇います
暫時ご不自由　してたべと
そのとき母の　申す様は
この落ち果てたる　身の上で
不自由はなにとて　厭おうね
さらばこれより　参ろうと
親子三人　もろともに
お茶屋の端を　たち出でて
歩みながらも　万蔵が
我等が三人　良けれども
十三駄の　荷物をば
今宵はいずくに　泊めようと

二の足踏んで　思案顔
沖を遥かに　見渡せば
[二]女波男波の　間よりも
ちらりちらりと　白帆が見える
これ見るよりも　万蔵が
飛び立つばかりに　喜んで
腰より[三]軍扇　取り上げて
おおいおおいと　大音声
明神丸を　招かるる
そもこの舟と　申するは
大坂の
米買い舟とは　見せかけて
[四]歩くといえど　まったくは
西は[五]安芸の　宮島から
東は[六]泉州　堺まで
[七]阿州あこの　果てまでも
股にかけて　荒れ廻る
切取り[八]強取り　海賊舟
頭は明石の　[九]きょう蔵とて

一　「大層」は、大変ご苦労でもの意。
二　浜辺に打ち寄せる高い方の波を男波、それに続く低い波を女波という。用語例―「あの立つ白波にも、女波男波が打つと聞く」（説経「さんせう太夫」）。
三　武士が戦場で用いる扇。
四　「歩く」は通う意でも用いる。ここでは航行する意。
五　今、広島県の宮島。
六　和泉国の堺（今、大阪府堺市）。
七　阿波国（徳島県）。「あこ」は不明。
八　「強取り」は、強奪すること。
九　松廼家翠口演講談筆記本には久助とある。

三十六人の　[一]小僧子（こぞうこ）を集め
徒党を組んだる　舟とは知らず
しきりに万蔵が　招かるる
これみるよりも　船頭が
頭（かしら）の前へと　出で来たり
申し上げます　お頭さんに
侍とおぼしき　一人（いちにん）が
しきりに舟を　招きます
いかが計らい　致します
聞くより明石の　きょう蔵（ぞう）が
二三人（にさんにん）の　小僧子ども
[二]伝馬（てんま）を降ろして　様子をば
見届けまいれと　申し付け
かしこまったと　船頭が
伝馬を降ろして　このときに
陸地（くがぢ）指して　漕ぎ着ける
舟より上がって　船頭が
大地に両手を　突かれてぞ
申し上げます　お武家様

ただいま明神丸を
[三]なったはあなたで　ありますか
聞くよりこなたの　万蔵が
そもこの舟と　申するは
いずくへ参る　舟である
大坂へ参る　舟である
聞くよりこなたの　万蔵が
我等親子　三人に
十三駄（だん）の荷物を　もろともに
大坂まで
乗せ行くことは　できまいか
かしこまったと　船頭が
馬に付けたる　荷物をば
伝馬の中へと　積み込んで
もはや仕度（したく）が　できあがる
万蔵が母の　手をとりて
伝馬の中へと　乗り移り
このとき船頭の　若者が
えんやえんやの　掛け声で

一　子分のちんぴらども。
二　伝馬船。はしけ。親舟（本船）と陸との間の荷物の運搬に用いる小舟。
三　「なった」は、大声で呼んだ意。どなる、などの「なる」と同じ。

親舟(おやふね)さして　漕ぎ着ける
さて皆様にも　どなたにも
下手で長いは　座のさわり
これはこの座の　段の切れ

二段目　46分

ただいま誦(よ)み上げ　段のつぎ
かくて親舟に　なりぬれば
親子三人　乗り移り
安心するのも　少しのうち
休息致す　そのところ
頭(かしら)明石の　きょう蔵(ぞう)が
その場の方(かた)へ　出で来たり
両手を突いて　このときに
申し三人の　お方々(かたがた)
この見苦しき　明神丸に
ようこそ御(おん)乗り　くださいました
波も平らか　凪(なぎ)もよし
遅くも明日(みょうにち)　昼までには
必ず大坂へ　参ります
安心致して　ゆっくりと
ごゆるり休息　遊ばせと
挨拶さへも　済まされて
その場の方(かた)を　立ち上がる
きょう蔵(ぞう)後ろを　振り返り
[一]菊江(きくい)の姿を　うちながめ
心のうちに　思うには
年のころなら　十八九(じゅうはっく)
あのまあ姿の　美しさ
[二]背高(せい)からず　低からず
三日月眉毛(みかづきまゆげ)に　色白く
目もと優しく　[三]唇尋常
腰はほっそり　柳腰
譬(たと)えがたなき　別嬪(べっぴん)じゃ
あのような女子(おなご)を　我が花と
楽しみ暮らした　ことならば
娑婆に生れた　甲斐がある

一　「菊江」は、万蔵の妻の名。漢字は一応当てたのみ。
二　以下四行、美人の形容で、慣用句。
三　「唇尋常」は、よく聞き取れないが、一応そう解釈しておく。

相手はなによ　侍ゆえ
容易になかなか　渡すまい
どうかあの侍を　なきものに
致する工夫が　あるまいかと
諸手(もろて)を組んで　ひと思案
それはさておき　ここにまた
片山殿の　母上が
さしうつむいて　胸つぶし
涙を流して　嘆きの様子
目早(めばや)く見つけて　万蔵が
そばに詰め寄り　このときに
申し上げます　母じゃ人(ひと)
慣れない舟に　うち乗りて
[一]気色(きしょく)が悪いと　あるならば
用意の薬を　差し上げようと
申しますれば　母上が
気色悪くは　なけれども
城受け取りの　役人が
早くこの場を　立て立てと

あまり急(せ)かれた　それゆえに
紫縮緬(むらさきちりめん)の　[二]袱紗(ふくさ)うち
[三]五十円の　黄金(こがね)には
水晶の数珠を　ひと[四]からに
家の系図の　一巻(いちかん)に
夫(おっと)の位牌(いはい)を　もろともに
入れたる包を　違い棚に
忘れてきたかと　思うゆえ
世が世のときで　あるならば
五十円が　僅かなものを
世に落ち果つれば　大金ゆえ
それゆえこのように　嘆くのだ
聞くより万蔵が　驚いて
金(かね)や数珠なら　よけれども
金銭積んで　買いがた無い
家の系図や　父上の
位牌を忘れて　行くならば
草葉の蔭に　おわします
父上様や　先祖へ

一　「気色」は、気分の意。
二　「袱紗うち」は、袱紗のうちに、の意。袱紗は物を包む四角い布。
三　五十両ではなく、「五十円」と歌っている。
四　「から」は数詞として使用している。

何とて言い訳　立つべきぞ
赤穂といえども
まだほんひと足に　参ります
暫時休息　遊ばせと
万蔵は船頭に　うち向かい
これこれいかに　船頭よ
あまり急ぎの　ことゆえに
屋敷に忘れ物を　してきたゆえ
赤穂まで　ひと走りに
急ぎ戻って　くるほどに
[一]酒手はたくさん　遣わすゆえ
しばらく待って　給われと
伝馬にうち乗り　万蔵が
赤穂へ指して　急がるる
不憫や片山の　母上が
娑婆と冥土の　[二]境舟
お茶屋に休んだ　そのお茶が
親子一世の　生き別れ
飲んだるお茶は　末期の水

神ならぬ
身の大難とは　しら波で
伜の帰るを　待ち受ける
このとき明石の　きょう蔵が
喜ぶことが　限りなく
[三]目の上の
瘤と思いし　侍が
赤穂へ戻った　上からは
十三駄の　荷物には
ふたりの女子が　こちのもの
[四]三十五反の　帆を巻き上げて
風の具合も　よきゆえに
[五]はな舵面舵　取られてぞ
[六]矢を切る如くに　漕ぎ出だす
菊江はこれを　見てとりて
申し上げます　母様へ
舟が沖へ　出るようだ
聞くより母は　驚いて
これのういかに　船頭よ

一　「酒手」は、心付け。チップ。
二　「境舟」は、あの世へ行くときに渡るとされる三途の川の縁で、生死を隔てる境の舟といったもの。
三　諺。
四　俗曲や民謡などに歌われる句。
五　船を左右に向ける舵は一般に「取舵面舵」という。
六　一般には「矢を射る如くに」という。

伜(せがれ)があれほど　頼んだゆえに
損はかけない　それゆえに
しばらく待って　給われと
聞くより明石の　きょう蔵が
膝に煙管(きせる)を　立て廻し
ふたりの女子(おなご)を　睨みつけ
これこれ女　うけたまわれ
これは大坂の
米買い舟とは　偽りじゃ
切取(きりど)り強盗(ごうど)り　海賊舟(ぶね)
一そもこの舟に
知らんで乗ったは　そなたらの
不幸せとは　申そうか
それとも我等の　言うことを
うんと承知を　するならば
痩せ浪人の　女房に
なって苦労を　するよりも
拙者(せっしゃ)の女房に　なるならば
飲み食い着るは　じょう気侭(きまま)

三十六人の　小僧子(こぞうこ)のものに
姐御々々(あねごあねご)と　敬(うや)まわれ
楽しみずくみで　暮らさせる
老いぼれとても　そのとおり
一生涯の　その間(あいだ)
楽隠居で　暮らさせる
うんと承知を　致するか
それでもいやと　言うならば
いずくの土地でも　連れ参り
流れ売女(ばいじょ)の　憂き勤め
二あだな枕や　比翼(ひよく)の床(とこ)
つらい勤めを　させんぞと
老いぼれとても　そのとおり
海の中より　斬り捨てて
鮫や鯨の　餌食(えじき)にする
しかと考え　返答を
きっと致せと　詰め寄せる
ふたりがびっくり　驚いて
先立つものは　涙なり

一　「そもくね」とあるが、意を取って変えた。
二　遊女として知らぬ客と一夜の枕を交わすこと。

しばらく間(あいだ)は　嘆かるる
菊江(きくい)は涙の　顔上げて
申し上げます　母様へ
神や仏が　われらをば
お見捨てなさるか　知らねども
重ね重ねの　この大難
いかなる前世の　報いぞと
斯(か)かる憂き目を　見るぞかし
[一]人は一代　名は末代
身は八つ裂きに　なるとても
女の操(みさお)は　破るまい
海賊どもの　手にかかり
なぶり殺しに　さるるより
いっそ自害を　致そうと
帯の間(あい)より　[二]取り出だし
懐剣抜いて　そのときに
すでに自害と　見えにける
母はその場を　立ち上がり
荷物の間(あい)より　取り出だし

短刀抜いて　そのときに
海賊よくも　うけたまわれ
[三]伜(せがれ)がこの場に　いるならば
その[四]悪口(あっこう)は　つかれまい
女ふたりと　侮って
手込めにするとは　憎き奴(やつ)
我らも世にある　ものならば
赤穂の城下に　隠れなき
五百石を　頂戴し
一家中(いっかちゅう)へ　指南役
[五]片山将監(しょうげん)　照元(てるもと)の
女房お政(まさ)で　あるぞいの
海賊如きに　慰(なぐさ)まるる
娘なんぞは　持ちはせぬ
もはやこうなる　上(うえ)からは
腕と目釘(めくぎ)の　続くだけ
相手に取って　斬り死にする
寄らば斬らんと　身構える
はったと睨んだ　有り様は

一　諺。
二　文脈上は「取り出だす懐剣…」となる。
三　万蔵が剣術の指南役であったところからこういう。
四　「悪口」は、「悪業」と聞こえるが、意をとった。
五　先に位牌とあるように、夫はすでに故人となっている。

一 鬼もあざむく　風情（ふぜい）なり
きょう蔵それと　見るよりも
女の身分で　ありながら
手向かいするとは　憎き奴（やつ）
二 長押（なげし）にかかりて鎗を　取りあがり
片山殿の　母上が
さらば斬らんと　身構える
三 丁々（ちょうちょう）はっし　丁（ちょう）はっし
しばらく間（あいだ）は　斬り結ぶ
女に似合わん　腕前に
さすがきょう蔵も　堪（たま）り兼ね
しりごみするとは　見えにける
これのういかに　手下（てした）の者
この老いぼれを　斬り殺せ
はっとその場を　立ち上がり
前後左右を　おっ取り巻き
大勢（たいぜい）揃うて　斬りかかる

さすがお政も　堪り兼ね
舟の板にと　つまずいて
思わずその座へ　倒れける
きょう蔵そばに　詰め寄せて
ただひと討ちと　突き殺し
死骸を海へ　蹴落とせば
菊江はこれを　見てとりて
懐剣抜いて　このときに
すでに自害と　見えにける
大勢（たいぜい）はそばに　詰め寄せて
菊江の懐剣　もぎ取りて
四 手取り足取り　縄からげ
　さて皆様にも　どなたにも
　下手で長いは　座のさわり
五 次の段にて　わかれます

―「片山万蔵」末尾―

一　「鬼もあざむく」は、鬼とも思われるような、の意。慣用的表現。
二　この句、自信なく歌っている。「長押に掛かりし鎗を取り上げ」などの意。きょう蔵の行為。
三　刀や鎗を武器として激しく斬り結ぶ（戦う）様子。
四　菊江は捕らえられたことになっているが、松廼家翠口演講談筆記本では、捕らえられて肌身をけがされるよりはと、海へ飛び込む話になっている。
五　この段切りは、草間ソノ伝承「小栗判官」にも類似するが、杉本キクイの他の作品には見られない歌詞である。「わかれます」は、瞽女がもう一段唄って別れる意か、あるいは次の段で話が分かるということか、不明。郡司正勝「瞽女物語」（『郡司正勝刪定集』四所収）によれば、長野の善光寺門前で歌っていた小千谷出身の瞽女の話でも、段切りの歌詞は、草間ソノの場合と同じく「さて皆様にもどなたにも／ちょっとかしこにとどめおき／次の段にて別れます」だという。高田瞽女の段物にもこうした句例があるのは貴重である。

16　焼山巡礼

〈凡例〉

一　本作は、高田瞽女杉本キクイが伝承した作品で、小林ハル・土田ミスには伝承がない。

二　斎藤真一著『越後瞽女日記』別冊資料瞽女唄（一九七二年、河出書房新社刊）を参照した。脚注の「斎藤資料」は、それを指す。歌詞中の（　）に入れた句は同書によって補った部分である。

三　斎藤資料と録音テープとの歌詞の異同は、斎藤資料が伝承者自身に取材して歌詞を聞書きしていることから生じた相違と考えられる。実際に演唱する段になれば、途中で歌詞が抜けても前に立ち戻らず歌い続けることになる。なお、小異の歌詞についてはテープ演唱の方の歌詞を採用した。斎藤資料と比較するとテープの歌詞はだいぶ脱落しているが、演唱資料が優れている点は、演唱の歌詞「次の宿まで道連れに」（七五調）が、斎藤資料では「次の宿まで道連れとする」など説明的になることや、「手を引き立つる」（演唱）が、「手を引き立てる」（斎藤資料）と口語的に説明されることなどに見ることができる。

祭文松坂　焼山巡礼

一段目　31分

さればによりては　これにまた
いずれに愚かは　あらねども
一焼山峠の　哀れさを
あらあら誦み上げ　たてまつる
山の麓に　なりぬれば
玉屋が茶屋と　申すあり
尾張の国の　巡礼衆
玉屋が茶屋に　腰を掛け
休み居たる　そのところ
二池田のしゃないに　金時が
山賊二人が　来たりける
玉屋が茶屋に　腰を掛け
三男山の　酒を呑み
休み居るのも　知らずして
尾張の国の　巡礼衆
山吹色の　小判をば
四十枚ほど　出だされて
五両の買物　なされける
池田のしゃないは　見るよりも
これのういかに　兄弟よ
あのまあ巡礼と　申するは
たいそう金を　持ち居たる
山吹色の　小判をば
四十枚ほど　出だされて
五両の買物　致さるる
後に残る
三十五両の　その金を
私らの四酒手にしようじゃあるまいか
あいさ良かろうと　言うままに
ここそこ相談　致さるる
哀れなるかや　巡礼衆
五かかる相談　夢知らず
玉屋が茶屋を　立ち出でて
峠指して　登らるる

一　やきやま峠。現、尾鷲市八鬼山。険阻で知られる熊野街道の峠道。『西国三十三所名所図会』（嘉永六年刊）に「上り五十丁、下り四十五丁、山路嶮岨にして至つて難所なり。地上に多く石を敷て道を堅むるといへども、坂急なるを以て杖をつき過つときは、必らず転倒す。下りを慎むべし」とある。

二　次の句と逆が良い。斎藤資料では、「山賊二人が来たりける／池田のしゃないに金時は」と逆になっている。盗賊の人名「しゃない」は文字表記不明。

三　「男山」は、「伊丹剣菱男山」の諺があるように、江戸時代の酒の産地伊丹（今兵庫県）の銘酒。

四　「酒手」は、本来あげる側からいう心付けの意。酒代に使うかどうかは無関係のチップ。「片山万蔵」にも出。

五　「山賊どもとは夢知らず」（斎藤資料）。

一山で恐ろし　天狗が岩屋
中で凄(すご)き　亡者(もうじゃ)が洞屋(ほらや)
幽霊(ようれん)坂も　通り過ぎ
びっくり坂も　はや過ぎて
峰(みね)指して　登らるる
後を慕(しと)う　山賊が
おおいおおいと　声を掛け
娘がそれと　聞くよりも
申し上げます　母様へ
後(あと)より若い者の　声がする
あれ山賊では　ないかいと
二（母上それと　聞くよりも）
娘に力を　付けんがため
なに山賊で　あればとも
（この山峠(やまとうげ)と　申するは）
（わしらばかりで　通られん）
後より若い者が　来たならば
次の宿(しゅく)まで　道連れと
（つられ行くもの　娘子(むすめご)と）

小高き所に　腰を掛け
休み居たる　そのところ
（山賊二人(ににん)は　来たりける）
池田のしゃないに　金時(きんとき)が
見れば六尺　大男
人の嫌がる五分(ごぶ)三月代(さかやき)で
あかぎれ眼(まなこ)に　角(かど)を立て
じろりじろりと　睨み付け
それ見るよりも　巡礼衆
身の毛もよだつ　ばかりなり
池田のしゃないは　この時に
これのういかに　巡礼衆
この山峠と　申するは
女子(おなご)ばかりじゃ　通られぬ
次の宿(しゅく)まで　道連れと
それ聞くよりも　巡礼衆
（ごめんなされの　若い者）
（わしら女子(おなご)の　ことなれば）
どうして若い者の足に続いて行か

一　以下四行、〈ちょぼくれちょんがれ〉や〈やんれ口説〉の歌詞に、「なかにすごきはもうじゃが洞(ほら)よ　まだものぼればてんぐがいわや　ゆうれい坂よりびっくり谷へ　おりんとすれば」などとある。

二　以下、演唱テープにない句は、斎藤真一資料で補い（　）に入れた。

三　「さかやき」は、江戸時代の男の頭部風俗で、額の上の頭髪を剃りあげた部分。いつも手入れが必要だが、その部分に髪を五分ほど伸ばしている状態は、「人の嫌がる」とあるように無頼漢や無宿者の月代とされる。

女性巡礼の図
（北尾重政筆『絵本吾妻の花』明和五年刊より）

りょうぞ
お先へお出でな　若い者
[一]またもこのとき　山賊が
この山峠と　申するは
女子ばかりじゃ　怪しかろ
次の宿まで　道連れに
連れて行くわい　行くわいと
手を引き立つるも　恐ろしや
是非もなく[二]なく　巡礼衆
山賊どもに　手を引かれ
[三]峠を指して　登らるる
（しばし登れば　今ははや）
頃は三月十七、八日のころなれば
桜の花の　花盛り
鳥も鳴かぬが鶯の沢
鶯の沢にも　なりぬれば
池田のしゃないが　この時に
ここらが良かろじゃ　あるまいか
あいさ良かろと　言うままに

（詞）こらやい巡礼。きさまが財布に
金を持ちいておるな。山吹色の
小判をば、三十五枚有るほど
に、それを渡すか、渡さぬか。
渡さぬ時には、[四]金も命も取って
やる

それ聞くよりも　巡礼衆
ごめんなされの　若い者
わしら女子の　ことなれば
三十五両の　大金を
どうして持ちて　いましょう
わしら渡世と　申するは
あの門に立ち　この前に立ち
貰い溜めたる　その金が
[五]南鐐一つに銭は
三百五十文　あるほどに
これをやるから　若い者
命をお許し　給われと
山賊それと　聞くよりも

一　「池田のしゃないは聞くよりも」（斎藤資料）。
二　「泣く泣く」を掛けている。
三　峰とあるべきところ。
四　「金も命も取ってやる」はこの作品の定型句。
五　「南鐐」は、二朱銀（小判一両の八分の一）。江戸時代の貨幣である。銭はさらに価値が低い。

不届きしごくな　巡礼め
しかとしたとこ　見ておいた
麓の茶屋より　これまでも
その金欲しさに　つられ来た
言葉の柔らかな　そのうちに
早くも渡すか　渡さぬか
渡さん時には
金も命も　取ってやる
（[一]娘はそれと　聞くよりも）
（申し上げます　母様へ）
（死んで金が　要るものか）
（金も衣服も　遣(や)らしゃんせ）
（みんな遣らんせ　遣りゃしゃんせと）
母上それと　聞くよりも
この山峠(やまとうげ)と　申するは
神や仏の　無い山か
神や仏が　在るならば
どうぞこの座へ　出で給え
心のうちで　忍び泣き

それはさておき　ここにまた
尾張の国の　[二]六部(ろくぶ)さま
背なに[三]長笈(ながおい)　背負(しょ)われては
[四]捨て鐘たたいて　登らるる
池田のしゃないは　そのときに
これのういかに　兄弟よ
麓の方(かた)より
登り来るのは　六部かい
六部がここへ　来たならば
三十五両の　その金は
わしらの酒手(さかて)に　なりゃすまい
これより木(き)の芽峠へ連れて行き
六部を通した　その後(あと)で
金も命も　取ってやる
あいさ良かろと　言うままに
（巡礼の髪の毛　ちょいと取り）
（腕にぎりりと　絡(から)み付け）
大松(おおまつ)指して　急がるる
　さて皆様にも　どなたにも

一　以下五行、演唱では娘の歌詞がないが、これが抜け落ちたとしても文脈は通じる。

二　「六十六部」ともいい、六十六箇所の霊場を巡り歩く修行者。長笈を背負い、鐘を叩いて、巡礼と同じく家々を廻って銭を乞い歩いた。「諸国の神仏に順拝するを云ふ。……帯前に鉦(かね)を畳ね付けて腰に下げ、あるひは手に鈴をふり、厨子(ずし)入りの仏像を負ふもあり。」（『守貞謾稿』七）

六部と長笈の図
（長谷川光信筆『絵本御伽品鏡』享保十五年刊より）

三　笈は、山伏などの修行者が仏具や旅の道具をいれて背負う四角な箱状の物入れで、脚が付いている。「長笈」は、背が高い長い笈で、六部が背負って歩いた（右図参照）。

四　「捨て鐘」は、必要でないときに調子をとるために打つ鐘。

あまり長いも　座の障り
これはこの座の　段の切れ

二段目　35分

ただいま誦み上げ　段のつぎ[一]
はや大松にも　なりぬれば
二人の巡礼を　括し付け
山賊二人は　この時に
[二](側に鎖刀を　立てられて)
吸い付け煙草で　居眠りす
括し付けられた　巡礼衆
互いに顔を　見合わせて
声も惜しまず　嘆かるる
(それはさておき　ここにまた)
尾張の国の　六部さま
捨て鐘たたいて　登らるる
しばし登れば　今ははや
鶯の沢へと　来たりける

鶯の沢にも　なりぬれば
ああら不思議な　ことがある
女子の菅笠　二蓋有り
笠のしるしを　見てあれば
尾張の国の　巡礼衆
[三]同行二人と　書いてある
哀れなるかや　巡礼衆
山賊どもに　見付けられ
ここで一命　終わりしか
息の通いの　有るうちに
私がここへ　来たならば
命を助けて　くりょうもの
昔古人の　譬えにも
[四]六月みみずが　道中へ
出でて命を　終わるのを
日蔭持ち行き　穴を掘り
入れて命を　助けるを
[五]むさし修行の　作法なりと
二人の巡礼も　その通り

一　二段目の始まりに、録音テープではこのあと長めの間奏が入り、歌い手が小声で「どこから歌ったや?」と聞くと、そばで弟子(養女)の杉本シズが、「大松指して急がるる」と一段目の末尾を教えている声が入っている。これは研究編に述べたとおり、段物の歌詞が連続していて、各段が固定していないことを示している例である。

二　前段「大松指して急がるる」から「吸い付け煙草で居眠りす」までは、以下の六部が到着する部分にも類句があって、そこに「側に鎖刀を立てられて」の句が入っている。しかし、「斎藤資料」では逆にその句がここに入り、六部の所には無い。

三　「同行二人」は、仏(観世音菩薩)と一緒であることを意味する語で、巡礼の笠に書いた。母と娘二人という意味ではない。

四　夏ごろ地中から道端に出て干からびるみみずの習性がある。「道」の部分が聞き取れないので「斎藤資料」によった。

五　「むさし修行」の意味不明。

可哀そうなと　六部さま
山道指して　登らるる
（山の頂上に　なりぬれば）
小高き所に　腰を掛け
背なの長笈（ながおい）　下ろされて
ああら不思議な　ことがある
風のもよりか[一]　知らねども
遥か向こうの　山中（やまなか）に
女の嘆く　声がする
ああら不思議と　六部さま
大松（おおまつ）指して　急がるる
はや大松にも　なりぬれば
山賊二人（ににん）は　この時に
二人（ににん）の巡礼を　括り付け
側（そば）に鎖刀（くされ）[二]を　立てられて
吸い付け煙草で　居眠りす
（括（くく）り付けられたる　巡礼衆）
（互いに顔を　見合わせて）
（声も惜しまず　嘆かるる）

それ見るよりも　六部さま
山賊どもの　側（そば）へより
これのういかに　若い者
若い者と　呼び起こす
山賊ふっと　目を覚まし
これのういかに　六部や
きさまのここへ来るところじゃない
早くも帰れよ　帰れよと
[三]それ聞くよりも　六部さま
このまあ二人（ににん）の　巡礼の
科（とが）の次第を　聞いたなら
早くも私が　帰ります
その訳聞きたい　聞きたいと
[四]山賊それと　聞くよりも
このまあ二人（ににん）の　巡礼の
科（とが）の次第は　別でない
（山吹色の　小判をば）
三十五両の　その金（かね）を
はやくも渡すか　渡さぬか

一　意味不明。「もよい」か。
二　不明。鎖の付いた刀か。
三　「言われてこの時六部さま」（斎藤資料）。
四　「それ聞くよりも山賊は」（斎藤資料）。

渡さんときには
金も命も取ってやろうと言うのじゃ
わい
それ聞くよりも　六部さま
三十五両の　その金を
五十両に　してやるから
命を私に　くれて給(た)べ
[一]山賊それと　聞くよりも
こりゃ六部
きさまが大そうに金を持ちておるか
金が無くては
そう言う言葉が　言われまい
三十五両の　その金を
五十両にしてよこす　ことならば
命をきさまに　くれてやる
それ聞くよりも　六部さま
（喜び勇んで　立ち上がり）
[二]（長笈さして　下らるる）
（かの長笈の　傍(そば)へ行き）
桐の木の引出し　開けられて
紫縮緬(ちりめん)の　袱紗(ふくさ)包み
三百両ほど　取り出だす
[三]（池田のしゃないは　見るよりも）
（これのいかに　兄弟よ）
（あのまあ六部と　申するは）
（大そうに金を　持ちいたる）
（あのまあ六部　先殺し）
（後から二人の巡礼を殺し）
（共に冥土の道連れとしてやろうじゃ
あるまいかと）
（ここに相談　致しける）
（尾張の国の　六部さん）
（斯かることとは　夢知らず）
（三百両の　その金を）
十両二十両　三十両
四十両五十両と　並べたて
渡そうとすれば　山賊が
[四]これのういかに　六部よ

一　「それ聞くよりも山賊は」（斎藤資料）。
二　長笈を肩から外して坂の下に置き、山賊のいる場所へ登ってきたためである。
三　以下十一行、演唱テープになし。山賊二人が相談する以下十一行分の歌詞、文脈上はあったほうが分かり良い。
四　以下六行、「斎藤資料」では、歌わずに語りの詞となっている。「おおい六部。きさまが大そう金を持ちておるなあ。一にはそちを先殺し、後から二人の巡礼を殺し、共に冥途の道連れとしてやるから、有り難い仕合わせと心得ろ。」

きさまが大そう金を持ちておるな
一にはそちを　先殺し
後から二人の　巡礼を殺し
共に冥土の道連れとしてやるからは
有り難い仕合わせと　心得ろ
それを聞くよりも　六部さま
その心にて　有るならば
わしも覚悟を　致さんと
不届きしごくな　山賊め
勝負を致した　その後で
金も命も　みんなやる
（三百両の　その金を）
（右の引出し　収められ）
紫縮緬の　襷を掛けて
（金剛の杖にと[一]　仕込んだる）
関千手院の[二]　村正を
すらりと抜いたる　有り様は
あたりも輝く　ばかりなり
（池田のしゃないは[三]　見るよりも）

これのういかに　兄弟よ
あのまあ六部と　申するは
たいそう
光る刀を　持ちいたる
なんぼ光る　刀でも
さきは一人　こちらは二人
大勢に手無しと[四]　言うこと有り
（さらば勝負を　致さんと）
（淀の川瀬の[五]　水車）
丁々はっしと　戦えば
池田のしゃないは　この時に
腿七、八寸　切り込まれ
またも兄弟　金時が
腕を一本　斬り落とされ
あまり山賊　切なさに
（角力取りでは　無けれども）
四十八手の　裏の手に
逃げるは一の手と言うこと有り
雲を霞に[六]　逃げて行く

一　金剛杖は登山者が用いる木の杖で多くは八角形をしている。ここはそれに刀を仕込んである仕込み杖である。
二　「千手院」「村正」は、「平井権八」などにも歌われるように中心人物が持つ刀剣をさす慣用的な語となっている。
三　「斎藤資料」によるこの句、テープ演唱では「山賊それと見るよりも」。
四　諺。
五　淀は、水車の名所。水車の回転を、刀剣を振り廻して激しく戦う比喩に用いている。「淀の川瀬の水車　丁々はっしと戦えば」は慣用句と考えられるから、別の機会の演唱で思い出せばまた入るものと思われる。
六　「雲を霞と」は、逃げて行方をくらますこと。

後を慕う　六部さま
道四五町も　追いかける
斯かる所に　立ち止まり
思い付いたる　ことが有る
明日は大事な　親の日じゃ
逃げる助くる　作法なりと
また大松へと　帰られて
括し付けられた　巡礼衆
解いて放せば　巡礼衆
神か仏か　六部さま
晩[一]のお泊まり　何処なるや
私があなたの　妻となる
娘にあなたの　按摩とらす
それ聞くよりも　六部さま
不届きしごくな　巡礼め
女子風情に　目をくれて
これまで苦労を　するものか
ただ一討ちに　致さんと
刀の柄に　手を掛けて

いやましばし　我が心
明日は大事な　親の日じゃ
仏作って　眼を開けぬ
二人の巡礼を　引き連れて
麓の宿へと　下らるる
(麓の宿にも　なりぬれば)
数多旅籠屋　ある中に
表に掛けし　看板に
笹屋半兵衛と　書いてある
笹屋半兵衛へ　連れて行き
宿の亭主に　頼み込み
二人の巡礼を　泊め置いて
私ゃ麓の　地蔵堂に
今宵は野宿　致さんと
地蔵堂指して　急がるる[二]
　さて皆様にも　どなたにも
ことは細かに　知らねども
これまで誦み上げ　たてまつる

―「焼山巡礼」末尾―

一　この句、「私ゃ晩のお泊まり何処なるや」と歌っているが、意味上から「私ゃ」を歌い間違いとして除いた。
二　杉本キクイが伝承する歌詞は、この二段ですべてである。

◇参考資料　吉田屋版やんれ節口説唄本新板　焼山峠順礼ころしくどき

〈凡例〉

一　翻刻した資料は江戸末期の〈やんれ節〉口説の唄本である。

二　発行者は表紙に「馬喰町三丁目　吉田屋小吉版（板）」とあるが、発行年の記載はない。上四丁、下四丁。各半丁九行で、表紙絵は無彩色。タテ17㎝　ヨコ11㎝　柱に「やき山上」「やき山下」とある。

三　全文、改行もスペースも無いが、便宜上、段落毎に改行し、一句七音毎にスペースを入れた。

四　平仮名のため読みにくいので、横に漢字を添えて便宜をはかった。ただし、漢字以外のルビは原文のままである。

新板　焼山峠順礼ころしくどき

上

〽もの、サヱ、あはれを　たづねてとへば　ころはてん
せう　なかばのことよ　こゝにせつしう　東なり郡
やぎしたむらに　藤兵へといふて　かない四人で　百
姓なさる　なんのむくひか　ぜんぜのがうか　かない
のこらず　ぶら〳〵やまひ　惣れう藤吉　しだいにやつ
れ　しよくはかろくも　やまひはおもく　いしやよくす
りと　かいほうすれど　ついにむじやうや　なみだの
たねよ　のべのけむりと　立ゆく月日　四十九日の　と
ひとむらひに　一け一もん　よりあつまれば　はゝはな
く〳〵　りやうけんさだめ　おやこ三人　ぼだいのため
に　三十三所の　さいこくまいり　いふにさうだん　き
はまりまして　かざいのこらず　でんぱたまでも　うつ
てろぎんの　したくをいたし　さらばこれから　二世
あんらくと　あしにまかせて　こけうをはなれ　とまり
さだめぬ　あのたびがらす　よどのかはせの　よふねに
のりて　こゝにふしみか　かしこに近江　やばせわたり
て　いせかみがきを　あとに見なして　田まるのしゆく
に　一よとまれば　とう兵へこそは　たびのつかれか
わづらひなさる　ヤンレヱ、
〽ひとのサヱ、いのちは　はかないものよ　かわいむす
めや　女ぼうをのこし　とをきめいどへ　おもむきな
さる　はゝやむすめが　なげきのほどは　いふにいはれ
ぬ　ぐる〳〵まきの　かみもみだれて　せうたいなみだ
やどのていしゆも　ふびんに思ひ　これさおやこの
じゆんれいたちよ　そのやなげきは　もつともなれど
ないてかへらぬ　てゝごのいのち　あとのぼだいの　と
ひとむらひは　手がたわうらい　さほふのとふり　やど
のてらへと　ほうむりけるは　あはれなるかや　手むけ
のみづも　せわになりたる　ひと〴〵さまへ　れいもそ
こ〳〵　田まるのやどを　なみだながらに　おやこのも
のは　やどをたちいで　くまの、かたへ　たどり〳〵て
ゆくそのさきは　こゝは名におふ　やき山とうげ　の
ぼりくだりて　百二十五丁　なかにすごきは　もうじや

がほらよ　まだものぼれば　てんぐがいはよ　ゆうれいざかより　びつくり谷へ　をりるあとから　こへかけられて　見れば六尺　大きな男　しゆざや大小　かんぬきざしで　これさじゆんれい　ろぎんがあらう　かしてくれろと　立ふさがれば　ヤンレヱ、

〽きいてサヱ、おやこは　ぎやうてんいたし　はのねがたく〱　ぶる〱ごへで　申上げます　とうぞくさまよ　四ねんふさくの　きゝんにせまり　とせいがてらの　じゆんれいなれば　ろぎんどころか　その日の事も　おくりかねたる　じゆんれいでござる　どうぞおじひに　おゆるしなされ　いへどさんぞく　みゝにもいれず　かねのある事　見こんだしごと　だすかたさぬか　まい〱つむり　角のでぬうち　はやかねわたせ　いやといふなら　このよのなごり　ぬけば玉ちる　こほりのやいば　すでにあやうき　そのをりからに　しよこくしゆぎやうの　六十六ぶ　せなにおひぶつ　しやくじやうついて　かねをならして　あとからきたる　これにおどろき　かのとうぞくも　たに間とびこへ　木かげにかくれ　やうすいかにと　うかゞひゐたり　じゆんれいおやこは　六ぶにすがり　神かほとけか　おろくぶさまよ　二人いのちを　たすけてたもれ　大じ大ひの　ごをんのほどは　わすれませんと　りやうてをあはせ　一ぶしじうの　はなしをいたし　どうぞおまへの　どうぎやうになされ　おつれなされて　くださりませよ　六十六ぶの　申することに　たびはういもの　つらいであろよ　同道いたして　やりたいなれど　女人きんぜいの　山々あれば　女つれては　しゆ行ができぬ　と云て見すてりや　おやこのなんぎ　なにはともあれ　とうげをこして　こよひとまりて　さうだんしよと　三人うちつれ　ふもとへくだる　ヤンレヱ、

〽さてもサヱ、その日も　たそかれすぎよ　こゝにさゝやの　半兵へといふて　旅人とまりの　はたごやござる　そのや半兵への　すぜうをきけば　このやあたりの　とうぞくがしら　あまたてしたを　しよこくへだして　がうとうきりどり　おひはぎさせて　みんなおのれが　うはまへとりよ　じゆんれいおやこを　はがんとしたも　やはり半兵へが　手下のものよ　それとしらねば　六ぶもこゝへ　じゆんれいともなひ　ていしゆにむかい

このや二人の　じゅんれいたちは　しさい（子細）ござつて同道（どうく）したり　こよひ（今宵）一（ト）よを　おたのみ申す　わしはこれより　野中（のなか）へゆきて　ぢざうどう（地蔵堂）にて　こもりをいたす云（いふ）て六ぶは　やど立出（たちいづ）る　そのやあとにて　じゅんれいおやこ　ひる（昼）のこはさ（怖）を　ていしゆ（亭主）にはなす（話）　ていしゆ半兵へ　にこ〱がほ（顔）て　かねをもつての　ながたび（長旅）こそは　いのち（命）しらずと　いふものなるぞ　いま（今）のろく（六）ぶ（部）も　ゆだんはならぬ　じつ（実）と見せかけ　このかいどう（街道）で　人をころし（殺）て　ろぎん（路銀）をとるが　あのや六ぶのとせい（渡世）であると　おどしかけられ　まこと〻思ひ　またもおどろく　じゅんれいおやこ　こは（怖）や〱と　うろたへまはる　ヤンレヱ、

下

〽さてもサヱ、じゅんれい（順礼）　おやこ（親子）のものは　やど（宿）のだんな（旦那）よ　ごていしゆ（亭主）さま（様）よ　わしら二人（ふたり）が　たすかる（助）やうに　しあん（思案）なされて　くださりませと　いへ（言）ばてい（亭）しゆ（主）が　のみこみがほ（顔）で　それはなにより　ことさらやすし　てうど（丁度）さいわい　このごろうちに　わしが女ぼうと　せうや（庄屋）のばさま（婆）　くまの（熊野）まいりに　ゆく（行）はづなれば　これといつしよに　ござつたならば　なんのきづかひ（気遣）すこし（少）もないと　だましかけられ　まこと〻思ひ　女ご〻ろは　はかないものよ　さらばこれから　六ぶ（部）のかた（方）へ　いつてれい（礼）のべ　わかれ（別）んものと　六ぶこもり（籠）し　つぢどう（辻堂）さして　出てゆくは〻（母）　のこり（残）しむすめ（娘）これがおやこ（親子）の　世のわかれ　きく（聞）もあはれな　はなし（話）でござる　ていしゆ（亭主）半兵へ（衛）　むすめ（娘）にむかひ　なをもおど（威）して　こへ（声）あら〻かに　ろぎん（路銀）ありかは　にもつ（荷物）のなか〻　はだみ（肌身）はなさず　かい（懐）中せしか　はやくありかをつ〻まずいへ（言）と　きい（聞）てむすめは　けんそ（血相？）もかはりふるへ（震）わな〻き　りやうて（両手）をあはせ　もふし（申）おやど（宿）のごていしゆ（亭主）さま（様）よ　ごめんなされて　くださりませとなみだ（涙）ながらに　こへ（声）たてければ　あるじ（主人）半兵へ（衛）　大きにいかり　大のまなこ（眼）で　にらみ付る　ヤンレヱ、

〽かべ（壁）にサヱ、みゝ（耳）あり　こへ（声）たてるなと　くち（口）にねぢわら　のどくび（喉首）とつて　ぐつとしめれば　手あしをふるへ　あはれむざんや　このよ（世）のいとま　そのやしがい（死骸）は酒だるづめ（樽詰）に　ふた（蓋）のかゞみを　手早（てばや）くいたし　には（庭）

へごろりと　ころがしいだす　それとしらずに　かへりしはゝは　さぞやむすめは　まつたであろと　いへばていしゆは　ぬからぬかほで　あのやむすめは　さきほどよりも　ひるのつかれか　ねむけがさして　おくの一まに　よくねてゐるぞ　さぞやおまへも　くたびれましよと　はやくゆにでも　はいるがよいと　ゆどのかたへと　あんないいたす　はゝはそのまゝ　おひづるぬいで　はいるゆどのは　三づの川か　しでの山とは　ゆめさらしらず　やがてていしゆは　じぶんはよしと　かねてよういの　つりてんじやうを　きつておとせば　むざんなことよ　ぢごくおとしの　ねづみのごとく　おともぴつしやり　いのちをおとす　ヤンレヱ、

〽なんのサヱ、いんぐわか　おやこのいのち　かねがかたきの　うきよといへど　きくもあはれな　さいごでござる　さてもあるじの　半兵衛こそは　ろぎんのこらず　まんまととりて　またもしがいを　さかだるつめよ　おやこ一だの　にもつにつくり　まごの与八を　夜中によびて　これをまごせが　ふちまでつけろ　いへば与八も　がてんがゆかず　されどだちんも　たつふりなれば　よくにまなこも　くらやみのよに　つけてまごせが　ふちまできたり　にもつおろせば　あるじの半兵へ　そのやあとより　おひ付きたり　これはごたいぎ　これからさきは　おれがうけとる　いそいでかへり　はやくやすめの　てうはんはれよ　おつとがてんと　馬ひきかへし　やうすしらねど　とむらひにもつ　みちをかへんと　野なかのぢぞうの　まへをとほれば　ふしぎなことよ　馬のあゆみが　にはかにとまる　まごの与八も　どつきりむねに　あたり見まはし　さてはとおもひ　ざんげしろとの　しらせと見へた　こよひはからず　じゆんれいくさい　しがい一だを　酒てにほれて　まごせふちまで　つけ出しました　つみもむくひも　ないしよのつらさ　どうぞゆるして　くださりましよ　六どうのうけの　お地ぞうさまよ　いへばふしぎや　たちまちむまも　あゆみ出し　ほの月かげに　うつる　ヤンレヱ、

〽よいにサヱ、こもりし　六十六ぶ　まごのくぜつを　つく〴〵きいて　さてはもしもと　おどろきながら　まごのゆくゑを　見さだめおいて　なをもまごせが　ふ

ちまできたり　たる(樽)へつめ(詰)たる　じゅんれい(順礼)たちの　し(死)
がい(骸)見つけて　このありさまを　すぐにやくしよ(役所)へ　う(訴)
つたへいで(出)る　まご(馬子)の与八も　よび(呼)あげられて　半兵へ(衛)
かた(方)への　あんない(案内)させて　すぐに半兵へ(衛)も　とら(捕)はれ
まして　まごせふちにて　くび(首)おとされる　てした(手下)
とうぞく(盗賊)　七十五人　たづね(尋)出され　しざい(死罪)にいたし
まごの与八も　ふとゞきなれど　ぢぞうまへ(地蔵前)にて
ざんげん(懺悔？)いたし　半兵へかたへの　あんない(案内)したる　そ

のやほうび(褒美)に　いのち(命)をたすけ(助)　じゅんれい(順礼)ろぎん(路銀)と
半兵へがかざい(家財)　六十六ぶに　みなくだされて　のこる
かたなく　らくじゃく(落着)いたす　六ぶ与八を　とも(伴)ないつ
れて　かうやさん(高野山)にて　じゅんれい(順礼)たちの　ながくぼ(永菩)
だい(提)を　とむらふためにじゅんれいてら(順礼寺)とて　一寺を
たて(建)て　いまむかし(今昔)の　いんねんばなし　しゅぜう(衆生)
さいど(済度)の　ほうべん(方便)なれば　これを聞(ク)人みる(見)人々を
ぜん(善)の道(みち)にぞ　みちびく(導)しだい　ヤンレヱ、

越後瞽女口説集

瞽女口説集　凡例

一　高田瞽女、故杉本キクイが伝承した瞽女唄のうち、口説の歌詞十四編を収録した。

二　文字化のために使用した音声資料は、上越市が一九七八年（昭和五三）から一九八〇年（昭和五五）にかけて、無形文化財である瞽女唄保存のために収録した故杉本キクイ親方演唱の瞽女唄録音テープである。この録音テープは、上越市教育委員会から貸与を受けた。

三　また、高田瞽女の伝承にない作品を、新潟県新発田市教育委員会所蔵の一九七四年に録音された土田ミス（長岡系瞽女、一九〇九〜七八）演唱録音テープによって文字化した。具体的には次の四編である。
15「まま子三次」　16「安五郎口説」　17「金次口説」　18「赤猫口説」

四　録音資料であるため聴き取りにくい部分があるが、できるだけ音声に従うよう努めた。そのために生じた意味不明の部分には、演唱者の伝承の中での転訛もあろうが、また管見にして語彙確認ができなかったものもある。また、音声そのものが聴き取れなかった部分は□（白四角）にした。

五　杉本キクイの演唱による同一作品の音声資料が一件しかないため、本来あるはずの文句の揺れ（異同）は記載できなかったが、長岡系瞽女伝承の同一作品があった場合は、それにもとづいて注を付けた。また、伝承者の生前に本人に直接確認できた資料である点で、斎藤真一著『越後瞽女日記』別冊資料・瞽女唄（一九七二）が参考になった。（　）内の歌詞は、同資料によって補った部分である。

六　各作品の演唱時間を入れた。

1　鈴木主水

一の段　27分

花の　サーエー　お江戸の　山の手
へんに
ところ青山　*百人町の
鈴木主水と　いう侍が
女房持ちにて　子供がふたり
五つ三つの　いたいけ盛り
ふたり子供の　有るその中に
今日も明日もと　女郎買いばかり
見るに見かねて　女房のお安
或る日我が夫　主水に向かい
これさ我が夫　主水さんよ
わたしゃ女房で　妬くではないが
ふたり子供を　伊達には持たぬ
金の成る木を　持たしゃんすまい
十九二十歳の身であるまいし
人に意見を　する年頃で
やめて下んせ　女郎買いばかり
どうせ切れない　*ごく段目には
連れて逃げるか　心中するか
二つ一つの　思案と見える
すればふたりの　子供がふびん
ふたり子供や　わたしの身をば
末にどうしょう　主水さんと
言えば主水も　腹立ち顔で
何の小癪な　女房の意見
おれが心で　止まないものは
女房ぐらいの　意見じゃ止まぬ
それが嫌なら　その子を連れて
そちの親里へ　出て行けなぞと
愛想尽かしの　主水のことば
またも主水が　大小差して
出でてその夜は　女郎買いなさる
あとでお安が　*さてくちほしさ
いかに男の　わがままじゃとて
死んでみせよと　覚悟をすれば
五つなる子は　傍へと寄りて
これさ母さん　なに泣かしゃのす
気色悪くば　お薬あがれ
どこぞ痛むば　擦りてあげよ
*こどが泣くから　乳くだしゃんせ
言えばお安も　涙を押さえ
おさなけれども　よく聞け坊や
気色悪くて　泣くではないが
余り父さん　身持ちが悪い
意見するのを　小癪なやつと
たぶさつかんで　打擲なさる
それが悔しさ　自害をせんと
五つ三つの　子に引かされて
末に我が身は　どうなりままよ
わしもこれから　新宿町の
女郎衆頼んで　意見をすると
三つになる子を　背中におぶい

五つなる子の　手を引きまして
出(い)でて行くのは　いよ哀れなり
花のお江戸の　将軍様の
ところ四谷(よつや)の　新宿町の
お膝元なる　さて賑やかさ
女郎屋数々　あるその中に
店の暖簾(のれん)に　橋本屋とて
*御職(おしょく)女郎の　白糸こそは
歳(とし)は十九で　当世(とうせい)育ち
におい桜の　色香を含み
姿雛鶴(すがたひなづる)　比翼にまさる
愛嬌よければ　皆ひとびとが
我も我もと　名指(なざ)しであがる
ことに我が夫(つま)　恋路(こいじ)となりて
昼夜(ちゅうや)買いづめ　なさるるそうじゃ
見れば主水の　裏付き草履(ぞうり)
それと見るより　ふたりの子供
店へ下ろして　小職(こじょく)を招き
これさ姉さん　小職さんよ

わしもこちのさ　白糸さんに
どうぞ会いたい　会わせてたまえ
言えば小職(こじょく)　二階へと上がり
これさ姉(あね)さん　白糸さんよ
どこの女中(じょちゅう)やら　見慣れぬ女中が
お前さんにさ　会いたいとさえ
会(お)うてやらんせ　白糸さんよ
言えば白糸　二階から下りて
わしを尋ぬる　女中と言うは
お前さんかや　どちからおいで
言えばお安も　顔ふりあげて
会(お)う初めて　白糸さんに
会うて哀れを　いよ語りましょ
わたしゃ青山　百人町(まち)の
鈴木主水が　女房でござる
わしら里では　勤めの身なら
お上お役を　大切にして
上(かみ)のお役を　疎(おろ)かにすれば
末(すえ)にご扶持(ふち)に　離るるぞえの

ここの道理を　聞き分けたまえ
せめてこの子が　十五になれば
昼夜(ちゅうや)引き詰(づ)め　なさりょとままよ
もしやわたしが　去られしあとで
お前女房に　なさりょとままよ
どうぞそれまで　我が夫(つま)さんは
三度来たなら　一度は上げて
二度は意見を　してくだされと
言えば白糸　理に詰められて
お安さんもさ　よく*聞かしゃのせ
わしも勤めの　身の上なれば
女房持ちとは　夢さら知らぬ
さぞや憎かろ　こらえて給え
意見するから　お帰りなされ
言うて白糸　二階へと上がる
あとでお安は　ふたりの子供
連れて我が家(や)へ　帰りしのちに
ときに白糸　主水に向かい
これさ客さん　主水さんよ

お前女房が　ふたりの子供
連れて私を　訪ねて参り
どうぞ意見を　して下されと
頼みあるから　お帰りなされ
言えば主水も　にっこと笑い
置いてくだんせ　ひさしいものよ
ふたり子供が　どうなりままよ
またも今宵は　居続けなさる
うちへ帰りて　家内のものが
待てど暮らせど　まだ帰られず
涙ながらに　その夜を明かす
もはや明け六つ　五つの鐘が
鳴るとお上（かみ）の　ご上使なれば
表口（おもてぐち）から声　高々（たかだか）と
聞いてお安が　驚き果てて
思案ながらも　ひと間の障子
さらと開けては　両手をついて
これはご上使　御苦労さんと
言えばご上使　正座（しょうざ）へなおり

委細詳しく　語るぞお安
あまり主水の　身持ちが悪い
扶持（ふち）も知行（ちぎょう）も　離れるぞえの
またもその上　門前　サー　ばらい
ヤーレー
言うてご上使　お帰り　ヤー　コレ
なさる　サーエー

二の段　30分

あとで　サーエー　お安も　涙を流
し
武士の女房じゃ　自害をせんと
家内眷属（けんぞく）　暇（いとま）をいたし
覚悟を極めて　寺参りして
家（うち）へ帰りて　休息いたし
ふたり子供を　わが寝間（ねま）へ入れて
抱いて寝かして　ひと間のうちで
硯引き寄せ　書き置きなさる

白き木綿（もめん）を　我が身に巻いて
ぐっと差し込む　氷の刃（やいば）
幼けれども　目を覚ましては
ふたり子供は　*血みどりちがい
三つになる子は　乳房にすがる
五つなる子は　背中にすがり
これさ母（かか）さん　のう母（はは）さんと
呼べどお安は　挨拶なけど
それと知らずに　主水こそは
女郎屋立ち出で　ほうかむりして
女房じらせの　小唄で帰る
当世はやりの　*よしこの節よ
はつせおなごや　花ならつぼみ
咲くも咲かんも　今ここばかり
これの女房よ　今帰りたと
呼べどお安が　挨拶なけりゃ
五つなる子は　はや立ち出でて
間（あい）の唐紙　さらりと開けて
これは父（とと）さん　お帰りなるか

なぜか母(かか)さん　もの言いませぬ
今日に限りて　一日御寝(およ)る
どうぞ父(とと)さん　詫びしてたまえ
もはやこれから　ふた親さまの
御意(ぎょい)をそむきは　致しはせない
聞いて主水が　あら不思議やと
思案ながらに　ひと間を見れば
女房お安は　自害をいたす
おれが身持ちの　放埒ゆえに
自害したかや　不憫のやつと
膝に抱き上げ　ふたりの子供
母はこの世の　名残りだぞえの
われら二人(ににん)は　いたずらせまい
たった一言　物言うてたまえ
涙ながらに　主水こそは
ふたり子供を　連れ出しまして
出でて行くのは　ふじゅ院様へ
菩提寺(てら)なる　女房の位牌
もらい受けては　我が家へ帰り
五つなる子に　位牌を持たせ
死骸是非なく　葬りまして
後でお安の　書き置き見れば
さすが我が夫(つま)　侍なれば
自害なされや　主水さんと
読んで主水　さてくち惜しさ
あのや白糸に　はまりしゆえに
扶持に離るる　女房にゃ死なれ
自棄(やけ)じゃ小自棄(こやけ)じゃ　また女郎買い
に
今は女房の　位牌を首に
あとに振り捨て　ふたりの子供
掛けてその夜は　新宿町の
店の暖簾(のれん)に　橋本屋のの(ママ)
二階上がれば　白糸出でて
これはおいでか　主水さんよ
したが今宵は　上げられませぬ
どうぞ意見を　して下されと
頼み置かれた　帰さにゃならぬ
言えば主水も　にっこと笑い
今宵女房が　一緒に来たと
首に掛けたる　位牌をはずし
見せりゃ白糸　手にとり上げて
このや位牌は　どうしたわけと
言えば主水も　そのわけ語る
聞いて白糸　驚き果てて
わしの意見の　足りないゆえに
お安さまへの　自害をしたか
わしもこれから　思案を変えて
死出の山から　三途の川も
お安さまへの　手を引きましょと
言えば白糸　顔ふり上げる
言えば主水も　にっこと笑い
今宵ひそかに　心中をすると
言えば白糸　このわけ語る
わしとお前で　心中すれば
お安さまへの　言い訳立たぬ
お前後(あと)にて　生き長らえて

ふたり子供を　成人させて
わしを思わば　香華頼む
言うて白糸　しばしのうちに
あまた女郎衆に　櫛こうがいを
譲り何ぞと　女郎衆にやれば
妹小春が　聞き入れまして
これさ姉さん　白糸さんよ
今日に限りて　譲りを贈る
このや譲りが　どうしたわけと
言えば白糸　小春にむかい
わしも幼い　七つの歳に
売られ流され　今この里に
辛い勤めも　はや十二年
勤めましたが　主水さんと
日頃三年　*こいしをしたが
今度主水は　扶持には離れ
またも女房は　自害をいたし
それにわたしが　長らえ居ては
御職女郎の　忠義は立たぬ

死んで忠義を　立てねばならん
回向を頼むと　言うより早く
上着脱ぎ捨て　腹十文字
あまた女郎衆が　それ見るよりも
はあと声上げ　死骸にすがる
女郎屋亭主が　それ聞くよりも
二階上がりて　これこれ女郎衆
今の嘆きが　どうしたわけと
妹小春が　そのわけ語る
聞いて驚く　女郎屋の亭主
あのや主水は　人殺しじゃと
連れてお上へ　おとどけなさる
主水館へ　捕手が参る
玄関口より　御上意なれば
聞いて驚く　主水こそは
思案ながらに　ひと間へ入り
武士に生まれて　縄目に及ぶ
二尺三寸　鯉口切れば
五つなる子は　刀にすがり

これは父さん　何事なるや
なんぼお腹が　立ちますとても
われらふたりを　不憫と思て
置いてたまえと　とりすがれども
なんと言わせん　腹十文字
切るといないに　ふたりの子供
右やかみより　*しょんとあれば
*いちぶだめしに　注進すれば
鈴木りょうどは　おじごであれば
五つなる子は　おじごさまへ
十五歳まで　預かりたまい
親の御家を　立てさせべしと
三つになる子は　ふじゅ院様へ
くだしおかれて　出家となして
親の追善　送らせべしと
それを見る人　聞く人　サー　共に
ヤレエー
懺悔ばなしと　なり　ヤー　コレ
にける　サーエー

＊百人町…三田村鳶魚「劇中の江戸」（全集第八巻）にいう──「青山百人町」というのは、江戸時代将軍の儀仗兵兼警手とでも言うべき徒士隊（かちたい）の百人組のことで、身分も軽く俸禄も少なく、七十俵五人扶持を受ける武士だったから、親子四人暮らしの鈴木主水は、下婢も雇えない下層の身分だったはず、と。

＊ごく段目…六段目か。または心中芝居の最後の段が男女の心中の道行きで終わることから、極めの意で「極段目」か。

＊くちほしさ…口（くち）惜（お）しさ。

＊こど…不明。唄本では「ぼうがなきます」。

＊御職女郎…その店で上位の遊女。小職の反対。「吉原町妓院一家ごと遊女の上坐なる者を称して御職と云ふ」（喜田川守貞『近世風俗史』巻之二十二）。

＊しゃのせ…「しゃんせ」をこのように発音している。

＊血みどりちがい…血みどろちんがい。

＊よしこの節…小林の文句に「小唄」とある。幕末に流行した俗曲。ただし、明治初年の唄本（西沢爽『日本近代歌謡史』（一九九〇）資料編、色刷資料）もあって明治期まで歌われていた。次の二行がその文句である。

＊こいし…不明。唄本には「こんしん」とある。恋路あるいは懇親か。

＊ししょん…不明。

＊いちぶだめしに…ここにそぐわない句である。

2　お吉清三　25分

こんど　サーエー　大坂　取り沙汰
聞けば
城の堀へと　身を投げたるは
女子なる瀬は　*薄きが濃いか
黒い小袖に　もみ裏付けて
帯は黒繻子　足袋雪駄まで
道理いやしき　人とは見えぬ
どこの者ぞと　評ずるうちに
尋ね来たりし　その人あれば
京は三条の　糸屋の娘
*糸屋良いもの　いいとめざかり
家もにぎやか　暮らしも繁昌
お台所は　鳴る瀬の如く
総領娘に　お吉と言うて
年は十六　また来る春の
優し姿は　花にはまさる
店の手代に　清三と言うて
年は二十で　諸人に愛嬌
よめに見そめし　娘のお吉
見そめまいらせ　その折からは
比翼連理の　契りを結ぶ
*伊勢の阿漕の　引く網さへも
度を重なりゃ　つい顕われる
親の耳へも　そろそろ入り
親は情けで　波風立てぬ
ある日お吉を　一間へ呼んで
お吉そなたも　よく聞きたまえ
手代清三と　わけあるならば
思い切られや　お吉と言えば
そこでお吉も　頭を上げて
とんだ母さん　なに言わ*しゃのす
ついぞわたしの　身の上こそは
そんなこととは　思いもせない
鷺を烏と　争いければ
ついにお吉の　立つそのあとで
あとで両親　相談きわめ
手代清三に　暇をくりょと
清三清三と　ふた声み声
何が御用と　両手をつけば
そちを呼ぶのは　別でもないが
こちの娘の　よい気をそらす
それを聞いては　置かれはせない
しもて行きゃれや　今日暇
言えば清三も　ただはいはいと
なんの返答も　返さず立ちて
涙ながらも　支度をなさる
笠を手に持ち　暇ごいする
いかいお世話に　あずかりました
ご縁あるなら　また参りましょう
自体清三は　大坂生まれ
淀三丁目　四橋辺の
丁は二丁目　菊屋というて
家へ帰りて　四五日*もよい
お吉想うて　病となりて
思う念力　岩さえ通す

天(てん)に通じて　お吉が寝間へ
枕夢にと　立ちたる姿
お吉目覚まし　あたりを見れば
いとし可愛いの　清三が見えぬ
人目知らずに　ただ泣くばかり
舟で行(い)こうか　陸路(くがじ)を行(い)こか
もしや*せんちょに　怪我あるときは
清三様にも　会わずに果てる
難儀ながらも　陸路(くがじ)を行(い)こと
運びなれない　初旅(はったび)なれば
疲れ果てたる　この身の上と
しばし歩めば　大坂町(おおさかまち)よ
清三館(やかた)は　どこじゃと問えば
本町二丁目　菊屋というて
あれは清三の　館と聞いて
笠を手に持ち　背をこごめては
ごめんなされと　腰打ち掛けて
物の哀れや　清三の母が
涙片手に　数珠つまぐりて

若い女中が　ようこそお出で
お前どちじゃと　いずくを問えば
お吉こたえて　あら恥ずかしや
わしが京都の　糸屋の娘
清三様とは　わけある仲よ
どうぞ一度(ひとたび)　会わせて給え
言えば清三の　母親さんは
お前たずぬる　清三が果てた
今日は七日(なぬか)の　お寺へ参る
あれにかけたる　*もんぱえ見やれ
お吉それ見て　ただ泣くばかり
そこで母親　力を付けて
若い者でも　死なねばならぬ
清三想わば　お寺へ参り
*さとうたむかい　香焚き付けて
数珠をつまぐり　下向のせつに
寺の大門(だいもん)　小杉の下で
あれは清三の　墓所(はかしょ)と聞いて
お吉それより　塔婆にすがる

さぞや懐かし　清三様へ
妻が来たぞや　のう清三さん
もとの姿で　会わせてたまえ
人の想いが　恐ろしもので
清三墓所が　二つに割れて
もとの姿で　そのまま出でて
そちは京都の　お吉じゃないか
遠い所を　訪ねてくりゃる
そちを想うて　*ろうしゅとなりて
是非に叶わぬ　あい果てました
どうせこの身は　帰りはせない
わしを想わば　香華(こうはな)頼む
言うたばかりで　そのまま消(け)える
お吉それ見て　なお泣くばかり
二世と交わせし　お吉じゃものよ
お前ひとりを　殺しはせない
わしもあとから　追いつぎましょと
寺の大門　四五町くだり
両方(りょほう)の袂へ　小石を詰めて

城の堀へと　身を投げ捨てて
それを見る人　聞く人　サー　共に
ヤーレー
泣かん者こそ　なか　ヤー　コレ
りける　サーエー

*薄きが…薄きか。

*糸屋良いものいいとめざかり…高野辰之編『日本歌謡集成』（一二）には「糸屋与右衛門四代目の酒屋」とある。

*伊勢の阿漕の引く網…諺。「阿漕ケ浦で引く網」で、隠し事もたび重なれば知れてしまう意。阿漕ケ浦は、伊勢神宮に供える神饌の海で、一般の漁が禁じられていたからである。

*しゃのす…「しゃんす」の転訛。

*もよい…不明。唄本には「たつと」。

*せんちょ…船中か。

*もんぱえ…門牌（もんぱい）。喪中の家の門口に戒名などを記して立てる木の札。

*さとう…不明。「たむかい」は、手向け。

*ろうしゅ…不明。

3　松前口説　21分

国は　サーエー　松前　江差の郡
江差山の上　源太夫町の
音に聞こえし　小林茶屋に
抱え女子は　三十二人
中で優れし　かしょくと言うて
年は十七　今咲く花よ
花に譬えて　申するならば
春は三月　八重咲く桜
夏は涼しき　朝顔の花
秋は紅葉に　白菊の花
冬は山茶花　みず水仙よ
とんと見初めし　仲新町の
*じょうけ悴に　重兵衛というて
歳は二十一　男の盛り
昔美男か　今業平か
町の内でも　評判息子
器量が良ければ　一つの難で
親の定めし　女房を捨てて
花のかしょくに　心をくれて
文の遣いも　七十五たび
重兵衛かしょくは　相惚れなれば
重兵衛小林　通いの時に
下に白無垢　あいには綸子
上に着たのが　空色小袖
（帯は流行りの　琥珀の帯を）
（三重に廻して　後ろに止めて）
繻子の羽織に　梅鉢御紋
（右の腰には　大和の印籠）
左腰には　銀鍔刀
晒足袋履き　おおつの雪駄
肩に掛けたる　手拭い模様が
八百屋お七の　寺入りの段
忍び行くのは　小林茶屋へ
さてもお出でか　重兵衛さんと
酒や肴も　銚子も揃え
しかも今宵は　お客が見えぬ
ひとつ上がれや　ゆるりと上がれ
言えば重兵衛も　心に思案
かしょく良く聞け　身の上語る
わしが今まで　そなたに迷い
使い込んだる　金銀ゆえに
二人親衆の　意見に及ぶ
どうせ今宵は　死なねばならぬ
お前跡にて　生き長らえて
わしを思わば　香華頼む
そこでかしょくの　申する言葉
お前行くなら　私も共に
二人手を引き　冥土とやらへ
言えば重兵衛も　その挨拶に
女郎の実と　卵の角は
あれば*晦日に　月さんとやら
そんな浮気に　わしゃだまされぬ
かしょくそれ聞き　涙を流し
さらばそれなら　いずくを語る
わしの生まれは　津軽の国よ

津軽青森　しおだて町の
工藤新平が　一人の娘
雨が三年　日照りが二年
両方合わせて　五年の不作
娘売ろうか　田地を売るか
田地この家の　宝であれば
娘売ろうと　相談いたし
三十五両で　五年の年季
売られ込んだる　この身でござる
色のいろはの　わしゃ筆初め
初に見初めし　今日今までは
空の星ほど　お客があれど
月と見る人　重兵衛さんと
思って頼りに　勤めしものを
捨てて行くとは　そりゃ何事と
恨み山々　重なりますと
言えば重兵衛も　疑い晴れて
さらばそれなら　心中が良かろ
是非もなくなく　酒取り出して

泣きの涙で　盃いたし
さいつおさえつ　三献重ね
さあさその夜も　はや更けまする
覚悟良いかと　重兵衛こそは
二尺三寸　すらりと抜いて
花のかしょくを　つい刺し殺し
返す刀で　我が身の自害
朝に起きては　家内の者は
それを見るより　打ち驚いて
急ぎ急いで　仲新町の
じょうけ方へと　飛脚を立てる
重兵衛かしょくの　心中でござる
それを聞くより　二親様は
急ぎ急いで　小林茶屋へ
泣きの涙で　死骸にすがる
せめて一言　聞かせたならば
こんな難儀は　させまいものと
たとえかしょくは　千両しょとまま
よ

身請けいたさせ　相続せんと
さあさあこのこと　下ではすまん
お上様へと　ご注進いたし
お町御奉行は　おくだりなされ
事を密かに　検死を済ませ
上の仰せで　親類たちは
かしょく死骸を　もらい受けまして
二人一つの　火葬といたし
哀れはかなき　無常の煙
空へ上がりて　一つになりて
西へなびいて　消え行くばかり
それを見る人　聞く人　サー　共に
ヤーレー
愛しものじゃと　袖　ヤー　コレ
しぼる　サーエー

＊じょうけ…不明。
＊晦日に月…卵の角と同じく、無いものの譬え。晦日、すなわち陰暦の月末には月が欠けてしまって無い。

4　次郎さ口説　11分

越後　サーエー　刈羽郡　柏崎在に
小名を申せば　赤田が村よ
赤田村とは　*たいちのとこよ
音に聞こえし　藤井の堰よ
堰の抜けたは　二月の五日
それを止めたは　五月の五日
安田白川　立ち会い普請
いわみ助け乞う　*宮島村へ
親の又兵衛に　その子の次郎さ
次郎さ二十三　盛りの男
頭巾かむりて　薦かたねては
*そそりいたこで　普請場へ行きゃる
あまり次郎さも　男が良くて
今日の人足　言い付けられて
入れ入れと　声掛けられて
お奉行様なら　辞退もならぬ
さあさ入りましょと　ねじり鉢巻で
衣装脱ぎ捨て　荒縄たすき
位置の悪には　*ぬぎゃるな次郎さ
次郎さどんどさんどと　投げ込む土
俵
*あきのだいかぜ　やなりのごとく
土俵が沈めば　次郎さも沈む
そこで*だいかは　ぱたりと止まる
今日の普請場を　調べて見れば
二万七百　八十余人
広い河原を　ながめて見れば
次郎さ鍬鎌　弁当までも
次郎さものには　まがいは無いと
家じゃ五節句の　祝いをなさる
よもぎ菖蒲を　*こつらに付けて
そこのところへ　飛脚が行けば
親の又兵衛が　驚きあわてて
泣きの涙で　普請場へ行きゃる
米の三俵や　金五両やるが
土俵返して　死骸を見たい
お奉行様より　返しの言葉
又兵衛なげきは　もっとも事よ
米の三俵や　金五両などに
山のごとくに　積んだる土俵
次郎さ一人で　返すことならぬ
堰の表に　墓所を立てて
家へ帰りて　*懺法でも誦みゃれ　ヤ
レー
それが次郎さの　ため　ヤー　コレ
　になる　サーエー

＊たいち…大地か。
＊次郎さ…人名「じろさ」の表記は不明だが、ここでは「次郎さ」としておく。
＊そそりいたこ…そそり節と潮来節。文化八年序、式亭三馬『四十八癖』二編に「潮来の字余りか、そゝりぶしを仇な声で唄ふといふ男が好」とある。
＊ぬぎゃるな…抜かるな。油断するな。
＊あきのだいかぜやなりのごとく…秋の大風家鳴りのごとく、か。
＊だいか…大河か。
＊こつら…小面。屋根の軒先。
＊懺法…「罪過を懺悔する教典……法華懺法ともいう」（中村元『仏教大辞典』）。用語例―観音堂にて「今夜の懺法をぞ誦みける」（『義経記』巻七）など。

5　おしげ口説　16分

国は　サーエー　駿河の　三島(みしま)の在
に
*田方郡(たかだごおり)や　田中の村に
ここに稀なる　心中がござる
古来名主に　利兵衛(りへい)と言うて
総領息子に　清造(せいぞ)と言うて
年は二十歳(はたち)で　今花盛り
器量骨柄　万人優れ(まんにんすぐれ)
これに譬えは　要らないけれど
小栗判官　今業平か
妹背山にも　咲いたる花か
牡丹芍薬　芙蓉の花か
ことに力が　勝れしものよ
角力取りにて　その名も高き
（安達(あだち)山とは　お名乗りなさる）
直(じき)に並びの　桐木村(きりのきむら)に
与惣兵衛(よそべ)娘に　おしげと言うて
年は*十六　つぼみの花よ
おしげ器量は　千人優れ
（花にたとえて　申そうならば）
立てば芍薬　*座れば牡丹
歩み姿は　姫百合花よ
そこで清造も　どど惚れ込んで
夜毎夜毎に　お通いなさる
あたり近所の　子供衆までも
安達山めが　おしげに惚れて
日にち毎日　通うてござる
わけを質(ただ)して　見ようじゃないか
（あいさ良かろと　言葉を揃え）
何時(いつ)の頃かと　たずねて聞けば
頃は八月(はちがつ)　月見の晩に
四十六人　お揃いなされ
そこやかしこと　待ち伏せかまえ
それと知らずに　清造が通う
今の流行(はやり)の　新内節を
歌って通れば　皆さん出でて
そこへ来るのは　清造じゃないか
あいさ清造と　言葉を返し
四十六人　鞘抜き外し
かけつはずせし　からかいなさる
さすが清造も　男であれば
さした傘(からかさ)　しぼりてかかる
何時のまにやら　清造が討たれ
そのや祝いと　酒屋へ入(はい)り
人が言わねど　*天知れりしり
風の便りで　おしげに知れて
おしげ聞くより　狂気の如く
乱れ髪にて　帯ひき締めて
ねじり鉢巻き　玉襷(たまだすき)にて
男勝(まさ)りの　一腰差して
跳(と)んで出でれど　相手が知れぬ
前の窪田で　清造が討たれ
（おしげ見るより　清造にすがり）
清造さんかや　我が夫(つま)さんか
私ゆえかや　お前が討たれ

さぞや残念　悔しゅうござる
わしを殺して　胸晴らしゃのせ
差した一腰　清造に渡す
清造受け取り　しばらく思案
死んで花咲く　当てぞもないに
さらばこれから　他国の住まい
おしげ清造は　手に手を取りて
連れて出でれば　また若い衆が
命ばかりは　助けてやるが
そもやおしげを　この方（ほう）へ渡せ
あまり清造も　悔しさままに
二尺三寸　すらりと抜いて
花のおしげを　つい刺し殺し
死んだ死骸に　腰うち掛けて
とても冥土へ　赴くからは
おしげ清造は　二人じゃ行かぬ
伴（とも）の四、五人も　連れねば行かぬ
さあさかかれや　若い衆かかれ
続くたけなら　いくらもかかれ
刀目釘か　清造が腕か
三十六人　すぐ手で殺し
後の十人　てほんと致し
返す刀で　我が身の自害
むかし義経　むねきよ様か
ただしゃ田中の　しげただ様か
ヤーレー
言葉残して　散り　ヤー　コレ　に
ける　サーエー

---

*田方…たかだ、と歌っている。
*十六…十四で、とも。
*座れば…直れば、とも。
*天知れりしれり…天知り地知りか。

6　お久口説

越後　刈羽郡(かりわごおり)　柏崎在に
小名(こな)を申せば　上原(かみはら)村よ
文政六年　未(ひつじ)の春よ
ここに哀れの　心中でござる
男二十四で　民(たみ)さと言うて
女二八で　お久(ひさ)と言うて
優し姿は　花にはまさる
梅の匂いを　菖蒲(あやめ)にもたせ
花の盛りに　□ぜんの弥生
ちらと見初めし　あい馴れ初めて
通い通うて　契りを込めて
二世も三世(さんぜ)も　愚かなことよ
*弥勒菩薩の　その末までも
変わるまいぞや　変わらせまいと
堅い契約　石山寺の
きわめたれども　もしまた末に
互い夫婦に　なられん時は
なんとしょうぞえ　どうしょうぞえ
の
言えばお久の　返しの言葉
愚痴な民さよ　愚かなことよ
世間*しょじょうの　小唄を聞けば
石に立つ矢も　あるぞや民さ
言えば民さも　真実分かり
さらばそれなら　誓紙をせんと
互い二人の　小指を切りて
赤い血潮で　名を書き染めて
焼いてのんだる　二人の胸を
うちの親たちゃ　夢さら知らん
川を隔てて　中田の村へ
嫁にやるとの　御相談なさる
それを聞くより　涙にくれて
お久つらさは　身は浅間山
胸に煙りが　燃え立つ如く
やる瀬なき瀬の　人目をかねて
泣いて明かせし　夜は尾長鳥
岩を涙の　淵やら瀬やら
*ついにしょうじも　たがいとなりて
裏の小屋戸(こやど)へ　そろそろ行けば
鳴いた松虫　哀れの姿
男民さは　今宵にかぎり
常に変わりて　うちでは遅い
かねて合図の　松坂節を
*えごら文句を　小声に掛けて
飛鳥川なる　そなたの心
知らんで通うたは　今さら悔し
歌て*通れど　お久が出でて
袖に取り付き　これのう民さ
何処にどうして　今宵は遅い
わしが宵から　明け暮れ待ちて
今の小唄の　文句を聞けば
わしに聞けとの　面(つら)当て言葉
言えば民さも　袖振り離し
置きゃれ置いてくりゃれ　その手は
喰わん

わしも*すいどの　水まで飲んだ
聞けばそなたが　中田とやらへ
嫁に行くとの　蔭沙汰聞いた
嫁に行くなら　行きゃれやお久
ことに仲人は　ゆかりの方へ
先の男は　十人優れ
枕並べて　楽しみなされ
わたしゃ後にて　妻子を無しで
一人寝のなき　寂しきままに
古き枕を　恨みて暮らす
たとえ親達　親類達が
やれよ行けとの　御相談じゃとて
嫌な心が　少しもあれば
わしに露ほど　なぜ知らせんと
なんぼ愚痴でも　男じゃものよ
どうしょこうしょの　話もござる
互い交わせし　*手ずるしなども
みんな揃えて　返してくりゃれ
威し掛けれど　お久が涙

顔に鹿の子の　振り袖あてて
ものも言わずに　ただ泣くばかり
しばしこごんで　申する言葉
私しゃまことの　実義を語る
ほんに仲人も　たびたび来るが
わしも行かぬと　挨拶すれど
親の*こげみは　露草染めで
酒も今月　十八日に
きわめましたが　相違はないが
酒のきわまる　その晩よりも
生きて憂き身を　致そうよりも
死んでしまおうと　覚悟をきわめ
十日前から　死ぬ日を決めて
死出の山路の　支度をなさる
(来たる十五日の　番神様へ)
(これを我らの　死ぬ日となして)
盆や彼岸や　*寺さんけるな
*たがえ説法　さんぼんさげて
長く楽しみ　する気でばかり

内へ帰りて　親兄弟にも
後ろ姿で　暇を致し
口に御題目　絶え間もなくて
唱え明かせし　つい十五日
しかもその夜さ　雨風無くて
月も冴え冴え　満月なれば
お久その日の　死装束は
下に白無垢　上には綸子
帯は流行の　白地錦
髪はさらりと　かたこ髷で
民さその日の　出立ちの衣装は
下に*みせたば　大島襦袢
上にいろいろ　花色小袖
(帯は流行の　琥珀の帯よ)
一つ印籠に　大小差して
かねて合図の　死に場の*どどへ
*けいしいたして　灯りを捨てて
そろりそろりと　二人が忍ぶ
袖に取り付き　これのう民さ

五年七年　その以前より
ちらと見初めし　あい馴れ初めて
通い通うて　契りを込めて
*比翼りんきの　思いをなして
今にいずれか　仲人立てて
世間晴れ晴れ　祝言さして
*長く楽しみ　する気でばかり
心中口説も　浮気でほんに
歌(うた)ていたのが　いま身に報い
みんな世間に　ある世の中に
あまり未練な　親衆(おやしょ)でないか
どうせこの世で　添われはせない
長(なが)の来世で　添うぞや民さ
硯引き寄せ　水汲み上げて
*筆を手に持ち　これのうお久
始め書き出す　その文聞きゃれ
御免なされや　御両親様へ
長の月日の　その二十四年
蝶や花やに　育てられし

親の御恩も　まだおくらんに
水の泡かと　思えばほんに
もしや悲しや　うらめしけれど
女今川　教訓書にも
男二人を　持つなとござる
互い夫婦に　なろうとすれば
親に不孝に　あいなりまする
親に孝行　致そとすれば
可愛い二人が　離れにゃならん
離れがたない　可愛いやお久
またも頼むぞ　友達頼む
一家(いっけ)親類　願い上げて
村へ下(お)ろして　またその上で
野辺の送りや　葬礼なども
二人並べて　送りてくりゃれ
世間他力の　奉加をさせて
*流れ潅頂　立てくだしゃんせ
語りたいこと　山々あれど
たんだ一つの　この胸ふさげ

眼(まなこ)暗やみ　最期を急ぐ
時に年号　月日(がっぴ)を書いて
中に二人の　名前を書いて
しかと封じて　守りに掛けて
夜のことなら　水酒盛りで
一つ上(あが)れば　来世のためよ
二つ上(あが)れば　我が身のためよ
互い二人の　三献(さんごん)重ね
さあさ死にましょ　夜も更けまする
いでや来たれと　手に手を取りて
お久今だぞ　御題目唱えろ
南無や三十　番神(ばんじん)様へ
斯(か)かる我らを　助けて給え
抜けば玉散る　氷の刃
二尺三寸　すらりと抜いて
花のお久を　つい刺し殺し
返す刀で　我が身の自害
時に二人の　心中でござる
花の盛りに　嵐がいやじゃ

若い者には　無常の風がいやじゃ
ついに同じく　なりにける

※本作だけは杉本キクイが歌わずに棒誦みした文句として録音されている。

＊弥勒菩薩のその末…弥勒菩薩は、釈迦入滅後五十六億七千万年後にこの世に現われて衆生を救うといわれる将来仏。
＊しょじょう…世上か。
＊ついにしょうじもたがいとなりて…不明。
＊えごら…不明。
＊通れど…通れば？
＊すいどの水…用語例―「忝くも此江戸兵衛、水道の水で育った男」（一七八五年初演、『伽羅先代萩』第七）。『譬喩尽』に「江戸水門水飲まぬ男は…男の中へ入らず」ともあり、「水道の水」は江戸の自慢だった。
＊手ずるし…不明。
＊こげみ…不明。
＊寺さんけるな…不明。
＊たがえ説法さんぼんさげて…不明。
＊みせたば…見せたは、か。
＊どど…不明。
＊けいし…不明。
＊りんき…悋気ではなく連理か。
＊長く楽しみする気でばかり…斎藤真一『越後瞽女日記』別冊資料では、「児をもうけて末々までも／同じ心で楽しむばかり」とある。入れ替え可能な文句。
＊筆を手に持ちこれのうお久…斎藤真一『越後瞽女日記』別冊資料では、「墨を摺り出し筆手に持ちて」とある。これも入れ替え可能な文句。
＊流れ潅頂…変死者の供養のために、小川のほとりに塔婆を立てたり棚を設けて、柄杓を置き、道行く人に水を掛けてもらう民間の習俗。

7　お条佐伝次　32分

国は　サーエー　甲州の　甲府の町
に
ここに河井(かわい)の　与右衛門様は
蔵は十一　酒場は九軒
出店(でだな)出店は　三十五軒
売り子手代は　七十五人
うちの世取りの　佐伝次様は
歳は十六　花前髪で
器量骨柄　諸人に優れ
色に迷うは　若気の至り
向かい町なる　菊屋の娘
歳は十三　お条(くめ)と言うて
お条十三　花振袖よ
月に八日は　薬師の命日
薬師様へと　参詣を致し
縁はいなもの　また味なもの
道の帰りに　お条を見初め

お条見初めて　恋路となりて
うちへ帰りて　一間(ひとま)へ入り
箪笥引き出し　硯を出だし
麝香(じゃこう)匂いの　墨摺り流し
*鹿の巻筆　半紙の紙に
思う恋路を　さらりと書いて
文の数々　七十五本
やれど尽くせど　返事の無いに
さあさこうして　おられはせない
さらばこれから　忍んでみよと
下(した)へさがりて　支度をなさる
佐伝次その夜の　出で装束が
下に白無垢　上には綸子(りんず)
帯は流行(はや)りの　琥珀(こはく)の帯を
三四(みよ)に廻して　後ろで止めて
羅紗(らしゃ)の羽織に　梅鉢御紋
とやま編笠に　繻子(しゅす)の緒をたてて
晒足袋履き　ばら緒の草履
みずに蹴込んで　我が家を出でて

（我が家を出でたは　暮れ六つ時分）
我が家出でれば　あぜ川通り
常に利発の　佐伝次様は
夜中(やちゅう)のことなら　大門(おおもん)閉まり
鳥も通わぬ　たかきを越えて
*じじょのあいから　一間(ひとま)へ忍ぶ
一間忍べば　あいの間も忍ぶ
遂にお条の　寝間まで忍ぶ
お条寝姿　つくづく見れば
後や先には　腰元女子(おなご)
両方の脇には　御両親様へ
中に見ゆるは　お条じゃそうな
お条お条と　密かに呼べば
そこでお条も　頭(つむり)を上げて
夜の夜中(やちゅう)に　起こすが誰れじゃ
迷いものかや　変化のものか
迷い変化の　ものではないが
文を尽くした　佐伝次でござる
文を尽くした　佐伝次様も

返事ないとこへ　ござるはご無用
言えば佐伝次も　はや咳のぼし
お粂よく聞け　ここ聞き分けろ
人の譬えで　落とすじゃないが
小野小町や　あやづる姫も
千夜(せんよ)通えば　一夜(いちや)が落ちる
駒に蹴られし　道芝さえも
露に一夜の　宿貸せ給え
石で刻んだ　石地蔵様も
願い上げれば　そのままかなう
高き山々　岩山躑躅(つつじ)
なんぼ色良く　咲いたるとても
人が折らねば　その木で果てる
花と見かけて　手を掛けました
そもじ末代　咲く花でなか
下がる枝なら　一枝下がれ
もはや言やるな　もう言*わぬすな
親の許さん　この下紐(したひも)を
今宵お前に　解きますからは

一生女房に　変わりがないか
変わりますまい　なに変わらじと
色もまさりし　魂胆話(こんたんばなし)
（水を注(さ)しても　薄くはならん）
水も漏らさん　お粂が寝間へ
話山々　重なるとこへ
明けの烏が　西から東
可愛(かわい)可愛と　言(ゆ)て告げ渡る
夫(つま)の佐伝次は　我が家へ帰る
後に可愛や　お粂が身こそ
直(じき)に隣りの　とむらよ様へ
嫁にやるとの　嫁入り支度
箪笥七竿(ななさお)　長持八竿(やさお)
明荷(あけに)八段　のりしたまでも
綾や錦や　ひょうだん緞子(どんす)
手箱針箱　櫛箱までも
数を揃えて　百二十四品(しな)
これを持たせて　やるぞやお粂
そこでお粂の　返答でござる

嫁に行くこと　我しゃ嫌でござる
どうぞ佐伝次に　逢いたいものと
思う所へ　佐伝次様は
お粂お寝間の　雨戸にさわる
そこへござるは　佐伝次様か
わしとお前の　恋路のなかを
ふたり親さん　御存じ無くて
直に隣りの　とむらよ様へ
嫁にやるとの　嫁入り支度
箪笥七竿　長持ち要らん
心中なりとも　駆落ちなりとも
二つ一つの　御思案なされ
言えば佐伝次も　つくづく思案
なんのいずくを　立ち退きましょに
土になるとも　所の土に
五十(ごじゅう)河原の　真ん中ほどで
松は三本　小杉の下で
お粂ここらで　心中が良かろう
酒を買うにも　酒屋が遠し

酒のない時は　水酒盛りで
樫（かし）の落ち葉を　盃として
草を結んで　肴と致し
羅紗（らしゃ）の羽織を　蒲団と名付け
笠を立てては　屏風と名付け
常に飲む水は　なぐさみ水よ
今宵飲む水は　末期（まつご）の水と
お粂酌取り　たんぶと注（つ）ぎゃれ
お粂飲んでは　佐伝次様へ
よいさわいさの　酒盛りなさる
もはや盃　あい済みました
早く殺しな　佐伝次様へ
二尺三寸　すらりと抜いて
花のお粂を　つい刺し殺し
返す刀で　我が身の自害
朝に起きては　旦那のたずね
今朝はどうした　お粂が見えぬ
下女のお七を　尋ねに出せば
五十河原の　真ん中ほどで
松は三本　小杉の下で
お粂佐伝次の　心中でござる
お粂親さん　それ聞くよりも
どこじゃどこじゃと　裸足（はだし）で駆ける
朱（あけ）に染まりし　死骸をいだき
常にお粂に　もの問うように
さほど佐伝次と　添いたいならば
五日（ごにち）前にも　なぜ沙汰せない
五日前にも　沙汰したならば
仕様もようも　あるべきものと
さあさこのこと　下（した）では済まん
駕籠に乗せては　我家へ帰り
お上様へと　御注進致し
お町御奉行は　おくだりなされ
事を密かに　検死を済ませ
げにん子供に　珍し心中
二つ一つの　火葬と致し
お粂佐伝次は　火葬となりて
空へ上がりて　一つになりて
西へなびいて　消え行くばかり
それを見る人　聞く人　サー　共に
ヤーレー
見ては涙で　袖　ヤー　コレ　しぼ
る　サーエー

＊鹿の巻筆…小林ハル演唱段物「石井常右衛門」にもあり、「すずりひき寄せ墨すり流し鹿の巻筆濃く染めて」（九州の座頭琵琶『小野小町』の歌詞）など、歌謡の慣用句。
＊じじょ…不明。
＊言わぬすな…言わんすな、の意。

8　お筆半三　48分

花の　サーエー　お江戸は　広いと
いえど
騒動話や　*心中口説
世界*しじょう　数あるけれど
ここにとりわけ　恋路の比べ
所 浅草　御蔵前の
旅籠町なる　一丁目横丁
左官源二は　貧しき暮らし
二人子供に　妹のお筆
歳は十二で　発明者よ
角の師匠へ　*ひよこに上がり
*守りをしながら　手習い覚え
わずか四年の　はやそのうちに
数多筆子の　あるその中に
いつの隙やら　お筆が覚え
一人二人と　言われる程に
*琴や三味線　活け花までも

見慣れ聞き慣れ　つい*皆覚え
古今まれなる　発明者よ
手書き物読み　百人勝れ
まして御新造　手利きであれば
*仕立て縫い機　針物までも
人に勝れて　見事でござる
この家お筆は　一番弟子と
師匠夫婦は　我が子のように
明けて十六　春にもなれば
お筆奉公に　住んだる家が
（旅籠町なる　*鈴木屋名字）
（名字帯刀は　御免の庄屋）
（質屋両替え　札差なれば）
（*番頭下足に　下女を入れて）
都合百人　暮らしの中に
この家お筆は　一番子と
お目見えするより　はや気に入りて
知れたことをも　知らぬとこたえ
人の粗相も　執り成しければ

お筆悪いと　誰でも言わぬ
うちの息子に　*半三と言うて
歳は十八　人柄そだち
手書き物読み　弁舌までも
誰に劣らん　半三であれば
何時の隙やら　お筆を見初め
花の色香を　懐かしけれど
人目多くて　言う間もあらぬ
今日よ明日よと　月日を送る
*その日二人の　親衆の留守に
ちょうど良い日　良い幸いと
奥の一間で　学問なさる
お筆お筆と　*こたえて呼べば
*はいと返事で　たすきを外し
あいの唐紙　さらりと開けて
何が御用と　両手を突けば
*用と言うたも　別ではないが
わしの書いたる　その絵を見よと
はあと答えて　その絵を見れば

知れん枯れ木を　逆さに画いて
*紙に二人の　心を書いて
一目見るより　お筆が思案
墨の濃いのは　恋路と読める
枯れ木逆さに　*こがれと読める
恋に焦れと　読み砕ければ
上と下との　心であれば
主は家来に　焦るる姿
これが私に　恋慕の文と
*読むに読まれず　心でさとり
*ちょいと一筆　添え書き致し
嬉し恥ずかし　思案の姿
そこで半三も　もの密やかに
お筆知れたか　判じてみよと
言えばお筆も　恥ずかしそうに
顔を隠して　にこにこ笑い
これが私に　知れますものか
なんのわけやら　少しも知れぬ
（そこに有ます　かけじをごらん）

（それでわたしの　こゝろがしれる）
あなた判じて　御覧じませと
床の掛け軸に　指さしければ
半三振り向き　その絵を見れば
富士の絵ばかり　心も知れぬ
ものによくよく　譬えて見れば
下に木のある　富士山なれど
上は木無しで　*こと白雪よ
*（夏の氷も　融けざる姿）
これを細かに　判じて見れば
お筆旦那に　気があるけれど
上の旦那が　気があるまいと
お筆心で　掛けたる謎を
半三判じて　横手を打ちて
（なぞをかけじの　とんちのはやさ）
お筆利発と　この場で知れた
顔や姿は　さほどじゃないが
心利発で　さて美しや
やがて心は　取りかわせまい

これぞわが妻　女房にせんと
抱き締めれば　お筆が心
富士の氷も　一度に融ける
謎も融ければ　帯紐解いて
すぐにその場で　比翼の契り
梅に鶯　止まりし心
春の柳に　燕の姿
露に開けし　あの朝顔も
雨にしおれて　あの牡丹には
*蝶々とまりて　さて美しや
*花と花とが　紐解き合うて
梅と桜の　花色比べ
花の吉野に　戯るるよりも
（いふにいはれぬ　そのたのしみが）
三度四度と　たび重なれば
目もと口もと　つい顕わるる
*互い心の　その楽しみを
一人覚れば　二人に話す
*好み心で　噂をすれば

とてもこの家で　奉公はならん
（そこでおふでは　しあんをきはめ）
病気言い立て　暇（いとま）を願う
旦那かみさん　言葉を揃え
病気なりとも　暇をやらぬ
歳に似合わん　奇特な娘
心悪くば　薬を飲みゃれ
医者にかけようぞ　祈祷もすると
親も及ばん　不憫を掛ける
言えば半三も　ありがた涙
人目忍んで　お筆に向かい
そちの病気は　病気であらん
人の悪口　噂を聞いて
暇取るとの　企（たく）みであろう
それが誰（たれ）ゆえ　皆わしなれば
わしと二人で　この家を逃げて
晴れて夫婦に　なる気がないか
言えばお筆も　思案を致し
言葉あらため　両手を突いて

申し上げます　若旦那さん
今のお言葉　何事なるや
あなたこの家（や）を　逃げ隠れては
親御（おやご）様への　不孝にあたる
家の血筋が　絶えますことよ
わしとあなたは　お主（しゅう）と家来
雪と炭ほど　違うた身分
夫婦なりとは　思いも寄らぬ
一夜なりとも　枕を交わす
（わしが身にとり　めうがにあまる）
わしが良けれど　浮き名が立てば
あなたおん身の　恥辱になろう
*わしを見捨てて　親御に忠義
是非に私に　暇（ひま）くだしゃのせ
言えば半三も　目に持つ涙
お筆よく聞け　そうではないぞ
恋に上下の　隔てはあらぬ
筋によりては　命を捨てる
家を捨てるは　些細のことよ

互い夫婦に　なることならば
たとえ野の末　山奥にても
どんな苦労も　厭いはせない
連れて出でねば　男が立たぬ
恋の意気地に　*気を張るゆえに
引くに引かれぬ　この場の様子
そこでそんなら　添おうとお筆
お筆半三に　任せた顔で
そこを別れて　お筆が思案
*恋の闇路に　迷いし半三
何を言うても　言いわけ聞かん
わしがこの世を　捨て去るならば
心変わりの　叢雲晴れて
冴えた月夜の　心になろう
思いあきらめ　書置きせんと
*半三すかさず　この場を立ちて
お筆顔つき　変わりしよと
心月よに　隙見（すきみ）をすれば
思い違わん　そえ書き致し

半三見るより　この手を取りて
これをなんに　何書置きを
死ぬることなら　暇(いとま)もやろう
短気起こすな　お筆と言えば
*言えばお筆も　目に持つ涙
何(なん)の死にましょ　わしゃ死にません
あなたお心　改められて
親に孝行　おん家(え)が大事
*おん家(え)大事と　ご辛抱なされ
主を迷わす　不届者と
是非に私に　暇(ひま)くだしゃのせ
言えば半三も　思案を致し
暇もやろうが　四五日待ちゃれ
親に品(しな)良く　執り成し言うて
そちの願いの　暇をもやろと
お筆心を　なだめておいて
半三思案を　どうしてみても
（つれていづるは　うごかぬお筆）
とてもお筆と　添われんならば
お筆殺して　この身も自害
（しでのたびちを　二人でぜひと）
愚痴の了簡　する時よりも
明日は観音　命日なれば
それをかずけに　我が家を出でて
*しょじむじょうの　支度をせんと
並木町(ちょう)なる　呉服屋指して
白き綸子に　白羽二重よ
帯も揃えて　買い整えて
得意廻りに　出でたる番頭
通り掛かりに　ちらりと見付け
白き買い物　合点がいかぬ
さてもこの頃　噂の通り
深いわけある　旦那とお筆
今宵心中を　する気であろう
*早く帰りて　この事知らす
飛ぶが如くに　急いで帰る
隣り町(ちょう)なる　半三の叔父御(おじご)
これにこのわけ　細かに話す
叔父御(おじご)途方に　暮れ六つ時分
急(きゅう)の用事と　半三を呼んで
奥の一間で　これこれ半三
そちとお筆が　わけあるそうな
愚痴な了簡　必ずするな
*主と家来は　苦しくないぞ
見事夫婦に　致してやるぞ
腹は借りもん　妾(めかけ)の子でも
大名公儀の　御家(おんいえ)を立てる
師匠親分　叔父御の世話で
すぐに婚礼　吉日(きちにち)きわめ
*手書き物読み　弁舌までも
その身名を上げ　両親(ふたおや)までも
孝行者よと　書き記します
それを見る人　聞く人ともに
人は氏(うじ)より　育ちが大事
それで千秋(せんしゅう)　万歳楽(ばんぜいらく)と
今じゃ栄えて　大きな暮らし　ヤー
レー

花のお江戸へ　響きし　ヤー　コレ
話　サーエー

※（　）内は、斎藤真一著『越後瞽女日記』別冊資料・瞽女唄（一九七二）、および江戸後期の唄本、吉田屋小吉版『江戸の花お筆半三しんぢうくどき』の文句によって補った句である。吉田屋版の唄本と文句はほぼ同じ。以下、「吉田屋版」とあるのはこれを指す。また、明治の唄本と思われるものに「お筆くどき」があって、文句が類似する。以下、注に「唄本」とあるのはこれを指す。

＊心中口説…土田ミス演唱では「婚礼口説」。「そうどうばなしやしんぢうくどき」（吉田屋版）。
＊しじょう…世上か。長岡系土田ミス・唄本・吉田屋版の文句では「およそ世界に数多けれど」。
＊ひよこ…不明。守り子か。長岡系土田ミス・唄本・吉田屋版の文句では「子守りに行きて」。
＊守り…子守り。
＊琴や三味線…この前後、吉田屋版と順序異なる。
＊皆覚え…見覚え（吉田屋版）。
＊仕立て縫い機…「おはり相手やはりものあいて　いつのすきにやらぬひはりおぼへ　ことや三味線‥‥」（吉田屋版）。
＊鈴木屋名字…長岡系土田ミス・唄本・吉田屋版の文句では「すず木やはん五」。
＊番頭下足に…「番頭下男に下女まで入れて」（土田ミス・吉田屋版）。
＊半三…長岡系土田ミスの文句では、ハンザと濁る。
＊その日二人の…以下三行、吉田屋版と順序異なる。
＊こたえて…長岡系土田ミス・吉田屋版の文句では「小声で」。
＊はいと返事で…「はいとへんじて二かいに上り」（吉田屋版）。
＊用と言うたも…「用といふてもべつぎじやないが」（吉田屋版）。
＊紙に二人の…「上にぺったり二の字を書いて」（土田ミス）。「上にべったり二の字を画て」（吉田屋版）。土田ミスの文句では、この句に対応して、下の「上に書いたる二の字の訳は／二人夫婦になろとのことよ」の句がある。
＊こがれ…枯れ木の反対→木枯→こがれ→焦がれ。
＊読むに読まれず…「いふにいはれぬ」（吉田屋版）。
＊ちょいと一筆…この句余分。
＊こと白雪…「ことさらゆきよ」（吉田屋版）。
＊夏の氷も…唄本・吉田屋版の文句では「夏も氷も　解けざる姿」。
＊蝶々とまりて…「うつくしいやらしほらしいやら」（吉田屋版）。
＊花と花とが…吉田屋版の文句では、次の句と逆。
＊互い心の…吉田屋版の「いふにいはれぬそのたのしみが」にあたる。
＊好み心で…「そねみ心で」（吉田屋版）。
＊わしを見捨てて…吉田屋版の文句では、次の句と逆。

＊気を張るゆえに…「きははりゆみよ（気は張り弓よ）」（吉田屋版）。
＊恋の闇路に…吉田屋版の文句では、次の句と逆。
＊半三すかさず…吉田屋版の文句になし。
＊言えばお筆も…「それはうれしや　かたじけないや　わしがねがいがかなつたならば」（吉田屋版）。
＊おん家大事と…吉田屋版の文句では次に「わしをかたきとおぼしめされて」とある。
＊しょじむじょう…「しよぎやうむじやう（諸行無常）」（吉田屋版）。なお、吉田屋版の文句では、次の句と逆。
＊早く帰りて…吉田屋版の文句になし。
＊主と家来は…吉田屋版の文句、三行下にある。
＊手書き物読み弁舌までも…この前後、テープの演唱に中断がある。
以下、吉田屋版では、

これをみる人　きく人よりも
ひとはうぢより　そだちがだいじ
手かきものよみ　ねるめもねずに
ひんなものでも　すこしはならへ
とかくしゆつせい　このみが大事
その身をあげ　ふたおやまでも
ひとにしらせる　かう〳〵ものよ
是で千しう　ばんぜいらくと
めでたくうたひ　をさめたる

とある。

9　三人心中口説　12分

哀れ　サーエー　なるかや　三人心
中
国は奥州　おおがき様の
あまた家中（かちゅう）の　あるその中に
酒井（さかい）*ひょうがに　一人の息子
歳は十八　その名は平次
一に学問　二に剣術を
器量骨柄　諸人（しょにん）に優れ
同じ家中（かちゅう）に　木村の娘
このや平次に　許嫁（いいなづけ）あり
明くる初春（はつはる）　祝言さすと
親と親とが　約束致す
（遂に決め酒　一げん決まり）
御門前なる　酒屋の娘
歳は十六　その名がお染
とんと平次に　心をくれて
四季に譬えし　春初桜
夏は杜若（かきつや）　秋照る月よ
冬の雪にも　劣らぬ肌よ
人目忍んで　契りを込めて
何時のまにやら　懐胎致し
お染忍んで　平次の方（かた）へ
これさ平さん　よく聞かしゃのせ
お前侍　わしゃ町人よ
身分違えば　添うことならん
お前酒井の　御世継（おんよつぎ）なら
木村様から　御内儀よせて
御家大切　御辛抱なされ
とても添われん　悪縁ならば
私しゃ未来で　添い遂げまする
さらばさらばと　懐中よりも
小柄（こづか）取り出し　喉（のんど）へ当てる
平次見るより　しばしと止める
お前一人を　殺しはせない
わしも一緒に　この世を捨てて
死出の山から　三途の川も
二人手を引き　冥土へ行くと
それを聞くより　木村の娘
覚悟きわめて　一間へ入り
（急ぎ急いで　支度をなさる）
数珠を手に持ち　白装束（しろしょうぞく）で
（襖（ふすま）開いて　すらりと出でて）
これさお二人　ちょいと待たしゃの
せ
恋で死ぬるは　世上のならい
夫（つま）と定めし　この平次さん
先に立たせて　なに面目な
女今川　庭訓（ていきん）なぞに
二人夫を　持たざるものと
堅い戒め　古人の仰せ
とても生きては　いられぬものと
（死んで冥土へ　おん伴（とも）致す）
そこで三人　同心致し
（死出の山では　三人連れと）
平次刀を　手に取り上げて

花の二人を　はや手にかけて
返えす刀で　我が身の自害
一家親類　寄り集まりて
これはこれはと　ただ泣くばかり
一つきんだい＊　三人　サー　乗せて
ヤーレー
あわれ涙で　野辺　ヤー　コレ　送
る　サーエー

＊ひょうが…兵庫か。
＊きんだい…不明。

10　馬口説　13分

天は　サーエー　*こくぼの　つまよ
り始め
下(した)は大海　水の底までも
*てんぴ受けたる　大鳥までも
馬に生まれた　因果を聞きやれ
寝ても起きても　厩舎(うまや)の隅で
藁やくずやで　命をつなぐ
春は三月　桃花(ももはな)咲くに
*きみに鶯　みもさやずれば
それを聞くより　出たくてならぬ
あまり出たさに　忍んで出れば
春の小風に　麦そよそよと
それを見るより　喰いたくてならぬ
あまり喰いたさに　足留(とど)めれば
うちの*おじごに　叱られまする
とびつ跳ねつの　浮き上がりものめ
そこやかしこと　追い廻されて

麦も喰わずに　無駄骨折れて
とんといつもの　厩舎(うまや)へ帰り
またも厩舎(うまや)で　くどきでござる
わしの難儀は　春田(はるた)の始(はじ)め
そもや苗代　掻き始(はじ)めより
雨の降る日も　風吹く日でも
相手替われど　わしゃ替わりゃせん
おじの掻く時きゃ　誉めでもするが
*おとなどてはち　酒ばか呑んで
長い*古代神の　*かんばか取りゃる
要らん所へ　やらせて見たり
要らん馬鍬(まんが)を　通して見たり
煙草流して　湯上がりつめて
晩に上がりて　旦那の前で
馬が*のめしで　鼻目が曲がる
それで掻き田の　はかじがゆかぬ
それを聞くより　胸*ざんしんで
ものを一言(ひとこと)　言わるるならば
言うてわが胸　晴らそうものよ

わしの縁(えにせ)を　語ろうならば
馬頭観音　血筋のものよ
夏の難儀の　御身を聞きゃれ
鞍を置いては　締め付けられて
扇づかいで　乗り掛けまする
うちへ帰りて　休もとすれば
可愛くないそうで　蚊よけでもしな
い
とかく虻蚊(あぶか)に　せめられまする
わしがこの家　入るその時は
歳は六歳　骨組みゃ良くて
豆や小糠(こぬか)で　飼い育てられ
年の寄りたは　因果なものよ
つぶや茅蔓(かやつる)　生煮(なまに)で喰わす
歯ぎが痛くて　喰うことならん
長(なが)の稲刈り　これではならぬ
今年初めて　*まねぐり野郎め
歳は二八で　考え無しで
重荷着けても　軽荷の時も

浅い所を　跳ばしてみたり
深い溝田を　漕がしてみたり
上り下りを　追い掛けまする
これじゃならんと　足留めれば
柳小枝で　叩がれまする
いかにびっぽの　ゆだんじゃとても
天下晴れない　捨て馬をなさる
ヤーレー
案じられます　行く　ヤー　コレ
末を　サーエー

＊こくぼのつま…不明。
＊てんぴ…不明。天日か。
＊きみ…不明。下の「みもさやずれば」も不明。
＊おじご…おじ御。若者。
＊おとなどてはち…不明。
＊古代神…民謡。「新保広大寺」節の類。
＊かんばか…不明。
＊のめし…怠け者。ぐうたら。
＊胸ざんしん…不明。
＊まねぐり…見習いの意か。
＊びっぽのゆだん…不明。

11　石童丸口説　27分

哀れ　サーエー　なるかや　石童丸
は
父を尋ねに　高野の山へ
母ともろとも　我が家を出でて
急ぎなさるる　＊新黒谷へ
父の苅萱　これにと問えば
これにござらん　高野の山へ
哀れなるかや　また急がるる
母はふもとの　玉屋の茶屋に
残しなされし　のういたわしや
そこで石童が　お山へ登る
九万九千の　おん寺々を
尋ね廻れど　まだ逢いもせぬ
父の苅萱　これにと問えば
その日当たりて　花立て番よ
親と子との　血縁の深さ
巡り逢うたは　無明の橋で

これの和尚さん　もの問いたいと
＊聞く意ござらば　教えて給え
あらおかしな　もの問う稚児じゃ
去年おととし　剃れたるものも
昨日や今日にて　剃れたるものも
お山習いで　みな今道心
昔八方　八口の道を
今は三方　五口なれば
国を名乗りて　なみょういと書いて
道の辻に　高札立てて
逢おうと思えば　添え書きいたす
いやと思えば　高札引くと
言いもあえずに　立ち退き給い
走り続いて　衣の袖に
しかと取り付き　これ和尚様へ
書いて下さい　のう高札を
連れて我が寺へ　お帰りなされ
硯取り出し　札木を持ちて
筆をくわえて　問わんすようは

国を名乗れよ　名はなんと書く
国を名乗るも　恥ずかしけれど
筑後筑前　肥後肥前とて
薩摩大隅　＊うくぎの大将
加藤左衛門　重氏公と
＊父のおん歳　二十一の歳
母のおん歳　十九の歳に
姉の千代鶴　三歳のとし
わしが胎中に　宿りし時じゃ
春は三月　半ばの時分
そこやかしこと　花見に出でて
父のひかえし　盃のうち
咲いた桜が　散り落ちもせず
蕾桜が　散り落ちました
これをつくづく　観念いたし
わずかこの娑婆　五十年世界
ふうと出でられ　まだ帰られぬ
それを聞くより　苅萱様は
今は名乗ろうか　対面しようか

これを名乗るまい　大事のことよ
名乗るまいとの　*起請文書いて
起請破れば　八万奈落
流す涙を　衣で押さえ
それを見るより　石童丸は
今の涙は　不思議の涙
もしも父なら　明かして給え
おれは何とて　父では無いが
父の苅萱　今道心は
我と久しき　相弟子なれど
去年哀れや　相果てました
今日は祥月　命日なれば
思い出されて　哀れに思う
さらばそれなら　是非無きことよ
父の御墓を　教えて給え
西の国なる　六部の墓を
これを*らんとと　案内なさる
涙くれぐれ　読んではみれど
父の御墓で　ないそでござる

西の国なる　六部の墓と
書いてござるぞ　のう和尚様へ
西の国なる　その*文字なこと
お山習いで　*ひがしと読むぞ
さらばそれなら　是非なきことよ
国の姉なる　千代鶴姫は
七つ歳から　辛苦を尽くし
仕立てなされし　おん袈裟ころも
父の塔婆に　おん掛け据えて
塔婆かついで　麓へ下る
下るところへ　玉屋が亭主
旅の若君　どうしてござる
哀れなるかや　母親様は
恋いに焦がれて　おん果てました
それを聞くより　石童丸は
天にあこがれ　地に伏せ嘆き
父の塔婆を　山とに置いて
*右のお寺へ　お帰りなさる
旅の若君　どうして戻る

哀れなるかや　母上様は
恋いに焦がれて　麓で果てた
母の死骸を　葬りたいと
願い上げれば　苅萱様は
何も衣も　結縁なれば
さらば死骸を　葬りやろと
親子もろとも　麓へ下る
父の苅萱　今道心は
*夢のさんげで　対面いたす
そこで死骸を　葬りもらい
国の姉なる　千代鶴姫は
これと知らずに　待ちるであろう
急ぎ急いで　我が国元へ
国の館の　御門におれば
どうやら騒がし　嘆きの声よ
これは何よと　問わんす様は
されば姉姫　おん果てなさる
今日は七日の　壇払いとて
それを聞くより　石童丸は

足を留めて　しばらく思案
わしもこれから　高野へ参る
右(みぎ)のお寺へ　お帰りなさる
旅の若君　どうして来たよ
国の姉なる　千代鶴姫も
これも同じく　あい果てました
わしが憂き世に　たよりが尽きた
どうぞお前に　お弟子を願う
そこで石童は　お弟子となりて
五年七年　いっしょにおれば
親と子との　そのあい仲は
どうやらそろそろ　知れそうになりて
父の苅萱　また遁れには
おれはこれより　*遥かの西へ
百里余りの　道のり隔て
お堂(ど)の守りに　行かねばならん
言えば石童も　涙にくれて
親か子かと　思いし人に
またも別れる　のういたわしや
どうぞお前に　お供を願う
そこで苅萱　また遁れには
これはみずから　一の弟子なれば
そちに*この寺　そっくり譲る
おれを恋しか　南無阿弥　サー　陀仏　ヤーレー
同じ六字の　なか　ヤー　コレ　に住む　サーエー

＊新黒谷…京都市左京区の金戒光明寺。法然上人（一一三三〜一二一二）が浄土宗布教の中心として建立した寺。説経『かるかや』に、九州から都へのぼった加藤左衛門重氏がここで出家し、苅萱と名を替えて法然上人の弟子になったとある。
＊聞く意ござらば教えて給え…下に続く文脈上この次に、石童丸の言葉として、例えば「これなる御山のそのうちに／今道心がおわさずや」（長岡瞽女段物の文句）などの文句があるべきところである。

＊うぐぎ…六国(むくに)、か。「重氏殿の御知行は、筑後・筑前・肥後・肥前・大隅・薩摩六か国が御知行で……」（説経『かるかや』）。
＊父のおん歳…このあたりも説経『かるかや』に拠っている。
＊起請文…重氏が、新黒谷で法然上人に、出家させて欲しいと懇願したときに書いた起請文。
＊らんとと…ご覧とと、か。
＊文字なこと…文字のこと。
＊ひがしと読む…ここは、苅萱の故郷九州は高野山から見て西にあたり、あえて「東」と解する理由はなく、矛盾している。
＊旅の若君どうして戻る…父苅萱の言葉。
＊夢のさんげで…不明。
＊遥かの西…信州長野の善光寺へ行ったのであるから西では矛盾する。「さてそれがしは北国修行に出づるなり」（説経『かるかや』）。
＊この寺…苅萱が住んでいた高野山の蓮華坊。

12　後生口説　16分

今日は　サーエー　御命日　*二十八
日を
みなもゆるりと　そぞくなさる
あまり仕事の　忙しいままに
大慈大悲の　御恩のほども
懈怠致せば　もったいなくも
死出の山から　三途の川も
一人泣く泣く　行かねばならぬ
十方三世の　諸仏の手には
余り果てたる　大罪人を
阿弥陀如来が　助けんために
ごこうしょうえの　御苦労なさる
女人成仏　誓いを立てて
それで衆生が　助からずんば
弥陀としょうがく　たらりと言うて
ここにほうがん　お広めなさる
時にわれらも　疑い晴れて
親子兄弟　一蓮托生
無量永劫　楽しみずくみ
（京の聖人　かたじけなくも）
*天つ児屋根の　御来なるが
きんのどうろを　脱ぎ捨て給え
出家なされし　九歳の春よ
山へ登りて　学問なさる
岩の上にも　籠もらせ給え
薬師如来や　観音様へ
日毎夜毎に　御立願かけて
しゃかは往来　八千度も
救世の観音　お告げによりて
時に黒谷　法然様は
勢至菩薩の　御化身なるが
源空上人　御師匠と頼み
ともに念仏　お広めなさる
越後国府へ　御ろうざえなさる
*居多ケ浜より　柿崎までも
下り下りて　鳥屋野の村へ
ほんざ安田や　小島のほとり
行きつ戻りつ　五年の御苦労
弥彦明神　御参詣なさる
国の同行　末々までも
繁盛するように　御立願かけて
木像刻んで　形見と残し
またも関東へ　赴きなさる
二十年らい　御苦労なさる
*刃剣に　懸からせ給え
斯様の御慈悲が　あるまいならば
無間地獄の　薪となりて
無量永劫　泣き悲しめど
後へ帰らぬ　この事ばかり
常に*懈怠に　暮らして居ても
月に一度の　御命日逮夜
誘い合わせて　御参詣なさる
今日の逮夜は　どうじゃと言えば
天気良ければ　せんだくいたす
花もつみ頃　もめんの草も

あまり後生の　嫌いのままに
逮夜たびたび　さしあい出来る
今に無常の日が　暮れたなら
死出の山では　我慢でならぬ
三途大河（だいか）は　おぼけでならぬ
（いとやくるまの　風なんぞにて）
（無間地獄の火が　避（よ）けらりょか）
（＊どうして不浄は　目の前かがむ）
思案するなら　ここじゃと言うて
嫁の噂や　姑（しゅうと）の噂
家業するにも　念仏申せ
わしがようなる　いたずら者も
心一つに　頼むぞならば
弥陀の浄土へ　送らせ給え
阿弥陀如来は　お手引き給え
嬉し尊（とうと）や　南無阿弥　サー　陀仏
ヤーレー
共に往生　遂げ　ヤー　コレ　にけ
る　サーエー

＊二十八日…本作は、別名「二十八日口説」という。二十八日は親鸞の命日。親鸞は弘長二年（一二六二）十一月二十八日没。浄土真宗では、毎年その命日に、逮夜から夜を徹して報恩講を行なった。
＊天つ児屋根…日本神話に語られる天から降臨した中臣氏（藤原氏）の祖神。親鸞が藤原氏の子孫であったことから生まれた伝説。
＊居多ヶ浜…今、新潟県上越市。
＊刃剣に懸からせ給え…順序、次句と前後か？
＊てたい…懈怠と解した。
＊どうして不浄は…文意不明。

13　御本山口説　18分

五劫　サーエー　兆載　永劫が間
衆生のためとて　ご苦労なさる
じつに*そうがく　*おとうとゆえに
らくな浄土を　願うであろう
阿弥陀如来は　ご覧じたまい
*おまなじりをの　血の涙をば
流しつくづく　思わせなさる
いかな不憫の　衆生であろと
言うも思うも　地獄であろう
二十五所を　迷うて来たも
*うちの凡夫に　*引き廻されて
今度この生を　とりそくまいば
無量永劫　浮かびがせない
捨てて行かれん　迎えに行くと
ほんに情けない　五濁の娑婆へ
*衆生の迎えに　おん出でなさる
天つ児屋根の　み腹を借りて

今年九つ　髪剃りこぼし
比叡山へと　おん差し登り
*ごやくじょうぎゃく　ふぜいの女人
やすく浄土へ　送りたいものと
書物くり返し　経文開き
辛苦尽くして　みたもうけれど
やすく浄土へ　送る法が無いと
心苦しい　ご思案なされ
京の六角堂の　救世菩薩へも
日数積もりて　百日通う
雨の降る日も　風吹く日でも
比叡山より　六角堂の間は
ちょうど道のり　三里と八町
雪の降る夜も　厭わせられず
思し召さるる　お慈悲の心
ちょうど百日　満ずるうちに
時に*黒谷　法然様が
微妙他力の　法門広め
これを尋ねて　参らるべしと

夢のお告げで　おくらせなさる
比叡山より　おすべりなされ
そこへ黒谷　法然様は
南無と頼めや　南無阿弥陀仏
南無と頼めし　衆生であれば
一人なりとも　洩らしはせない
*うちに生まれた　女人であろと
花のうてなの　往生とげる
山の谷川　流れの水と
海へ流れて　潮の水と
斯様のお譬え　お聞かせなされ
時に浄土へ　*お帰りなさる
姿なりふり　りんじき自在
阿弥陀如来に　変わりはないと
御開山から　八代過ぎて
そこで吉崎　建立なさる
すすみいだせる　お主の道を
時節来たりか　きわまりごとか
神の水上　仏の本地

みんな焼けたは　こりゃこそ不思議
我も我もと　差し上げられる
百里ひゃくのさ　入り用の柱（はしら）
ここに綱引き　引くとこ見れば
爺さも引きゃれや　婆（ばば）さも引きゃれ
子ども綱引け　油断をするな
さても冥加に　かないとここじゃ
無常が誘えば　この境涯も
若い年寄りに　隔てが無いぞ
夕べ生まれた　嬰児（みどりご）さえも
今朝（けさ）は煙りて　はや立ち昇る
御開山のさ　ご恩のほどを
*おのけばかりも　送ることならぬ
口にあらわせ　称名（しょうみょう）唱え
ほんに我が身が　大悪人と
自力雑行（ぞうぎ）の　ろくぎを離（はな）り
ちしょう智識の　ご恩のほどを
身をも粉（こ）にして　報ずるべしと
御開山のさ　ご恩のほどを
骨が砕けても　察すべしなれと
和讃明確　文句に説けて
おもくぞさも　喜び　サー　たまえ
ヤーレ
どうぞ精を出せ　衆生の　ヨー　コ
レ　人よ　サーエー

*そうがく…正覚か。

*おとうと…悟道か。

*おまなじり…御眦。御目じり。

*うち…愚痴か。

*とりそくまいば…取り損なえば、か。

*衆生の迎えにおん出でなさる…順序、次句と前後か?

*ごやくじょうぎゃく…五逆十悪不浄の女人、か。五逆（ごぎゃく）は五逆罪。十悪は、殺生など十の悪逆。『歎異鈔』（第十四条）に、「十悪五逆の罪人」とある。

*黒谷…京都の黒谷は法然上人ゆかりの地。

*うち…同右、愚痴か。

*りんじき…神力か。

*おのけばかりも…不明。

14　へそ穴口説　11分

*哀れ　サーエー　なるかや　へそ穴
くどき
国はどこよと　尋ねて聞けば
国は内股　ふんどし郡
だんべ村にて　ちんぽと言うて
畏れ多くも　もったいなくも
天の岩戸の　穴より初め
亭主大事に　籠もらせ給い
富士の人穴　大仏殿の
柱穴にも　謂われがござる
人の五体に　数ある穴に
わけて哀れや　へそ穴くどき
帯やふんどしに　締め付けられて
屁でも咳でも　出すことならん
よんぎごとにも　出ることならぬ
夏の暑さに　切ないことよ
ほんに体も　溶けるようでござる

日の目拝まず　夜昼知らぬ
よその穴衆の　楽しみ聞くに
春は花見に　夏蛍見に
秋は月見に　冬雪見とて
耳は音曲　琴三味線の
鼻は香かい　蘭麝の香り
口は三度の　食事のほかに
酒や肴や　茶菓子というて
うまいものには　鼻膨らしゃる
おらが隣りの　朋輩穴は
可愛がらるる　愛嬌持ちて
世間付き合い　慰みごとよ
月に一度の　お役のほかに
夜毎夜毎に　その賑やかさ
金兵衛弟に　金七というて
暮れの六つから　明け六つまでも
どたらばたらと　裏門たたく
わしもたまげて　覗いて見れば
光る頭を　ぶらぶらと下げて

坊主頭に　縦疵這わせ
禿げた頭に　かづらを巻いて
おらが隣りに　大法事がござる
誰が法事だやら　わしゃ知らねども
知らん坊さん達ちゃ　出たり入った
りなさる
お米研ぐやら　白水流す
お斎喰うやら　口ぐしゃやしゃと
お布施包むやら　紙ぐしゃやしゃと
わしら屋敷まで　白水流す
いかにわたしが　じ窪じゃとても
よその騒ぎで　気ばかりもめる
せめて周囲に　毛でも生えたならば
ごみや埃や　入れさせ　サー　まい
と　ヤーレ
あるに甲斐なき　へそ　ヤー　コレ
の穴　サーエー

15　まま子三次　23分

頃は安政　元年なるは
国は武蔵の　秩父の郡(こおり)
真門村(まかどむら)にて　百姓の喜八(きはち)
もとは*よしある　百姓なれど
親の代より　零落いたし
田地田畑(でんじでんばた)　みな売り尽くし*
*新規築(つ)き立て　お台場普請(ぶしん)
異国黒船　品川沖の
それと見るより　百姓の喜八
土をかづいて　稼いでこよと
支度整え　我が家を出(い)でる
あとは後添(のち)え　継母(ままはは)おたく
ままの三次を　明け暮れともに
むごく育てる　よこしま邪険(じゃけん)
つらくあたれば　三次郎(さんじろ)こそは
生みの親より　育ての親と
機嫌取り取り　後片付けて

母の詰めたる　弁当持ちて
草紙(そうし)かかえて　*寺屋(てらや)へ急ぐ
そこで皆さま　勉強なさる*
それと見るより　手習い師匠は
習い残れど　もう昼どきと
皆(みな)も弁当　三次もともに
はいとこたえて　三次郎こそは
箸をとらんと　するおりからに
飯(めし)に集(たか)りし　数多(あまた)の蝿(はえ)が
ころりころりと　みな死に失(う)せる
それと見るより　手習い師匠は
三次その飯(めし)　しばらく待ちな*
犬を呼ばりて　試(ため)さんものと
犬はその飯　食うより早く
もだえ苦しみ　血反吐(ちへど)を吐いて
すぐにその場で　命を捨てる
それと見るより　お師匠さんが*
これさ三次よ　これ三次郎よ
今夜(こんや)わが家へ　泊まりて行(ゆ)きな

言えば三次は　ありがた涙
聞いて下さい　お師匠さんへ
親の恥をば　話すじゃないが
家(うち)に残りし　妹たちは
赤いべべ着て　毎日遊ぶ
夜はおこたで　ねんねをしたり
お乳(ちち)飲んだり　あまよるけれど
それにわたしは　打ちたたかれて
三度三度の　ご飯もお冷(ひ)や
冬の寒中も　雪降る日にも
腐れ袷(あわせ)に　足袋をもはかず
顔も手足も　ひびあかぎりで
しもげただれて　これこのように
それと聞くより　手習い師匠は
さればなおさら　泊まりて行きな
言えば三次は　涙にくれて*
三次泣く泣く　師匠に別れ
家に帰れば　継母(ままはは)おたく
大の眼(まなこ)に　角(かど)をば立てて

これさ三次よ　これ三次郎よ
今日の弁当は　みな食べたのか
はいと三次の　言葉が*濁る
まこと言わなきゃ　こうしてくれる
すぐに*はたしの　けん棒取りて
くってかかれば　けん棒はずれ
まこと言わなきゃ　こうしてくれる
そばにありける　三角薪（まき）で
力任せに　打ち伏せまする
三次泣く泣く　声をば上げて
これさかかさん　これかかさんよ
今日の弁当を　食べようとしたら
それと見るより　お師匠様が
ほかの弁当を　食べさせました
詫びをなさいて　下さいませと
泣いて詫びるは　耳にも入れず
三次体（からだ）に　荒縄掛けて
土間に伏せたる　あの大釜の
中へざんぶと　打ち込みまする

たぎる湯玉は　焦熱地獄
そしておたくは　素知（そし）らぬ顔で
*それと見るより　百姓の喜八
これさおたくよ　三次郎こそは
今日に限りて　戻りが遅い
言えばおたくは　申するようには
三次道草　なまけておるよ
どうぞお師匠　お叱りなさい
それと聞くより　百姓の喜八
煙草吸わんと　するおりからに
それと見るより　継母（ままはは）おたく
お火はこちらへ　取りますほどに
言えば喜八は　耳にも入れず
これはいよいよ　怪しいものと
土間に伏せたる　あの大釜の
蓋（ふた）を取らんと　するおりからに
三次体（からだ）は　海老（えび）のように赤く
それと見るより　百姓の喜八
お町お奉行　お知らせまする

それと聞くより　役人かたは
そこで役人　まいられまして
*ままのおたくを　引き出（い）だされて
*すぐに磔（はりつけ）　なさりける　サエー

＊よしある…由緒ある。かなりの。

＊みな売り尽くし…次に「今じゃ小作の日傭（ひよう）を取りて／送る月日は貧苦に迫る」（群馬県教育委員会編『群馬県郷土民謡集』一九七一――原典は内藤銀策著『詳注全 地方民謡集』一九三二）。

＊新規築き立て…次句と順序が逆。

＊寺屋…寺子屋。

＊勉強なさる…次に「人形画く子や恥かく子ども」（同『群馬県郷土民謡集』）。

＊待ちな…次に「蝿の死んだはただ事ならず」（同『群馬県郷土民謡集』）。

＊お師匠さんが…次に「さては三次の毒弁当は／たしかおたくの仕業であろと／胸におさめてこれ三次郎や」（同『群馬県郷土民謡集』）。

＊涙にくれて…次に「そのやお慈悲は忘れはせぬが／今夜泊るとあの母さんに／打たれ擲かれ責苦が辛い／帰りまするよお師匠さんと」（同『群馬県郷土民謡集』）。

＊言葉が濁る…次に「弁当食べたは真赤な嘘じゃ」（同『群馬県郷土民謡集』）。

＊はたし…かたわらの意で、端し、か。「そこにあった棒をばとりて」（同『群馬県郷土民謡集』）。

＊それと見るより百姓の喜八…突然父親が帰宅するのは不自然で、歌詞に記憶違いがある。前掲『群馬県郷土民謡集』では、「かかるところへ三次の身をば／案じましたる手習師匠／宅（うち）の三次は何うした事と／聞けばおたくは何知らぬ顔／うちの三次はまだ帰らぬが／帰道草懶けてゐよう／どうかお師匠お叱りませと／云えば師匠は不思議に思い／あちらこちらを見廻しければ／土間に伏せたるあの大釜は……」と、三次の災難を発見し、継母を訴えるのは手習いの師匠になっている。

＊すぐに礫…群馬県の民謡では継母の礫の様子が詳しく歌われている。また末尾には、これが継子を持つ人への戒めだと教訓する言葉がある。最後は「イサネー」とあって、これもヤンレー口説であったことが知れる。

16　安五郎口説　32分

国は下総（しもおさ）　行徳（ぎょうとく）町の
住みし世慣れし　商売柄も
よろず商い　名は安（やす）兵衛と
律儀いっぺん　とりえの者よ
総領息子に　安五郎こそは
年は十七　若気（き）の盛り
器量骨柄（こつがら）　諸人（しょにん）にすぐれ
親に孝行　人には情け
気立て良ければ　皆人々に
崇（あが）めらるるも　その身の徳よ
そこやかしこの　娘ごたちが
なびき袖引き　安五郎様と
つけつ廻せつ　たもとにふみを
いずれ思案に　落ちざるうちに
町の若衆　みな打ち連れて
聞けばこの頃　伊勢まいりとや
笠や甲掛け　股引までも
どれも同じく　その晴れ姿
中で取り分け　安五郎こそは
歩む振りさえ　撫で品（しな）よくて
親も喜び　門（かど）送りして
さらばさらばと　いとまを致し
所どころの　名物茶屋へ
泊まり休んで　あい程も無く
伊勢の津にいり　松坂どまり
心清めて　宮まいりして
連れは帰れど　安五郎こそは
連れに別れて　七在所（しちざいしょ）とや
四国西国（さいこく）　みな札（ふだ）納め
京へ戻りて　しばしの逗留
祇園旧蹟　京洛中（きょうらくちゅう）の
名所旧蹟　みな伏し拝み
あまた旅籠（はたご）屋　あるそのなかに
家も名高き　伊勢屋に泊まる
宿の娘は　京一番の
伊勢屋お文（ふみ）と　その名も高き
年は十六　愛らしざかり
ひとめ見るより　お文は思案
奥のお客は　京都にまれな
あんな殿御（とのご）も　あるものかやと
噂とりどり　いろふくきせる
娘お文は　心に掛けて
お茶をかずけに　ひと間へはいる
美女と美男の　寄り合いどうし
桃と桜の　花色くらべ
揉み手（で）もじもじ　恥ずかしそうに
わたしゃあなたに　ご無心ござる
聞いてくだんす　お心かいな
それと聞くより　安五郎こそは
かようお世話に　なりますからは
かなうことなら　ご遠慮なしに
言えばお文は　喜びいさみ
あすは我が家へ　もうお帰りか
しばし逗留　遊ばしまして
江戸の話を　聞かせておくれ

それはなにより　お安い御用
したがわたしは　急ぎの旅で
京は今日（こんにち）　おいとま致し
ご縁あるなら　また来年よ
それと聞くより　お文の仰せに
申し上げます　安五郎さんよ
音に聞こえし　清水寺（きよみずでら）の
ちらと見初めて　観音様へ
わしがつまにと　宿願かけた
仏ご利生（りしょう）　そのお蔭やら
わしのところへ　お泊まりなさる
これも仏の　ご縁であれば
さぞやおいやで　ござんしょけれど
不承（ふしょう）なされて　女房に召して
お連れなされて　下さいませと
涙ながらに　両手をつけば
それと聞くより　安五郎こそは
連れて行くのは　いとやすけれど
国へ帰りて　親御（おやご）に話し

こちの親御（おやご）に　無心を言うて
わざとそなたを　もらいに来ます
待ちておくれと　意見をすれば
娘ごころの　もう聞かばこそ
わしをお嫌（いや）の　お心なれば
いっそ死のうと　涙にくれる
それと見るより　安五郎こそは
不憫（ふびん）まさりて　背な撫でさすり
これさ泣くなよ　泣き顔するな
連れてくだろう　機嫌を直しゃ
わしと一緒に　連れだつからは
はやくご支度　なされよお文
言えばお文は　さも嬉しげに
二階あがりて　風呂敷包み
夜は夜中の　八つどきなるが
人目忍んで　裏木戸開けて
こけつまろびつ　ふたりが一緒
押せどしゃくれど　おなごの足で
しどろもどろで　もうはかどらぬ

なさい追分（おいわけ）　大津の宿（しゅく）で
駕籠に乗せては　夜逃げにくだる
親の案じを　子は白浪に
今日は帰るか　あす戻るかと
町のはずれを　眺めてばかり
ながの道中　急ぎの旅路
疲れはてたる　身の上こそは
ようようたどりて　行徳町の
急ぎ足にて　我が家へ帰る
門（かど）に娘を　しょんぼり立たせ
その身ひとりは　笠脱ぎ捨てて
これさかか様　今帰りたと
それと見るより　ふた親様は
これは安五郎　今もどりしか
ながの道中　無難で重畳（ちょうじょう）
聞けばそなたは　連れ衆に別れ
四国西国（さいこく）　めされたそうじゃ
それは奇特（きどく）と　話のうちに
門（かど）に娘は　案じてばかり

首尾を考え　心を砕く
母は見付けて　こりゃ安五郎よ
門(かど)にござるは　お連れの衆か
なぜに寄せませ　お茶でもあげぬ
それと聞くより　安五郎こそは
あれは成る程　わたしの連れよ
それについては　お願いござる
こんどわしゅえ　京都に泊まり
宿の娘に　つい見初められ
過ぎた意見を　致したけれど
娘ごころの　もう聞かばこそ
是非(ぜひ)にわたしと　くだると申す
所詮(しょせん)是非なく　連れまいりしと
それと聞くより　ふた親様は
よくぞでかした　よくでかしたと
はやく招きゃと　母御(ははご)の慈悲で
お文(ふみ)お文と　呼ばわりければ
はいと嬉しく　笠脱ぎ捨てて
器量が良ければ　ふた親様は

嬉し喜び　おもてへ出でて
嫁女(よめじょ)こちへと　手に手を取りて
連れて我が家の　茶の間の座敷
入ればお文(ふみ)は　両手を突いて
御免なされて　下さりませと
縁は異なもの　京都の者が
百里あまりの　旅路を越えて
押して参るは　不義いたずらよ
うちへ寄せぬと　押しやるとても
仕方ないもの　あることぞえの
それを思えば　仕合わせものよ
母の手ずから　お招きなさる
有り難いとは　我が身にあまる
あまりごふびん　有り難けれど
何も知らない　ふつつか者を
みんなかか様　お前のお世話
ものを教えて　下されませと
ものも優しき　上方ことば
息子安五郎　その場を立ちて

衣装着替えて　休息せんと
お文そなたも　衣装を着替え
旅の装束　取るのが良かろ
はいと納戸(なんど)へ　風呂敷包み
金は百両に　巻絹(まきぎぬ)四疋(しひき)
台に積み乗せ　茶の間へ出でる
申し上げます　ふた親様へ
これがわたしの　持参の金子(きんす)
どうぞお納め　くださりませと
台もろともに　差し出しければ
舅(しゅうと)喜び　いただき納め
一家(け)親類　みな呼び寄せて
すぐにその家(や)の　婚礼決まる
お文その場の　衣装を着替え
下に白無垢　あい緋縮緬(ひじりめん)
上に召したが　友禅模様
帯ははやりの　厚板(あついた)締めて
匂い袋の　きぬがおりして
見れば京都の　振り袖姿

さしつさされつ　三三九度の
あいに相生（あいおい）　歌いつ舞いつ
お家繁昌で　暮らし　サイ　ける
ヤレエー

※本作は、鈴木昭英採録「長岡瞽女唄集」所収、片貝組渡辺キクのもので歌詞を校訂した。

17　金次口説　16分

こんどまれなる　婚礼くどき
国は越中　富山の町で
なかで羽を伸す　よろず屋金兵衛
金兵衛息子の　金次というて
歳は二十一　男の盛り
町で三人　名のある娘
花屋お花に　菊屋のお菊
しもの藤屋の　お藤というて
これの三人　金次にこがれ
*ほかに三人　あるとは知らず
ある日お花は　金次に向かい
申し金さん　よう聞かしゃんせ
お前知るまい　お腹のことよ
わしがお腹は　五月あまり
月のさわりは　出かねておれば
ほんにお腹が　苦になりまする
言えば金次は　落ち着き顔で

なんのお腹を　苦にするものか
それはよろず屋　跡継ぎとなる
言えばお花は　喜び勇み
それと知らずに　井筒屋聞けば
ずっと入りて　花屋の方へ
ずっと入りて　勝手へ上がる
暑い寒いの　礼儀を述べて
こちの娘も　もう年頃で
嫁にやりゃんせ　仲立ちしましょ
言えば両親　喜び勇み
そこへ駆け来る　菊屋のお菊
わしがお腹も　六月にあまる
わしもいやでも　添わねばならぬ
それと知らずに　井筒屋聞けば
ずっと入りて　金兵衛方へ
勝手上がりて　挨拶なさる
暑い寒いの　礼儀を述べて
申し上げます　金兵衛さんよ
こちの息子も　嫁取る時分

嫁を取りゃんせ　仲立ちしましょ
あのや花屋の　お花と言うは
こちの息子に　劣らぬ娘
嫁御取りゃんせ　仲立ちしましょ
言えば金兵衛は　喜び勇み
わしら二人は　どうでもよいが
伜金次に　話しておくれ
言えば井筒屋　金次に向かい
申し金さん　よう聞かしゃんせ
あのや花屋の　お花と言うは*
言えば金次は　落ち着き顔で
わたし一人は　どうでもよいが
とかく両親　得心あらば
然るべきように　お頼み申す
そこへ駆け来る　藤屋のお藤
申し金さん　よう聞かしゃんせ
わしがお腹も　七月あまり
わしもどうでも　添わねばならぬ
金兵衛夫婦は　喜び勇み

とかく三人　盃しましょ
お藤七月　本妻として
あとは妾と　盃済まし
金兵衛夫婦は　喜び勇み
婚礼過ぎたる　さてそののちは
嫁御三人　孫三人と
親子七人　七福神と
国は越中　富山の町で
孫子七人　七福神と
そこで夫婦は　喜び勇む　サエー

＊ほかに三人…三人一緒に金次にほれているとは知らずに。自分の他に二人である。
＊あのや花屋のお花と言うは…次に句が落ちたか。

18　赤猫口説　20分

*弘化三年　丙の午(ひのえうま)で
国は大和の　吉野の里で
ここに稀代(きたい)の　心中が出来た
頃はいつよと　尋ねて聞けば
頃は六月　五日(いつか)の晩に
猫と娘の　心中でござる
哀れながらも　口説いてみましょ
村で一番　文兵衛(もんべい)というて
土蔵や米蔵　物置までも
なんにとりても　不足はないが
おいそ親様　赤猫好きで
猫よ猫よと　大事にいたし
どじょや魚(さかな)に　不足はさせぬ
育てられたる　赤猫のとし
ちょうど今年で　十七歳よ
うちの娘に　おいそと言うて
歳(とし)は十六　今咲く花よ
花にたとえて　申そうなれば
立てば芍薬　座れば牡丹
歩む姿は　柳にこずえ
ある日赤猫　おいそに迷うて
おいそ行くあと　慕うて歩く
うちへ入れば　またついてくる
頃はいつよと　尋ねて聞けば
頃は九月の　十六日に
*じょうおう権現　祭礼がござる
おいそ親様　詣(まい)らしょうと思うて
おいそ一世の　派手装束は
下に白無垢　あい緋縮緬(ひぢりめん)
上に召したが　*けいとの模様
帯は*けきらど　びろうど締めて
髪は島田で　錦紗(きんしゃ)の上緒(あげお)
銀のかんざし　水牛の櫛よ
今の流行りの　縮緬(ちりめん)手拭(てのご)
ふわとかむりて　前歯でとめて
晒し足袋履き　もみうら草履
猫はそれ見て　よだれを垂らす
われもこれから　支度(したく)をせんと
そこで赤猫　侍(さむらい)でたち
下に白無垢　あいには綸子(りんず)
上に召したが　黒羽二重よ
帯は流行りの　*ななこの帯よ
三四(みよ)に廻して　後ろに止めて
二尺二寸を　すらりと差して
おいそ行くあと　慕うて行けば
一の鳥居で　おいそに出会うて
おいそどうじゃと　背中を打てば
さあっと浅黄(あさぎ)が　濃茶(こいちゃ)となりて
そこで赤猫　夜な夜な通う
ある日おいそは　赤猫向かい
申し上げます　侍(さむらい)さんよ
国はどこよと　尋ねて聞けば
わしが生まれは　白河の在(ざい)よ
少し慮外(りょがい)で　浪人いたし
出世致せば　屋敷へ帰る

おいそなたも　一緒になると
ある日親様　おいそに向かい
おいそどうじゃと　委細を問えば
そこでおいそは　両親様（ふたおや）に＊
おいそ涙の　顔振り上げて
申し上げます　両親様（ふたおや）へ
親に思わぬ　外聞かけて
わしも生きては　おられはせまい
どうぞ許して　下さいましと
それと見るより　赤猫こそは
そこで赤猫　毎晩通う
月日重なりゃ　安産いたし
手足人間　顔猫の顔
おぎゃあと泣く声　ただにゃおにゃ
おと
ある日おいそは　赤猫向かい
ほんにお前は　さむらい様と
思うて私は　だまされました
それが証拠に　この子を見やれ
手足人間　顔猫の顔
おぎゃと泣く声　ただにゃおにゃお
と
そこで赤猫　申するようには
ほんに畜生　恩主（おんしゅ）を知らぬ
仇（あだ）で報ずる　私のことよ
そこで赤猫　おいそに向かい
これさおいそよ　よう聞かしゃんせ
どうせこの世に　生きてはいまい
わしとお前は　心中死と
猫のことなら　刃物はもたぬ
おいそのど笛　つい食い殺し
すぐに我が身の　舌食い切りて
猫と娘の　心中でござる　サエー

＊弘化三年丙…西暦一八四六年。
＊じょうおう権現…吉野の蔵王権現か。
＊けいと…不明。
＊けきらど…聞こえるままに文字化したが、不明。
＊ななこ…ななこ織りの帯。
＊そこでおいそは両親様に…次に猫が通う異常な事態を説明した歌詞が落ちたか。

あとがき

凡例に「底本」とか「校合」という語句を用いた手前、最後にひとこと弁明しておくべきことがある。瞽女の段物も口説も、語り物あるいは歌い物であって、生き生きと演唱されたそのとき一回限りのものであることはいうまでもない。本書のようにそれを文字化して固定することは、山本吉左右が批判したとおり、いわば生きている昆虫を捕まえて展翅板に虫ピンで止めることに等しいともいえるし、また「底本」とか「校合」という用語には「常に原典があり得るとの考えが含まれており」、それは「定本を追い求めようとするいわば文字文化的な先入観におかされている」(『文学』44－10所収、山本「「口語り」の論」一九七六)ものともいえるだろう。実際、瞽女の口演ではわずかではあるが歌うたびごとに歌詞が違っている。山本は、高田瞽女の段物を例に、瞽女が一回ごとの演唱にのぞんで物語の歌詞をどのように構成しているかを分析し、それを「口頭構成法」と名づけた。彼が用いた方法は、一九六〇年にアルベルト・ロードがユーゴスラビアの叙事詩を研究対象として発表した「口語り」論であった。東欧から中央アジアにかけて活動した吟遊詩人たちが物語を即興的に長々と朗誦することができたのは、そうした構成法によるものだという主張は、実は、ジョージ・トムスンの『詩とマルキシズム』(一九四六)によれば、すでに十九世紀にロシアのラドルフが『トルコ民族文学試論』という著書のなかでキルギスの英雄叙事詩を例に述べているという。筆者はその原本を見ることができないのでトムスンの著書から次に当該部分を少し孫引きしてみたい。

ながいこと修練をつんだおかげで、いってみれば一連の〈生産要素〉というようなものを豊富にそなえている吟遊詩人は、物語のなりゆきにしたがって、それらを適当な具合につなぎ合せるのである。それらの要素とはすなわち、いろいろな事件や情況の具体的な光景で、たとえば英雄の誕生とその成長とか、武芸の上達とか、戦争の準備、はげしい戦場の様子、戦いにのぞむ英雄のことば、兵士と軍馬のありさま、花嫁の美しさをたたえることば、など……。詩人の技術とは、それらの静止した諸成分を物語の要求にしたがって拾いあつめ、即興的に考えついた詩句でそれらの諸成分をつなぎ合せることである。（小笠原豊樹訳、一九七二）

吟遊詩人が修練のなかで蓄えた、物語を構成する諸成分は、言語表現の形をとって実際の演唱に表われるだろう。さらに「戦いにのぞむ英雄のことば」や「花嫁の美しさをたたえることば」とあるように、慣用句や定型句も即興的な物語の〈生産要素〉としてあったらしい。瞽女の段物に使われる多くの慣用的・定型的表現も一見それとまったく同じであるから、瞽女たちの物語演唱においても、吟遊詩人たちと同様の歌詞の組み立てが、一回ごとに即興的に行なわれるに違いない、と考えたくなる。しかし、近代の瞽女の例で見る限り、実際はそうではない。

演唱中に、瞽女たちは文句を歌い間違えることがある。「間違い」とはもちろん聴衆の判断ではなく演唱者たちの認識である。さらにまた瞽女たちは、報酬の額や聴き手の態度など、その座に合わせて文句を故意に省略して短く歌うこともあるという。これを「たたみこむ」というのだそうだ。これらのことは瞽女自身が、段物にはかくあるべき歌詞とその順次がある、と考えていた証拠である。もし、演唱するたびに新しく歌詞を創ってゆくのであれば、それは演唱の良し悪しであって間違いや省略ではないはずである。

たしかに、瞽女が聴衆を前にある演目を演唱するとき、慣用句や定型句の繰り返しが並ぶそのとき一回限りの歌詞の序列ができあがる。同一の演目をまた別の機会に演唱した場合は、歌詞が前後することもあれば、前回無かった部分が有ったり、前回有った部分が無かったりするが、総じて言えば、そのときの一回限りの歌詞の序列はそのつど創られるのではなく、もともとあるべき文句が、落ちたり、加わったり、移動したりするのである。しかも、師弟関係にもとづく仲間集団を形成した後世の瞽女たちの例を見る限り、同一人の時間を置いた演唱における歌詞の違いは、演唱者による口語りの即興性のための積極的な改変の結果にはなっていない。弟子入りした瞽女は、物語の歌詞をまず最初にその師匠から口移しに習う。すでに本文中に述べたように、晩年の小林ハルについて段物を習った女性が「佐倉宗五郎」の歌詞を意図的に少し変えて歌ったところ、「このままでは、よそで歌わせられない」と厳しく注意されたことがあった。一方でハル女は、組と師匠によって「さまざまの文句がある」とも言ったが、それは組や師匠によって固定化された歌詞のことであって、誰もが自分なりに歌ってもよいということではない。長岡系瞽女のセンターである長岡大工町の瞽女屋に瞽女唄の研修制度がもうけられたのは、組が異なる瞽女と連れだって旅廻りしても段物の演唱が一緒にできるようにという便宜のためでもあった。瞽女たちは、個別の一回ごとの演唱歌詞とは別に、規範となるようなあるべき歌詞の存在を前提にしていたのである。そうでなければ段物を二人で「一流し」ずつ交互に歌うという演唱形態なども有り得ないだろう。

　段物は、もともと何らかの文字テキストであったり、他の芸能者の語り物だった。文字に頼ることができない盲目の瞽女たちは、それを口頭によって演唱しやすい歌詞に作りかえた。その結果、長い間に慣用句や定型句の繰り返しを利用した瞽女特有の詞章に仕上がった。それはまさしく「口語り」の方法によるものと言ってよい。この方法に習熟すれば、師匠から習得しなかった物語であっても、比較的容易に段物化することが可能だったし、その例はすでに本文に述べたとおりである。小林ハルは「葛の葉」について、祖父から教わったという〈口説〉の話をしてくれたことがある。それはおそらく唄本として売られていた小冊子だったであろう。口説の「葛の葉」は、童子丸が成人して立派な陰陽師となり、安倍晴明と名を替えて芦屋道満と術比べして勝つまでの話があったという。これを師匠のいない宿で歌ったところが、習わないものを歌ったと、あとでひどく叱られたとのことであった。つまり、師匠から習った歌詞でなければ、歌うことを許されなかったという話の例だったが、語りの方法を習得してさえいれば段物の歌詞を作ることは容易だったということでもある。ただし、実際にそうして創られた例の一つ、小林ハルの「信徳丸」七段目以降を見てわかるとおり、歌詞の構成がいかにも稚拙であり、その方法がいつもの演唱時における一般的な方法ではなかったことを如実に示している。

瞽女が「口語り」の方法を用いてその場における一回限りの物語を即興的に構成していたと見る山本吉左右の説に対しては、すでにグローマー・ジェラルド氏が疑問を呈している（『瞽女と瞽女唄の研究』所収「越後瞽女の「口語り」再考」）。ただしグローマー氏も、歌詞が固定しない段階では「口語り」の方法による即興的な語りがあったことを想定する。本書の歌詞資料で慣用句や定型句の存在を指摘したように、そのことは当然考えられ得ることであるが、歌詞がほぼ固定化されて師弟関係によって伝承されるようになった時代には、それは演唱時に記憶の中から歌詞を呼び出す便宜を与える機能に変わった。段物を何度か聴いていると、ある特定の場面ごとにそこにくるべき歌詞が予測できるようになる。それは元来口頭での演唱に便利なような構成法で歌詞が作られていることによるものであり、演唱する瞽女たち自身がそのような歌詞になじんだ経験を重ねることで、記憶の中からきわめて容易に歌詞を呼び出すことが可能になるのである。

さて、瞽女はもう過去の存在となった。絶滅した昆虫はもはや展翅板の上に虫ピンで止められた状態でしか見ることができない。同様に、瞽女が実際に唄を演唱していた時代が終わってはじめて、このように歌詞を文字化することが可能になったことも事実である。生きている昆虫の飛び方を研究するには虫ピンで止めた標本は役に立たないのだが、しかしそれでも飛び方を研究するために翅の構造を調べることには役立つだろう。

さらに一点付記すれば、近代以降の瞽女唄は文字社会の口承文芸であることを忘れてはならない。このような点を考慮しながら、本書の資料が今後の口承文芸の研究や近代歌謡の研究に少しでも資するところがあれば幸いである。

なお本書は、独立行政法人日本学術振興会平成二〇年度研究費補助金（研究成果公開促進費）の交付を受けて出版したものである。

著者略歴

板垣　俊一（いたがき　しゅんいち）

1982年３月、東京都立大学大学院人文科学研究科博士課程単位取得満期退学。
現県立新潟女子短期大学教授（2009年４月より新潟県立大学教授に着任予定）。
編著：叢書江戸文庫３・４『前太平記（上・下）』（国書刊行会、1988～９）
『新潟県の地域と文化』（雑草出版　2006）
論文：「赤猪子の物語」（日本文学　1984）
「古事記における歌と表現」（古代文学　1990）
「幕末江戸の唄本屋」（県立新潟女子短大研究紀要　2001）
「能生白山神社の祭礼と舞楽　―祝祭空間の演出―」（地域学共同研究報告書　2005）
「中国の〈のぞきからくり〉」（県立新潟女子短大研究紀要　2008）

越後瞽女唄集（えちごごぜうたしゅう）　―研究と資料―

平成21年２月17日　初版発行

定価は函に表示してあります。

発行者　　吉田栄治
発行所　　株式会社　三弥井書店
〒108－0073東京都港区三田3－2－39
電話03－3452－8069
振替00190－8－21125

ＩＳＢＮ978－４－8382－3174－４　Ｃ3039　　印刷　藤原印刷